Phönix aus Sand und Asche

Glas des Mittelalters

Rheinisches Landesmuseum Bonn
3. Mai – 24. Juli 1988

Historisches Museum Basel
26. August – 28. November 1988

Erwin Baumgartner / Ingeborg Krueger

Phönix aus Sand und Asche

Glas des Mittelalters

Klinkhardt & Biermann

München

Für die großzügige
finanzielle Unterstützung der Ausstellung ›Phönix aus Sand und Asche‹
danken wir folgenden Institutionen:

Kultusminister
des Landes Nordrhein-Westfalen

Kanton Basel-Stadt

Leonardo-Stiftung, Basel

Westdeutsche Landesbank
Girozentrale

Kunststiftung der Sparkasse Bonn

Glashütte Valentin Eisch,
Frauenau am Steg

Glasbau Hahn, Frankfurt a. M.

© 1988 Die Autoren
© 1988 Klinkhardt & Biermann Verlagsbuchhandlung GmbH, München
© 1988 Rheinisches Landesmuseum Bonn und Historisches Museum Basel
Alle Rechte, auch die der Übersetzung, der photomechanischen
Wiedergabe und des auszugsweisen Abdrucks, vorbehalten.

Farblithos: Repro Ludwig GmbH, Zell am See
Schwarzweißlithos: Karl Dörfel Repro GmbH, München
Satz, Druck und Bindung: Passavia Druckerei GmbH Passau
Ausstellungsdesign: Silvio Schmed, Zürich
Katalogumschlag: Humbert + Vogt, Riehen/Schweiz
Buchumschlag: Evi + Hansjörg Langenfass, Ismaning

Umschlagabbildung: Emailbemalter Becher, 2. Hälfte 13. Jh.,
Museum für Kunsthandwerk, Frankfurt a. M. (Kat. Nr. 91)

CIP Kurztitelaufnahme der Deutschen Bibliothek
Baumgartner, Erwin:
Phönix aus Sand u. Asche : Glas d. Mittelalters;
[Rhein. Landesmuseum Bonn, 3. Mai – 24. Juli 1988;
Hist. Museum Basel, 26. August – 28. November 1988] /
Erwin Baumgartner; Ingeborg Krueger. – München:
Klinkhardt u. Biermann, 1988
NE: Krueger, Ingeborg;; Rheinisches Landesmuseum
› Bonn ‹; HST
brosch.: ISBN 3-7814-0280-0
Gewebe: ISBN 3-7814-0278-9

Printed in Germany

Inhaltsverzeichnis

6 Vorwort
8 Dank
10 Leihgeber

13 Einleitung
21 Hüttenfunde
40 Fundkomplexe

47 Katalog

58 9.-11. Jahrhundert
60 Trichterbecher
65 Gläser mit Golddekor
69 Gläser mit Reticellaverzierung
77 Blaue Gläser mit weißen Fadenauflagen

85 12./13. Jahrhundert
86 Hedwigsbecher
106 Becher und Flaschen mit Fadenauflagen

118 13./14. Jahrhundert
120 Islamische Goldemailbecher
126 Emailbemalte Gläser
161 Gläser aus Bleiglas
176 Becher mit konkav geschwungener Wandung
180 Becher mit wechselndem horizontalem Fadendekor
185 Schlaufenfadenbecher
188 Becher mit anderem blauen Fadendekor
192 Farblose Nuppenbecher
210 Nuppenbecher des ›Schaffhauser Tpys‹
218 Farblose Rippenbecher
224 Gläser mit erhabenem formgeblasenem Dekor
228 Becher mit optisch geblasener Musterung
231 Scheuern
237 Gläser auf hohem Fuß oder Stiel
266 Flaschen mit Stauchungsring
270 Rippenflaschen
275 Rippenflaschen mit Fadenauflagen
282 Farblose Schalen mit Fadenauflagen

287 14./15. Jahrhundert
290 Becher mit Fadenrippen
296 Krautstrünke
299 Grüne Rippenbecher
305 Optisch geblasene Becher
312 Böhmische Stangengläser
316 Flaschen

329 15./16. Jahrhundert
330 Becher mit Fadenauflagen
336 Krautstrünke
352 Nuppenbecher auf durchbrochenem Fuß
358 Sonderformen von Nuppenbechern
362 Konisch ausladende Nuppenbecher
368 Rippenbecher
373 Becher mit Rippen- oder Kreuzrippendekor
381 Scheuern
392 Stangengläser mit Nuppen
399 Stangengläser mit hohlen Tierkopfnuppen oder Rüsseln
408 Gläser mit Stiel
418 Flaschen
428 Schalen

430 Sonderformen
431 Glasgefäße aus medizinischem oder alchemistischem Zusammenhang
436 Lampen
440 Deckel
445 Stundengläser

449 Anhang
450 Literaturverzeichnis
459 Bildnachweis

Vorwort

Erstmals realisieren das Rheinische Landesmuseum Bonn und das Historische Museum Basel gemeinsam eine Ausstellung, die von ihrem Volumen und Anspruch her die Möglichkeiten jedes der beiden Museen sprengen würde. Es ist für uns dabei von besonderer Bedeutung, daß hiermit die alte europäische Rheinachse auch auf wissenschaftlichem Gebiet wieder einmal zum Tragen kommt.

Das Thema ›Glas des Mittelalters‹ von karolingischer Zeit bis zur Renaissance entspricht dem neu erwachten Interesse am Mittelalter im allgemeinen und an Mittelalterarchäologie im besonderen. Die letzten Jahrzehnte mit ihrer vervielfachten Tätigkeit auf dem Gebiete der Stadtkernarchäologie brachten auch im Bezug auf die Hohlglasforschung neue Ergebnisse, die das bisherige Bild vom ›Glas des Mittelalters‹ vollständig revolutionieren. Dieses Bild basierte hauptsächlich auf dem grundlegenden, 1933 erschienenen Werk ›Die deutschen Gläser des Mittelalters‹ des Bonner Gelehrten und ehemaligen Direktors am Rheinischen Landesmuseum Franz Rademacher. Die in diesem Katalog erfaßte Ausstellung vermittelt uns ein sehr viel reicheres Anschauungsmaterial, unter anderem auch, weil die Fragestellung nicht auf die mit Sicherheit in unseren Regionen hergestellten, sondern auf die hier verwendeten Gläser ausgerichtet ist.

Der Anstoß zu dieser Ausstellung ging von den beiden Autoren des Kataloges, den Kunsthistorikern Ingeborg Krueger, Bonn, und Erwin Baumgartner, Basel, aus. Dies erklärt auch teilweise die Standortwahl. Erste Gespräche fanden bereits 1984 statt; seit Ende 1985 wurden konkrete Vorkehrungen im Hinblick auf die Durchführung des Unternehmens getroffen, das sich schließlich zu einem Großprojekt entwickelt hat. Daß das Ausstellungsvorhaben realisiert werden konnte, verdanken wir vor allem dem unermüdlichen Einsatz der beiden Autoren. Neben sehr viel Schreibtischarbeit haben sie in etwa zweijähriger Arbeit auch Zehntausende von Kilometern hinter sich gebracht, um in ganz Europa Tausende von Glasfunden zu sichten und für die Ausstellung eine repräsentative Auswahl von etwa 600 Objekten zu treffen, die von mehr als 150 Leihgebern zur Verfügung gestellt werden. Ihre Bemühungen wurden allerorts von den entsprechenden Fachkollegen aufs beste unterstützt, wofür hier der verbindlichste Dank ausgesprochen sei. Dieser Dank gilt speziell auch für die Überlassung von sehr viel unpubliziertem Material, das hier erstmals in einem größeren Zusammenhang gezeigt werden kann. Es hilft mit, ein zum Teil vollständig neues Bild vom Glas des Mittelalters zu entwerfen. Von einer ganz bestimmten Seite der Alltagskultur her wird so Licht in eine bisher nur ungenügend bekannte Zeitspanne geworfen.

Daß Ausstellung und Katalog zu einem ganz besonderen Ereignis werden, ist vor allem auch auf die über Erwarten große und erfreuliche Bereitschaft der Besitzer von vielen äußerst kostbaren Gläsern zurückzuführen, sich für mehrere Monate von ihren Schätzen zu trennen, was um so mehr dankend hervorzuheben ist, als diese Bereitschaft angesichts der Zerbrechlichkeit des Materials nicht selbstverständlich ist. Es ergibt sich so die erstmalige – und für längere Zeit wohl einmalige – Gelegenheit, einen großen Teil der nach der heiligen Hedwig (1174–1243), der Herzogin und späteren Landespatronin von Schlesien und Polen, benannten ›Hedwigsgläser‹ zu vereinen; die gezeigten Exemplare werden sonst in Belgien, der Bundesrepublik Deutschland, in England, Polen und den USA aufbewahrt. Ebenso ist die Zusammenführung der drei einzigen annähernd unversehrt erhaltenen sogenannten syro-fränkischen Gläser, auf der Außen- und Innenseite in leuchtenden Emailfarben bemalter Becher des 13. Jahrhunderts, eine Premiere.

Die Aufzählung weiterer Höhepunkte ließe sich fortsetzen; es spricht für die Bedeutung der Ausstellung, daß der Kongreß der Internationalen Vereinigung für die Geschichte des Glases speziell zu diesem Anlaß auf Anfang September 1988 nach Basel verlegt wurde.

Wir sind überzeugt, daß mit der in Bonn und Basel gezeigten Ausstellung und dem Katalog ein wichtiger Schritt hin zum Ziel einer besseren Kenntnis des mittelalterlichen Hohlglases gemacht wird, und daß der

Forschung eine neue Basis für die kommende Arbeit geboten wird. Vor allem aber wollen wir einem breiten Publikum die Gelegenheit zu einem noch nie in dieser Art möglichen Einblick in die faszinierende, sogar vielen Spezialisten bisher unbekannte Welt des mittelalterlichen Glases bieten.

Ohne die großzügige finanzielle Unterstützung einer ganzen Reihe von Institutionen wäre ein solch anspruchsvolles Unternehmen nicht zustande gekommen. Deshalb gilt unser herzlicher Dank nicht zuletzt denen, die diese Unterstützung gewährt haben: dem Kultusminister des Landes Nordrhein-Westfalen und dem Kanton Basel-Stadt, der Leonardo-Stiftung, Basel, der Westdeutschen Landesbank Girozentrale, der Kunststiftung der Sparkasse Bonn, sowie der Glashütte Valentin Eisch und der Firma Glasbau Hahn. Aber wir möchten auch nicht versäumen, dem Verlag Klinkhardt & Biermann zu danken, der sich dieser Publikation mit Engagement, Sachkunde und außerordentlicher Sorgfalt angenommen hat.

Dr. Hans Christoph Ackermann
Direktor des Historischen Museums Basel

Prof. Dr. Christoph Rüger
Direktor des Rheinischen Landesmuseums Bonn

Dank

Ein so großes und aufwendiges Vorhaben wie dieser Überblick über das Glas des Mittelalters war selbstverständlich nicht zu realisieren ohne Hilfe und Unterstützung verschiedenster Art und von verschiedensten Seiten. Es ist uns daher ein vordringliches Anliegen, an dieser Stelle unseren Dank auszusprechen.

Ein sehr wichtiger Bestandteil des Projekts und der einzige, der noch nach dem Ablauf der Ausstellungszeit fortleben wird, ist das Katalog-Handbuch: Wir danken dem Verlag Klinkhardt & Biermann, der den Mut und das Engagement aufgebracht hat, diesen Katalog zu übernehmen und ihm – in vorzüglicher Zusammenarbeit mit den Autoren – seine schöne, sorgfältige und farbenreiche Gestalt zu geben.

Was die Ausstellung selbst betrifft, so schulden wir in erster Linie allen Leihgebern großen Dank, die sich bereitgefunden haben, sich für eine recht lange Zeit von ihren kostbaren Gläsern zu trennen. Wir sind uns bewußt, daß das vielfach kein leichter Entschluß war, und hoffen, daß der Erfolg der Ausstellung beim Publikum und – auf lange Sicht – in der Glasforschung die Ausleihe rechtfertigen wird. Dankbar hervorzuheben ist auch die Großzügigkeit vieler Kollegen aus dem Bereich der Bodendenkmalpflege, die uns neue und allerneueste, zum großen Teil noch unpublizierte Funde zur Verfügung gestellt haben. Den Dank an die Kollegen in Museen und Denkmalämtern und an all die sonstigen Glasfreunde, die bei den langwierigen wissenschaftlichen Vorarbeiten und bei der praktischen Durchführung mit Rat und Tat geholfen haben, können wir nur in die Form einer Namensliste kleiden, da es gar so viele sind, denen wir derartige Hilfe und die immer wieder nötige Ermutigung verdanken:

Francis N. Allen, Hyattsville (USA); Karl Amendt, Krefeld; Ursula Ancke, Berlin (Ost); Martin Angerer, Regensburg; Elmar Altwasser, Marburg; Jan M. Baart, Amsterdam; Lothar Bakker, Augsburg; Maria Teresa Balboni, Mailand; Kurt Bänteli, Schaffhausen; Manfred Balzer, Paderborn; Katherine Barclay, Winchester (GB); Graham Barker, Rom; Rosa Barovier Mentasti, Venedig; Jorge Barrera, Paris; Margrit Bauer, Frankfurt; Michael Bauer, Kronberg; Thomas Matthias Bauer, Braunschweig; Renate Baumgärtel, Bamberg; Sabine Baumgärtner, Stuttgart; Pius Baumgartner, Walenstadt (CH); Andreas Becke, Freiberg (DDR); Helmut Bernhard, Speyer; H. J. E. van Beuningen, Cothen (NL); Gerd Biegel, Braunschweig; Fritz und Mary Biemann, Zürich; Thomas Bitterli, Basel; Karl Böhm, Mainz; Pierre-Paul Boneufant, Brüssel; Elisabeth Bornfleth, Nürnberg; Marc A. Brisbane, Southampton; Philippe Brunella, Metz; Joëlle Burnouf, Straßburg; Hubert Cabart, Châlons-sur-Marne; Wolfgang Caesar, Heidelberg; Giuliana Cavalieri Manasse, Verona; Eva Černa, Most (ČSSR); Robert J. Charleston, Whittington (GB); John Clark, London; Heinz Cüppers, Trier; Charles Dach, Straßburg; Attilia Dorigato, Venedig; Olga Drahotova, Prag; Franz Adrian Dreier, Berlin; Pierre Ducrey, Pully (CH); Hans Dürst, Lenzburg; Marianne Dumitrache, Lübeck; Bernd Engelhardt, Landshut; Wendy Evans, London; Vera I. Evison, London; Jürg Ewald, Liestal (CH); Ann Fahy, Southampton; Alfred Falk, Lübeck; Sabine Felgenhauer-Schmiedt, Wien; Hans-Bernhard Fischer, Mainz; Danièle Foy, Aix-en-Provence; Peter Frey, Aarau (CH); Hansjörg Frommelt, Vaduz (FL); František Frýda, Pilsen (ČSSR); Andreas Furger, Zürich; Carl-Ludwig Fuchs, Heidelberg; Wilhelm Garg, Minden; Astone Gasparetto, Venedig; Georg Germann, Bern; Gerhard Gosch, Magdeburg; Norbert Götz, München; Bo Gräslund, Uppsala; Uwe Gross, Heidelberg; Mathilde Grünewald, Worms; Irmgard Grüninger, St. Gallen; Daniel Gutscher, Bern; Walther Gutwillinger, Stuttgart; Katalin H. Gyürky, Budapest; Gisela Haase, Dresden; Johann Josef Halm, Durbusch; Norbert Hasler, Vaduz (FL); Dominique Heckenbenner, Sarrebourg; Elfriede Heinemeyer, Oldenburg; Bernhard Heitmann, Hamburg; Dagmar Hejdová, Prag; Hansgerd Hellenkemper, Köln; Carl-Benno Heller, Darmstadt; Harold E. Henkes, Geervliet (NL); Martin Hicks, Rom; Tarquinius J. Hoekstra, Utrecht; Imre Holl, Budapest; Heinz Horat, Zug (CH); Soeur Madeleine Hospel, Namur; Peter Hudson, Brescia; Clasina Isings, Utrecht; Paul Jakobi, Minden; François Jannin, Clermont-en-Argonne (F); Ingrid Jenderko, Aschaffenburg; Stig Jensen, Ribe (DK); Magdeleine Joly, Metz; Rainer Kahsnitz, Nürnberg; Peter Kemmether, Großbirkach bei Bamberg; Mary A. Kershaw, Harrogate (GB); Albrecht Kirsche, Dresden; Lothar Klappauf, Hannover; Jürgen Klatte, Weinsberg; Ulrich Klein, Marburg; Günther Kleineberg, Wiesbaden; Brigitte Klesse, Köln; Robert Koch,

Nürnberg; Ursula Koch, Heilbronn; Wilfried Maria Koch, Aachen; Jan Kock, Aalborg; Dietrich Kötzsche, Berlin; Günter Krause, Duisburg; Jens Kröger, Berlin; Hans-Joachim Kruse, Plön; Brigitte Kühlenthal, Freising; Jan Peder Lamm, Stockholm; Leone Lanfranchi, Chur; Walter Lang, Uhingen; Jaroslav Langr, Prag; Dwight P. Lanmon, Corning (USA); André Lanotte, Namur; Ulrich Lappe, Weimar; Friedrich Laux, Hamburg; Albert Lemeunier, Lüttich; Nicole Le Tiec, Toulon; Elisabeth R. Lewis, Winchester; Johannes Lipp, Grefrath; Uwe Lobbedey, Münster; Veit Loers, Kassel; Werner Loibl, Lohr; Hans Losert, Bamberg; Arne Losman, Stockholm; Siegfried Ludwig, Freiberg (DDR); Dietrich Lutz, Karlsruhe; Kardinal Frantiszek Macharski, Krakau (PL); Per-Kristian Madsen, Ribe (DK); Ain Mäesalu, Tartu (Estland, UdSSR); John V. G. Mallet, London; Gianfranco Mandorli, Pistoia; Alfred Mathäi, Fritzlar; Michael Matthias, Marburg; Carl Gregor Herzog zu Mecklenburg, Rottenburg; Heribert Meurer, Stuttgart; Nicole Meyer, Saint Denis; Werner Meyer, Basel; Eckhard Michael, Lüneburg; Alessandra Mottola Molfino, Mailand; James Motteau, Tours; Adriaan von Müller, Berlin; Michael Müller-Wille, Kiel; Barbara Mundt, Berlin; Hanswernfried Muth, Würzburg; Friederike Naumann, Köln; Susanne Netzer, Coburg; Waltraud Neuwirth, Wien; Francesco Nicosia, Florenz; Alan Mac Cormick, Nottingham; Jakob Obrecht, Wiedlisbach (CH); Judith Oexle, Konstanz; T. A. S. N. Panhuysen, Maastricht; A. Peddemors, Leiden; Paola Pelagatti, Rom; Giusep Pelican, Chur; François Petri, Straßburg; Wolfgang Pfeiffer, Regensburg; Josephe Philippe, Lüttich; Ulrich Pietsch, Lübeck; Christine Prohaska, Heidelberg; Jean Pierre Ravaux, Châlons-sur-Marne; Patrick Ravenschot, Gent; Karl Reber, Eretria (GR); Peter Reindl, Oldenburg; J. G. N. Renaud, Amersfoort (NL); Helmut Ricke, Düsseldorf; Jean-Pierre Rieb, Straßburg; Karlheinz Rieder, Ingolstadt; Pieter Ritsema van Eck, Amsterdam; Hartmut Rötting, Braunschweig; Michael Rogers, London; Karl-Christoph Graf Rothkirch, Brakel; Rainer Rückert, München; Beatrice Ruckstuhl, Schaffhausen; Alma Ruempol, Rotterdam; Carola Runge, Lauterbach; Gerd Rupprecht, Mainz; Axel von Saldern, Hamburg; Egon Schaberick, Fritzlar; Hartmut Schäfer, Stuttgart; Werner Schäfke, Köln; Kurt Schietzel, Schleswig; Mogens Schlüter, Naestved (DK); Michael Schmaedecke, Freiburg i. Br.; Silvio Schmed, Zürich; Ekkehard Schmidberger, Kassel; Erhardt Schmidt, Tübingen; Peter Schmidt-Thomé, Freiburg i. Br.; Karl Joseph Schmitz, Paderborn; Jürg Schneider, Zürich; Rudolf Schnyder, Zürich; Barbara Scholkmann, Tübingen; Horst Scholze, Würzburg; Erich Schott, Mainz; Sven Schütte, Göttingen; Erika Schumann, Berlin (Ost); Pavel Šebesta, Cheb (ČSSR); Lorenz Seelig, München; Peter Seewaldt, Trier; Gérard Seiterle, Schaffhausen; Wolfgang Selzer, Mainz; Hans Rudolf Sennhauser, Zurzach (CH); Harald Siebenmorgen, Schwäbisch Hall; Ladislav Špaček, Prag; Georg Spitzlberger, Landshut; Rudolf Staub, Warschau; Günter Stein, Speyer; Peter Steiner, Freising; Hans-Georg Stephan, Göttingen; Peter Steppuhn, Kiel; Willem B. Stern, Basel; Heiko Steuer, Freiburg i. Br.; Walter Stieg, Krefeld; Christoph Stiegemann, Paderborn; Hans Strutz, Schwerin; Hugh Tait, London; Jürg Tauber, Liestal (CH); Göran Tegnér, Stockholm; Anna-Elisabeth Theuerkauff-Liederwald; Pierre Thion, Metz; Michèle Thiry, Charleroi (B); Andreas Tillmann, Ingolstadt; Jacques Toussaint, Namur; Hans-Peter Trenschel, Würzburg; Ingrid Ulbricht, Schleswig; Detlef Ullrich, Berlin; Matthias Untermann, Stuttgart; Stephan Vandenberghe, Brügge (B); Maria Luisa Veloccia Rinaldi, Rom; Anna und Guido Vannini, Florenz; Frans Verhaeghe, Laarne (B); Marco Verità, Venedig; Volker Vogel, Schleswig; Heinz-Joachim Vogt, Dresden; Egon Wamers, Frankfurt; Ludwig Wamser, Würzburg; Anne-Marie Waton, Straßburg; Hans-Helmut Wegner, Koblenz; Gladys Davidson Weinberg, Columbia (USA); Marian Wenzel, Abingdon (GB); David Whitehouse, Corning (USA); Frau Wijnman, Amersfoort (NL); Wilhelm Winkelmann, Münster; Hubert de Witte, Brügge (B); Inger Zachrisson, Stockholm; Eva Zahn, Würzburg; Annalisa Zanni, Mailand, und ungenannte Privatsammler.

In beiden beteiligten Museen wurden langwierige und sorgfältige Vorarbeiten geleistet, um vor allem das fragmentarische Material erst präsentabel zu machen; wir danken den Restauratoren Barbara Cüppers und Reinhold Keller (Bonn) sowie Ernst Perret (Basel). Ebenso danken wir der Zeichnerin Sigrun Wischhusen und den Fotografen Hermann Lilienthal (Bonn) und Maurice Babey (Basel), die die entmutigende Menge an oft sehr schwierig darzustellendem Material in anschauliche Zeichnungen und Fotos für den Katalog umgesetzt haben. Für die Durchführung der Ausstellung konnten wir uns auf das gut eingespielte Team von Handwerkern und anderen Kollegen in beiden Museen verlassen.

Zum Schluß bedanken wir uns sehr herzlich (ohne Namensnennung, die Betroffenen wissen Bescheid) bei Familienmitgliedern, Freunden und Kollegen, die uns durch Geduld und Verständnis, Ermutigung und praktische Hilfen das Durchhalten ermöglicht haben.

ERWIN BAUMGARTNER   INGEBORG KRUEGER

Leihgeber

Aachen, Suermondt-Ludwig-Museum
Aix-en-Provence, Laboratoire d'Archéologie Médiévale Méditerranéenne, C. N. R. S.
Amersfoort, Rijksdienst voor het Oudheidkundig Bodemonderzoek
Amersfoort, Slg. Wijnman
Amsterdam, Amsterdams Historisch Museum, Onderafdeling Archeologie
Aschaffenburg, Schloßmuseum der Stadt Aschaffenburg
Athen, Griechisches Kulturministerium
Bamberg, Diözesanmuseum
Basel, Erwin Baumgartner
Basel, Historisches Museum
Berlin, Staatliche Museen Preußischer Kulturbesitz, Kunstgewerbemuseum
Bern, Historisches Museum
Bischofsheim a. d. Rhön, Heimatgeschichtliche Sammlung
Bonn, Rheinisches Landesmuseum
Braunschweig, Braunschweigisches Landesmuseum
Brügge, Stad Brugge, Archeologische Dienst
Châlons-sur-Marne, Musée Municipal
Chur, Domschatz
Clermont-en-Argonne, François Jannin
Corning (USA), The Corning Museum of Glass
Cothen, H. J. E. van Beuningen
Darmstadt, Hessisches Landesmuseum
Düsseldorf, Kunstmuseum
Duisburg, Niederrheinisches Museum
Durbusch, Johann-Josef Halm
Florenz, Soprintendenza Archeologica della Toscana
Frankfurt, Museum für Kunsthandwerk
Freiberg i. Sachsen, Stadt- und Bergbaumuseum Freiberg, Stadtkernforschung Freiberg
Freiburg, Landesdenkmalamt Baden-Württemberg, Archäologische Denkmalpflege, Außenstelle Freiburg
Freising, Diözesanmuseum
Fritzlar, Domschatz und Museum des St. Petri-Domes
Fritzlar, Museum Fritzlar, Hochzeitshaus
Geervliet, Slg. Henkes

Göttingen, Seminar für Ur- und Frühgeschichte der Universität Göttingen
Göttingen, Städtisches Museum, Stadtarchäologie
Grefrath-Oedt, Heimatverein Oedt e. V.
Hamburg, Museum für Kunst und Gewerbe
Harrogate, Harrogate Museums & Art Gallery Service
Höxter, Stadt Höxter
Ingolstadt, Bayerisches Landesamt für Denkmalpflege
Karlsruhe, Landesdenkmalamt Baden-Württemberg, Archäologische Denkmalpflege, Außenstelle Karlsruhe
Kassel, Hessisches Landesmuseum
Koblenz, Landesamt für Denkmalpflege, Abt. Archäologische Denkmalpflege, Amt Koblenz
Köln, Kölnisches Stadtmuseum
Köln, Römisch-Germanisches Museum
Konstanz, Landesdenkmalamt Baden-Württemberg, Archäologische Denkmalpflege, Arbeitsstelle Konstanz
Krakau, Kathedralschatz
Krefeld, Karl Amendt
Landshut, Bayerisches Landesamt für Denkmalpflege, Außenstelle Landshut
Landshut, Stadt- und Kreismuseum
Lauterbach, Lauterbacher Hohhausmuseum e. V.
Leiden, Rijksmuseum van Oudheden
Liestal, Amt für Museen und Archäologie des Kantons Baselland
Liestal, Kantonsmuseum
Limburg a. d. Lahn, Bistum Limburg, Diözesanmuseum
Limburg, Freies Institut für Bauforschung und Dokumentation, i. A. des Magistrats der Stadt Limburg
Löwenburg, Christoph Merian Stiftung, Museum Löwenburg
Lohr, Spessartmuseum
London, The British Museum
London, The Museum of London
Lübeck, Amt für Vor- und Frühgeschichte (Bodendenkmalpflege)
Lübeck, Museum für Kunst und Kulturgeschichte der Hansestadt Lübeck

Lüneburg, Museum für das Fürstentum Lüneburg
Lüttich, Musée d'Art Religieux et d'Art Mosan
Maastricht, Gemeentelijk Oudheidkundig Bodemonderzoek
Magdeburg, Museen, Gedenkstätten und Sammlungen der Stadt Magdeburg
Mailand, Museum Poldi Pezzoli
Mainz, Landesmuseum
Mainz, Hans-Bernhard Fischer
Mainz, Erich Schott
Marburg, Freies Institut für Bauforschung und Dokumentation, im Auftrag des Magistrats der Stadt Marburg
Mas de Psalmodi, M. et Mme Foncelle
Mecheln, Mechelse Vereniging voor Archeologie
Metz, Musée d'Art et d'Histoire
Metz, Direction des Antiquités Préhistoriques et Historiques de Lorraine
Minden, Schatzkammer der Dompropstei-Gemeinde
Most, Archäologisches Institut der ČSAV, Expositur Most (ČSSR)
München, Bayerisches Nationalmuseum
Münster, Westfälisches Museum für Archäologie, Amt für Bodendenkmalpflege (Fundverwahrer)
Murano, Museo Vetrario
Namur, Diözesanmuseum
Namur, Le Trésor d'Oignies aux Sœurs de Notre Dame
Nürnberg, Germanisches Nationalmuseum
Nürnberg, Gewerbemuseum der Landesgewerbeanstalt Bayern
Oldenburg, Landesmuseum Oldenburg
Paderborn, Erzbischöfliches Diözesanmuseum
Paderborn, Museum in der Kaiserpfalz
Pilsen, Westböhmisches Museum Plzeň
Prag, Kunstgewerbemuseum
Prag, Zentrum der Denkmalpflege der Stadt Prag
Regensburg, Museen der Stadt Regensburg
Ribe, Den Antikvariske Samling i Ribe
Rom, Soprintendenza Archeologica dell'Etruria Meridionale
Rom, Soprintendenza Archeologica del Lazio
Rottenburg, Diözesanmuseum
Rotterdam, Museum Boymans-van Beuningen
Rotterdam, Slg. H.J.E. van Beuningen-de Vriese, Leihgabe im Museum Boymans-van Beuningen
Saint-Denis, Unité d'Archéologie de la Ville de Saint-Denis
St. Gallen, Kantonsarchäologie
Schaffhausen, Museum zu Allerheiligen
Schleswig, Archäologisches Landesmuseum der Christian-Albrechts-Universität Kiel
Schwäbisch-Hall, Hällisch-Fränkisches Museum
Schwerin, Staatliches Museum
Southampton, God's House Tower Museum
Speyer, Historisches Museum der Pfalz
Speyer, Landesdenkmalamt Rheinland-Pfalz, Archäologische Denkmalpflege Speyer
Stockholm, Statens Historiska Museum
Straßburg, Charles Dach
Straßburg, Direction des Antiquités historiques
Straßburg, Joëlle Burnouf
Straßburg, Jean-Pierre Rieb
Stuttgart, Landesdenkmalamt Baden-Württemberg, Archäologische Denkmalpflege, Dienststelle Stuttgart
Stuttgart, Württembergisches Landesmuseum
Tournai, Société Archéologique de Tournai
Trier, Rheinisches Landesmuseum
Tübingen, Landesdenkmalamt Baden-Württemberg, Archäologische Denkmalpflege, Außenstelle Tübingen
Uppsala, Uppsala Universitets Museum for Nordiska Fornsaker
Utrecht, Archeologisch Depot Gemeente Utrecht
Vaduz, Liechtensteinisches Landesmuseum
Verona, Soprintendenza Archeologica per il Veneto
Walenstadt, Katholische Kirchengemeinde
Weinsberg, Justinus-Kerner-Verein
Wien, Univ.-Prof. Dr. Fritz Felgenhauer (Verwahrung)
Wiesbaden, Sammlung Nassauischer Altertümer
Winchester, Winchester City Museum, Winchester Research Unit
Worms, Museum der Stadt Worms im Andreasstift
Würzburg, Mainfränkisches Museum
Würzburg, Bayerisches Landesamt für Denkmalpflege, Außenstelle Würzburg
Zürich, Fritz und Mary Biemann
Zürich, Schweizerisches Landesmuseum
Zurzach, Büro Sennhauser
Verschiedene private Leihgeber

»DE DOCTA IGNORANTIA«
oder
»MUT ZUR LÜCKE«

Einleitung

Der sagenhafte Vogel Phönix, der sich alle 500 Jahre aus der Asche zu neuem Leben erhebt, galt im Mittelalter als Symbol der Auferstehung, und er wurde später sprichwörtlich für einen wunderbaren Aufstieg. So bietet sich dieses Bild geradezu zwingend für einen Prozeß an, den wir zur Zeit gerade erleben: die wunderbare ›Auferstehung‹ – nach etwa einem halben Jahrtausend – des weitgehend verlorenen, vergessenen und verleugneten mittelalterlichen Glases. Im Ausstellungstitel haben wir die Metapher vom Phönix aus der Asche noch um das Wörtchen Sand erweitert, um anzudeuten, daß das Glas des Mittelalters zu einem sehr großen Teil aus dem Boden, aus dem Zerstörungsschutt und dem Abfall vergangener Jahrhunderte wieder ans Licht kommt, und um anklingen zu lassen, daß Sand und Asche die Grundbestandteile dieses Materials sind. In einem Verwandlungsprozeß, der auch heute noch jedem Nichtfachmann genauso geheimnisvoll und wunderbar erscheint wie den Menschen des Mittelalters, entsteht aus diesen unscheinbaren und unansehnlichen Grundstoffen (und einigen anderen Komponenten) das faszinierende, klare und glänzende Material Glas.

Fast noch mehr als der plakative Obertitel bedarf der sehr knappe und allgemeine Untertitel einer Erläuterung und Präzisierung. Es geht in dieser Ausstellung und in diesem Katalog ausschließlich um ›Hohlglas‹, d.h. Glasgefäße des Mittelalters. Außer acht bleiben müssen hier sowohl die prachtvollen Glasfenster, die – bis dato! – meist beim Stichwort mittelalterliches Glas als erste Assoziation vor Augen treten, als auch eine Fülle anderer Bereiche, in denen das Material Glas Anwendung fand. Es würde den Rahmen bei weitem sprengen, wenn neben den Glasgefäßen z.B. auch noch Mosaiken und Email, Glasschmuck und gläserne ›Edelsteine‹, Spiegel, Brillen und vieles andere vorgeführt würden. Es sei aber zumindest daran erinnert, daß das wunderbare und vielseitige Material in all diesen Erscheinungsformen auch im Mittelalter vorkam und vielfach virtuos beherrscht wurde.

Im kurzen Untertitel fehlen auch eine räumliche und eine nähere zeitliche Eingrenzung. Das Gros des Materials, das hier gezeigt wird, kommt aus Deutschland, der Schweiz und unmittelbar angrenzenden Ländern (Benelux-Ländern, Ostfrankreich, der ČSSR). Ähnliches oder kontrastierendes Vergleichsmaterial ist aber auch aus Schweden, England, Südfrankreich, Italien und von den vielzitierten byzantinischen Glashütten in Korinth hinzugeholt worden. Mittelalterliches Glas aus dem deutsch-schweizerischen Raum – das meint hier beileibe nicht nur Gläser, die in diesen Regionen hergestellt wurden. Es wird als eine Art Refrain im ganzen Katalog ständig zu wiederholen sein, daß man zur Zeit die Herkunftsgebiete besonders der frühen Gläser kaum je mit Sicherheit bestimmen kann. Dargestellt werden also in einem viel allgemeineren und zugleich auch reicheren Sinn die Gläser, die im Mittelalter in diesen Ländern gebraucht wurden. Darunter sind neben einheimischen Produkten auch eindeutige Importstücke z.B. aus dem Nahen Osten, die aber seit dem Mittelalter in kirchlichem oder adeligem Besitz überkommen sind oder als Bodenfunde zutage kamen.

Die mit dem vagen Begriff Mittelalter angedeutete zeitliche Eingrenzung meint die Jahrhunderte zwischen der Karolingerzeit und der (nordischen) Renaissance, im Klartext: etwa vom 9. Jahrhundert bis in die erste Hälfte des 16. Jahrhunderts, bis unter dem übermächtigen Einfluß der venezianischen Glasproduktion ein ganz neues Kapitel beginnt. Diese Jahrhunderte sind für die Geschichte des (Hohl-)Glases die bisher am wenigsten bekannten, die ›dunklen Jahrhunderte‹, die (scheinbar) ›glaslose Zeit‹, das ›Glas-Interregnum‹. Während für die vorangehenden Jahrhunderte bis durch die fränkisch-merowingische Zeit dank reicher Grabbeigaben relativ zahlreiche und gut erhaltene Gläser überkommen sind, und während seit dem späten Mittelalter die Menge des erhaltenen Materials wieder deutlich zunimmt, war für die Jahrhunderte dazwischen aufgrund besonders ungünstiger Überlieferungsbedingungen jenes falsche Bild entstanden, das mit dieser Monographie und der Ausstellung korrigiert werden soll.

In der älteren Fachliteratur und in den allgemeinen

und populärwissenschaftlichen Abhandlungen zur Geschichte des Glases bis in die jüngste Zeit wird eine Entwicklungslinie skizziert, die von der Blütezeit der römischen Glaskunst über die fränkisch-merowingische Glasproduktion ständig abwärts führt, bis sie etwa in karolingischer Zeit völlig im Dunkeln verschwindet. Erst im späten Mittelalter, seit dem 14. Jahrhundert, habe es zögernde und primitive Neuanfänge gegeben. Obgleich in der Literatur zum Teil durchaus unterschieden wird zwischen einer Wissenslücke, die auf dem Mangel an Material beruht und einem tatsächlichen Niedergang und Aufhören der Hohlglasproduktion im Mittelalter, hat sich in der allgemeinen Vorstellung das negative Bild vom allenfalls höchst primitiven Glas im Mittelalter verfestigt. Daraus ergibt sich die Rechtfertigung (um nicht zu sagen Verpflichtung zu) unserer Ausstellung und Publikation: Im Lichte der neueren und allerneusten Erkenntnisse zeichnet sich ein so radikal anderes, positives Bild vom mittelalterlichen Glas ab, daß es geradezu einer Neuentdeckung gleichkommt. In den spannenden und aufregenden Prozeß dieser Entdeckung, der noch keineswegs abgeschlossen ist, wird unser Publikum einbezogen.

Das neue Bild vom mittelalterlichen Glas gleicht zur Zeit noch einem riesigen Puzzle, in dem sich die Teilchen an manchen Stellen bereits zu einem detailreichen Bildausschnitt zusammenfügen, in dem an anderen Stellen noch große Lücken klaffen, und zu dem vor allem noch gewaltige Mengen von Einzelteilchen lose herumliegen und darauf warten, ihren richtigen Platz im Gesamtbild zugewiesen zu bekommen. Den bei weitem größten Teil dieser Puzzle-Stückchen haben die archäologischen Grabungen der jüngeren und jüngsten Zeit erbracht, und sie haben zugleich in vielen Fällen gewisse räumliche und zeitliche Koordinaten geliefert, in welche Ecke des Gesamtbildes die Stückchen gehören. Durch die Fülle von neuem Material erscheinen nun aber auch viele altbekannte Gläser oder Glasfragmente in neuem Lichte und finden plötzlich Anschluß an manchmal unvermuteter Stelle.

Trotz aller Lücken läßt sich doch schon einiges Grundsätzliche aus diesem neuen Gesamtbild vom mittelalterlichen Glas erkennen. Zuallererst fällt die reine Quantität auf. Die Menge der in den letzten Jahrzehnten und Jahren geborgenen mittelalterlichen Glasfragmente widerlegt schlagend und ein für alle Mal die Vorstellung, Glasgefäße hätten im Mittelalter kaum eine Rolle gespielt, sie seien entweder »allereinfachste Gebrauchsware«[1] gewesen oder vereinzelte importierte Luxusgegenstände. Die Menge der Glasfunde und ihre Fundstellen widerlegen zugleich auch die häufig zitierte These, der Niedergang der Glasproduktion im Mittelalter hänge damit zusammen, daß die Kirche als Hauptauftraggeber für gehobenes Kunsthandwerk keine Verwendung für feineres Hohlglas hatte. Wenn auch wohl Glasgefäße in liturgischer Funktion nicht allzu häufig vorkamen, so waren sie doch für die Tafel kirchlicher Würdenträger, in Klöstern, Stiften, Pfarrhäusern usw. genauso gefragt wie bei weltlichen Abnehmern, vom Adel bis hinab zu einigermaßen wohlhabenden Schichten des Bürgertums (und zwar schon mindestens im 13. Jahrhundert – die Kloaken und Abfallgruben legen davon Zeugnis ab).

Innerhalb der Materialfülle fällt dann als Nächstes das erstaunlich große Spektrum an Formen, Verzierungsmöglichkeiten und auch Farben auf. »Die Glasformen des späten Mittelalters sind nicht allzu mannigfaltig, ihre Varianten spärlich«, schrieb 1926 ein so bedeutender Glaskenner wie Robert Schmidt[2] (Glasformen des Hohen Mittelalters kannte er gar nicht). Ein Blättern in diesem Buch, ein kurzer Rundgang durch die Ausstellung genügen, um diese Feststellung als radikal überholt zu erweisen.

Und schließlich weicht das neue Bild auch noch in puncto Qualität ganz diametral vom alten ab. Neben den selbstverständlich und zu allen Zeiten vorhandenen einfachen Gebrauchsgläsern verfertigten die mittelalterlichen Glaskünstler in vielen Gebieten Europas (und außerhalb) technisch diffizile, höchst verfeinerte und ästhetisch reizvolle Gläser, auch diejenigen, die »abseits von den Kulturzentren der Städte, tief in den unwirtlichen Waldgebirgen hausten«[3], das beweisen z. B. die Glaskünstler, die im Four de Pérupt in den Argonnen zarte und subtil gemusterte Stengelgläser produzierten (vgl. S. 31 ff.). Im Grunde müßte diese neue und noch keineswegs ins allgemeine Bewußtsein gedrungene Erkenntnis ein Gemeinplatz sein. Eine hochstehende Produktion auch von Hohlglas ist genau das, was man in der Zeit der Staufer, der Parler etc. erwarten müßte. Es wäre im Gegenteil höchst seltsam und unverständlich, wenn die Kunsthandwerker jener Zeit auf allen anderen Gebieten erlesene Werke schufen, einschließlich anderer Bereiche der Glasbearbeitung wie Glasfenster und Email, und nur bei den Glasgefäßen völlig unfähig und auf Importe angewiesen waren.

Wie erwähnt ist der Prozeß der Wiederentdeckung des mittelalterlichen Glases noch bei weitem nicht abgeschlossen und das Puzzle noch sehr lückenhaft. Aber wann wird es je vollendet sein? Es schien jetzt an der

Zeit, mit Buch und Ausstellung eine Zwischenbilanz zu ziehen, einen gewissen Überblick über das zur Zeit bekannte Material zu geben sowie den derzeitigen Wissensstand wie auch die Wissenslücken und Forschungsdesiderate aufzuzeigen.

Eine ganz kurze Skizze der Forschungsgeschichte sei vorangestellt. Die ersten Arbeiten, in denen ausführlicher auf mittelalterliches Glas eingegangen wird, erschienen vor etwas mehr als hundert Jahren: Albert Ilg, Geschichte des Glases in kunstindustrieller Hinsicht (1874), Carl Friedrich, Die altdeutschen Gläser (1884), Gerspach, L'art de la verrerie (1885). Generell enthalten diese frühen Publikationen vor allem eine Fülle von interessanten Quellenzitaten (leider oft ohne genügenden Nachweis) mit Details zur Glasproduktion, zu Hütten und Handelsbeziehungen sowie auch darauf beruhende Überlegungen, sie können dagegen nur auf ein Minimum an tatsächlich erhaltenen Gläsern verweisen. Obgleich aber für sie die Produkte nicht recht faßbar waren, sind sich doch die älteren Autoren einig in der Vorstellung, daß die Glasproduktion in unseren Landen im Mittelalter kontinuierlich durchlief. Während man aber – chauvinistisch oder unbefangen aufgrund der Quellenerwähnungen – im späten 19. Jahrhundert der einheimischen Glasproduktion noch allerlei zutraute (z. B. die Hedwigsgläser, vgl. S. 84), kam dann zu Anfang unseres Jahrhunderts die abwertende Vorstellung vom völligen Niedergang oder Verschwinden der Glaskunst im Mittelalter und von den primitiven Neuanfängen gegen Ende des Mittelalters auf.

Dieses pessimistische Bild ging nunmehr offenbar mehr von den nur so spärlich vorhandenen Gläsern aus als von den Schriftquellen. Zu Anfang des Jahrhunderts tauchte auch schon der Gedanke von der ›Schuld‹ der Kirche an diesem Niedergang auf, der dann so beharrlich bis in die neuere Allgemeinliteratur wiederholt wird[4]. So schrieb Robert Schmidt in seinem zum Klassiker der Glasliteratur gewordenen Buch ›Das Glas‹[5]: »Die mit der Karolingerzeit einsetzende ausgesprochen kirchliche Kultur ließ eine reichere Entwicklung profanen Kunstgewerbes nicht zu, und da die Kirche selbst nun auch keinen Bedarf an Hohlglas mehr hatte, sank Form und Technik auf ein recht niedriges Niveau herab.« Obgleich er selbst nicht annahm, die Hohlglasproduktion habe in der Folgezeit völlig aufgehört, griff er in seiner Glasgeschichte die Entwicklungslinie der deutschen Gläser erst wieder im 15. Jahrhundert auf.

Knapp ein Jahrzehnt später erschien dann Franz Rademachers Buch »Die deutschen Gläser des Mittelalters« (1933), das Standardwerk zu diesem Thema, das außerordentlich verdienstvoll und wichtig, in vieler Hinsicht auch heute noch unentbehrlich ist, aber in mancher anderen Hinsicht auch einfach überholt. Nach mehr als fünfzig Jahren mit einer stürmischen Entwicklung gerade auf dem Gebiet der Mittelalterforschung ist das weder ein Wunder noch eine Schande. Da Rademachers Buch aber immer noch die einzige zusammenfassende Publikation zum deutschen Glas jener Zeit ist und insofern weiter als kanonisches Nachschlagewerk benutzt wird (vor allem im Ausland, wo einzelne Fachzeitschriften schwer greifbar sind), stellt es heute geradezu eine gewisse Gefahr dar. Bei unkritischer Benutzung wird dadurch ein schiefes oder zum Teil völlig falsches Bild fixiert, und gewisse Irrtümer pflanzen sich ständig weiter fort.

Rademacher hat für sein Buch eine sehr große Fülle von Schriftquellen ausgewertet (in dieser Hinsicht bleibt es immer noch eine Fundgrube). Er hat auch – ein Vorteil seiner Herkunft von der Kunstgeschichte – außerordentlich viele Bildquellen aufgespürt, in denen Gläser wiedergegeben sind. Allerdings fließen diese Bildquellen erst reichlicher seit dem 14./15. Jahrhundert, seit dem Aufkommen einer naturalistischeren Darstellungsweise. Nicht zuletzt hatte er einen vorzüglichen Überblick über die in Deutschland vorhandenen Gläser des Mittelalters. Aber: er traf daraus für sein Buch eine Auswahl, die fast nur intakte oder annähernd komplette Stücke zeigt. Dadurch ergibt sich von selbst eine gewisse Verzerrung, eine Toplastigkeit zugunsten des späten Mittelalters. Und der zweite besonders kritische Punkt bei seiner Auswahl ist seine bewußte Beschränkung auf die deutschen Gläser des Mittelalters, d.h. auf solche Gläser, bei denen er als sicher annahm, daß sie in Deutschland entstanden seien. Da wir heute noch (oder heute erst recht) die Frage der Herkunftsbestimmung als eine der schwierigsten innerhalb der Forschung zu mittelalterlichem Glas ansehen, wissen wir, daß seine Auswahl vielfach subjektiv war und von einem vorgefaßten Bild ausgehen mußte. Bedenklich ist dabei nicht das, was er auswählte, sondern das, was er ausließ bzw. unterdrückte, obgleich er es bei der Durchsicht von Depotbeständen gesehen haben muß.

Insgesamt entwarf Rademacher ein Bild, das dem in Robert Schmidts großem Überblick zur Glasgeschichte recht ähnlich ist: Er rechnete mit einem Niedergang der Glaskunst in karolingischer Zeit, mit primitiven Neuanfängen im 13. Jahrhundert und einer im

14. Jahrhundert einsetzenden »Aufwärtsentwicklung, die am Ende des Mittelalters reiche Früchte trägt«[6]. So datiert er auch den bei weitem überwiegenden Teil seines Materials ins 15. oder frühe 16. Jahrhundert. Eine Diskrepanz dieser Vorstellung der Entwicklung zu den vielen Quellen, die eine Glasproduktion in früherer Zeit belegen (und die er selbst zitiert), blieb ungelöst.

Mit diesem großen Buch schien das Thema (auch für den Verfasser) endgültig abgehandelt. Es ist symptomatisch, daß nach dreißig Jahren ein unveränderter Nachdruck erschien.

›Nach Rademacher‹ begann dann allmählich die Zeit der tiefergehenden Detailforschung zum mittelalterlichen Glas. Es sammelte sich daraus ein enormer Fundus an Einzelerkenntnissen an, die aber meist nicht über ein engeres Fachpublikum hinausdrangen und insofern am Gesamtbild vom mittelalterlichen Glas noch wenig verändert haben. – Aus der Zeit vor dem Krieg ist noch vor allem eine Publikation als besonders wichtig hervorzuheben: Holger Arbmans Buch ›Schweden und das karolingische Reich‹ (1937), in dem erstmals die karolingerzeitliche Glasproduktion eine nähere Würdigung erfuhr und in dem mit der ersten ausführlichen Vorstellung der Gläserfunde aus Gräbern der Wikinger-Handelssiedlung Birka die Existenz einer hochstehenden Glasproduktion in jener Zeit bewiesen war (vgl. Kat. Nrn. 2, 11, 15, 31)[7].

Eine völlig neue Situation ergab sich nach dem Zweiten Weltkrieg, als im Zusammenhang mit den Kriegszerstörungen und dem Wiederaufbau eine eigentliche Mittelalterarchäologie erst ihren Anfang nahm. In den fünfziger Jahren erschienen noch einmal zwei große regionale Glasgeschichten mit wichtigen Kapiteln zum Glas im Mittelalter, die von James Barrelet »La verrerie en France« (1953) und von Raymond Chambon »Histoire de la verrerie en Belgique« (1955). Beide Autoren vertreten die Ansicht, es habe in ihren Ländern eine durchgängige und keineswegs besonders niedrigstehende Glasproduktion gegeben, und sie bringen dazu auch einiges neue Glasmaterial sowie neue Schrift- und Bildquellen. Abgesehen von diesen beiden Büchern setzte aber dann in den späten fünfziger Jahren allmählich, seit den siebziger Jahren gewaltig anschwellend, die Flut von Einzelpublikationen ein, in der wir heute fast unterzugehen drohen. Es erscheint eine Unzahl von größeren und kleineren Aufsätzen und Artikeln zu regionalem oder lokalem Material, zu Einzelfunden oder besonderen Gruppen, zu bestimmten Zeitabschnitten und vielerlei Detailfragen verstreut über mehr oder weniger schwer zugängliche archäologische Zeitschriften oder auch versteckt in großen Grabungspublikationen oder Katalogen. (Das Literaturverzeichnis dieses Katalogs gibt einen kleinen Eindruck von dieser Flut, obgleich es natürlich bei weitem nicht vollständig sein kann.) Mit der zunehmenden Fülle von Einzelpublikationen ist es kaum noch möglich, auch nur theoretisch auf dem laufenden zu bleiben. Und dabei ist das publizierte Material nur die Spitze des Eisbergs, der bei weitem größere Teil der ergrabenen oder sonstwie entdeckten neuen Glasfunde ist nicht veröffentlicht!

Es bleibt noch ein wenig näher zu erläutern, wie es in neuerer Zeit zu einer solchen kaum zu bearbeitenden und zu überblickenden Fülle von Material kam, während doch früher gerade der scheinbare Mangel an mittelalterlichen Gläsern zu der Vorstellung von einer jahrhundertelangen Verfallsperiode in der Glasproduktion geführt hatte.

Nachdem mit der Christianisierung die Sitte der Grabbeigaben weitgehend aufgehört hatte (mit einigen Ausnahmen in bestimmten Regionen, wie im noch heidnischen Skandinavien, in Teilen Frankreichs oder des Balkans), entfiel diese Quelle, aus der das reiche Material an römischem und fränkisch-merowingischem Glas hauptsächlich stammt. Es blieben an intakten Stücken nur wenige hochgeschätzte oder besonders kostbare Gläser übrig, die in Kirchenschätzen, weltlichen Schatzkammern oder meist adeligem Privatbesitz behütet wurden. An einfacheren Gläsern überlebten daneben fast nur solche, die als Reliquienbehälter in Altäre eingesetzt wurden und daraus erst in jüngster Zeit wieder zutage kamen (diese sind, wie viele Stücke in der Ausstellung zeigen, heute oft besonders wichtig durch mitgefundene datierende Siegel oder Urkunden). Der ganze Rest, die feinen Tafelgläser wie auch die einfachen Gebrauchsgläser, zerbrachen früher oder später und wurden dann weggeworfen. Und der ganze gewaltige Umschwung vom äußersten Mangel zum heutigen Materialreichtum ergibt sich im Grunde nur aus einer veränderten Einstellung gegenüber den Abfallgruben des Mittelalters!

Während sich die offizielle Bodendenkmalpflege dieser relativ jungen Zeitepoche nur allzu zögernd zuwandte (und besonders in Gebieten mit reichen Befunden und Funden aus älterer Zeit die mittelalterlichen Schichten immer noch wegbaggerte), waren es in vielen Fällen zunächst Privatleute, die auch mittelalterliche Glasfragmente sammelten. Gerade in der Aufbauphase nach dem Krieg, aber auch noch später in der Zeit großer Tiefbaubewegungen für U-Bahntunnel und Tiefgaragen, haben Privatleute große Mengen an Material gesammelt, das sonst unwiederbringlich verloren wäre. Zum Teil geschah dies mit stillschweigender Duldung oder gar – unter besonderen Auflagen – mit Ermutigung der offiziellen Denkmalpflege, zum Teil als eine Art Schatzgräberei bei Nacht und Nebel. Wenn aber auch das Material aus unkontrollierten Grabungen den entscheidenden Nachteil hat, daß die Stücke isoliert und die Zusammenhänge nicht nachprüfbar dokumentiert sind, so ist es deshalb doch nicht wertlos. Viele besondere Form- und Verzierungsvarianten in dieser Ausstellung konnten nur mit solchen inoffiziellen Bodenfunden (die aus Privatbesitz inzwischen oft in Museumsbesitz übergegangen sind) repräsentiert werden. – Zum Glück aber hat sich inzwischen allgemein eine positivere Einstellung gegenüber der Mittelalterarchäologie durchgesetzt, und die Bodendenkmalpflege hat sich in vielen (leider noch nicht allen) Regionen intensiv diesem lange vernachlässigten Forschungsbereich zugewandt, mit zum Teil überraschenden Ergebnissen, gerade auch für das Glas dieser Epoche. Vor allem bei Grabungen in einigen Städten sind in den letzten Jahren große Fundmengen an Glas geborgen worden, z. B. in Lübeck, Göttingen, Braunschweig und Konstanz. Aber neben den Fundgruben, die Kloaken und ehemalige Brunnen in Städten darstellen, kommt Glas zunehmend auch bei Burgengrabungen wie auch – im günstigsten Fall – bei Glashüttenplätzen zutage. Inzwischen liegt das Hauptproblem bei der Erforschung des mittelalterlichen Glases weniger im Mangel als in der großen Menge des Materials. Es fehlt den Ausgräbern in der Regel an Zeit zu einer gründlichen Bearbeitung der Funde, und es fehlt ihnen sehr oft auch (das ist kein Vorwurf angesichts der vielerlei anderen zu bearbeitenden Materialien) an den nötigen Spezialkenntnissen auf diesem diffizilen Gebiet.

In dieser Situation heute, in der der Fachmann ertrinkt in der Fülle von neuem Material und kaum überschaubaren Detailpublikationen, während der Nicht-Fachmann davon kaum etwas mitbekommt und mittelalterliches Glas weiter mit Rademachers Augen sieht, ist eine klärende Zwischenbilanz dringend erforderlich. Und die ideale Form dafür kann nur eine Ausstellung sein, in der das Material unmittelbar vor Augen steht und untereinander verglichen werden kann. Keine Zeichnung und kein Foto können je den direkten Blickkontakt zum Glas ersetzen, um einen Eindruck von der Farbe, der Konsistenz, der Art der Ausführung und den Alterungserscheinungen zu erhalten. Im Gegensatz zu vielen ›Papierausstellungen‹, bei denen der Katalog gleichwertiger (oder bequemerer) Ersatz ist, kann er in diesem Fall vor allem Zusatzinformationen liefern und Erinnerungsstütze sein.

Der Ausdruck Zwischenbilanz macht hoffentlich klar, daß hier keinerlei Anspruch auf Endgültigkeit und Vollständigkeit erhoben wird. Mit dem (naturgemäß unvollständigen) Überblick soll vielmehr gerade gezeigt werden, daß sehr viel weitere Arbeit auf diesem Gebiet nötig, aber auch lohnend ist, und es soll damit zugleich auch eine gewisse Ausgangsbasis und Hilfe für die künftige Forschung geboten werden.

Wir sind uns der vielerlei Lücken, Mängel und Schwächen bei unserer Zwischenbilanz wohl bewußt (siehe Motto) – der Lücken, die zum Teil allgemeine Wissenslücken und zum Teil unsere ganz persönlichen sind und die schließlich auch durch allerlei äußere Umstände aufgezwungen wurden. Abgesehen vom beschränkten Raum an Ausstellungsfläche und zwischen den Deckeln eines Katalogs lag diese Einschränkung vor allem in der knappen Vorbereitungszeit. Obgleich die Ausstellung natürlich mit großer Intensität vorbereitet wurde, sind doch einfach der Schaffenskraft von zwei Bearbeitern bei der Lösung der damit verbundenen wissenschaftlichen und vor allem auch der vielerlei praktisch-organisatorischen Probleme (die normalerweise bei einem ähnlichen Unterfangen von einem großen Team bearbeitet werden) Grenzen gesetzt.

Trotz aller Einschränkungen bringt aber die Zwischenbilanz erstaunliche Ergebnisse. Wie erwähnt, zeichnet sich das neue Bild vom mittelalterlichen Glas durch die ungeahnte Fülle des Materials, durch den Reichtum an neuen Formen und Verzierungen wie auch durch die oft sehr hohe ästhetische und technische Qualität der Stücke aus. All dies war nur durch eine möglichst breite Präsentation von möglichst viel Material (einschließlich Fragmenten) anschaulich zu machen. Neben vielen von Rademachers Tafeln bekannten Stücken galt es vor allem die ganze Vielfalt der Neufunde vor Augen zu führen, die die Hauptzüge des neuen Bildes bestimmen. Viele von diesen neuen Bodenfunden sind bisher nur aus schematischen Abbildungen bekannt, ein weiterer großer Teil ist überhaupt unveröffentlicht und kommt sozusagen frisch aus der Kloake (via Werkstätten) in die Vitrine. Um noch einmal auf das früher gebrauchte Bild vom Riesenpuzzle zurückzukommen: sehr vieles von dem neuen Material hat noch keinen richtigen Anschluß im Gesamtbild. Wir haben uns aber bemüht, die Teilchen soweit wie möglich zusammenzufügen, d. h. das Mate-

17

rial so sinnvoll und übersichtlich wie möglich zu gruppieren und jeweils alle verfügbaren Anhaltspunkte für eine Eingrenzung der Entstehungszeit und des Entstehungsgebiets anzuführen. Bei manchen Stücken fehlen solche Anhaltspunkte ganz – wir wollten sie aber trotzdem nicht unterschlagen, sondern mit zur Diskussion stellen. Die Versuchung ist groß, Unbekanntes und Undefinierbares einfach wegzulassen, aber gerade das hat in der Vergangenheit wesentlich zu einer Verzerrung des Bildes beigetragen.

Schließlich haben wir uns auch bemüht, weitergehende Schlußfolgerungen nur dann zu ziehen, wenn wirklich ausreichende Argumente vorhanden sind. Das Hauptproblem der Forschung zu mittelalterlichem Glas besteht zur Zeit noch eher darin, sich von dem alten, fest ins Bewußtsein eingeprägten Bild zu lösen. Gleichzeitig muß man sich bis auf weiteres hüten, Einzelzüge des neuen Bildes vorschnell zu fixieren. In der derzeitigen Umbruchsituation, während täglich neues Material und neue Fakten bekanntwerden, gilt es, sich von vorgefaßten Meinungen weitmöglichst freizuhalten und sich dem Neuen möglichst unbefangen zu stellen.

Die Basisfragen zur Einordnung eines Objektes im Bereich von Archäologie und Kunstgeschichte betreffen zunächst Zeit und Ort seiner Entstehung. Wie die vielfach nur sehr vagen Angaben zu diesen Punkten in den Katalogtexten zeigen, sind konkrete Antworten zu diesen scheinbar einfachsten Fragen nur selten möglich.

Methodisch sind für die Datierung von Gläsern nur relativ wenige Möglichkeiten gegeben. Der Idealfall einer festen Datierung (wie bei anderen Kunstwerken oder Objekten durch Inschriften oder Urkunden möglich) entfällt bei mittelalterlichem Glas völlig. Im günstigsten Fall gibt es ein Fixdatum, meist einen terminus ante quem, etwa durch ein Baudatum oder durch das Siegel bzw. die Urkunde bei einem Reliquienglas. Eine weitere Möglichkeit der zeitlichen Eingrenzung, die erst durch die Mittelalterarchäologie der neueren Zeit hinzugekommen ist, ergibt sich aus der Fundlage (Stratigraphie) oder durch die ›Vergesellschaftung‹, d. h. die Registrierung von Beifunden, die zum Teil (Münzen, Keramik) besser datierbar sind. Da aber ein Großteil der Glasfunde aus Kloaken stammt, in denen vielfach Material aus einem sehr langen Zeitraum ohne Stratigraphie enthalten ist (durcheinander geraten in dem halbflüssigen Inhalt und bei wiederholtem Ausleeren), entfällt auch diese Datierungsmöglichkeit oftmals. Sie ist nur dann gegeben, wenn eine relativ kurze Benutzungsdauer einer Abfallgrube erkennbar ist oder wenn sich bei bestimmten Bedingungen doch deutliche Fundschichten unterscheiden lassen. Die letzte Möglichkeit zu einer annähernden Datierung von Glas, und die einzige für einen sehr großen Teil des ohne Fundzusammenhang überkommenen Materials, ist die kunsthistorische Methode des Vergleichs mit in Form und Verzierung ähnlichen Stücken, die mit besseren Datierungshinweisen verbunden sind, gelegentlich auch durch den Vergleich mit bildlichen Darstellungen in Gemälden, Miniaturen etc. Diese Datierungsweise wird beim mittelalterlichen Glas erschwert durch den Mangel an gut datierten Vergleichsstücken, oder auch heute noch durch das völlige Fehlen von Parallelen. Dazu kommt die Schwierigkeit, daß wir kaum je abschätzen können, wie lange ein bestimmter Typ in Mode blieb (›Laufzeit‹), und ob die innerhalb dieses Typs nachweisbaren Varianten (zeitlich) nebeneinander oder nacheinander hergestellt wurden. Alle diese Datierungsschwierigkeiten werden sich erst verringern, wenn mehr Material und mehr Fakten dazu angesammelt und ausgewertet sind.

Fast noch größere Schwierigkeiten als die Datierung macht die Bestimmung der Herkunftsgebiete. Der Idealfall dafür ist es, wenn Fragmente in situ an einem Hüttenplatz gefunden werden. Das trifft aber natürlich nur für einen verschwindend geringen Teil des Materials zu. Die archäologischen Untersuchungen mittelalterlicher Glashütten haben erst in jüngster Zeit und nur in wenigen Gebieten einigermaßen systematisch eingesetzt (in Deutschland etwa im Spessart und im Gebiet Weserbergland und Kaufunger Wald, in Frankreich in den Argonnen und in Südfrankreich), während große Landstriche, für die aufgrund von Schriftquellen oder allgemeinen Überlegungen mittelalterliche Glashütten vorauszusetzen sind, noch terra incognita sind (z. B. das Rheinland). Zudem sind die Funde von solchen Hüttenplätzen meist bei weitem spärlicher und fragmentarischer als das Material aus Abfallgruben. – Eine weitere methodische Möglichkeit ist eine Wahrscheinlichkeitsrechnung anhand der Häufung von bestimmten Funden in bestimmten Gebieten und anhand des Fehlens anderswo. Diese statistische Methode kann aber zur Zeit nur mit sehr großen Vorbehalten angewendet werden, weil im Grunde das Material meist noch nicht ausreicht. Einerseits ist der Forschungs- bzw. Publikationsstand in den verschiedenen Ländern und Regionen außerordentlich unterschiedlich – viele scheinbare Fundlücken sind möglicherweise Forschungslücken –, andererseits kommen täglich neue Funde ans Licht, so daß jede Verbreitungskarte binnen kürzester Zeit überholt oder jedenfalls ergänzungsbedürftig ist. – Hinzu kommt, daß gerade beim Material Glas vielfach mit langen Handelswegen gerechnet wird, ohne daß man über die Produktion in dem hypothetischen Herkunftsgebiet (›Naher Osten‹, ›Venedig‹), über die konkreten Handelsbeziehungen oder über vielerlei Zwischenmöglichkeiten oder Alternativen wie die Übermittelung von ›know-how‹, die Mobilität von Glasmachern oder den Handel mit Rohstoffen oder Glasrohmasse mehr als sporadische Details kennt.

Um ein konkretes Beispiel zu den Schwierigkeiten bei der Herkunftsbestimmung anzuführen, sei hier kurz auf die Gruppe der farblosen, oft blau verzierten Gläser des 13./14. Jahrhunderts eingegangen. – Im alten Bild vom mittelalterlichen Glas gibt es drei Axiome: 1. Im Mittelalter konnte nördlich der Alpen kein farbloses Glas hergestellt werden. 2. Farbloses wie überhaupt alles feinere Glas ist im Mittelalter jeweils Import aus dem ›Nahen Osten‹, dem ›Mittelmeergebiet‹ (gemeint ist meist Italien) oder aus ›Venedig‹. 3. Im Mittelalter wurde im Süden, d.h. im Mittelmeergebiet Sodaglas, im Norden ausschließlich Pottascheglas hergestellt. – Gegen das erste Axiom sprechen eine ganze Reihe von Indizien, u.a. auch die farblosen Partien in Kirchenfenstern (die inkonsequenterweise niemand für Import hält). Einen konkreten Gegenbeweis bilden auch die weitgehend oder ganz farblosen böhmischen Gläser mindestens schon im 14. Jahrhundert – man vergleiche auch die farblosen Glasreste von der Hütte Moldava (S. 34). Es ist in diesem Zusammenhang auch noch einmal daran zu erinnern, daß es bei der Herstellung von farblosem Glas keine Rolle spielt, ob Soda oder Pottasche als Flußmittel verwendet wird. Die durch den natürlichen Eisengehalt der Rohstoffe bewirkte grünliche oder gelbliche Färbung der Glasmasse konnte durch den Zusatz von Mangan (Braunstein) mehr oder weniger vollständig aufgehoben werden. – Die These von der Herkunft aus dem Nahen Osten, die etwa noch für Rademacher als selbstverständlich galt, ist inzwischen weitgehend fallengelassen worden. Soweit wir überhaupt einen Einblick (sicherlich keinen Überblick!) über mittelalterliches Glas im Nahen Osten haben, gibt es dort insgesamt ein deutlich anderes Formen- und Verzierungsspektrum, wenn auch gelegentlich Einzelmotive ähnlich sind. (Die Frage nach den Anregungen und Beeinflussungen aus diesen Regionen steht auf einem anderen Blatt.) Die Beweisführung für eine vage Herkunft aus dem Mittelmeergebiet krankt daran, daß das Vergleichsmaterial aus Italien noch recht spärlich ist (zumindest das publizierte), daß vor allem kaum Hüttenfunde der entsprechenden Zeit bekannt sind und daß sich viele der neuerdings veröffentlichten Funde z.B. aus Tarquinia und Farfa[8] deutlich in der Glasbeschaffenheit wie auch in Form und Verzierung von den farblosen Gläsern nördlich der Alpen unterscheiden. Die Zwangsvorstellung schließlich, alles gute und feine Glas müsse aus Venedig kommen, ist entstanden im Rückblick von der Hochblüte venezianischer Glaskunst in der Renaissance und durch eine exzeptionell gute Quellenlage, aus der venezianische Glasproduktion und einige Details dazu seit dem 13. Jahrhundert belegt sind. Aber natürlich geben urkundliche Erwähnungen von Glasmachern keinerlei genauere Vorstellung von der Art der Produkte – und mittelalterliche Glasfunde aus Venedig fehlen bisher so gut wie ganz.

Beim Punkt Sodaglas ist daran zu erinnern, daß bis etwa um 1000 n. Chr. Sodaglas im Norden nachzuweisen ist (das bisher nie als Import aus dem Mittelmeergebiet angesehen wurde), daß seit dem 10. Jahrhundert daneben auch Pottascheglas aufkam. Es will nicht einleuchten, warum man für die folgenden Jahrhunderte kategorisch ausschließt, daß nördlich der Alpen neben Pottascheglas weiterhin auch Sodaglas hergestellt wurde, entweder mit Hilfe von importiertem Soda oder (weit unwahrscheinlicher) auch von importierter Glasrohmasse. Daß man wahrscheinlich innerhalb eines Großraums verschiedene Glasrezepturen kannte und verwendete, beweisen die Bleiglasgefäße, die bisher ausschließlich in der Pottascheglas-Hemisphäre gefunden und höchstwahrscheinlich hergestellt wurden[9]. – Einige wenige Nuppengläser von deutschen Fundorten, die bisher analysiert wurden, haben sich als Sodagläser erwiesen, und zwar sowohl völlig farblose als auch hell blaugrüne vom ›Schaffhauser Typ‹[10], die man bisher innerhalb der typologischen Reihe der Nuppengläser als die erste Stufe der einheimischen Produktion ansah (und damit unterschwellig als Pottaschegläser). Letztlich geben diese wenigen stichprobenartigen Analysen noch keinerlei Aufschluß zu einem Herstellungsgebiet.

Das zur Zeit bekannte Glasmaterial zum 13. und frühen 14. Jahrhundert erlaubt bisher noch keinen positiven Gegenbeweis gegen die These, feines farbloses Glas im deutsch-schweizerischen Raum sei stets Import, da Hüttenfunde dieser Art aus unseren Regionen fehlen. Aber es legt doch einige Skepsis nahe. Die reichen südfranzösischen Funde (auch von Hüttenplätzen) beweisen, daß qualitätvolles farbloses Glas keineswegs nur in Italien/Venedig hergestellt wurde, sondern zumindest daneben auch in Südfrankreich, höchstwahrscheinlich aber auch noch in anderen Regionen. Daß eine dieser weiteren Herstellungsregionen auch der süddeutsch-schweizerische Raum gewesen sein könnte, dafür sprechen sowohl die Menge derartiger Funde in diesem Gebiet als auch sich abzeichnende regionale Besonderheiten. Die Quantität an Fragmenten farbloser und blaß blaugrüner Gläser im Raum Schweiz-Süddeutschland ist inzwischen so groß, daß die Vorstellung, sie seien allesamt über weite Entfernungen herangeschafft worden, zweifelhaft erscheint. (Die Kapazität venezianischer Glashütten allein wäre mit diesen Mengen allemal überfordert!) Außerdem kommen im Fundmaterial nördlich der Alpen einige besondere Form- und Dekorvarianten vor, die bisher weder in Italien noch in Südfrankreich (oder gar auf dem Balkan) gefunden wurden, z. B. die Schlaufenfadenbecher (vgl. Kat. Nrn. 155-159). Andererseits fehlen hierzulande Typen oder Verzierungsmotive, die in Frankreich oder Italien nachzuweisen sind. Ein weiteres Indiz für eine eher regionale Produktion ist die Tatsache, daß im Fundmaterial mancher Gebiete farblose Gläser des 13. bis frühen 14. Jahrhunderts bisher gänzlich fehlen, z. B. im nördlichen Frankreich, in Belgien und Holland. Wenn solche Gläser international begehrte Luxusgläser aus Italien/Venedig gewesen wären, warum bezog man sie dann nicht z. B. auch in Paris und Saint-Denis?

Diese komplizierten Überlegungen sollen nur an einem Beispiel demonstrieren, wieviele Fragen noch offen sind und wieviel Arbeit noch zu leisten ist, bevor das Bild sich hoffentlich klärt. Diese zukünftige Arbeit ist einerseits innerhalb der Fachrichtung der Archäologie zu leisten, andererseits bedarf es jetzt auch einer interdisziplinären Zusammenarbeit. Zur Lösung vieler Glasprobleme sind z. B. gezielte Studien zur Wirtschaftsgeschichte nötig, lokale Archivstudien, sowie die Mithilfe von Paläographen, Heraldikern etc., und last not least von Naturwissenschaftlern. Allerdings ist davor zu warnen, zu hohe Erwartungen an die absolute Beweiskraft naturwissenschaftlicher Ergebnisse (z. B. chemischer Analysen von Glasmassen) zu stellen. Auch hier bedarf es für stichhaltige Schlußfolgerungen noch einer sehr viel breiteren Basis an (nach denselben Methoden durchgeführten) Untersuchungen als sie bisher vorhanden ist, neben genauen Überlegungen zu den Aussagemöglichkeiten der Analysen überhaupt.

1 Schlosser (1965), S. 68.
2 Robert Schmidt, Die Gläser der Sammlung Mühsam (Neue Folge), Berlin o. J. [1926], S. 13.
3 Robert Schmidt, wie Anm. 2.
4 So z. B. noch bei Clementine Schack, Die Glaskunst, München 1976, S. 47.
5 Schmidt (1912a, 1922²), S. 33.
6 Rademacher (1933), S. 129.
7 Arbman (1937), S. 71 ff., wendet sich auch ausdrücklich gegen Rademachers abwertendes Bild von der Glasproduktion in karolingischer Zeit.
8 Tarquinia: Whitehouse (1987), Farfa: Newby (1987).
9 Bleiglasgefäße völlig anderer Form kamen auch im Nahen Osten vor – dort dann parallel zu den üblichen Sodagläsern.
10 Die Ergebnisse der Analysen einiger Gläser vom Nürnberger Weinmarkt bei Baumgartner (1985), S. 171 (davon die Nrn. IC 4 und 17 farblos, IC 35 blaß blaugrün). – Analysen von farblosen und leicht blaugrünen Nuppenbechern aus Freiburg und Breisach bei: Joachim Leiber, Wolfgang Czygan und Hansjosef Maus, Nuppenbecher aus Breisach und Freiburg im Breisgau und weitere ausgewählte Glasfunde, Teil II: Chemische Untersuchungen der Gläser und Auswertung der Analysenergebnisse, in: Zeitschrift für Archäologie des Mittelalters 13, 1985 (1987), S. 93-108. Die Stücke Nr. 23-32 der Tabelle 1 auf S. 96 leicht grünlich. – Die Schlußfolgerung der Autoren, aufgrund einer allgemein ähnlichen Glaszusammensetzung bei diesen und einigen Stücken (und Tiegelresten viel früherer Zeit) vom ›Balkan‹ müßten diese süddeutschen Gläser vom Balkan stammen, ist so unwahrscheinlich, daß sie aufgrund dieser spärlichen Beweisführung keineswegs akzeptiert werden kann.

Hüttenfunde

Wie schon kurz bei den methodischen Möglichkeiten zur Herkunftsbestimmung mittelalterlicher Gläser erwähnt, sind zur Lösung dieser ganz besonders diffizilen Frage letztlich allein Funde aus Glashüttenzusammenhang beweiskräftig. Nur durch die systematische Untersuchung von möglichst vielen Hüttenplätzen ist daher eine Ausgangsbasis von Material mit gesicherter Herkunft zu gewinnen, das bei der Einordnung von Funden aus anderen Zusammenhängen helfen kann. Aber selbstverständlich erschöpft sich der Wert von Hüttengrabungen nicht allein darin, mindestens ebenso wichtig sind die Aufschlüsse zum Glashüttenwesen allgemein, zur Anlage und Organisation eines Hüttenbetriebs, zu Standortbedingungen, Absatzwegen und vielem anderen.

Lange Zeit ging man davon aus, daß bei Grabungen an Hüttenplätzen so gut wie keine Reste von Produkten der Hütte zu erwarten seien, weil angeblich aller Glasbruch sorgfältig gesammelt und wieder eingeschmolzen wurde[1]. Inzwischen hat sich aber gezeigt, daß das für die meisten mittelalterlichen Hütten entschieden nicht zutrifft, in vielen Fällen gibt es große Abfallgruben oder ganze Abfallhalden, in denen neben Asche, zerbrochenen Tiegeln, Werkzeugen und Produktionsabfällen auch reichlich Scherben von zerbrochenen oder mißratenen Gläsern zu finden sind. (Es wäre viel zu aufwendig gewesen, sämtliche Abfälle und auch kleinere Scherben jeweils aufzulesen!) Obgleich die Hohlglasfragmente in diesem Abfall meist relativ klein und oft auch schlechter erhalten sind als vielfach Funde aus Brunnen oder Kloaken, erlauben sie doch zusammengenommen meist eine recht gute Vorstellung vom Spektrum der Hüttenprodukte.

Eine Chance, mittelalterliche Glashüttenplätze zu finden, besteht hauptsächlich in alten Wald- oder Rodungsgebieten. Sie sind gelegentlich durch urkundliche Erwähnungen in etwa zu lokalisieren, daneben vielfach durch alte Flurnamen nachzuweisen, letztlich aufzufinden aber nur durch intensive Geländebegehungen, unter Beachtung der natürlichen Standortbedingungen[2]. Gerade für das Aufspüren der Hüttenplätze kommt das Hauptverdienst meist interessierten Forstbeamten oder Lokalforschern zu[3].

Hüttengrabungen spielen im Programm der offiziellen Bodendenkmalpflege bestenfalls eine sehr untergeordnete Rolle. Das liegt zum Teil wohl an einem mangelnden Problembewußtsein, hauptsächlich aber daran, daß die knappen Geldmittel und Arbeitskräfte fast ausschließlich bei Notgrabungen eingesetzt werden, kurz vor einer bevorstehenden Vernichtung von Bodendenkmälern durch irgendeine Baumaßnahme. Grabungen an nicht akut gefährdeten Stellen mit einer vorwiegend wissenschaftlichen Fragestellung (von den Bodendenkmalpflegern mit gewissem Neid als Lustgrabungen bezeichnet im Gegensatz zum täglichen Brot ihrer Not- und Rettungsgrabungen) werden fast nur im Rahmen spezieller Forschungsprogramme durchgeführt, oft in Verbindung mit einer Universität oder auf freiwilliger Basis von interessierten Privatleuten, die zum Teil fachliche oder auch finanzielle Unterstützung von seiten der Bodendenkmalpflege erhalten.

Es ist allerdings häufig ein Trugschluß, daß die Waldglashütten nicht gefährdet seien. Auch in den abgelegensten Wäldern werden durch Waldarbeiten, Wegebau, Drainagen, neuerdings sogar durch Wiederaufforstung im Zusammenhang mit dem Waldsterben (so z.B. im Erzgebirge) zahlreiche Hüttenplätze unwiederbringlich zerstört. Ein besonderes Plädoyer für verstärkte und planmäßige Hüttengrabungen ist deshalb sicher angebracht, auch weil die Forschung zum mittelalterlichen Glas so lange zurückgestanden hat und so besonders großen Nachholbedarf hat.

Im folgenden wird von einigen wenigen ergrabenen Hüttenplätzen verschiedenen Alters und aus verschiedenen Regionen jeweils eine kleine Auswahl von Funden vorgestellt: Werkzeuge, Abfälle vom Herstellungsprozeß wie von den Produkten. Ergänzend zu der großen Übersicht im Hauptteil des Katalogs soll dieses Material auch einen kleinen Einblick in die Produktion der mittelalterlichen Gläser geben.

1 Siehe z.B. Rademacher (1933), S. 28.
2 Siehe dazu exemplarisch (mit vielen weiterführenden Literaturhinweisen) Krimm (1986).
3 So z.B. für den Spessart Forstdirektor Gerhard Kampfmann (Schöllkrippen) und Forstoberinspektor Ernst Tochtermann (Bischbrunn), für den Hils Herbert Six (Grünenplan) und für die Argonnen François Jannin (Clermont-en-Argonne).

Mittelalterliche Glashütte, Miniatur als Illustration zu der Reisebeschreibung des Sir John Mandeville, frühes 15. Jh., The British Museum London, Add. Ms. 24189, fol. 16

Korinth

Bei systematischen Grabungen zur Erforschung des mittelalterlichen (damals zum byzantinischen Reich gehörigen) Korinth, die seit den 1930er Jahren von der American School of Classical Studies in Athen durchgeführt wurden, entdeckte man 1937 die Reste zweier Glashüttenbetriebe. Diese lagen in weniger als hundert Metern Entfernung voneinander am mittelalterlichen Marktplatz. Während bei der sogenannten South Center factory neben zahlreichen Produktionsresten auch Gebäudeteile und die Grundmauern eines Fritte-Ofens gefunden wurden, barg man bei der sogenannten Northeast factory ausschließlich Tiegelreste, Abfälle vom Herstellungsprozeß und von Fertigprodukten. Aufgrund u. a. von Münzfunden und Keramik konnte man die Wirkungszeit dieser Glaswerkstätten ins 11./12. Jahrhundert festlegen. Man nahm zunächst an, daß die Eroberung und Plünderung Korinths durch die Normannen 1147 diesem Wirken ein Ende machte, rechnet aber inzwischen doch mit einer Fortführung der Produktion bis ins späte 12. Jahrhundert.

Die Entdeckung dieser beiden Glaswerkstätten war und ist von eminenter Wichtigkeit aus verschiedenen Gründen: Es waren die ersten mittelalterlichen Glashüttenplätze, die bei einer kontrollierten Grabung freigelegt wurden, die frühesten, die man einigermaßen sicher datieren kann und damals die einzigen innerhalb des byzantinischen Reichs. Die sehr zahlreichen Funde

3

von Glasfragmenten (Hohlglas und auch Glasschmuck) geben einen guten Eindruck vom Spektrum der dort hergestellten Gläser und erweitern damit schlagartig die spärlichen Kenntnisse vom Glas im mittelalterlichen byzantinischen Reich. In den Jahrzehnten nach der Entdeckung der Werkstätten in Korinth erlangten diese Funde darüber hinaus zunehmende Bedeutung auch im Zusammenhang mit mittelalterlichem Glas in Europa, nachdem nämlich einige der in Korinth besonders häufigen Glastypen in sehr ähnlicher Form auch auf dem Balkan und in Italien, schließlich in zunehmender Menge auch nördlich der Alpen entdeckt wurden. Diese zukunftsträchtigen Typen unter dem Material von den Korinther Hütten sind die Nuppenbecher, die Rippenbecher sowie kleine konische Becher mit optisch geblasenen Mustern und bestimmte Flaschenformen. All diese Gläsertypen sind in den letzten Jahrzehnten und Jahren auch in unseren Regionen gefunden worden, in Kontexten etwas jüngerer Zeit (13. bis frühes 14. Jahrhundert). Bei den Überlegungen zur Herkunft dieser Glastypen (Herkunft sowohl im Sinne von Herstellungsgebiet als auch von Quelle der Anregung) bilden also immer wieder die Funde aus Korinth als die frühesten bisher bekannten dieser Art den Ausgangspunkt.

Die Ausstellung bietet nun erstmals die Gelegenheit, eine kleine Auswahl dieser berühmten Funde[1] mit Ma-

2

HÜTTENFUNDE

4

5

6

7

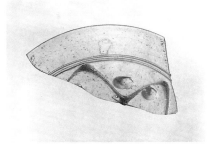

8

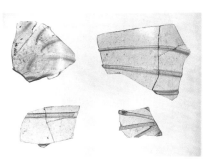

9

10

11

12

13 14 15

terial aus dem deutsch-schweizerischen Raum und auch mit einigen Stücken aus Italien vergleichen zu können.

Da ist zunächst ein Sortiment von Produktionsabfällen (Abb. 2, 3), die einen Überblick über die häufigsten Glasfarben geben. Diese reichen von völlig farblosem Glas über blaßgrünliche, grüne und gelb-bräunliche Töne bis hin zu (hier nicht vertretenen) opaken farbigen Glasmassen.

Die Gefäßfragmente lassen sich aus unserem Blickwinkel in zwei große Gruppen aufteilen: Gläser, die keine Entsprechungen im mittelalterlichen Glasfundmaterial nördlich der Alpen haben, und solche, zu denen es in unseren Regionen mehr oder weniger enge Parallelen gibt.

Zur ersten Gruppe zählen z.B. die Gläser auf kurzem massiven Stiel und flachem Fuß[2] (Abb. 4, 5), auch das Lampenunterteil mit dem weitgehend massiven Schaft und kugeliger Verdickung unten (Abb. 6) gehört einem ausgesprochen byzantinischen Typ an, der bei uns keine Nachfolge fand[3]. Ebensowenig können wir zu den beiden Schalenfragmenten[4] (Abb. 7, 8) direkte Verwandte aus unserem Material anführen. Vage vertraut wirken die Flaschenfragmente[5] (Abb. 9-12). Flaschen mit Rippenverzierung, mit einem gestauchten ›Kropf‹ am Hals und mit wulstartig verdickter oder konkav ausschwingender Lippe wurden auch bei uns (wie auf dem Balkan und in Italien) gefunden, vgl. z.B. Kat. Nrn. 304, 308, 310. Nicht präsent in dieser Auswahl, wohl aber im Gesamtfundmaterial von Korinth, sind Flaschen mit einem hohlen inneren Stauchungsring, die in verschiedenen Varianten auf dem Balkan und in unseren Regionen schon (mindestens) seit dem 13. Jahrhundert vorkommen (vgl. z.B. Kat. Nrn. 296f.), und die in Deutschland in den doppelkonischen Flaschen ein Nachleben bis ins 17. Jahrhundert hatten.

Dünnwandige kleine konische Becher mit form-

16 17 18

geblasenen Mustern waren ganz besonders häufig unter den Funden beider Hütten in Korinth, sie sind hier wenigstens in drei Fragmenten vertreten[6] (Abb. 13-15), die ein Rippen-, Fischgrät- bzw. Rautenmuster zeigen. Diese Becherform und Art der Verzierung ist im Fundmaterial des 13. bis 14. Jahrhunderts aus ganz

19

verschiedenen Regionen nachzuweisen, z. B. in Südfrankreich, in Italien und ebenso auch nördlich der Alpen, vgl. Fragmente aus Murano und Tarquinia (S. 40, 45, Abb. 41, 44) und aus Freiburg (S. 49). Es ist aber festzuhalten, daß ausgerechnet das bei uns häufigste Muster aus kleinen runden Vertiefungen (vgl. Kat. Nrn. 218 f.) im Material von Korinth zu fehlen scheint. Ganz besonders interessant im Vergleich zu zahlreichen Stücken unserer Ausstellung sind die Fragmente von Rippen- und Nuppenbechern.

Die Rippenbecher – hier mit zwei Fragmenten vertreten[7] (Abb. 16, 17) – waren unter den Funden in Korinth relativ häufig und untereinander recht gleichartig in Form und Größe. Sie weisen im wesentlichen schon die Merkmale auf, die bei den farblosen Rippenbechern aus dem deutsch-schweizerischen Raum trotz aller vielfältiger Varianten stets wiederkehren: formgeblasene Rippen mit deutlichen ›Nasen‹ oben, die unter dem Boden zusammenlaufen, einen farblosen Fußfaden und meist einen blauen Randfaden.

Nuppenbecher kamen in Korinth (und sonst nirgends in Griechenland![8]) vor allem in einer ganz bestimmten Ausprägung vor: aus annähernd farblosem Glas, mit schlankem, leicht konischem Unterteil und ausbiegender Lippe, verziert mit einem gekniffenen (tropfenförmig ausgezogenen) Fußfaden, ziemlich kleinen Nuppen und einem Faden am Ansatz zur Lippe (Abb. 18). Die Ähnlichkeit zu manchen Nuppenbecherfunden des 13. Jahrhunderts aus unseren Regionen ist erstaunlich groß (vgl. z. B. Kat. Nrn. 168, 177). Sehr viel seltener war der Typ, den das zweite Fragment repräsentiert[9] (Abb. 19); es waren breitere, leicht tonnenförmige Becher mit glattem Fußring und aus gelblicherem Glas. Diese Form scheint unter den frühen Nuppenbechern bei uns nicht vorzukommen, wohl aber z. B. in Süditalien.

Rätselhaft ist im Zusammenhang der Funde aus Korinth ein kleines Fragment[10] (Abb. 20), dessen Emailbemalung mit roten und gelben Horizontallinien und einer weißen Wellenlinie stark an die emailbemalten Becher des 13. bis frühen 14. Jahrhunderts erinnert. Es scheint aber zu kühn, aus dieser vereinzelten kleinen Scherbe zu folgern, daß auch diese Gruppe der emailbemalten Becher ihre Vorläufer unter den Produkten der byzantinischen Glashütten des 11./12. Jahrhunderts hatte.

20

LIT.: Davidson (1940). – Davidson (1952). – Weinberg (1975).

1 Die Leihgaben wurden uns zur Verfügung gestellt vom Griechischen Kulturministerium Athen.
2 Davidson (1952), Nrn. 711, 723.
3 Davidson (1952), Nr. 801.
4 Davidson (1952), Nrn. 685, 696.
5 Davidson (1952), Nrn. 779, 780, 782, 784.
6 Davidson (1952), Nrn. 736, 740, 738.
7 Davidson (1952), Nr. 746.
8 Weinberg (1975), S. 136 f.
9 Schlanker Typ: Davidson (1952), Nr. 742, bauchiger Typ: Nr. 744.
10 Davidson (1952), Nr. 747.

Waldglashütte im Bramwald

Glaserzeugung bzw. Verarbeitung ist im deutsch-schweizerischen Raum durch Schriftquellen schon seit karolingischer Zeit vielfach zu belegen, bisher aber nur relativ selten durch konkrete Funde von Glasöfen oder Hüttenplätzen nachgewiesen. Zu den wenigen Ausnahmen zählen z. B. die Glaswerkstätten im Bereich der karolingischen Pfalz in Paderborn[1], bei St. Ulrich und Afra in Augsburg[2] sowie die vielzitierten Glashütten bei Kordel in der Eifel (unweit von Trier)[3]. Neue systematische Untersuchungen zu Glashütten besonders der frühen Zeit sind dringende Desiderate – und werden mancherorts glücklicherweise auch in Angriff genommen.

Noch im Gange ist z. B. die archäologische Untersuchung einer Waldglashütte im Bramwald (Landkreis Göttingen), die wohl zum Kloster Bursfelde gehörte und – nach Ausweis der ungewöhnlich reichen Keramikfunde – in der ersten Hälfte des 13. Jahrhunderts produzierte. Es wurden dort bereits mehrere Öfen gefunden sowie zahlreiche Produktionsreste, Werkzeuge, Schmelzhäfenfragmente, auch Bruchstücke von Gläsern. Die Grabung ist aber noch nicht abgeschlossen, und die Befunde und Funde sind noch nicht näher ausgewertet. Auf die Ergebnisse darf man gespannt sein – zeichnet sich doch ab, daß bei dieser Hütte u. a. auch Bleiglasuren hergestellt wurden, die an Spielzeugtonfigürchen Verwendung fanden. Gerade im Zusammenhang mit den ungeklärten Fragen nach den Herstellungszentren der mittelalterlichen Bleigläser (vgl. S. 161 ff.) könnten diese Funde von großem Interesse sein.

Als ein erster kleiner Vorgeschmack auf die Funde von dieser frühen Waldglashütte wird hier ein Tonstempel (Abb. 21) gezeigt[4], der offensichtlich zur Herstellung von Beerennuppen diente. Nachdem erst in jüngster Zeit nachgewiesen werden konnte, daß Beerennuppen keineswegs ein Dekormotiv erst des späten 16./17. Jahrhunderts sind, sondern daß sie auch schon an Gläsern des 13. Jahrhunderts Verwendung fanden (vgl. z. B. Kat. Nrn. 62, 133), tauchte kurz danach dieser Hüttenfund auf, der den Beweis von der Produktionsseite her erbringt. Es ist dies ein neues schönes Beispiel für archäologische ›Zufälle‹, die im Grunde auf verschärfter Aufmerksamkeit beruhen.

21

LIT.: Hans-Georg Stephan, Im Bramwald (Gemeinde Niemetal, Landkreis Göttingen). Archäologische Ausgrabungen im Bereich einer mittelalterlichen Waldglashütte, in: Universität Göttingen, Informationen, August/September 1986, S. 16 f. – Sämtliche Auskünfte zu dieser Hütte und den Funden verdanken wir Hans-Georg Stephan, Göttingen, der auch die weiteren Untersuchungen dort leiten wird.

1 Winkelmann (1977).
2 Pohl (1972). – Pohl (1977).
3 Dazu zuletzt umfassend: Arbman (1937), S. 26-36. – Steinhausen (1939). – Jahresbericht 1939, in: Trierer Zeitschrift 15, 1940, S. 93-96.
4 Länge, 4,8 cm, Durchmesser 2,2 cm. Roter Ton, an einem Ende abgebrochen. Benutzungsspuren (Schwärzung) in der konkaven Vertiefung. – Leihgabe des Seminars für Ur- und Frühgeschichte der Universität Göttingen.

Glashütte im Laudengrund
(Nordwestspessart)

Im Zuge systematischer Untersuchungen zum Glasmacherwesen im Spessart wurden 1983 an einem Hüttenplatz im Nordwestspessart archäologische Untersuchungen durchgeführt, die höchst bemerkenswerte Ergebnisse erbrachten. Wiederum aufgrund der Keramikfunde von dieser Stelle ist zu erschließen, daß diese Hütte etwa um 1300 im Betrieb war, sie ist also eine der ältesten, die bisher im Spessart ergraben werden konnte. Bei der Laudengrundhütte legte man den Sockelbereich von vier annähernd runden Öfen frei, die kleeblattförmig zueinander geordnet waren. Einer davon war als der eigentliche Schmelzofen zu erkennen, die anderen dienten wohl als Arbeits- und Auskühlöfen. In unmittelbarer Nähe zu den Öfen lag auch eine Grube mit Abfällen aller Art aus dem Produktionsprozeß. Aus den Funden von diesem Hüttenplatz, besonders aus der Abfallgrube, wird hier eine kleine Auswahl gezeigt[1].

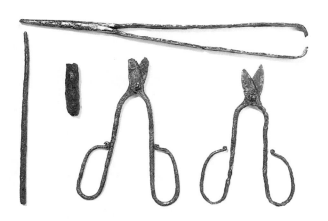

22

Von den eisernen Glasmacherwerkzeugen wurde eine relativ gut erhaltene Zange gefunden (Abb. 22), ein ›Mehrzweckinstrument‹ zum Halten bei allerlei Arbeitsgängen. Im weiteren Sinn zu den Werkzeugen zählen auch die Model, mit deren Hilfe die Form oder häufiger noch die Musterung der Gläser bestimmt wurde. Unter den Modeln von der Laudengrundhütte sind einige Stücke von besonderem Interesse. Ganz besonders rätselhaft durch ihr Material ist eine runde, oben und unten offene Form mit scharfgratigen senkrechten Rillen im Inneren (Abb. 23). Während solche Rippenmodel in Ton durch das ganze Mittelalter (und weit darüber hinaus) geläufig sind, besteht dieses Exemplar unerklärlicherweise aus Blei. Da Blei einen

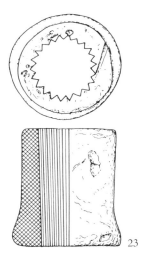

23

besonders niedrigen Schmelzpunkt hat, könnte ein solches Model den Kontakt mit der im halbflüssigen Zustand noch sehr heißen Glasmasse nicht vertragen, es kann also wohl nicht als eigentliche Glasform gedient haben. Ein anderer Verwendungszweck ist aber noch nicht ersichtlich.

Bisher einmalig sind zwei Bruchstücke von wohl ursprünglich zweiteiligen Modeln aus hellem Ton mit eingetieften senkrechten und schrägen Rillen, in einem Fall auch einer kleinen runden Vertiefung (Abb. 24). Kleine und leider schlecht erhaltene Fragmente von gemusterten Gläsern, die durch Blasen in eine solche Form verziert wurden, gibt es vom Hüttenplatz selbst, und eine ganze Reihe solcher Gläser (Becherfragmente) wurde im nahegelegenen Mainz gefunden (vgl. Kat. Nr. 217). Hier ergibt sich also einmal der Idealfall, den wir für viele andere Gläserformen noch ersehen, daß nämlich ganz bestimmte Glastypen an einem Hüttenplatz nachgewiesen werden können, durch Glasscherben und obendrein auch noch durch Model als endgültigen Beweis.

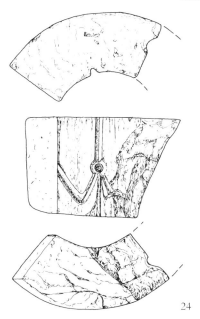 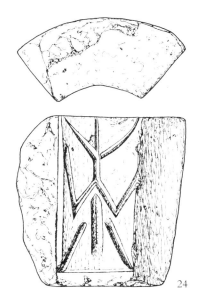

24

Von den Produkten der Hütte sind nur kleine und meist stark zersetzte Fragmente präsent, die aber doch einen gewissen Eindruck geben, welche Gläser in dieser Spessartglashütte der Zeit um 1300 hergestellt wurden (Abb. 25): Abgesehen von den formgeblasenen Bechern waren es u. a. verschiedene Becher mit Fadenauflagen, Flaschen mit hohlem inneren Stauchungsring (Vorformen der doppelkonischen Flaschen) und Kuttrolfe mit mehrröhrigen tordierten Hälsen. Nicht vertreten ist in dieser Auswahl das Flachglas, das ebenfalls hier produziert wurde.

LIT.: Boss/Wamser (1984). – Wamser (1984).

1 Die Leihgaben stellten uns das Bayerische Landesamt für Denkmalpflege, Außenstelle Würzburg, und das Spessartmuseum Lohr zur Verfügung.

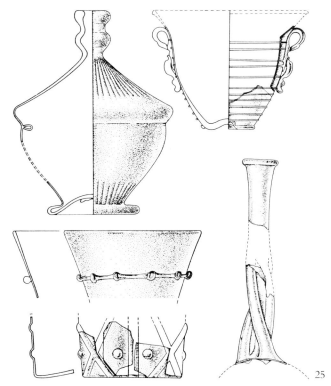

25

Andere Glashütten im Spessart

Die Laudengrundhütte war nur einer von einer ganzen Reihe von Glashüttenplätzen im Spessart, die im Laufe des letzten Jahrzehnts erfaßt und teilweise auch ergraben wurden. Aus dem Fundmaterial von drei weiteren Spessartglashütten sind hier noch einige wenige Stücke ausgewählt, die zu einem Überblick über die Werkzeuge der Glasmacher beitragen können[1].

Die möglicherweise älteste der bisher untersuchten Glashütten im Spessart lag in der Flur Batzenweg unweit von Schöllkrippen. An dieser Stelle wurde Keramik gefunden, die noch ins 11. Jahrhundert gehört, ebenso aber solche des 13. Jahrhunderts, so daß möglicherweise an diesem Standort zweimal eine Glashütte in Betrieb war. Zu den Funden der Batzenweg-Hütte(n) gehörten auch Fragmente der wohl wichtigsten Werkzeuge des Glasmachers: Pfeife und Hefteisen (Abb. 22). Die Glasmacherpfeife ist das lange eiserne Rohr, mit dem der Glasbläser aus einem der Schmelzhäfen im Ofen einen Glasposten entnimmt, der dann ›aufgeblasen‹ und zu einem Gefäß verarbeitet wird (vgl. Abb. 1). Das Hefteisen, ein dünner eiserner Stab, wird mit einem kleinen Glasposten an der Glasblase befestigt (als eine Art langer Griff), wenn diese von der Pfeife gelöst werden soll, um die obere Öffnung des Gefäßes zu formen.

Die Ränder und natürlich auch andere Teile können schließlich mit der Schere beschnitten werden, solange die Glasmasse noch zähflüssig ist. Als Beispiel für Scheren der Glasmacher werden hier zwei relativ gut erhaltene Exemplare von einem erheblich jüngeren Hüttenplatz im Spessart gezeigt (Abb. 22), von der Glashütte des Hans Ziroff, die nach einigen Jahren der Tätigkeit 1631 (d. h. im Dreißigjährigen Krieg) zerstört wurde. Wie bei den meisten Werkzeugen hat sich aber wohl auch die Form der Scheren über lange Zeit nur wenig verändert.

1981 wurde ein weiterer Hüttenplatz des 13. Jahrhunderts untersucht, der in der Waldabteilung Bau (ebenfalls bei Schöllkrippen) lag. Nach der Keramik an diesem Fundplatz wird angenommen, daß die Hütte etwa in der zweiten Hälfte des 13. Jahrhunderts produzierte, von den Produkten wurde allerdings leider nichts gefunden. Einen Hinweis auf die Herstellung von Gläsern mit Rippen oder Riefelung gibt ein Model aus Ton von diesem Hüttenplatz (Abb. 26): ein einfaches zylindrisches Rippen-Model, das oben und unten offen ist und im Inneren 27 senkrecht eingekerbte Rillen hat. Die Besonderheit bei diesem Stück ist jedoch, daß es durch einen umgelegten Ring aus Blei alt geflickt wurde, nachdem es in zwei Teile zerbrochen war. Für eine solche Reparatur eines recht einfachen Models gibt es bisher weder Parallelen noch eine einleuchtende Erklärung.

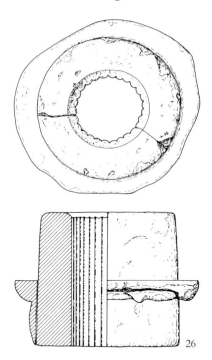

26

LIT.: Batzenweg: Fundbericht in: Ausgrabungen und Funde in Unterfranken 1978, Frankenland NF 30, 1978, S. 369-372 (G. Kampfmann u. LfD). – Wamser (1984), S. 29, Abb. S. 26. – Ziroff-Hütte: Tochtermann (1979). – Bau: Ludwig Wamser, Neue Ausgrabungen mittelalterlicher Spessart-Glashütten bei Schöllkrippen, Landkreis Aschaffenburg, Unterfranken, in: Das Archäologische Jahr in Bayern 1981, Stuttgart 1982, S. 188f. – Wamser (1984), S. 30f.

1 Die Leihgaben stellte uns das Spessartmuseum Lohr zur Verfügung.

Glashütte ›Four de Pérupt‹ in den Argonnen

Es ist schon seit langem geläufig, daß es in den waldreichen Bergen der Argonnen eine seit römischer Zeit durchgängige Tradition der Glasherstellung gab. Auch Funde von mittelalterlichen Hüttenplätzen wurden schon zu Anfang unseres Jahrhunderts bekannt; eine erste eingehendere Publikation zu mittelalterlichen und frühneuzeitlichen Glashütten in diesem Gebiet und zu ihren Produkten erschien 1920[1]. Aber erst im Laufe etwa des letzten Jahrzehnts ist es dank dem unermüdlichen Einsatz von François Jannin und seinen freiwilligen Mitarbeitern gelungen, etwa fünfzig Standorte alter Glashütten festzustellen, wovon fünf sich dem Mittelalter zuweisen lassen. Von diesen fünf mittelalterlichen Hüttenplätzen sind vorerst nur zwei in archäologischen Grabungen untersucht worden. Das Material, das hier gezeigt wird – in einer sehr kleinen Auswahl aus sehr großen Fundmengen! – stammt alles von einer dieser beiden Hütten, dem sogenannten ›Four de Pérupt‹[2]. Ähnlich wie die Funde von der Laudengrundhütte im Spessart haben auch die Fragmente von dieser Argonnenhütte einen ganz besonderen Wert für die Glasforschung, weil sich dadurch wenigstens ein Herstellungsort für bestimmte Glastypen nachweisen läßt, die im Fundmaterial von näher oder auch ferner liegenden Städten eine große Rolle spielen (so z. B. in Metz).

Vom Four de Pérupt wurden die Grundmauern eines annähernd runden Ofens freigelegt, der auf seinen beiden Bänken zu seiten des Schürkanals Platz für je drei Schmelzhäfen bot. Das Gros des überaus reichen Fundmaterials stammt aber von einer Abfallhalde, die sich von dem leicht erhöhten Plateau, auf dem der Ofen liegt, ziemlich steil zum Bach Pérupt hinabzieht.

Die Produktionszeit dieser Hütte (die nach den großen Abfallmengen nicht allzu kurz gewesen sein kann) läßt sich nicht genau eingrenzen, aber doch wenigstens annähernd bestimmen. Nach archivalischen Quellen ist es möglich, daß in der zweiten Hälfte des 13. Jahrhunderts Glasmacher aus einem benachbarten Gebiet in den Argonnen vertrieben wurden, die sich dann wahrscheinlich hier niederließen. Die Gläsertypen, die aus den Fragmenten der Abfallhalde erkennbar werden, passen gut zu einer Datierung in die zweite Hälfte des 13. oder den Anfang des 14. Jahrhunderts. Es bleibt abzuwarten, ob mit Hilfe geomagnetischer Daten, die aus Teilen des Ofens gewonnen werden, eine nähere Bestimmung der Benutzungszeit möglich wird[3].

Beginnen wir die Auflistung der Fundauswahl wieder mit einem Ofenfragment, dem Stück einer rundbogigen Ofenlochumrahmung (Abb. 27, das im Foto damit kombinierte Fragment eines Verschlußdeckels gehört in Wirklichkeit nicht dazu, es stammt von einer

27

jüngeren Hütte in den Argonnen. Aber höchstwahrscheinlich haben sich die Ofenlochdeckel vom Four de Pérupt in keiner Weise davon unterschieden). Durch eines der Ofenlöcher entnahm der Glasmacher mit der langen Pfeife von außen flüssige Glasmasse aus einem der Tiegel im Ofen, um diesen Glasposten dann durch Blasen und weitere Arbeitsgänge zu einem Gefäß zu verarbeiten (vgl. Abb. 1). – Als nächstes werden fünf

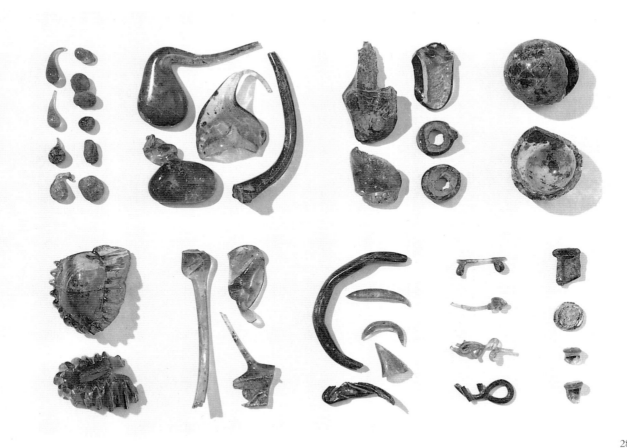

28

Bruchstücke von Schmelzhäfen gezeigt. Drei davon haben im Inneren eine grünliche Glasschicht, d.h. sie sind nach normalem Gebrauch in den Abfall geraten, die beiden anderen dagegen sind ›noch neu‹, sie zerbrachen offenbar schon, bevor sie mit Glasmasse gefüllt und in den Ofen gesetzt wurden.

Die folgende Gruppenaufnahme (Abb. 28) zeigt typische Produktionsabfälle, oben von links nach rechts: Glastropfen; größere, meist einseitig abgeflachte Abfälle; Abschläge von der Pfeife; Teile von Kölbeln, d.h. von den noch nicht oder noch kaum aufgeblasenen Glasposten, die mit der Pfeife dem Tiegel entnommen wurden. Unten: ein Stück eines Kölbels, das schon in eine Rippenform geblasen war; Abfälle mit Abdrücken von Zangen; Reste, die beim Abschneiden von Lippen- oder Fußrändern entstehen; Reste von Fadenauflagen; Abschläge vom Hefteisen.

Die folgenden beiden Zusammenstellungen von Gefäßscherben geben in etwa einen Überblick, welche Arten von Hohlgläsern (neben Flachglas) in dieser Hütte hergestellt wurden. Links oben in der ersten Gruppenaufnahme (Abb. 29) sind Flaschenhälse zu sehen, daneben die dünnen gebogenen Tüllen von Kännchen (vgl. Kat. Nr. 395), dann zwei Bruchstücke von Lampenunterteilen, rechts außen Rand- und Wandungsscherben mit Fadenauflagen von Gläsern nicht näher bestimmbarer Form. In der unteren Reihe sind links zwei Fragmente von Flaschenböden angeordnet, der erste glatt, der nächste mit Rippen (dieser könnte eventuell auch von einem Krug oder Kännchen stammen), rechts daneben zwei Böden von Urinalen (vgl. Kat. Nrn. 542 f.) mit der charakteristischen Heftnarbe unter dem rundgewölbten Boden.

Neben einfachen Gebrauchsgläsern wie Flaschen, Urinalen, Lampen wurden in dieser Hütte aber auch in großem Umfang feinste hochstielige Trinkgläser hergestellt, das beweisen die außerordentlich zahlreichen Fragmente von hochstieligen Gläsern in der Abfallhalde. Schon an der sehr kleinen Auswahl der letzten Gruppenaufnahme (Abb. 30) wird deutlich, daß man sich dabei beileibe nicht auf eine bestimmte Variante der Stengelgläser beschränkte, sondern nebeneinander ganz verschiedene Ausführungen produzierte: solche mit hohlen wie mit massiven Stielen, mit Rip-

29

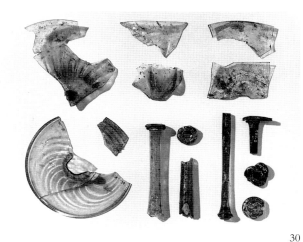

30

pen an der Kuppa oder mit feinteiligem formgeblasenem Muster. In der oberen Reihe sind links und in der Mitte Bruchstücke von Rippenkuppen zu erkennen, davon eines mit zahlreichen eng beieinanderstehenden Rippen, die beiden anderen von einer Kuppa mit relativ wenigen, unten stark vorspringenden Rippen. Rechts sind Teile einer Kuppa mit kleinteiligem Muster dazugeordnet (vgl. Kat. Nrn. 258–280). Unten links sind Fußfragmente zu sehen, daneben Teile von hohlen und massiven Stielen, dazu auch drei der mittleren Schaftringe in unterschiedlicher Form.

LIT.: Jannin (1980a, 1980b). – Grabungsberichte zu den beiden mittelalterlichen Hütten ›Bercettes‹ und ›Four de Pérupt‹ von François Jannin sind in Vorbereitung.

1 Chenet (1920).
2 Das Fundmaterial ist im Besitz von François Jannin, Clermont-en-Argonne, dem wir auch die Leihgaben daraus für die Ausstellung verdanken.
3 Diese Untersuchungen werden durchgeführt im Laboratoire de Géomagnetisme, Université de Paris (Mme Bucur). Zur Methode siehe Josef Riederer, Das Kunstwerk im Museumslabor, 11. Teil, in: Kunst & Antiquitäten 6/1987, S. 13.

Glashütte Moldava 1, Erzgebirge, Bezirk Teplice/Teplitz (ČSSR)

Im Rahmen eines Programms zur Erforschung der mittelalterlichen Glasindustrie im Erzgebirge führt das Archäologische Institut in Most/Brüx seit einigen Jahren Grabungen an Glashüttenplätzen dieses Gebiets durch. Diese archäologischen Untersuchungen sind zugleich eine ganz besondere Art von Notgrabungen – sie werden ausnahmsweise einmal nicht durch große Bauvorhaben veranlaßt, sondern durch eine geplante Wiederaufforstung in dem vom Waldsterben ganz besonders stark betroffenen Gebiet. Im Laufe der letzten zehn Jahre sind bereits vier Hüttenplätze ergraben worden, wovon der älteste[1] in die Zeit um 1300 gehört, ein anderer etwa in die Mitte des 14. Jahrhunderts und die beiden letzten ans Ende des 14. bzw. in den Anfang des 15. Jahrhunderts. – Einer dieser beiden jüngeren Hüttenplätze ist die Hütte Moldava 1, aus deren Fundmaterial hier eine kleine Auswahl gezeigt wird. Die Grabungen dort wurden unter Leitung von Eva Černá, Most, in den Jahren ab 1977 durchgeführt[2].

Am Hüttenplatz Moldava 1 wurden die Reste von drei Glasöfen gefunden, dazu Pfostenlöcher, offenbar für die Stützen hölzerner Dachkonstruktionen (vgl. Abb. 1), Lehmgruben und eine ganze Abfallhalde mit Produktionsabfällen u. a.

Aus dem reichen Fundmaterial ist hier ein kleines Sortiment von Rohglasbrocken, Produktionsabfällen und Gefäßfragmenten ausgewählt, das einen gewissen Eindruck von der Produktion dieser Hütte geben kann (Abb. 31). Die Farbpalette bei Rohglas und Abfällen reicht von Farblos über Blaßgrün bis hin zu kräftigem Blaugrün, Dunkelgrün und Violett. (Dagegen fehlen die normalen Waldglas-Grüntöne, die in weiter westlich gelegenen mittelalterlichen Hütten die Hauptrolle spielen.) Die völlig farblosen Fragmente, die einen Großteil des Fundmaterials ausmachen, sind wichtig als eindeutige Beweisstücke dafür, daß auch nördlich der Alpen im Mittelalter gänzlich entfärbtes Glas hergestellt wurde, und zwar hier offenbar mit Pottasche als Flußmittel[3] und Mangan zum Entfärben. Auch der violette Farbton einiger Stücke ist wohl, bewußt oder unabsichtlich, durch Manganzusatz bewirkt.

Die Gefäßscherben sind fast alle klein, sie erlauben keine Vorstellung von der Gesamtform, geben aber doch einen Eindruck von ihrer Art und Verzierung. In der mittleren Reihe sind einige Scherben mit Nuppen zu sehen, davon eine mit einer spitz ausgezogenen Nuppe, die anderen mit sehr kleinen runden Nuppen. Sie stammen wahrscheinlich von Bechern oder hohen Stangengläsern etwa in der Art der Kat. Nrn. 202 ff.,

31

367 ff. Weiter rechts liegt ein Bruchstück von Lippe und Hals eines Fläschchens und das Randfragment einer Butzenscheibe. (Wie fast immer zu beobachten ist, wurden Hohlglas und Flachglas nebeneinander in einer Hütte hergestellt.) In der unteren Reihe sind vier Bodenfragmente angeordnet, je ein farbloses und ein violettes mit aus einem Faden gewickeltem Fuß, daneben ein schwach bläulich-grünes mit gekniffenem Fußfaden und ein Teil eines sehr spitz hochgestochenen Bodens. Unter den drei Wandungsfragmenten rechts außen ist vor allem das tief kobaltblaue hervorzuheben; solch blaues Glas wurde in Moldava also nicht nur für Verzierungen, sondern auch für ganze Gefäße verwendet.

LIT.: –

1 Gemarkung Vlčí Hora/Wolfsberg in der tschechisch-sächsischen Schweiz.
2 Die Leihgaben stellt das Archäologische Institut der ČSAV, Expositur Most, zur Verfügung.
3 Nach Auskunft von Eva Černá wurden von einigen Fragmenten aus dem Material von Moldava 1 Analysen durchgeführt, bei denen jeweils Pottasche als Flußmittel nachgewiesen wurde.

Hütte Salzwiesen im Nassachtal
(Baden-Württemberg)

In den Jahren 1984/85 wurde ein Hüttenplatz im Nassachtal (unweit von Uhingen) umfassend archäologisch untersucht. Außer den Resten von verschiedenen Ofentypen (einem ovalen Schmelzofen mit anstoßendem rundem Kühlofen sowie einem Streckofen für Flachglas) und sehr reichem Fundmaterial von einer hangabwärts gelegenen Abfallhalde wurde bei dieser Hütte auch einmal ein Wohnhaus (mit Kachelofen) der Glasmacher nachgewiesen.

Die Hütte Salzwiesen war offenbar im 15. Jahrhundert im Betrieb; aufgrund der Keramik von dieser Stelle nimmt man an, daß ihre Tätigkeit sich nicht mehr ins 16. Jahrhundert erstreckte. Obgleich Glasfunde des 15. Jahrhunderts in recht großen Mengen vorliegen, gibt es doch bisher auch aus dieser relativ späten Zeit nur wenige Hüttenfunde, denn es sind bisher nur wenige Hüttenplätze des 15. Jahrhunderts ergraben. Diese Hütte im Nassachtal – übrigens nur eine von zwei annähernd gleichzeitigen in diesem Tal vertrauten Fragment von der rundbogigen Einfassung eines Ofenlochs (Abb. 32) – pars pro toto für den Ofen.

Das Bruchstück eines Tonmodels (Abb. 33) läßt sich als einteilige, unten geschlossene Rippenform mit leicht konisch verjüngter, außen facettierter Wandung ergänzen[2]. Es fand in dieser Hütte wohl für optisch geblasene Rippen- und Kreuzrippenbecher Verwendung, von denen viele Fragmente in der Abfallhalde gefunden wurden.

Besonders interessant ist ein zweites fragmentarisch erhaltenes Model: ein Teil eines achtseitigen Innenmodels, das an der Unterseite eine kegelförmige Aussparung hatte. Der Verwendungszweck dieses Innenkerns wird in Verbindung mit einem Becherfragment vom selben Hüttenplatz (und dem Becher Kat. Nr. 362) deutlich (Abb. 34). Um die zunächst runde Wandung eines Bechers mit Schrägrippen achteckig zu verformen, wurde in einem letzten Arbeitsgang solch ein

32

33

– ist daher ein willkommenes Beispiel für eine württembergische Glashütte des späten Mittelalters, mit einer offenbar recht durchschnittlichen Produktion von Hohlglas und vor allem auch verschiedenfarbigem Flachglas.

Die hier zusammengestellte kleine Auswahl aus dem Fundmaterial[1] beginnt wieder mit einem nun schon

Innenmodel eingestoßen. Damit es bis zum Boden hinuntergedrückt werden konnte, läßt die kegelförmige Vertiefung unten Platz für den hochgestochenen Boden. (Die achtkantigen Innenkerne für die späteren achtseitigen Stangengläser brauchten diese Aussparung nicht, weil sie nicht bis ganz nach unten gestoßen wurden, der unterste Teil der Wandung blieb rund.)

Unter dem Sortiment von Produktionsabfällen (Abb. 35) in verschiedenen Grüntönen ist vor allem auf einige ›Pfeifennäbel‹ aufmerksam zu machen, d.h. die von der Pfeife abgeschlagenen Glasreste, die noch deutlich den Abdruck des Rohrs erkennen lassen.

35

34

34

kugeliger, gerippter Körper (vgl. Kat. Nr. 383); und dieser Kuttrolf diente (wegen der schalenförmigen Lippe) wohl eher als Trinkflasche denn als Aufbewahrungsgefäß. Das Unterteil eines achtkantigen Bechers mit Schrägrippen wurde schon erwähnt. Es paßt in den Maßen gut mit dem Fragment eines Innenmodels zusammen, das möglicherweise bei seiner Herstellung mitgeholfen hat.

36

Neben Flachglas produzierte diese Hütte offenbar recht durchschnittliche Hohlgläser. Zu den Gebrauchsgläsern sind dabei einfache Flaschen und Lampen zu rechnen: vertreten hier (Abb. 36) durch das Fragment einer kleinen Flasche mit glattem kugeligem Körper und röhrenförmigem Hals und durch das dickwandige Bodenbruchstück einer Hängelampe (vgl. Kat. Nr. 552). Zu etwas aufwendigerem Tischgeschirr zählten dann Kuttrolfe und Becher. Zu dem engen Kuttrolfhals mit leicht tordierten Rippen und einer ausgeweiteten Lippe gehörte ursprünglich wohl ein gedrückt

LIT.: Lang (1985). – Lang (1986). Zusätzlich zu diesen beiden kurzen Vorberichten ist eine ausführliche Grabungspublikation durch Walter Lang geplant.

1 Leihgaben des Landesdenkmalamtes Baden-Württemberg, Dienststelle Stuttgart.
2 Ein komplett erhaltenes, etwas kleineres Model dieser Form wurde auch bei einer anderen württembergischen Glashütte gefunden, vgl. Greiner (1971), S. 66, Abb. 7 auf Tf. 5.

Glashütte im südwestlichen Schwarzwald

Über viele Jahrhunderte, mindestens seit dem Hohen Mittelalter, war der Schwarzwald ein wichtiges Glashüttengebiet. Standorte zahlreicher Hütten sind schon für die Zeit seit dem 13. Jahrhundert nachgewiesen, teilweise durch urkundliche Erwähnungen, teilweise auch durch Begehungen im Gelände[1]. Systematische archäologische Untersuchungen fehlen aber für diese Region leider noch gänzlich.

Die hier vorgelegten Funde[2] sind eine Auswahl aus Fundmaterial, das nicht von einer Grabung stammt, sondern als Lesefund bzw. aus dem Aushub eines Drainagegrabens geborgen wurde. Obgleich also an dieser Stelle bisher keine Öfen freigelegt wurden, lassen die zahlreichen Produktionsabfälle wie auch Fragmente von Gläsern mit Sicherheit auf einen Hüttenplatz in unmittelbarer Nähe schließen. Wann in dieser Hütte gearbeitet wurde, das läßt sich in diesem Fall nur an den Bruchstücken von Hohlgläsern ablesen, die zeittypische Dekoreigentümlichkeiten aufweisen: Die einfachen durchbrochenen Füße, die breiten gekerbten Fa-

denauflagen u.a. deuten auf die erste Hälfte des 16. Jahrhunderts hin.

Während hier bisher unter den Hüttenfunden nur einige Tiegelbruchstücke vom ›Four de Pérupt‹ aufgeführt waren, wird aus diesem Fundkomplex einmal das Unterteil eines Schmelzhafens von ansehnlicher Größe gezeigt (Abb. 37), in dem offenbar die gewöhnliche grüne Glasmasse geschmolzen wurde. Festgeklebt an Resten dieser Glasmasse ist hier ein vom Rand abgebrochenes Stück des Tiegels.

37

Eine kleine Auswahl von Produktionsabfällen (Abb. 38) zeigt, daß in dieser Hütte außer grünem auch andersfarbiges Glas verarbeitet wurde: farbloses, hell bläuliches und kräftig blaues Glas, schließlich auch opak siegellackrotes.

In der rechten Hälfte der Abbildung sind Bruchstücke von Gläsern zusammengestellt, in der obersten Reihe ein Wandungsfragment mit weitgehend verschmolzener Nuppe, ein blaues und ein grünes Lippenfragment, daneben ein Halsfragment mit einer kleinen Henkelöse[3]. Die Reihe darunter zeigt Wandungsbruchstücke mit Nuppen in verschiedenen Größen und Farben – auch blaue Nuppen auf blauer Wandung kommen vor! – sowie auch mit einfachen Fadenauflagen. In der senkrechten Reihe rechts außen ist in der Mitte ein Stück von einem zweiröhrigen Kuttrolfhals zu sehen, darunter eine gerippte Wandungsscherbe sowie zwei glatte mit gekerbten Fadenauflagen. Ein Bodenbruchstück in der Mitte der untersten Reihe zeigt einen glatten Fußring, zwei andere links daneben haben einen einfachen durchbrochenen Fuß mit gekniffenem Faden innen und einem Randstreifen aus einem mehrfach gewickelten Faden. Bei einem blauen Fragment ist der Fuß nur aus einem Faden ›gesponnen‹. – In derselben Hütte wurde auch Flachglas hergestellt, sowohl einfaches grünes als auch farblose Butzenscheiben. Bruchstücke davon fehlen in dieser kleinen Zusammenstellung.

LIT.: –

1 Zu Glashüttenstandorten im Schwarzwald allgemein siehe: Moser (1969), Karte vor S. 1. – Kat. Freiburg (1985), Karte S. 25. – Schmaedecke (1987), Diagramm S. 92.
2 Leihgaben von Erwin Baumgartner, Basel.
3 Vgl. einen Fund aus Worms (Römerstraße), abgebildet in: Grünewald (1984), S. 54, Abb. 7,5.

38

Glashütte im Niestetal, Kaufunger Wald
(Hessen)

Seit 1985 ist ein sehr großer Hüttenplatz im landgräflich-hessischen Wald teilweise ergraben worden, an dem über einen ungewöhnlich langen Zeitraum produziert wurde, vom 15. bis gegen Ende des 17. Jahrhunderts. Da das Gros des überaus reichen Fundmaterials für den Zeitraum dieser Ausstellung zu spät ist, werden daraus hier nur noch ergänzend zwei Model gezeigt[1]. Ein großes Fragment eines achtseitigen Innenkerns (Höhe 28,0 cm, Abb. 39) diente dazu, die Wandung von hohen Stangengläsern achteckig zu formen (vgl. z. B. Kat. Nrn. 507 f.). Im Gegensatz zu dem Innenmodel von der Hütte im Nassachtal, mit dem

40

39

die gesamte Wandung von Rippenbechern bis zum Boden hinab mehrkantig geprägt wurde (und das daher die kegelförmige Aussparung für den hochgestochenen Boden hat), wurden bei den Stangengläsern solche Innenkerne nicht bis ganz nach unten gestoßen, der unterste Teil der Wandung blieb stets rund. In dem Loch im Inneren wurde ein Stab befestigt, mit dem während des Arbeitsvorgangs das Model gehandhabt wurde[2]. Ähnliche Innenkerne sind von verschiedenen Hüttenplätzen in Deutschland und auch Dänemark bekannt. Es ist charakteristisch, daß die besonders stark beanspruchten Kanten vom Gebrauch geschwärzt sind.

Das zweite Stück ist ein Teil eines unten geschlossenen Rippenmodels (Höhe 11,0 cm), das wahrscheinlich schon ins 17. Jahrhundert gehört (Abb. 40). Es unterscheidet sich nicht grundsätzlich von den früheren Modeln, ist aber ein besonders schönes und reiches Stück durch die außen eingestempelte Verzierung aus kleinen Sternchen, die zu einer Randbordüre und den Initialen des Glasmachers angeordnet sind.

40

LIT.: König/Stephan (1987).

1 Leihgabe des Seminars für Ur- und Frühgeschichte der Universität Göttingen.
2 Zu Funden aus Dänemark und Experimenten zum Gebrauch solcher Innenkerne siehe Schlüter (1981).

Fundkomplexe

Nach dem ausgewählten Material von Hüttenplätzen werden zum Schluß noch einige kleinere oder größere Fundkomplexe vorgestellt. Dabei lassen die Fundgruppen aus Murano, Südfrankreich und Tarquinia regionale Unterschiede zu etwa zeitgleichem Material aus Fundgebieten nördlich der Alpen deutlich werden. Der große Komplex aus Freiburg schließlich soll einmal exemplarisch zeigen, welche Mengen allein an Glas aus einer einzigen Kloake zutage kommen können und was für ein entmutigend umfangreiches Puzzle solch ein Scherbenhaufen zunächst darstellt. Bei der weitgehend chronologischen und typologischen Anordnung des Materials im Hauptteil sind ja leider die Stücke aus einem Fundkomplex meist auseinandergerissen (und nur noch durch Querverweise wieder zusammenzufinden).

Murano, Basilica dei SS. Maria e Donato

Die Verifizierung der Theorien über die Herkunft fast aller feinen ganz oder weitgehend entfärbten Gläser des Mittelalters aus Venedig ist bisher nahezu unmöglich – trotz der reichen Archivquellen –, da ›venezianischer Boden‹ so gut wie keine Glasfunde des Mittelalters hergibt. Venezianische Abfälle landeten eben nicht in den so fundträchtigen Abfallgruben, sondern in der Lagune; und auch aus dieser ›Riesenkloake‹ gibt es bisher nur sehr spärliche Glasfunde aus mittelalterlicher Zeit, die man bei einer Handelsstadt wie Venedig außerdem keineswegs automatisch als einheimische Produkte ansprechen kann. Hüttenfunde sind wohl kaum zu erwarten, da die Glashütten von Murano seit Jahrhunderten an etwa denselben Standorten arbeiten.

Ein einziger Fundkomplex nur wurde bisher nicht aus der Lagune geborgen, sondern 1975 bei Restaurierungsarbeiten an der Basilica dei SS. Maria e Donato auf Murano gefunden, und bei diesen Stücken scheint daher die Herkunft aus lokalen Glashütten sicherer als bei den Lagunenfunden. An der folgenden kleinen Auswahl aus diesem Fund zeigt sich, daß die aus der Literatur suggerierte Vorstellung, wonach in Venedig (auch im Mittelalter) fast nur feinstes farbloses Glas hergestellt wurde, nicht zutrifft. Der Komplex wurde in einem kleinen unterirdischen Kellerraum unter der alten, 1866 abgebrochenen Sakristei entdeckt, und man nimmt an, daß diese Glasfragmente entweder in der Sakristei gefunden und bei den Abbrucharbeiten in dieser kleinen Kammer deponiert wurden, oder daß der Kellerraum schon seit Jahrhunderten als Auffangbecken für geweihtes Wasser diente, in das auch Abfälle aus kirchlichem Zusammenhang, z. B. zerbrochene Gläser, geworfen wurden. Für die Datierung der Glasfragmente gibt es also keinerlei äußeren Anhaltspunkt (allenfalls einen terminus post quem um 1140, als wohl der Neubau der Basilica vollendet war), eine zeitliche Einordnung kann nur aufgrund von typologischen Vergleichen vage in den Zeitraum zwischen der zweiten Hälfte des 12. und dem 15. Jahrhundert erfolgen.

Eine Auswahl aus diesem Fundkomplex[1] ist in der Gruppenaufnahme (Abb. 41) zusammengestellt. In der oberen Reihe sind einige Hälse (von Flaschen oder Kannen) angeordnet, von denen fünf ganz glatt und unverziert sind, farblos oder blaß blaugrün, mit mehr oder weniger stark ausbiegender Lippe; die beiden letzten weisen blaue Spiralfäden auf, und der Hals rechts außen hat zusätzlich noch einen blauen und einen farblosen gekniffenen Faden. Ähnliche Halsbruchstücke sind z. B. aus Torcello und Cividale bekannt, aber weder zu den glatten noch zu den verzierten Stücken gibt es bisher im mittelalterlichen Fundmaterial unserer Regionen irgendwelche Vergleichsstücke. – In der unteren Hälfte sind links drei Fragmente der dünnen gebogenen Tüllen von Kannen zu sehen, davon eines interessanterweise aus smaragdgrünem Glas auf eine farblose Wandung gesetzt. Geschwungene dünne Tüllen kommen auch unter den Glasfunden nördlich der Alpen vor (vgl. z. B. die Funde vom Four de Pérupt oder Kat. Nr. 395), jedoch bisher unseres Wissens in keinem Fall aus farblosem Glas. Ebensowenig ist bisher die Kombination von farblosem und grünem Glas hierzulande nachgewiesen.

Neben diesen Tüllenfragmenten liegt ein Unterteil, wohl von einer solchen Flasche oder Kanne. Es hat einen breiten hohlen Fuß, der durch Hochstechen der Glasblase gebildet ist, einen spitz hochgestochenen Boden und den Ansatz einer weit ausladenden Wandung. Auch diese Art von Flaschen- oder Kannenunterteilen fehlt unter den mittelalterlichen Glasfunden nördlich der Alpen bisher.

Es folgen rechts daneben vier Becherfragmente aus farblosem beziehungsweise blaß bläulichem Glas, je eine Wandungsscherbe mit schwachen senkrechten Rippen und optisch geblasenem Fischgrätmuster sowie ein Boden- und ein Wandungsfragment von glatten dünnwandigen Bechern. Diese Fragmente sind die einzigen in dem Komplex, die Parallelen auch im Fundmaterial unserer Regionen haben. Speziell das Fischgrätmuster kommt z. B. bei Scherben aus dem Komplex vom Freiburger Augustiner-Eremitenkloster vor (vgl. S. 53), Bruchstücke ähnlicher glatter konischer Becher wurden u. a. in Mainz und in Lübeck gefunden (vgl. Kat. Nrn. 220 f.). Zur gleichen Art von Bechern sind außerdem sicherlich auch die dünnwandigen Exemplare mit anderen optisch geblasenen Mustern zu rechnen, z. B. mit runden kleinen Vertiefungen (vgl. Kat. Nr. 218 f.). Bei diesen Bechern gibt es also bisher am ehesten Anhaltspunkte für eine Herkunft aus Italien oder gar Venedig/Murano. Andererseits ist natürlich nicht auszuschließen, daß derart einfache Becherchen in verschiedenen Regionen ähnlich hergestellt wurden, statt sie über weite Strecken zu transportieren. – Rechts außen sind drei Lampenfragmente angeordnet, von denen zwei unten eine kugelige Ausbuchtung haben. Der Lampentyp mit einem sehr schmalen, unten kugelig verdickten Unterteil leitet sich wohl von nahöstlichen Vorläufern her (vgl. auch ein derartiges Fragment im Material aus Korinth, Abb. 6), er fehlt aber im mittelalterlichen Fundmaterial hierzulande völlig[2].

LIT.: Astone Gasparetto, Reperti vitrei medievali dalla Basilica dei SS. Maria e Donato di Murano, Relazione preliminare, in: Bolletino dei Musei Civici Veneziani, Jg. XII, Nr. 1/4, 1977, S. 75-100. – Gasparetto (1978). – Gasparetto (1979). – Kat. Venedig (1982), S. 62 f., Nr. 24-29.

1 Die Leihgaben verdanken wir dem Museo Vetrario Murano.
2 Die einzige Ausnahme stellt eventuell das kleine Fragment Kat. Nr. 5 aus Haithabu dar, das aber sicherlich früher ist als die Lampenbruchstücke aus Murano.

Südfrankreich

Dank zahlreicher Ausgrabungen in den siebziger und achtziger Jahren und dank vieler Publikationen zu den Ergebnissen (was leider nicht selbstverständlich ist) sind wir über die Glasproduktion und den Glaskonsum in Südfrankreich während des Mittelalters relativ gut informiert. Gegraben wurde dort sowohl in Städten, Burgen, Nekropolen und Kirchen als auch an mehreren Hüttenplätzen, so daß viele Glastypen als einheimische Produkte nachgewiesen sind[1].

Aus dem Fundmaterial aus Südfrankreich ist hier von Danièle Foy nur eine handvoll kleiner Fragmente ausgewählt worden, die aber doch einen kleinen Eindruck von der Art der Glasmasse wie auch von Details des Dekors geben können[2].

In der Sammelaufnahme (Abb. 42) sind in der obersten Reihe drei Fragmente von dem Glashüttenplatz Cadrix (Dept. Var) aufgereiht[3], wo etwa um die Mitte bis in die zweite Hälfte des 14. Jahrhunderts produziert wurde: zunächst zwei Bodenfragmente, wohl von Schalen, mit einer kräftig blauen Linse unter der Bodenmitte. Dieses Dekormotiv kommt – in sorgfältigerer Ausführung als bei diesen beiden Fragmenten – auch an Schalenfragmenten aus unseren Regionen vor (vgl. z. B. Kat. Nr. 318). Anhand dieser kleinen Bruchstücke läßt sich nichts darüber aussagen, ob auch die Form und weitere Verzierungselemente bei Schalen aus Südfrankreich und bei solchen von Fundstellen nördlich der Alpen ähnlich waren; das Gros des Materials deutet aber eher auf gewisse regionale Unterschiede hin. Rechts in der oberen Reihe liegt noch ein Bodenfragment wohl von einer Flasche oder einem Krug aus hellgrünem Glas, mit einem schwach ausgeprägten optisch geblasenen Muster aus (erhabenen) Kreisen und länglichen Zungen. Flaschen und Becher mit ähnlichen, relativ groben optisch geblasenen Mustern spielten offenbar in der Produktion dieser Hütte eine große Rolle, aber in unseren Regionen fehlt vergleichbares Material bisher völlig. Die Muster an zahlreichen hochstieligen und anderen Gläsern aus den Argonnen (vgl. S. 31 und z. B. Kat. Nrn. 258 ff.) setzen sich davon sehr deutlich ab durch ihre Kleinteiligkeit und durch die fast immer sehr viel schärfere Ausprägung.

Die sechs kleinen Fragmente in der unteren Hälfte stammen nicht aus Hüttenzusammenhang sondern von der Abtei Psalmodi, aus einem Kontext des 14. Jahrhunderts[4]. Es sind lauter Bruchstücke von farblosen Gläsern mit blauer Verzierung, größtenteils wohl von Bechern: links eine Randscherbe eines zylindrischen Bechers (?) mit zwei konzentrischen bogenförmigen Fadenauflagen, darunter ein Bodenfragment mit weit eingeschmolzenen unregelmäßigen blauen Fadenzakken bzw. -enden, in der Mitte zwei Scherben mit kreuzförmig aufgelegten Fadenabschnitten (davon eine mit kleiner Biegung zum Boden hin), rechts zwei Wandungsfragmente (wiederum eines mit Bodenansatz) mit blauen Fäden in eckig gebrochenen Voluten. Unter den inzwischen recht zahlreichen Funden von farblosen Glasfragmenten mit blauer Verzierung in unseren Regionen fehlen diese Dekorvarianten bisher ganz. Auch das Repertoire der Dekormotive kannte also offenbar regionale Unterschiede.

LIT.: Zuletzt (mit älterer Literatur) Foy (1985).

1 Foy (1985).
2 Französisches Glas des Mittelalters soll in einer gesonderten Ausstellung 1989 im Musée des Antiquités de Rouen ausführlich vorgestellt werden.
3 Die Leihgaben verdanken wir dem Laboratoire d'Archéologie Médiévale Méditerranéenne, C. N. R. S., Aix-en-Provence. Lit.: Foy (1981). – Foy (1985), S. 19.
4 Die Leihgaben verdanken wir M. et Mme Foncelle, Mas de Psalmodi.

Tarquinia

In den Jahren 1982/83 wurden von der British School in Rom und der Soprintendenza Archeologica dell' Etruria Meridionale Grabungen im Palazzo Vitelleschi in Tarquinia durchgeführt, bei denen u. a. ein in mancher Hinsicht bemerkenswertes Ensemble von spätmittelalterlichen Glasfunden zutage kam. (Tarquinia liegt etwa 70 km nordwestlich von Rom, es war im späten Mittelalter unter dem Namen Corneto Hafen für Rom.)

Keramik von feiner Importware aus Spanien bis zu einfachen Vorratsgefäßen, daneben Gegenstände aus Kupfer, Elfenbein, sogar ein perlenbesetztes Diadem – und schließlich das Glas, das in diesem Zusammenhang vor allem interessiert.

Die Glasfunde aus Tarquinia bieten also einmal wie in einer Momentaufnahme einen Überblick, was für Glas zu einem bestimmten Zeitpunkt im späten 14. Jahrhundert in einem reichen italienischen Haushalt

43

Zu einem Vorgängerbau des Palazzo Vitelleschi, dem sogenannten Proto-Palast, gehörten einige Vorratsgruben im felsigen Boden des Hofs, die später mit Abfall verfüllt wurden. Aufgrund ungewöhnlich zahlreicher Münzen wie auch Bleisiegel läßt sich die Zeit der Verfüllung für drei dieser Gruben auf die Jahre zwischen 1382 und vor ca. 1400 eingrenzen. Aus der Art des Materials ist außerdem zu erschließen, daß hier nicht über einen längeren Zeitraum unbrauchbar gewordenes Haushaltsgut weggeworfen wurde, sondern daß aus irgendeinem besondern Grund (eventuell im Zusammenhang mit einer Pestepidemie?) das gesamte Tafelgeschirr und viele andere Haushaltsobjekte wohl des Proto-Palastes auf einmal beiseite geschafft wurden. Die drei Gruben enthielten große Mengen an

in Gebrauch war. Eine Auswahl dieser Funde[1] ist daher ganz besonders aufschlußreich im Vergleich zu mittelalterlichem Glasmaterial aus unseren Regionen.

Eine erste Zusammenstellung zeigt Fragmente verschiedener Nuppengläser (Abb. 43): zunächst zwei ziemlich kleine fast farblose Nuppenbecher mit glattem Fußring, nur leicht konischer Wandung, rund verschmolzenen Nuppen und darüber einem horizontalen Faden[2]. Danach folgen zwei sehr viel schmaler proportionierte und stärker konische Stücke mit gekniffenem Fußring, das erste aus schwach gelbgrünstichigem Glas, das zweite aus hell gelbgrünem Glas. Dieser zweite Becher[3] hat eine geradezu manieriert hohe und schmale Form und dazu recht spitz ausgezogene Nuppen. Etwa gleich in der gelbgrünen Farbe, aber sehr gegensätzlich in der Form ist ein napfartig niedriger Becher[4] mit glattem Fußring, bei dem die kleinen Nuppen (soweit an dem Fragment abzulesen) in Dreiergrüppchen angeordnet waren. Auch das letzte Nuppenbecherfragment[5] ist aus der gleichen gelblich grünen Glasmasse, es gehörte zu einem annähernd zylindrischen Becher mit glattem Fußring und ganz leichter Einziehung unterhalb der Lippe. – An letzter Stelle steht hier ein Fragment aus farblosem Glas[6], das nicht mit Sicherheit einem bestimmten Gefäßtyp zuzuordnen ist. Es könnte zu einem hochstieligen Glas gehört haben oder – sehr viel wahrscheinlicher – zu einem Deckel. Dieses Fragment hat einen nach außen gestauchten Hohlring, darüber (bei einer Orientierung als Deckel) zwischen zwei horizontalen Fäden vier Reihen von rund verschmolzenen Nuppen und am hohlen Knauf noch einmal acht Nuppen.

gen oder ausgesprochen gelbgrünen Stücken aus Tarquinia. Nuppenbecher in dieser Farbe sind bei uns überhaupt völlig unbekannt. – Bisher singulär ist der niedrige Becher mit den Nuppen in Dreiergruppen, ebenso wie auch der fragmentarische ›Deckel‹.

Die zweite Gruppenaufnahme (Abb. 44) vereint Fragmente von kleinen, dünnwandigen, leicht konischen Bechern: Am Anfang steht ein ganz glatter, farbloser Becher mit in kleiner Spitze hochgestochenem Boden[8]. Es folgen vier Fragmente von Bechern annähernd gleicher Form mit leicht unterschiedlichen optisch geblasenen Punktmustern, davon das erste aus ganz farblosem, das zweite aus hell gelbgrünem, das dritte aus hellgrünem und das letzte aus gelblichbräunlichem Glas. Die dicht gereihten, meist versetzt angeordneten runden Vertiefungen des Musters variieren beträchtlich in der Größe, sie haben beim ersten

44

Die Nuppenbecher aus Tarquinia (von denen diese nur eine kleine Auswahl darstellen) haben interessanterweise unter den inzwischen so zahlreichen Nuppenbecherfragmenten von Fundorten nördlich der Alpen keinerlei Parallelen. Die fast farblosen Stücke mit dem weit verschmolzenen glatten Fußring und den rund verschmolzenen Nuppen fehlen bei uns völlig. Sie haben aber z. B. enge Verwandte unter den Funden aus Farfa[7], die aber aus einem wohl früheren Zusammenhang stammen. – Formal vergleichbar mit den schmalen und stark konischen Nuppenbechern aus Tarquinia ist unter den Funden aus unseren Regionen allein der Becher in Corning Kat. Nr. 178, der aus Straßburg stammen soll. Er unterscheidet sich allerdings durch seine gänzlich farblose Glasmasse von den grünstichi-

Becher zusätzlich noch einen mittleren Punkt. Die beiden nächsten Stücke – beide wieder aus farblosem Glas – repräsentieren andere Mustervarianten desselben Bechertyps, einmal mit einem netzartigen Muster aus einfachen erhabenen Rauten, einmal mit schwach ausgeprägten Vertikalrippen, die knapp unter dem Rand auslaufen. Schwache senkrechte Rippen hat auch das letzte Becherfragment, das sich aber durch den gekniffenen beziehungsweise gekerbten Fußring als Vertreter eines anderen Typs zu erkennen gibt.

Zu diesem letzten Becher aus hell olivgelbem Glas sind bisher keine Parallelen bekannt; dagegen gibt es zu den zarten konischen Bechern in ganz glatter Ausführung wie auch mit verschiedenen optisch geblasenen Mustern Vergleichsstücke aus verschiedenen Re-

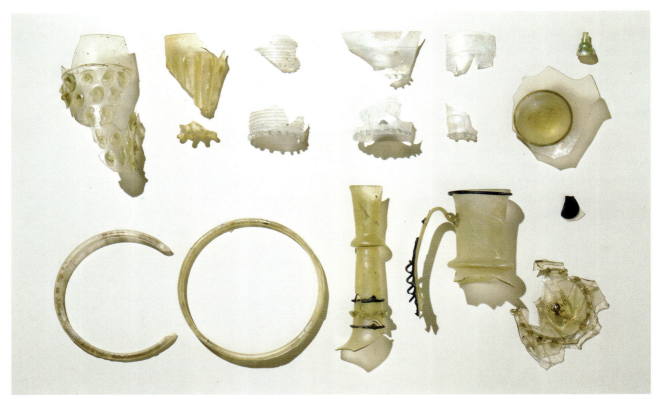

45

gionen und wohl auch aus einem längeren Zeitraum. Ähnliche Becher mit verschiedenen Mustern waren schon zahlreich im Fundmaterial von Korinth; Fragmente von ganz glatten Stücken sind z. B. in Murano (vgl. S. 40 Abb. 41), aber auch nördlich der Alpen gefunden worden (vgl. Kat. Nrn. 220 f.); auch die Becher mit Punktmuster kommen im Material unserer Regionen vor, allerdings nur in der Version mit kleinen runden Vertiefungen und zusätzlichem mittleren Punkt (vgl. Kat. Nrn. 218 f.). Es ist bemerkenswert, daß zumindest eines dieser Parallelstücke bei uns, das Becherfragment aus Basel, mit Sicherheit aus einem etwa hundert Jahre älteren Kontext stammt als die Becher in Tarquinia. Offenbar muß man für diese einfachen Becher mit optisch geblasenen Mustern mit einer sehr langen ›Laufzeit‹ rechnen. Die Mustervarianten mit den erhabenen Rauten wie auch mit den größeren, annähernd senkrecht untereinander stehenden Punkten fehlen bei uns völlig, sie scheinen in Italien aber relativ häufig zu sein, so z. B. auch im Fundmaterial von Pistoia[8].

In der nächsten Gruppe (Abb. 45) sind kleinere Fragmente verschiedener Gefäßtypen zusammengestellt. Auf ein weiteres Bruchstück eines hell gelbgrünen Nuppenbechers (diesmal mit auffallend flachen, schneckenhausförmig abgedrehten Nuppen) folgt ein fragmentarischer Rippenbecher mit gekniffenem Fußring in gleicher Farbe, daran schließen Fragmente zweier annähernd farbloser Becher (wiederum mit gekniffenem Fußring) mit ebenfalls farblosen Fadenauflagen an. Bei dem ersten Stück war offenbar ein einfacher Spiralfaden in engen Windungen umgelegt, auf dem zweiten, einem niedrigen und breiten Becher, ist ein Muster aus senkrechten und volutenförmig gerollten Fadenauflagen zu erkennen. Aus farblosem Glas mit schwachem Grünstich ist das Fragment vom Fuß und unten verdicktem massivem Stiel eines Stengelglases, dagegen hat ein Bruchstück einer offenbar recht großen Fußschale[9] wieder eine ähnliche gelbgrüne Glasmasse wie etliche der Becherfragmente. – Verschiedene Flaschentypen sind zum einen mit zwei Bruchstücken von hohlen mittleren Stauchungsringen (aus fast farblosem beziehungsweise hell gelbgrünem Glas[10]) vertreten, zum anderen mit einem langen Hals[11]. Auch dieser ist wieder gelblich-grün, er hat im unteren Teil einen gleichfarbigen gekniffenen Faden zwischen zwei blauen Fadenringen und weiter oben eine kropfartige Ausbuchtung. Die beiden nächsten Fragmente stammen von einer Kanne beziehungsweise einem Krug. Eine konkav gewölbte farblose Wandungsscherbe mit flächiger blauer Auflage ist als Teil vom unten breiten Ansatz einer blauen Tülle an einem farblosen Gefäßkörper zu verstehen. Sehr viel anschaulicher ist das Oberteil eines ganz schwach grünlichen Krugs[12] mit einem gestauchten Wulst am Hals und blauem Faden knapp unter dem Lippenrand. Auf den bandförmigen, nur im unteren Teil hohlen Henkel ist ein relativ grober blauer Schlaufenfaden aufgelegt. – Am Schluß steht ein Bodenfragment einer hell olivgelben Schale mit gekniffenem Fußring und unregelmäßigen gleichfarbigen Fadenauflagen.

Unter den Stücken dieser Zusammenstellung sind nur wenige, die insgesamt oder wenigstens in Details mit Funden aus unseren Regionen zu vergleichen sind. – Der Rippenbecher erinnert in der Form an die zahlreichen farblosen Rippenbecher bei uns (vgl. Kat. Nrn. 205-210), von denen er sich aber durch die Glasfarbe und das Fehlen des blauen Randfadens unterscheidet. – Zu dem Becherfragment mit Spiralfaden ist als Vergleich etwa der fragmentarische Becher Kat. Nr. 162 anzuführen – aber abgesehen von einem anderen Farbstich des Grundglases ist dort die Fadenauflage nicht gleichfarbig, sondern blau. – Das ansatzweise erkennbare Muster des niedrigen Bechers war möglicherweise ähnlich wie bei den Stücken Kat. Nrn. 160 f. und 322. Während es aber bei dem Becher Kat. Nr. 160 und der Schale Kat. Nr. 322 wieder in blau auf farblose Wandung aufgetragen war, zeigt allein die Becherscherbe aus Prag (die in einem Kontext wohl des 14. Jahrhunderts, zusammen u. a. mit der emailbemalten hochstieligen Schale Kat. Nr. 116 gefunden wurde) gleichfarbige Auflagen auf annähernd farbloser Wandung. – Das kleine Stiel- und Fußbruchstück eines Stengelglases läßt zu wenig von der Gesamtform erkennen, als daß man nähere Vergleiche anstellen könnte. (Fast) farblose massive Stiele mit leichter Verdickung unten sind im Fundmaterial nördlich der Alpen z. B. an der erwähnten hochstieligen Schale aus Prag vorhanden oder auch an den völlig anderen Stengelglasfragmenten aus London (Kat. Nrn. 291-293). – Die kleinen Fragmente von Stauchungsringen lassen wieder kaum etwas von der Gesamtform ahnen. Die glatt durchlaufende Wandung (ohne Naht) schließt nur ein überkragendes Oberteil aus, wie es die etwa zeitgleichen gestauchten Flaschen in Deutschland haben. Eine Flasche mit Stauchungsring und glatt durchlaufender Wandung war z. B. in dem Komplex von der Baseler Augustinergasse (mit einem terminus ante quem von etwa 1280) enthalten (Kat. Nr. 296), weitere Stücke mit hohlem Innenring und birnförmiger Wan-

46

dung siehe Kat. Nrn. 398 f. (aus grünem Glas). Die gestauchten Flaschen in Tarquinia könnten aber auch eine völlig andere Form gehabt haben, z. B. mit kugeligem Körper und langem Hals wie die viel frühere Flasche mit Stauchungsring aus Cividale del Friuli[13] oder eines der Fragmente aus Korinth[14]. – Eine ähnliche Verzierung mit gekniffenem Faden zwischen zwei blauen Fadenringen wie an dem hellgrünen Flaschenhals aus Tarquinia kommt an etlichen Fragmenten aus Süddeutschland vor (vgl. u. a. die Fragmente aus Nürnberg Kat. Nrn. 308 f.), aber dann jeweils an völlig farblosen Stücken und an Hälsen, die im oberen Teil trichterartig ausschwingen.

Zu dem Krugfragment in seiner Gesamtform gibt es nichts Vergleichbares im Fundmaterial unserer Regionen. Nur unter den Glasfunden vom Hausberg zu Gaiselberg, Niederösterreich (zu denen auch das emailbemalte Glas Kat. Nr. 119 gehörte), sind zwei Fragmente, die möglicherweise Teile eines ähnlichen Henkels mit blauem Schlaufenfaden waren[15]. Der Schlaufenfaden auf dem Krughenkel aus Tarquinia unterscheidet sich durch eine gröbere Ausführung von denen der sogenannten Schlaufenfadenbecher, die inzwischen relativ zahlreich von Fundorten nördlich der Alpen nachzuweisen sind (vgl. Kat. Nrn. 155-159).

Zum Schluß steht noch ein Fragment einer großen farblosen Flasche für sich (Abb. 46), die am bauchigen Körper 16 kräftige Vertikalrippen hat und am langen, oben trichterförmig erweiterten Hals interessanterweise doppelt so viele schwache senkrechte Riefeln. Ein Fuß oder Fußring fehlte, der Boden war nur leicht hochgestochen[16]. Dieses Stück hat unter den Glasfunden unserer Regionen keine Parallelen.

Als Gesamteindruck ergibt sich (beim jetzigen Stand der Bearbeitung), daß es unter den Glasfunden aus Tarquinia nur wenige Typen gibt, die sich mit Material aus unseren Regionen vergleichen lassen, daß sich das Gros dagegen deutlich davon absetzt. In den wenigen Fällen, wo es Ähnlichkeiten zwischen Gläsern aus Tarquinia und ›cisalpinen‹ Funden gibt, stammen merkwürdigerweise die hiesigen Fragmente meist aus früheren Fundzusammenhängen. Es ist überhaupt auffallend, daß man ohne die datierenden Münzen und Siegel wahrscheinlich geneigt wäre, die Glasfunde aus Tarquinia um etwa fünfzig bis hundert Jahre früher anzusetzen. Etliche der Typen (z. B. die Nuppenbecher) wirken für die Zeit um 1390 ausgesprochen ›altmodisch‹. Falls nicht ein Teil des Materials schon recht betagt war, als es weggeworfen wurde, sind viele der Gläser wohl als späte Vertreter von sehr langlebigen Typen anzusehen.

LIT.: Whitehouse (1987). – Nach diesem knappen Vorbericht, in dem bei weitem nicht alle Glasfragmente erfaßt sind, ist eine spätere umfassende Publikation geplant.

1   Die Leihgaben aus diesem Komplex verdanken wir der Soprintendenza Archeologica dell'Etruria Meridionale, Rom. – Da leider das Material erst in allerletzter Minute ausgeliehen werden konnte, war keine sehr eingehende Beschäftigung damit mehr möglich. Ein näherer Vergleich sämtlicher Stücke aus Tarquinia mit Fundmaterial unserer Region wird sicherlich lohnend sein.
2   Whitehouse (1987), Fig. 3,6.
3   Whitehouse (1987), Fig. 3,10 (typengleiches, nicht identisches Stück).
4   Whitehouse (1987), Fig. 3,5.
5   Whitehouse (1987), Fig. 3,8.
6   Whitehouse (1987), Fig. 4,18.
7   Newby (1987), S. 263, Abb. S. 264.
8   Vannini (1985), S. 457.
9   Whitehouse (1987), Fig. 4,21.
10 Whitehouse (1987), Fig. 5,39.
11 Whitehouse (1987), Fig. 5,36.
12 Whitehouse (1987), Fig. 5,38.
13 Kat. Venedig (1982), S. 64, Nr. 32.
14 Davidson (1952), Nr. 781.
15 Sabine Felgenhauer-Schmiedt, Das Fundmaterial des Hausbergs zu Gaiselberg, NÖ, in: Archaeologia Austriaca 61/62, 1967, S. 269, Abb. Tf. 35,6; 36,4. – Die Beschreibungen und Zeichnungen sind z. T. etwas irreführend; das Fragment Tf. 36,4 konnte nicht überprüft werden, aber das kleinere auf Tf. 35,5 ist eindeutig ein Stück farbloser Bandhenkel mit dem Rest eines blauen Schlaufenfadens.
16 Whitehouse (1987), Fig. 6,41. – Dort vollständiger gezeichnet, mit dem Boden, der unter den ausgeliehenen Fragmenten nicht vorhanden ist.

Freiburg im Breisgau, Kloake des Augustiner-Eremitenklosters

Die Glasfragmente, die (in der Ausstellung, nicht in den Abbildungen!) vollständig ausgebreitet sind, stellen einmal keine repräsentative Auswahl aus einem Fundkomplex dar, sondern machen buchstäblich ›in cumulo‹ das gesamte Glasfundmaterial einer einzigen Kloake aus, soweit es geborgen werden konnte[1]. Diese Glasfunde werden außerdem hier in einem relativ frühen Stadium innerhalb des archäologischen Arbeitsablaufs vor Augen gestellt: nach dem Bergen, Waschen und zum Teil ersten Vorsortieren, aber vor vielen späteren Stufen der Geduldsarbeit in Werkstätten und am Schreibtisch. Bis aus diesem Scherbenhaufen fragmentarische Gläser in ihrem bestmöglichen Zustand (wie die übrigen Bodenfunde in dieser Ausstellung und diesem Katalog!) geworden sind, ist noch langwieriges Sortieren und Probieren, Kleben, Festigen, eventuell rekonstruierendes Zeichnen nötig, sowie schließlich die wissenschaftliche Einordnung durch Auswertung der Grabungsergebnisse und den Vergleich mit anderem Material.

Bei Ausschachtungen für eine Tiefgarage stieß man 1982 unmittelbar neben dem Augustinermuseum in Freiburg (Abb. 47) auf eine ungewöhnlich große gemauerte Kloake (etwa 8 × 4 m im Grundriß). In einer typischen Notbergung konnte der Inhalt wenigstens einer Hälfte dieser Kloake gerettet werden (die andere Hälfte lag außerhalb der Baugrube). Da für eine eigentliche Ausgrabung keine Zeit blieb, wurde das Material ausgebaggert, auf Lastwagen verladen und außerhalb der Stadt zur Bearbeitung gelagert. Die ›rüde‹ Art der Fundbergung war in diesem Fall nicht weiter tragisch, da sich beim Inhalt von Kloaken sowieso nur

47

in den seltensten Fällen eine zeitliche Abfolge von Schichten beobachten läßt; durch die Bearbeitung unter Dach und ohne Zeitdruck ergaben sich sogar gewisse Vorteile.

Es läßt sich mit Sicherheit nachweisen, daß die angeschnittene große Kloake zum einstigen Augustiner-Eremitenkloster gehörte. Die Gründung dieses Klosters ist 1278 urkundlich bestätigt, so daß sich dieses Jahr als terminus post quem für den gesamten Kloakeninhalt ergibt. Die jüngsten Funde scheinen noch aus dem 16. Jahrhundert zu stammen, aber das Gros ist deutlich älter. Selbstverständlich machte das Glas nur einen Bruchteil der Funde aus, neben sehr viel Keramik, relativ gut erhaltenen Holz- und Lederobjekten, spärlichen Metallgegenständen und vielem anderen.

48

Vor einem Kommentar zu den Gruppenaufnahmen aus dem Freiburger Material sei hier noch ein Stück vorgestellt (Abb. 48), das als Illustration einer Fundsituation dienen soll. (Es stammt zwar nicht aus der Freiburger Kloake, aber aus einer anderen Grube mit vergleichbarem Material in Straßburg[2].) Festgebacken auf einem ›Erdklumpen‹ (euphemistisch ausgedrückt) liegen hier der Boden und Teile der Wandung einer gerippten Schale oder Flasche, in etwa derselben Position, wie sie vor etwa 650 oder mehr Jahren gefallen sind. Ähnlich ›in Dreck‹ gebettet muß man sich nicht nur die Fragmente der folgenden Zusammenstellungen, sondern im Grunde sämtliche Bodenfunde von Glas (und natürlich auch anderem Material) vorstellen.

Auf der ersten Gruppenabbildung (Abb. 49) sind oben zunächst Flachglasbruchstücke zusammengestellt, normale grüne wie auch gelbliche, bräunliche und violette. Einige Stücke sind sorgfältig zu kleinen Dreiecken oder Kreisen zurechtgekröselt, andere (rechts außen) zeigen Reste der Bemalung. In der Reihe darunter sind Scherben undekorierter Glasgefäße nach ihren Farben gruppiert: angefangen von farblosem über blaß grünliches und hellgrünes Glas bis hin zu jetzt völlig braun korrodierten Stücken. Die beiden nächsten Reihen bringen eine Abfolge (die wohl auch in etwa der typologischen Entwicklung entspricht) von Nuppenbecherfragmenten, zunächst farblose Stücke mit sehr kleinen, dann mit etwas größeren Nuppen, danach blaß blaugrüne mit gerundeten und dann spitz ausgezogenen Nuppen; darunter sind blaugrüne Fragmente aufgereiht, zuerst mit spitz ausgezogenen, dann mit gerundeten und schließlich mit ziemlich großen ›Krautstrunk‹-Nuppen (mit gerichteter Spitze). Die Reihe darunter zeigt links Scherben von farblosen Bechern mit Schrägrippen (vgl. Kat. Nr. 212), in der Mitte solche von Flaschen mit Vertikalrippen (vgl. Kat. Nrn. 308 f.) und rechts Randfragmente von Bechern meist mit blauem Randfaden. Eine Reihe tiefer folgen Bruchstücke von grünen Rippenbechern mit senkrechten oder schrägen Rippen (vgl. Kat. Nrn. 343-352). Ungewöhnlich sind unter diesen Fragmenten eines wohlbekannten Typs die blauen Scherben (mit dunkelblauem Randfaden) rechts. In der untersten Reihe schließlich sind links etliche Böden und daneben Halsfragmente von Urinalen zu sehen (vgl. Kat. Nrn. 542 f.); es folgen ein zweiröhriger Kuttrolfhals, Randstücke von Butzenscheiben sowie eine kleine Gruppe von Henkeln, Füßchen und als Schlußpunkt ein Knopf.

Die Fragmente in der zweiten Gruppenaufnahme (Abb. 50) lassen meist recht gut einzelne Glasindividuen erkennen, die sich zum Teil auch noch zu größeren oder gar ›archäologisch kompletten‹ (d. h. im Profil vollständigen) Stücken kleben ließen. Die oberste Reihe beginnt links mit den Scherben eines farblosen Nuppenbechers mit spitz ausgezogenen Nuppen (vgl. Kat. Nr. 178), daneben liegen Boden und Wandungsfragment von feinen farblosen Bechern mit optisch geblasenem Punktmuster und dünnem blauem Randfaden (vgl. Kat. Nrn. 218 f.). Unter diesen beiden Stücken sind weitere Fragmente farbloser Becher angeordnet, die zum Teil merkwürdig zungenförmig ausgezogene Nuppen haben. In der rechten Hälfte dieser beiden Zeilen sind die Scherben eines Schlaufenfadenbechers ausgebreitet (vgl. Kat. Nrn. 155 ff.). In der Zone darunter hat die aus den zusammengeordneten

FUNDKOMPLEXE

50

Scherben deutlich erkennbare farblose Schale mit blauem Randfaden (vgl. Kat. Nr. 318) als bisher unerklärliche Besonderheit in der Bodenmitte ein Loch, das eindeutig gebohrt, nicht durch eine Beschädigung entstanden ist. Wohlvertraut von vielen Fundorten sind Bruchstücke farbloser Rippenbecher, wie sie neben dieser Schale liegen (vgl. Kat. Nrn. 205 ff.). In der nächsttieferen Reihe erkennt man links Teile von Fuß, hohlem Stiel und Kuppa von Stengelgläsern (vgl. Kat. Nrn. 235-257), wobei der Fundort Freiburg für diesen Typ der bisher südlichste in Deutschland ist. Das Fragment mit den unten stark vorspringenden Rippen daneben gehörte wohl zu einer Flasche oder eventuell Schale. Interessant und bisher von anderen Fundorten kaum bekannt sind die rechts anschließenden hellgrünen Scherben mit blauen Fadenauflagen, die wohl ebenfalls von Flaschen stammen (vgl. Kat. Nr. 314 f.). – In der untersten Reihe liegen links Fragmente von hell bläulich-grünen Nuppenbechern des Schaffhauser Typs (vgl. Kat. Nrn. 192-199), gefolgt von einem Lampenunterteil, drei Flaschenhälsen (zum Teil mit ›Kropf‹) und Stücken von den hohlen Innenringen doppelkonischer Flaschen. Das Unterteil einer kleinen doppelkonischen Flasche schließt die Zusammenstellung ab.

Unter den nicht abgebildeten Stücken sind noch zwei hervorzuheben: zum einen ein dünnes farbloses Becherfragment mit optisch geblasenem Fischgrätmuster, wie sie ähnlich auch im Fundmaterial aus Korinth (vgl. S. 25 Abb. 14) und Murano (vgl. Abb. 41) vorkommen, zum anderen Teile von einem glatten opakroten Becher mit konkav einschwingender Wandung (eventuell auch von mehreren Exemplaren).

Die Fragmente in den beiden Übersichtstafeln umfassen weniger als ein Zehntel der gesamten Glasfunde aus dieser Kloake, jedoch ist die Auswahl einigermaßen repräsentativ. Es wird deutlich, daß das Material weitaus überwiegend aus der früheren Benutzungszeit der Kloake stammen muß, aus dem späten 13. und frühen 14. Jahrhundert. Jüngere Glastypen sind – infolge von wiederholtem Entleeren? – nur relativ selten vertreten, z. B. mit Fragmenten von Kreuzrippenbechern und doppelkonischen Flaschen.

LIT.: Peter Schmidt-Thomé, Ausgrabungen auf dem Augustinerplatz, Ausst. Kat. Museum für Ur- und Frühgeschichte, Freiburg 1983. – Peter Schmidt-Thomé, Die Abortgrube des Klosters der Augustinereremiten in Freiburg, in: Archäologische Ausgrabungen in Baden-Württemberg 1983, Stuttgart 1984, S. 240-244. – Peter Schmidt-Thomé, Hölzernes Alltagsgeschirr und Spiele aus einer mittelalterlichen Abfallgrube in Freiburg, in: Kat. Der Keltenfürst von Hochdorf, Stuttgart 1985, S. 463-471. – Schmaedecke (1987), S. 89, Abb. 86 f. (Nuppenbecherfragmente).

1 Die Leihgaben verdanken wir dem Landesdenkmalamt Baden-Württemberg, Außenstelle Freiburg. – Aus dem Komplex wurden drei Fragmente herausgenommen und im Katalogteil behandelt, da sie Varianten beziehungsweise Typen repräsentieren, die sonst nicht oder nur in kleineren Bruchstücken nachzuweisen sind: Kat. Nrn. 212, 228, 352.
2 Vgl. Kat. Nrn. 82, 105, 158, 164, 209, 234, 312-314, 321 f., 346.

Nuppentafel

In der nebenstehenden Tafel ist eine Auswahl verschiedener Nuppen des 13. bis frühen 16. Jahrhunderts zusammengestellt, in chronologischer Abfolge von oben nach unten. Die Übersicht gibt so auf einen Blick einen Eindruck von den schier unerschöpflichen Variationsmöglichkeiten dieses Leitmotivs an mittelalterlichen Gläsern. Zugleich läßt sich daran in komprimierter Form die allgemeine Entwicklung ablesen, die an dem reichen Material der Ausstellung und des Katalogs insgesamt ausführlicher vor Augen geführt wird: Entgegen der landläufigen Vorstellung von primitiven Anfängen und zunehmender Verfeinerung stehen die zartesten, oft farblosen Gläser zeitlich am Anfang, dagegen sind die spätmittelalterlichen Gläser deutlich dickwandiger, robuster und meist kräftig grün oder sonst farbig.

In den drei obersten Reihen liegen Fragmente, die allesamt noch ins 13., spätestens frühe 14. Jahrhundert gehören. Zuoberst sind Bruchstücke ›farbloser‹ Nuppenbecher aufgereiht, an denen abgesehen von den unterschiedlichen Farbstichen der weitestgehend entfärbten Glasmasse auch die erhebliche Variationsbreite in Größe und Form bei etwa gleichzeitigen Nuppen anschaulich wird[1]: rund verschmolzen, säuberlich schneckenhausförmig abgedreht, als winzige Perlen aufgesetzt, spitz ausgezogen und gekniffen oder schließlich auch tordiert. – Bei den Fragmenten der zweiten Reihe ist die farblose Glasmasse bereichert durch blaue Verzierung. Auf dem Wandungsbruchstück links (Kat. Nr. 185) wechseln Reihen von farblosen und kräftig blauen Nuppen. Daneben liegen drei kleine Scherben aus dem Fundmaterial der 1265 zerstörten Burg Wartenberg[2], bei denen die Nuppen nur blaue Spitzen haben (vgl. Kat. Nr. 189-191). Das Becherfragment daneben (zu Kat. Nr. 165 gehörig) zeigt farblose Nuppen abwechselnd mit blauen Querfäden, und rechts außen schließlich ist eine nuppenartige blaue Linse unter den Boden einer farblosen Schale gesetzt[3]. In der dritten Reihe sind links drei kleine Scherben angeordnet[4], bei denen die Glasmasse erstmals einen schwachen bläulichen Stich hat, der dann bei späteren Gläsern zunehmend kräftiger wird. Ein Rätselstück ist das Fragment aus leuchtend gelbem Bleiglas in der Mitte, bei dem der aufgesetzte kleine Glasposten rüsselartig lang ausgezogen und verdreht ist[5]. Die smaragdgrünen Scherben daneben gehören ebenfalls in die Gruppe der Bleigläser. Wie in großem Umfang erst seit dem späten 16. Jahrhundert gebräuchlich, sind die Nuppen darauf mit Hilfe von Stempeln gemustert, einmal als ›Beerennuppe‹ (vgl. Abb. 21), einmal als ›Rosettennuppe‹ (Kat. Nr. 139). – Die Wandungsscherben in der vierten Reihe[6] repräsentieren verschiedene Stadien der Entwicklung der Nuppenbecher im 14. und frühen 15. Jahrhundert: Die Glasmasse ist nun in der Regel nicht mehr farblos, sondern hell bis kräftig blaugrün, und die Nuppen nehmen an Größe zu, werden auch allmählich dichter gesetzt und in deutlicher Spitze nach oben ausgezogen. Die rechte Scherbe in dieser Reihe läßt sich schon als Teil eines Krautstrunks (vgl. Kat. Nrn. 342, 403 ff.) ansprechen. – Die Nuppen in den drei unteren Reihen gehören alle schon ins spätere 15. oder frühe 16. Jahrhundert[7]. Die Zusammenstellung beginnt mit größeren, relativ flachen Nuppen in verschiedenen kräftigen Grüntönen. Das letzte Fragment in der drittuntersten Reihe zeigt erstmals eine Nuppe, bei der nachträglich mit der Zange kleine Spitzen herausgekniffen sind. Solche gekniffenen Spitzen sind bei der roten Nuppe auf grüner Wandung (Kat. Nr. 437) in der Reihe darunter so angeordnet, daß sie als Ohren und Schnauze eines Tierkopfs erscheinen. Im Gegensatz zu dieser roten Nuppe sind die anderen Tierkopfnuppen in dieser Reihe alle hohl geblasen. Sie gehörten höchstwahrscheinlich zu reichverzierten Stangengläsern (vgl. Kat. Nrn. 500 ff.). Die kleine Tierkopfnuppe bei dem Fragment rechts außen sitzt nicht auf der Wandung, sondern auf einem ebenfalls hohl geblasenen langgezogenen Rüssel auf (vgl. Kat. Nrn. 503 f., 507). Zuunterst folgen noch einige weitere Sonderformen von Nuppen: links eine besonders große (es gibt aber noch weit größere!), die rund verschmolzen ist wie auch die beiden kleineren daneben. Bei den Nuppen der mittleren Scherbe sind die ausgezogenen Spitzen zu einer kleinen Öse gebogen, in die Ringe eingehängt werden konnten. Das Fragment

daneben fällt durch die ungewöhnliche Anordnung der Nuppen in senkrechter Reihe aus dem Rahmen und das letzte Stück schließlich sowohl durch die Farbe als auch die Form der blütenartig gestempelten Nuppen.

1 Von links nach rechts: 3 Fragmente von der Frohburg (Kanton Solothurn), vgl. Baumgartner (1985), S. 160, Nrn. 10, 8, 6. – 2 Fragmente aus dem Komplex Freiburg, Augustiner-Eremitenkloster, vgl. S. 49 ff. – 1 Fragment aus Basel, Rittergasse 5 (Historisches Museum Basel), Inv. Nr. 1972. 4448.
2 Lauterbacher Hohhausmuseum. Vgl. Kat. Nrn. 46 und 125.
3 Ebenfalls von der Frohburg, vgl. Baumgartner (1985), S. 158-160, Nr. 1.
4 Aus dem Komplex Freiburg, Augustiner-Eremitenkloster.
5 Rheinisches Landesmuseum Bonn, Inv. Nr. 68.0475 (= Bremen (1964), S. 285, Nr. 106 b). Das Fragment hat ein spezifisches Gewicht von $5,3 \text{ g/cm}^3$ = ca. 70% PbO. Bremens Behauptung, es stamme von einem »großen, vieleckig gekniffenen Stangenglas« ist völlig aus der Luft gegriffen, da keinerlei Wandungsreste daran vorhanden sind.
6 Links: aus Braunschweig, Turnierstraße, Ass. 631 (Braunschweigisches Landesmuseum), Inv. Nr. 85 : 1/4766 a; alle anderen angeblich aus Köln (Erwin Baumgartner, Basel, ehemals Slg. Stieg).
7 Bis auf das Fragment mit der roten Tierkopfnuppe alle angeblich aus Köln (Erwin Baumgartner, Basel, ehemals Slg. Stieg).

Katalog

9. bis 11. Jahrhundert

Die Quellen, aus denen unser spärliches Wissen über die Hohlglasproduktion in karolingisch-ottonischer Zeit stammt, sind im wesentlichen dieselben wie für das spätere Mittelalter auch: gelegentliche Erwähnung von Glas und Glasherstellung in Schriftquellen (zum großen Teil schon bei Rademacher angeführt), die uns aber keinerlei Vorstellung vom Aussehen dieser Gläser geben können, daneben vereinzelte bildliche Darstellungen von Gläsern, z.B. in Miniaturen, schließlich als ergiebigste Quelle die Bodenfunde. Dies ist eine Quelle, die sich erst in jüngerer Zeit aufgetan hat. Noch für Rademacher war »die immer dünner werdende Kette der Glasfunde« in karolingischer Zeit gänzlich abgerissen (S. 4), da aufgrund kirchlicher Verbote die Sitte der Grabbeigaben in weiten Regionen aufhörte. (Die relativ zahlreichen römischen und fränkischen Gläser stammen ja fast alle aus Gräbern.) Eine für uns glückliche Ausnahme bilden die Gläser aus Gräbern in Skandinavien, wo man noch zwei bis drei Jahrhunderte länger an den alten Bestattungssitten festhielt. (Die skandinavischen Glasfunde aus Gräbern waren aber zu Rademachers Zeit noch wenig bekannt, sie wurden zuerst 1937 von H. Arbman eingehend publiziert.) Zu diesen relativ wenigen fast vollständig erhaltenen Gläsern aus Schweden und Norwegen kommt aber inzwischen eine Fülle von neuem Material, das dank verfeinerter archäologischer Methoden bei Grabungen geborgen wurde und wird.

Die Fundplätze lassen sich grob in vier Kategorien einordnen (nähere Angaben bei den Kat. Nrn.):
1. Handelsplätze, wie z.B. Dorestad, Haithabu, Birka,
2. Wohn- bzw. Aufenthaltsorte des Adels, d.h. Pfalzen, Fürstenhöfe, Burgen, wie z.B. Paderborn, Starigard, Burg Baldenstein, Burg Altenberg,
3. kirchliche Zusammenhänge, d.h. in oder bei Kirchen und Klöstern, z.B. in Esslingen, San Vincenzo al Volturno,
4. Hütten- oder Werkstattzusammenhänge, die mit den drei vorher genannten Fundortkategorien in direkter räumlicher Verbindung stehen (z.B. in Paderborn oder San Vincenzo), oder auch in einiger Entfernung im Wald liegen können (Kordel).

Nicht zu halten ist sicherlich die Vorstellung Rademachers, die Kirche sei nahezu alleiniger Auftraggeber und Abnehmer für anspruchsvollere Gläser gewesen, und da es in sakralem Zusammenhang wenig Verwendung für Hohlglas gab, sei die Produktion stark zurückgegangen und auf primitives Niveau herabgesunken. Das inzwischen bekannte Material erlaubt die Feststellung, daß es in karolingisch-ottonischer Zeit auch reichlich profane Interessenten für mehr oder weniger luxuriöse Gläser gab.

Das Formenrepertoire, soweit es sich aus den meist sehr kleinen bis winzigen Fragmenten und aus den skandinavischen Grabfunden erschließen läßt, umfaßte offenbar vor allem verschiedene Becher: Trichterbecher (als Trinkgefäße und Lampen), beutelförmige oder kugelige, daneben wohl auch napfartig breite Becher. Dazu kamen Schalen und verschiedene Flaschenformen, bei denen sich bisher kein markanter Typ abzeichnet. Neben solchen einfachen Fläschchen wie z.B. aus dem Grab von Hopperstad[1] finden sich in etwas späterer Zeit luxuriöse Exemplare wie die blauen Flaschen mit weißen Fadenauflagen aus Haithabu und Burg Baldenstein (Kat. Nrn. 26f.), wahrscheinlich gehört auch die rätselhafte Flasche aus Wiesbaden (Kat. Nr. 34) hierher. Bei näherer Bearbeitung der Neufunde aus jüngster Zeit werden wahrscheinlich noch manche Formvarianten dazukommen, ebenso wie wir bei den Verzierungen durch immer neue Abwandlungen überrascht werden.

Die bei weitem häufigste Verzierungstechnik – wie die folgenden Beispiele in der Ausstellung zeigen – ist die der verschiedenen Fadenauflagen, von einfachen aus derselben Glasmasse wie das Gefäß über solche in Kontrastfarbe bis hin zur Sonderform der Reticellauflagen. Daneben kommen form- bzw. optisch-geblasene Muster vor und schließlich auch die Verzierung mit Blattgoldauflagen.

Sehr reich ist auch das Farbenspektrum, wie ebenfalls schon aus der kleinen Auswahl der Exponate deutlich wird.

Viele der Formen wie auch Verzierungstechniken und Motive lassen sich als Weiterentwicklung innerhalb der spätrömisch-fränkisch/merowingischen Tradition verstehen, nur wenige scheinen sich fortzuentwickeln zu den aus dem hohen und späten Mittelalter bekannten Typen. So z.B. bleiben die Trichterbecher gänzlich ohne Nachfolge, und auch die Reticella-Verzierung kommt aus der Mode. Ein gewisses Fortleben scheinen vor allem die bauchigen Becherformen und die wellen- oder zickzackförmig geschwungenen Fadenauflagen zu haben, zu denen dann in der Glasproduktion des 12./13. Jahrhunderts gänzlich neue Formen und Verzierungen hinzukommen, wohl durch neue Impulse aus dem Südosten.

Zu den wenigstens ansatzweise erkennbaren Fakten für das Glas in karolingisch/ottonischer Zeit ist noch zu rechnen, daß es offenbar Glasmassen mit völlig verschiedener chemischer Zusammensetzung nebeneinander gab (nebeneinander auch an einem Fundort und im selben Fundkomplex). Neben dem antik-mediterranen Sodaglas, das vorwiegend Soda als Flußmittel enthält und relativ widerstandsfähig gegen Verwitterung ist, kam damals auch Kaliglas auf, bei dem als Flußmittel Pottasche zugefügt wurde und das sich im Boden meist leichter zersetzt. Und schließlich verwendete man nun auch Bleiglas, zumindest für kleinere Glasobjekte, bei dem ein hoher Prozentsatz von Bleioxid den Schmelzpunkt herabsetzte (vgl. S. 161 ff.).

Die verschiedene Glaszusammensetzung, die bisher nur sporadisch untersucht wurde, führt zurück zu einer langen Liste von offenen Fragen zur Glasproduktion dieser Zeit, an deren Lösung wohl noch Generationen von Forschern verschiedener Disziplinen zu arbeiten haben: Fragen vor allem nach den Herstellungsorten oder -zentren, den Handelswegen für Rohstoffe oder auch den Halbfertigprodukten bzw. ganzen Gläsern, den Wanderungen von Handwerkern oder der Vermittlung von Rezepturen und Herstellungstechniken.

1   Arbman (1937), Tf. II, 3.

Trichterbecher

Wie sowohl die Häufigkeit der Funde als auch Abbildungen belegen, waren Trichterbecher die Standardtrinkgläser (Weingläser?) in karolingischer Zeit, natürlich nur soweit überhaupt gläserne Trinkgefäße benutzt wurden, d. h. in gehobenen sozialen Schichten. Neben dieser Verwendung als Trinkbecher wurden sie aber offenbar auch als Hängelampen gebraucht, auch dafür gibt es Belege in Miniaturen.

Ihr Verbreitungsgebiet reichte, nach den bisher bekannten Fundpunkten zu urteilen, von Süddeutschland (Augsburg) über West- und Nordwestdeutschland (Kordel, Paderborn) und Holland (Dorestad u. a.) bis England (Hamwic/Southampton) und Skandinavien (z. B. Kaupang, Norwegen, Helgö und Birka, Schweden)[1]. Wo überall sie hergestellt wurden, ist noch unklar – sicherlich in Deutschland, wo sie mehrfach im Zusammenhang mit Hüttenplätzen bzw. Glaswerkstätten gefunden wurden (Augsburg, Paderborn, Kordel), wahrscheinlich aber auch in England, wo es Verzierungsvarianten gibt, die sonst nirgends auftreten (z. B. Reticelleränder). Die skandinavischen Funde werden meist (noch?) als Importe angesehen.

Die Form der Trichterbecher läßt sich typologisch als Weiterentwicklung der früheren Spitzbecher und besonders der breiteren Glockentummler verstehen, die etwa vom 6. bis 8. Jahrhundert gebräuchlich waren[2]. Die eigentlichen Trichterbecher haben dann eine ›Laufzeit‹ vom späteren 8. Jahrhundert bis etwa um 1000. Im 11. Jahrhundert kamen sie offenbar gänzlich aus der Mode, vermutlich im Zusammenhang mit veränderten Trinksitten. Sturzbecher, d. h. Becher ohne Standfläche, fehlen im Glas-Formenrepertoire der folgenden Jahrhunderte völlig. (Eine gewisse formale Ähnlichkeit zu den Trichterbechern, die allerdings durch den Verwendungszweck bedingt ist, bewahren allein die gläsernen Hängelampen späterer Zeit.)

Innerhalb des Typs gibt es zahlreiche Varianten der Form und Verzierung, wie schon die kleine Auswahl in unserer Ausstellung zeigt: Die unteren Enden können röhrenförmig eng oder etwas breiter sein, die Wandung nahezu ganz konisch oder auch konkav geschwungen, gelegentlich mit einem Wulst auf etwa halber Höhe. Das Spektrum der Glasfarben reicht von annähernd farblos, leicht gelblich bis hin zu den verschiedensten Grüntönen und auch zu rot geflammten Glasmassen. Neben den ganz einfachen, unverzierten Stücken gibt es die reicheren Ausführungen, bei denen alle damals üblichen Verzierungstechniken angewandt wurden: Fadenauflagen (meist weit eingeschmolzen), breite farbige Ränder, Reticelleränder und wohl auch Goldauflagen.

1   Eine Zusammenstellung von Fundstellen und Literaturnachweise bei Dekówna (1976), S. 63-66.
2   Vgl. ein Schema der Entwicklungsstufen vom Glockentummler zum Trichterbecher bei Ypey (1964), S. 145, Abb. 40 (wiederholt bei Harden (1971), S. 90, Fig. 7).

TRICHTERBECHER

9.–11. JAHRHUNDERT

1 Trichterbecher

Westeuropa (?), 9.Jh./1.Hälfte 10.Jh. – Fundort: Haithabu (Schleswig-Holstein), Bootkammergrab (1908). – H 16,3 cm; ⌀ Lippe 10,7 cm, unteres Ende 1,6 cm; Wandungsstärke Lippenrand 3,0 mm, Wandung minimal 1,0 mm. – Hellgrünes Glas mit wenigen Bläschen. Geklebt, z.T. ergänzt, kleine Fehlstellen. Kaum verwittert.

Archäologisches Landesmuseum der Christian-Albrechts-Universität Kiel, Schleswig

Unteres Ende röhrenförmig schmal, unter dem dicken Boden Heftnarbe. Lippenrand leicht verdickt und gestaucht.

1

Die Fragmente dieses Bechers wurden gefunden im berühmten Bootkammergrab von Haithabu, genauer: im Süden der Kammer B zwischen der Trennwand und der Bronzeschale, zu Füßen des Bestatteten. Er vertritt die einfachste Variante dieses Bechertyps, ohne jede Verzierung, wie sie auch mehrfach in den Gräbern von Birka vorkommt.

LIT.: Friedrich Knorr, Bootkammergrab südlich der Oldenburg bei Schleswig, in: Mitteilungen des Anthropologischen Vereins in Schleswig-Holstein 19, 1911, S. 74, Tf. XIII, 4. – Rademacher (1933), S. 4, 100, 142, Tf. 5a. – Herbert Jankuhn, Kunstgewerbe in Haithabu, in: IPEK 9, 1934, S. 114f., Tf. 44.2. – Dekówna (1976), S. 63–66.

2 Trichterbecher

Westeuropa (?), 9.Jh. – Fundort: Birka (Uppland, Schweden), Grab 526. – H 14,7 cm; ⌀ Lippe 10,4-10,7 cm, unteres Ende 1,5 cm; Wandungsstärke Lippenrand 2,5-4,0 mm, Wandung minimal 1,0 mm. – Farbloses Glas mit schwach grünlichem Stich und vielen Bläschen, blauer Rand. Geklebt, Ausbrüche in der Wandung. Nahezu ohne Verwitterungsspuren.

Statens Historiska Museum, Stockholm, Inv. Nr. BJ 526

Unteres Ende röhrenförmig schmal, glatt vom Hefteisen abgeschlagen. Auf den Rand des farblosen Gefäßkörpers ein breiter blauer Rand aufgesetzt.

Die Fragmente dieses Trichterbechers stammen aus dem Skelettgrab einer Frau im Gräberfeld nördlich der Burg. Zu den Beigaben dieses Grabs gehören sonst einige Münzen, wenige kleine Schmuckstücke, 2 Bronzeschlüssel, das Fragment einer Nadelbüchse.
Unter den Hohlglasfunden aus den Gräbern von Birka sind Trichterbecher der bei weitem am häufigsten vertretene Typ, es sind mehr als 25 Exemplare (in sehr unterschiedlichem Erhaltungszustand) nachzuweisen. Neben weiteren Stücken mit farbigem Rand kommen auch solche mit Fadenauflagen (meist weit eingeschmolzen) oder ganz glatte vor.

LIT.: Arbman (1937), S. 39f. – Arbman (1940/43), Bd. I, S. 161f., Bd. II, Tf. 190,1.

3 Trichterbecher

Westeuropa (?), 8./9.Jh. – Fundort: Wijk bij Duurstede/Dorestad (Holland). – H 11,8 cm; ⌀ Lippe 9,1 cm; Wandungsstärke Lippenrand 2,0 mm, Wandung minimal 0,9 mm. – Nahezu farbloses Glas mit schwach grünlichem Stich, zahlreiche sehr kleine Bläschen. Geklebt, Fehlstellen in Wandung und Rand.

Rijksdienst voor het Oudheidkundig Bodemonderzoek, Amersfoort, Inv. Nr. WbD 385.3.1

Unteres Ende konisch mit relativ dünnwandigem Boden, große Heftnarbe schief darunter. In etwa halber Höhe der Wandung kleiner Wulst nach außen gestaucht. Lippenrand wenig verdickt.

Trichterbecher mit einem solchen Wulst wurden bisher offenbar nur in Holland gefunden. Parallelstücke gibt es in den Museen von Leeuwarden und Groningen[1], auch im Material von Dorestad kommen noch weitere Fragmente von Trichterbechern dieser Art vor[2].
Wie eingangs erwähnt, wurden Trichterbecher sicherlich überwiegend als Trinkgefäße benutzt, daneben aber auch als Lampen. Möglicherweise hatte der Wulst bei diesen besonderen Stücken den praktischen Zweck, dem Glas in einer ringförmigen Hängevorrichtung Halt zu geben, so daß sie

speziell als Lampen gedacht waren? Allerdings scheint der Wulst dafür reichlich tief zu sitzen, und bei der konischen Form dieser Gläser war er auch keineswegs nötig.

LIT.: – (Isings, in Vorbereitung).

1 Leeuwarden: P.C.J.A. Boeles, Friesland tot de elfde eeuw, Den Haag 1951 (2. Aufl.), Pl. XXIX,5. – Groningen: Arbman (1937), S. 76. – Arwidsson (1942a), S. 92.
2 Zum Beispiel Inv.Nr. WbD 405.2.41; WbD 71/12352; WbD 384.4.20.

3

4   Trichterbecher, Fragmente

Westeuropa (?), 9./10. Jh.

a) Fundort: Haithabu (1964), Nord 10-20, Ost 85-120, Süd-West –, Tiefe: Schicht VIII. – H 4,9 cm; ⌀ Bruchkante oben 2,2 cm, unteres Ende 1,6 cm; Wandungsstärke 1,0 mm. – Blaßgrünes Glas mit zahlreichen kleinen Bläschen. 1 Fragment, gesprungen. Fast ohne Spuren von Verwitterung.
Der dickwandige Boden mit winzigem Einstich in der Mitte, Reste einer ringförmigen Heftnarbe weiter außen.

b) Fundort: Haithabu (1963), Nord 0-10, Ost 70-120, Süd 0-15, Tiefe I-III. – H 4,4 cm; ⌀ Bruchkante oben 2,1 cm, unteres Ende 1,4 cm (schmalste Stelle 1,2 cm); Wandungsstärke minimal 1,2 mm. – Kräftig graugrünes Glas. 1 Fragment. Oberfläche durch Verwitterung stark getrübt und angegriffen.
Unten ca. 1 cm langes Stück massiv, Heftnarbe unten. Innerer Hohlraum unten mit scharfer Spitze.

c) Fundort: Haithabu (1935), Hb 35/T. (?) 0,83, S 7,45, O 19,65 (Beschriftung nicht eindeutig leserlich). – H 4,4 cm; ⌀ Bruchkante oben 1,4 cm, unteres Ende 0,5 cm; Wandungsstärke 1,5 mm. – Türkisfarbenes Glas. 1 Fragment. Von innen leicht versintert.
Unten ca. 1,2 cm langes massives Stück, glatt abgebrochen (vom Hefteisen?). Innerer Hohlraum unten mit scharfer Spitze.

Archäologisches Landesmuseum der Christian-Albrechts-Universität Kiel, Schleswig

In den Siedlungshorizonten von Haithabu wurden Fragmente von mindestens 25 Trichterbechern gefunden (das ist nur etwa ein Drittel der Menge, die in Dorestad zutage kam), die eine große Variationsbreite der Glasfarben und auch der Formen zeigen. Die Farben variieren von nahezu farblos und leicht gelblich über türkisfarben bis hin zu verschiedenen Grüntönen.
Am häufigsten sind Stücke in der Art des Fragments a), das wahrscheinlich zu einem Becher ähnlich wie der aus dem Bootkammergrab gehörte. Fragment b) ist ungewöhnlich durch die leichte Einziehung am massiven unteren Ende. Fragment c) mit dem extrem dünnen unteren Ende hat noch mindestens zwei Parallelstücke im Material von Haithabu. Unter den bisher publizierten Trichterbecher-Fragmenten kommt diese ›manierierte‹ Variante nicht vor.

LIT.: – (Steppuhn, in Vorbereitung).

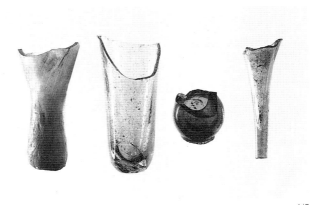

4/5

5   Lampenfragment (?)

Westeuropa (?), 9./10. Jh. – Fundort: Haithabu (1964), Nord 15,65, Ost 117,70, Süd-West –, Tiefe: Schicht III. – H 1,7 cm; ⌀ maximal 1,8 cm; Wandungsstärke 3,0 mm. – Dunkelgrünes Glas. Fast ohne Verwitterungsspuren.

Archäologisches Landesmuseum der Christian-Albrechts-Universität Kiel, Schleswig

Unteres Ende als hohle, kugelige Verdickung, ringförmige Heftnarbe unten.

Trichterbecher mit solchen kugelig abgeschnürten unteren Enden sind bisher nicht bekannt, wohl aber gibt es diese kugelige Verdickung am Schaft von spätantiken und mittelalterlichen Glaslampen, vor allem im Nahen Osten, aber auch z. B. in Murano (vgl. S. 42, Abb. 42) und im Königspalast von Buda. Diese Lampen haben dann über dem schmalen hohlen oder auch massiven Schaft oben eine schalenförmige Erweiterung. Haithabu wäre dann m. W. der bei weitem nördlichste Fundpunkt für eine solche Lampe.
Es ist aber noch einmal zu betonen, daß die Trichterbecher allgemein auch als Lampen Verwendung finden konnten, wie durch Abbildungen zu belegen ist.

LIT.: – (Steppuhn, in Vorbereitung).

6

6 Trichterbecher, Fragmente

Westeuropa (Paderborn ?), späteres 8. Jh. (vor 778). – Fundort: Paderborn, Pfalzareal (1965/66).
a) H 5,7 cm; ⌀ am unteren Ende 1,3 cm; Wandungsstärke Bruchkante oben 1,8 mm. – Ursprünglich hellgrünes Glas, völlig braun korrodiert und in Schichten zersetzt. Geklebt. Schief unter dem Boden des sehr engen röhrenförmigen Unterteils eine dick aufsitzende Heftnarbe.

b) H 3,9 cm; ⌀ am unteren Ende 1,8 cm; Wandungsstärke Bruchkante oben 2,5 mm. – Ursprünglich wohl hellgrünes, rot geflammtes Glas, jetzt fast gänzlich braun korrodiert und in Schichten zersetzt, z. T. silbrig irisiert. 1 Fragment.
Unter dem Boden des engen zylindrischen Unterteils winzige Einbuchtung in der Mitte und ringförmige Heftnarbe.

c) H 3,6 cm; ⌀ am unteren Ende 1,7 cm; Wandungsstärke Bruchkante oben 1,0 mm. – Blaßgrünes Glas, durch Verwitterung kaum getrübt, schwach irisiert. 1 Fragment.
Unter dem Boden des leicht konischen Unterteils kleine Einbuchtung in der Mitte und Heftnarbe.

Museum in der Kaiserpfalz, Paderborn (Landschaftsverband Westfalen-Lippe), Inv. Nr. 65/119 b; 65/126 a; 66/4 a

Die 777 errichtete erste Pfalz in Paderborn wurde schon im Jahr darauf in einem Sachsenaufstand zerstört. Aus der Zerstörungsschicht im Bereich zwischen Ostseite der Aula und nördlicher Begrenzung des Pfalzareals wurden (u. a.) zahlreiche kleine Fragmente von Hohlgläsern geborgen, darunter auch diese Fragmente von Trichterbecher-Unterteilen. Nach den recht schmalen unteren Enden zu urteilen, waren sie in der Form denen der Birka-Gräber sehr ähnlich. Über eine Verzierung im oberen Teil läßt sich nichts mehr aussagen, wahrscheinlich kamen aber farbig aufgeschmolzene Ränder vor (vgl. Kat. Nr. 2). Kleine Randstücke dieser Art sind im Paderborner Material vorhanden.
Interessant ist das Fragment b), das trotz der sehr schlecht erhaltenen Glasmasse eindeutig rote Schlieren in sonst grünlichem Glas erkennen läßt. Diese Art der Zweifarbigkeit kommt bei karolingischen Hohlgläsern gelegentlich vor (vgl. Kat. Nr. 14), besonders häufig aber bei Flachglas dieser Zeit, u. a. auch bei solchem aus der Paderborner Pfalz.
Da es offenbar schon in der ersten Pfalzanlage von 777 eine Glaswerkstatt gab, ist es denkbar, daß einige oder gar alle Glasgefäße in Paderborn an Ort und Stelle hergestellt wurden.

LIT.: (Trichterbecher-Bruchstücke jeweils erwähnt) Winkelmann (1967), S. 112. – Winkelmann (1977), S. 123. – Winkelmann (1985), S. 30 f. – Eine Gesamtpublikation des Glasmaterials durch Wilhelm Winkelmann ist in Vorbereitung.

Gläser mit Golddekor

Einer besonderen Gruppe karolingerzeitlicher Luxusgläser ist nicht eine Form gemeinsam, sondern die Verzierung mit Blattgold, das auf die Glasoberfläche ›geklebt‹ wurde. Unter der Goldauflage ist die Oberfläche aufgerauht; es ist nicht sicher, ob dies absichtlich oder durch das ›Klebemittel‹ bewirkt wurde. Anders als bei den Zwischengoldgläsern (oder auch Mosaikwürfeln mit Goldschicht) gab es keine schützende Glasschicht über dem Gold, auch wurde das Gold nicht pulverisiert mit einem Bindemittel zur Bemalung verwendet, wie bei den Goldemailgläsern. Diese besondere Technik der ungeschützten Blattgoldauflage findet sich schon vorher an einigen wohl im Rheinland entstandenen spätrömischen Gläsern, wie z. B. der blauen Schale aus Köln-Braunsfeld im Römisch-Germanischen Museum[1].

Derartige Fragmente aus karolingischer Zeit sind noch nicht lange bekannt, und als größere Gruppe beginnen sich diese golddekorierten Gläser erst in jüngster Zeit abzuzeichnen. Die bisherigen Fundorte sind (von Süd nach Nord): Abtei Niedermünster, Elsaß (1 Fragment)[2], Lüttich (3 Fragmente)[3], Paderborn (Kat. Nr. 7), Dorestad (mindestens 4 Fragmente, vgl. Kat. Nrn. 8-10), Helgö, Schweden[4].

Alle bisherigen Fragmente sind so klein, daß sie keine genauere Vorstellung von der ursprünglichen Gefäßform erlauben. Aus den ungleichen Durchmessern und Neigungswinkeln der Randfragmente ist aber zu ersehen, daß es recht unterschiedliche Formen waren: mit größter Wahrscheinlichkeit waren Trichterbecher dabei (Dorestad, Lüttich), daneben relativ breite Becher oder Näpfe (Paderborn, Lüttich) schließlich auch Gläser mit viel engerer Mündung (Helgö, ⌀ 5 cm). Unterschiedlich sind auch die Glasfarben, auf denen die Goldauflage Verwendung fand. Neben leuchtendem Blau, worauf das Gold besonders gut zur Geltung kam, gibt es auch fast farblose, leicht grünliche oder gelb-bräunliche Fragmente.

Die Muster sind durchweg aus kleinen geometrischen Figuren zusammengesetzt, vor allem aus Dreiecken und Rauten, gelegentlich kleinen Rechtecken. Sehr ähnliche Muster kommen im selben Zeitraum auch an anderen Materialien vor, besonders ähnlich, ebenfalls in Form aufgeklebter Metallfolien, an den sog. Tatinger Kannen, daneben aber auch bei den sog. Pseudo-Kameen und in der Bauornamentik (Torhalle von Lorsch)[5].

Die von Agneta Lundström vor längerer Zeit erwogene These, solche goldverzierten Gläser seien Meßkelche gewesen (in Analogie zu den Tatinger Kannen, denen liturgische Verwendung zugeschrieben wird), ist durch das neuere Fundmaterial praktisch widerlegt. Zu verschieden sind die Formen und Dimensionen der inzwischen zu erschließenden Golddekor-Gläser. Man muß wohl einfach luxuriöse Trinkgefäße darin sehen. Ebensowenig muß man sie sich alle als Produkte einer einzigen Werkstatt vorstellen, das ›know-how‹ dieser Verzierungstechnik war sicherlich ebenso weiterzuvermitteln wie das der Reticella-Technik.

---

1 Zuletzt: Kat. Köln (1988), Nr. 5.
2 Salch (1971), S. 147 – Erwähnt bei Haevernick (1979), S. 165.
3 Evison (1988), S. 216-218.
4 Lundström (1971), S. 53.
5 Lundström (1971), passim.

7 Becher mit Golddekor, Fragment

Westeuropa (?), späteres 8. Jh. (vor 778). – Fundort: Paderborn, Pfalzareal (1966). – H 2,5 cm; ⌀ Lippenrand rekonstruiert ca. 11,0 cm; Wandungsstärke Lippenrand 3,3 mm, Wandung minimal 1,5 mm. – Bräunlich-gelbes, olivstichiges Glas, ehemals Golddekor. Aus 2 Scherben geklebt. Durch Verwitterung leicht getrübt, Goldauflage verloren, Muster als Aufrauhung sichtbar.

Museum in der Kaiserpfalz, Paderborn (Landschaftsverband Westfalen-Lippe), Inv. Nr. P 66/137 b

Randfragment von einem großen Becher (?) mit leicht einwärts geneigter Wandung und verdicktem Lippenrand. Knapp unter dem Rand Aufrauhung von ehemaligem Golddekor. Von links nach rechts 5 aneinandergereihte hängende Dreiecke mit kleinen Rauten unten an den Spitzen, dann ein größeres Dreieck, zusammengesetzt aus abwechselnd aufgerauhten und glatt belassenen kleinen Dreiecksflächen, dann wieder kleine Dreiecke mit Rauten. (Eventuell Fortsetzung des Musters unterhalb des großen Dreiecks, Spuren einer Raute (?) über der Bruchkante.)

Zu den Fundumständen vgl. Kat. Nr. 6 (aus den Schichten der Zerstörung der Pfalz im Sachsenaufstand 778).
Die Becherform mit der oben leicht verjüngten Wandung ist nicht vollständig vorstellbar (relativ breiter, niedriger Napf?). Ähnlich in der Form war wohl auch das Fragment mit Golddekor (auf blauem Glas) L 783 aus Lüttich[1], formal vergleichbar z.B. auch das opakweiße Randfragment mit violetten Fadenauflagen aus St. Denis (Kat. Nr. 29).
Ein neues Motiv im Repertoire der Goldverzierung auf karolingerzeitlichen Gläsern ist das große zusammengesetzte Dreieck; es wiederholt sich auf dem kürzlich gefundenen blauen Fragment L 3508 aus Lüttich[2].
Die braungelbe Glasfarbe kommt bisher bei den goldverzierten Gläsern kein zweites Mal vor.

LIT.: Lundström (1971), S. 53, Abb. 2. – Winkelmann (1985), S. 30 f.

[1] Evison (1988), S. 217 f., No. 19, Fig. 140:5.
[2] Evison (1988), S. 217 f., No. 20, Fig. 140:6.

8 Becher mit Goldauflage, Fragment

Westeuropa (?), 8./9. Jh. – Fundort: Wijk bij Duurstede/Dorestad (Holland), Hoogstraat (1974). – H 3,0 cm; ⌀ Lippe rekonstruiert ca. 9,0 cm; Wandungsstärke Lippenrand 2,2 mm, Wandung minimal 1,8 mm. – Farbloses Glas mit minimalem gelblichen Stich, Rest von Blattgoldauflage. Goldauflagen weitgehend verloren (Muster nur als Aufrauhung erkennbar), Oberfläche leicht verwittert.

Rijksdienst voor het Oudheidkundig Bodemonderzoek, Amersfoort, Inv. Nr. W.D. '74 411-3-5

Stück vom oberen Teil wohl eines Bechers mit leicht einwärts gebogener, verrundeter Lippe. Ehemaliger Golddekor fast nur noch als Aufrauhung zu erkennen: 2 sich kreuzende diagonale Streifen, auf dem Schnittpunkt eine Raute mit Rest der Blattgoldauflage. Der obere Schrägstreifen ohne erkennbares Muster, beim unteren kleine Rauten zwischen Randlinien. Unterhalb der Raute auf dem Schnittpunkt zwei kleine liegende Dreiecke.

Diese Variante des Blattgoldmusters aus Rauten und Dreiecken ist neu und bisher einmalig auf karolingerzeitlichen Gläsern.

LIT.: – (Isings, in Vorbereitung).

9 Becher mit Goldauflage, Fragment

Westeuropa (?), 8./9. Jh. – Fundort: Wijk bij Duurstede/Dorestad (Holland), Hoogstraat (1973). – H 4,0 cm; ⌀ ca. 7,0 cm; Wandungsstärke ca. 2,3 mm. – Blaßgrünliches Glas mit kleinen Bläschen, Reste von Goldauflagen. Durch Verwitterung leicht getrübt, Blattgoldauflagen teilweise verloren, Muster nur als Aufrauhung erkennbar.

Rijksdienst voor het Oudheidkundig Bodemonderzoek, Amersfoort, Inv. Nr. WbD 1973 407-5-0

Wandscherbe von einem dickwandigen Becher (?) mit Resten von Golddekor: oben zwei hängende Dreiecke nebeneinander mit kleinen Hochrechtecken an den nach unten gerichteten Spitzen. Über der Bruchkante unten Teil einer größeren Raute. Reste der Blattgoldauflage bei Dreiecken und Raute (falls nicht nachträglich verrutscht, offenbar nicht genau übereinstimmend mit den aufgerauhten Partien darunter).

Golddekor auf grünlichem Grundglas ist anscheinend seltener als auf blauem; es ist bisher nur noch bei einem weiteren Fragment aus Dorestad, wohl von einem Trichterbecher[1], und bei einer kleinen Scherbe aus Lüttich[2] nachzuweisen.

LIT.: – (Isings, in Vorbereitung).

[1] Isings (1980), S. 230, Nr. 27, Abb. 153,26 auf S. 229.
[2] Inv. Nr. L 3696. – Evison (1988), S. 217 f., No. 18, Fig. 140:4.

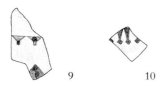
9   10

10 Becher (?) mit Goldauflage, Fragment

Westeuropa (?), 8./9. Jh. – Fundort: Wijk bij Duurstede/Dorestad (Holland), Hoogstraat (1967). – H ca. 2,0 cm; Wandungsstärke 2,0-2,5 mm. – Kobaltblaues Glas, ehemals Golddekor. Nahezu ohne Verwitterungsspuren. Blattgold verloren, Muster nur als Aufrauhung erkennbar.

Rijksdienst voor het Oudheidkundig Bodemonderzoek, Amersfoort, Inv. Nr. WbD 1967 375

Kleine leicht gewölbte Wandungsscherbe mit aufgerauhten Partien von ehemaligem Golddekor: aneinandergereihte spitze hängende Dreiecke (2 erhalten) mit kleinen Rauten an den Spitzen (4 erhalten).

Die Form des Gefäßes ist aus diesem kleinen Fragment nicht mehr zu bestimmen, wegen der leicht konvexen Wölbung war es jedenfalls kein Trichterbecher.
Blaues Grundglas war offenbar häufig bei den goldverzierten Gläsern karolingischer Zeit, es bot einen besonders wirkungsvollen Kontrast zum Gold. Fragmente von blauen Gefäßen dieser Art mit Golddekor wurden sonst noch in Helgö, Niedermünster und Lüttich gefunden[1].

LIT.: – (Isings, in Vorbereitung).

1 Vgl. S. 65, Anm. 4 und 2.

11 Kugelbecher

Westeuropa (?), 1. Hälfte 10. Jh. – Fundort: Birka (Uppland, Schweden), Grab 644. – H 6,1 cm; ⌀ Lippe 5,5 cm; Wandungsstärke Lippenrand 1,2 mm, Wandung minimal 0,3 mm. – Schwach bläuliches Glas mit vielen Bläschen, purpurfarbener Rand. An einer Seite Ausbruch in der Wandung, z. T. geklebt. Durch Verwitterung leicht getrübt.

Statens Historiska Museum, Stockholm, Inv. Nr. Bj 644

Boden nur minimal hochgewölbt (keine sichere Standfläche). Auf den nach innen leicht verdickten Rand des Gefäßkörpers breiter purpurfarbener Rand aufgesetzt.

Dieser ungewöhnlich kleine und extrem zarte Becher mit dem Purpurrand gehörte zu den sehr reichen Beigaben eines großen Kammergrabs im Gräberfeld nördlich von der Burg, in dem ein Mann und eine Frau beigesetzt waren. Er war darin dem Mann zugeordnet.
Die kugelige Becherform kommt sonst meist mit anderer Verzierung vor (Fadenauflagen, Reticella). Sehr häufig findet sich an Gläsern dieser Zeit der andersfarbige breite Rand, der in der Regel aufgesetzt ist, nicht als Faden außen umgelegt, wie in späterer Zeit die Regel.
Fragmente von einem wohl ähnlichen Becher (mit goldbraunem Rand) wurden auch in Grab 124 von Birka gefunden[1].

LIT.: Almgren (1908), S. 915, Nr. 24, Abb. S. 920. – Arbman (1937), S. 54, Tf. 10,1. – Arbman (1940/43), Bd. I, S. 221-226, bes. 225, Bd. II, Tf. 189,4. – Arwidsson (1984), S. 204 f. (Typ 4).

1 Arbman (1940/43), Bd. I, S. 56; Bd. II, Tf. 192,4.

Gläser mit Reticellaverzierung

Unter Reticellaverzierung ist eine besondere Variante der Fadenauflagen zu verstehen: dicke Fäden oder besser Stäbe, die mit dünneren, meist opakweißen oder gelben spiralig umwickelt sind. In der Herstellung ist das nicht allzu kompliziert. Die transparenten Stäbe werden mit den dünneren, parallel angelegten farbigen Fäden zusammengeschmolzen, dann dünner ausgezogen und mehr oder weniger stark verdreht[1]. Stücke der so vorgefertigten Reticellastäbe werden anschließend erwärmt und auf die Gefäßwandung (oder den Rand) aufgeschmolzen.

Reticellaverzierung war in der römischen Glasproduktion gebräuchlich, verschwand dann für einige Jahrhunderte und ist erst wieder an Hohlgläsern des späteren 7. bis 10. Jahrhunderts nachzuweisen (bei Perlen schon früher). Aus dem 11. Jahrhundert sind keine Gefäße mit Reticellaverzierung mehr bekannt.

Das Verbreitungsgebiet der frühmittelalterlichen Reticellagläser ist groß, es reicht von Italien bis Skandinavien, von England bis Rußland. Die jüngste Auflistung derartiger Funde bei Näsman[2] wäre inzwischen schon wieder zu ergänzen um Funde aus Italien[3], aus St. Denis (unpubliziert), dem Schwarzwald[4], Schleswig-Holstein[5] sowie weiterem Material aus Dorestad und Haithabu[6].

Die Herstellung der Gefäße mit Reticellaverzierung erfolgte wahrscheinlich in verschiedenen Zentren innerhalb dieses Verbreitungsgebiets, dafür sprechen gewisse lokale Eigentümlichkeiten, wie z. B. die Ränder aus Reticellastäben, die bisher nur im Fundmaterial von Hamwic/Southampton vorkommen (vgl. Kat. Nr. 19)[7].

Das Formenrepertoire der Gläser mit Reticella-Auflagen ist offenbar beschränkt auf Schalen, bauchige Becher und Trichterbecher. Desto reicher ist die Farbpalette: Reticellastäbe kommen auf fast farblosem, blaß grünlichem oder bläulichem Grundglas ebenso vor wie auf intensiv blauen, grünen, roten bis fast schwarzen, braun-gelben und auch grün-rot geflammten Wandungen. Die Stäbe selbst sind meist aus derselben Glasmasse wie das Gefäß, können aber auch eine Kontrastfarbe haben. Die feinen Spiralfäden sind fast ausschließlich weiß oder gelb.

1 Näsman (1984), S. 76.
2 Näsman (1984), S. 76-80.
3 Moreland (1985), S. 37-60.
4 Heiko Steuer, Karolingerzeitliche Funde vom Zähringer Burgberg, Gemeinde Gundelfingen, Kr. Breisgau-Hochschwarzwald, in: Archäologische Ausgrabungen in Baden-Württemberg 1986, Stuttgart 1987, S. 186-190.
5 Starigard/Oldenburg, zum Fundort siehe: Ingo Gabriel, ›Imitatio Imperii‹ am slawischen Fürstenhof zu Starigard/Oldenburg (Holstein), in: Archäologisches Korrespondenzblatt 16/3, 1986, S. 357-367.
6 Steppuhn, in Vorbereitung.
7 Näsman (1984), S. 79.

12

12 Schale mit Reticellaverzierung

Westeuropa (?), erste Hälfte 8. Jh. – Fundort: Valsgärde (Uppland, Schweden), Bootsgrab 6 (1931). – H 6,8 cm; Ø Lippe 14,0 cm; Wandungsstärke minimal 1,0 mm, am Boden 3,0 mm. – Helles gelblich-grünes Glas, gelbe Fadenverzierung: Aus zahlreichen Scherben geklebt. Nur an den gelben Fäden leicht korrodiert.

Uppsala Universitets Museum for Nordiska Fornsaker, Uppsala

Boden nur ganz wenig hochgestochen. Am unteren Teil des Schalenkörpers 48 Reticellastäbe senkrecht aufgelegt, unter dem Boden sternförmig zusammenlaufend, einander z. T. überdeckend, flachgedrückt. Stäbe aus dem grünlichen Grundglas mit 2 dünnen gelben Fäden umwunden (bei einigen zusätzlich feiner dunkler Faden). Oberhalb der Reticella-›rippen‹ horizontales Band aus 4 aneinander gelegten Reticellastäben derselben Art wie die ›Rippen‹ (dieses Band vor den senkrechten ›Rippen‹ aufgelegt, deren obere Enden es z. T. leicht überschneiden). In der Zone über dem Reticellaband dünner gelber Spiralfaden weit eingeschmolzen. In einem späteren Arbeitsgang Rand der Schale nach außen umgeschlagen, flacher Hohlrand.

Die Fragmente dieser Schale wurden 1931 bei systematischen Ausgrabungen eines Bootsgräber-Friedhofs mit 8 Bootsgräbern bei Valsgärde (etwa 7 km nördlich von Uppsala) geborgen. Die Schale gehörte zu den sehr zahlreichen Beigaben von Bootsgrab 6, das an Glas sonst noch 2 einfachere Rüsselbecher enthielt.

Das Grab wird traditionell um 750 datiert. Auf die Anregung von Näsman[1] zu einer Revision der gesamten Chronologie, wonach die Schale mindestens 100 Jahre älter wäre, kann hier nicht näher eingegangen werden.

Die Reticellaschale aus Valsgärde ist das kompletteste Beispiel für einen Glastyp, der sich in Fragmenten auch an anderen Fundorten nachweisen läßt, z. B. in Helgö[2], Eketorp auf Öland[3], in Dorestad (vgl. Kat. Nr. 13) und Esslingen[4].

LIT. (Auswahl): Arwidsson (1932), S. 254, 261 f., Tf. XIV. – Arwidsson (1942b), S. 70-76, Tf. 30 (farbig). – Haevernick (1979), S. 159, Nr. 7, Abb. 1, 11 auf S. 168. – Näsman (1984), S. 77 (mit weiterer Lit.), 80 (zur Datierung), 91.

1 Näsman (1984), S. 68 f., 80.
2 Holmquist (1964), S. 250 f., Rekonstruktionszeichnungen S. 253 (bes. Nr. 112). – Näsman (1984), S. 77.
3 Näsman (1984), S. 76.
4 Haevernick (1979), S. 157, Nr. 2, Abb. 1, 2 auf S. 168. – Näsman (1984), S. 79.

13 Schale mit Reticellaverzierung, Bodenfragment

Westeuropa (?), 8. Jh. – Fundort: Wijk bij Duurstede/Dorestad (Holland), Hoogstraat (1974). – H 0,9 cm; L maximal 8,0 cm; Wandungsstärke 2,5-3,5 mm; ∅ Reticellastäbe 3-4 mm. – Hell bläulich-grünes Glas, opakgelbe Fäden. Fragment, aus 4 Scherben geklebt. Kaum Spuren von Verwitterung.

Rijksdienst voor het Oudheidkundig Bodemonderzoek, Amersfoort, Inv. Nr. WbD 1974 402-4-14

13

Bodenmitte leicht hochgedrückt, Ausbruchspur einer ringförmigen Heftnarbe. Reste von 15 Reticellastäben, die annähernd radial bis etwa zur Heftnarbe reichen, einander z. T. leicht überlappend, einige am Ende flachgedrückt durch das Hefteisen. Stäbe aus dem grünlichen Grundglas, mit gelben Fäden umwickelt, bei den meisten in gleichem Abstand und gleicher Neigung, bei einem in weiterem Abstand und steilerem Winkel.

Dieser Schalenboden ist sehr eng verwandt mit dem der Schale aus Valsgärde (Kat. Nr. 12), eine weitere gleichartige Schale ist durch Fragmente aus Helgö nachzuweisen[1].

LIT.: – (Isings, in Vorbereitung).

1 Holmquist (1964), S. 250f., Abb. 112 auf S. 253.

14 Schale mit Reticellaverzierung, Fragment

Westeuropa (?), 8./9. Jh. – Fundort: Wijk bij Duurstede/Dorestad (Holland), Hoogstraat I (1972). – H 5,3 cm; ∅ (auf Höhe der oberen Bruchkante, rekonstruiert) ca. 10,0 cm; Wandungsstärke minimal 1,8 mm, zum Boden hin 3,5-4,0 mm; ∅ Reticellastäbe 3,0-3,5 mm. – Hell bläulich-grünes Glas mit transparent roten Schlieren in der Glasmasse, opakweiße Fäden. Fragment, aus 3 Scherben geklebt. Fast ohne Spuren von Verwitterung.

Rijksmuseum van Oudheden, Leiden, Inv. Nr. WD 72 372-4-7

Am unteren Teil des Schalenkörpers senkrechte Reticellastäbe aufgelegt (8 in Ansätzen erhalten). Stäbe aus dem grünlichen Grundglas, umwickelt mit weißen Fäden in verschiedener Stärke und unterschiedlichem Abstand der Windungen (4 verschiedene Muster). In der Zone über den Reticella›rippen‹ dünner weißer Faden erst zweifach, etwas höher dreifach umgewickelt.

Parallelen zu der kleinen Schale, zu der dieses Fragment gehörte, gibt es im Fundmaterial von Helgö[1]. Eines der dortigen Bruchstücke von Reticellaschalen läßt eine sehr ähnliche Form und ähnliche Maße erkennen, auch fehlt bei diesem ebenfalls eine horizontale Reticellabordüre aus mehreren Stäben über den ›Rippen‹. Dieses Parallelstück in Helgö hatte einen Hohlrand, den man sich wohl auch für das Fragment aus Dorestad vorstellen darf.

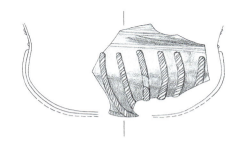

14

Die grünliche Glasmasse mit den eingeschmolzenen roten Schlieren (z. T. auch als roter Überfang vorkommend) findet sich schon an fränkisch-merowingischen Gläsern, sie ist aber auch an karolingischem Glas häufig nachzuweisen, sowohl an Hohlgläsern als auch an Fensterglas[2].

LIT.: Isings (1978), S. 261f., Abb. 8 auf S. 262. – Isings (1980), S. 231, Nr. 5, Abb. 154,6 auf S. 232. – Näsman (1984), S. 79.

1 Holmquist (1964), S. 251, Abb. 114 auf S. 253.
2 Vgl. Kat. Nr. 16. – Zu rot geflammtem Glas siehe Evison (1982), S. 15 f. (mit weiterer Lit.).

15 Becher mit Reticellaverzierung

Westeuropa (?), 9./10. Jh. – Fundort: Birka (Uppland, Schweden), Grab 649. – H 10,3 cm; ⌀ Lippe 8,3 cm, Körper maximal 9,2 cm; Wandungsstärke Lippenrand 2,2–2,8 mm, Wandung minimal 0,6 mm. – Schwach grünliches, stark blasiges Glas mit blauer, gelber und weißer Verzierung. Geklebt, kleine Ausbrüche in Wandung und Lippe. Durch Verwitterung leicht getrübt.

Statens Historiska Museum, Stockholm, Inv. Nr. BJ 649

Boden nur wenig hochgedrückt. Um die Bauchwölbung 5 Windungen eines dünnen, opakgelben Fadens gelegt. Darüber 9 senkrechte Reticellastäbe (die unter dem Boden unregelmäßig zusammenlaufen) aus schwach grünlichem Glas, mit opakweißen Spiralfäden umwickelt. Am Hals 2 Zonen von mehrfach umgewickelten dünnen opakgelben Fäden, tropfenförmig ansetzend. Breiter dunkelblauer Rand aufgesetzt (so daß die untere Kante ein kleines Stück hinter die grünliche Wandung greift).

Der Becher stammt aus dem Skelettgrab einer Frau (wohl 10. Jahrhundert) im Gräberfeld nördlich von der Burg. Die sonstigen Beigaben bestanden aus Silberschmuck und einer Nadelbüchse.

Die beste Parallele zu diesem Stück stellt ein sehr ähnlich geformter und verzierter Becher – in anderer Farbzusammenstellung – aus einem Grab des 9. Jahrhunderts in Hopperstad, Vik (Norwegen)[1] dar; Fragmente, die vermutlich zu derartigen Bechern gehörten, wurden aber noch an verschiedenen anderen Orten gefunden, vgl. z. B. Kat. Nr. 16.

Im Vergleich zu Reticellamaterial z. B. aus Dorestad, Haithabu, Southampton, wie es hier in einer kleinen Auswahl vertreten ist, erscheint dieser Becher auffällig ›unordentlich‹ gemacht. Die Reticellastäbe sind sehr unregelmäßig gedreht, ungleichmäßig in der Stärke und z. T. schief aufgeschmolzen. Bei weiteren Überlegungen zur Frage, ob die Birka-Gläser Import oder einheimische Nachahmung sind, sollte man diese Tatsache im Auge behalten.

LIT. (Auswahl): Almgren (1908), S. 914f., Nr. 21, Abb. 393 auf S. 918. – Arwidsson (1932), S. 263, Abb. 1. – Arbman (1937), S. 52. – Arbman (1940/43), Bd. I, S. 229, Bd. II, Tf. 189,3 (farbig), 194,4 (Boden). – Haevernick (1979), S. 159, 169, Abb. 2,2. – Arwidsson (1984), S. 204, Typ 3. – Näsman (1984), S. 77 (mit weiterer Lit.).

1 Näsman (1984), S. 78, mit Literaturzusammenstellung.

16 Becher mit Reticellaverzierung, Fragment

Westeuropa (?), 8./9. Jh. – Fundort: Wijk bij Duurstede/ Dorestad (Holland), Hoogstraat I (1972). – H 6,2 cm; ⌀ Lippe rekonstruiert ca. 8 cm; Wandungsstärke Lippenrand 3,0 mm, Wandung minimal 1,0 mm; ⌀ Reticellastab 2,0 mm. – Bläulich-grünes Glas mit z. T. in die Glasmasse eingeschmolzenen transparent roten Schlieren, z. T. überfangartig aufliegenden siegellackroten Partien, opakweiße Fäden. Ohne Verwitterungsspuren.

Rijksmuseum van Oudheden, Leiden, Inv. Nr. WD 72 376-3-4

Auf der rot überfangenen bzw. rot geflammten Bauchwölbung zunächst dünner weißer Faden umgelegt (5 Windungen erhalten) und weit eingeschmolzen. Darauf feine senkrechte Reticellastäbe (einer im Ansatz erhalten) aus dem grünlichen Grundglas, mit dünnem welligen weißen Faden im Kern und weiteren feinen weißen Fäden umwunden. Unter dem Rand etwas dickerer weißer Faden mehrfach spiralförmig umgelegt (6 Windungen auf dem Fragment). Lippenrand nach außen umgeschlagen.

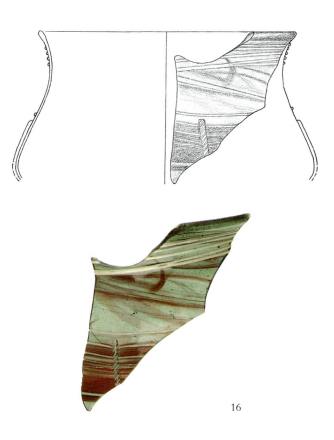

16

Das Fragment gehörte offenbar zu einem Becher von ähnlicher beutelförmig-bauchiger Form wie z. B. der aus Birka (Kat. Nr. 15) oder ein fragmentarisch erhaltener dunkelroter Becher aus Helgö[1]. Der sehr feine Becher aus Helgö hatte ebenfalls (wie dieses Fragment aus Dorestad) nur einen verdickten Rand, nicht einen andersfarbigen aufgeschmolzenen. Der eine erhaltene Reticellastab auf diesem Becherbruchstück ist ungewöhnlich dünn und fein.

LIT.: Isings (1978), S. 261, Abb. 5. – Isings (1980), S. 231, Nr. 6, Abb. 154,3 auf S. 232. – Näsman (1984), S. 79.

1 Holmquist (1964), S. 251, Abb. 113 auf S. 253.

17 Becher mit Fadenverzierung, Fragment

Westeuropa (?), 8./9. Jh. – Fundort: Wijk bij Duurstede/ Dorestad (Holland), Hoogstraat I (1972). – H 2,7 cm; ⌀ Lippe rekonstruiert ca. 7,0 cm; Wandungsstärke Lippenrand 3,0 mm, Wandung minimal 1,5 mm. – Schwach grünliches Glas mit vielen Bläschen, dunkel blaugrüner Rand, opakgelbe Fadenauflagen. Oberfläche nur der gelben Fäden verwittert.

Rijksmuseum van Oudheden, Leiden,
Inv. Nr. WD 72 371-1-6

17

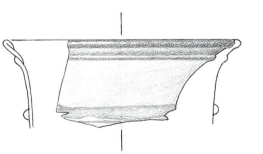

Am Hals dicker, z. T. dünn verzweigter gelber Faden umgelegt. Auf den Rand des Gefäßkörpers blaugrüner Streifen aufgeschmolzen (z. T. etwas nach innen verrutscht), Rand nach innen umgeschlagen.

Auch dieses Randstück wird zu einem beutelförmig-bauchigen Becher gehört haben, der möglicherweise oder sogar wahrscheinlich an der Bauchwölbung Reticellaverzierung hatte. In den Maßen und in der Farbigkeit wäre dann besonders gut der Reticellabecher aus Hopperstad (Norwegen)[1] zu vergleichen.

LIT.: Isings (1978), S. 261, Abb. 7. – Isings (1980), S. 231, Nr. 3, Abb. 154,4 auf S. 232.

1 Arbman (1937), Tf. 8,1. – Zuletzt, mit Literaturzusammenstellung, Näsman (1984), S. 78.

18 Becher (?) mit Reticellaverzierung, Fragment

Westeuropa (?), 8./9. Jh. – Fundort: Wijk bij Duurstede/ Dorestad (Holland), (1975). – H 4,4 cm; ⌀ in Höhe der Volute ca. 6,5-7,0 cm; Wandungsstärke 1,0-1,3 mm. – Blaßgrünes Glas, gelbe und weiße Fäden. Geklebt. An den gelben Fäden leichte Korrosion.

Rijksdienst voor het Oudheidkundig Bodemonderzoek, Amersfoort, Inv. Nr. WbD 1975 446-3-34

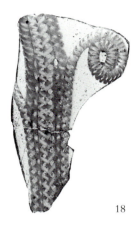

18

Scherbe von wohl leicht konischer Wandung mit komplizierter Reticellaverzierung: annähernd senkrecht aufgelegtes Bündel aus Reticellastäben, in der Mitte zwei mit weißen Fäden (fischgrätartig zueinandergeneigt), daran seitlich anliegend solche mit gelben Fäden; außen neben diesen wieder welche mit weißen Fäden, die in der oberen Hälfte nach außen ausbiegen und an der einen Seite noch eine volutenförmige Einrollung zeigen. Die Reticellastäbe mit den gelben Fäden sind überdies aus 2 Teilen zusammengesetzt, einem dünneren Stab unten und einem dickeren oben, die etwa in Höhe der Abzweigung ein Stück parallel laufen.

Für solche technisch diffizilen, volutenförmig gerollten Reticellaverzierungen fehlt bisher jegliche Parallele.
Die Form des ursprünglichen Gefäßes, wohl eines Bechers, läßt sich aus dem kleinen Fragment nicht näher bestimmen.

LIT.: Isings (1978), S. 261, Abb. 4. – Näsman (1984), S. 79.

19 Trichterbecher, Fragment mit Reticellarand

England (?), Mitte 8. Jh. – Fundort: Hamwic/Southampton. – H ca. 2,5 cm; ⌀ Lippenrand rekonstruiert ca. 10,0-10,5 cm; Wandungsstärke Lippenrand 2,5 mm, Wandung minimal 0,9 mm. – Blaugrünes Glas mit bräunlichen Schlieren und zahlreichen Bläschen, z. T. opakweißer Dekor. Leicht korrodiert nur am weißen Faden.

God's House Tower Museum, Southampton, Inv. Nr. Hamwic, SOU 36 Item 330

Randscherbe. Auf den verdickten, ganz leicht einwärts gebogenen Rand ein dünner Reticellastab mit opakweißem Faden aufgeschmolzen und flach gedrückt. Die Stabenden überlappend.

Die Datierung um die Mitte des 8. Jahrhunderts beruht auf Beifunden (Keramik und Münzen), sie wird in der ausführlichen Fundpublikation (im Druck) näher begründet.
Die Vermutung, es könne sich um einheimische, lokale Produktion handeln, beruht auf der Tatsache, daß ähnliche Fragmente von Trichterbechern mit Reticellastäben auf dem Lippenrand im Fundmaterial von Hamwic relativ häufig vorkommen[1], dagegen bisher an keinem anderen Fundort.

LIT.: – (Hunter/Heyworth, im Druck).

1 Hunter (1980), z. B. Fig. 11,2 Nr. 13; 11,3 Nr. 8 und 11; 11,4 Nr. 1, Kommentar S. 69, 71.

19-22

20 Trichterbecher, Fragment vom Unterteil

England (?), 1. Hälfte 9. Jh. – Fundort: Hamwic/Southampton. – H 2,9 cm; Wandungsstärke Bruchkante oben 1,2 mm. – Hellblaues Glas mit rötlichen Schlieren und vielen Bläschen, z. T. opakgelbe Verzierung. Gelber Faden an der Oberfläche stark korrodiert.

God's House Tower Museum, Southampton, Inv. Nr. Hamwic, SOU 32 Item 503

Boden unten abgeplattet, ringförmige Heftnarbe, leicht schief um diese ›Standfläche‹. Auf die Wandung unten spitzwinklig zusammenlaufend Reticellastäbe mit gelbem Faden aufgelegt und weit eingeschmolzen.

Obgleich das Unterteil dieses Bechers nicht die sehr schmale zylindrische Form hat wie die typologisch späten Trichterbecher, wird dieses Stück aufgrund der Beifunde in die 1. Hälfte des 9. Jahrhunderts datiert (nähere Begründung in der ausführlichen Fundpublikation).
Die Verzierung eines Trichterbecherunterteils mit spitzwinklig zusammenlaufenden Reticellastäben ist neu und einmalig im bisher bekannten Material, es gibt also auch keine Parallelstücke, die eine Vorstellung vom Gesamtdekor geben könnten. Auf diesem Fragment ist keine Spur einer weiteren Reticellauflage erhalten, ein ähnliches Motiv auf der gegenüberliegenden Seite könnte aber natürlich etwas höher angesetzt haben. Der Verlauf der Reticellastäbe weiter oben ist ungewiß – möglicherweise waren es die Enden eines einzigen, oben gebogenen Stabs, analog zu dem Fragment Kat. Nr. 21 und einem zweiten derartigen Bruchstück im Material von Hamwic.

LIT.: – (Hunter/Heyworth, im Druck).

21 Trichterbecher (?), Wandungsfragment

England (?), um 800. – Fundort: Hamwic/Southampton. – H 4,3 cm; Wandungsstärke Bruchkante oben 0,6 mm. – Blaßbläuliches Glas mit winzigen Bläschen, weiße Fäden. Geklebt. Weiße Fäden an der Oberfläche korrodiert.

God's House Tower Museum, Southampton, Inv. Nr. Hamwic, SOU 39 Item 001

Fragment einer leicht konischen Wandung mit Resten von 2 Reticellastäben mit weißen Fäden, die in Bögen ineinandergestellt sind und wahrscheinlich unten spitz zusammenliefen. Stäbe unterschiedlich weit in die Wandung eingeschmolzen. Darüber Ausbruchsspur eines dünnen horizontalen Fadens.

Die Datierung beruht auf dem stratigraphischen Zusammenhang (nähere Erläuterung in der ausführlichen Fundpublikation).
Im Fundmaterial von Hamwic gibt es noch ein weiteres Fragment mit derartigen ineinandergestellten Bögen[1], möglicherweise gehörte auch das Bruchstück von einem Unterteil (Kat. Nr. 20) zu einem Becher mit ähnlicher Verzierung. Der Ansatz zu solchen doppelten Reticellabögen ist auch auf einer der Scherben aus Portchester zu erkennen[2]. Von Fundstellen in anderen Ländern ist dagegen bisher diese Dekorvariante nicht bekannt, so daß man wohl auch darin eine lokale Besonderheit sehen kann.

LIT.: – (Hunter/Heyworth, im Druck).

1 Hamwic, SOU 38 Item 106, dort der äußere Stab mit weißen, der innere mit gelben Fäden.
2 Donald B. Harden, in: Excavations at Portchester Castle Bd. II, 1976, S. 232 ff., Nr. 2. (hrsg. von B. Cuncliffe).

22 Fragment mit Reticellaverzierung

England (?), ca. 800-850. – Fundort: Hamwic/Southampton. – L ca. 1,9 cm; Wandungsstärke 3,0-4,0 mm. – Opakrotes, marmoriertes Glas, opakweiße Fäden. Weiße Fäden an der Oberfläche korrodiert.

God's House Tower Museum, Southampton, Inv. Nr. Hamwic, SOU 31 Item 661

Scherbe mit Resten von 2 weit eingeschmolzenen Reticellastäben aus demselben roten Glas wie die Wandung, weiße Fäden in unterschiedlicher Stärke und Neigung.

Die Datierung ergibt sich aus Beifunden (nähere Begründung in der ausführlichen Fundpublikation). Das sehr dickwandige kleine Fragment kann man sich am ehesten als Teil des Boden einer Schale vorstellen, in dessen Mitte die Reticellastäbe annähernd sternförmig zusammenliefen.

LIT.: – (Hunter/Heyworth, im Druck).

23 Fragmente mit Reticellaverzierung

Westeuropa (?), 8.-10. Jh.

a) Fundort: Haithabu (1964), Nord 14,75, Ost 95,20, Schicht VII, + 1,88. – H ca. 2,7 cm; Wandungsstärke 0,9-1,2 mm. – Schwachgrünliches Glas, Reticellastab aus derselben Glasmasse mit opakgelben Spiralfäden.
Gewölbte Scherbe, wohl vom Unterteil eines bauchigen Bechers.

b) Fundort: Haithabu (1967), Nord 26-29,3, Ost 225-226,6, Schicht IX. – H ca. 1,5 cm; Wandungsstärke 1,2 mm. – Opak dunkelrotes (?), fast schwarzes Glas mit 5 weit eingeschmolzenen Parallelfäden, in rechtem Winkel dazu das Endstück eines Reticellastabs aus derselben schwärzlichen Glasmasse mit weißen Spiralfäden.
Die Scherbe ist zu klein, um Rückschlüsse auf eine Gefäßform zu erlauben, aber interessant wegen der ausgefallenen Farbe.

c) Fundort: Haithabu (1964), Nord 16,60, Ost 98,30, Schicht VI, + 1,94. – H 1,5 cm; Wandungsstärke 0,8 mm. – Blaßtürkisfarbenes Glas, Reticellastab aus derselben Glasmasse (wirkt intensiv türkis, da dicker), mit opakweißen, nur wenig verdrehten Fäden.
Die Scherbe ist wiederum zu klein zu einer Rekonstruktion der Gefäßform.

Archäologisches Landesmuseum der Christian-Albrechts-Universität Kiel, Schleswig

Glasfragmente mit Reticellaverzierung gibt es im Fundmaterial von Haithabu relativ selten, nur etwa ein halbes Dutzend. Es handelt sich um sehr kleine Fragmente aus Siedlungsschichten, die keine Gefäßform mehr erkennen lassen.

LIT.: – Das Vorkommen von Reticellaverzierung unter den Funden aus Haithabu erwähnt (ohne Abb. oder genaue Beschreibung) bei Haevernick (1979), S. 158, Nr. 2, Evison (1982), S. 20, Nr. 14, Näsman (1984), S. 78. – (Steppuhn, in Vorbereitung).

23

Blaue Gläser mit weißen Fadenauflagen

Unter den Glasfunden aus dem 10./11. Jahrhundert beginnt sich in jüngster Zeit eine neue Gruppe herauszukristallisieren, auf die hier erstmals die Aufmerksamkeit gelenkt werden soll: Gläser aus transparent blauem Glas mit opakweißen Fadenauflagen in bestimmten Mustern. Als Fundorte von Fragmenten solcher Gläser sind bisher bekannt: Haithabu, die Burgen Baldenstein bei Gammertingen und Altenberg bei Füllinsdorf, evtl. auch Dorestad (blaue Scherben mit weißen Fadenauflagen ohne das spezifische Muster). Der Datierungszeitraum, der durch diese Fundorte angedeutet wird, reicht etwa vom späteren 10. Jahrhundert bis spätestens gegen Mitte des 12. Jahrhunderts (Zerstörung von Burg Baldenstein). Als Formen lassen sich bisher Flaschen mit gewickeltem Standring und röhrenförmig ansetzendem Hals fassen sowie Becher mit schwach konvexer Wandung und leicht verengter Mündung.

Völlig ungewiß, wie bei den meisten Gläsern dieser Zeit, ist die Herkunft. Bei einer kurzen Publikation der Funde aus Gammertingen vermutete Barbara Scholkmann, sie seien Import aus dem Vorderen Orient, vor allem aufgrund der merkwürdig geschwungenen Fadenauflagen, die an kufische Schrift erinnerten[1]. Diese Ähnlichkeit ist jedoch sehr vage, und – soweit in Erfahrung zu bringen – gibt es keinerlei engere Parallelen zu diesen Stücken unter Glasfunden jener Zeit aus dem Nahen Osten. In der europäischen Glastradition und -produktion stehen diese Gläser andererseits nicht völlig isoliert. Transparent blaues Glas ist keineswegs selten bei fränkisch-merowingischen Gläsern wie auch bei karolingerzeitlichen (als ganzes Gefäß oder farbiger Rand). Opakweißes Glas – wieder als Grundglas und als Fadenauflage – findet sich ebenso wie gewellte und zusammengekniffene Fadenauflagen z. B. noch an dem fragmentarischen Becher aus Grab 739 von Birka[2]. Der etwas befremdliche Eindruck entsteht praktisch nur durch die zum Teil winklig geknickten Fadenauflagen, die man aber vielleicht als stark verballhornten ›laufenden Hund‹ auffassen kann. Eine Herkunft aus europäischen Glashütten scheint also keineswegs ausgeschlossen.

1 Scholkmann (1982), S. 43 f.
2 Arbman (1940/43), Bd. I, S. 265; Bd. II, Tf. 193,2.

24 Becher mit Fadenauflagen, Fragment

Westeuropa (?), 8./9. Jh. – Fundort: Wijk bij Duurstede/Dorestad (Holland), (1961). – H 3,6 cm; ⌀ in Höhe des obersten Fadens ca. 9,2 cm; Wandungsstärke 1,3 mm. – Hell kobaltblaues Glas mit kleinen Bläschen, opakweiße Fäden. Kaum Verwitterungsspuren.

Rijksdienst voor het Oudheidkundig Bodemonderzoek, Amersfoort, Inv. Nr. W. D. '61, 212

Wandscherbe, wohl von einem Becher, mit 4 Windungen eines dünnen weißen Horizontalfadens, von oben nach unten in der Stärke abnehmend (von 0,9–0,2 mm ⌀).

Gefäße aus blauem Glas sind mehrfach in Dorestad nachzuweisen, sowohl unverziert (vgl. Kat. Nr. 25) als auch mit weißen Fadenauflagen[1] und mit (ehemals) Goldauflage (Kat. Nrn. 8-10). Intensiv blaues Glas kommt außerdem noch in Form aufgeschmolzener Ränder bei Trichterbechern vor.

LIT.: –

[1] Außer diesem Fragment auch noch ein Randfragment mit senkrechter Rippe und weißem Faden auf dem Rand, Inv. Nr. W. D. 320.

25 Becher, Randfragment

Westeuropa (?), 7.-9. Jh. – Fundort: Wijk bij Duurstede/Dorestad (Holland), Hoogstraat (1975). – H 3,1 cm; ⌀ Lippe rekonstruiert ca. 9,0 cm; Wandungsstärke Lippenrand 3,2 mm, Wandung minimal 2,2 mm. – Leuchtend kobaltblaues Glas. Oberfläche in schrägen Schlieren leicht verwittert.

Rijksdienst voor het Oudheidkundig Bodemonderzoek, Amersfoort, Inv. Nr. WbD 1975 438-1A-2

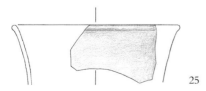

Stück von der dickwandigen, glatten Halspartie eines Bechers mit wenig verdicktem, verrundetem Rand.

Die ursprüngliche Gefäßform ist nicht näher zu bestimmen. Auffällig ist die sehr intensive kobaltblaue Farbe.

LIT.: – (Isings, in Vorbereitung).

26 Blaue Gläser mit weißen Fadenauflagen, Fragmente

Westeuropa (?), 11. Jh. – Fundort: Burg Baldenstein bei Gammertingen (Kr. Sigmaringen, Baden-Württemberg), (1964/65). – Transparent blaues Glas mit winzigen Bläschen, je nach Wandungsstärke heller oder dunkler wirkend, opakweiße Fadenauflagen. Fragmente, z. T. geklebt. Fast ohne Verwitterungsspuren.

a) Flaschenfragmente
H nicht zu bestimmen; ⌀ Halsansatz 2,0 cm, Fußring ca. 9,0 cm; Wandungsstärke am Hals 3,2 mm, Bodenansatz 3,0 mm, Wandung minimal 1,2 mm.
Stück Fußring aus einem dicken und einem dünneren umgelegten Faden, Ansatz zu leicht hochgestochenem Boden. Auf dem bauchigen (birnförmigen) Körper mehrere Zonen von opakweißem Fadendekor: außer glatten Fadenringen Muster aus wellenförmig aufgelegten, in regelmäßigen Abständen zusammengekniffenen Fäden (auf der Schulter und wohl auch unten), außerdem eine Zone mit unregelmäßig geschwungenen Fadenabschnitten, z. T. eingerollt, z. T. spitzwinklig geknickt (Art ›laufender Hund‹).

b) Becherfragmente
H nicht zu bestimmen (mehr als 9 cm); ⌀ Lippe ca. 12,0 cm; Wandungsstärke Lippenrand 3,2 mm, Wandung minimal 1,5 mm.
Auf der ganz leicht tonnenförmigen Wandung zuunterst 2 horizontale Fadenringe, darüber unregelmäßig geschwungener Faden (oder Fadenabschnitte?), darüber glatter horizontaler Faden. Auf den durch Stauchen leicht verdickten Lippenrand weißer Faden aufgeschmolzen.

c) Becherfragmente
H nicht zu bestimmen; ⌀ Lippe ca. 9,0 cm; Wandungsstärke Lippenrand 2,9 mm, Wandung minimal 1,2 mm.
Auf dem Wandungsrest unten winziger Rest einer weißen Verzierung, etwas höher annähernd horizontaler weißer Faden. Darüber dicker blauer Faden, doppelt umgewickelt. (Die zweite Windung nicht auf der Wandung, sondern auf dem inneren Fadenring.) Lippenrand leicht verdickt.

Landesdenkmalamt Baden-Württemberg, Außenstelle Tübingen

Die Scherben dieser drei Gefäße wurden zusammenliegend gefunden im Inneren des Hauptgebäudes der ehemaligen Burg Baldenstein. Diese Burg wurde offenbar im Laufe des 11. Jahrhunderts erbaut und um die Mitte des 12. Jahrhunderts durch Brand zerstört, danach nicht wieder aufgebaut. Sie war vermutlich Sitz der zum Hochadel gehörenden Grafen von Gammertingen.

LIT.: Gerhard Wein, Das Alte Schloß bei Gammertingen (Kr. Sigmaringen), in: Fundberichte aus Schwaben 18/1, 1967, S. 310-314, bes. 313. – Scholkmann (1982), S. 42-44, Abb. S. 64.

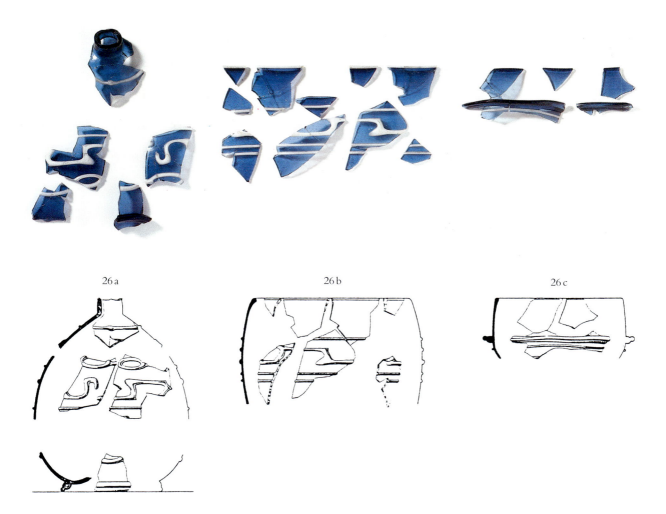

26a   26b   26c

27

27 Blaue Gläser mit weißen Fadenauflagen, Fragmente

Westeuropa (?), 1. Hälfte 11. Jh. – Fundort: Haithabu (1969), größtes Fragment Nord 8,25, Ost 55,70, Schicht VII, zweitgrößtes Fragment Nord 5,5-10, Ost 55,70, Schicht VIII. – H des größten Fragments 6,0 cm; Wandungsstärken 1,5-3,5 mm. – Transparent blaues Glas, weiße Fadenauflagen, z. T. mit hauchfeinen violetten Schlieren. Fragmente. Fast ohne Spuren von Verwitterung.

Archäologisches Landesmuseum der Universität Kiel, Schleswig

Die Scherben stammen mit Sicherheit von mehr als einem Gefäß, wovon sich aber nur eines der Form nach bestimmen läßt, eine Flasche (sehr ähnlich wie die von Burg Baldenstein). An einem Fragment vom unteren Teil der bauchigen Wandung unten Fadenverzierung aus zwei wellenförmig aufgelegten, in Abständen zusammengekniffenen Fäden, darüber Faden (oder Fadenabschnitte?) in Art eines ›laufen-

den Hundes‹. Auf der Schulter horizontaler Fadenring. Kleiner Ansatz zu einem engen Röhrenhals.
Eine dünnwandigere Scherbe mit zwei parallelen horizontalen Fadenauflagen könnte zu einem Becher gehört haben.

Der Handelsplatz Haithabu wurde um die Mitte des 11. Jahrhunderts mehrfach zerstört, das Jahr 1066 (Plünderung durch die Wenden) gilt als eine Art Enddatum.

LIT.: – (Steppuhn, in Vorbereitung). – Zu Haithabu allgemein: Herbert Jankuhn, Haithabu, Ein Handelsplatz der Wikingerzeit, Neumünster 1986[8].

28

28 Blaue Gläser mit weißen Fadenauflagen, Fragmente

Westeuropa (?), 11. Jh. – Fundort: Burg Altenberg bei Füllinsdorf (Kanton Baselland), (1986/87). – H des größten Fragments ca. 2,0 cm; Wandungsstärke Lippenrand 2,4 mm, sonst 1,6-0,8 mm. – Transparent blaues Glas, z.T. weiße Fadenauflagen. Einzelscherben. Stellenweise leicht irisiert.

Amt für Museen und Archäologie des Kantons Baselland, Liestal, Inv. Nrn. 24.35.5462; 24.35.5469-5471; 24.35.7129

5 kleine Scherben von mindestens zwei Bechern unterschiedlicher Größe:
– Randscherbe mit leicht verdicktem, einwärts geneigtem Rand, ⌀ Lippenrand ca. 6,0-6,5 cm,
– Wandungsscherbe mit zwei aufeinandergesetzten blauen Fäden, ⌀ in Höhe der Fäden ca. 13 cm,
– 3 Wandungsscherben mit weißen Fadenauflagen, nicht mit Sicherheit einem dieser Becher oder einem anderen Gefäß zuzuordnen.

Dank der größeren Scherben von Burg Baldenstein werden diese kleinen Fragmente verständlicher, dort finden sich alle Dekorvarianten vollständiger, die hier in Ansätzen erkennbar sind: der merkwürdige doppelt aufeinandergesetzte blaue Faden, weißer Fadendekor als glatter Fadenring, wellenförmig aufgelegte, in Abständen zusammengekniffene Fäden, ›mäanderartige‹ Fäden.
Die Ergebnisse der Grabung in Burg Altenberg sind noch nicht näher ausgewertet, soweit bisher zu überblicken, gehört das Fundmaterial insgesamt ins 11. Jahrhundert, eventuell z.T. noch ins 10. Jahrhundert.

LIT.: –

1 Angaben zur Zeitstellung der Beifunde verdanken wir Jürg Tauber, Liestal.

29 Becher (?), Randfragment

Westeuropa (?), ›karolingisch‹. – Fundort: Saint-Denis (1981). – H 4,5 cm; ⌀ Lippe 9,3 cm; Wandungsstärke Lippenrand 3,0 mm, Bruchkante unten 1,0 mm. – Opakweißes Glas, violette (purpurfarbene) Fadenauflagen. Geklebt. Kaum verwittert.

Unité d'Archéologie de la Ville de Saint-Denis,
Inv. Nr. S.D. 14.956.16

Leicht einwärts geneigter oberer Teil einer Wandung mit nach innen verdicktem Lippenrand. Knapp unter dem Rand violetter Faden in dreieinhalb Windungen umgelegt und in die Wandung eingeschmolzen, weiter unten Bordüre aus ebenfalls violetten Fadenauflagen: zwischen 2 ringförmig umgelegten Fäden ein dritter wellenförmig geschwungen.

Zu den Fundumständen ist noch nichts publiziert, das ausgefallene Stück stammt aber nach Auskunft der Ausgräber aus einem Kontext karolingischer Zeit.

29

Unter den bisher bekannten Glasfunden dieses Zeitraums ist nichts direkt Vergleichbares anzuführen. Allenfalls die leicht einwärts geneigte Wandung findet sich bei den Becherfragmenten aus Gammertingen (vgl. Kat. Nr. 26). Opakweißes Glas kennen wir aus dieser Zeit bisher nur als Fadenauflagen, nicht als Grundglas. Zu der wellenförmigen Fadenauflage zwischen 2 horizontalen Fadenringen fehlen ebenfalls Parallelen an karolingerzeitlichen Gläsern[1]. Das bisher am besten vergleichbare Bruchstück ist ein opakweißes, leicht einwärts geneigtes Randstück mit 5 ›rot-violetten‹ Fäden unter dem Rand, das 1975 in Pavia gefunden wurde. Es gehört dort in eine Schicht, die um 1100 datiert wird (und wird, ohne Begründung, als möglicherweise islamisches Produkt bezeichnet)[2].

LIT.: –

1 Von spätrömischen und fränkisch-merowingischen Gläsern ist

dieses Motiv allerdings geläufig. Zu einigen kleinen Neufunden dieser Art aus Maastricht und weiterweisender Literatur siehe Sophia M. E. van Lith, Late Roman and Early Merovingian Glass from a Settlement Site at Maastricht (Dutch South Limburg), in: Journal of Glass Studies 29, 1987, S. 54.
2 Nepoti (1978), S. 220 f., Abb. S. 225 Fig. 57,16.

30 Mehrfarbige Fragmente

Nordwesteuropa (?), 8./9. Jh. (?). – Fundort: Wijk bij Duurstede/Dorestad (Holland).

a) H 2,3 cm; Wandungsstärke 1,0-2,5 mm (zum Boden hin). – Schwach grünliches Glas mit zahlreichen sehr kleinen Bläschen, opakrote und weiße Bänder.
Konvex gewölbte kleine Scherbe vom unteren Bereich der Wandung eines Gefäßes, Ansatz zum Boden spürbar. Außen aufgelegt und eingeschmolzen unterschiedlich breite, z. T. verzweigte rote und weiße Strähnen.

b) H 2,2 cm; Wandungsstärke 2,9 mm. – Farbloses Glas, opakweiße, rote und violett-rosafarbene Verzierung.
Kleine Scherbe einer wohl annähernd zylindrischen Wandung. Auf eine ca. 1,0 mm starke farblose Schicht unregelmäßige senkrechte Streifen von opakweißem, violett-rosafarbenem und rotem Glas aufgeschmolzen (Rot über das Weiß, Violett-Rosa teils darüber, teils darunter). Darüber eine ca. 1,5 mm starke farblose Überfangschicht.

Rijksdienst voor het Oudheidkundig Bodemonderzoek, Amersfoort, Inv. Nr. WbD 1967 375; Inv. Nr. WbD 1974 381-4-17

30

Das kleine Fragment a) wurde zusammen mit der blauen Scherbe mit (ehem.) Goldauflagen (Kat. Nr. 10) gefunden. Die Form ist nicht mehr bestimmbar, Parallelen zu dieser Art der Verzierung sind nicht bekannt.

Die Gefäßform zu der kleinen Scherbe b) ist nicht zu bestimmen. Parallelen zu derartigem mehrfarbigem Glas fehlen völlig, die Zugehörigkeit zum karolingischen Glasmaterial steht nicht außer Zweifel.

LIT.: – (Isings, in Vorbereitung).

31 ›Traubenbecher‹

Westeuropa (?), 9. Jh. – Fundort: Birka (Uppland, Schweden), Grab 539. – H 13,8 cm; ⌀ Lippe 8,2-8,4 cm, Bauchwölbung maximal 11,8 cm; Wandungsstärke Lippenrand 3,0-4,0 mm, Wandung minimal 1,0 mm. – Dunkelgrünes, blasiges Glas. Geklebt, Ausbrüche in der Wandung. Fast ohne Verwitterungsspuren.

Statens Historiska Museum, Stockholm, Inv. Nr. BJ 539

Boden ganz wenig hochgedrückt, Spur einer ringförmigen Heftnarbe. Muster aus dicht gereihten runden Buckeln in annähernd horizontalen Reihen, seitlich kaum versetzt, durch Blasen in eine zweiteilige Form. Naht der beiden Formhälften an der Wandung und unter dem Boden sichtbar. Ca. 5 cm breite Halszone glatt, Lippenrand leicht verdickt.

Dieser Becher wurde im Skelettgrab einer Frau im Gräberfeld nördlich der Burg gefunden. Er lag dort etwa in Kopfhöhe zerdrückt über einigen Schmuckstücken.
Im Glasmaterial von Birka (wie überhaupt in Skandinavien) wurde bisher kein zweites Beispiel dieser mit formgeblasenen Buckeln verzierten Becher gefunden. Die beiden einzigen Parallelstücke stammen aus Deutschland (vgl. folgende Kat. Nrn.). Auch das intensive dunkle Grün ist sehr ungewöhnlich, es ist im Glasmaterial dieser Zeit sonst nur von einigen farbigen Rändern bekannt, nicht als Grundglas für ein ganzes Gefäß.

Arbman[1] brachte diesen Becher in Verbindung mit spätrömischen ›Traubenkannen‹ oder ›Traubenflaschen‹, die eine ähnliche formgeblasene Buckelverzierung haben. Gegen eine kontinuierliche Tradition der Herstellung solcher Gläser im Rheinland, die er in Erwägung zieht, ist aber grundsätzlich einzuwenden, daß in der neueren Forschung das östliche Mittelmeergebiet, keineswegs das Rheinland, als Herkunftsgebiet der römischen Traubenflaschen angenommen wird[2]. (Im Rheinland kommen sie auch relativ selten vor, z. B. im reichen römischen Glasmaterial des Rheinischen Landesmuseums Bonn überhaupt nicht, im Trierer Landesmuseum mit 2 Exemplaren.)

LIT.: Almgren (1908), S. 915, Nr. 23, Abb. 394 auf S. 919 (römische Traubenflaschen oder -kannen: Abb. 309-312). – Arbman (1937), S. 54, 78 f., Tf. 11,1. – Arbman (1940/43), Bd. 1, S. 166, Bd. II, Tf. 193,1; 194,5 (Boden). – Hans Wentzel, ›Becher‹, in: Reallexikon zur Deutschen Kunstgeschichte II, 1948, Abb. 2, Sp. 137/8 (»Rheinisch, 9. Jh.«). – Arwidsson (1984), S. 204 f.

1 Arbman (1937), S. 78 f.
2 Vgl. z. B. Ursula Liepmann, Glas der Antike, Katalog Kestner-Museum Hannover, 1982, Nr. 18, mit Vergleichsbeispielen und weiterer Literatur.

31

32   Traubenbecher, Fragment

Westeuropa (?), 9./10. Jh. – Fundort: Haithabu (1968), Nord 2,10, Ost 209,20, Schicht VII Nr. 248. – H ca. 8,0 cm; ⌀ rekonstruiert ca. 14,2 cm maximal; Wandungsstärke Bruchkante oben 3,8 mm, minimal 2,2 mm. – Gelbbraunes Glas. 2 große Scherben, geklebt. Weitgehend bedeckt mit milchiger Korrosionsschicht, zusätzlich runde weißliche Korrosionsflecken.

Archäologisches Landesmuseum der Christian-Albrechts-Universität Kiel, Schleswig

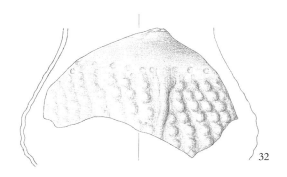

Teil einer bauchigen Wandung mit formgeblasenem Muster aus dicht gereihten runden Buckeln, in annähernd horizontalen Reihen angeordnet, seitlich wenig versetzt. Naht der zweiteiligen Form als Wulst sichtbar. Ansatz zu glatter Halspartie.

Die Form des Gefäßes, zu dem dieses Fragment gehörte, ist in Analogie zu dem Traubenbecher aus Birka als ein wohl ähnlicher bauchiger Becher mit glatter Halspartie vorzustellen. Er scheint aber noch größer gewesen zu sein, und die Wandungsstärke beträgt mehr als das Doppelte.

LIT.: – (Steppuhn, in Vorbereitung).

33   Traubenbecher (?), Fragment

Westeuropa (?), spätes 8. Jh. (vor 778). – Fundort: Paderborn, Pfalzareal (1965). – Größe des Fragments ca. 3,0 × 2,0 cm (Orientierung unklar); Wandungsstärke 1,5 mm. – Gelbbraunes, leicht olivstichiges Glas. Durch Verwitterung leicht getrübt und irisiert.

Museum in der Kaiserpfalz Paderborn, Inv. Nr. P 65/143 a

Kleine Wandungsscherbe mit eng gestellten runden Buckeln, formgeblasen.

Zu den Fundumständen vgl. Kat. Nr. 6. (Aus der Zerstörungsschicht der Pfalz im Sachsenaufstand 778.)
Dieses Fragment ist zu klein[1], um Rückschlüsse auf die ursprüngliche Form zu erlauben, es belegt aber das Vorkommen derartig verzierter Gefäße im späteren 8. Jahrhundert. Die Farbe ist ähnlich wie bei dem großen Traubenbecherfragment aus Haithabu (Kat. Nr. 32), die Wandung aber erheblich dünner, so daß man sich den Paderborner Becher wahrscheinlich kleiner vorstellen muß.

LIT.: Winkelmann (1967), S. 112. – Winkelmann (1977), S. 123. – Winkelmann (1985), S. 31 (zur Fundsituation, Traubenbecherfragmente jeweils erwähnt. Eine ausführliche Publikation der Glasfunde aus Paderborn durch Wilhelm Winkelmann ist in Vorbereitung).

1   Laut Aussagen des Grabungsleiters Wilhelm Winkelmann waren ursprünglich mehrere, z. T. aneinanderpassende Fragmente geborgen, die aber leider nicht mehr alle vorhanden sind (ein kleines Stück mit der Inv. Nr. P 66/144 in Münster, Westfälisches Amt für Bodendenkmalpflege).

34   Flasche mit Fadenauflagen

Deutschland (?), 9.–12. Jh. (?). – Fundort: Wiesbaden, Dotzheimer Straße (vor 1870). – H 25,2 cm; ⌀ Lippe ca. 2,4 cm, Körper maximal 10,0 cm, Fuß 4,3 cm; Wandungsstärke Lippenrand 3,5 mm. – Stark gelblich-grünes Glas mit einigen Bläschen und Schlieren. Intakt. Durch Verwitterung leicht getrübt, innen Sinterspuren (wohl von liegend aufbewahrter Flüssigkeit).

Sammlung Nassauischer Altertümer, Wiesbaden, Inv. Nr. 2837

Kleine Fußplatte aus unregelmäßig dickem Faden gewickelt, mit Heftnarbe darunter. Am keulenförmigen Körper Fadendekor aus einem einzigen Faden aufgelegt: etwas oberhalb des Fußes ansetzend, sechsmal in hohen Schlaufen hochgezogen und wieder unter den Fuß zurückgeführt, in feiner Spitze auslaufend nahe dem Anfang. Schlaufen oben und unten je einmal zusammengekniffen. Fäden unterschiedlich weit mit der Wandung verschmolzen. Rand unregelmäßig verengt und abgeschnitten, Lippe durch Erwärmen verrundet.

Diese Flasche gelangte kurz vor 1870 als Geschenk aus Privatbesitz an den Verein für Nassauische Altertumskunde, zu den Fundumständen ist leider nichts Näheres überliefert. Es ist ein bisher singuläres Stück, dessen zeitliche Einordnung daher nur sehr vage sein kann.
Laut Dexel wurde diese Flasche lange Zeit für fränkisch gehalten. Es gibt jedoch in dem relativ begrenzten und überschaubaren Formenrepertoire fränkisch-merowingerzeitlicher Gläser m. W. nichts Vergleichbares. Ebenso fehlt es an Parallelen der Form, Verzierung und auch der Glasfarbe (einem intensiven stark gelblichen Grün) unter den spätmittelalterlichen Waldgläsern. Wir ordnen sie daher hier versuchsweise (wie schon von Dexel vorgeschlagen) in die noch so wenig bekannte Produktion der Jahrhunderte dazwischen

34

ein. Die Art der Fadenauflage, die aus einem einzigen dicken Faden gebildet ist, widerspricht einer solchen Datierung zumindest nicht. In hohen Schlaufen aufgelegte, z. T. auch netzartig zusammengekniffene Fadenauflagen kommen aus der Tradition fränkisch-merowingischer Zeit, sie sind auch an karolingerzeitlichen Gläsern (z. B. aus Birka) nachzuweisen und finden sich in ähnlicher Form wieder an Gläsern des 12.-13. Jahrhunderts (vgl. etwa Kat. Nrn. 50-53, 55-57).

LIT.: Walter Dexel, Deutsches Handwerksgut, Berlin 1939, Tf. 287,1, Text S. 485.

35 Fragment einer Schale (?) mit Fadenauflagen

Mitteleuropa (?), 11. Jh. – Fundort: Burg Altenberg bei Füllinsdorf, Kanton Baselland (1986/87). – H ca. 3,4 cm; Ø Boden (rekonstruiert) ca. 7,5 cm; Wandungsstärke Bruchkante oben 2,5 mm, am Boden maximal 8,0 mm. – Ursprüngliche Glasfarbe violett. Geklebt. Völlig braunschwarz korrodiert, innen irisiert, außen z. T. versintert.

Amt für Museen und Archäologie des Kantons Baselland, Liestal, Inv. Nr. 24.35.5472

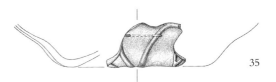

35

Fragment vom leicht hochgewölbten Boden und von der ausschwingenden Wandung wohl einer Schale. An der Wandung Reste von Fadenauflagen: bogenförmig geschwungene, unten spitzwinklig geknickte dicke Fadenauflage, außerdem 2 dünnere horizontale Fadenauflagen darüber gelegt (in Spuren erhalten).

Das Bruchstück einer dickwandigen Schale mit Fadenauflagen wurde bei Grabungen im Bereich der Burg Altenberg gefunden, zusammen u. a. mit den blauen Fragmenten mit weißen Fadenauflagen (Kat. Nr. 28). Die Grabungsergebnisse sind noch nicht vollständig ausgewertet, das Material scheint aber insgesamt nicht später als im 11. Jahrhundert entstanden zu sein.

Parallelen zu einer solchen Schale – die konkav ausschwingende Wandung erlaubt praktisch keine andere Interpretation der ursprünglichen Form – aus diesem Zeitraum sind nicht bekannt. In der Dickwandigkeit und den in unregelmäßigen Schlaufen aufgelegten Fäden erinnert das Fragment etwa an 2 fragmentarische Becher aus Grab 739 und 750 in Birka[1]; einen ähnlichen Becher scheint es auch unter den Neufunden an karolingerzeitlichem Glas aus Saint-Denis zu geben[2].

LIT.: –

1 Arbman 1940/43, Bd. I, S. 265, Bd. II, Tf. 193,2; 194,2; Bd. I, S. 271, Bd. II, Tf. 193,3; 194,3.
2 Die Kenntnis von diesem Stück verdanken wir Nicole Meyer, Saint-Denis.

12./13. Jahrhundert

Es gibt zur Zeit noch sehr wenig Material, das sich mit einiger Sicherheit ins 12. und frühe 13. Jahrhundert einordnen läßt. Das folgende Kapitel fällt daher ganz besonders mager aus und gibt sicherlich keinen repräsentativen Überblick über die in jenem Zeitraum vorhandenen Glasformen und Verzierungen. Ebenso erweckt es ganz gewiß einen falschen, viel zu ungünstigen Eindruck von der Menge der damals hergestellten und verwendeten Gläser.

Unser Mangel an Material dieser Zeit ist vor allem durch die Forschungslage bedingt, zum Teil auch – was damit zusammenhängt – durch die Gruppierung in diesem Katalog. Wir haben alles Material, das nach heutigem Kenntnisstand ins fortgeschrittene 13. Jahrhundert gehört, im nächsten (besonders großen) Kapitel zum 13./14. Jahrhundert zusammengefaßt, obgleich es sehr gut möglich ist, daß manche Typen daraus schon im frühen 13. oder sogar im 12. Jahrhundert aufgekommen sind (z. B. Nuppenbecher oder auch Bleiglasgefäße).

Für dieses ›Verlegenheitskapitel‹ bleiben also nur zwei sehr heterogene Gruppen und einige Einzelstücke übrig: die besonders problematischen ›Hedwigsgläser‹, die bisher einzigartigen Fragmente einer Schale mit Goldbemalung von der Burg Wartenberg und schließlich eine Reihe von relativ einfachen, entweder völlig glatten oder mit Fadenauflagen verzierten Gefäßen. Es muß noch einmal betont werden, daß es damals ganz sicher noch eine Reihe anderer Typen gab, die wir entweder bisher nicht kennen oder aber falsch datieren.

Hedwigsbecher

Als ›Hedwigsbecher‹ bezeichnet man eine kleine Gruppe mittelalterlicher Schnittgläser, die untereinander viele Gemeinsamkeiten haben, im übrigen aber seltsam isoliert in der Geschichte des Glases dastehen. Der Tradition nach waren einige dieser Becher (die Stücke in Krakau, Neiße/Nysa, ehemals Breslau) im Besitz der heiligen Hedwig, der Herzogin und späteren Landespatronin von Schlesien und Polen (1174-1243, kanonisiert 1267). In einem von ihnen soll sich eine wunderbare Wandlung vollzogen haben: Als Hedwigs Gemahl ihr einst, besorgt um ihre Gesundheit, wegen ihrer übermäßigen Enthaltsamkeit Vorwürfe machte und das Getränk in ihrem Becher probieren wollte, verwandelte sich das Wasser in köstlichen Wein. – Von diesen Gläsern der hl. Hedwig wurde der Name auf die anderen Becher derselben Art übertragen und hat sich als terminus technicus eingebürgert.

Die Hedwigsbecher sind ungewöhnlich dickwandige Gläser aus annähernd farblosem Glas (mit unterschiedlichen bräunlichen oder gelblichen Farbstichen), die mit Schliff- und Schnittdekor verziert sind. Ihre Größe variiert erheblich – zwischen 8,0 und 15,3 cm Höhe –, und auch die Proportionen sind mal schlanker, mal gedrungener, die einfache, leicht konische Form ist aber allen gemeinsam. Sie alle haben einen dicken glatten Fußring (mit Ausnahme der beiden kleinen Becher in Namur, bei denen er möglicherweise nachträglich abgearbeitet wurde[1]), der bei einigen Stücken trapezförmige Einschnitte hat. Die Wandung weist zwei, drei oder vier große Motive in Hochschnitt auf. Das Repertoire ist eng begrenzt auf drei heraldische Tiere (Löwe, Adler, Greif) und symmetrische Ornamente. Während diese Ornamente sich zwar aus wenigen Grundelementen zusammensetzen (palmetten-, muschel-, herzförmige Motive, Sterne), aber doch nur selten wiederholen, sind die Tiere erstaunlich gleichartig.

Zur Technik der Hedwigsbecher sind verschiedene Theorien aufgestellt worden, die zum Teil so unrealistisch sind, daß sie nicht zu referiert werden brauchen. Vieles bleibt in diesem Punkt noch im Detail zu klären, aber einige Fakten stehen fest: Die Becher sind zunächst sehr dickwandig geblasen. Soweit überprüfbar, ist stets eine Heftnarbe unter dem Boden vorhanden. Der Fußring wurde dann umgelegt und meist weitgehend mit der Wandung verschmolzen. In einigen Fällen ist er noch als umgelegter Faden erkennbar, z. B. bei dem Londoner Becher Kat. Nr. 36. Nicht ganz geklärt ist der Sinn der Einschnitte im Fußring mancher dieser Becher, die meist mit einer früheren Fassung begründet werden[2]. Von der dicken Wandung wurde dann mit dem rotierenden Rad soviel abgearbeitet, daß nur die Schmuckmotive in erhabenem Relief stehen blieben (Hochschnitt). Der von der ursprünglich runden dicken Becherwandung übriggebliebene Hintergrund zu den erhabenen Motiven erhielt bei diesem Abarbeiten eine leichte, unregelmäßige Facettierung, nur am Lippenrand und in einigen Fällen direkt über dem Fußring ist die Oberfläche unbearbeitet und rund. In anderen Fällen ist auch die untere Partie einschließlich Fußring überschliffen. In die Hochschnittmotive sind dann lineare Muster eingeschnitten, die sich aus einzelnen Linien, Bündeln paralleler Linien in wechselnder Richtung oder Kreuzschraffuren zusammensetzen.

Ein ›Verbreitungsgebiet‹ dieser Becher ist nur vage zu umschreiben, da sich die Provenienz einiger Stücke nicht sehr weit zurückverfolgen läßt und sich außerdem innerhalb der letzten Jahrzehnte und Jahre das Bild durch Bodenfunde zu erweitern beginnt. Nachdem jetzt die Aufmerksamkeit geschärft ist, sind weitere Funde zu erwarten, eventuell lassen sich sogar auch noch bisher unerkannte Altfunde als Bruchstücke von Hedwigsgläsern identifizieren. Es ist schließlich auch denkbar, daß noch weitere intakte Stücke aus Privatbesitz auftauchen (Gerüchte über die Existenz dreier weiterer solcher Becher laufen um). Die Fundorte der bisherigen Bodenfunde liegen weit auseinander: Novogrudok (Weißrußland, ca. 100 km westlich von Minsk), Buda, Pistoia, Göttingen und Weinsberg. Von den übrigen 14 bekannten Stücken sind zwei seit dem frühen 13. Jahrhundert im Schatz des Klosters Oignies (jetzt in Namur), eines ›seit altersher‹ im Domschatz zu Minden, eines (ursprünglich wohl auch der Becher in Corning als zweiter) im Domschatz Halberstadt. Drei werden mit der hl. Hedwig, d.h. dem Raum Schlesien/Polen in Verbindung gebracht, eines mit der hl. Elisabeth, also dem Thüringer Raum. Diese weite Streuung erklärt sich durch den Status dieser Becher als Luxusgüter bzw. Exotika. Die Überlieferungsgeschichte erweist, daß sie in der Regel Besitz (hoch)adeliger Geschlechter[3] oder in Kirchenschätzen waren, und die Bodenfunde bestätigen diese Aussage: Sie stammen aus dem Areal von Burgen bzw. Adelssitzen sowie einem Bischofspalast.

Da, wie anfangs erwähnt, die Hedwigsbecher einen ›erratischen Block‹ unter allen bekannten Gläsern des Mittelalters darstellen, sind Zeit und Region ihrer Entstehung ganz besonders rätselhaft. Im Rahmen dieses großen Überblicks kann dieses Rätsel nicht gelöst werden, nur die wichtigsten der verwirrend zahlreichen Thesen und Spekulationen können kurz referiert und kommentiert werden. Es bietet sich aber erstmals die Gelegenheit, mehr als die Hälfte aller bekannten Stücke beisammen zu sehen und direkt zu vergleichen.

Die vorgeschlagenen Datierungen schwanken zwischen dem späteren 10. Jahrhundert und der zweiten Hälfte des 12. Jahrhunderts. Die Frühdatierung wird begründet zum einen mit der angeblichen Ähnlichkeit zu zum Teil fest datierten Bergkristallarbeiten aus dem fatimidischen Ägypten[4]. Diese Ähnlichkeit ist aber nur sehr vage, sie beruht hauptsächlich auf der vergleichbaren Technik des Hochschnitts sowie auf gewissen motivischen Verwandtschaften. Schon Robert Schmidt (1912), der als einer der ersten die Beziehung zwischen den fatimidischen Bergkristallarbeiten und den Hedwigsbechern ausführlich darlegte, wies auf die ganz erheblichen stilistischen Unterschiede hin und folgerte daraus, daß die Hedwigsbecher zeitlich später, im 11./12. Jahrhundert, entstanden seien. – Das andere Argument für die Frühdatierung besteht in der These von Wentzel[5], daß diese Becher als Luxusgegenstände mit kaiserlichen Tieren im Dekor in Byzanz entstanden sein müssen und daß sie nur anläßlich der Hochzeit der byzantinischen Prinzessin Theophano mit Otto II. (972) in ihrem Brautschatz in solchen Mengen nach Deutschland gelangt sein können. Diese These wird immer unwahrscheinlicher, je mehr Stücke als Bodenfunde auch an entfernten Orten auftauchen. Sie wird auch geschwächt durch einen (von K. Erdmann[6] übernommenen) Irrtum, wonach Jacques de Vitry, der vermutliche Spender der beiden Stücke in Namur, Bischof in Aachen, statt in Akkon war. Konkret läßt sich keines der Gläser bis in ottonische Zeit zurückverfolgen, und es gab bisher keinerlei überzeugende stilistische Parallelen innerhalb der byzantinischen Kunst des 10. Jahrhunderts zum Dekor der Hedwigsbecher.

Dasselbe Manko gilt auch für das 12. Jahrhundert: Auch aus dieser späteren Zeit konnten bisher keinerlei Objekte aufgezeigt werden, deren Darstellungen eine mehr als allgemeine vage Ähnlichkeit zu den Tieren und Ornamenten der Hedwigsbecher aufweisen. Falls man die kleinen Dreiecks›schilde‹ über dem Rücken der Löwen als wappenschildartige Motive deutet, dann bieten sie ein Indiz für die Spätdatierung ins 12. Jahrhundert, denn erst etwa seit der Mitte dieses Jahrhunderts kamen Wappenschilde auf. (Auch das seltsame pokalartige Motiv mit Halbmond und Sternen auf dem ehemals in Breslau befindlichen Glas macht den Eindruck eines Wappenzeichens).

Für eine Entstehung im 12. Jahrhundert sprechen auch Details der Überlieferungsgeschichte: Die höchstwahrscheinlich als Behälter für Reliquien (nicht als Luxusobjekte!) durch Jacques de Vitry zu Anfang des 13. Jahrhunderts an das Kloster Oignies gelangten beiden Becher (Kat. Nr. 41, 42) waren sicherlich keine jahrhundertealten Stücke. Ebenso weist die traditionelle Verbindung mit der hl. Hedwig und hl. Elisabeth auf die erste Hälfte des 13. Jahrhunderts. Das Fragment aus Novogrudok wurde in einem Kontext der zweiten Hälfte des 12. Jahrhunderts gefunden, das Bruchstück aus Pistoia in einer Schicht des 13./14. Jahrhunderts.

Noch rätselhafter als die Entstehungszeit ist das Herkunftsgebiet dieser Becher. Auch dazu gibt es verschiedene Vermutungen, die mehr oder weniger plausibel, aber bisher in keinem Fall überzeugend begründet sind. Zur Lösung dieser Frage wird die Zusammenarbeit verschiedener Spezialisten nötig sein, sowie wohl auch ein Quantum an archäologischem Finderglück, um endlich beweiskräftige Argumente zu erhalten.

Nachdem in den 1870er Jahren die Aufmerksamkeit für diese Gläsergruppe geweckt war, hielt man sie zunächst für möglicherweise abendländische Produkte[7]. Czihak und vor allem Robert Schmidt brachten sie dann mit den erwähnten fatimidischen Bergkristallarbeiten in Verbindung und stellten die seither am häufigsten akzeptierte These auf, sie seien im Anschluß an diese Bergkristallarbeiten in Ägypten entstanden, da man nur dort die Technik des Hochschnitts beherrschte, da es dort zugleich eine hochstehende Glasproduktion gab und da dort schließlich ähnliche Motive vorkommen. Die ganz erheblichen stilistischen Unterschiede bei der Gestaltung dieser Motive auf den Bergkristallobjekten und den Hedwigsbechern erklärte man mit der späteren Entstehung der Glasbecher.

Gegen die These der Entstehung in Ägypten spricht manches. – Unter den zahlreichen Glasfunden aus Fustāt und von anderen Fundorten in Ägypten fehlen bisher Fragmente von Hedwigsbechern völlig[8]. – Auf den Hedwigsgläsern gibt es in keinem Fall eine Inschrift, die bei so vielen der Bergkristallarbeiten (und anderen islamischen Kunstwerken) zum Dekor gehört[9]. – Die Motive Löwe, Adler, Greif, ›Lebensbaum‹ sind keineswegs auf Ägypten beschränkt, und die stilistischen Unterschiede sind sehr groß. – Das Knowhow der Stein- und Glasschneidetechnik war natürlich übertragbar, und in der Anwendung dieser Technik gibt es auch erhebliche Unterschiede zwischen den Kristallarbeiten und den Hedwigsbechern, z.B. kommen auf den letzteren nie die so charakteristischen Binnenmuster mit eingetieften Punkten vor, und die Konturen enthalten keinerlei unregelmäßig geschwungene Linien, sondern setzen sich aus geraden und kreissegmentförmigen Linien zusammen[10].

Als ein anderes mögliches Herkunftsgebiet wird Byzanz in Betracht gezogen, und zwar nicht nur das Byzanz des 10. Jahrhunderts (Wentzels These vom Brautschatz der Theophano), sondern auch das des 12. Jahrhunderts. Die Argumente dafür sind aber bisher spärlich: Die Ikonographie mit den ›kaiserlichen Symboltieren‹ Löwe, Adler, Greif und stilisierten Pflanzen war natürlich keineswegs auf Byzanz beschränkt, sondern im ganzen Vorderen Orient beheimatet und auch im Abendland weitgehend eingebürgert. Noch näher zu überprüfen bleibt der Hinweis von Johanna Flemming[11], wonach »die großzügige Stilisierung mit Parallelschraffuren in wechselnden Richtungen und mit Kreuzschraffuren« in Byzanz im späteren 12. Jahrhundert in verschiedenen Kunstgattungen anzutreffen sei. In der sehr strengen, harten Faltenschraffierung z.B. in sizilianischen Mosaiken (siehe Christus in der Apsis von Cefalù) oder in byzantinischen Ikonen des 12. Jahrhunderts[12] scheint sich tatsächlich eine gewisse verwandte Stilhaltung zu der so auffällig strengen, straffen Darstellungsweise der Motive auf den Hedwigsbechern anzudeuten. (Ganz im Gegensatz zu der weicheren und fließenderen Linienführung auf den fatimidischen Kristallarbeiten oder z.B. auch auf einem ebenfalls fatimidischen Glasbecher mit Schnittdekor im New Yorker Metropolitan Museum[13].) Soweit allerdings die byzantinische Glasproduktion jener Zeit sich abzuzeichnen beginnt, ist nichts auch nur entfernt Vergleichbares darunter.

Gelegentlich wurde auch eine Herkunft der Hedwigsbecher aus dem Iran erwogen[14], was zu überprüfen bleibt. Dagegen gilt die These einer Entstehung dieser Bechergruppe in Westrußland, die nach der Entdeckung des Fragments in Novogrudok aufgestellt wurde[15], inzwischen als indiskutabel.

Künftige Nachforschungen und Überlegungen zum Entstehungsgebiet der Hedwigsgläser dürfen sich wohl nicht allein auf die drei Möglichkeiten Ägypten – Byzanz – Iran beschränken, sondern sollten in erneuter Unbefangenheit weitere Möglichkeiten in Betracht ziehen: z.B. Syrien (Kreuzfahrerstaaten?), eventuell auch byzantinisch-islamisch beeinflußte Gebiete Italiens. Sowohl die simple, gedrungene Eimerform mit dickem Fußring als auch die so auffällig harte, strenge Stilisierung von Tieren und Ornamenten steht m.E. nicht im Einklang mit islamischem Stilempfinden.

LIT. (Auswahl, Weiteres bei den Kat. Nrn.): Czihak (1890). – Czihak (1891), S. 184–206. – Schmidt (1912). – Lamm (1929/30), Bd. I, S. 170-175, Bd. II, Tf. 62 f. – Gray (1969). – Wentzel (1971, 1972, 1973). – Rothkirch (1972). – Flemming (1979). – Koch (1977a und b). – Koch (1981/82). – Allan (in Vorbereitung, mit sehr ausführlicher Bibliographie).

1 Genaue Aussagen dazu sind nicht möglich, solange die Becher in den Fassungen sind.
2 Es fällt schwer, sich eine Montierung vorzustellen, bei der diese Einschnitte benötigt werden. Bei allen mit Fassung erhaltenen Stücken spielen sie keine Rolle.
3 Zu den Bechern dieser Art in fürstlichem Besitz ist wohl auch das nur durch einen Inventareintrag zu erschließende Glas im Besitz Karls des Kühnen von Burgund zu rechnen: »ung voirre taille d'un esgle, d'un griffon et d'une double couronne garny d'argent« (vgl. Schmidt (1912), S. 58), wobei unter der »doppelten Krone« wahrscheinlich ein ähnliches Lebensbaummotiv zu verstehen ist wie bei den Bechern in Minden und (ehemals) Breslau.
4 Gute Abbildungen der berühmten Kristallarbeiten besonders im Ausst.-Kat. Der Schatz von San Marco, Köln 1984, S. 223-235.
5 Wentzel (1971, 1972, 1973).
6 Erdmann (1949), S. 244.
7 So z.B. Essenwein (1877), Sp. 233; Friedrich (1884), S. 195-200; A. Schnütgen (zitiert von Courtoy (1923), S. 150).
8 Gray (1969), S. 192.
9 Gray (1969), S. 192.
10 Auch fehlen bei den Hedwigsbechern die als Grate hochstehenden Konturen, die die meisten Motive auf den Kristallarbeiten aufweisen. Diese gratförmigen Konturlinien wie auch die eingetieften Punkte kommen dagegen bei der ›Coppa dei Leoni‹ im Schatz von San Marco vor, es scheint daher einleuchtend, diese geschnittene Glasschale unmittelbar in Nachfolge der fatimidischen Bergkristallarbeiten zu sehen, wie Erdmann (1971) vorschlägt, nicht aber die Hedwigsbecher.
11 Flemming (1979), S. 89.
12 Vgl. z.B. eine Ikone bei Talbot Rice, Byzantinische Kunst, München 1964, S. 364, Abb. 329.
13 Marilyn Jenkins, Islamic Glass, A Brief History, The Metropolitan Museum of Art Bulletin Vol. XLIV No. 2, 1986, S. 27, Nr. 26.
14 Pinder-Wilson (1960), S. 45.
15 Shelkolnikov (1966), S. 109-112.

36

36

36

36 Hedwigsbecher

Byzanz oder Naher Osten (?), 12. Jh. (?). – Provenienz: Vor dem 1. Weltkrieg in Thüringer Sammlung. 1949 deutscher Privatbesitz. Erworben fürs British Museum 1959. – H 14,1 cm; ⌀ Lippe 13,9 cm, Fußring 10,8 cm; Wandungsstärke Lippenrand 5,3 cm. – Farbloses Glas mit leichtem Braun-Rosa-Stich. Fußring an 3 Stellen ausgebrochen.

The British Museum, London, Inv. Nr. 1959.4-14.1

Glatter Fußring umgelegt. Leicht hochgestochener Boden mit deutlicher Heftnarbe. Auf der Wandung vierteiliger Dekor in Hochschnitt auf unregelmäßig facettiertem Grund: Auf der ›Vorderseite‹ Adler, flankiert von einem nach rechts gekehrten Löwen mit Dreiecksmotiv über dem Rücken links und einem nach links gekehrten Greifen rechts. Auf der ›Rückseite‹ Art Palmettenornament: symmetrisch zu einer Mittelachse (›Stamm‹) unten 2 Halbpalmetten mit gerader Kante nach außen, oben großes herzförmiges Motiv mit einbeschriebenen Halbpalmetten mit gerader Kante nach innen. Muster aus Kreuzschraffuren und Grüppchen von Parallelschraffuren, am ›Stamm‹ zickzackförmig angeordnet.

Dieser Becher wurde erst nach dem 2. Weltkrieg bekannt, seine Provenienz läßt sich – leider – nur vage bis zu einem Privatbesitzer in Thüringen zu Anfang des 20. Jahrhunderts zurückverfolgen. Der Londoner Becher ist nach dem Exemplar in Amsterdam der zweitgrößte der ganzen Gruppe, und sein besonders reicher vierteiliger Dekor bietet eine Übersicht über sämtliche Motive, die sich auf den Hedwigsbechern in wechselnden Kombinationen wiederholen. Wie eingangs erwähnt, gibt es die größte Variationsbreite bei der Ausgestaltung der ornamentalen Motive. So findet sich das Ornament des Londoner Bechers kein zweites Mal in gleicher Form, am ehesten läßt es sich noch mit denen auf dem Coburger Becher vergleichen.
Die Glasmasse dieses Bechers (wie auch des Stücks aus Corning Kat. Nr. 40) ist durch qualitative spektrochemische Analyse bestimmt als Soda-Kalk-Glas mit Spuren von Eisen und Mangan, aber ohne Pottasche[1].

LIT. (Auswahl): Erdmann (1949), S. 244-248. – Pinder-Wilson (1960), S. 43-45. – Harden (1968), S. 110, Nr. 147. – Gray (1969), S. 191-194. – Harden (1972) S. 115, Tf. x D. – Koch (1981/82), S. 274.

1 Gray (1969), S. 193.

37 Hedwigsbecher, als Meßkelch gefaßt

Byzanz oder Naher Osten (?), 12. Jh. (?). – Provenienz: 1641 von Sigismund Poremba Porembski testamentarisch der Hedwigskirche vermacht, bei der Säkularisation von dort in den Domschatz. – H des Bechers 9,9 cm; ⌀ Lippe 10,9 cm, Fußring 7,0 cm; Wandungsstärke Lippenrand 5,0 mm (H mit Fassung 20,6 cm). – Farbloses Glas mit rauchfarbenem Stich.

Kathedralschatz Krakau

Fußring durch die Fassung verdeckt. Boden wenig hochgestochen. Auf der Wandung dreiteiliger Dekor in Hochschnitt vor unregelmäßig facettiertem Grund: Adler, flankiert von darauf zuschreitenden Löwen mit Dreiecksmotiv über dem Rücken.

Dieser Becher in Krakau gehört (neben denen in Neiße/Nysa und ehemals Breslau) zu den 3 Gläsern dieser Gruppe, die der Legende nach im Besitz der hl. Hedwig gewesen sein sollen. Er hat im 15. Jahrhundert eine reiche Fassung aus vergoldetem Silber erhalten, deren Art (ohne Deckel und auch ohne Spuren von Spangen, die ehemals einen Deckel gehalten hätten) auf eine Verwendung als Meßkelch hindeutet. Gläserne Meßkelche waren unüblich und in vielen Fällen von seiten der Kirche ausdrücklich verboten. Durch den Zusammenhang mit der Hedwigslegende, wonach sich in diesem (einem dieser) Becher Wasser in Wein verwandelt

habe, mag der Glasbecher aber als ein besonders geeignetes Gefäß erschienen sein, in dem sich während der Messe die Wandlung vollzieht.

Die Motive des Dekors sind die innerhalb der Gruppe geläufigsten, und auch die Ausgestaltung beider Tiere bleibt ganz im Rahmen des Üblichen. Der Adler ist im Vergleich zu denen auf den beiden besonders großen Bechern in London (Kat. Nr. 36) und Amsterdam weniger detailliert gegeben, darin eher dem auf dem Mindener Becher (Kat. Nr. 39) vergleichbar.

LIT. (Auswahl): Czihak (1890), Sp. 342f. – Schmidt (1912), S. 57, Nr. 4, Abb. 3 und 4 auf S. 56. – Lamm (1929/30), Bd. I, S. 172, Nr. 2 (mit älterer Lit.), Bd. II, Tf. 63,2. – Wentzel (1972), S. 56, Abb. 64 b. – Sčapova (1978), S. 263-266.

38 Hedwigsbecher, als Meßkelch (?) gefaßt

Byzanz oder Naher Osten (?), 12. Jh. (?). – Provenienz: Aus Schweizer Privatbesitz über mehrere Zwischenbesitzer ans Germanische Nationalmuseum (1877). – H des Bechers 9,5 cm; ⌀ Lippe 9,6 cm, Fußring 7,6 cm; Wandungsstärke Lippenrand 4,3-5,0 mm (H mit Fassung 28,5 cm). – Farbloses Glas mit leichtem Braun-Rosa-Stich. Mehrere sehr kleine Bestoßungen an Lippenrand und Wandung.

Germanisches Nationalmuseum Nürnberg, Inv. Nr. KG 564

Umgelegter Fußring mit Einschnitten an 3 Stellen. Boden schwach hochgewölbt. Auf der Wandung dreiteiliger Dekor in Hochschnitt vor unregelmäßig facettiertem Grund: Löwe, Greif, Löwe, alle nach links gewandt. Über dem Rücken der Löwen Dreiecksmotive.

Dieser Glasbecher wurde erst 1876 bekannt, als durch den Breslauer Hedwigsbecher in einer Münchener Ausstellung die Aufmerksamkeit auf diese Schnittgläser gelenkt wurde. Er gelangte dann durch denselben Münchener Bildhauer und Sammler Lorenz Gedon ins Nürnberger Museum, aus dessen Sammlung auch der Aldrevandin-Becher (Kat. Nr. 103), British Museum, London, stammt.

Der Löwe und der Greif sind als Motive und in der Art ihrer Darstellung von anderen Bechern der Gruppe bekannt, auch der im Vergleich zum Löwen seltenere Greif ist immerhin an 5 Stücken nachzuweisen. Ungewöhnlich ist jedoch bei dem Nürnberger Becher, daß keines der Tiere als zentrale Darstellung hervorgehoben ist (wozu sich meist der Adler oder ein symmetrisches Ornament anbieten), sondern alle 3 in derselben Richtung umlaufen.

Die Fassung (deren Datierung und Herkunftsbestimmung hier nicht diskutiert werden kann, sie gilt z. Zt. als ›venezianisch, 15. Jahrhundert‹) deutet am ehesten auf eine Verwendung als Meßkelch, da wie bei dem Krakauer Stück ein Deckel fehlt, der bei einem Reliquienbehälter in der Regel mit Spangen am unteren Teil der Fassung befestigt ist. Es fällt auf, daß dieser Kelchfuß aus vergoldetem Kupfer in Form und Verzierung wie auch im Material ausgesprochen einfach ist.

LIT. (Auswahl): Essenwein (1877), Sp. 228-233. – Czihak (1890), Sp. 343f. – Dillon (1907), S. 116, Nr. 3, 2 Abb. auf Tf. XVIII. – Schmidt (1912), S. 57f., Abb. 6 auf S. 58. – Lamm (1929/30) Bd. I, S. 172, Nr. 4 (mit älterer Lit.), Bd. II, Tf. 63,4. – Ausst. Kat. Kunst des frühen Mittelalters, Bern 1949, Nr. 205. – Ausst. Kat. Ars Sacra, München 1950, Nr. 180. – Germanisches Nationalmuseum Nürnberg, Führer durch die Sammlungen, München 1977 (1980²), S. 20, Nr. 29. – Koch (1977b), S. 113, Abb. 8/9, S. 114.

38

39 Hedwigsbecher, als Reliquien-Ostensorium gefaßt

Byzanz oder Naher Osten (?), 12. Jh. (?). – Provenienz: Seit unbestimmter Zeit Teil des Mindener Domschatzes. – H des Bechers 9,8 cm; ⌀ Lippe 8,5 cm, Fußring 7,1 cm; Wandungsstärke Lippenrand 2,9 mm (H mit Fassung 28,6 cm). – Relativ dunkel rauchfarbenes Glas mit schwachem Rosastich. 2 Sprünge im unteren Teil.

Schatzkammer der Dompropstei-Gemeinde zu Minden

Glatter Fußring, an 5 Stellen eingeschnitten. Boden schwach hochgewölbt. Auf der Wandung dreiteiliger Dekor in Hochschnitt vor unregelmäßig facettiertem Grund: Adler – ›Lebensbaum‹ – Löwe, mit Dreiecksmotiv über dem Rücken.

Das Reliquiar mit dem Hedwigsbecher als Schaugefäß ist seit altersher Teil des Mindener Domschatzes. In der ›Ausstellung westfälischer Alterthümer und Kunsterzeugnisse‹ in Münster 1879 war es noch unerkannt unter den ›Metall-Sachen‹ eingereiht (und das Glas als Kristall des 7. Jahrhunderts beschrieben), kurz danach wurde der Becher von dem Kölner Dom-

12./13. JAHRHUNDERT

39 39 39

kapitular A. Schnütgen als zur Gruppe der Hedwigsgläser gehörig entdeckt¹.

Die drei Motive des Dekors sind wiederum alle wohlbekannt von Bechern dieser Gruppe, sie kommen aber in genau dieser Kombination auf keinem anderen der Gläser vor. Der ›Lebensbaum‹ war besonders ähnlich, wenn auch detaillierter und reicher auf dem verschollenen Becher aus Breslau. Ansatzweise ist er auch auf dem Fragment aus Novogrudok² zu erkennen, und auch die kleine Scherbe aus Göttingen (Kat. Nr. 45) zeigt wohl die Spitze eines ähnlichen Motivs. Die Fassung aus dünnem vergoldeten Silberblech (wohl im 2. Viertel des 13. Jahrhunderts entstanden³) ist, ähnlich wie bei dem Nürnberger Stück, recht einfach in der Ausführung.

LIT. (Auswahl): Czihak (1890), Sp. 347f., Abb. 5 Sp. 345/6. – Schmidt (1912), S. 58, Nr. 7, Abb. 7a u. b auf S. 59. – Lamm (1929/30) Bd. I, S. 171, Nr. 1 (mit älterer Lit.), Bd. II, Tf. 63, 1. – Ausst. Kat. Ars Sacra, München 1950, Nr. 181 (als fatimidischer Bergkristall). – Josef Déer, Adler aus der Zeit Friedrichs II, in: Percy E. Schramm, Kaiser Friedrich II. Herrschaftszeichen, Göttingen 1955, S. 90, Abb. 41. – Ausst. Kat. Kunst und Kultur im Weserraum, Corvey 1966, S. 604, Nr. 299. – Siegfried Kessemeier, Jochen Luckhardt, Dom und Domschatz in Minden, Königstein i. Taunus 1982, S. 20, Nr. 9, Abb. S. 72f. – Koch (1977a), S. 230. – Hans Gerhard Meyer, Der Mindener Domschatz, in: Das Münster, Heft 4, 1984, S. 280f. (die Deutung von Adler und Löwe als Evangelistensymbole ist in dem ganzen Zusammenhang nicht haltbar).

1 Czihak (1890), Sp. 347.
2 Abb. (Umzeichnung) in: Journal of Glass Studies 6, 1964, S. 160.
3 Zur Datierung dieser Fassung siehe: Karl Bernd Heppe, Gotische Goldschmiedekunst in Westfalen vom 2. Drittel des 13. bis zur Mitte des 16. Jahrhunderts, Diss. Münster 1973, S. 167 f., 453 f., Nr. 191. – Heppe sieht die Fassung des Mindener Hedwigsglases auf derselben Stilstufe, wenn auch nicht demselben Stilkreis zugehörig, wie die der beiden Hedwigsbecher in Namur (Kat. Nrn. 41 f.).

40   Hedwigsbecher

Byzanz oder Naher Osten (?), 12. Jh. (?). – Fundort: In den 1820er Jahren in der Sakristei des Domes zu Halberstadt. – Provenienz: Privatbesitz. Hofbuchhändler Stolle in Harzburg. Generalmajor Röse, Berlin. Herzog von Gotha (Leihgabe im Landesmuseum Gotha). Alexandrine de Rothschild. Erworben für Corning 1967. – H 8,7 cm; ⌀ Lippe 7,1 cm, Fußring 6,1 cm; Wandungsstärke Lippenrand ca. 5,0 mm. – Rauchfarbenes Glas, kleine Bläschen. Beschädigung im unteren Bereich der Wandung, sehr kleine Bestoßungen an mehreren Stellen.

The Corning Museum of Glass, Inv. Nr. 67.1.11

Fußring mit 4 großen Einschnitten. Boden wenig hochgewölbt. Wandung bis knapp unter den Lippenrand leicht facettiert. Zweiteiliger Dekor in Hochschnitt: 2 Löwen, beide nach links gekehrt, mit Dreiecksmotiven über dem Rücken.

Die Geschichte dieses Bechers läßt sich zurückverfolgen bis in die 1820er Jahre, als er bei Reparaturarbeiten an der Sakristei des Domes zu Halberstadt im Schutt gefunden und als wertlos in Privatbesitz übergeben wurde. Wahrscheinlich gab es also im Domschatz zu Halberstadt ehemals (wie in Namur) zwei solcher Becher, von denen nur noch derjenige mit geometrischem Dekor (in silbervergoldeter Fassung als Reliquienostensorium) im Domschatz erhalten ist¹. Auch dieser zweite wurde übrigens erst etwa in den 1880er Jahren durch Domkapitular A. Schnütgen als zur Gruppe der Hedwigsbecher gehörig ›entdeckt‹² und damit in seinem Wert als seltenes Glas gewürdigt.

In dem zweiteiligen Dekorschema mit den beiden Tieren in gleicher Laufrichtung ist dieser Becher am besten mit dem (noch etwas kleineren) Becher mit Löwe und Greif in Namur (Kat. Nr. 41) zu vergleichen.

Die Glasmasse des Bechers in Corning hat die gleiche chemische Zusammensetzung wie das Stück im British Museum, es ist ein Soda-Kalk-Glas mit Spuren von Eisen und Mangan³.

12./13. JAHRHUNDERT

LIT. (Auswahl): Czihak (1890), Sp. 345 f., Abb. 3 Sp. 341/2.
– Schmidt (1912), S. 55, Nr. 1, Abb. 2. – Lamm (1929/30),
Bd. I, S. 173, Nr. 5 (mit älterer Lit.), Bd. II, Tf. 63,5. –
Journal of Glass Studies 10, 1968, S. 184 (Neuerwerbung
Corning). – Gray (1969), S. 193. – Charleston (1980a), S. 75.

1 Flemming (1979), S. 87-89, Abb. 47/48.
2 Czihak (1890), Sp. 347.
3 Gray (1969), S. 193.

41 Hedwigsbecher, als Reliquien-Ostensorium gefaßt

Byzanz oder Naher Osten (?), 12. Jh. (?). – Provenienz: Wohl seit dem 1. Drittel des 13. Jhs. im Schatz des Klosters zu Oignies, seit der Säkularisation im Nonnenkloster Notre Dame in Namur. – H des Bechers 8,0 cm; ⌀ Lippe ca. 7,0 cm, unten 4,4 cm (H mit Fassung 26,2 cm). – Rauchfarbenes Glas mit leichtem Rosastich (stellenweise manganfarbene Schlieren).

Le Trésor d'Oignies aux Sœurs de Notre Dame, Namur[1]

Boden leicht hochgewölbt, kein Fußring (mehr?). Auf der Wandung zweiteiliger Dekor in Hochschnitt vor unregelmäßig facettiertem Grund: Löwe und Greif, beide nach links gewandt. Über dem Rücken des Löwen Dreiecksmotiv.

Dieser Becher und sein Gegenstück (Kat. Nr. 42) sind besonders wichtig innerhalb der Gruppe, weil ihre Provenienz bis ins frühe 13. Jahrhundert zurückzuverfolgen ist. Ihre Fassungen aus vergoldetem Kupfer lassen sich dem Œuvre des Laienbruders und Goldschmieds Hugo d'Oignies zuordnen, der für das von ihm mitbegründete Kloster zu Oignies bei Namur im ersten Drittel des 13. Jahrhunderts eine Reihe von berühmten Werken schuf. (Der Schatz dieses Klosters wird jetzt bei den Sœurs de Notre Dame in Namur aufbewahrt.) Die beiden Hedwigsgläser in diesem Schatz gehörten wahrscheinlich zu den Geschenken, die der Freund und Förderer des Klosters von Oignies, Jacques de Vitry, aus Syrien sandte bzw. mitbrachte[2]. Jacques de Vitry war 1216-26 Bischof in Akkon, und es ist archivalisch belegt, daß er während dieser Zeit dem Kloster zu Oignies Reliquien schenkte und sie nach seiner Rückkehr mit Fassungen versehen ließ.
Der Glasbecher in diesem Reliquiar ist der kleinste und schlankste der ganzen Gruppe. Er zeigt zwei der innerhalb der Gruppe geläufigen Tiere in einfacher Reihung (ähnlich angeordnet wie die beiden Löwen bei dem nur wenig größeren Becher in Corning (Kat. Nr. 40).

LIT. (Auswahl): Courtoy (1923), S. 145-157. – Lamm (1929/30), Bd. I, S. 170, Nr. 27 (mit älterer Lit.), Bd. II, Tf. 62, 27. – Courtoy (1953), S. 65 f. – Gray (1969), S. 193 f. – Philippe (1974), S. 249 f.

1 Von den beiden Hedwigsgläsern aus Namur wird dieses nur in der Ausstellung im Rheinischen Landesmuseum in Bonn gezeigt, das folgende im Historischen Museum Basel.
2 Die Gläser werden in den frühen Quellen allerdings nicht ausdrücklich bei diesen Geschenken erwähnt. Es wird angenommen, daß sie wohl als Behälter für Reliquien dienten.

41

12./13. JAHRHUNDERT

98

41

42 Hedwigsbecher, als Reliquien-Ostensorium gefaßt

Byzanz oder Naher Osten (?), 12.Jh. (?). – Provenienz: Wohl seit dem 1.Drittel des 13.Jhs. im Schatz des Klosters zu Oignies, seit der Säkularisation im Nonnenkloster Notre Dame in Namur. – H des Bechers 8,5 cm; ⌀ Lippe 7,2 cm, unten 4,8 cm (H mit Fassung 27,4 cm). – Farbloses Glas mit leicht rauchfarbenem Stich. 2 kleine Ausbrüche an den großen Bögen des Ornaments unten.

Le Trésor d'Oignies aux Sœurs de Notre Dame, Namur

Boden leicht hochgewölbt, kein Fußring (mehr?). Auf der Wandung vierteiliger Dekor in Hochschnitt vor unregelmäßig facettiertem Grund: viermal das gleiche ›Muschelmotiv‹, Dreiviertelkreis, unten glattes halbmondförmiges Feld, oberer Teil weiter vorspringend, in der Mitte fächerförmig eingekerbt. Über den ›Muscheln‹ Zickzacklinien und darüber Band mit Kreuzschraffuren, unterbrochen von liegenden Spitzovalen mit einbeschriebenen Rauten. Das ›Muschel‹-Motiv unten sehr stark vorspringend (5,5 mm).

Die Fassung dieses Bechers ist ein in der Verzierung abgewandeltes Gegenstück zu derjenigen von Kat.Nr.41, und auch die beiden Hedwigsgläser als Schaugefäße darin sind als ein Paar anzusehen, das sicherlich zusammen in den Schatz des Klosters von Oignies gelangte (wohl durch Jacques de Vitry, der 1216-26 Bischof in Akkon war).
Obgleich einer der kleinsten, ist dieser Becher doch sehr reich im Dekor – nur wenige andere Stücke der Gruppe haben ein vierteiliges Schema[1], die meisten weisen drei oder auch nur zwei Motive auf. Das Ornament hat Ähnlichkeit mit einem auf dem Becher im Halberstadter Domschatz[2] und auch mit dem des Fragments aus Pistoia (Kat.Nr.43). (Diese beiden sind aber merklich weniger sorgfältig und detailliert ausgeführt als der kleine Becher in Namur). Auch das kreuzschraffierte Band mit den Spitzovalen wiederholt sich auf dem Glas in Halberstadt, außerdem auf denen in Coburg und Neiße/Nysa[3].

LIT. (Auswahl): Courtoy (1923), S. 145-157. – Lamm (1929/30), Bd. I, S. 170f., Nr. 28 (mit älterer Lit.) – Courtoy (1953), S. 64. – Gray (1969), S. 193f. – Philippe, (1974), S. 249f.

1 Außer dem Londoner Becher diejenigen in Halberstadt und Neiße/Nysa sowie der jetzt verschollene, ehemals in Breslau aufbewahrte.
2 Flemming (1979), S. 87-89, Abb. 47/48.
3 Wentzel (1972), S. 57, Abb. 64d; Wentzel (1973), S. 56, Abb. 13.

43 Hedwigsbecher, Fragmente

Byzanz oder Naher Osten (?), 12.Jh. (?). – Fundort: Pistoia, Antico Palazzo dei Vescovi. – H der Fragmente maximal 7,8 cm; ⌀ Fußring 5,3 cm; Wandungsstärke 1,7-5,6 mm. – Farbloses Glas mit leichtem Gelbstich. 3 Fragmente, durch Verwitterung getrübt, z.T. leicht irisiert.

Soprintendenza Archeologica della Toscana, Florenz, Inv.Nr. 3563

Boden leicht hochgestochen, mit deutlicher Heftnarbe. Glatter überschliffener Fußring mit ehemals 4 Einschnitten. Auf der Wandung Reste des Hochschnittdekors: unten Sockelzone mit leicht gewelltem oberen Kontur, an mehreren Stellen konkav eingebuchtet. Weiter oben ›Muschel‹motive (ehemals wohl 4): Dreiviertelkreis, im oberen Teil fächerförmiges Muster eingeschliffen. Darüber Teil einer Zickzacklinie und eines liegenden Spitzovals mit X-förmigen Kerben.

Die Bruchstücke dieses Bechers wurden bei Grabungen im ehemaligen Bischofspalast von Pistoia in einer Schicht des 13./frühen 14. Jahrhunderts gefunden, zusammen mit dem Fragment einer wohl islamischen Hängelampe (oder eines Fläschchens) mit eingeschmolzenem gekämmtem Fadendekor.
Der Dekor mit dem muschelartigen Motiv erinnert sehr deutlich an den des einen Bechers in Namur (Kat.Nr. 42), ist jedoch erheblich gröber und vereinfacht.

LIT.: Vannini (1985), S. 460f., Abb. Tf. XIV, 4.

43

12./13. JAHRHUNDERT

42

44 Hedwigsbecher, Fragmente

Byzanz oder Naher Osten (?), 12. Jh. (?). – Fundort: Burg Weibertreu bei Weinsberg (Baden-Württemberg), (1959/60). – H der Fragmente 5,0 bzw. 3,5 cm; ⌀ (rekonstruiert) ca. 10,0 cm; Wandungsstärke 3,8-5,8 mm. – Farbloses Glas mit deutlichem Gelbstich. 2 Einzelscherben. Durch Verwitterung leicht getrübt, unterschiedlich stark irisiert.

Justinus-Kerner-Verein, Weinsberg

2 Scherben vom unteren Wandungsbereich eines (?) Hedwigsbechers, auf der größeren Vordertatze und volutenförmige ›Schulter‹ eines Löwen, auf der kleineren Schwanz und Teil der ›Füße‹ eines Adlers.

Die beiden Scherben wurden bei Ausgrabungen auf der Burg Weibertreu schon 1959/60 gefunden, aber erst bei Bearbeitung der Kleinfunde 1976 als Bruchstücke von einem Hedwigsbecher erkannt.
Die Burganlage, die im Bauernkrieg 1525 zerstört wurde, geht zurück bis ins frühe 11. Jahrhundert. Sie war damals Wohnsitz der Gräfin Adelheid, der Mutter Kaiser Konrads II.; seit der Mitte des 12. Jahrhunderts hatten die Herren von Weinsberg das Amt des Camerarius im Reich inne. Der Hedwigsbecher fand sich also in hochadeligem Milieu.

44

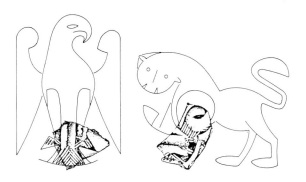

Die kleinen Ausschnitte aus dem Hochschnittdekor ließen sich identifizieren, da sich die Motive auf den Bechern dieser Gruppe in so sehr ähnlicher Darstellungsweise wiederholen: der nach links gekehrte Löwe mit entsprechender ›Schulter‹ und Tatze ist z. B. sehr gut vergleichbar auf den Bechern in Nürnberg (Kat. Nr. 38) und Minden (Kat. Nr. 39), der Adler mit den fischgrätartig angedeuteten Schwanzfedern auf denen in Amsterdam, London (Kat. Nr. 36) und Krakau (Kat. Nr. 37).
Nach dem Durchmesser gehörte der Weinsberger Becher mit zu den größten Exemplaren der Gruppe, er hatte höchstwahrscheinlich ein dreiteiliges Schema des Dekors: auf der Wandung war neben dem Löwen und dem Adler noch Platz für ein drittes Motiv (entweder ein weiteres Tier, wie z. B. bei den Bechern in Amsterdam oder Krakau, oder einen Lebensbaum, wie z. B. bei dem Glas in Minden).

LIT.: Koch (1977a), S. 229-234. – Koch (1977b), S. 111-116.

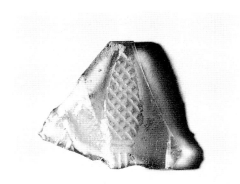

45

45 Hedwigsbecher, Fragment

Byzanz oder Naher Osten (?), 12. Jh. (?). – Fundort: Göttingen, Ritterplan (1984). – H des Fragments 3,0 cm; ⌀ Lippe (rekonstruiert) ca. 9,0 cm; Wandungsstärke Lippenrand 4,0 mm. – Farbloses Glas mit schwach gelblichem Stich. 1 Fragment, durch Verwitterung leicht getrübt und irisiert.

Städtisches Museum Göttingen, Stadtarchäologie, Inv. Nr. 5932

Randfragment von einem Becher. Dekor in Hochschnitt: stehendes Spitzoval mit Kreuzschraffuren auf einem schmalen Streifen mit 2 waagerechten und 2 senkrechten Kerben. An den seitlichen Bruchkanten Ansätze von Motiven mit bogenförmigem Kontur.

Die kleine Scherbe kam 1984 bei einer kleinen Grabung/Notbergung im Areal der ehemaligen Stadtburg der Welfen zutage[1].
Das kreuzschraffierte Spitzoval läßt sich, in Analogie zu Motiven auf den Bechern in Minden (Kat. Nr. 39) und ehemals Breslau als Spitze eines ›Lebensbaums‹ deuten, die Bogenansätze seitlich gehörten dann zu den oberen Halbpalmetten eines solchen Baummotivs.
Nach dem Randdurchmesser zu urteilen, gehörte der Göttinger Becher zu den Exemplaren mittlerer Größe, etwa wie der Mindener und der Nürnberger Becher (Kat. Nr. 38).

LIT.: Erwähnt bei Koch (1986), S. 192.

1   Nach Angaben des Ausgräbers Sven Schütte, Göttingen, konnte damals nur eine sehr eng begrenzte Fläche untersucht werden, so daß eine gewisse Chance besteht, unter dem Asphalt der angrenzenden Flächen noch weitere Scherben dieses Bechers zu finden.

46   Blaue Fußschale mit Rippen und Vergoldung, Fragmente

Byzantinisch (?), 12. Jh./1. Hälfte 13. Jh. (vor 1265). – Fundort: Burg Wartenberg (Kr. Lauterbach, Hessen), (1938-40). – H der Fragmente in rekonstruierter Form (vom Fuß nur kleiner Ansatz) ca. 13,3 cm; ⌀ Lippe ca. 12,0 cm, maximal ca. 17,0 cm; Fußansatz 5,2 mm; Wandungsstärke Lippenrand 3,0 mm, Wandung minimal 2,0 mm. – Transparent blaues Glas, Bemalung in Gold (kalt aufgetragen und dann eingebrannt). Fragmente, z. T. geklebt, meist ohne Anschluß. Weitgehend braun-schwarz korrodiert, stellenweise zersetzt, von der Vergoldung meist nur weißliche Grundierung erhalten, vielfach auch ganz abgerieben.

Lauterbacher Hohhausmuseum e. V., Lauterbach,
Inv. Nr. Y 933

46

Rest von breitem hochgezogenen Fuß, oben geschlossen, innen große Heftnarbe, z. T. als Ausbruch. Am stark gewölbten Schalenkörper ca. 13 formgeblasene Rippen, die unten stark vorspringen und unterhalb der Lippe auslaufen. Lippenrand verrundet, kaum verdickt.

Von der Bemalung erkennbar (am Original und nach alten Fotos): Um den Fußansatz konzentrisch ein breiter und ein schmaler goldener Streifen. Außerhalb davon fortlaufende Ranke mit palmettenartig gefächerten, z. T. eingerollten Strichbündeln. Darüber wieder horizontaler goldener Streifen, knapp unterhalb der Rippenvorsprünge. Die Rippen vergoldet und durch schmale goldene Linien gerahmt. Diese Goldstreifen setzen sich unten und oben bogenförmig zwischen den Rippen fort. Im oberen Teil der Rippen ist die Bemalung kapitellartig ausgebuchtet. In die annähernd hochovalen Felder zwischen den Rippen sind Tiere eingestellt, meist Vögel, auch ein »schreitender und ein springender Löwe«[1]. In den Zwickeln über den Rippen 3 kleine gefiederte Motive ›Tannenbäumchen‹. Die breite, fast zylindrische Lippe unten und unter dem Rand gerahmt durch horizontale Goldbänder, zwischen ihnen kleine runde Medaillons mit eingestellten Tieren, getrennt durch senkrechte Striche mit gefiederten Konturen.

Die Fragmente dieser Schale wurden 1938-40 bei den Ausgrabungen der Burgruine Wartenbach (oder Wartenberg, nach dem dort ansässigen Geschlecht) im Inneren des Bergfrieds gefunden, zusammen mit einer Fülle anderer Kleinfunde. Dieses Material von der Burg Wartenberg ist von besonderer Wichtigkeit, weil die Burg nur kurze Zeit, wohl etwa 35-40 Jahre, bestanden hat. Sie wurde 1265 zerstört und der Burghügel danach nie wieder besiedelt. Es gibt also einen engen zeitlichen Rahmen für die Benutzung der hier gefundenen Dinge und einen festen terminus ante quem in dem Datum der Zerstörung.

Obgleich die Fragmente der blauen Schale von Anfang an als etwas Besonderes erkannt wurden, haben sie bisher noch nicht die gebührende eingehende Behandlung erfahren; be-

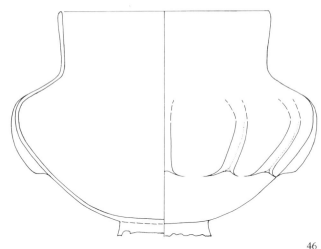

46

dauerlicherweise sind im Laufe der Jahrzehnte einige der Scherben verlorengegangen, und der Zustand der Bemalung hat sich ganz erheblich verschlechtert.

Die Bemalung in Gold auf farbigem Glas und einige der Motive – die in Medaillons eingeschlossenen Tiere, die gefiederten ›Tannenbäumchen‹ – erinnern an eine Gruppe von Gläsern des 12./13. Jahrhunderts, deren Herkunft nach mancherlei Diskussionen am ehesten doch im byzantinischen Kulturbereich anzunehmen ist. Es sind meist Fragmente von zylindrischen Flaschen, seltener Bechern und Schalen, aus blauem, purpurfarbenem oder opakweißem Glas mit Bemalung in Gold und z. T. Emailfarben; die Fundorte streuen von Korinth und Zypern bis Rußland, Italien und England[2].

Für die Form der Schale gibt es jedoch bisher keinerlei Vergleichsbeispiele unter diesen ›byzantinischen‹ Gläsern. Schalen auf breitem hochgezogenen Fuß scheinen dagegen in der europäischen Glasproduktion jener Zeit eine wichtige Rolle gespielt zu haben (vgl. z.B. auch Kat. Nr. 216, das Fragment einer blauen Fußschale mit formgeblasenem Muster, oder Kat. Nr. 128, gelbe Bleiglasschalen). Die formal bisher ähnlichsten Rippenschalen auf hohem Fuß, ebenfalls mit starker Einziehung unter der Lippe, wurden unter dem reichen Glasmaterial aus St. Denis gefunden, kleinere Fragmente von wohl ähnlichen Schalen auch in Tours und Orléans[3]. An dieser Stelle sollen diese Beobachtungen vorerst nur zur Diskussion gestellt, keine spekulativen Schlußfolgerungen daraus gezogen werden.

LIT.: Maurer (1940/41), S. 191-207, bes. S. 196, Abb. 188 auf S. 202. – Bauer (1961), S. 262f., (schlechte) Abb. Tf. XII, 1. – Ausst. Kat. Die Zeit der Staufer, Stuttgart 1977, Bd. I, Nr. 265 (»seldschukkisch«, ohne einleuchtende Begründung). – Erwähnt bei Koch (1986), S. 201.

1 Bauer (1961), S. 263.
2 Zu diesen Gläsern zuletzt, mit Angabe früherer Literatur: Whitehouse (1982), S. 471-475. – Theophilus Presbyter (2. Buch, Kap. XIII u. XIV) beschreibt, wie »die Griechen« farbige Glasgefäße in Gold (und z.T. bunten Emailfarben) mit Tieren und dgl. in Kreisen bemalen. Er sagt allerdings, diese Bemalung sei abschließend mit farblosem Glas überfangen worden.
3 St. Denis: bisher nur kurzer Vorbericht in: Olivier Meyer u.a., Recherches Archéologiques Urbaines, Rapport 1982, Saint-Denis 1983, S. 161, Abb. 94. – Tours: Motteau (1985), S. 14, Kat. S. 19. – Orléans: Barrera (1984), S. 72, Pl. 8.

47 Becher

Deutschland, 12. Jh. (vor 1190). – Fundort: Ebersbrunn (Lkr. Gerolzhofen, Bayern). – H 5,8 cm; ⌀ Lippe 6,4 cm, Körper maximal 7,5 cm; Wandungsstärke Lippenrand ca. 1,5 mm, Wandung minimal ca. 1,0 mm. – Helles bläulich grünes Glas mit zahlreichen Bläschen. Durch Verwitterung leicht getrübt.

Diözesanmuseum Bamberg, Leihgabe der ev.-luth. Pfarrei Ebersbrunn, Inv. Nr. 2726/1

Boden wenig hochgestochen, mit kräftiger Heftnarbe. Bauchige Wandung zum Rand hin leicht eingezogen, Lippenrand verrundet.

Der kleine Becher wurde bei Renovierungsarbeiten im Altar der Pfarrkirche von Ebersbrunn entdeckt, er enthielt Knochen- und Zahnreliquien, 2 kleine spätgotische Inschriftzettel und das zerbrochene Wachssiegel des Würzburger Bischofs Gottfried I. (von Spitzenberg, 1186-1190). Da dieser Siegelabdruck offenbar für den kleineren Randdurchmesser des Glases zugerichtet war (ohne den an sich zugehörigen Randwulst), war er mit größter Wahrscheinlichkeit die ursprüngliche Abdeckung des Bechers, die in späterer Zeit, eventuell anläßlich einer Vermehrung des Reliquieninhalts, zerbrochen mit in das Gefäß gelegt wurde. Es wäre dies dann das

47

bisher früheste durch einen Siegelabdruck datierte Reliquienglas. Die sehr einfache Form des Bechers widerspricht dieser frühen Datierung in keiner Weise. In der niedrig breiten Proportion und der oben leicht einwärts geneigten Wandung hat er eine gewisse Ähnlichkeit mit den niedrigen Reliquiengläsern mit Fadenauflagen Kat. Nrn. 50-52.

LIT.: Ress (1965), S. 57-60. – Koch (1986), S. 205f.

12./13. JAHRHUNDERT

48 Kugelbecher

Deutschland, 12. Jh. – Fundort: Ellwangen (Baden-Württemberg), Krypta der Stiftskirche (1959). – H 10,1 cm; ⌀ Lippe 7,9 cm; Wandungsstärke Lippenrand ca. 3,0 mm. – Gelblich grünes Glas. Geklebt und ergänzt. Verwittert und z. T. braun korrodiert.

Württembergisches Landesmuseum Stuttgart, Inv. Nr. L 1964/58

Rund hochgewölbter Boden. Die glatte Wandung des Gefäßkörpers am Hals und Lippenrand verdickt.

Die Fragmente dieses Bechers wurden zusammen mit denen der beiden Flaschen Kat. Nrn. 56 und 57 im Auffüllschutt der Krypta der Stiftskirche zu Ellwangen gefunden. Die Gefäße wurden nach der Restaurierung von Paulsen ausführlich publiziert.

Die Form dieses sehr einfachen unverzierten Bechers ist so unspezifisch, daß ohne den Fundzusammenhang eine zeitliche Einordnung nicht möglich wäre. Die Einschnürung unter der waagerecht ausbiegenden Lippe eignet sich gut, um eine Abdeckung darunter zu verschnüren (bei einer Verwendung als Vorratsgefäß oder speziell Reliquienbehälter) oder auch, um einer Hängevorrichtung Halt zu geben (bei einer Benutzung als Lampe z. B., vgl. dazu eine Lampe im ›Stuttgarter Passionale‹, 12. Jahrhundert[1]).

LIT.: Paulsen (1964), Tf. 1, Abb. 1. – Greiner (1971), Tf. 7, Abb. 13.

1 Albert Boeckler, Das Stuttgarter Passionale, Augsburg 1923, Abb. 72. – (Detailabb. bei Paulsen (1964), S. 803.)

48

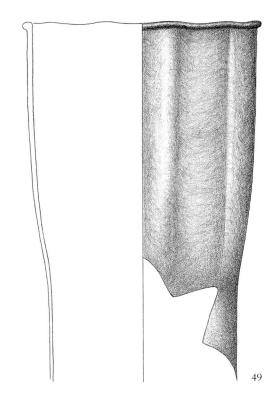

49

49 Zehnkantiger Becher, Fragment

Deutschland, 13. Jh./frühes 14. Jh. – Fundort: Braunschweig, Altstadt, Petersilienstraße, Ass. 635 (1985). – H 20,2 cm; ⌀ Lippe ca. 11,3 cm; Wandungsstärke Lippenrand 5,0–6,0 mm, Bruchkante unten 2,2 mm. – Gelblich grünes Glas. Geklebt. Stark braun korrodiert, z. T. in Schichten zersetzt.

Braunschweigisches Landesmuseum, Inv. Nr. 85:1/1190

Bruchstück vom oberen Teil eines großen Bechers: Wandung im unteren Bereich rund, weiter oben (bis ca. 13 cm unter dem Rand) 10kantig (7 Seiten im Ansatz erhalten). Lippenrand nach außen umgeschlagen.

Das Material in Schicht 396 der Kloake 322 in der Braunschweiger Altstadt, zu dem die Scherben dieses Bechers gehören, wird in den Anfang des 14. Jahrhunderts (›Abwurfzeit‹) datiert[1].

Dieses Fragment repräsentiert einen Bechertyp, der nach den bisherigen Funden zu urteilen ausschließlich in Norddeutschland verbreitet war. Bruchstücke davon sind nachgewiesen in Lübeck, Göttingen, Höxter, Hannover, Braunschweig und Magdeburg[2]; soweit bekannt wurden sie jeweils in Kontexten des späteren 13. bis frühen 14. Jahrhunderts gefunden.

Keines der bisherigen Fundstücke dieses Typs ist im Profil ganz, so daß die Zugehörigkeit von Böden bzw. Unterteilen nie ganz gesichert ist. Wahrscheinlich hatten diese Becher einen Fußring aus mehrfach umgewickeltem Faden, der ihnen Standfestigkeit gab. Die im oberen Teil mehrkantige

– in der Regel offenbar zehnkantige – Wandung wurde sicherlich wie bei den späteren achtkantigen Stangengläsern durch Einstoßen eines Innenkerns erzielt (vgl. Kat. Nrn. 505, 508). Bei vielen dieser Becher (dieses Stück bildet darin eine Ausnahme) ist der Lippenrand nach außen schräg abgeplattet, ähnlich wie bei der einen Ellwanger Flasche (vgl. Kat. Nr. 57). Die Mehrkantbecher waren anscheinend durchweg recht groß, dieses Braunschweiger Exemplar scheint aber eines der größten gewesen zu sein – ein Humpen von nahezu barocken Ausmaßen.

LIT.: –

1 Angaben zu den Fundumständen und zur Datierung der Beifunde verdanken wir Hartmut Rötting, Braunschweig.
2 Lübeck: Dumitrache, Publikation in Vorbereitung. – Göttingen: erwähnt bei Schütte (1982/83), S. 133 f. – Höxter: Stephan (1986), S. 285. – Hannover: A. Büscher u. a., Ausgrabungen 1982 am Bohlendamm in Hannover, in: Nachrichten aus Niedersachsens Urgeschichte 53, 1984, S. 174, Abb. 15. – Magdeburg: Hans-Joachim Stoll, Eine mittelalterliche Abfallgrube von Magdeburg, Grünearmstraße, in: Alt-Thüringen 6, 1963, S. 607, Abb. 9 d.

Becher und Flaschen mit Fadenauflagen

Eine besonders typische Verzierung an Gläsern des 12./13. Jahrhunderts scheinen Fadenauflagen zu sein. Diese sind meist aus einem einzigen langen Faden von unterschiedlicher Stärke umgelegt, vielfach in wellen- oder zickzackförmigen Schwüngen, kombiniert mit spiraligen Windungen[1]. Ähnliche Fadenauflagen haben eine offenbar fortlaufende Tradition seit fränkisch/merowingischer Zeit, in etwas anderer Ausführung finden sie sich auch an jüngeren Gläsern des 14. Jahrhunderts (vgl. Kat. Nrn. 143 bis 148).

Derartige Fadenauflagen kommen an verschiedenen Gefäßformen vor, an Bechern wie auch an Flaschen. Eine kleine Gruppe für sich bilden dabei die drei niedrigen, gedrückt kugeligen Becher Kat. Nrn. 50 bis 52, zu denen sich wohl noch (mindestens) ein viertes Stück gesellen läßt: ein Becher ähnlicher Form und Verzierung im Musée céramique de Sèvres, der in der Kirche Saint-Pierre in Chartres gefunden wurde[2]. Während der kleine ›Kopf‹ aus Michelfeld (Kat. Nr. 53) in seiner Form und in der Regelmäßigkeit der Fadenverzierung eine gewisse Sonderstellung einnimmt, schließen sich einige bauchige Flaschen wiederum in der Form eng zusammen und lassen sich durch den großzügig geschwungenen Fadendekor mit den erwähnten Bechern in Verbindung bringen. Im Dekor verwandt sind schließlich eine Reihe von napfartig breiten Bechern. Solche relativ großen Becher mit weiter Mündung und schwach gewölbter konischer Wandung sind weder aus früherer Zeit noch im Material späterer Jahrhunderte bekannt, so daß wir darin wohl einmal eine besonders zeittypische Form fassen können.

Für die Datierung all dieser Gläser haben wir leider keinerlei Fixdaten, nur einige vage Anhaltspunkte aus den Kontexten. Ihre Herkunft aus deutschen Hütten wurde nie bezweifelt, da sie so weitgehend dem Klischee vom derben grünen Waldglas des Mittelalters entsprechen. (Allerdings verrät sich in der Verzierung aus einem einzigen vielfach umgelegten und geschwungenen Faden durchaus handwerkliche Geschicklichkeit!) Künftige Hüttengrabungen werden hoffentlich nähere Hinweise bringen, in welcher Region oder welchen Regionen Deutschlands sie produziert wurden.

1 Theophilus Presbyter, dessen ›Schedula Diversarum Artium‹ ins frühe 12. Jahrhundert datiert wird, erwähnt ebenfalls ausdrücklich Fadenverzierung, allerdings ohne Beschreibung eines bestimmten Dekors (Theobald (1933), S. 33).
2 Barrelet (1953), S. 194, Tf. x (B). Barrelet bezeichnet das Glas ohne jede Begründung als merowingisch. In dem relativ beschränkten Formenrepertoire fränkisch-merowingischer Gläser ist diese Form aber keineswegs typisch.

50 Becher mit Fadenauflagen

Deutschland, 12./13.Jh. – Fundort: Kloster Arnstein a. d. Lahn (Rheinland-Pfalz), Sepulcrum. – H 6,5 cm; ⌀ Lippe (Öffnung) 6,4-6,6 cm, Wandung maximal 12,8 cm; Wandungsstärke Lippenrand 3,0-4,0 mm. – Hellgrünes Glas mit Bläschen und Schlieren. Bis auf kleinen Ausbruch an der Fadenauflage unten intakt. Einige bräunliche Korrosionsflecken.

Bistum Limburg, Diözesanmuseum, Limburg a. d. Lahn, Inv. Nr. Sch. 61

Boden leicht hochgestochen, Spur eines großen Hefteisens (⌀ ca. 2,5 cm). Dekor aus einem aufgelegten Faden von sehr unterschiedlicher Stärke (0,5-6,0 mm): mit tropfenförmigem Ansatz unten zunächst ringförmig um den Boden, dann zweimal wellenförmig, sich überkreuzend, um den unteren Teil der Wandung gelegt, dann schräg hochgezogen und zweimal horizontal um die Schulter gewickelt. Lippenrand kaum verdickt.

Zu den Fundumständen ist leider nichts Näheres bekannt, auch nichts über den ursprünglichen Inhalt oder eine Abdeckung.

LIT.: Rademacher (1933), S. 101 f., Tf. 31 c. – Kat. Darmstadt (1935), Nr. 344. – Eberhard Schenk zu Schweinsberg, Führer durch das bischöfliche Diözesan-Museum zu Limburg a. d. Lahn, 2. Aufl., Limburg 1967, Nr. 61.

51 Becher mit Fadenauflagen

Deutschland, 12./13.Jh. – Fundort: Angeblich Jülich (Nordrhein-Westfalen). – Provenienz: Erworben 1891 aus Kölner Privatbesitz. – H 6,8 cm; ⌀ Lippe (Öffnung) 5,3 cm, Wandung maximal 12,1 cm; Wandungsstärke Lippenrand ca. 4,0 mm. – Ursprünglich hellgrünes Glas, jetzt weitestgehend braun korrodiert und zersetzt. Geklebt und gefestigt, Ausbrüche in der Wandung und an den Fadenauflagen.

Rheinisches Landesmuseum Bonn, Inv. Nr. 1693

Boden wenig hochgestochen, Spur eines großen Hefteisens (⌀ ca. 2,3 cm). Dekor aus einem aufgelegten Faden von sehr unterschiedlicher Stärke (1,5-7,0 mm): unten tropfenförmig ansetzend, zweimal wellenförmig, sich überkreuzend, um den unteren Teil der Wandung geführt, dann schräg hochgezogen und in zweieinhalb Windungen um die Schulter gewickelt. Faden unten nur wenig mit der Wandung verschmolzen, bei der oberen Lage der Wellenbögen z. T. freistehend, oben weitgehend eingeschmolzen. Lippe als kleiner Wulst von der Schulter abgesetzt.

Das Glas wurde bei der Erwerbung zunächst für römisch gehalten, aber schon von Ernst aus'm Weerth als »späterer Zeit angehörig« publiziert. Die zugehörige Abdeckung aus einer rund zugeschnittenen Schieferplatte mit eingeritzter vierzeiliger Inschrift (ungedeutet) ist nicht mehr aufzufinden.

LIT.: Ernst aus'm Weerth, Römische Gläser mit aufgegossenem Faden, in: Bonner Jahrbücher 76, 1883, S. 66 f., Tf. II, 3. – Kisa (1908), S. 443 f. – Rademacher (1933), S. 101 f., Tf. 31 d. – Kat. Darmstadt (1935), Nr. 345.

52 Becher mit Fadenauflagen

Deutschland, 12./13.Jh. – Fundort: Altar der Pfarrkirche in Kirchrarbach (Kr. Meschede, Nordrhein-Westfalen). – H 7,5 cm; ⌀ Lippe (Öffnung) 5,6-5,8 cm; Wandungsstärke Lippenrand 4,0 mm. – Grünes Glas. Bis auf sehr kleine Ausbrüche an Lippenrand und Fadenauflage intakt. Zahlreiche braune Korrosionsflecken.

Erzbischöfliches Diözesanmuseum, Paderborn (Leihgabe der Kirchengemeinde Kirchrarbach), Inv. Nr. R 80

Boden wenig hochgedrückt. Dekor aus einem aufgelegten Faden von unterschiedlicher Stärke: mit tropfenförmigem Ansatz in ca. 3,5 cm Höhe zunächst horizontal umgelegt, dann zweimal, sich überkreuzend, wellen- oder zickzackförmig um die Wandung geführt, zum Schluß in anderthalb Windungen um die Schulter.

BECHER UND FLASCHEN MIT FADENAUFLAGEN

53

Das Glas wurde im Altar der Pfarrkirche von Kirchrarbach entdeckt; über die näheren Fundumstände und die eventuell enthaltenen Reliquien ist leider nichts bekannt, auch sind keine genauen Bau- oder Weihedaten der Kirche überliefert. An der Südseite des Turms soll sich das Datum 1257 finden[1].

LIT.: –

1 Albert Groeteken, Geschichte der Stadt Fredeburg und des Amtes Fredeburg, Bigge 1928, S. 254.

53 Becher mit Fadenauflagen

Deutschland, vor 1282. – Fundort: Michelfeld bei Schwäbisch-Hall (Baden-Württemberg), (1889). – H 7,2 cm; ⌀ Lippe 6,3 cm, Fuß 5,7 cm; Wandungsstärke Lippenrand 3,0 mm, in Höhe des größten Durchmessers 0,6 mm. – Gelblich grünes Glas. Geklebt, 2 kleine Risse. Minimal verwittert.

Hällisch-Fränkisches Museum, Schwäbisch-Hall, Inv. Nr. 265

Fuß mit hohlem Rand durch Hochstechen der Glasblase gebildet. Unter dem Boden altes Klebeschild mit der Aufschrift »Aus dem Altar der Kirche in Michelfeld / Glas und Reliquien«. Auf der Wandung zunächst in der Mitte horizontaler Faden umgelegt, dann Zickzackfaden am Fuß angesetzt und achtmal in unregelmäßigen Zacken bis zum Fadenring hochgeführt. Lippenrand leicht verdickt.

Das Glas wude 1889 bei der Restaurierung der Kirche von Michelfeld in einem Hohlraum unter der Altarplatte gefunden. Es enthielt außer einem zerbrochenen kleinen Reliquienkreuz und anderen kleinen Reliquienpartikeln eine zusammengerollte Weiheurkunde vom 18. Oktober 1282 mit anhängendem Siegel des Weihbischofs Inzelerius. Genaue Parallelen zur Form des bauchigen Gefäßes mit gestauchtem Fuß und deutlich abgesetzter Lippe sind nicht bekannt. Die aus einem fortlaufenden Faden gebildete unregelmäßig zickzackförmige Fadenauflage läßt sich in etwa mit denen der Flaschen in den folgenden Kat.Nrn. verbinden.

LIT. (Auswahl): Prof. Gaupp, Das Michelfelder Reliquienglas, in: Württembergisch Franken NF IV (Beilage zu den Württ. Vierteljahresheften für Landesgeschichte vom Hist. Verein für Württemb. Franken), 1892, S. 57f. – Rademacher (1933), S. 100, 129, 146, Tf. 31b. – Kat. Darmstadt (1935), Nr. 346, Tf. 40. – Paulsen (1964), S. 786f., Tf. 4a. – Greiner (1971), Tf. 8, Abb. 15. – Koch (1986), S. 192f.

54 Flasche

Deutschland, 13. Jh. (vor 1284). – Fundort: Altar der Kirche zu Wittenburg (Kr. Hagenow, Mecklenburg), (1846). – H 9,9 cm; ⌀ Lippe 3,8-4,4 cm, Bauchwölbung maximal 7,2 cm; Wandungsstärke Lippenrand 4,0 mm. – Blaugraues Glas. Braune Korrosionsflecken.

Staatliches Museum Schwerin, Inv. Nr. KG 3636

Boden leicht hochgestochen, mit großer Heftnarbe (⌀ 2,1 cm). Lippenrand ausgeweitet und verdickt.

Die Flasche wurde 1846 beim Umbau des Altars in der Kirche zu Wittenburg gefunden und gelangte über den Verein für Mecklenburgische Geschichte und Alterthumskunde ins Museum. Sie enthielt bei der Auffindung einige in Seide gewickelte Knochenpartikel, dabei lag ein »sehr gebräuntes und angegriffenes« Wachssiegel, das als das Hauptsiegel des Bischofs Ulrich von Ratzeburg (1257-1284) bestimmt werden konnte. (Siegel und Abdeckung sind heute nicht mehr erhalten.) Dadurch ergibt sich für diese Flasche, deren sehr einfache, wenig spezifische Form sonst keine Datierungsmerkmale bietet, ein sicherer terminus ante quem 1284.

LIT. (Auswahl): G.C.F. Lisch, Gläserne Reliquien-Urne von Wittenburg, in: Jahrbücher des Vereins für Mecklenburgische Geschichte und Alterthumskunde 12, 1847, S. 448. – Rademacher (1933), S. 33, 38f., 128, 141, Tf. 3a. – Neugebauer (1967), S. 37f., Tf. 11a. – Hegner (1983), S. 22, Nr. 157 (mit weiterer Literatur).

54

55 Flasche mit Fadenauflagen

Deutschland, wohl 12. Jh. – Fundort: Köln, St. Ursula, im Altar des ehem. nördlichen Nebenchörchens. – H 18,0 cm; ⌀ Lippe 5,4 cm, Bauchwölbung maximal 12,2-12,5 cm; Wandungsstärke Lippenrand 3,0-4,0 mm, an der Bauchwölbung minimal 0,8 mm. – Gelblich grünes Glas mit wenigen Bläschen. Kleines Loch in der Wandung. Erhebliche braune Korrosionsflecken innen und außen, Boden schwärzlich korrodiert. Mörtelreste an einer Stelle im unteren Wandungsbereich.

Römisch-Germanisches Museum, Köln, Inv. Nr. 72, 154

Doppelt umgelegter Fußfaden, der die Wandung etwas nach innen drückt. Boden leicht hochgestochen, fünfseitige Heftnarbe. Auf der Bauchwölbung, unten tropfenförmig ansetzend, dicker Faden zickzackförmig aufgeschmolzen (6 Spitzen oben, 5 unten), dann dreimal spiralförmig um den Halsansatz gelegt, z.T. über die oberen Zacken hinweg. Lippenrand leicht verdickt.

55

Die Flasche wurde Anfang der 1960er Jahre gefunden, als man den kleinen barocken nördlichen Nebenchor abbrach und dabei auch den 1642 geweihten Altar entfernte. Sie war leer und ohne Abdeckung (Spuren einer ehemaligen Verschnürung sind aber ca. 2,5 cm unterhalb der Lippe noch zu erkennen). Es ist anzunehmen, daß sie aus einem Vorgängeraltar übernommen wurde, der dann wahrscheinlich der des 12. Jahrhunderts in der nördlichen Nebenapsis war. Doppelfeld sah diese Flasche in engem Zusammenhang mit merowingischen fadenverzierten Flaschen. Aber gerade in der Gegenüberstellung mit der Flasche aus dem Frauengrab des 6. Jahrhunderts im Kölner Dom[1] werden eher die Unterschiede deutlich (in der Form, vor allem aber in der viel feineren Fadenverzierung der älteren Flasche). Viel enger gehört diese gröbere Flasche aus St. Ursula mit denen aus Ellwangen zusammen (vgl. die folgenden Kat. Nrn.). Man braucht also nicht wie Doppelfeld anzunehmen, daß sie schon in den Altar des 12. Jahrhunderts als altes Stück in Zweitverwendung übertragen wurde, vielmehr scheint eine Entstehung im 12. Jahrhundert sehr plausibel.

LIT.: Doppelfeld (1965), S. 44-47. – Derselbe, Römisches und fränkisches Glas in Köln, Köln 1966, S. 74, Abb. 191. – Koch (1986), S. 193 (Zweifel an der Frühdatierung Doppelfelds).

1 Doppelfeld (1965), S. 44-47, Abb. auf Tf. XLIII, 3 und 4.

56 Flasche mit Fadenauflagen

Deutschland, wohl 12. Jh. – Fundort: Ellwangen (Baden-Württemberg), Krypta der Stiftskirche (1959). – H 16,1 cm; ⌀ Lippe 6,7 cm, Bauchwölbung maximal ca. 12,6 cm; Wandungsstärke Lippenrand 3,0-3,5 mm, an der Bauchwölbung minimal 1,2 mm. – Gelblich grünes Glas. Geklebt und ergänzt. Durch Verwitterung getrübt, kleine hellbraune Korrosionsflecken.

Württembergisches Landesmuseum Stuttgart, Inv. Nr. L 1964/57

Boden nur wenig hochgestochen. Faden zunächst als Fußring einmal umgelegt, dann schräg hochgezogen und ringförmig um die größte Bauchwölbung geführt. Weiterer Faden auf dem Fußring ansetzend wellenförmig um die Wandung gelegt, abschließend mehrfach um die Schulter gewickelt. Fäden insgesamt weit eingeschmolzen. Lippenrand leicht verdickt.

56

Die Fragmente dieser Flasche wurden, zusammen mit denen der folgenden Kat. Nr. und des unverzierten Gefäßes Kat. Nr. 48, im Auffüllschutt der Krypta der Stiftskirche zu Ellwangen gefunden, und die 3 Gläser wurden nach der Restaurierung von Paulsen ausführlich publiziert. Eine der Scherben lag noch im Mittelaltar dieser Krypta, aus dem wahrscheinlich alle 3 Stücke als ehemalige Reliquienbehälter stammen.

Paulsen gelangte zu einer Datierung der 3 Ellwanger Gläser ins 12. Jahrhundert, vor allem aufgrund eines Berichts über die Weihe von Altären und die zugehörigen Reliquien im Jahr 1124 in den Annales Elwangenses[1] und durch Darstellungen von formal (vage) ähnlichen (Glas)-Lampen in Miniaturen des 12. Jahrhunderts. Die Verwandtschaft zu der Flasche aus St. Ursula bildet ein neues Indiz für diese Datierung.

LIT. (Auswahl): Paulsen (1964), Tf. 2, Abb. 2. – Greiner (1971), Tf. 6, Abb. 12. – Koch (1986), S. 193 f. (mit weiterer Lit.).

1 Cod. bibl. fol. 55 Württ. Landesbibliothek Stuttgart. – Paulsen (1964), S. 788, 792 ff.

57 Flasche mit Fadenauflagen und roten Bändern

Deutschland, wohl 12. Jh. – Fundort: Ellwangen (Baden-Württemberg), Krypta der Stiftskirche (1959). – H 17,5 cm; ⌀ Lippe 7,9-8,9 cm, Bauchwölbung maximal ca. 15,6 cm; Wandungsstärke Lippenrand 5,5-6,5 mm, an der Bauchwölbung minimal 1,0 mm. – Gelblich grünes Glas, opak siegellackrote Bänder. Geklebt und ergänzt. Durch Verwitterung getrübt und z. T. korrodiert.

Württembergisches Landesmuseum Stuttgart, Inv. Nr. L 1964/56

Rund hochgewölbter Boden. Roter Dekor wirbelförmig von der Heftnarbe ausstrahlend (in 5 Doppellinien und einer einfachen Linie), die Bänder dann diagonal über den Gefäßkörper bis zum Hals hochgeführt. Auf der Bauchwölbung 4 horizontale Fadenwindungen umgelegt. Weiterer Faden auf der untersten Windung ansetzend in unregelmäßigen Wellen um die Wandung geführt, dann schräg hochgezogen und in 5 engen Windungen um den Halsansatz gewickelt. Lippenrand nach außen schräg abgeplattet zu scharfgratigem Profil.

Zu den Fundumständen und zur Datierung vgl. Kat. Nr. 56. Diese Flasche, die zweifellos eng zu der vorigen gehört, ist gedrungener in der Proportion und hat keinen Fußfaden. Das außen scharfgratig abgeschrägte Lippenprofil (das bei Glas eigentlich ganz untypisch ist) ist ein Detail, das sich auch an anderen ›frühen‹ Gläsern beobachten läßt, z. B. bei dem in Norddeutschland vorkommenden Typ der mehrkantigen Becher (siehe bei Kat. Nr. 49). Auch die eingeschmolzenen roten Bänder sind nicht ohne Parallelen im Hochmittelalter, sie finden sich z. B. an Becherfragmenten aus dem Komplex aus der Würzburger Neubaustraße 40, der mehrere Gläser des 13. Jahrhunderts enthielt (vgl. Kat. Nrn. 59 f., 184, 215), an Scherben von einem nicht näher definierbaren Gefäß aus einem Kontext um 1200 in Utrecht[1], an dem Becherfragment aus Limburg (Kat. Nr. 147) und dem Flaschenhals aus Braunschweig (Kat. Nr. 307). Es ist nicht ganz klar, wie die Herstellungstechnik war, bzw. ob sie in allen Fällen gleich war. Paulsen vermutet, die roten Streifen seien in Form einer Kupferverbindung mit dem Pinsel ›aufgemalt‹ und dann eingebrannt worden. Zumindest bei jüngeren Stücken (z. B. dem Stangenglasfragment aus Lübeck) ist deutlich sichtbar, daß ein Faden aus roter Glasmasse aufgelegt und beim Weiterblasen verbreitert und eingeschmolzen wurde.

LIT. (Auswahl): Paulsen (1964), Tf. 3, Abb. 3 a-3 c. – Greiner (1971), Tf. 6, Abb. 11. – Koch (1986), S. 193 (mit weiterer Lit.).

1 Utrecht, Boterstraat, unpubl. Kenntnis von diesen Fragmenten und ihrer Datierung aus dem stratigraphischen Kontext verdanken wir Clasina Isings und Tarquinius J. Hoekstra, Utrecht.

58 Flaschenhals, Fragment

Deutschland, 13. Jh. (?). – Fundort: Braunschweig, Altstadt, Turnierstraße, Ass. 631 (1985). – H 7,3 cm; ⌀ Lippe 6,6 cm; Wandungsstärke Lippenrand 5,0-6,0 mm, Bruchkante unten 1,9 mm. – Olivgrünes Glas. Geklebt. Wenig korrodiert.

Braunschweigisches Landesmuseum, Inv. Nr. 85:1/4869 d

58

Am ganz leicht konkav gewölbten Hals Reste von 2 Windungen eines Spiralfadens von sehr unterschiedlicher Stärke (1,0 mm unten, 3,0 mm oben). Lippenrand nach außen umgeschlagen und abgeschrägt.

Dieses Fragment stammt aus demselben Fundzusammenhang wie die Fragmente Kat. Nrn. 207, 208 und 336, d. h. aus Kloake 2507. Das Material in der betreffenden Schicht 3142 wird ins 14. Jh. datiert (›Abwurfzeit‹)[1]. Die Gesamtform ist nicht mit Sicherheit zu rekonstruieren, am wahrscheinlichsten hat man sich aber eine relativ große bauchige Flasche mit weiteren Fadenauflagen vorzustellen, ähnlich den beiden Flaschen aus Ellwangen (Kat. Nrn. 56 und 57). Auffällig ist das abgeschrägte Profil des Lippenrandes, das sich sehr ähnlich auch bei der einen Ellwanger Flasche und den einfachen grünen Mehrkantbechern (siehe bei Kat. Nr. 49) findet. Die vorgeschlagene Datierung beruht auf diesen Indizien aus Fundzusammenhang und formalen Ähnlichkeiten.

LIT.: –

1 Angaben zum Fundzusammenhang und zur Datierung der Beifunde verdanken wir Hartmut Rötting, Braunschweig.

57

59 Breite Becher mit Fadenauflagen

Deutschland, 13. Jh. – Fundort: Würzburg, Neubaustr. 40 (1913). – H 13,3 cm bzw. 9,4 cm; ⌀ Lippe ca. 15,2 cm bzw. 12,5 cm, Fußring 8,0 cm bzw. 7,0 cm; Wandungsstärke Lippenrand 2,2 mm bzw. 2,0 mm. – Gelblich grünes Glas. Geklebt und ergänzt. Starke braune Korrosionsflecken.

Mainfränkisches Museum Würzburg, Inv. Nr. s 9700, s 9701

59

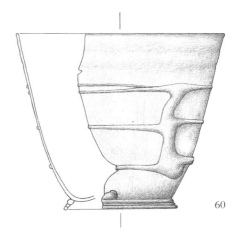

60

Fußring aus zweimal umgewickeltem Faden. Boden nur wenig hochgestochen. Auf der Wandung Dekor aus einem einzigen Faden: unten angesetzt und erst ringförmig, dann in 5 bzw. 4 Bogenschwüngen umgelegt, dann dünner ausgezogen in 10 bzw. 8 engen Spiralwindungen umgewickelt. Lippenrand leicht verdickt.

Die Fragmente dieser Becher stammen aus Abfallgruben auf dem Grundstück Neubaustr. 40, deren Inhalt bei Bauarbeiten 1913 »anfangs achtlos bei Seite geschafft« (Stoehr), erst nachträglich geborgen und gesichtet wurde. Im selben Komplex gibt es noch weitere Scherben ähnlicher Becher (mindestens 6 insgesamt), sowie eine Reihe anderer interessanter früher Glasfragmente (vgl. Kat. Nrn. 60, 184 und 215). Die relativ breite und niedrige Form und die umgewickelten Fäden erinnerten schon Rademacher an hölzerne Daubenschälchen.

LIT.: Stoehr (1917), S. 95 f. – Rademacher (1933), S. 102 f., 147, Tf. 32 c. – Kat. Darmstadt (1935), S. 61, Nr. 348/349. – Koch (1986), S. 183 f. (mit Parallelbeispielen).

60 Breiter Becher mit Fadenauflagen, Fragment

Deutschland, 13. Jh. – Fundort: Würzburg, Neubaustr. 40 (1913). – H 9,7 cm; ⌀ Lippe ca. 10,8 cm, Fußring ca. 6,4 cm; Wandungsstärke Lippenrand 2,1 mm. – Hellgrünes Glas. Geklebt. Braune Korrosionsflecken.

Mainfränkisches Museum Würzburg

Glatter Fußfaden dreifach umgewickelt. Ansatz zu leicht hochgestochenem Boden. Auf der Wandung 3 horizontale Fadenauflagen, aus einem einzigen Faden umgelegt: unten tropfenförmig ansetzend und zwischen den Ringen annähernd senkrecht hochgezogen.

Die Fragmente dieses Bechers fanden sich neuerdings im Material aus der Neubaustr. 40, d. h., sie stammen von derselben Fundstelle wie auch die großen Becher mit z. T. wellenförmigen Fadenauflagen. Der Becher ähnelt diesen in Form, Größe, Bildung des Fußfadens wie auch dem aus einem einzigen Faden umgelegten Dekor. Man darf darin also wohl eine Variante desselben Bechertyps sehen. Eine ähnliche Wandungsscherbe aus demselben Komplex beweist, daß auch diese Typenvariante mehrfach vorkam.

LIT.: – (Zu anderen Funden aus dem Komplex: Stoehr (1917), S. 95 f.)

61 Breite Becher mit Fadenauflagen, Fragmente

Deutschland, 13. Jh. – Fundort: Magdeburg, Schwibbogen 9 (Zentraler Platz, Fundst. 52). – Hellgrünes Glas, blaue und grüne Fadenauflagen. Fragmente, z. T. geklebt. Leicht verwittert und getrübt.

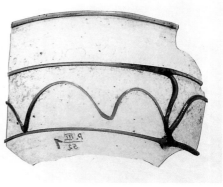

61

a) H 7,8 cm; ⌀ Lippe (rekonstruiert) 14,0 cm; Wandungsstärke Lippenrand 2,5 mm, Wandung minimal 0,8 mm. Großes Bruchstück von Wandung und Rand eines breiten Bechers. Auf der Wandung blauer Faden (mit tropfenförmigem Ansatz) erst horizontal, dann wellenförmig umgelegt, dann hochgezogen und noch einmal ringförmig umgelegt. Blauer Randfaden etwas unterhalb des leicht verdickten Lippenrandes.

b) H ca. 6,4 cm; ⌀ in Fadenhöhe ca. 12,0 cm; Wandungsstärke 1,0-1,8 mm.
Wandungsscherbe von einem ähnlichen Becher mit dickeren blauen Fadenauflagen.

c) H maximal 5,0 cm; Wandungsstärke ca. 1,0-1,2 mm.
2 Wandungsscherben von einem ähnlichen Becher. Das Grundglas ist gelblich getönt (eventuell durch Verwitterung), wodurch die an sich hellblauen Fadenauflagen grün erscheinen.

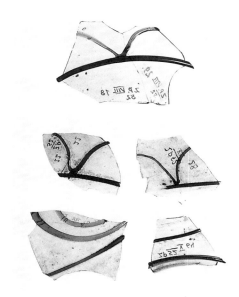

61

d) H ca. 6,8 cm; ⌀ in Höhe des Fadens ca. 14,0 cm; Wandungsstärke 1,0-1,8 mm.
Wandungsscherbe von einem ähnlichen Becher mit einer horizontalen blauen Fadenauflage und 2 konzentrisch-bogenförmigen grünen Fadenauflagen (Orientierung nicht ganz sicher, wahrscheinlich der blaue Faden unten).

e) H 3,7 cm; ⌀ Fußring ca. 11,2 cm; Wandungsstärke 1,2 mm.
Kleiner Ansatz zu wenig hochgestochenem Boden. Fußring aus mehrfach umgewickeltem grünen Faden. Auf der Wandung Stück einer bogenförmigen blauen Fadenauflage und Ausbruchspur einer zweiten.

Museen, Gedenkstätten und Sammlungen der Stadt Magdeburg, Inv. Nrn. ZP/52 III 1; ZP/52 VIII 18 u. 29; ZP/52 VII 22 u. VI 28; ZP/52 VIII 3; ZP/52 V 64

Diese Becherfragmente stammen aus einer mittelalterlichen Fäkaliengrube, die sehr reiche Funde an Keramik, Holz, Glas sowie auch einen Zinnfigurenstreifen enthielt, der sich wie ein Großteil des Materials ins 13. Jahrhundert datieren läßt. Die jüngsten Funde gehören ins frühe 14. Jahrhundert.

Unter den Glasfunden dieser Grube (zu denen auch die formgeblasenen Fragmente Kat. Nr. 213 und die mit Beerennuppen Kat. Nr. 62 gehören) sind noch weitere Fragmente von Bechern ähnlicher Form: relativ große, napfartig breite Becher (⌀ der Lippe ca. 13,0-14,5 cm) mit ganz leicht gebauchter, konischer Wandung und wohl meist (nach den vorhandenen Bruchstücken zu urteilen) gewickeltem Fußring. Neben Stücken mit Fadenauflagen wie bei den hier gezeigten Beispielen gibt es auch solche mit anderer Verzierung, z. B. eingeschmolzenen roten Bändern[1]. In der napfartigen Form und den z. T. wellenförmigen Fadenauflagen lassen sich diese Magdeburger Becher mit denen aus Würzburg und ihren Verwandten vergleichen; sie sind jedoch reicher durch ihre Zweifarbigkeit.

LIT.: Nickel (1959), S. 125-156, bes. S. 140.

1 Die Durchsicht der Glasfunde aus diesem Komplex wurde uns freundlicherweise durch Gerhard Gosch, Magdeburg, ermöglicht.

62 Breite Becher mit Beerennuppen, Fragmente

Deutschland, 13. Jh. – Fundort: Magdeburg, Schwibbogen 9 (Zentraler Platz, Fundst. 52). – Hellgrünes bzw. rötlich-gelbliches Glas, z. T. blaue Auflagen. 3 Fragmente. Unterschiedlich stark korrodiert.

62

a) H 8,1 cm; ⌀ Lippe (rekonstruiert) ca. 12,0 cm; Wandungsstärke Lippenrand, 2,5-3,0 mm, Wandung minimal 1,5 mm.
Wandungs- und Randfragment von einem leicht bauchigen Becher mit einer sehr hohen Beerennuppe, darüber horizontaler blauer Fadenauflage. Weiterer blauer Faden um den Lippenrand gelegt.

b) H 6,5 cm; ⌀ in Fadenhöhe ca. 13,0 cm, Wandungsstärke 1,2-1,4 mm.
Wandungsscherbe von einem wohl ähnlichen Becher mit einer großen grünen Beerennuppe und horizontaler grüner Fadenauflage.

c) H ca. 5,0 cm; Wandungsstärke ca. 1,8 mm.
Wandungsscherbe von einem wohl ähnlichen Becher aus blaß rötlich-gelbem Glas (Oberfläche durch Korrosion abge-

blättert, ursprüngliche Farbe anders?) mit einer blauen Beerennuppe und horizontaler blauer Fadenauflage. Das Fadenende läuft etwas unterhalb des eigentlichen Fadenrings aus.

Museen, Gedenkstätten und Sammlungen der Stadt Magdeburg, Inv. Nrn. ZP/52 VI 10; ZP/52 VIII 35; ZP/52 I 52

Zum Fundzusammenhang vgl. Kat. Nr. 61. Das größte dieser 3 Fragmente erlaubt eine Vorstellung von der ursprünglichen Gefäßform: offenbar repräsentieren sie etwa denselben leicht bauchigen breiten Bechertyp wie die vorigen Stücke mit verschiedenen Fadenauflagen, nur mit anderer Verzierung. Die Beerennuppen, die bis vor kurzem noch völlig unbekannt waren an Gläsern dieser frühen Zeit, lassen sich inzwischen an einer ganzen Reihe von Glasfragmenten des 13. Jahrhunderts nachweisen, sowohl innerhalb der Gruppe der Bleiglasgefäße als auch an normalgewichtigem Glas. Ein Fragment mit Beerennuppe gehört z. B. auch in den gut datierbaren Fundkomplex von der Burg Wartenberg (siehe bei Kat. Nr. 46). Ein Tonstempel für solche Beerennuppen wurde kürzlich bei einer Glashütte der ersten Hälfte des 13. Jahrhunderts im Bramwald (Weserbergland) gefunden (vgl. S. 27, Abb. 21).

LIT.: Nickel (1959), S. 125-156, bes. S. 140. – Zu Beerennuppen: Krueger (1987), S. 283 f.

Dünner glatter Fußfaden. Boden leicht hochgestochen. Auf der Wandung sehr dünner Faden in 6 Windungen umgelegt. Lippenrand kaum verdickt.

b) H 6,8 cm; ∅ Lippe (rekonstruiert) ca. 11,6 cm; Wandungsstärke Lippenrand 2,2 mm.
Auf der Wandung 7 Windungen eines sehr dünnen Fadens.

c) H 4,9 cm; ∅ Lippe (rekonstruiert) ca. 9,0 cm; Wandungsstärke 2,0 mm.
Auf der Wandung (noch) 5 Windungen eines sehr dünnen Fadens.

Germanisches Nationalmuseum Nürnberg,
Inv. Nr. GL 635-637

Zum Fundkomplex vgl. Kat. Nr. 59. – Obgleich unterschiedlich in der Größe, vertreten diese 3 Fragmente doch einen sehr einheitlichen Bechertyp (von dem es noch weitere Bruchstücke in derselben Kloake gab): napfartig breite, relativ niedrige Becher mit annähernd horizontal umgewickelten sehr dünnen Fadenauflagen etwa auf halber Höhe. Genau entsprechende Parallelen sind bisher von anderen Fundorten nicht bekanntgeworden. Typologisch kann man in ihnen wohl Nachfolger der ebenfalls napfartig breiten, aber größeren und gröberen Becher aus Würzburg und ihren Verwandten sehen, denen sie deshalb hier trotz eventuell späterer Entstehung zugeordnet sind.

LIT.: Kat. Nürnberg (1984), S. 122 f., Nr. I C 36-88. – Koch (1986), S. 194.

63

64

63 Breite Becher mit Fadenauflagen, Fragmente

Deutschland, 13./14. Jh. – Fundort: Nürnberg, Weinmarkt (1983). – Hellgrünes Glas. Fragmente, geklebt, z. T. ergänzt. Sehr unterschiedlich stark bräunlich korrodiert.

a) H 5,8 cm; ∅ Lippe (rekonstruiert) 9,8 cm, Fußfaden 5,4 cm; Wandungsstärke Lippenrand ca. 1,8 mm.

64 Breiter Becher mit Fadenauflagen

Deutschland, 13./14. Jh. (?). – Provenienz: Slg. Pazaurek, Geschenk ans Museum 1932. – H 12,4-12,8 cm; ∅ Lippe 13,7-14,3 cm; Wandungsstärke Lippenrand 3,6 mm. – Grünes Glas. Durch Verwitterung getrübt, bräunliche Korrosionsflecken.

Kunstgewerbemuseum Prag, Inv. Nr. 16.877

Leicht hochgestochener Boden. Auf der Wandung Fadenauflage aus einem einzigen Faden von unterschiedlicher Stärke gewickelt: knapp über dem Boden ansetzend (Anfang in die Wandung eingeschmolzen), zweimal spiralförmig umgelegt, dann zickzackförmig in die obere Hälfte hinaufgezogen, dort siebenfach in engen Windungen herumgeführt, das Ende schräg zum Lippenrand hochgezogen und eingeschmolzen.

Der Fundort dieses großen Bechers ist nicht mehr nachzuweisen, laut Rademacher soll er aus einem oberschwäbischen Altarsepulcrum stammen. (Die Verwendung als Reliquienbehälter bedeutete praktisch die einzige Überlebenschance für solch ein einfaches Glas.) Eine genaue Parallele zu diesem Becher ohne jeden Fußring ist nicht bekannt. Die relativ besten Vergleichsstücke – in der Größe, den breiten Proportionen, der Fadenauflage aus einem einzigen Faden – sind die Becher Kat. Nrn. 59 und 60 aus Würzburg und ihre Verwandten, die aber allesamt weniger plump wirken durch ein schmaleres Unterteil und den gewickelten Standring. Wenn also der Prager Becher vielleicht nicht gleichzeitig mit ihnen ist, so doch wohl nicht erheblich jünger.

LIT.: Rademacher (1933), S. 103, 147, Tf. 32 d. – Kat. Prag (1986), S. 32, Nr. 270.

13./14. Jahrhundert

Das Kapitel zum Glas im 13./14. Jahrhundert ist unverhältnismäßig umfangreich, in erster Linie, weil aus diesem Zeitraum in den letzten Jahrzehnten und Jahren eine Fülle von neuem Material und ganz neue Typen aufgetaucht sind, die hier etwas ausführlicher behandelt werden sollen als gewisse altvertraute Gruppen aus dem späten Mittelalter. Da es jetzt noch nicht möglich ist, die Laufzeit bestimmter Glastypen (vor allem ihren Beginn) näher festzulegen, haben wir möglicherweise auch einige Gruppen in diesen Zeitraum eingereiht, die eigentlich schon in das Kapitel zum 12./13. Jahrhundert gehören.

Einige islamische Goldemailbecher am Anfang stehen hier als Beispiele für eindeutige Importstücke aus dem Nahen Osten (im Gegensatz zu vielen andern Typen, bei denen die nahöstliche Herkunft umstritten oder widerlegt ist), und sie bieten zugleich die Möglichkeit, solche islamischen emailbemalten Becher mit den nachfolgenden europäischen Emailgläsern zu vergleichen.

Die Gruppe der früher als ›syro-fränkisch‹ bezeichneten Gläser ist wiederum unproportional groß, weil in jüngster Zeit das Fundmaterial dieser Art in verblüffendem Maß angewachsen ist, so daß sich ein völlig neues Bild ergibt. Die vielerlei noch offenen Fragen zu dieser speziellen Gruppe, die im Zusammenhang mit der Ausstellung in einem Symposium behandelt werden sollen, rechtfertigen sicherlich eine relativ breite Materialzusammenstellung.

Gefäße aus Bleiglas sind ein absolutes Novum im europäischen Glas dieser Zeit und zudem eine der spannendsten Neuentdeckungen auf dem Gebiet des mittelalterlichen Hohlglases. Sie verdienen daher ebenfalls eine verhältnismäßig ausführliche Präsentation.

Nach einigen kleineren Bechergruppen, die sich durch die Form oder einen speziellen Dekor zusammenschließen, folgen dann die beiden Bechertypen, die man als Standardtypen dieser Zeit ansehen muß: die zum großen Teil farblosen Nuppenbecher und die Rippenbecher. Die hier zusammengestellte Auswahl gibt eine Ahnung von der erstaunlichen Variationsbreite innerhalb dieser Typen, wobei offenbar sehr verschiedene Varianten nebeneinander vorkamen. Vielerlei Probleme, die die Forschung im Zusammenhang mit diesen Gruppen beschäftigen, können dabei nur angedeutet werden. Es sind zur Zeit noch keine eindeutigen Aussagen etwa zur Herleitung von Form oder Dekor, zu den Herstellungszentren solcher Gläser (Stichwort: Import oder einheimische Produktion) oder zu einer zeitlichen Abfolge von Varianten möglich.

Wiederum zu den Neuentdeckungen jüngerer Zeit gehören die Gefäße mit figürlichem oder geometrischem Dekor, der durch Blasen in eine mehrteilige Form erzielt wurde. Die Gruppe ist zur Zeit noch klein, auf Neufunde dieser Art darf man gespannt sein.

Die kleine Reihe der Glasscheuern stellt erstmals Beispiele dieser besonderen Form aus so früher Zeit vor.

Ebenfalls eine neue bzw. bisher weitgehend übersehene Glasform im Repertoire des 13./14. Jahrhunderts sind die Gläser auf hohem Fuß oder Stiel. Es ist dies dank Neufunden vor allem aus den letzten Jahren eine so große und variantenreiche Gruppe, daß man an ihr pars pro toto überzeugend den Phantasiereichtum und das zum Teil virtuose Können der Glaskünstler des Mittelalters demonstrieren und die geringschätzige Meinung vom ›derben Waldglas‹ widerlegen könnte.

Viel Neues gibt es schließlich auch unter den Flaschentypen und besonders unter den bis dato nahezu unbekannten Schalen.

Islamische Goldemailgläser

Seit mehr als fünfzig Jahren basiert die Gruppierung und Datierung islamischer Goldemailgläser im wesentlichen auf Lamms Corpuswerk von 1930 (und seinen späteren Ausführungen von 1941)[1]. Auch die folgenden Katalogtexte zitieren weitgehend Lamm, mangels neuerer zusammenfassender Arbeiten. Die Forschungslage ist aber bei diesen islamischen emaillierten und vergoldeten Gläsern ähnlich wie bei den ›syro-fränkischen‹ Bechern oder allgemein beim europäischen mittelalterlichen Glas: Eine Fülle von neuem Material zwingt inzwischen zum Überdenken und zur Korrektur allzu fest eingefahrener Meinungen[2]. Bei den Goldemailgläsern betreffen die Zweifel in der Forschung der letzten Jahre vor allem die Herkunftsorte. Man beginnt in Frage zu stellen, ob Lamms Gläser der ›Aleppo-Gruppe‹ bzw. ›Damaskus-Gruppe‹ wirklich alle an diesen Orten hergestellt wurden (wozu allerdings auch Lamm selbst schon Einschränkungen machte[3]) und zieht statt dessen stärker Ägypten als Herkunftsland in Betracht, da es dort einerseits seit Jahrhunderten eine sehr hochstehende Produktion auch von emailbemalten und vergoldeten Gläsern gab und da andererseits der größte Teil auch der von Lamm publizierten Fragmente dort gefunden wurde.

Nach Europa gelangten diese Gläser offenbar in nicht unbeträchtlicher Zahl. Aus einer Handvoll von intakten, in Kirchen- oder Adelsbesitz überkommenen Stücken bildete sich die (wohl etwas zu romantische) Vorstellung, es handele sich jeweils um kostbare Souvenirs von Kreuzzügen oder Pilgerfahrten. In Einzelfällen mag das durchaus zutreffen, aber mit dem vermehrten Auftreten von Bodenfunden auch im bürgerlichen Milieu von Städten wird deutlich, daß solche islamischen Gläser durchaus normale Handelsobjekte waren und weiteren Kreisen zugänglich als bisher vermutet.

Aber wenn auch die Anzahl von islamischen Goldemailgläsern im mittelalterlichen Europa bisher unterschätzt wurde, so scheinen sie doch entschieden seltener zu sein als die sogenannten syro-fränkischen Becher – ein weiteres Argument für deren ›einheimische‹ Produktion. Und sie wurden offenbar höher gewertet als die ›syro-fränkischen‹ Gläser, dafür sprechen sowohl die kostbaren Edelmetallfassungen, die einige von ihnen bekamen, als auch die reichen Lederfutterale, die sich für andere erhalten haben[4]. Beides ist für die ›syro-fränkischen‹ Becher in keinem Fall bekannt[5].

Zu dem von Lamm publizierten Material und der von Charleston zusammengestellten Liste von islamischen Goldemailgläsern bzw. fragmentarischen Bodenfunden dieser Art in Europa[6] sind inzwischen weitere Stücke hinzugekommen: Acht Fragmente eines Bechers mit Polospielern wurden in Abingdon, Oxfordshire gefunden[7]. In Schweden kamen in Visby auf Gotland und in der Stockholmer Altstadt[8] Becherfragmente zutage. In Prag fand man außer dem schon bekannten fragmentarischen Becher von der Burg eine weitere Scherbe in der Altstadt[9]. Ein älterer Straßburger Bodenfund, große Fragmente von einem Becher, ist inzwischen wieder verschollen[10]. Von den Neufunden aus Deutschland werden drei hier vorgestellt (Kat. Nr. 67 bis 69). Zu den Grabungsfunden vom Braunschweiger Eiermarkt gehörte noch ein drittes Bruchstück eines islamischen Goldemailbechers, auf das hier wegen seines unansehnlichen Erhaltungszustands ebenso verzichtet wurde wie auf ein Fragment mit einer stehenden nimbierten Figur, das aus Köln stammen soll[11]. Kleine Einzelscherben wurden auch bei Schweizer Burgengrabungen gefunden[12].

1 Lamm (1929/30). – Lamm (1941).
2 Vgl. dazu Wenzel (1984), S. 1-3.
3 Lamm (1929/30), S. 255 z. B.
4 Fassungen z. B. für die Gläser im Grünen Gewölbe, Dresden, oder die Becher in Douai (›Gobelet des huit prêtres‹, Lamm (1929/30), Tf. 96,1) und Chartres (›Gobelet de Charlemagne‹, Lamm (1929/30), Tf. 96,3), Lederfutterale z. B. beim ›Luck of Edenhall‹ im V & A., beim Becher im Kölner Kunstgewerbemuseum (Klesse (1973²), Nr. 44) und wieder dem Stück in Douai.
5 Es wurde allerdings vermutet, daß die Fragmente aus der Londoner Foster Lane (Kat. Nrn. 75 f., 86, 101, 109) sich im Haus eines Goldschmieds befanden, um dort eine Fassung zu erhalten.
6 Charleston (1976), S. 330-335.
7 Wenzel (1984).
8 Becher aus Visby unpubliziert, Kenntnis verdanken wir Göran Tegnér, Statens Historiska Museum, Stockholm; Fragment aus Stockholm erwähnt in: Göran Dahlbäck (red.), Helgeandsholmen. 1000 år i Stockholms ström, Stockholm 1983, S. 216.

9 Unpubliziert, Inv. Nr. 5778. Kenntnis von diesem Fragment verdanken wir Ladislav Špaček. – Becher von der Burg: Charleston (1976), S. 333, Nr. C4.
10 R. Forrer, Ein mesopotamischer Emailbecher aus dem mittelalterlichen Straßburg, in: Anzeiger für Elsässische Altertumskunde 23/24, 1915, S. 589-591.
11 Drittes Fragment aus Braunschweig: Inv. Nr. 85:1/1598. – Scherbe aus ›Köln‹: Privatbesitz, unpubliziert.
12 Müller (1980), S. 28, Nr. D6, Abb. S. 52. – Meyer (1974), S. 100, Nr. E 13 u. 14.

65 Goldemailbecher

Syrien oder Ägypten, ›Aleppogruppe‹, 2. Hälfte 13. Jh. – Provenienz: Kunstkammer der Landgrafen von Hessen-Kassel. Vor 1800 zur Ausstattung in die Löwenburg, von dort ins Hessische Landesmuseum überwiesen. – H 15,8 cm; ⌀ Lippe 10,4 cm; Wandungsstärke Lippenrand 2,5-3,0 mm. – Farbloses Glas mit rauchtopasfarbenem Stich, bunte Emailfarben und Vergoldung, diese z. T. abgerieben.

Hessisches Landesmuseum Kassel, Inv. Nr. LÖ 90 A 57

Doppelter Boden mit Hohlraum dazwischen: Becherboden leicht hochgestochen, in den Scheitel der Wölbung kleine Delle nach unten gedrückt. Unter diesen Boden flache, in der Mitte ganz wenig hochgewölbte Scheibe gesetzt, deren Rand wie ein glatter Fußfaden wirkt. Bemalung nur außen: zuunterst 3 dünne rote Horizontallinien, gerahmt von (nur noch ganz schwach erkennbaren) Goldlinien; im Hauptbildfeld darüber zwei kauernde Musikanten, ein Tambourinspieler mit grünrotem Turban, blau-weiß-rotgestreiftem Gewand, gelben Schuhen, ein Lautenspieler mit weißem Turban, blauem Gewand mit goldenen Kreuzen, roten Schuhen, rot-gelbgestreifter Laute; Gesichter, Nimben und Hände vergoldet mit roter Binnenzeichnung; zwischen den Figuren Pflanzen mit goldenen, rotkonturierten Stengeln, grünen goldkonturierten Blättern und gelb-roten Blüten, sowie Becher und Fruchtschalen; oben zwischen roten, goldkonturierten Horizontallinien Fries von 6 nach rechts fliegenden Vögeln (weiß, blau, rot mit goldenen Konturen). Lippenrand leicht verdickt.

Es ist zwar nicht nachzuweisen, aber sehr wahrscheinlich, daß dieser Becher (wie auch ein zweiter ähnlicher, der seit der Auslagerung im 2. Weltkrieg verschollen ist) von einem Kreuzzug oder einer Pilgerfahrt mitgebracht wurde und sich schon seit dem Mittelalter im Schatz der Landgrafen befand[1]. Als Teil einer adeligen Sammlung (und späteren Kunstkammer) hat er die Jahrhunderte überlebt, ähnlich wie einige wenige andere solcher Becher, z. B. die beiden mit vergoldeter Fassung im Grünen Gewölbe in Dresden[2] und der große Becher aus Schloß Daun a. d. Nahe im Bayerischen Nationalmuseum München[3]. Der merkwürdige doppelte Boden, mit untergesetzter Platte, scheint eine technische Besonderheit bei vielen dieser Goldemailbecher zu sein (vgl. auch Kat. Nrn. 66 und 67), die zuerst von Read beobachtet wurde, später offenbar wieder in Vergessenheit geriet und in Publikationen nicht mehr erwähnt wird.

Ähnliche Darstellungen mit zechenden oder musizierenden Figuren[4] wie auch der Vogelfries waren offenbar recht häufig auf den Bechern dieser Gruppe. Zu den Fragmenten von Vergleichsbeispielen bei Lamm (z. B. auf Tf. 120-122, 126, 127, 130) gesellen sich jüngere Bodenfunde, z. B. der Becher aus Lübeck (Kat. Nr. 66) und das Becherfragment aus Braunschweig (Kat. Nr. 68).

LIT.: Read (1902), S. 220. – Lamm (1929/30), Bd. I, S. 329 f., Nr. 3 (mit älterer Lit.), Bd. II, Tf. 127,3. – Franz Adrian Dreier, Zur Geschichte der Kasseler Kunstkammer, in: Zeitschrift des Vereins für Hessische Geschichte und Landeskunde 72, 1961, S. 123 f., Tf. 1. – Schlosser (1965), S. 87, Abb. 77. – Charleston (1976), S. 331, Nr. 3.

1 Dreier, siehe Lit.
2 Fritz (1982), S. 236 (mit älterer Lit.), Abb. 357.
3 Rückert (1982), Bd. I, Nr. 8.
4 Nebenbei, für Kenner vor allem der christlichen Ikonographie: Die Nimben bei diesen Figuren sind keine ›Heiligenscheine‹, sondern bloße Bildformeln ohne tiefere Bedeutung (frdl. Auskunft von Jens Kröger, Berlin).

65

66 Goldemailbecher, Fragment

Syrien oder Ägypten, ›Damaskusgruppe‹, 2. Hälfte 13. Jh. – Fundort: Lübeck, Dr. Julius-Leber-Straße (früher Johannisstr.) 18, Brunnen 1 (1960). – H (rekonstruiert) 16,9 cm; ⌀ Lippe 10,0 cm; Wandungsstärke Lippenrand 3,0-3,3 mm. – Farbloses Glas mit leichtem Gelbstich, bunte Emailfarben und Vergoldung. Geklebt und ergänzt. Farben z. T. verloren oder korrodiert.

Museum für Kunst und Kulturgeschichte der Hansestadt Lübeck

Wenig hochgestochener Boden mit untergesetzter Standplatte. Wandung mit optisch geblasenen senkrechten Riefeln. Bemalung (nur außen): zuunterst am erhaltenen Schaftfragment goldenes schwärzlich konturiertes Flechtband aus 2 Strängen; darüber Bildzone mit ursprünglich wohl 3 (eine davon ganz verloren) sitzenden Figuren in reich gemusterten goldenen Gewändern; einer der Männer hält einen Glasbecher in der linken Hand, der andere ein Saiteninstrument; darüber goldene Inschrift zwischen Goldbändern mit schwärzlich korrodierten Konturen; zuoberst goldene dunkelkonturierte Fische, nach links schwimmend. (In Analogie zu anderen Bechern dieser Art waren die schwärzlichen Umrißlinien wohl ursprünglich rot.) Die Inschrift enthält Lobpreisungen eines Sultans (ohne Namensnennung).

Die Fragmente dieses Glases wurden in einem Brunnenschacht des 13. Jahrhunderts gefunden, der seit der Mitte des 14. Jahrhunderts als Abfallgrube diente. Gleich zu Anfang dieser Sekundärbenutzung als Abfallschacht wurde offenbar dieser Becher weggeworfen, dessen Scherben mit einheimischer Keramik der Mitte des 14. Jahrhunderts zusammenlagen. Um diese Zeit gehörte das Grundstück der Lübecker Ratsherren- und Bürgermeisterfamilie Pleskow, die also die (unachtsamen) Eigentümer des Bechers waren[1].
Die optisch geblasenen Rippen finden sich besonders häufig bei den Bechern der ›Damaskusgruppe‹. Unter den erhaltenen Beispielen ist besonders der große Becher in München hervorzuheben[2]. Parallelen zu den einzelnen Motiven der Bemalung sind häufig (vgl. die Zusammenstellung bei Charleston, Anm. 5); die Kombination auf diesem Becher darf aber als überdurchschnittlich reich gelten.

LIT.: Charleston (1976), S. 321-337.

1 Werner Neugebauer, Fundstelle und Funde, Einleitung zu Charleston (1976), S. 321-323.
2 Rückert (1982), Bd. 1, Nr. 8.

66

67

67 Goldemailbecher, Fragment

Syrien oder Ägypten, ›Aleppogruppe‹, 2. Hälfte 13. Jh. – Fundort: Deutschland (Göttingen ?). – H 14,9 cm; ⌀ Lippe 10,3 cm, Boden 4,6 cm; Wandungsstärke Lippenrand 3,2 mm, sonst ca. 2,0 mm. – Farbloses Glas, Emailfarben und Vergoldung. Ergänzt. Oberfläche irisiert und z. T. korrodiert, Farben dadurch teilweise verloren, Vergoldung stellenweise abgerieben.

Museen der Stadt Regensburg, Inv. Nr. K 1986/10

Becherboden hochgestochen, kleines Loch in der Mitte, daruntergesetzt eine leicht hochgewölbte Standplatte. Bemalung (nur außen): unten Schriftband zwischen 2 rotkonturierten Goldbändern; darüber Bildfeld mit kauernden Figuren in goldenen Gewändern, bei der einen Teil des Kopfes mit Nimbus erhalten; Reste von Pflanzen in unkonturiertem Gold; über der Szene zwischen roten Linien Bordüre von (jetzt) braun-schwarzem, zweisträngigen Flechtband, zuoberst wieder eine (bisher nicht entzifferte) Inschrift zwischen roteingefaßten Goldbändern. Lippenrand verdickt.

Das Schema der Bemalung mit figürlicher Darstellung zwischen 2 Inschriftzonen und oben zusätzlich einem schmalen Ornamentband ist besonders gut vergleichbar mit dem des Bechers mit 3 Polospielern im Louvre. Dieser wurde Ende des 19. Jahrhunderts in einem Altar der inzwischen abgerissenen Kirche Santa Margherita in Orvieto gefunden[1]. Anders als bei dem Becher in Regensburg sind dort aber die Inschriften und das Ornamentband außen in Gold aufgetragen und innen rot bzw. blau hinterlegt.

LIT.: Kat. Braunschweig (1985), Bd. 1, Nr. 132 (Sven Schütte).

[1] Lamm (1929/30), Bd. I, S. 329, Nr. 1; Bd. II, Tf. 127,1. – Charleston (1976), S. 335, Nr. G 2. – Ausst.-Kat. L'islam dans les collections nationales, Paris, Grand Palais 1977, Nr. 421. – Wenzel (1984), S. 11 f., Abb. 9.

Analog zu anderen Bechern dieser Gruppe läßt sich die ursprüngliche Darstellung als eine Art Gartenszene vorstellen. Neben Pflanzen und ›Erfrischungen‹ sind wahrscheinlich 2 sitzende Figuren zu erwarten, Zecher oder Musikanten. Von einer dieser beiden ist rechts unten ein mit einem gestreiften Gewand bedecktes Knie erhalten, sowie ein Stückchen Schleier (wohl vom Turban). Gut vergleichbar ist Kat. Nr. 65, der Becher aus der Kunstkammer der Hessischen Landgrafen. Solche Becher waren also nicht nur dem Adel vorbehalten, sondern auch ein Braunschweiger Bürger konnte ein solches Stück sein eigen nennen.

Die Scherben stammen aus einem Kontext (Kloake 3140, Schicht 3121), der um 1300 datiert wird (›Abwurfzeit‹)[1].

LIT.: –

[1] Angaben zum Fundzusammenhang verdanken wir Hartmut Rötting, Braunschweig.

68

69

68 Goldemailbecher, Fragment

Syrien oder Ägypten, ›Aleppogruppe‹, 2. Hälfte 13. Jh. – Fundort: Braunschweig, Altstadt, Güldenstraße, Ass. 620 (1986). – H 7,3 cm, Ø ca. 6,5–7,0 cm; Wandungsstärke unten 3,1 mm, oben 1,7 mm. – Farbloses Glas mit minimalem gelblichen Stich, bunte Emailfarben, Vergoldung. Aus 3 Scherben geklebt. Durch Verwitterung kaum getrübt, z. T. irisiert. Vergoldung weitgehend abgerieben, Farben unterschiedlich korrodiert.

Braunschweigisches Landesmuseum, Inv. Nr. 85:1/1787 und 85:1/1801

Wandungsscherben von einem Becher. Von der Darstellung erkennbar: Pflanzen, 2 Fruchtschalen, Knie einer sitzenden Figur. Farben nur außen aufgetragen: Vergoldung bei dünnen Konturlinien und (einst) kleineren Flächen (›Stamm‹ der Pflanze, Teile der großen Fruchtschale, Schleiertuch), grünes, weißes, rotes und gelbes Email (die beiden letzten Farben nur noch von innen zu erkennen, außen korrodiert).

69 Goldemailbecher, Fragment

Syrien oder Ägypten, ›Aleppogruppe‹, 2. Hälfte 13. Jh. – Fundort: Braunschweig, Altstadt, Turnierstraße, Ass. 631 (1985). – H 4,0 cm; Ø in Höhe der oberen Linie ca. 5,0 cm; Wandungsstärke unten 2,5 mm, oben 2,2 mm. – Farbloses Glas mit deutlichem Gelbstich, blaues Email, bräunliche Linien, Reste von Vergoldung. Durch Verwitterung leicht getrübt, Vergoldung weitgehend abgerieben.

Braunschweigisches Landesmuseum, Inv. Nr. 85:1/5644

Wandungsscherbe vom unteren Bereich eines Bechers, unten kleiner Ansatz der Biegung zum Boden hin. Bemalung (nur außen): unten 2 dünne bräunliche (ursprünglich rote?) Horizontallinien, wohl Konturen eines Goldbandes; darüber Streifen von dick aufgetragenem hellblauen Email mit ausgesparten, vergoldeten Wellenlinien; oben links haarfeine bräunliche (ursprünglich rote?) Faltenlinien, neben denen sich Reste einer ursprünglich wohl flächigen Vergoldung erhalten haben.

Die blaue Fläche mit den »doppelwolkenförmigen« (Lamm) Wellenlinien ist die typische, auf solchen Bechern wie auch auf Miniaturen häufiger wiederkehrende Bildformel für Wasser[1], das Stück Gewand darüber gehörte zu einer wohl knienden oder kauernden Figur. Vergleichsbeispiele, unter denen besonders der intakte Becher mit spätgotischer Fassung im Grünen Gewölbe[2] hervorzuheben ist, lassen vermuten, daß auch auf diesem Becher eine Jagd auf Wasservögel (Kraniche oder Reiher) dargestellt war. Diese Scherbe wurde an anderer Stelle (Kloake 2507, Schicht 247c) gefunden als das vorige Fragment, aber ebenfalls mit Material, das schon um 1300 weggeworfen wurde[3].

LIT.: Rötting (1987), Abb. 7:5.

1 Siehe z.B. Lamm (1929/30), Bd. II, Tf. 120, 129.
2 Zum Becher in Dresden zuletzt: Fritz (1982), S. 236, Abb. 257r.
3 Angaben zum Fundzusammenhang verdanken wir Hartmut Rötting, Braunschweig.

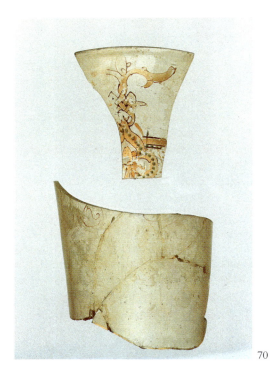

70

70 Goldemailbecher, Fragmente

Syrien oder Ägypten, ›Aleppogruppe‹, 2. Hälfte 13. Jh. – Fundort: Maastricht, Van Veldekeplein (Staargebouw, um 1955). – H 5,2 bzw. 5,1 cm; ⌀ Lippe rekonstruiert ca. 11,0 cm; Wandungsstärke Lippenrand 2,5 mm, Wandung minimal 1,8 mm. – Farbloses Glas mit ganz schwach gelblichem Stich. Emailfarben und Vergoldung. Z.T. geklebt. Durch Verwitterung getrübt, Gold und Farben großenteils abgerieben.

Gemeentelijk Oudheidkundig Bodemonderzoek Maastricht

Fragmente vom unteren und vom oberen Teil (Rand) eines Bechers. Von der Bemalung erkennbar: unten schmale Ornamentbordüre, darüber großes vertikales Ornament mit Arabeskenvierpaß und Flechtbandknoten, das über eine breite horizontale Bordüre (nur kleiner Ansatz erhalten) bis fast an den Lippenrand reicht. Farben nur außen aufgetragen: flächige Vergoldung, feine rotbraune Konturen, perlartig dick aufgetragene türkisblaue Punktreihen (außen weißlich korrodiert).

Der Fundkomplex, in dem neben Keramik des späten 13. Jahrhunderts und anderen Glasfragmenten etwa derselben Zeit (vgl. Kat. Nr. 288) auch diese Scherben lagen, wurde zufällig bei Bauarbeiten entdeckt und geborgen, in einer Gegend, in der früher Kanonikerwohnhäuser des St. Servatius-Stifts standen. Nach den Beifunden zu urteilen, müßte also dieser emailbemalte islamische Becher schon bald nach seiner Entstehung nach Holland gebracht und auch schon recht früh zerbrochen sein.

Außer Fragmenten bei Lamm[1] bietet besonders der Becher (mit zugehörigem Lederetui) im Museum für Angewandte Kunst Köln[2] eine Vorstellungshilfe, wie der Maastrichter Becher einst ausgesehen haben könnte.

LIT.: Renaud (1958), Sp. 7/8. – Harden (1975), S. 36, Abb. 4. – Charleston (1976), S. 334, Nr. E 1. – Renaud (1983), S. 24. – Renaud (1985), S. 197.

1 Lamm (1929/30), Bd. II, z.B. Tf. 112, 114.
2 Klesse (1973²), S. 62, Nr. 44.

71 Becherfragment, als Reliquien-Ostensorium gefaßt

Syrien, ca. Mitte 14. Jh. – Provenienz: Erworben 1877 aus Privatbesitz (Ehrenbreitstein). – H des Fragments 7,9 cm; ⌀ 5,7 cm; Wandungsstärke 1,8-2,8 mm (H mit Fassung 42,2 cm). – Farbloses Glas mit rauchtopasfarbenem Stich, rote Bemalung. Stückchen Fußfaden ausgebrochen, Oberteil abgekröselt.

Rheinisches Landesmuseum Bonn, Inv. Nr. 203

Glatter unregelmäßiger Fußfaden, wenig hochgestochener Boden. Knapp darüber in roter Farbe feine lineare Bemalung: 2 Horizontalreihen fortlaufender kalligraphischer Schnörkel.

Um das Glas als zylindrisches Schaugefäß verwenden zu können, wurde der obere (ausbiegende) Teil des ursprünglichen Bechers abgekröselt. Die Zweitverwendung geschah offenbar nicht lange nach der Entstehung des Glases, denn die Fassung aus vergoldetem Kupfer ist nur wenig jünger. Sie gilt als oberitalienisch (Mitte oder 2. Hälfte 14. Jahrhundert), nach dem Stil des bekrönenden Kruzifixus zu urteilen (Fritz). Dieser fragmentarische Becher wurde schon von Rademacher in Verbindung gebracht mit einem sehr ähnlichen, komplett erhaltenen Glas mit vergoldeter Silberfassung des 16. Jahrhunderts in Breslau[1]. Bei anderen Bechern mit ähnlichen Bordüren sind die ornamentalen Schnörkel häufiger nicht in Rot, sondern in Gold ausgeführt, so z.B. auch bei einem Stück im Islamischen Museum Berlin[2].

LIT.: Rademacher (1937), S. 36-38, Abb. 12. – Johann Michael Fritz, Goldschmiedearbeiten des 14.-18. Jahrhunderts im Rheinischen Landesmuseum, in: Bonner Jahrbücher 164, 1964, S. 40f.

1   Lamm (1929/30), Bd. I, S. 393, Nr. 6. – Rademacher (1937), S. 37, Abb. 11. – Charleston (1976), S. 333, Nr. C 3. – Es ist etwas verwirrend, daß auch dieses Glas als ›Hedwigsbecher‹ bezeichnet wird, da es der Legende nach der hl. Hedwig gehört habe (diese starb aber schon 1243, d.h. etwa 100 Jahre vor seiner Entstehung). Mit der Gruppe der geschnittenen Gläser (vgl. Kat. Nrn. 36-45), für die die Bezeichnung ›Hedwigsgläser‹ zum Gattungsbegriff wurde, hat es natürlich nichts zu tun.
2   Inv. Nr. I 718. – Ausst.-Kat. Islamische Kunst, Verborgene Schätze, Schloß Cappenberg/Berlin 1986/87, Nr. 151.

71

Emailbemalte Gläser

Die Gruppe der emailbemalten Gläser verdient eigentlich eine dickleibige Monographie, für die allerdings die Zeit noch nicht reif ist – zu sehr verändert und bereichert sich unser Bild derzeit durch ständig neue Funde. Auch fehlt für viele Detailfragen noch die Mitarbeit von Forschern aus Nachbardisziplinen (Paläographie, Heraldik etc.). Als Vorstufe zu einer künftigen Monographie soll hier das wichtigste[1] bis zur Drucklegung bekannte Material vorgestellt und möglichst genau beschrieben werden.

Um weder vorzugreifen noch allzu vieles aus den Katalogtexten und der bei den einzelnen Stücken angeführten Literatur zu wiederholen, sei hier nur eine ganz kurze Zusammenfassung von Fakten vorangestellt.

Fragmente von Gläsern dieser Gruppe wurden verstreut über ein sehr großes Verbreitungsgebiet gefunden, das von Akkon, Ägypten und Sizilien im Südosten und Süden bis Schweden im Norden, von Rußland im Osten bis England/Irland im Westen reicht. Allerdings gibt es inzwischen sehr deutliche Ballungsgebiete von Fundstellen in Mitteleuropa, während z. B. aus dem Nahen Osten nur wenige kleine Einzelscherben nachzuweisen sind.

Dies spielt natürlich eine Rolle bei den Überlegungen zur Herkunft dieser emailbemalten Gläser: Die Fundhäufigkeit in mitteleuropäischen Ländern (besonders Deutschland, der Schweiz, England) und das fast völlige Fehlen im Vorderen Orient ist eines der Argumente, die gegen die von Robert Schmidt und Carl Johan Lamm[2] vertretene Ansicht sprechen, diese Becher seien in Syrien in europäischem Auftrag und für europäische Abnehmer hergestellt worden. Ein noch schlagkräftigeres Argument liefern Dokumente aus venezianisch-muranesischen Archiven, die beweisen, daß im späteren 13. Jahrhundert und in der ersten Hälfte des 14. Jahrhunderts in Murano in größerem Umfang Glasbecher bemalt wurden. Es werden darin sogar Namen von Bechermalern genannt und in einem Fall Motive der Bemalung, die auf erhaltenen Bechern und Becherfragmenten vorkommen[3]. Da inzwischen auch genügend Beweise vorliegen, daß das Können der europäischen Glashersteller im 13. und 14. Jahrhundert keineswegs auf so primitivem Niveau stand, wie man noch in den 1930er Jahren annahm, sollte man nun endgültig von der komplizierten Vorstellung Abschied nehmen, all diese Gläser seien in Syrien hergestellt und dann nach Europa verschifft worden. Auch der von Lamm geprägte griffige, aber irreführende Begriff ›syro-fränkische Becher‹ muß somit abgelehnt werden. Bei der zunehmenden Materialfülle und einem differenzierteren Gesamtbild steht nun vielmehr die Frage zur Diskussion, ob sämtliche dieser emailbemalten Gläser aus Venedig/Murano kommen oder ob vielmehr weitere Herstellungszentren auch nördlich der Alpen anzunehmen sind. Die Fundhäufigkeit diesseits der Alpen spricht für das letztere. Die sich abzeichnenden Untergruppen innerhalb der Gattung der emailbemalten Gläser werden sich künftig vielleicht als lokale Eigentümlichkeiten verschiedener Herstellungszentren erklären lassen.

Zusammen mit der ›syro-fränkischen‹ These entfällt auch ein scheinbar fester terminus ante quem für die gesamte Gruppe: das Jahr 1290, in dem mit dem Fall von Akkon die Kreuzfahrer ihren letzten Stützpunkt in Syrien/Palästina verloren. Die Zeitspanne, während der solche Gläser hergestellt wurden, reichte mit Sicherheit über dieses Jahr hinaus bis in die erste Hälfte des 14. Jahrhunderts, das beweisen unter anderem die erwähnten venezianischen Akten. Offen ist dagegen noch, wie früh im 13. Jahrhundert man mit der Herstellung solcher emailbemalter Gläser in Europa begann. Außer den schriftlichen Quellen (die die Bemalung von Gläsern in der Zeit zwischen ca. 1280 und 1350 belegen, aber natürlich keine Vorstellung von ihrem genauen Aussehen geben können), gibt es gelegentlich Datierungshinweise aus den archäologischen Kontexten, d. h. aus den Beifunden oder auch Baudaten. So z. B. bei den Funden aus den Kellern unter der ehemaligen Augustinerkirche in Basel, die in den Jahren zwischen 1276 und ca. 1290 erbaut wurde. Darüber hinaus bietet auch die Bemalung durch Stil, Ikonographie, Kostümdetails oder auch Buchstabeneigentümlichkeiten gewisse Möglichkeiten der zeitlichen Eingrenzung. Da aber die Bemalung meist recht sche-

72

matisch und vereinfacht, oft auch sehr schlecht erhalten ist, darf man von dieser kunsthistorischen Methode nicht zuviel erwarten.

Zu den Überraschungen, die Neufunde mit sich gebracht haben, gehört die Erkenntnis, daß das Formenrepertoire der emailbemalten Gläser größer war als bisher unterstellt. Zu den schlankeren oder breiteren Bechern verschiedener Größe gesellt sich neuerdings auch ein napfartig niedriger (Kat. Nr. 105). Und die hochstielige Schale aus Prag liefert den Schlüssel zum Verständnis der Schalenfragmente aus London und Basel (Kat. Nr. 116-118), die höchstwahrscheinlich von den schalenförmigen Kuppen ähnlicher Gläser auf hohem Stiel stammen. An dieser Stelle schließen sich dann wiederum die emailbemalten Gläser formtypologisch mit anderen Stengelgläsern zusammen, einem charakteristischen Gläsertyp des 13./14. Jahrhunderts. (Einige Einzelteilchen des großen Puzzles greifen hier ineinander.)

Sah es noch vor wenigen Jahrzehnten so aus, als beschränkten sich die Darstellungen auf solchen bemalten Gläsern auf wenige Motive (Wappen, Tiere nebst Pflanzenfüllseln und Architekturandeutungen), so beweisen die zahlreichen Neufunde, daß innerhalb eines relativ festen Darstellungsschemas der Themenvielfalt keine Grenzen gesetzt waren. Die folgenden Katalognummern sind thematisch geordnet und lassen so deutlich die großen Themengruppen und ihre vielerlei Varianten erkennen: Heiligenfiguren wie auch kleine Szenen aus Bibel oder Heiligenlegenden, Figuren oder kleine Gruppen aus dem profan-höfischen Bereich (Musikanten, Liebespaare, Reiter), ein ganzes Bestiarium von Misch- und Fabelwesen sowie realen Tieren, schließlich Ornamente und Wappen.

Neben den neuen Sujets lassen sich auch neue Details in dem insgesamt recht einheitlichen Kanon der Bemalung beobachten, die für die Einteilung in Untergruppen wichtig sein werden, etwa die Verwendung auch von roten Konturen oder von Gold zusätzlich zu den bunten Farben.

Insgesamt ergibt sich zur Zeit der Eindruck, daß die Gruppe der emailbemalten Gläser nicht nur erheblich facettenreicher ist als bisher angenommen, sondern vor allem auch rein mengenmäßig viel umfangreicher. Obgleich sich bei der Ausführung der Bemalung große Qualitätsunterschiede beobachten lassen, scheint es sich generell um eine ausgesprochene Serien-, wenn nicht Massenproduktion gehandelt zu haben. Auch die Wertschätzung innerhalb ihrer eigenen Zeit war wahrscheinlich weit weniger ehrfürchtig als man bisher annahm. Die bemalten Gläser hatten offenbar den Rang von gehobenen Gebrauchsgegenständen, nicht von ausgesprochenen Preziosen oder Schaustücken. Man findet sie praktisch überall dort, wo auch sonst feinere Gläser gebraucht wurden, d. h. in Burgen, in Städten innerhalb der Quartiere wohlhabender Bürger und im Zusammenhang mit Kirchen, Stiften, Klöstern. Symptomatisch ist, daß wohl kein einziges Stück als Schatzkammerobjekt überkommen ist, keines eine Edelmetallfassung bekam (soweit bekannt)[4], im Gegensatz zu etlichen der islamischen Goldemailgläser.

1 Es sind dies bei weitem nicht alle bekannten Fragmente dieser Art.
2 Schmidt (1922), S. 56-58. – Lamm (1929/30), S. 246 und 278 f. – Lamm (1941), S. 77-99.
3 Zecchin (1969), S. 39-42. – Zecchin (1970), S. 79-83. – Zecchin (1977), S. 31-34.
4 Die Fragmente aus der Londoner Foster Lane kamen beim Haus eines Goldschmiedes zutage. Es wurde daher erwogen, ob sie bei diesem eine Fassung erhalten oder, weil beschädigt, aus einer Fassung gelöst werden sollten (Clark (1983), S. 155).

72 Emailbemalter Becher

Europa (Murano ?), 2. Hälfte 13. Jh./frühes 14. Jh. – Fundort: Antoniusaltar der Kirche St. Thomas in Sevgein (Kanton Graubünden), (1969). – H 9,6 cm; ⌀ Lippe 8,8 cm, Fußring 5,9 cm; Wandungsstärke ca. 1,0 mm. – Farbloses Glas, bunte Emailfarben. Sprung in Boden und unterem Wandungsteil. Leicht getrübt, Farben stellenweise abgeplatzt.

Domschatz Chur

Glatter Fußring. Hochgestochener Boden. Bemalung: zuunterst rot-gelb-rote Horizontallinien; im Bildfeld 3 Säulen auf rechteckigen Basen mit Dreieckskapitellen, dazwischen 3 stehende Halbfiguren mit Nimben, 2 männliche Heilige je mit einem Kreuz in der linken Hand, eine Orantin mit vor der Brust erhobenen Händen, wohl Maria; zu seiten der Figuren Pflanzen mit zweifarbigen Blättern und gelben Knospen; über dem Bildfeld Kettenborte zwischen rot-gelbroten Linienbündeln.
Farben beidseitig aufgetragen, außen: Weiß (Konturen, Inkarnate, kleine Ornamente), Gelb (Horizontallinien, Nimben, Teile von Säulen und Kapitellen, Knospen), Grün (Blatteile, Basen), Rot (Horizontallinien, Binnenzeichnung auf Inkarnat). Innen: Rot und Blau (Gewandteile, Blatthälften, Teile von Säulen und Kapitellen), Schwarz (Haare).

Das Glas aus Sevgein ist einer von nur 3 komplett erhaltenen, nicht als Bodenfund überkommenen Bechern dieser Gruppe und der einzige, bei dem die Provenienz seit dem Mittelalter[1] und die Verwendung als Reliquienbehälter gesichert ist.
Der Becher in Bonn (Kat. Nr. 73) und eine ganze Reihe weiterer Fragmente belegen, daß die Bemalung mit 3 Heiligen unter angedeuteten Arkaden ein vielfach verwendetes Schema war. Auch die flotte Zeichen- bzw. Malweise lassen erkennen, daß der Bechermaler routiniert und sicherlich schnell[2] gearbeitet hat.

LIT.: Baumgartner (1980), S. 207-209, Nr. 1 (mit älterer Lit.). – Kat. Luzern (1981), S. 153, Nr. F 16 (F. A. Dreier).

1 Der Seitenaltar, in dem das Glas eingemauert war, ist zwar erst 1694 geweiht, jedoch ist es höchst wahrscheinlich, daß das Reliquienglas schon aus 2 Vorgängerkirchen übernommen wurde, vgl. Baumgartner (1980), S. 208.
2 Barovier-Mentasti (1982), S. 29, zitiert Zecchin, der errechnet habe, daß der Bechermaler Gregorius etwa eine halbe Stunde zum Bemalen eines Bechers brauchte.

73 Emailbemalter Becher

Europa (Murano ?), Ende 13. Jh./Anfang 14. Jh. – Fundort: Mainz, Willigisstraße (1976). – H 10,6 cm; ⌀ Lippe 8,8 cm, Fußring 6,8 cm; Wandungsstärke Lippenrand 1,2 mm, Wandung minimal 0,9 mm. – Farbloses Glas, bunte Emailfarben. Geklebt, an 3 Stellen der Wandung Ausbrüche. Farben stellenweise abgeplatzt, wenig korrodiert.

Rheinisches Landesmuseum Bonn, Inv. Nr. 78.0403,01

73

Glatter Fußring. Hochgestochener Boden. Bemalung: zuunterst rot-gelb-rote horizontale Linien; im Bildfeld 3 Säulen auf rechteckigen Basen mit Dreieckskapitellen, dazwischen 3 stehende nimbierte Heilige, flankiert von Pflanzen mit unterschiedlich geformten Blättern und Knospen; darüber Inschrift, gerahmt unten und oben von rot-gelb-roten Linienbündeln: »+ : MAGISTER ( ) ERTRUS ME F :«.
Farben beidseitig aufgetragen, außen: Weiß (Inschrift, Konturen, Inkarnate, Ornament in Kapitellen), Gelb (Horizontallinien, Kapitellrahmungen, Säulenhälften, Nimben, Knospen), Grün (z. T. Basen, Blatthälften), Rot (Horizontallinien, Binnenzeichnung auf Inkarnat). Innen: Rot (Teile von Gewändern, Blättern, Kapitellen, Säulen), Blau (Gewand-, Kapitell- und Blatteile), Schwarz (Haare).

Die Inschrift benennt einen Meister, dessen Name (verunklärt durch einen Ausbruch und eventuell Schreibfehler) wohl als Petrus zu deuten ist und der vermutlich der Maler, nicht der Auftraggeber des Bechers war. Ein Petrus pictor, der Glasbecher bemalte, kommt in der 1. Hälfte des 14. Jahrhunderts in den Akten von Murano mehrfach vor[1], was bei der Häufigkeit dieses Namens allerdings keinerlei Beweiskraft hat, nur ein Indiz bei den Überlegungen zur Herkunft ist. Andere solche ›Signaturen‹ sind ganz oder teilweise erhalten bei den Bechern Kat. Nr. 75, 76, 85, 90 und 103.
Wie die Inschrift, so bleiben auch alle anderen Elemente des Dekor im Rahmen des Üblichen: Säulen, Pflanzen und stehende Heilige finden sich auf einer ganzen Reihe dieser

Becher. Die engste Parallele im Gesamtschema ist der Becher aus Sevgein, Kat. Nr. 72².

LIT.: Krueger (1984), S. 507-514.

1 Zecchin (1977), S. 32.
2 Unter einer ganzen Reihe von Fragmenten emailbemalter Becher, die in den Jahren 1985-87 in Tartu (ehem. Dorpat), Estland/UdSSR gefunden wurden, soll auch ein aus vielen Scherben geklebter Becher mit 3 Heiligen und der Inschrift »MAGISTER PETRUS ME FECIT INM« sein (briefl. Auskunft von Ain Mäesalu, Tartu).

weißlich korrodiert, für Nimbus der Figur mit Palmzweig, Teile des Bischofsgewands und der Kapitelle), Grün (Gewandteile, Zweig).

Die Fragmente dieses Bechers stammen, zusammen u. a. mit denen von zwei weiteren emailbemalten Bechern[1] aus der Verfüllung von Kellern unter der ehemaligen Augustinerkirche, die im letzten Viertel des 13. Jahrhunderts erbaut wurde, kurz nachdem 1276 die Augustiner nach Basel gekommen waren. Die Erbauung der Kirche bedeutet also einen terminus ante quem für die Funde aus den Kellern darunter.

74

74

74 Emailbemalter Becher, Fragmente

Europa (Murano?), 3. Viertel 13. Jh. – Fundort: Basel, Augustinergasse (1968). – H der Fragmente maximal 9,0 cm; ⌀ Lippe (rekonstruiert) ca. 12,0 cm; Wandungsstärke Lippenrand 1,5 mm, untere Bruchkante 0,9 mm. – Farbloses Glas, bunte Emailfarben. Z. T. geklebt. Farben großenteils durch Korrosion verändert oder auch verloren.

Historisches Museum Basel, Inv. Nr. 1968.1514

Teile von Rand und Wandung eines Bechers, Boden fehlt. Von der Bemalung erhalten: im Hauptbildstreifen Reste von 4 nimbierten Figuren und 2 Kapitellen; 2 der Heiligen durch Krummstäbe als Bischöfe gekennzeichnet, ein dritter trägt eine Märtyrerpalme; zwischen der einen Bischofsfigur und seinem nur in kleinen Ansätzen von Hand und Nimbus erhaltenen Dialogpartner ein kleiner Vogel, der auf einer losen Scherbe ein zweites Mal zu erkennen ist; über dem Bildstreifen zwischen rot-gelb-roten Linien eine (ehemals) weiße Inschrift, zuoberst Punktreihe (die Nimben, der Krummstab und der Palmwedel überschneiden die unteren Linien): » + AE (.....) RIA GRCIA PLENA «.
Farben beidseitig aufgetragen, außen: Weiß (jetzt fast völlig zu Schwarz verändert, für Konturen, Buchstaben, Punktreihe, Inkarnate), Gelb (Horizontallinien), Rot (Horizontallinien, wohl Binnenzeichnung auf Inkarnat). Innen: Gelb (2 der Nimben, Architekturteile), Rot (jetzt weitgehend

In der Bemalung dieses Bechers gibt es eine Reihe von kleinen Details, die ihn besonders eng mit dem in Frankfurt (Kat. Nr. 91) verbinden: außer der Ave-Maria-Inschrift und der weißen Punktreihe (die sich auch bei anderen Stücken finden) vor allem die etwas abweichende Verzierung der Kapitelle und die unbekümmerte Art, wie die Darstellung in die Inschriftbordüre hineinragt. Auch die kleinen Vögel (ohne erkennbaren inhaltlichen Sinn) wiederholen sich auf beiden Bechern.

LIT.: Baumgartner (1980), S. 209f., Nr. 2. – Kat. Venedig (1982), S. 18f., Nr. VI.

1 Baumgartner (1980), S. 210, Nrn. 3 und 4.

75 Emailbemalter Becher, Fragmente

Europa (Murano?), spätes 13. Jh./frühes 14. Jh. – Fundort: London, Foster Lane (1982). – H 11,0 cm; ⌀ Lippe 9,3 cm; Wandungsstärke Lippenrand 1,2 mm. – Farbloses Glas, bunte Emailfarben. Z. T. geklebt. Farben teilweise leicht verändert durch Korrosion.

The Museum of London, Inv. Nr. OST 82 ⟨129⟩

Glatter Fußfaden. Boden hochgestochen. Von der Bemalung erhalten: unten Stück der rot-gelb-roten Horizontallinie; im Bildstreifen Reste von 3 halbfigurigen Heiligen, flankiert

von Pflanzen, zwischen ihnen Säulen mit rechteckigen Basen und Dreieckskapitellen; darüber zwischen rot-gelb-roten Linien gelbe (!) Inschrift: ». A . . STERBA . . . . EC⁺ + ⁞«.
Farben beidseitig aufgetragen, außen: Gelb (Konturen, Schrift, Horizontallinien, kleine Ornamente), Weiß (Inkarnat, Teile von Säulen und Kapitellen), Rot (Horizontallinien), Grün (Heiligenschein, Säulenbasen, Blatteile). Innen: Rot (Gewänder, Teile von Säulen, Kapitellen und Blättern), Blau (Gewänder, Teile von Kapitellen und Blättern), wohl Schwarz (zu Weiß verändert, beim Haar der Figuren).

wöhnlich und bisher einmalig hervorzuheben ist die Verwendung von Gelb für Konturen und Schrift.
Wichtig ist auch der Inschriftrest, den man analog zu einigen anderen Beispielen wieder als eine Art Signatur ergänzen kann: MAGISTER BARTOLAMEUS ME FEC. Der Name Bartolameus, der in der Inschrift des folgenden Stücks noch einmal vollständig vorkommt, wird bemerkenswerterweise in venezianisch-muranesischen Akten zwischen 1290 und 1325 mehrfach als der eines Bechermalers genannt. In einem Fall wird sogar ausdrücklich erwähnt, daß er Becher mit 3 Figuren und Pflanzen bemalen sollte[1]. Die Wahrscheinlichkeit, daß man für diesen und den folgenden Becher (oder sogar die ganze Foster-Lane-Gruppe?) eine Herkunft aus Murano und sogar die Autorschaft eines bestimmten Bechermalers fassen kann, ist also recht groß. Ein Rest Zweifel bleibt, weil der Name Bartolameus (wie auch Petrus, bei dem Bonner Becher) ein allgemein gebräuchlicher Vorname ist.

LIT.: Clark (1983), S. 154, Nr. 2. – Wir verdanken John Clark darüber hinaus eine Fülle von Detailangaben zu den Foster-Lane-Bechern.

1 Zecchin (1970), S. 82 f. – Clark (1983), S. 155.

76 Emailbemalter Becher, Fragmente

Europa (Murano?), spätes 13. Jh./frühes 14. Jh. – Fundort: London, Foster Lane (1982). – H 10,1 cm; ⌀ Lippe 11,6 cm; Wandungsstärke Lippenrand 1,3 mm. – Farbloses Glas, bunte Emailfarben. Geklebt. Bei einer Scherbe Farben leicht korrodiert.

The Museum of London, Inv. Nr. OST 82 ⟨130⟩

75

Die Fragmente dieses Bechers wurden, zusammen mit denen der folgenden Katalognummer und von noch 4-6 weiteren Exemplaren (vgl. Kat. Nrn. 86, 101 und 109) im Juli 1982 aus einer Abfallgrube auf dem Grundstück 7-10 Foster Lane in London geborgen. Diese Fundstelle liegt inmitten des mittelalterlichen Goldschmiedeviertels, und auch die Abfallgrube hat offenbar zum Haus eines Goldschmieds gehört, worauf Bruchstücke von Schmelztiegeln mit Spuren von Silber hindeuten. Die Keramik aus dieser Grube läßt sich insgesamt in die 1. Hälfte des 14. Jahrhunderts datieren.
Die emailbemalten Fragmente aus der Foster Lane wurden schnell zu einem Begriff in der Fachwelt und darüber hinaus, da sie zum einen den bisher größten geschlossenen Komplex solcher Gläser ausmachen, zum anderen die meisten Stücke ungewöhnlich gut erhaltene Farben haben, und schließlich ihre Bemalung eine Reihe von neuen und interessanten Details in das Repertoire dieser Gläsergruppe einbringt.
In der Thematik – stehende Heilige und Pflanzen unter Arkaden in dreiteiligem Schema – wie auch in den meisten Details der Darstellungsweise fügt sich dieser Becher in eine größere Gruppe solcher Gläser mit Heiligen ein. Als unge-

76

Fragmente von Wandung und Rand. Von der Bemalung erhalten: Teile von 2 Säulen mit Dreieckskapitellen, daneben Pflanzen; zwischen den Säulen Kopf einer Maria und Teil vom Kopf des Christkindes; darüber zwischen rot-gelb-roten Linien weiße Inschrift: ». . SBARTOLAMEUSFE.«

Farben beidseitig aufgetragen, außen: Weiß (Konturen, Schrift, Inkarnat, kleine Ornamente), Gelb (Horizontallinien, Nimben[1], Teile von Säulen und Kapitellen), Rot (Horizontallinien), Grün (Blatteile). Innen: Rot und Blau (bei Gewändern, Säulen, Kapitellen und Blatteilen), Grün (Gewand des Kindes), Schwarz (Haar des Kindes).

Zum Fundkomplex, aus dem u.a. diese Becherfragmente stammen, vgl. Kat. Nr. 75. Innerhalb der Bechergruppe mit Heiligen finden wir hier erstmals eine Maria mit dem Kinde. Die Inschrift nennt denselben Namen Bartolameus wie bei dem vorigen Stück, auch wieder in Verbindung mit »fecit« = hat (mich) gemacht, jedoch stand vor dem Namen diesmal nicht das übliche »magister«. Das S vor dem Namen könnte möglicherweise von DOMINUS stammen?

LIT.: Clark (1983), S. 154, Nr. 3.

1 Beim Heiligenschein des Kindes ist mit roten Punkten ein Kreuznimbus angedeutet, wie er üblicherweise Christus auszeichnet.

77 Emailbemalter Becher, Fragment

Europa (Murano ?), 2. Hälfte 13. Jh./frühes 14. Jh. – Fundort: Speyer, Allerheiligenstraße (1977). – H 6,5 cm; ⌀ Lippe rekonstruiert ca. 10,2 cm; Wandungsstärke Lippenrand 1,5 mm, Wandung minimal 1,0 mm. – Farbloses Glas, bunte Emailfarben. Durch Verwitterung leicht getrübt, z.T. irisiert, Farben teilweise korrodiert oder abgeblättert.

Archäologische Denkmalpflege Speyer (Landesdenkmalamt Rheinland-Pfalz), Inv. Nr. 77/133, Fu 134

Fragment von Wandung und Rand eines Bechers. Von der Bemalung erhalten: Oberkörper und Kopf einer Heiligen (Maria ?) mit Nimbus und erhobener rechter Hand; zu beiden Seiten Ansätze von Blättern, links Hälfte eines Dreieckskapitells; darüber zwischen rot-gelb-roten Linienbündeln Rest einer Inschrift: »...s (?) C O M..«.
Farben beidseitig aufgetragen, außen: Weiß (Konturen, Punkte um den Nimbus, Inkarnat, Ornament in Kapitell, Buchstaben), Gelb (Horizontallinien, Nimbus, seitliche Rahmung des Kapitells), Rot (Horizontallinien, Binnenzeichnung auf Inkarnat). Innen: Rot (Gewand, Blatthälften), Blau (weitgehend weißlich korrodiert, für Kapitellhälfte, Mantel, Blatthälfte), Schwarz (Haare).

Diese emailbemalte Scherbe wurde in einer Kellergrube des ehemaligen Franziskanerklosters gefunden, zusammen mit weiteren Glasfragmenten und viel Keramik (der Fundkomplex ist noch nicht näher bearbeitet). Der Becher gehörte offenbar zu denjenigen mit stehenden Heiligenfiguren. Analog zu den Parallelstücken zeigte er wahrscheinlich ursprünglich 3 oder auch 4 Heilige unter Arkaden (falls die kleine weiße Spitze am Bruchrand rechts der Ansatz zu einem weiteren Kapitell ist, dann muß man sich wohl eher 4 Säulen und 4 Heilige vorstellen, anstelle des häufigeren Dreierschemas).

Die relativ feine Zeichnung auf diesem Fragment läßt auf eine mehr als durchschnittliche Qualität der Ausführung schließen.

LIT.: –

78 Emailbemalter Becher, Fragment

Europa (Murano ?), 2. Hälfte 13. Jh./frühes 14. Jh. – Fundort: Speyer, Judengasse (1983). – H ca. 3,2 cm; ⌀ ca. 4,5-4,8 cm; Wandungsstärke 1,0 mm. – Farbloses Glas, bunte Emailfarben. Leicht getrübt und irisiert, Farben z.T. korrodiert oder versintert.

Archäologische Denkmalpflege Speyer (Landesdenkmalamt Rheinland-Pfalz), Inv. Nr. 83/72, Fu 4a

Wandungsscherbe. Von der Bemalung erhalten: Kopf und Oberkörper einer Heiligenfigur, mit Nimbus, die rechte Hand erhoben vor der Brust; zu beiden Seiten Ansätze von Blättern.

77 78

Farben beidseitig aufgetragen, außen: Weiß (Konturen, Inkarnat, dieses im Gesicht stark bräunlich korrodiert bzw. versintert), Gelb (Nimbus), Grün (Stück Blatt links). Innen: Rot (Gewand, Stück Blatt), Blau (Mantel, Stück Blatt), Schwarz (Haare).

Diese Scherbe von einem offenbar sehr kleinen Becher wurde in einer Kloake in der Judengasse gefunden, zusammen mit Keramik des späteren 13./frühen 14. Jahrhunderts und weiteren Glasfragmenten (darunter Bruchstücke von einem farblosen Nuppenbecher mit winzigen Nuppen). Für das gesamte Material in dieser Kloake innerhalb des Speyerer Judenviertels gibt es einen terminus ante quem durch ein Pogrom in der Mitte des 14. Jahrhunderts.
In der Haltung wie auch in der Art, wie die Haare gezeichnet sind, ähnelt dieser Heilige besonders denen auf dem Becher aus Sevgein (Kat. Nr. 72).

LIT.: –

79 Emailbemalter Becher, Fragment

Europa (Murano ?), spätes 13. Jh./Anfang 14. Jh. – Fundort: Breisach, Kapuzinergasse (1962). – H 13,2 cm; ⌀ Lippe (rekonstruiert) ca. 12,0 cm, Fußring ca. 7,3 cm; Wandungsstärke Lippenrand 2,0 mm, Wandung minimal 1,3 mm. – Farbloses Glas, bunte Emailfarben. Geklebt, z. T. ergänzt. Durch Verwitterung getrübt, Farben stellenweise durch Korrosion verändert oder abgeblättert.

Privatbesitz

79

Glatter Fußfaden. Boden hochgestochen. Von der Bemalung erhalten: zuunterst rot-gelb-rote Horizontallinien; im Bildfeld figürliche Szene, wohl zweimal wiederholt auf gegenüberliegenden Seiten; vor einer rundbogigen Arkadenstellung mit dünnen Säulen und ›Volutenkapitellen‹ sitzt auf einem durch eine Bogenlinie angedeuteten Stein ein nach links gewendeter Mann, den rechten Arm und das linke Bein vorgestreckt; er hat einen Nimbus und ist nackt bis auf ein Lendentuch; zwei nur teilweise erhaltene Figuren hantieren mit weißen Streifen an den ausgestreckten Gliedmaßen, die vordere kniend, die hintere vorgebeugt stehen; – Reste einer ähnlichen sitzenden Figur sind auf der Gegenseite erhalten. Zwischen den Szenen Reste von Pflanzen mit dickem gelben ›Stamm‹ und rotkonturierten grünen Blättern; darüber Inschrift zwischen rot-gelb-roten Linienbündeln, zuoberst weiße Punktreihe. Inschrift: ».... C I A P L E..« (das C nur teilweise erhalten; zu ergänzen in Analogie zu anderen dieser Inschriften als »AVE MARIA GRATIA PLENA«).

Farben beidseitig aufgetragen, außen: Weiß (Konturen, Schrift, Punktreihe, kleine Ornamente, Inkarnat), Gelb (Horizontallinien, Nimbus, Gewand der vorgebeugten Figur, Stamm), Rot (Horizontallinien, Konturen der Blätter in dunklerem Ton als Binnenzeichnung auf Inkarnat), Grün (jetzt gelblich wirkend, von innen noch deutlich, für Blätter). Innen: Rot (Arkadenstellung, Gewänder), Schwarz (Haare, Schuhe).

Die Fragmente wurden von einem Privatsammler beim Bauaushub für den Wasserhochbehälter in der Kapuzinergasse geborgen, es gibt aus dem Kontext keinerlei datierende Hinweise.

Die scheinbar friedliche Szene läßt sich deuten als die Schindung des Apostels Bartholomäus: Die beiden Figuren vor dem Heiligen ziehen in Streifen die Haut von seinen Gliedmaßen. Den Schlüssel zu dieser Deutung liefert eine französische Stickerei der Zeit um 1270, bei der – unter der deutlichen Überschrift S. Bartholomeus – in sehr ähnlicher Weise zwei Schergen dem nur mit dem Lendentuch bekleideten, halb sitzenden und halb liegenden Heiligen in langen Streifen die Haut von einem vorgestreckten Bein und einem erhobenen Arm ziehen. Diese Szene findet sich in einem der Medaillons mit Märtyrerszenen auf dem prachtvollen, gestickten Mantel im Domschatz von Uppsala, der für den Erzbischof Folke (Fulco) 1274 von Lyon nach Uppsala gebracht wurde[1]. Eine solche Martyriumsszene ist bisher einmalig auf den emailbemalten Bechern, es soll aber in Privatbesitz noch ein Exemplar mit einer gleichen oder ähnlichen Darstellung geben, das uns leider nicht zugänglich war.

LIT.: Peter Schmidt-Thomé, in: Kat. Freiburg (1985), S. 15 f. – Schmidt-Thomé (1985), S. 36-39. – Schmidt-Thomé (1986), S. 107-110.

1 Agnes Geijer, Textile Treasures of Uppsala Cathedral from Eight Centuries, Uppsala 1964, Nr. 1, Pl. 4/5. – Detailabb.: Agnes Branting, Andreas Lindblom, Medeltida vävnader och broderi i Sverige, II: Utländska arbeten, Uppsala, Stockholm 1929, Tf. 128. – In etwa vergleichbarer Weise ist diese Szene auch schon in einem der Emails am Tragaltar von Stavelot (um 1160) in Brüssel dargestellt (Otto v. Falke, Der Meister des Tragaltars von Stavelot, in: Pantheon X, 1932, S. 279, Abb. 1).

80 Emailbemalter Becher, Fragmente

Europa (Murano ?), 2. Hälfte 13. Jh./frühes 14. Jh. – Fundort: Unbekannt. – H des größeren Fragments 4,9 cm; ⌀ (rekonstruiert) in Höhe der Horizontallinie ca. 7,0 cm; Wandungsstärke 1,0 mm. – Farbloses Glas mit schwach rauchfarbenem Stich, bunte Emailfarben. 2 Einzelscherben, wenig korrodiert.

Bayerisches Nationalmuseum München,
Inv. Nr. NN 3598/3599

Zwei Scherben vom unteren Teil einer Becherwandung. Von der Bemalung erhalten: Teile der rot-gelb-roten Horizontallinien unten; auf dem größeren Fragment Unterkörper einer nach rechts gekehrten knienden Figur in langem Gewand, rechteckige Basis und Stück vom Schaft einer Säule, Teil einer Pflanze mit gewelltem Blattumriß; auf der kleineren Scherbe Unterschenkel und Fuß einer zweiten knienden Figur, ebenfalls nach rechts gekehrt.

Farben beidseitig aufgetragen, außen: Weiß (Konturen, Stiele), Gelb (Horizontallinie, rechte Hälfte Säulenschaft, Teil des Gewandes), Rot (Horizontallinien). Innen: Rot (linke Säulenhälfte, Gewandteile, Blatthälfte), Blau (Gewandteile, Blatthälfte), Schwarz (Schuhe), Grün (Basis).

80

Die beiden Scherben gehören zum Altbestand im Museum, es besteht eine sehr geringe Möglichkeit, daß sie mit dem »Bruchstück eines venezianischen Glases« zu identifizieren sind, das 1868/69 in Lindau gefunden und nach München gegeben wurde.

Kniende Figuren sind ansatzweise noch auf zwei anderen Bechern nachgewiesen (Kat. Nrn. 79, 84), aber offenbar jeweils in anderem thematischen Zusammenhang. Das lange, ungegürtete Gewand des Knienden auf der Münchener Scherbe läßt am ehesten an einen der 3 Könige aus einer Anbetung der Könige denken, es gehörte gewiß nicht zu einem Schergen wie bei der Schindung des Bartholomäus, wohl auch nicht in eine profane Szene, die wahrscheinlich auf dem Fragment aus Worms (Kat. Nr. 84) dargestellt war.

LIT.: Rückert (1982), S. 50, Nr. 32, 33. – Kat. Venedig (1982), S. 68, Nr. 47.

81 Emailbemalter Becher, Fragment

Europa (Murano ?), 2. Hälfte 13. Jh./frühes 14. Jh. – Fundort: Fritzlar, Dr.-Jestädt-Platz 3 (1978). – H 11,5 cm; ⌀ Lippe 11,3 cm, Fußring (rekonstruiert) 7,0 cm; Wandungsstärke Lippenrand 1,5 mm. – Farbloses Glas, bunte Emailfarben. Geklebt und ergänzt. Oberfläche leicht getrübt durch Verwitterung, z. T. irisiert, Farben großenteils durch Korrosion verändert, z. T. abgeblättert.

Museum Fritzlar, Hochzeitshaus

Kleines Stück vom glatten Fußring. Boden fehlt. Von der Bemalung erkennbar: unten rot-gelb-rote Horizontallinien (untere rote Linie fast ganz abgerieben, als Aufrauhung erkennbar, obere weitgehend zu Weiß verändert, gelbe Linie schwärzlich korrodiert); im Bildfeld dreimal Säule mit annähernd rechteckiger Basis und Dreieckskapitell (eine vierte Säule fehlt); dazwischen, flankiert von Pflanzen mit gezackten Blättern, einmal ein nach links gekehrter Mann mit einem Ring in der erhobenen rechten Hand, einmal eine nach rechts gewendete Frau in langem, schleppendem Gewand; im Bereich ihres Kopfes ein Ausbruch, zwischen den Figuren zwei Felder verloren; oben Inschrift zwischen rot-gelb-roten Linienbündeln (Rot fast gänzlich zu Weiß verändert oder abgerieben, Gelb schwärzlich korrodiert):
» + : AMOR VINCIT O . . . . : «.

Farben beidseitig aufgetragen, außen: Weiß (jetzt fast ganz rotbräunlich korrodiert, für Schrift, Konturen, Inkarnat, Dreiblattmotive in Kapitellen), Gelb (weitgehend schwärzlich korrodiert, für Horizontallinien, rechte Hälften der Säulen, Rahmung der Kapitelle, Haube und Ring des Mannes), Rot (Horizontallinien), Grün (unteres Polster des Säulenkapitells rechts neben der Frau). Innen: Rot (linke Hälften der Säulen und Blätter, rechte Hälften der Kapitelle und Gewänder), Blau (linke Hälften der Kapitelle und Gewänder, rechte Hälften der Blätter), Schwarz (Haare, Schuhe, evtl. rechter Beinling des Mannes), Grün (linker Beinling).

Die Fragmente dieses Bechers wurden 1978 inmitten der

81

Altstadt von Fritzlar aus dem unteren Teil eines Brunnens geborgen, der auf dem Grundstück einer zum ehemaligen St. Peters-Stift gehörigen Stiftskurie lag[1]. Durch dendrochronologische Daten der Eckpfosten ergab sich, daß die hölzerne Brunnenkonstruktion wohl im letzten Jahrzehnt des 13. Jahrhunderts errichtet wurde. Die Beifunde an Keramik und Daubenschälchen lassen sich dem Zeitraum letztes Drittel 13.-1. Drittel 14. Jahrhundert zuordnen. Für eine Feindatierung des emailbemalten Bechers ergeben sich also keine Anhaltspunkte aus den Fundumständen.

Mit dem Fritzlarer Neufund hielten erstmals profane Figuren Einzug in die Ikonographie dieser Bechergruppe[2], nachdem zuvor schon eine Reihe von Heiligen Lamms Feststellung von 1941 widerlegt hatten, es gebe auf den ›syro-fränkischen‹ Bechern offenbar keinerlei menschliche Figuren[3]. Leider ist die Darstellung nur etwa zur Hälfte erhalten, und man kann für die beiden fehlenden Felder nur Vermutungen anstellen: Aus dem Hochhalten des Ringes durch den Mann wird deutlich, daß es um eine Eheschließung ging[4], in dem Feld links neben ihm wäre also wahrscheinlich seine Braut vorzustellen. Und die nach rechts gekehrte Frau gehörte dann wahrscheinlich zu einem zweiten Hochzeitspaar, wovon diesmal der Mann verloren ist. (Eine ähnliche Darstellung findet sich auch auf dem formgeblasenen Fragment Kat. Nr. 214.)

Ebenso neu und bisher einzigartig auf diesen Bechern wie die Darstellung ist die Inschrift, die man sicher als »AMOR VINCIT OMNIA« ergänzen muß[5]. In diesem Fall passen also einmal Text und Bild zusammen, während sonst auffällt, daß es meist keinerlei Bezug zwischen Inschrift und Darstellung gibt. Z. B. kommt bisher nie Maria bei einer Ave-Maria-Inschrift vor. (Allerdings paßt dann wiederum der Becher mit Hochzeitsszenen nicht recht in den Haushalt eines Stiftsherren …)

Details von Kostüm und Frisur bestätigen die vorgeschlagene vage Datierung, erlauben aber keine engere zeitliche Eingrenzung. Die unter dem Kinn gebundene Haube des Mannes war im 13. wie auch noch im 14. Jahrhundert gebräuchlich, sie wurde zunächst vorwiegend von Männern in dienender Funktion getragen, gehörte aber seit ca. 1300 allgemein zur Alltagskleidung[6]. Der kurze zweifarbige, gegürtete Rock und die farblich abstechenden Beinlinge des Mannes sind ebenfalls im 13. und im 14. Jahrhundert üblich, wie auch das lange schleppende Kleid der Frau.

Der Fritzlarer Becher war offenbar feiner gemalt und farbig reicher als das Gros dieser Bechergruppe. Von den meisten anderen dieser Becher unterscheidet er sich auch durch das vierteilige (statt des häufigeren dreiteiligen) Dekorschema.

LIT.: Michael Mathias, Bemerkenswerte Funde eines Brunnens des 13./14. Jahrhunderts aus Fritzlar, Schwalm-Eder-Kreis. (Wird erscheinen in: Fundberichte aus Hessen. Wir sind dem Autor dankbar, daß er uns das Manuskript vorab zugänglich gemacht hat.)

1 Informationen zu den Fundumständen und dem gesamten Fundmaterial verdanken wir Egon Schaberick, Fritzlar (dem ›Retter‹ des Brunneninhalts) und Michael Mathias, Marburg. Das Material aus dem unteren Teil dieses Brunnens konnte wieder einmal nur in letzter Minute vor dem Bagger gerettet werden, im Baggeraushub gingen höchst bedauerlicherweise auch Teile des Bechers verloren.
2 Seither sind noch Reiter und Musikanten dazugekommen, außerdem lassen natürlich einige Fragmente mit nur den Unterteilen von Figuren Raum für Spekulationen, vgl. Kat. Nrn. 80, 84, 85.
3 Lamm (1941), S. 91 f.
4 Amira (1925), Teil 1, S. 119 f.
5 Leicht abgewandelt nach Vergil, x. Ecl., 69, »Omnia vincit amor …«
6 Amira (1925), Teil 1, S. 13 f.

81

82

82 Emailbemalter Becher, Fragmente

Europa (Murano ?), Ende 13. Jh./frühes 14. Jh. – Fundort: Straßburg, 15 rue des Juifs (1987). – H (rekonstruiert) ca. 11,8 cm; ⌀ Lippe ca. 9,0 cm, Fußring 6,3 cm; Wandungsstärke Lippenrand 1,2 mm, Wandung minimal 0,7 mm. – Farbloses Glas, bunte Emailfarben. Geklebt. Durch Verwitterung getrübt und irisiert, Farben weitgehend korrodiert oder abgeblättert.

Direction des Antiquités historiques, Straßburg

Glatter Fußfaden. Boden hochgestochen. Von der Bemalung erkennbar bzw. rekonstruierbar: zuunterst rot-gelb-rote Horizontallinien (Rot fast ganz zu Weiß verändert, zu erschließen nach den zahlreichen Parallelstücken und aus der Tatsache, daß das Weiß von Konturen und Schrift bräunlich korrodiert ist); im Bildfeld ursprünglich 4 Säulen (3 ansatzweise vorhanden), dazwischen wohl jeweils eine stehende Figur und Pflanzen; Säulen auf trapezförmigen Basen, Dreieckskapitele mit einbeschriebenen Dreipaßmotiven über doppelten ›Polstern‹; von den Figuren am besten erhalten (bis auf Teil des Kopfes) ein Musikant, der auf einer Art Laute spielt, bekleidet mit knielangem Gewand und kleiner eng anliegender Haube; Füße und Unterschenkel einer zweiten derartigen Figur wohl aus dem gegenüberliegenden Feld vorhanden; in den Feldern dazwischen, den Musikanten zugewandt, wohl weibliche Figuren: erhalten die untere Hälfte eines nach links nachschleppenden, in breiten Querstreifen unterteilten Kleides; über dem Bildfeld zwischen rot-gelbroten Linienbündeln weiße Inschrift (auch hier Rot zu Weiß verändert und Weiß der Buchstaben bräunlich). Nur einzelne Buchstaben leserlich, z.T. nur als Aufrauhung der Oberfläche: »... E M A .... G R ..«. Möglicherweise Rest einer AVE MARIA GRATIA PLENA-Inschrift, wie sie wiederholt auf diesen Bechern vorkommt.

Farben beidseitig aufgetragen. Außen: Weiß (bräunlich korrodiert, für Konturen außer bei Pflanzen, Buchstaben, wohl Inkarnat), Gelb (Horizontallinien, Kapitellrahmungen, Hauben, ›Laute‹, Teil des Frauenkleides), Rot (zu Weiß verändert, für Pflanzenteile und Blattkonturen, Horizontallinien), Gelbgrün (Blätter, Säulenbasen). Innen: Grün (linke Kapitellhälften, Gewandteile), Rot (fast gänzlich zu Weiß verändert, für rechte Kapitellhälften, wohl Säulenschäfte, Gewandteile, Blatthälften), Blau oder Schwarz (Beinlinge und Schuhe).

Die Scherben dieses Bechers wurden, zusammen mit denen von mindestens 3 weiteren emailbemalten Bechern (vgl. Kat. Nr. 105) in einer Abfallgrube gefunden, die – ohne Stratigraphie – Material aus dem Zeitraum zwischen spätem 13. und 16. Jahrhundert enthielt.
Dieser Straßburger Neufund bereichert die Gruppe der Becher mit höfisch-profanen Darstellungen. (Wobei die Inschrift, wenn sie zu Recht als Englischer Gruß ergänzt wird, wieder einmal keinerlei Bezug zur Bemalung hat.) Die besten Parallelen sind einerseits der Becher aus Fritzlar mit wohl 4 Figuren (2 Paaren) zwischen 4 Säulen, andererseits das kleine Fragment aus Prag, bei dem ein sehr ähnliches Musikinstrument vorkommt.

LIT.: –

83 Emailbemalter Becher, Fragment

Europa (Murano ?), 2. Hälfte 13. Jh./frühes 14. Jh. – Fundort: Prag, St.-Peters-Viertel. Aus einer Abfallgrube des ehemaligen Pfarrhauses. – H 4,8 cm; Wandungsstärke 1,0 mm. –

Farbloses Glas, bunte Emailfarben. Farben nahezu unverändert frisch erhalten.

Zentrum der Denkmalpflege der Stadt Prag,
Inv. Nr. XVIII-5637

Wandungsscherbe. Von der Bemalung erkennbar: Oberkörper einer Figur mit Stück von Hals und Kinn, quer vor dem Leib ein Saiteninstrument, die linke Hand auf dem Hals dieses Instruments. Farben beidseitig aufgetragen, außen: Weiß (Konturen, Inkarnat), Gelb (›Saiten‹ des Instruments, kleine undefinierbare Flächen), Rot (Binnenzeichnung auf Inkarnat, Konturlinie einer gelben Fläche rechts oben, minimaler Rest einer horizontalen Linie unten). Innen: Rot (Gewand), Grün (Instrument), Schwarz (kleine undefinierbare Flächen unten).

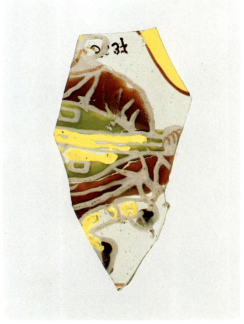

83

Von der Gestaltung (Mensch oder Mischwesen?) und Haltung der Figur kann man sich leider keine genaue Vorstellung mehr machen. Neben dem Fragment mit Musikanten aus Straßburg (Kat. Nr. 82) und denen mit fidelnden Sirenen aus Lübeck (Kat. Nr. 87) ist diese Prager Scherbe der dritte Beleg für eine Bemalung solcher Becher mit musizierenden Figuren. Nicht zu deuten und ungewöhnlich ist bei diesem Stück die rote (in diesem Fall eindeutig nicht eine ursprünglich weiße, durch Korrosion farblich veränderte) Konturlinie der gelben Fläche rechts oben.
Im Fundareal, dem St.-Peters-Viertel im Nordostteil der Neustadt, bestand seit der Mitte des 12. Jahrhunderts eine Siedlung deutscher Kaufleute. Im Laufe des 14. Jahrhunderts wurden dort Steinhäuser errichtet. Die emailbemalte Scherbe, wie auch die Stücke Kat. Nrn. 204, 338 und 550 wurden dort in Abfallgruben des ehemaligen Pfarrhauses gefunden, bei Grabungen, die das Zentrum der Denkmalpflege in Prag in den Jahren 1969-76 durchführte[1]. Die

Fundumstände und die Beifunde deuten auf eine Verfüllung in der 2. Hälfte des 14. Jahrhunderts.

LIT.: –

1 Grabungsleitung Ladislav Špaček, dem wir auch sämtliche Angaben zu diesen Funden und den Fundumständen verdanken.

84   Emailbemalter Becher, Fragment

Europa (Murano?), 2. Hälfte 13. Jh./frühes 14. Jh. – Fundort: Angebl. Worms, Judengasse (1976). – H 4,7 cm; ⌀ Fußring 7,0 cm; Wandungsstärke Bruchkante oben 1,2 mm. – Leicht grünliches Glas, bunte Emailfarben. Fragment von Boden und unterem Wandungsteil, geklebt. Durch Verwitterung getrübt, Farben teilweise durch Korrosion verändert oder abgeblättert.

Johann-Josef Halm, Durbusch

Glatter Fußring. Boden hochgestochen. Von der Bemalung erhalten: zuunterst rot-gelb-rote Horizontallinien (Rot weitgehend verloren oder zu Weiß verändert); darüber an 2 Stellen leicht trapezförmige Säulenbasen und ein Stück Säulenschaft; zwischen den Säulen Rock mit breitem Zickzackstreifen von einer stehenden weiblichen Figur, links neben ihr Reste einer Pflanze mit herzförmigem Blatt; rechts neben der rechten Säule ein Stück ›Stamm‹ von einer Pflanze und Fuß einer knienden männlichen Figur, nach rechts gewandt. Farben beidseitig aufgetragen, außen: Weiß (für die meisten Konturen, ›Stamm‹), Gelb (Horizontallinie, Zackenstreifen), Rot (fast gänzlich zu Weiß verändert, stellenweise von innen erkennbar, für Horizontallinien, Konturen des Blatts links), Grün (äußerlich zu Gelb verändert, von innen sehr deutlich, für Basen und Blatt). Innen: Rot (weitgehend zu Weiß verändert, von außen erkennbar, für Säulenschäfte und Gewand).

84

Die Scherben dieses Becherunterteils gehören in einen Fundkomplex, der beim Bau einer Tiefgarage aus einer Kloake geborgen wurde. Aus demselben Fund stammen weitere frühe Glasfragmente, u. a. Kat. Nrn. 160, 165. Aus den spärlichen Resten der Darstellung kann man sich, dank vergleichbarer Stücke, doch eine gewisse Vorstellung von der Bemalung machen: Nach der Anordnung der Säulen war das Schema vierteilig, d. h. es enthielt sicherlich 4 Säulen und 4 Figuren (sowie Pflanzen) dazwischen. Analog zu den Bechern aus Straßburg (Kat. Nr. 82) und Fritzlar (Kat. Nr. 81) waren es wahrscheinlich 2 annähernd gleiche Paare. Dem nach rechts gewandten knienden Mann war dann wohl im nächsten Arkadenfeld eine stehende Frau zugekehrt. Von einem zweiten derartigen Paar in den beiden übrigen Feldern ist nur der Rock der stehenden Frau übriggeblieben. Über die Aktion der beiden Paare ist nichts mehr auszusagen. – Ungewöhnlich, aber nicht ohne Parallelen, ist die grünliche Glasmasse (vgl. Kat. Nr. 89 und die hochstielige Schale aus Prag Kat. Nr. 116) und die Verwendung von weißen und zusätzlich roten Konturen (vgl. die Freiburger Fragmente Kat. Nr. 94).

LIT.: –

85

85   Emailbemalter Becher, Fragmente

Europa (Murano?), 2. Hälfte 13. Jh./frühes 14. Jh. – Fundort: Ribe (Dänemark), Riberhus (1940/41). – H 7,0 bzw. 6,0 cm; Wandungsstärke Lippenrand 1,1 mm, Wandung minimal 0,9 mm. – Farbloses Glas, bunte Emailfarben. 2 Fragmente, geklebt. Durch Verwitterung getrübt, stellenweise irisiert. Farben weitgehend korrodiert, z. T. abgeplatzt.

Den Antikvariske Samling i Ribe, Inv. Nr. 7995

Wandungs- und Randfragmente von einem Becher. Von der Bemalung erkennbar, 1. auf der kleineren Scherbe: 3 Horizontallinien (wahrscheinlich rot-gelb-rot, erhalten nur kleines Stück der gelben, jetzt oberflächlich schwarz korrodierten gelben Linie und Aufrauhung von den Begleitlinien); rechts Säule mit rechteckiger Basis und Stück des Dreieckskapitells, links daneben Stück Pflanze mit dreiteiligen Blättern und Knospen, links davon Stück Gewand von einer stehenden, wohl weiblichen Figur, mit Schleppe. 2. auf der größeren Scherbe: Teile von Blättern und Dreieckskapitellen, Rest Inschrift gerahmt unten und oben von rot-gelb-rotem Linienbündel: »:MAGI..«

Farben beidseitig aufgetragen, außen: Weiß (braun korrodiert, für Konturen, Inschrift), Gelb (schwärzlich korrodiert, für Horizontallinien, Teile des Kapitells, linke Hälfte der Säule), Grün (schwarz korrodiert, für Blatthälften), Rot (weiß korrodiert, für Horizontallinien). Innen: Rot (weißlich korrodiert, für Gewand, Kapitell, rechte Säulenhälfte), Blau (ebenfalls weißlich korrodiert, für Blatthälften und Stück Gewand links).

Die Fragmente wurden in der Füllschicht im Keller eines Turms der Burg von Ribe schon Anfang der 1940er Jahre entdeckt (ohne Stratigraphie) und fanden dank der kurz zuvor erschienenen Publikation von Lamm gebührende Beachtung. – Die wenigen Buchstaben der Inschrift lassen erkennen, daß dieser Becher zu denen mit einer Magister->Signatur< gehört, wie Kat. Nrn. 73, 75, 76, 90 und 103. Die Pflanzen wie auch die Säulen sind Standardmotive, letztere scheinen hier aber besonders eng beisammen zu stehen, so daß es möglicherweise 4, nicht wie sonst meistens 3 waren. Stehende weibliche Figuren finden sich außerdem noch auf dem Fritzlarer Becher, Kat. Nr. 81 (dort zur anderen Seite gekehrt), auf dem Straßburger ›Musikantenbecher‹, Kat. Nr. 82, und wohl auch auf dem Fragment aus Worms, Kat. Nr. 84. Der szenische Zusammenhang ist leider nicht zu erschließen.

LIT.: C. A. Jensen, Syriske Glasskaar, in: Fra Ribe Amt 1945. – Per-Kristian Madsen, En Venezianer i Ribe?, in: Man må studere ..., Festskrift til G. Torresin, Århus 1984, S. 186-190.

86   Emailbemalter Becher, Fragment

Europa (Murano?), spätes 13.Jh./frühes 14.Jh. – Fundort: London, Foster Lane (1982). – H 13,2 cm; ⌀ Lippe (rekonstruiert) ca. 11,5 cm; Wandungsstärke Lippenrand 1,2 mm. – Farbloses Glas, bunte Emailfarben. Geklebt. Kaum verwittert.

The Museum of London, Inv. Nr. OST 82 ⟨134⟩

Stück von einem glatten Fußfaden, Ansatz zu hochgestochenem Boden. Von der Bemalung erhalten: unten Stück der rot-gelb-roten Horizontallinien; im Bildfeld links Beine eines nach rechts sprengenden Pferdes und Fuß des Reiters, rechts schleppendes Gewand einer stehenden weiblichen Figur, zwischen den Figuren Pflanze mit dreiteiligen Blättern; darüber zwischen rot-gelb-roten Linienbündeln kleiner Rest einer weißen Inschrift: »..O M..«.

Farben beidseitig aufgetragen, außen: Weiß (Konturen, Buchstaben), Gelb (Horizontallinien, Knospen), Rot (Horizontallinien), Grün (Blatteile). Innen: Rot (Pferd, Teile von Gewand und Blättern), Blau (Teile von Gewand und Blättern).

Zum Fundkomplex vgl. Kat. Nr. 75. – Figürliche Szenen aus dem profan-höfischen Bereich kamen bei den Bechern von der Foster Lane offenbar noch mindestens ein weiteres Mal vor, wie lose Fragmente mit Teilen von einem Reiter (?) und Pferd vermuten lassen. Eine Scherbe mit dem Oberkörper eines nach links gekehrten Reiters mit Schild, Lanze und wehenden Federn am Helm könnte möglicherweise vom selben Becher stammen wie dieses Bruchstück[1]. Das Reitermotiv findet sich innerhalb der Gruppe der emailbemalten Gläser sonst nur noch auf der hochstieligen Schale aus Prag. Reste von stehenden weiblichen Figuren mit nachschleppendem Gewand zeigen z.B. die Becherfragmente aus Straßburg (Kat. Nr. 82) und Fritzlar (Kat. Nr. 81). Es ist zu erwägen, aber natürlich nicht zu beweisen, ob auch dieser Londoner Becher wie der Fritzlarer eine OMNIA-VINCIT-AMOR-Inschrift hatte.

LIT.: Clark (1983), S. 154, Nr. 6.

1   Clark (1983), S. 154, Abb. 7,3. – Inv. Nr. OST 82 ⟨155⟩. Die Information über die mögliche Zusammengehörigkeit (nach den Maßen) verdanken wir wieder John Clark, London.

86

87   Emailbemalter Becher, Fragmente

Europa (Murano?), spätes 13.Jh./frühes 14.Jh. – Fundort: Lübeck, Breite Straße 97, Brunnen III. – H 7,7 bzw. 3,7 cm; B 3,4 bzw. 3,2 cm; Wandungsstärke 1,0 mm. – Farbloses Glas, bunte Emailfarben. 2 Einzelscherben. Die größere durch Verwitterung leicht getrübt, Farben z.T. verloren.

Amt für Vor- und Frühgeschichte (Bodendenkmalpflege) Lübeck, Inv. Nr. 02I I/E 955

Wandungsscherben. Von der Bemalung erhalten: 1. Fragment einer fidelspielenden Sirene mit Fischschwanz, darüber kleiner Rest einer Inschrift zwischen rot-gelb-roten Horizontallinien; erkennbare Buchstaben: »..O N..«. 2. Stück einer Pflanze und eines Fischschwanzes, wohl von einer zweiten Sirene, minimaler Rest der Inschriftbordüre.

Farben beidseitig aufgetragen, außen: Weiß (Konturen, Buchstaben, Inkarnat), Gelb (Horizontallinien, Fidel, rechte Hälfte Fischschwanz auf der kleineren Scherbe), Rot (Horizontallinien, wohl Binnenzeichnung auf Inkarnat, jetzt fast ganz verloren), Grün (Blätter). Innen: Rot und Blau (bei Gewand und Fischschwanz).

Die beiden Scherben wurden in einem Brunnen in der Lübecker Altstadt gefunden. Musizierende Figuren sind inzwischen mehrfach nachzuweisen auf dieser Bechergruppe, vgl. Kat. Nrn. 82, 87, ebenso alle möglichen Mischwesen. Musizierende, fischschwänzige Sirenen sind auch sonst geläufig in der Ikonographie der Zeit um 1300, so z. B. in einem Wandgemälde aus Beauvais (Anf. 14. Jahrhundert)[1].

LIT.: – (Dumitrache, G 155, Abb. 480,2, in Vorbereitung).

1   Paul Deschamps, Marc Thibout, La peinture murale en France au début de l'époque gothique, Paris 1963, S. 236, Tf. 146.

Farben beidseitig aufgetragen, außen: Weiß (Buchstaben, Konturen, Inkarnat), Gelb (Horizontallinie), Rot (Horizontallinien, schwache Spur von Binnenzeichnung im Gesicht). Innen: Grün (Haare (!), Teil von Gewand und ›Schwanz‹), Rot (Teile von Gewand und ›Schwanz‹).

Die leider sehr fragmentarische Darstellung läßt sich nicht deuten, Art und Haltung der Figur können wohl nur mit Hilfe zu erhoffender Neufunde verständlich werden. Merkwürdig und bisher einmalig sind die grünen Haare.
Die Fragmente sind Depot-Altbestand, zu den Fundumständen ist nichts Näheres bekannt[1].

LIT.: –

1   Den Hinweis auf diesen Depotfund verdanken wir Robert Koch.

87

88

88   Emailbemalter Becher, Fragmente

Europa (Murano ?), 2. Hälfte 13. Jh./Anfang 14. Jh. – Fundort: Mainz, Eiserner Turm. – H 6,6 bzw. 4,0 cm; ⌀ Lippe rekonstruiert ca. 11,5 cm, Fußring ca. 7,0 cm; Wandungsstärke Lippenrand 1,5 mm, minimal 1,0 mm. – Farbloses Glas mit schwachem grau-grünlichen Stich, bunte Emailfarben. 2 große Einzelscherben. Durch Verwitterung leicht getrübt und irisiert, Farben z. T. durch Korrosion verändert oder abgeblättert.

Landesmuseum Mainz, Inv. Nr. O, 5401 a und b

Glatter Fußfaden, Ansatz zu hochgestochenem Boden. Von der Bemalung erhalten: zuunterst rot-gelb-rote Horizontallinien (Rot fast ganz zu Weiß verändert oder abgeblättert); darüber Rest wohl einer Pflanzendarstellung. Auf der Scherbe vom oberen Becherteil Kopf und Fragment Oberkörper, eventuell Fischschwanz einer Figur. Darüber Rest Inschrift zwischen rot-gelb-roten Linienbündeln (Rot wiederum weitgehend zu Weiß verändert): »M (?) I N (?) ׃ I E ..«.

89   Emailbemalter Becher, Fragment

Europa (Murano ?), 2. Hälfte 13. Jh./frühes 14. Jh. – Fundort: Nürnberg, Weinmarkt 11, Abfallgrube (1983). – H 11,5-11,8 cm; ⌀ Lippe 11,5 cm, Fußring 7,7 cm; Wandungsstärke Lippenrand 2,0-2,5 mm, minimal 1,2 mm. – Annähernd farbloses Glas mit grau-grünlichem Stich, bunte Emailfarben. Geklebt, kleine Ergänzungen. Oberfläche bei den meisten Scherben getrübt, z. T. irisiert, Farben großenteils korrodiert, stellenweise abgeblättert.

Germanisches Nationalmuseum Nürnberg, Inv. Nr. Gl 644

Glatter Fußfaden. Boden hochgestochen. Bemalung: zuunterst weiße Wellenlinie (z. T. bräunlich verändert), darüber rot-gelb-rote Horizontallinien (rote Linien wirken fast gänzlich weiß, Reste des Rot aber von innen erkennbar); im Bildfeld dreimal wiederholt nach rechts gewendete Fabelwesen mit Menschenkopf, Vogelkörper, -flügeln und -beinen und Fischschwanz (Harpyien oder Sirenen); zwischen ihnen jeweils eine Pflanze; darüber zwischen rot-gelb-roten Li-

139

nienbündeln weiße Inschrift (rote Linien wieder nur von innen zu erkennen, außen weiß korrodiert, z. T. auch ganz abgeblättert); Inschrift noch ungedeutet, eine Markierung für Anfang/Ende fehlt, die Buchstaben sind extrem gestaucht, z. T. wohl ligiert und mit ornamentalen Querstrichen versehen.

Farben beidseitig aufgetragen, außen: Weiß (Inschrift, Konturen, Inkarnate, Teile der Vogelkörper), Gelb (Horizontallinien, Teile von Flügeln und Vogelkörpern), Grün (Blätter, Teile der Flügel und Vogelkörper), Rot (Horizontallinien, wohl auch Konturen und Stiele der Pflanzen). Innen: Rot (große Teile der Vogelkörper und Flügel), Schwarz (Haare, kleine Teile an Flügeln und Körpern).

89

Die Fragmente dieses Bechers wurden 1983 geborgen, zusammen mit größeren Mengen an Keramik, Holz, auch Leder und weiteren Glasfragmenten, darunter kleine Scherben eines zweiten emailbemalten Bechers mit dem Kopfansatz einer Figur, Blatteilen und Stück Kettenborte. Die Fundumstände und das gesamte Fundmaterial wurden bereits ausführlich behandelt[1].

Das Gesamtschema der Bemalung mit Inschrift, Bordüren, Fabelwesen und Pflanzen wie auch Form und Größe dieses Bechers bleiben im Rahmen des in dieser Gruppe üblichen. Trotzdem hat er eine Reihe von Besonderheiten: Die Glasmasse hat einen deutlich grau-grünlichen Farbstich, ähnlich wie z. B. die hochstielige Schale aus Prag und das Becherfragment aus Worms (Kat. Nrn. 116 und 84). Die weiße Wellenlinie unten hat er gemeinsam mit einigen weit verstreuten Bechern (Kat. Nrn. 106, 108, 110, 113). Bisher einmalig ist die Blattform und die Farbigkeit der Pflanzen. Es fehlt die übliche zweifarbige Unterteilung der Blätter, die Konturen und Stiele waren ungewöhnlicherweise wohl rot (Spuren von Rot sind von innen unter dem Rand des flächenfüllenden Grün der Blätter erhalten, während von außen diese Linien jetzt weiß sind).

Insgesamt ist die Bemalung relativ einfach und flüchtig ausgeführt, obgleich man sich zu dem heutigen Zustand noch einige feinere Details (Binnenzeichnung in Gesichtern, wohl auch Muster auf Körpern) ergänzend vorstellen muß. Das Liniengerüst wurde möglicherweise mit Hilfe einer innen angelegten Schablone aufgetragen, wie man aus der auffälligen Gleichartigkeit der 3 Mischwesen und Pflanzen schließen kann.

LIT.: Kat. Nürnberg (1984), Kat. Nr. IC 2, S. 107-110 (Rainer Kahsnitz). – Rainer Kahsnitz, Ein ›syro-fränkisches‹ Glas aus dem Wirtshaus Zum Wilden Mann in Nürnberg, in: Monatsanzeiger Museen und Ausstellungen in Nürnberg, Juli 1984, Nr. 40, S. 318 f. – Journal of Glass Studies 27, 1985, S. 97 (Neuerwerbung).

1 Kat. Nürnberg (1984).

90 Emailbemalter Becher, Fragmente

Europa (Murano ?), 2. Hälfte 13. Jh./frühes 14. Jh. – Fundort: Ehemalige Stiftskirche St. Verena in Zurzach (Kanton Aargau), (1975). – H Unterteil 2,9 cm, Randscherben 4,3 cm bzw. 4,6 cm; ⌀ oben ca. 8,4 cm, unten ca. 5,8 cm; Wandungsstärke Lippenrand 1,1 mm, Wandung minimal 0,7 mm. – Farbloses Glas, bunte Emailfarben. 3 Fragmente. Geklebt, stark irisiert, z. T. versintert, Farben weitgehend abgeblättert oder abblätternd.

Büro Sennhauser, Zurzach, Fund-Nr. 243

Glatter Fußring, spitz hochgestochener Boden. Von der Bemalung erkennbar: unten Horizontallinien (1980 sichtbar, inzwischen verloren); im Bildfeld oben zweimal nach links

90

gewandter menschlicher Kopf mit Kapuze, die sich nach oben einrollt, sowie Teile von Blättern; darüber Inschriftband mit Rest einer Inschrift, gerahmt von rot-gelb-roten Linienbündeln: »... GISTE ...... ME : + :«. (Die Buchstaben sind z. T. abgeblättert, aber noch als helles Negativ sichtbar.)

91

Farben beidseitig aufgetragen, außen: Weiß (großenteils abgeplatzt oder bräunlich korrodiert, für Konturen, Schrift, Inkarnat), Gelb (horizontale Linie), Rot (horizontale Linie, Binnenzeichnung auf Inkarnat). Innen: Rot (Kapuzen, Teil des Blatts), wohl Blau (Teil des Blatts).

Zu Fundumständen und Fundzusammenhang dieser Fragmente ist noch nichts Näheres bekannt. Die leider sehr schlecht erhaltene Bemalung bereichert unsere Kenntnis vom Motivrepertoire auf diesen Bechern um die Kapuzenköpfe (die bei Mischwesen in der gotischen Ikonographie keine Seltenheit sind, z. B. in den Bordüren der Buchmalerei). Vor allem aber liefert die Inschrift – nach Auffindung einer anpassenden, bei Baumgartner (1980) noch nicht publizierten Scherbe – eindeutig den Beleg für einen weiteren Becher mit Magister-›Signatur‹.

LIT.: Baumgartner (1980), Nr. 6, S. 212 f.

91 Emailbemalter Becher

Europa (Murano ?), 2. Hälfte 13. Jh. – Provenienz: Fürstlich Hohenzollernsches Museum Sigmaringen. – H 11,3 cm; ⌀ Lippe 9,5 cm, Fußring 5,7 cm; Wandungsstärke Lippenrand 1,5–1,8 mm. – Farbloses Glas mit bräunlich-rosafarbenem Stich, bunte Emailfarben. Durchgehender Sprung unten, kleinerer Sprung innen im Bereich des Kapitells.

Museum für Kunsthandwerk, Frankfurt a. M., Inv. Nr. 6770

Glatter Fußring, hochgestochener Boden. Bemalung von unten nach oben: horizontale Reihe weißer Punkte, rotgelb-rote Linien; im Hauptbildfeld einander zugekehrt Vogel mit herzförmigem Blatt im Schnabel und Greif; auf der Gegenseite Säule auf rechteckigem Sockel, flankiert von 2 kleinen Vögeln; im Dreieckskapitell Dreipaßmotiv; über der Bildzone (vielfach überschnitten durch die großen Tiere) Bordüre aus rot-gelb-roten Linien, weißer Inschrift, einzelner roter Linie und weißer Punktreihe. Inschrift: »⁚ + AE. MARIA.GRC.IA.PLEN«.

Farben beidseitig aufgetragen, außen: Weiß (Konturen, Schrift, Punktreihen, Teil des Kapitells), Gelb (Horizontallinien, Teile der Tierkörper), Rot (Horizontallinien, Binnenzeichnung auf Köpfen), Grün (Teile der Tierkörper, Blatt). Innen: Rot (Teile der Tierkörper, Säule), Schwarz (Ohren und Flügelspitzen des Greifen, Körper eines der kleinen Vögel).

Der Frankfurter Becher ist innerhalb dieser inzwischen großen Gruppe eines von nur 3 Exemplaren, die nie unter der Erde waren und annähernd intakt und mit der ganzen Leuchtkraft der Farben erhalten sind (neben dem Aldrevandin-Becher, Kat. Nr. 103, und dem Becher aus Sevgein, Kat. Nr. 72). So wichtig er aber durch seinen guten Erhaltungszustand ist, so muß doch betont werden, daß seine Bemalung im Vergleich zu der auf vielen der Fragmente zwar schwungvoll, aber relativ flüchtig und derb ausgeführt ist. – Die Provenienz dieses Stücks läßt sich leider nicht weiter als bis ins 19. Jahrhundert zurückverfolgen; es ist nicht bekannt, wann und woher Fürst Karl Anton von Hohenzollern-Sigmaringen (1811–1885) es erwarb[1].
Alle Motive der Bemalung sind geläufig im Repertoire dieser Bechergruppe: Die Inschrift mit dem ›Englischen Gruß‹ findet sich mehrfach (vgl. Kat. Nrn. 74, 79, 82, 104), ohne daß ein Bezug zwischen diesem Text und den Darstellungen erkennbar wäre. Auch Tiere, Pflanzen, Säule und Ornamente tauchen auf vielen anderen Bechern auf. Ungewöhnlich ist nur die vereinzelte Säule, während in der Regel der Bildstreifen entweder friesartig durchläuft oder durch mehrere (3 oder 4) Säulen gleichmäßig aufgeteilt ist.
Der Frankfurter Becher ist durch eine Reihe von kleinen Details so eng mit dem Becher mit Heiligen aus Basel verbunden (Kat. Nr. 74), daß der terminus ante quem, der für das Baseler Stück durch die Erbauung der Augustinerkirche zwischen 1276 und ca. 1290 gegeben ist, wohl auch für ihn gilt.

LIT. (Auswahl): Schmidt (1922), S. 57, Abb. 52. – Lamm (1929/30), Bd. I, S. 279 (mit älterer Lit.), Bd. II, Tf. 99,5. – Lamm (1941), S. 84 f., Tf. XXII (Abb. von 4 Seiten). – Bauer (1980²), Nr. 105 (mit weiterer Lit.).

[1] Vor 1872, im ›Verzeichnis der Gläser‹ des Fürstlich Hohenzollernschen Museums von F. A. Lehner (Sigmaringen 1872) ist der Becher schon enthalten, unter Nr. 56. Er gilt dort als »Venetianisch, 15. Jahrhundert«.

92 Emailbemalter Becher

Europa (Murano ?), 2. Hälfte 13. Jh./Anfang 14. Jh. – Fundort: Mittelrheingebiet (?). – H 8,0 cm; ⌀ Lippe 7,7 cm, Fußring 5,0 cm; Wandungsstärke Lippenrand ca. 1,2 mm. – Farbloses Glas, bunte Emailfarben. Geklebt und ergänzt. Verwittert und irisiert, Farben z. T. durch Korrosion verändert.

Karl Amendt, Krefeld

Glatter Fußfaden, Boden hochgestochen. Bemalung: zuunterst rot-gelb-rote Linien; im Bildfeld 3 nach rechts gekehrte Dromedare, dazwischen Pflanzen mit dreiteiligen Blättern; darüber rot-gelb-rotes Linienbündel und weiße Punktreihe. Farben beidseitig aufgetragen, außen: Weiß (Konturen, Inkarnat bei den Tierköpfen und am Bauch, Punktreihe), Gelb (Horizontallinien, Dromedarbeine), Rot (Horizontallinien, Binnenzeichnung an den Köpfen), Grün (Teile der Blätter). Innen: Rot und Blau (Teile der Tierkörper und der Blätter).

Zu den Fundumständen und etwaigen Beifunden ist nichts Näheres bekannt. – Das Gesamtschema des Dekors bleibt völlig im Rahmen des üblichen, auch sämtliche Einzelheiten bei der Gestaltung der Tiere sind auch von anderen Bechern dieser Gruppe vertraut – die mehrfarbige Unterteilung der Körper, die zusätzliche Verzierung durch rein ornamentale weiße Punktreihen, die weißen Köpfe mit roter Binnenzeichnung. Neu sind allerdings die 3 relativ naturalistisch gezeichneten Dromedare. Ist man zunächst geneigt, darin ein überraschendes neues Indiz auf die Herkunft der emailbe-

EMAILBEMALTE GLÄSER

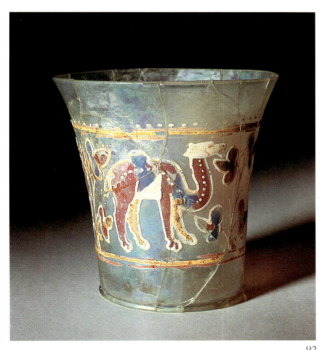

92

malten Becher aus dem Nahen Osten zu sehen (entsprechend der in jüngerer Zeit widerlegten früheren These), so ergibt sich bei näherem Hinsehen rasch, daß die Kamele in der europäischen Kunst und im Kunsthandwerk des Mittelalters relativ häufig vorkommen[1] und daß sie offensichtlich in den aus realen und mythischen Tieren gemischten Bestiarien völlig heimisch waren. (Auf den syrischen Goldemailgläsern sind sie dagegen keineswegs zu Hause!)
Dieser Becher der Sammlung Amendt ist einer der kleinsten der Gruppe. Im Gegensatz zu dem gleich kleinen Stück aus Gaiselberg (Kat. Nr. 119), der wahrscheinlich als Kuppa anzusprechen ist, hat der Dromedarbecher aber eindeutig einen hochgestochenen Boden.

LIT.: Baumgartner (1987), S. 34f., Nr. 1.

1   In der romanischen Bauplastik, z. B. V.-H. Debidour, Le Bestiaire Sculpté du Moyen Age en France, Paris 1961, Abb. 269, 285-287, 322, 331, im Fußbodenmosaik des Doms von Otranto (12. Jh.) wie auf einer Truhenvorderwand, Westfalen um 1300 (Abb. 34 u. 38 in: Rüdiger Beer, Einhorn, München 1972), am Rand des Teppichs von Bayeux (David M. Wilson, Der Teppich von Bayeux, 1985, Abb. 15) wie auch in Bibel-Miniaturen, z. B. in der Welislaus-Bibel (um 1340), fol 24a (Hejdova (1975), S. 144, Abb. 2).

93   Emailbemalter Becher, Fragmente

Europa (Murano ?), 2. Hälfte 13. Jh./frühes 14. Jh. – Fundort: Burg Vorderer Wartenberg bei Muttenz (Kanton Basselland). – H ca. 7,0 cm; ⌀ Fußring 5,1 cm; Wandungsstärke ca. 1,0 mm. – Farbloses Glas mit hellblauer Heftnarbe, bunte

Emailfarben. Geklebt. Verwittert, Farben z. T. durch Korrosion verändert oder abgeblättert.

Kantonsmuseum Baselland, Liestal, Inv. Nr. 44.55.2501

Glatter Fußfaden. Boden hochgestochen. Von der Bemalung erhalten: zuunterst rot-gelb-rote Horizontallinien; im Bildfeld zwei nach links schreitende Steinböcke und Ansatz wohl zu einem dritten; zwischen ihnen Pflanzen mit unterschiedlich geformten, meist zweifarbigen Blättern; darüber rot-gelb-rote Linien und kleines Stück einer Kettenborte.
Farben beidseitig aufgetragen, außen: Weiß (weitestgehend schwärzlich korrodiert, für Konturen, Kettenborte, Punktreihen auf den Hälsen), Gelb (Horizontallinien, Teile der Tiere und Knospen), Rot (Horizontallinien). Innen: Rot und Blau (Teile der Tiere, Blau weitgehend korrodiert).

Die Kettenborte wie auch das Schema mit 3 Tieren und Pflanzen sind geläufig; dagegen sind die Steinböcke bisher vereinzelt auf Bechern dieser Gruppe.
Ungewöhnlich ist am Becherfragment aus Liestal vor allem die hellblaue Heftnarbe. Falls sie nicht durch einen Zufall (Rest farbigen Glases am Hefteisen?) entstanden ist, könnte man daraus auf eine weitere blaue Verzierung an diesem Becher spekulieren, etwa einen blauen Randfaden, was bisher von keinem einzigen Stück dieser Gruppe bekannt ist.

LIT.: Baumgartner (1980), S. 212f., Nr. 7.

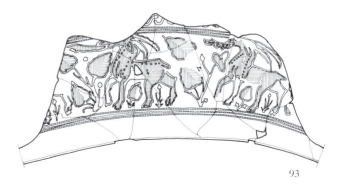

93

94   Emailbemalter Becher, Fragmente

Europa (Murano ?), 2. Hälfte 13. Jh./frühes 14. Jh. – Fundort: Freiburg, Salzstraße 28 (1983). – H zwischen 9 und 12 cm anzunehmen; ⌀ Lippenrand ca. 9,5-10,0 cm; Wandungsstärke Lippenrand 1,3 mm, Wandung minimal 0,9 mm. – Farbloses Glas, bunte Emailfarben. 5 Fragmente, z. T. geklebt. Durch Verwitterung getrübt, Farben durch Korrosion z. T. erheblich verändert, z. T. abgeblättert.

Landesdenkmalamt Baden-Württemberg, Außenstelle Freiburg

Glatter Fußring. Boden hochgestochen. Von der Bemalung erhalten: zuunterst rot-gelb-rote Horizontallinien (Rot großenteils abgeblättert bzw. zu Weiß verändert); im Bildfeld Stück vom Leib, eine Vordertatze und beide Hintertatzen ei-

143

nes nach links gewendeten Raubtiers; spitzes Ohr und Auge eines Tierkopfs auf einer anderen Scherbe vom oberen Teil des Bechers; Teile von Pflanzen mit unterschiedlich geformten, meist zweifarbigen Blättern unter dem Leib des Tiers und auf der oberen Scherbe; über dem Bildstreifen Inschriftrest zwischen rot-gelb-roten Linien: »... A P O P (oder R?) ..«.

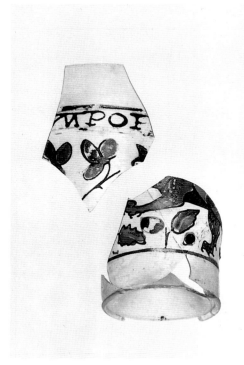

94

Farben beidseitig aufgetragen, außen: Weiß (weitgehend schwarz korrodiert, für die meisten Konturen und Stiele, sowie die Inschrift), Gelb (schwärzlich korrodiert, für Horizontallinien, Teile des Tiers), Rot (fast gänzlich zu Weiß verändert, für Horizontallinien und Konturen zweier Blätter), Grün (2 kleine Blätter unter dem Tierleib, diese mit roten Konturen). Innen: Rot und Blau (jetzt nur von außen erkennbar, innen weiß bzw. grau, für Teile der Blätter und des Tiers).

Die Scherben stammen aus einer Kloake auf dem Grundstück der ehemaligen Deutschordenskommende zwischen Salz- und Grünwälderstraße, deren Inhalt bei einer Notbergung nur teilweise gerettet werden konnte. Die Fundsituation bietet somit keinerlei Datierungshinweise.
Das Tier mit den krallenbesetzten Pranken läßt sich nicht näher benennen. Das spitze Ohr auf der anderen Scherbe könnte zum Kopf eines Greifen gehören, der dann aber normalerweise Vogelvorderbeine hätte (Greif an anderer Stelle auf dem Becher?). Ungewöhnlich ist, daß auf diesem Becher offenbar die gebräuchlichen weißen Konturen zusammen mit roten Konturen (bei einzelnen Blättern) vorkommen.
LIT.: Schmidt-Thomé (1985), S. 39-43. – Schmidt-Thomé (1986), S. 107-110.

95 Emailbemalter Becher (?), Fragmente

Europa (Murano?), Ende 13.Jh./frühes 14.Jh. – Fundort: Brügge, Spanjaantstraat, Abfallgrube 1 (1984). – H 4,2 cm bzw. 2,6 cm; ⌀ Lippe ca. 6,0 cm (rekonstruiert); Wandungsstärke Lippenrand 1,0 mm, Wandung minimal 0,8 mm. –

95

Farbloses Glas, bunte Emailfarben. 2 Einzelscherben. Durch Verwitterung getrübt und irisiert, Farben sehr stark verändert oder ganz abgeblättert.

Stad Brugge, Archeologische Dienst, Inv. Nr. BR 84/SP/1

Kleine Scherbe vom unteren Teil der Wandung und größere vom Randbereich eines Bechers (?). Von der Bemalung erkennbar: zuunterst Stück rot-gelb-rote Horizontallinien (Rot bräunlich, Gelb schwärzlich korrodiert), darüber Stiel einer Pflanze, Hinterbein mit Tatze eines Tiers und Ansatz des zweiten Beins. Auf der oberen Scherbe links Blatt und Knospe, rechts nicht mehr erkennbarer Darstellungsrest (Teil von einem Tier?); darüber rot-gelb-rotes Linienbündel und zuoberst weiße Punktreihe (Rot wieder bräunlich korrodiert, Gelb schwärzlich, Weiß schwarz).
Farben beidseitig aufgetragen, außen: Weiß (jetzt schwarz korrodiert, für Konturen, Punktreihen – auch auf dem Tierkörper –, Tupfenmuster auf dem Hinterbein), Gelb (Horizontallinien, angeschnittenes Hinterbein, Knospe), Rot (Horizontallinien), Grün (von außen schwärzlich korrodiert, von innen noch leuchtend grün, für Blatt). Innen: Rot (Tierkörper).

Die beiden Scherben wurden in einer Abfallgrube zusammen mit Keramik etwa der Mitte des 14. Jahrhunderts gefunden, auch das einzige andere Glasfragment, das Unterteil eines grünen Bechers mit umknickenden Rippen, dürfte ins 14. Jahrhundert gehören. Der Randdurchmesser ist der bisher kleinste innerhalb der Gruppe der emailbemalten Gläser, es muß sich entweder um einen besonders zierlichen Becher gehandelt haben oder eventuell auch um die becherförmige Kuppa von einem Glas auf hohem Stiel oder Fuß?

LIT.: –

96 Emailbemalter Becher, Fragment

Europa (Murano?), 2. Hälfte 13. Jh./Anfang 14. Jh. (vor 1309). – Fundort: Burg Alt-Büron (Kanton Luzern), (1881). – H 6,0 cm; ⌀ in Höhe der Horizontallinie ca. 7,0 cm; Wandungsstärke 1,0 mm oben, 1,2 mm unten. – Farbloses Glas, bunte Emailfarben. Durch Verwitterung getrübt, z. T. irisiert, Farben teilweise korrodiert oder abgeplatzt.

Bernisches Historisches Museum, Bern, Inv. Nr. 848.412

96

Wandungsscherbe von einem Becher. Von der Bemalung erkennbar: unten Horizontallinien (nur die mittlere gelbe weitgehend erhalten, die roten abgeplatzt und nur als Aufrauhung nachzuweisen); darüber links Stück Pflanze mit 2 Blättern, daneben Teil von einem Tier mit Pranken und ›zottigem‹ (durch Häkchen gemustertem) Fell und Ansatz zu gesenktem Kopf.
Farben beidseitig aufgetragen, außen: Weiß (Konturen, ›Inkarnat‹ am Kopf), Gelb (Horizontallinie, Beine), Grün (Blatt), Rot (Binnenzeichnung auf dem Kopf). Innen: Rot (Beine), Blau und eventuell korrodiertes Schwarz (Tierkörper).

Zu diesem Fragment gibt es den terminus ante quem 1309, da die Burg Alt-Büron in diesem Jahr zerstört wurde. – Das fragmentarisch erhaltene Tier ist nach dem bisher gesammelten ›Bestiarium‹ auf diesen Bechern nicht zu bestimmen, der plumpe Leib und die schwunglose Haltung mit dem gesenkten Kopf passen eigentlich nur zu einem zahmeren Tier als einem Löwen oder einer anderen Raubkatze.

LIT.: Baumgartner (1980), S. 213f., Nr. 8.

97 Emailbemalter Becher, Fragmente

Europa (Murano?), 2. Hälfte 13. Jh./frühes 14. Jh. – Fundort: Braunschweig, Altstadt, Turnierstraße, Ass. 631 (1985). – H der größeren Scherbe 4,0 cm; ⌀ ca. 8,5 cm; Wandungsstärke 1,0-1,2 mm. – Farbloses Glas, bunte Emailfarben. 2 Einzelscherben. Farben partiell abgeblättert, z. T. leicht korrodiert.

Braunschweigisches Landesmuseum, Inv. Nr. 85:1/3252

2 Wandungsscherben von einem Becher. Auf der größeren Scherbe erkennbar: 2 horizontale Linien, darauf Stück Säulenbasis, Säule (seitlich gerahmt von Punktreihen), Ansatz des ›Kapitells‹; links der Säule Stück von Brust und Tatze

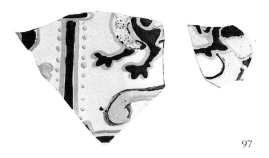

97

eines Tiers, rechts Vorderkörper mit 2 Beinen und unten (wohl) Stück eines breiten, am Ende verdickten Schwanzes; auf der kleineren Scherbe Stück Flügel, Hinterbein, Ansatz eines nach unten gebogenen Schwanzes; Zugehörigkeit zum Tier rechts der Säule zweifelhaft, da die Schwanzkonturen unterschiedliche Farben haben (möglicherweise aber durch Korrosion?).
Farben nur außen: dünn aufgetragenes Weiß bei Konturen, dick aufgetragen bei Punkten und Flächen (Schwanz, Flügelteile), Braunrot (Säule, Beine), Grün oder Schwarz (Brust des rechten Tiers, Flügelteile), Linien unten jetzt schwärzlich und blaßgelb, eventuell durch Farbveränderung.

Die Fragmente dieses Bechers wurden in einem Brunnen gefunden (Brunnen 3141, Schicht 2082), zusammen mit Material des 18. (!) Jahrhunderts[1]. An der Zugehörigkeit zu dieser Gläsergruppe ist aber nicht zu zweifeln.
Fabeltiere bzw. Mischwesen sind häufig in der Ikonographie dieser Becher, sie sind in diesem Fall nicht näher zu bestimmen. Da sie offenbar gegenständig auf die Säule ausgerichtet und nahe an diese herangerückt waren, bestand das Dekorationsschema wahrscheinlich nicht in einer gleichmäßigen ›Arkadengliederung‹, sondern die Säule war wohl vereinzelt (wie z. B. bei dem Frankfurter Becher), und das Hauptmotiv befand sich eventuell auf der gegenüberliegenden Seite. Eine bisher vereinzelte Motivvariante sind die senkrechten Punktreihen neben der Säule.
Farbauftrag nur außen ist zwar seltener als die beidseitige Bemalung, kommt aber doch an einer ganzen Reihe dieser Becher vor (vgl. Kat. Nrn. 100, 102, 106-108, 110, 111, 113).

LIT.: Rötting (1987), Abb. 7:5.

1 Die Angaben zum Fundzusammenhang verdanken wir Hartmut Rötting, Braunschweig.

98   Emailbemalter Becher, Fragmente

Europa (Murano?), 2. Hälfte 13. Jh./Anfang 14. Jh. – Fundort: Lübeck, Markttwiete (Streufund). – H der Fragmente maximal 4,9 cm, ⌀ Lippe rekonstruiert ca. 10,0 cm; Wandungsstärke Lippenrand 1,8 mm, Wandung minimal 1,1 mm. – Farbloses Glas, bunte Emailfarben. 3 Fragmente. Durch Verwitterung getrübt, Farben z. T. korrodiert.

Amt für Vor- und Frühgeschichte (Bodendenkmalpflege) Lübeck, Inv. Nr. 0165/E 120

98

Rand- und Wandungsfragmente von einem Becher. Von der Bemalung erhalten: Stück von einem Mischwesen mit Vogelleib und -beinen, eventuell zugehörig Streifen darunter als Teil eines Fisch- oder Schlangenschwanzes (Harpyie? Basilisk?); darüber Rest Inschrift zwischen rot-gelb-roten Horizontallinien (Farben nur von innen erkennbar, von außen Rot verändert zu Weiß, Gelb schwärzlich); erkennbare Buchstaben: U (? halb vorhanden) S F (? halb vorhanden).

Farben beidseitig aufgetragen, außen: Weiß (weitgehend bräunlich korrodiert, für Konturen, Buchstaben, Vogelbeine), Gelb (großenteils schwärzlich korrodiert, für Horizontallinien, Teile des Flügels, kleine Streuornamente), Rot (jetzt weitgehend weiß erscheinend, für Horizontallinien). Innen: Rot, Blau, Schwarz (am Körper des Mischwesens).

Unter den vielerlei Mischwesen auf diesen Bechern waren möglicherweise die ›Harpyien‹ auf dem Nürnberger Becher Kat. Nr. 89 am besten vergleichbar. Neuerdings sind unter den Fragmenten mehrerer emailbemalter Becher aus Tartu (Dorpat) auch solche bekanntgeworden, die Teile von ›Hähnen‹ mit ähnlichem Körper, vielleicht auch Basilisken zeigen (der eventuelle Schlangenschwanz ist nicht erhalten)[1].

LIT.: – (Dumitrache, G 154, Abb. 480,1, in Vorbereitung).

1   Mäesalu (1986), S. 400-402, Tf. XXXIX.

99   Emailbemalter Becher, Fragment

Europa (Murano?), 2. Hälfte 13. Jh./frühes 14. Jh. – Fundort: Winchester, Wolvesey Palace (1970). – H 8,1 cm; ⌀ Lippe ca. 8,5-9,0 cm; Wandungsstärke Lippenrand 1,0 mm, Wandung minimal 0,8 mm. – Farbloses Glas, bunte Emailfarben. Geklebt. Durch Verwitterung getrübt, z. T. irisiert, Farben weitgehend verloren und nur als Aufrauhung der Oberfläche zu erschließen.

Winchester City Museum, Winchester Research Unit, Inv. Nr. WP RF 5309

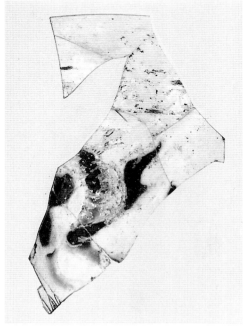

99

Wand- und Randfragment eines Bechers. Von der Bemalung erkennbar: Teil eines nach rechts gewandten Fabeltiers mit ausgebreiteten Flügeln und Vorderpranken; Teil der oberen Bordüre mit kleinem Rest einer Inschrift zwischen horizontalen Linien (Teile von roten Linien erhalten, ursprünglich das übliche Schema rot-gelb-rot?).

Farben beidseitig aufgetragen, außen: Weiß (Konturen, Buchstaben, Inkarnat beim Kopf des Tiers), Rot (Horizontallinien, Binnenzeichnung auf Inkarnat). Innen: Rot und Blau (beim Körper des Tiers; Blau nur von außen erkennbar, innen zu Weiß verändert).

Die Scherben dieses Becherfragments wurden in Raum 40 von Wolvesey Palace gefunden, in der obersten Schicht, die ins 15./16. Jahrhundert datiert wird. Das Fabeltier ist nicht mehr mit Sicherheit zu bestimmen, am ehesten war es wohl ein ›Drache‹, nicht ein Greif, da es weder einen Schnabel noch Vogelvorderbeine hat. Trotz des schlechten Erhaltungszustands läßt der Kopf mit den Resten der Binnenzeichnung noch etwas von der ursprünglichen Feinheit der Malerei ahnen.

LIT.: – (Charleston, Kat. Nr. 3273, in Vorbereitung)

100 Emailbemalter Becher, Fragment

Europa (Murano?), 2. Hälfte 13. Jh./Anfang 14. Jh. – Fundort: Utrecht, Steenweg (1976/77). – H 10,0 cm; ⌀ Lippe 8,0 cm, Fußring 5,0 cm, Wandungsstärke Lippenrand 1,4 mm, Wandung minimal 1,0 mm. – Farbloses Glas, bunte Emailfarben. Geklebt. Durch Verwitterung getrübt und irisiert, Farben großenteils durch Korrosion verändert oder verloren.

Archeologisch Depot Gemeente Utrecht, Inv. Nr. 1977-1-13/6-1

100

Glatter Fußfaden, Boden hochgestochen. Lippenrand kaum verdickt. Von der Bemalung erkennbar: zuunterst rot-gelb-rote Horizontallinien (Rot fast ganz zu Weiß verändert, Gelb schwärzlich korrodiert, von innen noch deutlich); im Bildstreifen 2 nach links gekehrte Stelzvögel, dazwischen Reste von Pflanzen mit herzförmigen Blättern; darüber wieder rot-gelb-rote Linien (ähnlich verändert wie unten), Rest einer Kettenborte (jetzt schwarz, ehemals wohl weiß), zuoberst einzelne ehemals rote Linie (jetzt weiß).
Farben nur außen aufgetragen, z. T. nicht mehr mit Sicherheit zu bestimmen (vor allem in den Vögeln). Deutlich noch von innen das Grün der Blätter, Spur von roten Konturen.

Die Fragmente wurden aus einer Abfallgrube in der Innenstadt von Utrecht geborgen, zusammen mit weiterem Material des späten 13. bis frühen 14. Jahrhunderts (Keramik, gedrechselten Holzschalen, Leder u. a.). In Form und Größe ist der Becher vergleichbar denen in Berlin (Kat. Nr. 102), Stuttgart (Kat. Nr. 108) und den beiden Stücken aus Cornwall (›schlanker Typ‹; vgl. Kat. Nr. 113 und den Becher aus Launceston[1]). Während die langbeinigen Stelzvögel bisher ohne Parallelen sind, ähneln die Pflanzen in ihrer symmetrisch-verschränkten Stengelanordnung und mit den herzförmigen, rotkonturierten grünen Blättern wiederum denen auf dem Stuttgarter Becher, wohl auch dem aus Launceston. Diese beiden Vergleichsstücke haben auch das zweiteilige Dekorationsschema (2 Tiere bzw. Wappen und Pflanzen), während sonst das dreiteilige Schema vorherrscht.

LIT.: Hoekstra (1986), S. 66-69.

1 Harden (1975), S. 37. – Wenzel (1984), S. 19, fig. 20.

101 Emailbemalter Becher, Fragmente

Europa (Murano?), 2. Hälfte 13. Jh./frühes 14. Jh. – Fundort: London, Foster Lane (1982). – H des größten Fragments 8,3 cm; ⌀ Fußring ca. 7,3 cm; Wandungsstärke 0,9 mm. – Farbloses Glas, bunte Emailfarben. 2 Fragmente, z. T. geklebt. Kaum verwittert.

The Museum of London, Inv. Nr. OST 82 ⟨133⟩

101

Stück von einem glatten Fußfaden, kleiner Ansatz zu hochgestochenem Boden. Von der Bemalung erhalten: zuunterst rot-gelb-rote Horizontallinien; darüber auf der größeren Scherbe Nest mit 3 Pelikanjungen, Stück von Hals und Kopf des fütternden Pelikans; auf der kleineren Teil einer gleichen Gruppe mit den Köpfen der Jungen und Brust, Hals und Kopf des Pelikans; neben dem Nest Teil einer Pflanze.
Farben beidseitig aufgetragen, außen: Weiß (Konturen, Punktreihen, Köpfe), Gelb (Horizontallinie, kleine Ornamente), Rot (Horizontallinien, wohl ehemals Binnenzeichnung bei Köpfen). Innen: Rot (Pelikankörper, 2 der Jungen, Teile von Blatt und Nest). Blau (1 Junges, Teil vom Nest).

Zum Fundzusammenhang vgl. Kat. Nr. 75. Das Motiv des Pelikans ist neu im Repertoire dieser Bechergruppe. Er ist zu den vielerlei Fabelwesen zu rechnen, die auf diesen Gefäßen dargestellt sind, wurde allerdings zu jener Zeit zweifellos als christliches Symbol verstanden: Der Pelikan, der seine Jungen mit dem eigenen Blut füttert, gilt als Gleichnis für den Opfertod Christi.

LIT.: Clark (1983), S. 155, Abb. 7,2 auf S. 156.

102 Emailbemalter Becher

Europa (Murano?), 2. Hälfte 13. Jh./Anfang 14. Jh. – Fundort: Angeblich Tatarengrab des 14. Jhs. in Naltschik, Nordkaukasus. – Provenienz: Aus der südrussischen Slg. M. de Massoneau 1908 erworben für das Kaiser-Friedrich-Museum (Abt. für Islamische Kunst), seit 1985 überwiesen ans Kunstgewerbemuseum in Berlin. – H 10,0 cm; ⌀ Lippe 8,0 cm, Fußring 4,7 cm. Wandungsstärke Lippenrand 1,5-2,1 mm.

– Farbloses Glas mit schwach gelblichem Stich, bunte Emailfarben. Geklebt, Ausbrüche in Lippe und Wandung unten ergänzt, durch Verwitterung getrübt, Farben weitgehend verloren.

Staatliche Museen Preußischer Kulturbesitz, Kunstgewerbemuseum, Berlin, Inv. Nr. I 733

Glatter Fußring. Boden hochgestochen. Von der Bemalung erhalten bzw. nach alten Abbildungen erkennbar (der Zustand der Bemalung hat sich offenbar in den letzten Jahrzehnten erheblich verschlechtert): zuunterst Rest einer weißen

102

Wellenlinie, darüber rot-gelb-rote Horizontallinien (?); im Hauptbildfeld Reste von Pflanzen mit herzförmigen Blättern und von Tieren bzw. Mischwesen (Vogel? Schlange mit Vogelkopf?); darüber Inschrift zwischen rot-gelb-roten Linienbündeln: ».NON. DETUR.PETE +«.

Farben nur außen aufgetragen: Weiß (Inschrift, Wellenlinie, Inkarnat Tierkopf), Rot (Horizontallinien, Konturen und Stiele der Pflanzen), Grün (Blätter), Gelb (Horizontallinie).

Das ».NON. DETUR.PETE« der Inschrift läßt sich ableiten von deturpare = verunstalten, spät- und mittellat. auch trüben. Wenn also die Inschrift bisher als Aufforderung verstanden wurde, das Glas nicht zu zerbrechen, so könnte vielleicht auch gemeint sein, man möge den Inhalt nicht trüben.
Die Darstellung, die offenbar schon zu Anfang des Jahrhunderts nicht recht erkennbar war, ist heute weitgehend verschwunden und fast nur noch als Aufrauhung der Oberfläche zu ahnen. Neben Tieren oder Mischwesen kamen Pflanzen vor in der Sonderform mit roten Konturen um einfarbig grüne Blätter und roten Stielen (ähnlich z. B. auch bei dem Becher in Stuttgart und dem in Nürnberg, Kat. Nrn. 108 und 89). Vergleichbar mit dem Stuttgarter Becher und auch dem aus Launceston Castle[1] sind auch die schlanke Form des Bechers und die weiße Wellenlinie unten.

LIT. (Auswahl): Schmidt (1922), S. 57 f. – Lamm (1929/30), Bd. I, S. 285, Nr. 8, Bd. II, Taf. 103. – Lamm (1941), S. 84 f. – Johanna Zick-Nissen, in: Museum für Islamische Kunst Berlin, Katalog 1971, Nr. 382. – Franz Adrian Dreier, Venezianischer Glasexport ins Gebiet des Schwarzen Meeres und in den Nahen Osten, Teil II: Gläser vom 14. bis zum 16. Jahrhundert. Kunst & Antiquitäten 3, 1988.

1   Harden (1975), S. 37. – Wenzel (1984), S. 19, fig. 20.

103   Emailbemalter Becher

Europa (Murano?), 2. Hälfte 13. Jh./frühes 14. Jh. – Provenienz: Slg. Gedon, München. Erworben für das British Museum 1876. – H 13,0 cm; ⌀ oben 10,9 cm, unten ca. 7,9 cm; Wandungsstärke Lippenrand 1,3 mm, Wandung minimal 0,9 mm. – Farbloses Glas, bunte Emailfarben. Brüche im Unterteil geklebt. Ohne Verwitterung oder Korrosion.

The British Museum, London, Inv. Nr. 76, 11-4,3

Glatter Fußring, hochgestochener Boden. Bemalung: unten rot-gelb-rote Horizontallinien; im Bildfeld 3 eingefaßte Wappenschilde, umgeben von weißen Punktreihen, dazwischen Pflanzen mit unterschiedlich geformten, zweifarbigen Blättern und gelben Knospen; darüber Inschrift, gerahmt von rot-gelb-roten Horizontallinien: »+ ⋮ MAGISTER . ALDREVANDIN . ME . FECI ⋮ «. – Wappen: 1. 3 blaue Hirschstangen balkenweise übereinander auf gelbem Grund. 2. 3 rote Schlüssel balkenweise übereinander auf weißem Grund. 3. untere Hälfte schwarz, obere weiß mit schwarzem Querbalken.
Farben beidseitig aufgetragen, außen: Weiß (Konturen, Schrift, kleine Ornamente), Gelb (Horizontallinien, Blattteile, Knospen), Rot (Horizontallinien, Schlüssel), Grün (Blattteile), Graublau (Hirschstangen). Innen: Gelb (Wappenhintergrund), Rot (Wappenrahmungen, Blatteile), Blau (Blatteile), Schwarz (Wappenteile), Rosa-Weiß (Wappenteile).

Der Aldrevandin-Becher erhält seine besondere Bedeutung und Schlüsselstellung zum einen dadurch, daß er nie unter der Erde war und nahezu intakt und farbfrisch erhalten ist (als einer von nur 3 dieser Gruppe), zum anderen durch seine Inschrift mit dem deutlich italienischen Namen. Da er zudem als einer der ersten aus dieser Bechergruppe bekannt wurde, stand er seither stets im Zentrum der Diskussion um diese Gläser. – Seine Provenienz ist leider, wie auch bei dem Frankfurter Becher, nicht weiter als bis ins 19. Jahrhundert zurückzuverfolgen: Er wurde 1876 aus der Sammlung des

103

Münchner Bildhauers und Architekten Lorenz Gedon (1843-1883) erworben.

Von den 3 Wappen wurden um 1900 durch Max Rosenheim 2 nach Schwaben lokalisiert, und diese Bestimmung wird seither (auch hiermit) zitiert: Das Wappen mit den 3 Hirschstangen gehöre, mit unterschiedlichen Farben, zu gleich 6 schwäbischen Städten sowie auch zur Familie Landtau, das mit den 3 Schlüsseln zur schwäbischen Familie Spet[1]. Es ist daher anzunehmen, daß der Auftraggeber und Eigentümer dieses Bechers ein Schwabe war. Da aber der Name in der Inschrift eindeutig italienisch ist (nachzuweisen sowohl in der Toskana als auch in Padua und in einer Akte aus Murano von 1331[2]), kann der Magister Aldrevandin nicht mit dem Auftraggeber identisch sein. »ME FECIT« kann also nicht bedeuten »hat mich machen lassen«, sondern wörtlich »hat mich gemacht«. Ähnliche Inschriften mit ›Signaturen‹ gab es offenbar auf einer ganzen Reihe dieser Becher, vgl. Kat. Nrn. 73, 75, 76, 85 und 90.

Auch Wappen, die dann sicherlich jeweils Bezug zu einem Besteller hatten, kommen häufiger auf solchen Gläsern vor (vgl. die folgenden Kat. Nrn.), in besonders ähnlicher Form bei dem einen Regensburger Fund. Leider ist die Bestimmung der Wappen bisher nur selten gelungen.

LIT. (Auswahl): Read (1902), S. 224-226. – Schmidt (1922), S. 58. – Lamm (1929/30) Bd. 1, S. 278f., Nr. 3 (mit weiterer früherer Lit.). – Lamm (1941), S. 82f. – Tait (1968), S. 151f. Nr. 205. – Tait (1979), S. 16f., Nr. B (mit weiterer Lit.).

1 Read (1902), S. 226.
2 Tait (1979), S. 16. – Zecchin (1977), S. 32, 34, Anm. 7.

104 Emailbemalter Becher, Fragment

Europa (Murano?), 2. Hälfte 13. Jh./frühes 14. Jh. – Fundort: Regensburg, Schäffnerstraße (1934). – H rekonstruiert 10,8 cm; ⌀ Lippe 10,3 cm; Wandungsstärke Lippenrand 1,2 mm. – Farbloses Glas, bunte Emailfarben. Aus 6 Scherben geklebt und ergänzt. Verwittert und irisiert, Farben z. T. durch Korrosion verändert.

Museen der Stadt Regensburg, Inv. Nr. K 1966/91

Glatter Fußring. Boden fehlt. Von der Bemalung erhalten: unten rot-gelb-rote Horizontallinien; im Bildstreifen Pflanzen mit unterschiedlich geformten Blättern und Knospen, dazwischen Wappen (ursprünglich 3?); darüber Inschrift, eingefaßt von rot-gelb-roten Linienbündeln: ».. RIA : GRACI ..«. Wappen (nur eines teilweise erhalten): Schildhaupt blau mit weißen Sternen, darunter fünfmal schräggeteiltes Feld in Gelb und Rot.

Farben beidseitig aufgetragen, außen: Weiß (Konturen, Schrift, Punkte), Gelb (Horizontallinien, Wappenteile), Grün (Blatteile). Innen: Rot (Blatteile, Schildumrahmung), Blau (Schildhaupt, Blatteile), Grün (Pflanzenteile).

Die Fundstelle im Areal des ehemaligen Domherrenhofs deutet darauf hin, daß der Becher ursprünglich zum Haushalt eines Domherren oder Kanonikers gehörte. – Die Inschrift, die sich zum Englischen Gruß an Maria bei der Verkündigung ergänzen läßt, paßt dann zwar nicht zu dem Wappendekor, aber wenigstens zum geistlichen Status der ursprünglichen Besitzer. Diese Inschrift (oder Reste davon) findet sich auch bei einer Reihe weiterer Becher dieser Gruppe (vgl. Kat. Nrn. 74, 79, 82 und 91). Die mit weißen Punktreihen umgebenen Wappenschilde und die Pflanzen dazwischen sind besonders ähnlich beim Aldrevandin-Becher, in etwas abweichender Art kommen aber auch noch auf weiteren Bechern Wappen vor (vgl. Kat. Nrn. 103, 105-109). Leider konnten bisher nur wenige davon gedeutet werden, auch nicht das Wappen auf diesem Stück.

LIT.: Pfeiffer (1966), S. 205-209. – Pfeiffer (1970), S. 67f. – Baumgärtner (1977), Nr. 116, S. 62. – Tait (1979), S. 16. – Ausst.-Kat. Wittelsbach und Bayern, München/Landshut 1980, Bd. 1,2, Nr. 64, S. 59f.

104

105 Niedriger emailbemalter Becher, Fragmente

Europa (Murano?), 2. Hälfte 13. Jh./frühes 14. Jh. – Fundort: Straßburg, 15 rue des Juifs (1987). – H 6,3 cm; ⌀ Lippe ca. 10,0 cm, Fußring 7,5 cm; Wandungsstärke Lippenrand 2,0 mm, Wandung minimal 1,2 mm. – Farbloses Glas, bunte Emailfarben. Geklebt. Durch Verwitterung getrübt und irisiert, Farben größtenteils durch Korrosion verändert, z. T. abgeblättert.

Direction des Antiquités historiques, Straßburg

Glatter Fußfaden. Hochgestochener Boden. Von der Bemalung erkennbar: zuunterst rot-gelb-rote Horizontallinien (Rot zu Weiß verändert); im Bildstreifen darüber dreimal das gleiche Wappen, dazwischen Pflanzen und nach links gewandte Fabelwesen; oben wieder rot-gelb-rote Horizontallinien (Rot zu Weiß, Gelb schwärzlich verändert). – Wappen: Feld durch gelbes Zickzackband schräg geteilt, oben

EMAILBEMALTE GLÄSER

105

blau, unten rot. Gelber Rand und feine weiße Punktreihe (bräunlich korrodiert) außen herum. – Fabelwesen: am vollständigsten ein ›Basilisk‹ mit Vogelbeinen und -flügeln, Schlangenschwanz und gespaltener Zunge. Nur zur Hälfte erhalten ein Mischwesen mit menschlichem Kopf und Kapuze, Fledermausflügeln und Fischschwanz.

Farben beidseitig aufgetragen, außen: Weiß (jetzt bräunlich korrodiert, für Konturen außer bei Pflanzen, Punktreihen bei den Wappen, Köpfe), Gelb (Horizontallinien, Wappenrahmung und Zickzackstreifen, Teil der Vogelflügel, Kapuze), Rot (jetzt zu Weiß verändert, für Horizontallinien, Stiele und Blattkonturen), Gelbgrün (? Blätter). Innen: Rot und Blau bei Wappen und Körpern der Mischwesen (Rot jetzt zum großen Teil weiß, Blau von innen grau, von außen noch als Blau zu erkennen).

Gefunden wie Kat. Nr. 82. Die Motive der Bemalung – Wappen, Mischwesen, Pflanzen – sind alle schon von anderen dieser Becher bekannt, in der Ausführung hier überdurchschnittlich fein. Die Wappen sind bisher nicht gedeutet. Bemerkenswert ist dieser Becher aber vor allem wegen seiner Form: Ein so breiter, niedriger Napf ist bisher ohne Parallelen unter den emailbemalten Bechern.

LIT.: –

106 Emailbemalter Becher, Fragmente

Europa (Murano?), 2. Hälfte 13. Jh./frühes 14. Jh. – Fundort: Verona, Cortile del Tribunale (1982). – H des größten Fragments 8,7 cm; ⌀ Lippe (rekonstruiert) ca. 7,9 cm, Fußring (rekonstruiert) ca. 4,5 cm; Wandungsstärke Lippenrand 1,5 mm, Wandung minimal 1,0 mm. – Farbloses Glas, bunte Emailfarben, Vergoldung. Durch Verwitterung getrübt, irisiert, Farben z. T. durch Korrosion verändert oder verloren.

Soprintendenza Archeologica per il Veneto, Verona, Inv. Nr. IG 156 322

Boden nicht erhalten, Fragmente von Wandung und Rand. Von der Bemalung erkennbar: zuunterst weiße Wellenlinie, darüber rot-gelb-rote Horizontallinien; im Bildfeld wohl dreimal dasselbe Wappen, dazwischen Pflanzen mit herzförmigen Blättern; darüber wieder weiße Wellenlinie, dann weiße Kettenborte zwischen rot-gelb-roten Linienbündeln, zuoberst weiße Wellenlinie. – Wappen: auf rotem Feld mit goldenen Konturen weißes, golden konturiertes Leitermotiv.

Farben nur außen aufgetragen: Weiß (Wellenlinien, Leitern), Gelb (Horizontallinien), Rot (Horizontallinien, Wappenfelder, Konturen und Stile der Pflanzen), Grün (Blätter, z. T. gelblich verfärbt), Gold (Ränder der Wappenschilde und Konturen der Leitern).

Die Fragmente dieses Bechers und 2 weitere von einem ähnlichen, größeren Exemplar, wurden im Keller eines mittelalterlichen Hauses gefunden. Dieses Haus wurde höchstwahrscheinlich abgerissen und der Keller dabei verfüllt, als zwischen 1350 und 1364 Cansignorio della Scala den Scaliger-Palast erweitern ließ. Das Wappen auf diesem Becher ist das der della Scala: Erstmals ist hier also der Zusammenhang zwischen dem Wappendekor und dem Grundstückseigentümer nachzuweisen.

Die schlanke Form, weiße Wellenlinie, rotkonturierte Blätter, eventuell auch die Verwendung von Gold verbinden diesen Becher mit den beiden Stücken aus Cornwall, wohl auch mit denen in Berlin und Stuttgart (Kat. Nrn. 113, 102 und 108).

LIT.: Hudson (1983), S. 285 f.

106

13./14. JAHRHUNDERT

107 Emailbemalter Becher, Fragment

Europa (Murano?), 2. Hälfte 13. Jh./frühes 14. Jh. – Fundort: Château Rathsamhausen-Ottrott, Elsaß (1975). – H 3,0 cm; B 2,3 cm; Wandungsstärke 1,2 mm. – Farbloses Glas, bunte Emailfarben, Vergoldung. Stark verwittert und irisiert, Farben z. T. korrodiert oder verloren.

Joëlle Burnouf, Straßburg

107

Kleines Wandungsfragment vom unteren Teil eines Bechers. Von der Bemalung erhalten: zuunterst weiße Zickzacklinie, dann rot-gelb-rote Horizontallinien, darüber Rest einer gebogenen Goldlinie. Farben nur außen (auf diesem Stück).

Die kleine Scherbe ist allein wichtig als weiterer Beleg für das Vorkommen auch von Goldbemalung bei einer speziellen Untergruppe der emailbemalten Gläser (vgl. Kat. Nrn. 106, 116 und 118).

LIT.: Zum Fundort: Burnouf (1978), S. 9-27.

108

108 Emailbemalter Becher, Fragment

Europa (Murano?), 2. Hälfte 13. Jh./Anfang 14. Jh. – Fundort: Angebl. Grab in Ostanatolien. – Provenienz: Aus Slg. Schwarz erworben fürs Landesmuseum 1916. – H 10,0 cm; ⌀ Lippe 8,6 cm, Fußring 4,6 cm; Wandungsstärke Lippenrand 1,8 mm. – Farbloses Glas mit schwachem Gelbstich, bunte Emailfarben. Geklebt, kleine Ausbrüche. Durch Verwitterung getrübt. Farben weitgehend abgerieben bzw. abgeblättert.

Württembergisches Landesmuseum Stuttgart, Inv. Nr. 14 242

Glatter Fußring. Boden hochgestochen. Von der Bemalung erkennbar: zuunterst Reste einer weißen Wellenlinie, darüber rote Horizontallinie; im Hauptbildfeld auf gegenüberliegenden Seiten je ein Wappen, dazwischen Pflanzen mit herzförmigen Blättern; darüber Inschrift zwischen rot-gelb-roten Horizontallinien; nur einzelne Buchstaben leserlich, insgesamt ungedeutet. Wappen: Zickzackförmig rot und weiß geteilt, einmal Rot oben, einmal Weiß.
Farben nur außen aufgetragen: Weiß (Wappenteile, Inschrift, Wellenlinie), Rot (Wappenteile, Horizontallinien, Konturen und Stiele der Pflanzen), Gelb (Horizontallinie), Grün (Blätter, jetzt gelb durch Korrosion).

Die Angaben zu dem angeblichen Fundort, einem Grab in Ostanatolien, sind nicht mehr zu überprüfen. Das Glas gelangte aus dem Pariser Kunsthandel in die Slg. Philipp Schwarz, Stuttgart.
Das Wappen mit dem ›fränkischen Rechen‹ wird mit dem Bistum Würzburg in Verbindung gebracht. Obgleich Wappen auf etlichen der emailbemalten Becher vorkommen, ist es ungewöhnlich, daß es bei diesem Stück 2 (statt üblicherweise 3) sind. Abweichend von der ›Norm‹ sind auch die Pflanzen mit roten statt weißen Konturen und Stielen und ungeteilten, einfarbigen Blättern (so z. B. auch bei dem Nürnberger Becher, vgl. Kat. Nr. 89).

LIT.: Katalog der Slg. Philipp Schwarz, Stuttgart, Auktion Gal. Helbing, München 1916, S. 7 f., Nr. 6. – Schmidt (1922), S. 58. – Lamm (1929/30), Bd. I, S. 278, Nr. 1, Bd. II, Tf. 99. – Lamm (1941), S. 83 f. – Ausst.-Kat. Die Zeit der Staufer, Stuttgart 1977, S. 222, Nr. 275.

109 Emailbemalter Becher, Fragment

Europa (Murano?), 2. Hälfte 13. Jh./frühes 14. Jh. – Fundort: London, Foster Lane (1982). – H 9,5 cm; ⌀ Lippe 8,8 cm; Wandungsstärke Lippenrand 1,1 mm. – Farbloses Glas, bunte Emailfarben. Geklebt. Farben z. T. leicht verändert.

The Museum of London, Inv. Nr. OST 82 ⟨128⟩

Teile von Wandung und Rand eines Bechers. Von der Bemalung erhalten: zuunterst rot-gelb-rote Horizontallinien; im Bildfeld 2 Wappen (eines davon weitgehend erhalten, von dem anderen nur kleiner Ansatz) abwechselnd mit nach links gekehrten steigenden Löwen (einer vollständig erhalten, vom zweiten nur eine erhobene Tatze), dazwischen Pflanzen; darüber zwischen rot-gelb-roten Linienbündeln flüchtig ausgeführte weiße Kettenborte. – Wappen: in weißem Feld blaues Tier (Wolf?) über noch nicht gedeutetem roten Gegenstand.

EMAILBEMALTE GLÄSER

109

Wellenlinie, darüber rot-gelb-rote Horizontallinien und Reihe weißer (?) Punkte; dann breite Zone ausgefüllt mit versetzt angeordneten Vierergruppen von weißen (?) Punkten; zuoberst rot-gelb-rotes Linienbündel (rote Linien erscheinen jetzt weitgehend weiß) und Reihe weißer (?) Punkte. Es ist nicht ganz sicher, ob Weiß die ursprüngliche Farbe der Punkte ist, Spuren einer anderern Farbe sind nicht auszumachen. Alle Farben außen aufgetragen (der Dekor bietet keinen Anlaß für flächige Hintermalung von innen).

Zu den Fundumständen der Fragmente ist nichts Näheres bekannt. Die Fundstelle innerhalb des Bereichs des ehemaligen St.-Clara-Klosters belegt aber wieder einmal, daß ein solcher Becher in klerikalem Besitz war, wie für eine ganze Reihe weiterer Stücke nachzuweisen oder anzunehmen ist. Die flächenfüllende Verzierung mit Gruppen von Punkten ist bisher vereinzelt und muß wohl als relativ einfache Ausführung innerhalb der Gruppe gelten (auch das Glas selbst, mit dem etwas ›verrutschten‹ Fußfaden ist nicht sehr sorgfältig ausgeführt).

LIT.: – Bisher nur kurz erwähnt im Zusammenhang mit dem anderen Regensburger Becher mit Wappen: Baumgärtner (1977), S. 62, bei Nr. 116. – Ausst.-Kat. Wittelsbach und Bayern, Bd. I/2, München/Landshut 1980, S. 59, bei Nr. 64.

Farben beidseitig aufgetragen, außen: Weiß (Konturen, Kettenborte, Punktreihen, Kopf des Löwen, Schildfond), Gelb (Horizontallinien, kleine Teile beim Löwen, Knospen, kleine Ornamente), Rot (Horizontallinien, eventuell ursprünglich Binnenzeichnung beim Inkarnat des Löwen), Grün (Blatthälften). Innen: Rot (Teile von Löwenkörper und Blättern, Gegenstand unter dem Wolf), Blau (Wolf, Teile von Löwenkörper und Blättern).

Zum Fundkomplex vgl. Kat. Nr. 75. Das eine erhaltene Wappen ist bisher nicht gedeutet. Es ist merkwürdig (und spricht für routiniert-schnelle Bemalung wohl unter Verwendung von Schablonen), daß die Löwen nicht als Wappenhalter fungieren, wie ihre Haltung nahelegt, sondern in einfacher Wiederholung die Zwischenräume füllen.

LIT.: Clark (1983), S. 154, Nr. 1.

110 Emailbemalter Becher, Fragment

Europa (Murano?), 2. Hälfte 13. Jh./frühes 14. Jh. – Fundort: Regensburg, Kloster St. Clara (1969). – H (angenommen, nicht gesichert) 12,1 cm; ⌀ Lippe 11,4 cm, Fußring 6,3 cm; Wandungsstärke Lippenrand 1,4 cm, minimal 1,1 cm. – Farbloses Glas, bunte Emailfarben. Geklebt und ergänzt. Oberfläche verwittert und z. T. irisiert, Farben teilweise korrodiert oder abgeblättert.

Museen der Stadt Regensburg

Glatter Fußfaden, z. T. etwas oberhalb der Standfläche aufgelegt. Boden hochgestochen. Bemalung: zuunterst weiße (?)

110

111 Emailbemalter Becher, Fragmente

Europa (Murano?), 2. Hälfte 13. Jh./frühes 14. Jh. – Fundort: Braunschweig, Altstadt, Turnierstraße, Ass. 620 (1986). – H maximal 3,7 cm; ⌀ Lippe ca. 11,2 cm; Wandungsstärke Lippenrand 1,8 mm, Wandung minimal 1,2 mm. – Farbloses Glas mit bunten Emailfarben. Geklebt, 1 nicht anpassende Einzelscherbe. Oberfläche verwittert und irisiert, Farben z. T. korrodiert oder abgeblättert.

Braunschweigisches Landesmuseum, Inv. Nr. 85:1/1697

Fragmente von der Randpartie eines Bechers mit ornamentaler Bordüre ca. 2 cm unter dem Rand, bestehend aus (von

13./14. JAHRHUNDERT

111

unten nach oben): weißer Punktreihe, rot-gelb-rotem Linienbündel, weißer Wellenranke, roter Linie, weißer Punktreihe. Farben nur außen, das Weiß weitgehend braun korrodiert, aber an einigen Stellen eindeutig erhalten.

Das Motiv der fortlaufenden Wellenranke in der oberen Bordüre ist neu im Repertoire dieser Becher (kürzere, gegenständige Ranken, weist sonst nur noch das Becherfragment aus Lucera auf[1]). Die rot-gelb-roten Linien sind dagegen ein fester Topos, und auch die weißen Punktreihen lassen sich häufiger[2], die einzelnen roten Linien wenigstens gelegentlich[3] nachweisen. Sehr ähnliche fortlaufende Wellenranken – allerdings in anderen Farben – finden sich mehrfach auch auf islamischen Goldemailgläsern, besonders der ›Raqqa-Gruppe‹[4]. Rankenmotive sind jedoch auch in der europäischen Kunst des Mittelalters so häufig und langlebig, daß man daraus weder für eine direkte Beeinflussung durch nahöstliche Vorbilder noch für eine nähere Datierung Schlüsse ziehen kann.

Diese Becherfragmente wurden in Kloake 3140 (Schicht 3121) zusammen mit Material gefunden, das wohl um 1330 weggeworfen wurde[5].

LIT.: Rötting (1987), Abb. 7:5.

1 Whitehouse (1981), S. 170 f., Fig. 4.
2 Vgl. z. B. die Kat. Nrn. 74, 79, 91, 92, 95, 110 und 119.
3 Becher in Frankfurt, Utrecht (Kat. Nrn. 91 und 100); auch Fragmente aus Basel, Baumgartner (1980), S. 210f., Abb. 6.
4 Vgl. z. B. Lamm (1929/30), Bd. II, Tf. 94,10.
5 Angaben zum Fundzusammenhang verdanken wir Hartmut Rötting, Braunschweig.

112 **Emailbemalter Becher, Fragment**

Europa (Murano?), 2. Hälfte 13. Jh./frühes 14. Jh. – Fundort: Metz, Brulange. – H 8,7 cm; Ø Lippe ca. 10,0 cm; Wandungsstärke Lippenrand und unten 1,5 mm, Wandung minimal 1,0 mm. – Farbloses Glas, bunte Emailfarben. Geklebt. Größtenteils durch Verwitterung getrübt, Farben z. T. korrodiert oder abgerieben.

Musée d'Art et d'Histoire, Metz, Inv. Nr. 168

Wandungs- und Randfragment von einem Becher. Von der Bemalung erhalten: Teil eines großen Rankenmotivs, in der Mitte rautenförmiges Feld mit eingeschriebenem Vierpaß; rechts daneben Stück Pflanze mit Blättern und Knospen, rechts darüber Teil eines Dreieckskapitells; darüber Stück Inschriftbordüre, gerahmt unten und oben von rot-gelb-roten Linien: ».A C N E T A M.« (erster und letzter Buchstabe nur halb erhalten).

Farben beidseitig aufgetragen, außen: Weiß (jetzt schwärzlich korrodiert, für Konturen und Inschrift), Gelb (Horizontallinien, seitliche Rahmung des Kapitells und der Raute, Teile der Ranken, Knospen), Rot (Horizontallinien, fast gänzlich verschwunden). Innen: Rot und Blau (hinter Kapitell und Ranken, das Blau weitgehend grau-weiß korrodiert).

112

Zu den Fundumständen dieses Fragments ist leider nichts Näheres bekannt. – Die Inschrift, obgleich deutlich lesbar, konnte noch nicht gedeutet werden. Im Dekor mischen sich gängige Motive mit neu aufgetauchten: Neben der altvertrauten Säule und Pflanze steht hier das bisher einzigartige große Rankenornament[1]. Ergänzt man dieses symmetrisch, so würde es mitsamt einer flankierenden Säule links etwa die Hälfte des Becherumfangs füllen. Da die Säulen in der Regel zusammen mit Figuren vorkommen (und auch nur so sinnvoll sind), enthielt die fehlende Seite vielleicht die Hauptdarstellung mit einer Figur oder Figurenszene.

LIT.: –

1 Große symmetrische Ranken-Arabesken finden sich dagegen häufiger auf islamischen Goldemailgläsern (z. B. dem Becher in Köln oder dem ›Luck of Edenhall‹, dann aber natürlich ohne Vermengung mit gegenständlichen Darstellungen wie Säule und Pflanze).

113 Emailbemalter Becher, Fragmente

Europa (Murano?), 2. Hälfte 13. Jh./frühes 14. Jh. – Fundort: Restormel Castle, Cornwall (um 1880). – Provenienz: Erworben für das British Museum aus Privatbesitz 1943. – H ca. 10,5 cm (rekonstruiert); ⌀ Lippe 8,7 cm, Fußring 4,7 cm; Wandungsstärke Lippenrand 1,3 mm, minimal 1,0 mm. – Farbloses Glas mit schwach grünlichem Stich, bunte Emailfarben. Z. T. geklebt. Durch Verwitterung getrübt, Farben z. T. verändert oder verloren.

The British Museum, London, Inv. Nr. 1943, 4-2,3 a-e, 4

113

Fragmente von Boden, Wandung und Rand. Glatter Fußring. Boden hochgestochen. Von der Bemalung erhalten: zuunterst weiße Wellenlinie, dann rot-gelb-rote Horizontallinien; im Bildfeld große rote Scheibe mit weißem Kreuzblattmotiv, daneben Reste von Pflanzen mit herzförmigen Blättern; darüber weiße Inschrift zwischen rot-gelb-roten Linienbündeln. Inschriftrest: »A...C + «.
Farben nur außen aufgetragen: Weiß (Wellenlinie, Schrift, Kreuzblattmotiv), Gelb (Horizontallinien, Mittelpunkt im Kreuzblatt), Rot (Horizontallinien, Scheibe, Konturen und Stiele der Pflanzen), Grün (Blätter), ehemals Gold? (Konturen Scheibe).

Die Fragmente dieses Bechers sind der Tradition nach um 1880 im Burggraben von Restormel Castle gefunden worden, zusammen mit einigen weiteren Glasfragmenten, darunter dem Hals einer emailbemalten islamischen Flasche wohl des späteren 13. Jahrhunderts. Diese Glasfunde werden in Verbindung gebracht mit Edmund Earl of Cornwall, der in der Zeit zwischen dem Tod seines Vaters Richard 1268 und seinem eigenen 1300 Restormel Castle ausbaute und zu seiner Hauptpresidenz in Cornwall machte[1].

Der Becher ist in Maßen, Form, Glasfarbe wie auch in Eigentümlichkeiten der Bemalung so eng verwandt mit dem von dem unweit gelegenen Fundort Launceston Castle[2], daß man sich vorstellen kann, die beiden Stücke stammten aus einer Werkstatt und gelangten zusammen nach England. Wegen dieser engen Verwandtschaft ist auch wenigstens zu erwägen, ob die Inschrift ebenfalls als Ave-Maria-Inschrift zu ergänzen ist.

Eine bisher nicht erklärbare Eigentümlichkeit der beiden Fragmente aus Cornwall sind Farbspuren bei den Konturen des Kreuzblatts und der roten Scheibe bzw. dem wappenschildartigen Motiv bei den Launceston-Tieren: befand sich dort ursprünglich Vergoldung analog zu den Konturen bei dem Schild des Bechers von Verona (Kat. Nr. 106)? Die schlanke Becherform wie auch die roten Konturen und Stiele bei den Pflanzen haben die beiden Funde aus Cornwall u. a. mit den Bechern in Berlin und Stuttgart (Kat. Nrn. 102 und 108) gemeinsam.

LIT.: Cook (1958), S. 176 f. – Tait (1968), S. 152. – Tait (1979), S. 17 f., Nr. C. – Wenzel (1984), S. 19 f.

1 Tait (1979), S. 17 f.
2 Harden (1975), S. 37. – Wenzel (1984), S. 19, fig. 20.

114

114 Glatter Becher, Fragment

Europa, 14. Jh. – Fundort: Prag, Altstadt, Nr. 671/1 (Kaufhaus Kotva, 1971). – H 9,9 cm; ⌀ Lippe (rekonstruiert) ca. 7,7 cm, Fußring 5,7 cm; Wandungsstärke Lippenrand

1,2 mm, Wandung minimal 1,0 mm. – Farbloses Glas. Geklebt, große Teile der Wandung fehlen. Scherben unterschiedlich verwittert, z. T. kaum getrübt.

Zentrum der Denkmalpflege der Stadt Prag,
Inv. Nr. xxx-26

Glatter Fußfaden. Boden hochgestochen. Rand der leicht ausbiegenden Lippe kaum verdickt.

Die Scherben dieses Bechers wurden im Areal der Kommende des Deutschen Ritterordens gefunden. Die Funde von dieser Stelle (zu denen auch Kat. Nrn. 203 und 368 gehören), sind im wesentlichen ins 14. Jahrhundert zu datieren, jedenfalls vor 1420, als die Kommende zerstört wurde[1]. Der sehr schlichte Becher ist von Interesse als unbemalte Variante zu den emailbemalten Bechern, denen er sonst in der Glasmasse und Form auffällig ähnelt.

LIT.: –

[1] Kurze Angaben zu den Fundumständen und zur Rahmendatierung verdanken wir Ladislav Špaček, Prag.

115

115   Glatter Becher, Fragmente

Europa, 14. Jh. – Fundort: Nürnberg, Weinmarkt (1983). – H (rekonstruiert) ca. 9,2 cm; ⌀ Lippe 8,5 cm, Fußring 5,9 cm; Wandungsstärke Lippenrand 1,2 mm, Wandung minimal 0,7 mm. – Schwach bläulich-grünes Glas. Geklebt und montiert. Scherben unterschiedlich stark durch Verwitterung getrübt.

Germanisches Nationalmuseum Nürnberg, Inv. Nr. Gl 643

Glatter Fußfaden. Boden hochgestochen. Rand der leicht ausbiegenden Lippe kaum verdickt.

Die Fragmente dieses Bechers stammen aus dem Fundkomplex am Nürnberger Weinmarkt, der u. a. auch Bruchstücke von 2 emailbemalten Bechern enthielt. In der Form läßt sich dieses einfache Stück am ehesten mit solchen emailbemalten Bechern vergleichen, zu denen es quasi eine Variante ohne Bemalung (einen ›Rohling‹) darstellt. (Eine nicht ganz farblose, leicht grünliche Glasmasse kommt ja auch bei einigen dieser bemalten Becher vor, auch bei dem ›Harpyienbecher‹ aus derselben Kloake, Kat. Nr. 89.)

LIT.: Kat. Nürnberg (1984), S. 125, Nr. I C 47.

116   Emailbemalte hochstielige Schale, Fragment

Europa (Murano?), 2. Hälfte 13. Jh./frühes 14. Jh. – Fundort: Prag, Můstek čp. 379/I, Brunnen (1971). – H ca. 17,5 cm; ⌀ Lippe 12,4 cm, Fuß 11,2 cm, Stiel 1,2 cm; Wandungsstärke Lippenrand 2,0 mm, Wandung minimal 1,2 mm. – Annähernd farbloses Glas mit schwachem grau-grünlichen Stich (deutlich vor allem am Stiel), bunte Emailfarben, Reste von Vergoldung. Geklebt, montiert. Oberfläche durch Verwitterung getrübt, z. T. angegriffen, Farben teilweise korrodiert oder abgerieben.

Zentrum der Denkmalpflege der Stadt Prag,
Inv. Nr. xxviii/71

Fußrand nach unten umgeschlagen, hohl. Massiver, unten leicht gestauchter Stiel mit dickem, wellenförmig umgelegten Faden als Schaftring. Am Kuppaboden dicker Fadenring aufgeschmolzen. Von der Bemalung erkennbar: innerhalb des durch den unten aufgelegten Fadenring gebildeten Rundfeldes Muster aus innerer Kreislinie, je 4 roten und weißen dicken Punkten und kleinen grünen Zwickeln; im Hauptbildstreifen weiter außen dann dreimal das gleiche Wappen, dazwischen einmal ein nach links gekehrtes Fabeltier mit einer Art Hahnenkamm (Basilisk), zweimal ein sprengender Reiter, auf den Basilisken ausgerichtet; bei dem nach rechts gewendeten Reiter als schwache Aufrauhung eine nach vorn eingelegte Lanze zu erschließen, von dem anderen Reiter nur Teile von Kopf und Arm sowie die hintere Hälfte des Pferdes erhalten; zwischen Wappenschilden und Figuren Reste von Pflanzen; oberhalb des Bildfeldes rot-golden-rote Horizontallinien, darüber weiße Punktreihe. (Möglicherweise der Lippenrand ursprünglich vergoldet: ein winziger Goldsprenkel sowie kleines Stück eines jetzt weißen Emailstreifens erhalten.) – Wappen (bisher leider nicht gedeutet): in blauem Schildhaupt (innen als Aufrauhung der Oberfläche sichtbar) nach links gekehrter Löwe oder Leopard, Feld darunter Schachbrettmuster aus roten und weißen Quadraten.

Farben beidseitig aufgetragen, Schauseite innen bzw. von oben. Innen: Weiß (Punkte, Quadrate in Wappen, Inkarnat, auch bei Tierköpfen), Rot (Konturlinien bei Pflanzen, Rahmung der Wappenschilde, Horizontallinien oben, Binnenzeichnung auf Inkarnat), Grün (Blätter, kleine Ornamente im inneren Rundfeld), Gold (stark abgerieben, aber in Spuren erkennbar für: Horizontallinie oben, feine Konturen bei Kopf und Schwanz des Basilisken, auch bei den Köpfen von Reiter und Pferd, neben den roten Konturen der Pflanzen, bei der Rahmung der Wappenschilde, in den Wappen als

Gitter zwischen den kleinen Quadraten, wohl auch bei kleineren Blattflächen und eventuell den ›Löwen‹ im Schildhaupt). Außen: Blau (Schildhäupter, Gewand des Reiters, Flügel des Basilisken), Rot (Pferdekörper, Teile des Basilisken, Hintermalung der schachbrettartigen Teile der Wappen als Fläche mit unregelmäßigen Aussparungen bei den von oben aufgetragenen weißen Quadraten).
Die Scherben dieser hochstieligen Schale wurden in einem Brunnen gefunden, leider sind die Fundumstände nicht genau dokumentiert, da die Wichtigkeit dieses Fundes nicht gleich erkannt wurde. Die Keramik-Beifunde gehören wohl meist ins 14. Jahrhundert. Die Fundstelle liegt in einem Gebiet der Stadt, das um 1250 in die Befestigung einbezogen wurde und in dem sich wohlhabende Bürger ansiedelten[1].
Mit diesem bemerkenswerten Prager Stück fand sich quasi das ›missing link‹, das zwei größere Gruppen von Gläsern des 13./frühen 14. Jahrhunderts verknüpft: die hochstieligen Gläser und die emailbemalten Becher. Erstmals konnte hiermit eine in vielen Details mit derjenigen der Becher vergleichbare Emailbemalung an einer hochstieligen Schale nachgewiesen werden, womit sich zugleich neue Interpretationsmöglichkeiten für die ›Schalenfragmente‹ in Basel und London ergaben (Kat. Nrn. 117, 118).
Das Gros der Gläser auf hohem Stiel oder Fuß ist aus einer bläulich-grünen Glasmasse, daneben kommen aber auch solche aus farbigem Bleiglas vor sowie aus farblosem oder annähernd farblosem Glas (vgl. S. 161 ff.). Schalenförmig flache Kuppen mit verschiedenem Dekor sind ebenfalls vertraut in dieser Gruppe. Ungewöhnlich ist bisher der umgeschlagene, hohle Fußrand.
Die Glasmasse mit dem grau-grünlichen Stich findet sich auch bei emailbemalten Bechern, z. B. denen aus Nürnberg, Worms und Restormel Castle (Kat. Nrn. 89, 84 und 113).
Obgleich die Bemalung leider nur unvollständig erhalten ist, bleibt doch zu erkennen, daß sie von ungewöhnlicher Feinheit war, schwungvoll und sicher im ganzen, und miniaturhaft detailliert bei manchen Einzelheiten, wie z. B. der Binnenzeichnung der Köpfe.
Es paßt zu der besonderen Sorgfalt bei der Bemalung, daß zu den bunten Emailfarben noch Vergoldung hinzugefügt wurde. Diese Besonderheit ist auch an dem ›Schalenfragment‹ in Basel und wohl auch dem in London nachzuweisen, sowie bei wenigen Becherfragmenten (z. B. Kat. Nr. 106).
Ungewöhnlich reich ist die Bemalung auch in ikonographischer Hinsicht: Zu den Wappen, die bei einer Reihe der Becher zusammen mit Pflanzen oder Ornamenten vorkommen, wurde hier erstmals auch noch eine figürliche Darstellung hinzugefügt. Gemeint ist vermutlich eine Art Jagdszene (Jagd auf den Basilisken), da Reiter und Pferd nicht gerüstet sind. Zwar sind vom Gewand des Reiters keine Einzelheiten mehr zu erkennen, eindeutig ist jedoch die kleine, unter dem Kinn gebundene Haube, die quasi alltägliche Kopfbedeckung für Männer im 13.-14. Jahrhundert.

LIT.: – Diese hochstielige Schale war 1984 in Prag in der Ausstellung »Středověké sklo« zu sehen und ist auf dem Plakat abgebildet.

116

1 Die Angaben zu den Fundumständen und zum Fundgebiet verdanken wir Ladislav Špaček, Prag.

117 Emailbemalte hochstielige (?) Schale, Fragment

Europa (Murano?), 2. Hälfte 13. Jh./Anfang 14. Jh. – Fundort: London, Cheapside (1957). – H 2,9 cm; ⌀ Lippe (rekonstruiert) 12,4 cm; Wandungsstärke Lippenrand 1,5 mm, Wandung minimal 1,0 mm. – Blaßgrünliches Glas, bunte Emailfarben. Geklebt. Farben z. T. korrodiert oder abgerieben.

The Museum of London, Inv. Nr. 20757

117

Teile von Rand und Wandung wohl einer schalenförmigen Kuppa. Von der Bemalung erhalten: in gerundetem Feld Oberkörper einer Frau (Maria?), die die rechte Hand erhoben hat, die linke vor der Brust; links neben ihr Vierpaß mit Ornamenten, an der Bruchkante rechts wohl Ansatz eines weiteren; Teile von Blattwerk; Randbordüre aus Horizontallinien und Punktreihe darüber.
Farben beidseitig aufgetragen, Schauseite von innen/oben. Innen: Weiß (Inkarnat, Punkte), Rot (Binnenzeichnung auf Inkarnat, Horizontallinien), Hellbraun (ursprüngliche Farbe unklar; für Konturen). Außen: Rot (Gewand, Vierpaß), Grün (Hintergrund Rundfeld), Blau (Mantel), Schwarz (Haare).

Die Fragmente dieser ›Schale‹ wurden 1957 an der Nordseite von Cheapside gefunden (d. h. unweit von Foster Lane, wo später die zahlreichen Bruchstücke emailbemalter Becher zutage kamen). Es gab keinerlei datierende Beifunde. Die Verwandtschaft zu den Bruchstücken der emailbemalten ›Schale‹ in Basel (Kat. Nr. 118) wurde von Anfang an erkannt. Eine noch engere Parallele kam jedoch erst in jüngerer Zeit hinzu: die hochstielige Schale aus Prag (Kat. Nr. 116). Die Kuppa dieses Prager Stücks hat nahezu gleiche Maße und ein sehr ähnliches Profil. Vergleichbar sind auch die leicht grünliche Glasmasse und die Randbordüre. Mit großer Wahrscheinlichkeit sind daher die Londoner Fragmente auch als Teile der schalenförmigen Kuppa von einem Stengelglas zu interpretieren[1].
Zu der Darstellung fehlen bisher Parallelen, so daß man nur vage Vermutungen zu den fehlenden Teilen anstellen kann.

Die Haltung der ›Maria‹ erinnert an die demütig-abweisende Geste bei der Verkündigung. Möglicherweise war hier einmal die Verkündigungsszene dargestellt, die mit den AVE MARIA GRATIA PLENA-Inschriften einiger der emailbemalten Becher evoziert wird? – Nach der Stellung des Medaillons mit der Halbfigur der ›Maria‹ im Schalenganzen ist ein dreiteiliges Dekorschema am wahrscheinlichsten (3 ähnliche Rundfelder und dazwischen ornamentale Vierpässe und Pflanzen?), auch das wie bei der Kuppa des Prager Stücks.

LIT.: Cook (1958), S. 173-177. – J. Charleston (1968), Nr. 26. – Harden (1978), S. 12 f.

1 Da ohne die Kenntnis der Prager hochstieligen Schale die Gesamtform der Londoner ›Schale‹ schwer vorstellbar war, erwog J. M. Cook, ob es sich um den gläsernen Einsatz eines Gefäßes aus anderem Material gehandelt habe. Für eine solche Technik gibt es aber m. W. keine Parallelen im Mittelalter.

118 Emailbemalte hochstielige (?) Schale, Fragmente

Europa (Murano?), 2. Hälfte 13. Jh./Anfang 14. Jh. – Fundort: Unbekannt, zur Provenienz widersprüchliche Angaben, s. u. – H Kuppa 2,7 cm; ⌀ 11,8 cm; Wandungsstärke Lippenrand 1,3 mm, am Boden maximal 4,0 mm. – Farbloses Glas, bunte Emailfarben, Vergoldung. Geklebt und ergänzt. Farben z. T. korrodiert oder verloren.

Historisches Museum Basel, Inv. Nr. 1870.44

Fragmente von Rand, Wandung und Boden wohl einer schalenförmigen Kuppa. Von der Bemalung erhalten: im mittleren Rundfeld auf blauem, mit sechszackigen Sternen besetztem Grund Teile einer frontal sitzenden Figur; in der erhobenen linken Hand eine goldene Kugel (die rechte nicht erhalten, wohl im Schoß); links in Kniehöhe ein Löwenkopf, rechts ein Stück tiefer minimaler Ansatz wohl zu einem zweiten (?); unten eine Schuhspitze und Blattwerk; um das Medaillon breite Rankenbordüre mit goldener, rotkonturierter Ranke auf blauem Grund, die Spiralwindungen verschiedenfarbig ausgefüllt; der Rankenstreifen innen von 2 konzentrischen goldenen Linien, außen von 2 dünnen roten gerahmt.
Die Farben bei der Rankenbordüre alle innen aufgetragen (Weiß, Rot, Grüngelb, Blau, Gold), beim Mittelmedaillon beidseitig. Innen: Weiß (Inkarnat, auch beim Löwenkopf), Rot (Konturen, Binnenzeichnung), Gold (Sterne, Kugel, Ansatz einer ursprünglichen Krone. Das Gold der Sterne andersartig und wohl zum großen Teil ergänzt). Außen: Rot (Mantel), Blau (›Himmel‹), Grün (Gewand, Blattwerk), Schwarz (Haare, Schuhspitze).

Laut Bernoulli (zitiert von aus'm Weerth) waren diese Fragmente wohl schon seit dem 16. Jahrhundert in einer Basler Sammlung. Eine Inventar-Karte trägt den Vermerk, die Scherben seien 1747 als Geschenk aus der Slg. Frey-Gryneus in den Besitz der Stadt Basel übergegangen, eine andere Ansicht besagt, sie stammten aus der Slg. des Basler Bürgers J. J. Banga († 1834).

EMAILBEMALTE GLÄSER

118

Es wurde bisher nie angezweifelt, daß diese Fragmente zu einer Schale gehörten. Diese wäre dann aber sehr klein gewesen, und ihre Gesamtform war nicht recht vorstellbar. Im Gipsbett einer alten Restaurierung waren keinerlei Standfläche, Standring oder Fuß sichtbar. Nachdem das Stück neuerdings überarbeitet wurde, kann jetzt das Profil eindeutig beurteilt werden: Der Boden der Schale ist bis zur Mitte hin leicht nach unten geneigt. Auch für diese Fragmente ist daher (nach dem Bekanntwerden der Prager hochstieligen Schale) anzunehmen, daß sie Teile einer Kuppa waren. Die Stücke müßten hier dann aber knapp neben dem Stielansatz gebrochen sein. Im Gegensatz zu dem punktsymmetrischen Dekor bei der Prager Kuppa und wohl auch derjenigen aus London enthielt das Schaleninnere hier eine den ganzen Boden durchlaufend füllende Darstellung.

Diese bietet zumindest im heutigen Zustand einiges Rätselhafte und Ungereimte. Von den bisherigen Deutungen ist ohne weiteres auszuschließen die als Christus (Bernoulli), da kein Nimbus vorhanden ist. Die Benennung als ›deutscher Kaiser‹ beruht wohl auf der goldenen Kugel, die trotz (heute?) fehlendem Kreuz als Reichsapfel aufgefaßt wird. Dieser stand zwar strenggenommen nur dem Kaiser zu, war aber »gegen 1300 schon längst und allenthalben Abzeichen des mit der Kaisergewalt konkurrierenden Königtums geworden«[1]. Die allgemeinere Bezeichnung ›thronender Herrscher‹ wäre daher vorzuziehen. Eine Krone ist zwar nicht mehr vorhanden, aber durch Spuren von Gold am Kopf mit größter Wahrscheinlichkeit zu erschließen. Der Löwenkopf links wird als Teil eines Faldistoriums (= Faltstuhl, Thron für geistliche und weltliche Würdenträger) angesprochen. Wenn das auch plausibel ist, so bleibt doch die Größe dieses Tierkopfs (er ist fast gleich groß wie der menschliche Kopf) merkwürdig, ebenso fehlt auf der anderen Seite ein Gegenstück in gleicher Höhe. Merkwürdig im Gesamtzusammenhang sind auch die blattartigen Teile unten rechts, und ebenso fehlt bisher jede Erklärung für den sternenbesetzten Hintergrund. (Die Möglichkeit, deswegen den Thronenden als kosmischen Herrscher, z. B. Annus, das Jahr, zu deuten, mit der Sonne in der linken Hand, scheitert wohl daran, daß der Mond in der anderen Hand fehlt.)

LIT.: J.J. Bernoulli, Museum in Basel, Catalog für die antiquarische Abtheilung, Basel 1880, S. 178, Nr. 1009. – Ernst aus'm Weerth, Römische Gläser, in: Bonner Jahrbücher 76, 1883, S. 83–86. – Mély (1905), S. 284 f. – Führer Historisches Museum Basel 1906, S. 43. – Lamm (1929/30), Bd. I, S. 278, Nr. 2, Bd. II, Tf. 99. – Lamm (1941), S. 80 f. – Cook (1958), S. 174. – Harden (1969), S. 103. – Baumgartner (1980), S. 214, Nr. 9. – Kat. Venedig (1982), S. 16, Nr. V.

1 Amira (1925), S. 121.

119 Emailbemalter (Fuß-)Becher, Fragment

Europa (Murano?) 2. Hälfte 13.Jh./Anfang 14.Jh. – Fundort: Hausberg von Gaiselberg (bei Zistersdorf, Niederösterreich), (1968). – H 7,9 cm; ⌀ Lippe 7,9 cm, unten (ohne Faden) 4,7 cm; Wandungsstärke Lippenrand 1,0 mm. – Farbloses Glas, bunte Emailfarben. Geklebt und ergänzt. Durch Verwitterung getrübt, Farben weitgehend korrodiert oder abgeblättert.

Verwahrung: Univ.-Prof. Dr. Fritz Felgenhauer, Wien. Fund-Nr. 2493

Glatter Fadenring, Ansatz zu annähernd flachem Boden. Bemalung leider schlecht erhalten, erkennbar: zuunterst rot-gelb-rote Horizontallinien, zusätzlich gerahmt durch weiße Punktreihen; im Bildstreifen darüber 3 liegende Quadrate, in die auf die Spitze gestellte Quadrate eingeflochten sind; in diesen Feldern jeweils ein heraldisches Tier, zweimal ein Löwe bzw. Leopard, ausgerichtet auf einen Greifen im Feld zwischen ihnen; die 3 Medaillons gerahmt von weißen Punktreihen, getrennt durch Pflanzen mit unterschiedlich geformten Blättern und Knospen; über dem Bildstreifen wieder Borte aus rot-gelb-roten Linien und weißen Punktreihen.

Farben beidseitig aufgetragen, außen: Weiß (Konturen, Punkte, ›Inkarnat‹ bei Tierköpfen), Gelb (Horizontallinien, Einfassung der Rhomben bei den ›Löwen‹, Hinterbein und Schwanz des einen ›Löwen‹), Grün (Blatteile), Rot (Horizontallinien und Binnenzeichnung auf Inkarnat). Innen: Rot (Einfassung für 1 Quadrat und 1 Rhombus, Innenfläche des einen Rhombus, Körperflächen bei Greif und einem ›Löwen‹), Blau (Einfassung eines Quadrats, Innenfläche zweier Rhomben, Körperflächen eines ›Löwen‹, Blatteile), Grün (Körperfläche eines ›Löwen‹).

Obgleich die Scherben dieses ›Bechers‹ bei einer sorgfältigen wissenschaftlichen Grabung geborgen wurden, ergibt der Fundzusammenhang keinerlei Datierungshilfe. Die Fragmente lagen in einer Fäkaliengrube zusammen mit Keramik des 15.Jahrhunderts.

119

Das Stück fällt in mancher Hinsicht aus dem Rahmen: vom Boden ist zwar nur ein ca. 1 cm breiter Ansatz erhalten, aber daraus wird ganz deutlich, daß er nicht spitz hochgestochen war wie bei den Bechern dieser Gruppe. Der Boden biegt sogar ganz leicht nach unten, so daß der umgelegte Faden nicht als Standring aufliegt, sondern etwas höher sitzt. Diese Bodenform läßt kaum einen anderen Schluß zu, als daß die Fragmente ursprünglich zu einer becherförmigen Kuppa auf hohem Fuß oder Stiel gehörten. Die ungewöhnlich kleinen Maße[1] passen gut zu dieser Deutung. Die Möglichkeit, daß emailbemalte Gläser dieser Zeit auch einen Stiel oder hochgezogenen Fuß haben konnten, ist erst seit der Entdeckung der hochstieligen Schale aus Prag ins Bewußtsein gerückt, sie wird inzwischen auch für die Schalenfragmente in Basel und London angenommen.

Bisher ohne Parallelen ist auch das Schema der Bemalung mit den ineinander verflochtenen Quadraten, während die Einzelmotive wie auch gewisse Eigentümlichkeiten der Wiedergabe (z. B. weiße Tierköpfe mit feiner roter Binnenzeichnung, Punktreihen als Rahmung oder auch innerhalb von Figuren) alle geläufig sind auf Bechern dieser Gruppe.

Außerhalb der emailbemalten Gläser finden sich speziell zu diesem Stück Motivverwandtschaften zu Bodenfliesen der Zeit um 1300 im süddeutschen Raum, z. B. die ineinandergeflochtenen geometrischen Ornamente, verbunden mit Punktreihen[2]. Auch ähnliche heraldische Tiere und Fabelwesen sind auf mittelalterlichen Fliesen Legion, sie kommen aber natürlich auch in sehr vielen anderen Bereichen des Kunstgewerbes vor.

LIT.: Felgenhauer-Schmiedt (1973), S. 99-103. – Ausst.-Kat. 1000 Jahre Babenberger in Österreich, Stift Lilienfeld 1976, Nr. 232. – Sabine Felgenhauer-Schmiedt, Das Fundmaterial des Hausbergs zu Gaiselberg, NÖ, in: Archaeologia Austriaca 61/62, 1977, S. 268 f., 321.

1 Ähnliche Maße hat nur noch der Becher mit Dromedaren (Kat. Nr. 92), alle anderen sind größer.
2 Z. B.: R. Forrer, Geschichte der europäischen Fliesen-Keramik vom Mittelalter bis zum Jahre 1900, Straßburg 1901, Tf. IX f. (Fliesen aus dem Stadionschen Domherrenhofe zu Konstanz).

Gläser aus Bleiglas

Das Kapitel zu den Bleiglasgefäßen ist ein so neues Addendum in der Geschichte des mittelalterlichen Hohlglases in Europa, daß es hier und jetzt nur kurz skizziert werden kann.

Was im folgenden kurz Bleiglas genannt wird (genauer: Bleisilikatglas), ist eine besondere Glasmasse, die einen sehr hohen Gewichtsanteil an Bleioxid enthält, zwischen ca. 60 und 70 Prozent. Daraus ergibt sich das sehr hohe spezifische Gewicht, das etwa doppelt so hoch ist wie bei ›normalem‹ Glas, und somit die Möglichkeit, ohne aufwendige Analysen allein aus dem spezifischen Gewicht den PbO-Gehalt nachzuweisen und zu schätzen[1].

Durch den hohen Bleianteil erhält diese Glasmasse erstens einen erheblich niedrigeren Schmelzpunkt als die Soda- oder Pottascheglaser, zweitens einen hohen Lichtbrechungseffekt, d.h. besonderen Glanz und große Leuchtkraft der Farben, drittens eine relativ hohe Stabilität (auch bei jahrhundertelanger Lagerung im Boden, was die mittelalterlichen Hersteller allerdings kaum interessiert haben dürfte).

Stark bleihaltiges Glas ist auch aus völlig anderen Zeitepochen und geographischen Bereichen bekannt, z. B. aus dem alten Ägypten und Mesopotamien sowie aus dem Fernen Osten (Japan und China). Aber das kann in diesem Zusammenhang ebenso außer acht bleiben wie auch das neuzeitliche ›Bleikristall‹, das auf eine englische Erfindung des späten 17. Jahrhunderts zurückgeht. (Neuzeitliches Bleikristall enthält übrigens ›nur‹ etwa 30 bis 35 Prozent Bleioxid, also nur etwa halb soviel wie das mittelalterliche Bleiglas[2].)

Für die Jahrhunderte, die im Zusammenhang dieser Ausstellung interessieren, ist Bleiglas in zwei ganz verschiedenen Kontexten bekannt: Zum einen wurde es im slawischen Kulturbereich und anderen Teilen Nordwesteuropas (einschließlich Englands) von etwa dem 9. bis 13. Jahrhundert verwendet zur Herstellung von kleineren Glasobjekten wie Fingerringen, Schmucksteinen, Spielsteinen, Mosaiktesserae etc.[3], zum anderen fertigte man daraus im Nahen Osten Glasgefäße, wohl ebenfalls seit etwa dem 9. Jahrhundert oder schon früher. Durch Analysen nachgewiesen ist diese Tatsache erst in jüngerer Zeit und an wenigen Stücken, u. a. von dem berühmten Handelsschiff, das um 1025 bei Serçe Limani vor der türkischen Küste gesunken ist[4]. Obgleich ›Reihenuntersuchungen‹ an islamischen Gläsern noch fehlen, bestehen doch höchstwahrscheinlich viele der intensiv smaragdgrünen (und gelben?) islamischen Gläser aus Bleiglas[5]. Bis vor wenigen Jahren war es völlig unbekannt, daß auch in der (nordwest)europäischen Glasproduktion des Mittelalters Bleiglasgefäße hergestellt wurden[6]. Durch die Wiederentdeckung dieser Gruppe, aus der hier erstmals Beispiele gezeigt werden, erweist sich plötzlich die Richtigkeit einer Stelle in dem Traktat des Heraclius ›De coloribus et artibus Romanorum‹. Im 8. Kapitel des 3. Buchs – einer Hinzufügung des 12. Jahrhunderts zu den beiden ersten älteren Büchern – heißt es: »Nimm bestes und glänzendes Blei, gib es in einen neuen Topf und brenne es im Feuer zu Pulver. Setze es darauf hinweg zum Auskühlen. Dann nimm Sand, mische ihn mit diesem Pulver, doch so, daß zwei Teile Blei, der dritte der Sand seien und bringe das in ein irdenes Geschirr. Verfahre aber wie oben für die Glasbereitung vorgeschrieben ist und stelle das irdene Gefäß in den Ofen, worauf du beständig umrührst, bis das Glas fertig ist. Willst du es aber machen, daß es grün erscheine, so nimm Messingfeile und gib davon nach Gutdünken in das Bleiglas. Willst du dann irgend ein Gefäß damit bilden, so mache es mit dem eisernen Blasrohr …«[7]. Hier spricht der Autor also ganz selbstverständlich davon, daß man Bleiglas für Gefäße verwendet, und auch sein Zweidrittelanteil von Blei stimmt recht gut mit den Analysen bzw. Schätzwerten des bisher aufgefundenen Materials überein. Allerdings hätte niemand aufgrund dieser Stelle bei Heraclius nach mittelalterlichen Bleiglasgefäßen gesucht, weil sein Traktat eine kaum zu entwirrende Mischung von Dichtung und Wahrheit enthält! In der erheblich zuverlässigeren anderen mittelalterlichen Quelle, der sogenannten Schedula diversarum artium des Theophilus Presbyter (aus dem frühen 12. Jahrhundert) wird Bleiglas bei der Anweisung zu Herstellung von Fingerringen erwähnt[8]. Ob in einem anderen Kapitel, von dem nur die Überschrift ›De coloribus qui fiunt ex cupro et plumbo et sale‹ erhalten ist, auch von Hohlgläsern aus dieser farbigen Bleiglasmasse die Rede war, wird sich wohl nie mehr feststellen lassen[9].

Nun zu den Fakten, die sich aus dem bisher aufgefundenen Material herausdestillieren lassen: Obgleich das Blei nicht eigentlich färbender Bestandteil der Glasmasse ist (höchstens bei hoher Konzentration einen leichten Gelbstich bewirkt), fallen doch alle Bleiglasgefäße zunächst durch ihre intensiven Farben auf: smaragdgrün, leuchtend gelb, dunkel opakrot. Häufig sind zwei dieser Farben kombiniert. Die Fragmente sind in vielen Fällen zu klein, um eine Vorstellung von der Gesamtform zu erlauben, dennoch ist zu erkennen, daß es verschiedene Becherformen, Gläser auf hohem Fuß oder Stiel, Schalen sowie Flaschen und Krüge aus Bleiglas gab. Manche der Formen kommen sehr ähnlich auch in anderer Glasmasse vor (z. B. Stengelgläser, Kuttrolfe), andere haben bisher keine Parallelen im uns bekannten Formenrepertoire. – Soweit ein archäologischer Zusammenhang Datierungshinweise gibt, deutet der Kontext in der Regel auf eine Entstehung im 13. oder frühen 14. Jahrhundert, so z. B. bei den Stücken aus Braunschweig, Neuss, Maastricht, Schleswig. Einige Gefäßtypen (Gläser auf hohem Fuß oder Stiel) und Verzierungsvarianten (z. B. Zickzackfadenauflagen) bestätigen diese Datierung. Auch wurden bisher keine Fragmente gefunden, die eindeutig zu einem jüngeren Gefäßtyp gehören. Es kann also als einigermaßen sicher gelten, daß es die Bleigläser im 13. und frühen 14. Jahrhundert gab – völlig offen ist allerdings, ob man vielleicht schon früher, schon im 12. Jahrhundert dazu überging, aus hoch bleihaltigem Glas nicht nur Fingerringe und dergleichen, sondern auch Hohlgläser herzustellen. Und ebenso offen ist, wann (und warum) diese Praxis aus der Mode kam.

Weitgehend ungeklärt ist auch die Frage nach den Herstellungsorten bzw. -regionen. Fragmente von Bleiglasgefäßen von Hüttenplätzen fehlen bisher leider, die einzigen Anhaltspunkte (neben der Erwähnung im dritten Buch des Heraclius-Traktats, die – wer weiß wo – abgeschrieben sein kann) liefern die Fundorte. Obgleich sich die Punkte auf der Verbreitungskarte in der nächsten Zeit sicher noch verdichten werden und die ›Ballungsgebiete‹ dabei möglicherweise noch etwas verschieben, zeichnet sich doch bereits ab, daß dieser Typ von Gläsern fast ausschließlich in Nordwesteuropa verbreitet war. (Das Verbreitungsgebiet deckt sich übrigens weitgehend mit dem Einflußgebiet der Hanse, die allermeisten der Fundorte waren Hansestädte.) Umgekehrt ist bisher in dem reichen Fundmaterial in Süddeutschland, der Schweiz, Südfrankreich, Italien kein einziges Fragment dieser Art bekanntgeworden[10]. Es ist daher anzunehmen, daß die Produktion innerhalb des Verbreitungsgebiets erfolgte. Die große Breite im Formen- und Verzierungsrepertoire läßt vermuten, daß es möglicherweise mehrere Herstellungszentren gab. Zu überprüfen bleibt auch, ob und wieweit Zusammenhänge mit der Produktion von Keramik mit Bleiglasur bestehen.

1 Die Bestimmung des spezifischen Gewichts und das Hochrechnen des PbO-Gehalts verdanken wir in den meisten Fällen Gerhard Eggert, Rheinisches Landesmuseum Bonn.
2 Robert J. Charleston, Lead in Glass, in: Archaeometry 3, 1960, S. 1-4. – I. L. Barnes, R. H. Brill, E. C. Deal, G. V. Piercy, Lead Isotope Studies of Some of the Finds from the Serçe Limani Shipwreck. (Abstr. Symposium of Archaeometry, Washington 1984, im Manuskript vermittelt durch Detlef Ullrich, Berlin.)
3 Eine Publikation zu gläsernen Fingerringen (aus Bleiglas u. a.) wird von Detlef Ullrich, Berlin, vorbereitet. Aus der umfangreichen Literatur zu diesem Gebiet seien hier nur noch zwei Titel genannt (jeweils mit weiterer Lit.): Bezborodov (1975), S. 310-315, Taf. XXI. – Justine Bayley, Non-ferrous metal and glass working in Anglo-Scandinavian England: An interim statement, in: PACT 7, 1982, S. 487-496, bes. S. 493f. (Second Nordic Conference on the Application of Scientific Methods in Archaeology, Helsingør 1981). – Bayley (1987), S. 251-253.
4 I. L. Barnes u. a. (vgl. Anm. 2).
5 Islamisches ›Bleiglas‹ wird auch von Lamm schon vielfach erwähnt (1929/30, Bd. I, S. 8f., 15f., 143, 180 und bei zahlreichen Beschreibungen), allerdings ohne jede nähere Definition oder Angabe, wie hoch der Bleioxidanteil sei. Er erwähnt (S. 9), man könne Bleioxid »besonders bei den auf dem Rad bearbeiteten Gläsern meistens« nachweisen, und folgert daraus (wie wohl schon seine Gewährsleute vor ihm), der Zusatz von Bleioxid sei erfolgt, um das Glas weicher und für die Verzierung durch Schnitt, Schliff oder Gravur geeigneter zu machen (S. 143). Das ist sicher zum Teil richtig. Auch etliche der neuerdings analysierten, hoch bleioxidhaltigen islamischen Gläser sind geschnitten – von den europäischen Beispielen dagegen bisher kein einziges. Irrig und irreführend auch bei der Interpretation von Quellen ist dagegen die zweite Schlußfolgerung, die man offenbar stillschweigend aus der Kenntnis des modernen Bleikristalls zog: daß nämlich das frühe islamische Bleiglas bergkristallartig farblos sei. ›Blei- oder Kristallglas‹ wird bei Lamm als Synonym (S. 156 expressis verbis), und ausschließlich bei gänzlich farblosen, allenfalls farbig überfangenen Schnitt- oder Schliffgläsern findet sich daher bei ihm die Bezeichnung Bleiglas. Er gebrauchst diesen Begriff übrigens nicht bei den Hedwigsgläsern, die ja alle einen mehr oder weniger ausgeprägten Farbstich haben. Für Essenwein (1877, Sp. 228) in seiner Veröffentlichung des Nürnberger Hedwigsglases war es dagegen selbstverständlich, daß dieses aus ›Bleiglas‹ sei, wiederum wohl in Begriffsvermengung mit modernem Bleikristall.
6 Die ›Erstlinge‹ dieses Typs wurden, mit einigen ersten Vergleichsbeispielen, publiziert bei Krueger (1987).
7 Zitiert nach der Übersetzung bei Albert Ilg, Heraclius, Von den Farben und Künsten der Römer, Wien 1873 (= Quellenschriften zur Kunstgeschichte und Kunsttechnik des Mittelalters und der Renaissance IV, hrsg. von R. Eitelberger v. Edelberg), S. 58-60.
8 Theophilus Presbyter, Schedula diversarum artium, 2. Buch, Cap. XXXI, De anulis. (Wilhelm Theobald, Technik des Kunst-

handwerks im 10. Jahrhundert. Des Theophilus Presbyter Diversarum Artium Schedula, Berlin 1933, S. 49 f.)
9 Theobald, vgl. Anm. 8, S. 230.
10 Eine kleine gelbe, grünverzierte Bleiglasscherbe, die bei einer der Glashütten in den Argonnen gefunden wurde, ist dort völlig vereinzelt und gehört sicher nicht zu den Hüttenprodukten. Dieser Fund bestätigt aber wieder den zeitlichen Ansatz ins 13./14. Jahrhundert.

120   Becher mit Fadenauflagen, Unterteil

Nordwesteuropa, 13. Jh./frühes 14. Jh. – Fundort: Deventer (Holland), Abfallgrube (1963). – H 8,0 cm; ⌀ mit Fußring 5,5 cm, am Schaft minimal 4,3 cm; Wandungsstärke Bruchkante oben 0,7 mm. – Smaragdgrünes Glas mit gelben Fadenauflagen. Geklebt. Durch Verwitterung leicht getrübt, Lüsterglanz. Bleiglas, spezifisches Gewicht des grünen Glases ca. 5 g/cm³.

Slg. Wijnman, Amersfoort

120

Glatter gelber Fußfaden. Hochgestochener Boden mit knopfförmiger Heftnarbe. Am Schaft in regelmäßigen Abständen 3 weitere gelbe Fadenringe umgelegt, der oberste an der Knickstelle zur ausbiegenden Lippe.

Die Keramikbeifunde aus derselben Abfallgrube werden spätestens um die Mitte des 14. Jahrhunderts datiert. Der zeitliche Ansatz für den Glasbecher wäre entsprechend erste Hälfte 14. Jahrhundert oder früher. – Ein kleines Fragment, das wohl zu einem ähnlichen Becher gehörte, kam 1984 bei Grabungen in Höxter, An der Kilianikirche, zutage: ein smaragdgrünes Wandungsbruchstück von der Knickstelle zwischen Schaft und ausbiegender Lippe mit einem Stück des doppelt umgelegten gelben Halsfadens. Der Fundkomplex dort (der noch weitere kleine Fragmente von gelbem Bleiglas enthält) ist nach der Keramik in die Zeit vor der Mitte des 13. Jahrhunderts zu datieren[1]. – Ein drittes Beispiel dieses Bechertyps ist durch das Bodenfragment Kat. Nr. 121 aus Lübeck zu belegen.

LIT.: Renaud (1983), S. 27, Abb. 2,5 auf S. 25.

1   Nach Auskunft von Hans-Georg Stephan, Göttingen.

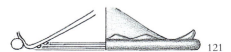

121

121   Becher, Bodenfragment

Nordwesteuropa, 13. Jh./frühes 14. Jh. – Fundort: Lübeck, Sandstraße 12, Kloake II. – H 1,2 cm; ⌀ Fußfaden 5,0 cm; Wandungsstärke Bruchkante oben 0,8 mm, am Boden maximal 2,5 mm. – Smaragdgrünes Glas, gelber Fußfaden. Stellenweise leicht korrodiert und irisiert. – Bleiglas, spezifisches Gewicht 4,98 g/cm³ = ca. 65% PbO.

Amt für Vor- und Frühgeschichte (Bodendenkmalpflege), Lübeck, Inv. Nr. 0184/E 1134

Glatter gelber Fußfaden. Boden hochgestochen. Unter dem Boden 3 Windungen eines sehr dünnen grünen Spiralfadens.

Dieses Bodenfragment mit kleinem Durchmesser kann eigentlich nur zu einem Becher gehört haben, den man sich wohl ähnlich wie den aus Deventer (Kat. Nr. 120) vorstellen kann. Der sehr dünne grüne Spiralfaden unter dem Boden läßt allerdings auch weiter oben grüne Fadenverzierungen erwarten.

LIT.: –

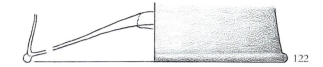

122

122   Becher, Fragment vom Unterteil

Nordwesteuropa, 13. Jh. – Fundort: Neuss, Grube bei St. Quirin (1971). – H ca. 1,5 cm; ⌀ (rekonstruiert) ohne Fußfaden ca. 7,0 cm; Wandungsstärke minimal 1,0 mm, in Bodenmitte 5,0 mm. – Transparent gelbes Glas, grüne Heftnarbe. 2 Fragmente. Weitgehend bedeckt mit weißlicher Korrosionsschicht. – Bleiglas (nicht näher untersucht).

Rheinisches Landesmuseum Bonn, Inv. Nr. 85.0032,1

Teil eines leicht hochgewölbten Bodens mit grüner Heftnarbe. Kleines Stück der Wandung mit Ansatz des Bodens und glattem Fußfaden.

Diese beiden Becherfragmente gehören zu den Glasfunden aus einer Grube bei St. Quirin in Neuss, die sehr einheitliches Material (vor allem Keramik und Glas) des 13. (allerspätestens frühen 14.) Jahrhunderts enthielt. Unter den Glasfragmenten waren eine Reihe von stark farbigen Bleiglasbruchstücken, die die Aufmerksamkeit erstmals auf diese Gruppe lenkten.

Die grüne Heftnarbe bei diesem Becherboden läßt weitere grüne Verzierungen an dem ursprünglichen Glas erwarten.

LIT.: Krueger (1987), S. 279, Nr. 31.

123 Becher- oder Kuppafragmente

Nordwesteuropa, 13. Jh. – Fundort: Neuss, Grube bei St. Quirin (1971). – H maximal 2,8 cm; Ø Lippe (rekonstruiert) ca. 9,0 cm; Wandungsstärke Lippenrand 2,8 mm, Wandung minimal 1,0 mm. – Transparent gelbes Glas, smaragdgrüner Randfaden. Z. T. geklebt. Durch Verwitterung leicht getrübt. – Bleiglas, spezifisches Gewicht 5,25 g/cm³ = ca. 69% PbO.

Rheinisches Landesmuseum Bonn, Inv. Nr. 85.0032,1

Teil einer leicht geschwungenen Wandung, Rand verdickt durch außen aufgeschmolzenen grünen Faden.

123

Zum Fundzusammenhang vgl. Kat. Nr. 122. Diese Randfragmente stammen wahrscheinlich von einem Becher, es ist aber auch nicht auszuschließen, daß sie zu einer ähnlichen (dann etwas kleineren) Kuppa wie bei dem hochstieligen Glas aus Braunschweig (Kat. Nr. 133) gehörten.

LIT.: Krueger (1987), S. 279, Nr. 32.

124 Becher mit gekniffenem Band, Fragmente

Nordwesteuropa, 13. Jh. (wohl vor 1278). – Fundort: Braunschweig, Altstadt, Güldenstraße, Ass. 604 (1979). – H maximal 2,3 cm; Ø Boden (rekonstruiert) ca. 6,0 cm; Wandungsstärke minimal 0,9 mm, am Boden maximal 1,8 mm. – Transparent gelbes Glas. 2 Fragmente. Leicht getrübt durch Verwitterung, kleine bräunliche Korrosionssprenkel. – Bleiglas, spezifisches Gewicht 5,09 g/cm³.

Braunschweigisches Landesmuseum, Inv. Nr. 79:13/55

Breiter bandförmiger Fußring, in Abständen tropfenförmig zusammengekniffen. Boden leicht hochgestochen. An der

124

Wandung breites Band aufgelegt und in regelmäßigen Abständen nach oben ausgezogen.

Die Bruchstücke dieses Bechers stammen aus einer Kloake, deren Bauweise auf eine Entstehung im 13. Jahrhundert deutet, auch die dort geborgene Keramik gehört in diesen Zeitraum. Der Brandschutt, der die Kloake abdeckte, entstand möglicherweise durch einen großen Stadtbrand 1278. Damit wäre ein terminus ante quem für die Funde aus dieser Latrine gewonnen. – Der leicht konvex gewölbte Ansatz der Wandung läßt eine Becherform vermuten, die in verschiedenen Glasfarben und mit verschiedenen Varianten des Fußrings und der Verzierung mehrfach für die Zeit vom späten 13. bis ins 14. Jahrhundert nachgewiesen ist, vgl. Kat. Nrn. 143-147.

Das nach oben ausgezogene (dabei meist halbkreisförmig zusammengekniffene) Band findet sich in ähnlicher Form häufig an Gläsern des späten 15.-frühen 16. Jahrhunderts, vgl. etwa Kat. Nr. 396, aber auch schon an Fragmenten aus einer Kloake in Magdeburg mit Material des 13.-frühen 14. Jahrhunderts, aus der u. a. auch die Stücke Kat. Nrn. 61, 62 und 213 stammen.

LIT.: Rötting (1985), S. 122-124, Nr. 3, Abb. 68a, Nr. 3, 68b.

125 Becherfragmente

Nordwesteuropa, 1. Hälfte 13. Jh. (vor 1265). – Fundort: Burg Wartenberg (Kr. Lauterbach, Hessen), (1938-40). – Ø unten (ohne Fußring, rekonstruiert) ca. 6,5 cm; Wandungsstärke Bodenfragment 1,2-1,5 mm, Wandungsscherbe

125

0,9 mm (mit Fadenauflagen von 0,8 mm Ø). – Transparent gelbes Glas, z. T. mit grüner Verzierung. 3 kleine Einzelscherben. Durch Verwitterung leicht getrübt. – Bleiglas, spezifisches Gewicht bei der Bodenscherbe ohne grüne Verzierung 5,23 g/cm³ = ca. 69% PbO, bei den grünverzierten Scherben leicht abweichende Werte.

Lauterbacher Hohhausmuseum e. V., Lauterbach, Inv. Nr. 1/3857

Stück von einem leicht hochgestochenen Boden. Stück Fußring aus 3 aneinandergelegten Fäden, die innerste Windung gelb, bei den beiden äußeren hauchdünne grüne Fäden einem gelben Faden längsparallel eingeschmolzen (wie ein Reticellastab ohne Torsion). Kleine Wandungsscherbe mit 2 sehr dünnen, lose aufgeschmolzenen grünen Parallelfäden.

So klein diese drei Scherben sind, sie erlauben doch Rückschlüsse auf einen zarten, technisch raffinierten und farbig reizvollen Becher. Da Burg Wartenberg 1265 zerstört wurde (vgl. Kat. Nr. 46), liefern sie zudem den Beweis für das Vorkommen von Bleiglasgefäßen schon in der ersten Hälfte des 13. Jahrhunderts.

LIT.: –

126

126 Breiter Becher bzw. Schale, Fragmente

Nordwesteuropa, 13. Jh. – Fundort: Braunschweig, Altstadt, Turnierstraße, Ass. 636 (1987). – H ca. 9,0 cm; ⌀ Lippe (rekonstruiert) ca. 16,0 cm; Wandungsstärke Lippenrand 2,0 mm, Wandung minimal 1,5 mm. – Transparent gelbes Glas, z. T. grüne Fadenauflagen. Z. T. geklebt. Stellenweise schwärzlich korrodiert. – Bleiglas, spezifisches Gewicht des gelben Glases 5,22 g/cm³.

Braunschweigisches Landesmuseum, Inv. Nr. 85:1/14296

Fußring aus mehrfach umgewickeltem Faden. Boden wenig hochgewölbt. Auf der Wandung unten umlaufende Ranke, zusammengesetzt aus volutenförmig eingerollten Fadenabschnitten. Darüber zwischen 2 dicken gelben horizontalen Fäden grüner Zickzackfaden (mit den Spitzen auf die gelben Fadenringe gedrückt), in den Dreieckszwickeln jeweils eine gelbe Nuppe. Um den Lippenrand grüner Randfaden gelegt.

Die Bruchstücke dieses breiten Bechers bzw. dieser Schale wurden in Kloake 3720 (Schicht 3721) gefunden, aus der auch noch weitere höchst bemerkenswerte Fragmente von Bleiglas-Gefäßen zutage kamen (vgl. Kat. Nr. 127 und 133). Der Kontext legt eine Datierung in die 2. Hälfte des 13. Jahrhunderts (›Abwurfzeit‹) nahe[1].

Die auf den ersten Blick so verblüffend neuartige, äußerst dekorative Schale erweist sich bei näherem Hinsehen als ein Stück, bei dem eine bekannte Form und eine Reihe von vertrauten Verzierungsmotiven frei und phantasievoll kombiniert wurden. Die sehr einfache, niedrigkonische Form erinnert an hölzerne Daubenschalen (oder vielleicht auch Körbe?). In etwas weniger breiten Proportionen fanden wir sie ähnlich auch bei den breiten Bechern mit Fadenauflagen Kat. Nrn. 59-63. Bruchstücke einer möglicherweise noch größeren derartigen Schale mit z. T. bogenförmigen gekerbten Fadenauflagen und eingestellten Nuppen fanden sich schon vor einigen Jahren an anderer Stelle in Braunschweig[2] in einer Kloake des 13. Jahrhunderts. Die Glasmasse war dabei weitgehend zersetzt, aber es scheint sich ebenfalls um gelbes Glas, eventuell mit z. T. grüner Verzierung gehandelt zu haben. Von den Verzierungsmotiven sind Nuppen und Zickzackfäden Standardmotive dieser Zeit, die innerhalb wie auch außerhalb der Gruppe der Bleigläser häufig vorkommen. Fadenauflagen in Form von Spiralranken kennen wir bisher nur von einigen der Bleiglasgefäße (vgl. Kat. Nrn. 129, 136), aber ähnliche Ranken gehören natürlich zum Grundrepertoire im mittelalterlichen Kunsthandwerk. Zur Funktion einer solchen Schale kann man nur Vermutungen anstellen – bei der Größe und dem Gewicht des Bleiglases ist es denkbar, daß sie kein Trink-, sondern ein Schau- und Präsentiergefäß war.

LIT.: – (Rötting (1988), Abb. 11, in Vorbereitung)

1 Aus diesem brandneuen Fundkomplex kann hier vorerst nur eine kleine Kostprobe der besterhaltenen (restaurierbaren) Gefäße gezeigt werden, eine ausführliche Gesamtpublikation sollte folgen. – Angaben zum Fundzusammenhang verdanken wir Hartmut Rötting, Braunschweig.
2 Güldenstr. 9 (1979), vgl. Rötting (1985), S. 122-124, Nr. 4.

127

127 Kelch auf hochgezogenem Fuß, Fragment

Nordwesteuropa, 13. Jh. – Fundort: Braunschweig, Altstadt, Turnierstraße, Ass. 636 (1987). – H 7,2 cm; ⌀ Fuß 7,3-7,8 cm; Wandungsstärke Bruchkante Kuppa minimal

0,9 mm. – Smaragdgrünes Glas. Geklebt, Ausbruch im Fuß. Stellenweise schwärzlich korrodiert, Lüsterglanz. – Bleiglas, spezifisches Gewicht 5,7 g/cm³.

Braunschweigisches Landesmuseum, Inv. Nr. 85:1/14311

Hochgezogener Fuß mit nach unten umgeschlagenem, hohlem Rand und schwachen senkrechten Riefeln. Unterteil einer ausladenden Kuppa mit dickem, flach gedrücktem Fadenring in ca. 0,9 cm Abstand zum Fußansatz. Weiter oben ein Stück einer rankenartig eingerollten (ebenfalls grünen) Fadenauflage.

Die Bruchstücke dieses Kelchglases (oder Fußbechers) stammen aus derselben Kloake (und derselben Schicht) wie Kat. Nrn. 126 und 133.

Gläser auf hochgezogenem Fuß sind für das 13. Jahrhundert mehrfach nachgewiesen, sowohl unter den Bleigläsern (vgl. Kat. Nrn. 128-132) als auch in anderer Glasmasse (vgl. z. B. den Rippenkelch aus Lüttich und seine Verwandten, Kat. Nrn. 230-234). Bei diesem Stück ist innerhalb der Gruppe der Bleiglasgefäße erstmals der hochgezogene Fuß relativ vollständig und anschaulich erhalten, so daß er uns für andere kleine Fragmente (u. a. die folgenden Nummern) eine Vorstellungshilfe gibt. Bei der Überlegung, wie die Kuppa zu einem solchen Fuß aussah, mag man an die große glockenförmige Kuppa (mit reichen Fadenauflagen und Nuppen) denken, die aus dem Kalmarer Fragment zu rekonstruieren ist (Kat. Nr. 129), und umgekehrt kann man sich zu jener Kuppa nun einen Fuß ähnlich wie bei diesem Braunschweiger Stück vorstellen.

LIT.: – (Rötting (1988), Abb. 11, in Vorbereitung).

128

128 Fragmente von Kelchgläsern auf hochgezogenem Fuß

Nordwesteuropa, 13. Jh. – Fundort: Neuss, Grube bei St. Quirin (1971). – Transparent gelbes Glas, bei b) Spur einer grünen Fadenauflage. Je 1 Fragment. Stellenweise leicht getrübt oder Lüsterglanz. – Bleiglas, spezifisches Gewicht bei a) 5,29 g/cm³ = ca. 70% PbO, bei b) 4,88 g/cm³ = 64% PbO.

a) H 1,9 cm; ⌀ Fuß oben ca. 2,6 cm; Wandungsstärke am Bruchrand der Kuppa 1,4 mm, am Fuß 0,8-1,5 mm.
Teil eines breiten hochgezogenen Fußes mit sehr dickem oberen Abschluß und knopfförmiger Heftnarbe, Ansatz einer ausladenden Kuppa.

b) H ca. 2,8 cm; ⌀ Fuß oben ca. 3,5 cm; Wandungsstärke am Bruchrand der Kuppa 2,2 mm, am Fuß 2,5 mm.
Teil eines sehr breiten hochgezogenen Fußes mit Spuren einer dünnen spiralförmigen Fadenauflage. Heftnarbe unter dem dicken oberen Abschluß als ringförmiger Ausbruch. Ansatz zu wenig ausladender Kuppa.

Rheinisches Landesmuseum Bonn, Inv. Nr. 85.0032,1

Diese beiden Fragmente stammen aus derselben Grube mit Material des 13. Jahrhunderts wie u. a. Kat. Nr. 122, zu den Fundumständen siehe dort. Engste Parallele zu diesen beiden gelben Fußfragmenten ist das Bruchstück eines ebenfalls gelben hochgezogenen Fußes mit Ansatz zum Kuppaboden aus Schleswig, zu dem möglicherweise die Kuppa(?)fragmente mit grünen Fadenauflagen Kat. Nr. 138 gehörten. Eine Möglichkeit, wie die Kuppa zu solchen breiten hochgezogenen Füßen aussah, ist durch das Fragment aus Kalmar bekanntgeworden, vgl. die folgende Nummer.

LIT.: Krueger (1987), S. 278, Nr. 28/29.

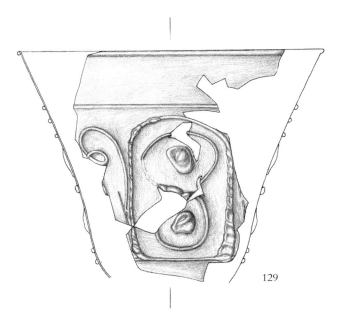

129

129 Kuppa (?) mit Fadenauflagen und Nuppen, Fragmente

Nordwesteuropa, 13. Jh. – Fundort: Kalmar, slottsfjärden (1932-34). – H 11,6 cm; ⌀ Lippe (rekonstruiert) ca. 14,0 cm; Wandungsstärke Lippenrand 2,8 mm, weiter unten minimal 0,5 mm. – Ursprünglich transparent gelbes Glas, z. T. grüne Verzierung. 1 großes Fragment, geklebt, kleine Einzelscherben. Fast gänzlich schwärzlich korrodiert, mit starkem Glanz. – Bleiglas, spezifisches Gewicht 5,37 g/cm³ = ca. 71% PbO.

Statens Historiska Museum, Stockholm,
Inv. Nr. 21 144: 1047

Im unteren Bereich der Wandung horizontaler Faden umgelegt, senkrecht darauf ansetzend glatte und gekerbte Fäden, meist paarweise nebeneinander. Dekor nicht mit Sicherheit zu rekonstruieren, wahrscheinlich abwechselnd Arkadenbögen aus großenteils gekerbten Fäden (mit eingestellten S-förmigen oder 8-förmigen Fadenauflagen[1] und Nuppen) und glatte, volutenartig eingerollte Fadenauflagen. Über den ›Arkaden‹ glatter horizontaler Faden umgelegt, Lippenrand nach außen umgeschlagen.

Die Funde, die 1932-34 bei der Trockenlegung des ehemaligen Hafens von Kalmar aus dem Schlamm geborgen wurden, verteilen sich über einen langen Zeitraum vom 12.- ins 17. Jahrhundert, eine Stratigraphie gibt es nicht. Anhaltspunkte für eine Datierung dieses ausgefallenen Stücks ergeben sich also nur über Parallelen aus anderen Fundzusammenhängen: Glücklicherweise gibt es solche unter den neuen Braunschweiger Bleiglasfunden, die relativ sicher ins 13. Jahrhundert datiert sind. Ganz besonders gut vergleichbar ist der Dekor bei der fragmentarischen großen Flasche Kat. Nr. 136. Das Braunschweiger Fragment von einem Kelchglas auf hochgezogenem Fuß (Kat. Nr. 127) und einige andere Bruchstücke von Gläsern auf ähnlich breiten hohen Füßen lassen vermuten, daß auch diese schöne glockenförmige Kuppa ursprünglich einen hochgezogenen ausschwingenden Fuß hatte.

LIT.: – Zu Funden aus Kalmar allgemein: Martin Olsson, Kalmar Slotts Historia I: Tiden intill 1300-talets mitt, Stockholm/Uppsala 1944. – Dagmar Selling, Fynd från Kalmar, Stockholm 1948 (Ur Statens historiska museums samlingar: 5).

1 Im erhaltenen Fragment war die S-förmige Auflage grün.

130 Stengelglas, Fragment

Nordwesteuropa, 13. Jh./frühes 14. Jh. – Fundort: Maastricht, O.L. Vrouweplein (1980). – H rekonstruiert ca. 13,7 cm; Ø Lippe ca. 8,7 cm, Fuß ca. 9,0 cm, Stiel minimal 1,4 cm; Wandungsstärke Lippenrand 1,4 mm. – Hell-smaragdgrünes Glas. Geklebt und stark ergänzt. Durch Verwitterung nur wenig getrübt. – Bleiglas, ca. 65-68% PbO[1].

Gemeentelijk Oudheidkundig Bodemonderzoek Maastricht, Inv. Nr. 1980. MAVP.R. 2-I-I

Außen flach aufliegender Fuß mit auf den Rand aufgelegtem Faden und schwach ausgeprägten, wirbelförmig nach rechts gedrehten Rippen. Hohler Stiel mit senkrechten Riefeln. An der Kuppa Zickzackfaden auf gekerbte Horizontalfäden gelegt, unter dem Lippenrand 5 Windungen eines glatten Spiralfadens. Rand leicht verdickt.

Die Kloake, in der u. a. die Fragmente dieses Glases gefunden wurden, gehörte zum Haus des Kanonikers Gerard van Jabeek. Dieses Haus wurde abgerissen für den Bau der St. Nicolaaskirche, die 1343 geweiht wurde. Mit großer Wahrscheinlichkeit wurde also wohl sämtliches Material in dieser Abortgrube im Haushalt des Kanonikers gebraucht und vor ca. 1340 weggeworfen.

Dieses Stengelglas aus Maastricht, mit relativ breitem,

130

schwach gerippten hohlem Stiel und teilweise gekerbten Fäden an der Kuppa hat Parallelen vor allem in 2 Gläsern in England: den Fragmenten eines gelben, z. T. grün verzierten Stengelglases aus Knaresborough (Kat. Nr. 132) und denen von einem ähnlichen Stück aus dem Royal Castle in Old Sarum (Salisbury)[2]. Das smaragdgrüne Fragment aus Aachen (Kat. Nr. 131) und kleinere Bruchstücke aus Neuss und Köln[3], die möglicherweise zu ähnlichen Kuppen gehört haben, lassen vermuten, daß derartige Gläser häufiger waren als es beim heutigen Stand der Überlieferung scheint. Ähnliche zickzackförmige Fadenauflagen wie das Maastrichter Stengelglas hatte offenbar auch die Kuppa des gelben hochstieligen Glases aus Lübeck (Kat. Nr. 134).

LIT.: Renaud (1983), S. 25, Abb. 2,2. – Kat. Oudheden in het Bonnefantenmuseum, Maastricht 1984, S. 43, Nr. 1.44.

1 Eine Analyse dieses Stücks vermittelte uns freundlicherweise Stadsarcheoloog T. A. S. M. Panhuysen.
2 Harden (1975), S. 39, Abb. 13 A (mit früherer Lit.). Dieses Stück konnte leider nicht ausgeliehen und auf den Bleigehalt der Glasmasse überprüft werden, es hat aber ebenfalls ein erhebliches Gewicht.
3 Neuss: im Rheinischen Landesmuseum Bonn, vgl. Krueger (1987), Nr. 48-51; Köln: Privatbesitz.

131   Stengelglas, Fragmente

Nordwesteuropa, 13.Jh./frühes 14.Jh. – Fundort: Unbekannt, wohl Aachen oder Umgebung (nach dem Aufbewahrungsort). – H 7,3 cm; ⌀ Stiel minimal 2,2 cm, Fuß (rekonstruiert) ca. 9,0 cm; Wandungsstärke am Fuß minimal 1,0 mm, am Bruchrand der Kuppa 2,0 mm. – Smaragdgrünes Glas. 2 Fragmente. Kaum getrübt, Lüsterglanz. – Bleiglas, spezifisches Gewicht 5,21 g/cm³ = ca. 69% PbO.

Suermondt-Ludwig-Museum, Aachen, ohne Inv. Nr. (Altbestand Burg Frankenberg)

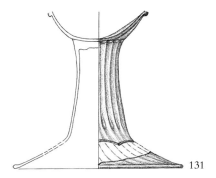

131

Randscherbe von leicht ansteigendem Fuß mit verdicktem Rand und schwach ausgeprägten, wirbelförmig nach rechts gedrehten Rippen. Breiter hohler Stiel mit senkrechten Riefeln. Ansatz zur Kuppawandung mit kleinem Stück einer Fadenauflage.

Zu den Fundumständen dieser beiden Fragmente ist leider nichts bekannt, sie werden erst verständlich im Zusammenhang der hier erstmals gemeinsam vorgestellten Bleiglaskelche auf hohem Stiel oder Fuß.

LIT.: –

132   Stengelglas, Fragmente

Nordwesteuropa, 13.Jh./frühes 14.Jh. – Fundort: Knaresborough Castle (Yorkshire, England). – H des größten Fragments 4,5 cm; ⌀ Fuß (rekonstruiert) ca. 9,0 cm, Stiel unterhalb der Kuppa 2,1 cm; Wandungsstärke Fußrand, 2,8 mm, Bruchkante der Kuppa 0,9 mm. – Transparent gelbes Glas, z. T. grüne Fadenauflagen. Z. T. geklebt. – Bleiglas, spezifisches Gewicht 4,8 g/cm³

Harrogate Museums & Art Gallery Service,
Inv. Nr. HARGM 2843

Leicht ansteigender Fuß mit auf den Rand aufgelegtem dunkelgrünen Faden und schwachen, wirbelförmig nach rechts gedrehten Rippen. Relativ breiter hohler Stiel mit senkrechten Riefeln. An der Kuppawandung im unteren Bereich gelber gekerbter Faden horizontal umgelegt, darauf bzw. darüber Reste von grünen Zickzackfäden. (Einzelne Randscherben mit dünnen gelben bzw. grünen Horizontalfäden nach Durchmesser und Neigung wohl nicht zugehörig.)

Die Bruchstücke dieses gelben hochstieligen Glases (und die wohl nicht zugehörigen weiteren gelben Scherben) wurden bei Ausgrabungen in Knaresborough Castle in einer Abfallgrube gefunden, zusammen u. a. mit Keramik des späteren 14. und frühen 15. Jahrhunderts und einer Münze der Zeit zwischen 1335-43[1]. Das fragmentarische Kelchglas aus Knaresborough ist (in einer etwas irreführenden Zeichnung) mehrfach kurz publiziert, jeweils als Pendant zu einem anderen gelben Stengelglas aus Old Sarum/Salisbury. Beide Stücke wurden, da fremdartig wirkend, bisher für Importstücke aus Italien (Venedig) gehalten, und die besondere

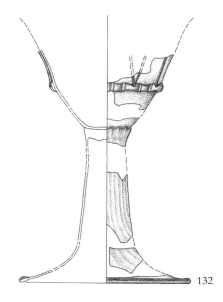

132

Glasmasse wurde nicht bemerkt[2]. Sie erhalten nun erst in der Gruppe der Bleigläser ihren richtigen Platz und Zusammenhang, sowohl nach der Glasmasse als auch nach Form und Verzierung. Die Ähnlichkeit des Knaresborough-Glases mit dem aus Maastricht (Kat. Nr. 130) wird noch deutlicher, wenn man die im Ansatz erkennbaren Zickzackfäden an der Kuppa hinzurechnet.

Außer dem erwähnten Parallelstück aus Old Sarum (mit 2 gekerbten gelben und einem glatten grünen Fadenring um die Kuppa) sind auch in Southampton Fragmente von einem ähnlichen Stiel und Fuß mit aufgelegtem grünem Randfaden gefunden worden[3].

LIT. (Auswahl): Harden (1972), S. 106f., Fig. 15 B (mit früherer Lit.) – Harden (1975), S. 39, Abb. 13 B. – Charleston (1984), S. 24.

1   Angaben zu den Fundumständen und Beifunden verdanken wir Mary J. Kershaw, Harrogate Museums, die uns auch die Ausleihe dieser Fragmente ermöglichte.
2   Harden (1975), S. 39, nimmt wegen des guten, nicht korrodierten Erhaltungszustands an, sie bestünden aus Soda-Glas.
3   Southampton, Westgate, 1979, Inv. Nr. SARC 24 1285 (43) u. (254).

133

13./14. Jahrhundert

133 Stengelglas mit gekniffenen Stegen

Nordwesteuropa, 13. Jh. (wohl vor 1278). – Fundort: Braunschweig, Altstadt, Turnierstraße, Ass. 636 (1987). – H 13,5–13,8 cm; ⌀ Lippe 11,4 cm, Fuß ca. 8,8 cm; Wandungsstärke Lippenrand 2,6 mm. – Smaragdgrünes Glas. Geklebt und ergänzt, Ausbrüche an den Stegen. Nahezu ohne Verwitterungsspuren. – Bleiglas (nach der Restaurierung nicht näher zu bestimmen).

Braunschweigisches Landesmuseum, Inv. Nr. 85:1/13 517

Hochgezogener Fuß mit nach unten umgeschlagenem hohlem Rand. Als ›Stiel‹ darauf das lang und dünn ausgezogene, hohle Unterteil der Kuppa. An diesem Stiel 3 Ringscheiben (wohl als Faden umgelegt und dann sehr flach gekniffen), die unterste direkt auf den Fuß aufgeschmolzen. Um den Stiel herum, an einem Fadenring unten an der Kuppa ansetzend, 5 Stege, die je drei- bis viermal nach außen gekniffen und an den Ringscheiben abgestützt sind. Die Enden sind unter die unterste Ringscheibe gedrückt, bevor als letztes der Fuß angesetzt wurde. Am leicht konkaven unteren Teil der Kuppa 4 Beerennuppen (der Stempel mit 2 Reihen Kügelchen um ein mittleres nicht vollständig abgedrückt), darüber wieder horizontaler Faden. Lippenrand nach außen umgeschlagen.

Die Bruchstücke dieses erstaunlichen Stengelglases kamen aus derselben Kloake und derselben Schicht zutage wie u. a. die des Kelchglases Kat. Nr. 127 und der gelben Schale Kat. Nr. 126.

Ähnlich wie jene Schale paßt sich bei näherem Hinsehen auch dieses ausgefallene Stengelglas mit vielen Facetten an Bekanntes an, so daß es nicht als befremdendes Rätselstück, sondern als originelle neue Variante innerhalb der Gruppe der Bleiglasgefäße erscheint. Die Beerennuppen finden sich an Gläsern dieser Gruppe mehrfach, außer an Braunschweiger Stücken auch an Fragmenten aus Neuss und London (vgl. Kat. Nr. 140), sie sind aber ebenso auch an etwa gleichzeitigen Gläsern aus normaler Glasmasse nachgewiesen, z. B. an Becherfragmenten aus Magdeburg (Kat. Nr. 62). Dasselbe gilt für die gekniffenen Stege: Eine besonders enge Parallele gibt es innerhalb der Bleiglas-Gruppe bei dem Lübecker Stengelglas (folgende Kat. Nr.), aber in ähnlicher Form kommt dieses bizarre Ziermotiv auch an normalgrünen und sogar farblosen Gläsern vor (vgl. Kat. Nrn. 251 f., 291 f. und 295). Das einzige Detail an diesem Glas, für das es bisher keinerlei zeitgleiche Parallelen gibt, ist die Art, wie der ›Stiel‹ als ausgezogenes hohles Kuppaende gebildet ist. Im Prinzip ist dieses Glas ein auf einen Fuß geklebter spitzer Sturzbecher, der durch die gekniffenen Stege zusätzlich abgestützt wurde.

LIT.: – (Rötting (1988), Abb. 11, in Vorbereitung).

134 Stengelglas mit gekniffenen Stegen, Fragmente

Nordwesteuropa, 13. Jh./frühes 14. Jh. – Fundort: Lübeck, Breite Straße 95, Brunnen IV. – H des größten Stielfragments 8,0 cm; ⌀ Fuß rekonstruiert ca. 10,5 cm; Wandungsstärke Fuß 1,5 mm, Kuppaboden 3,4 mm, Kuppawandung minimal 0,8 mm. – Transparent gelbes Glas, z. T. opakrote Fadenauflagen. Geklebt, z. T. lose Fragmente (Zusammengehörigkeit nicht absolut sicher). Wenig getrübt durch Verwitterung. – Bleiglas, spezifisches Gewicht (Kuppafragmente) 4,79 g/cm³ = ca. 63% PbO.

Amt für Vor- und Frühgeschichte (Bodendenkmalpflege) Lübeck, Inv. Nr. 0210/E 533 (Stielfragmente), E 528 (Fragmente von Fuß und Kuppa)

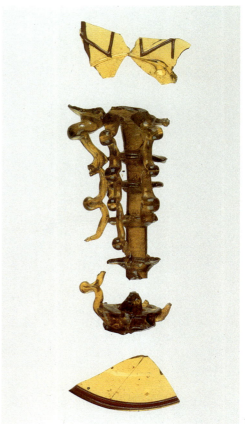

134

Außen nur mäßig ansteigender Fuß mit dickem roten Faden auf dem Rand. Massiver Stiel mit (mindestens) 5 scheibenförmig flachgedrückten Schaftringen, begleitet von ehemals 7 gekniffenen Stegen: am Kuppaboden ansetzend, jeweils an den Schaftringen abgestützt, dazwischen nach außen gekniffen. Enden der Zickzackstege unter die Ringscheibe am unteren Stielende gedrückt, diese dadurch nicht in ganzer Fläche mit dem oberen Teil des Fußes verschmolzen (der als letztes angesetzt wurde). – Wohl von der zugehörigen, sehr weit ausschwingenden Kuppa: 3 kleine Fragmente mit horizontal umgelegtem gelben Faden und darüber roten, sich überkreuzenden Zickzackfäden.

Der Gesamtkomplex dieses Brunnens ist noch nicht näher bearbeitet, es gibt daher keine Datierungshilfe aus dem Kontext.

Bruchstücke von den gekniffenen Stegen eines wohl ähnlichen Glases (ebenfalls aus gelbem Bleiglas) wurden an anderer Stelle in Lübeck gefunden[1].

Die vorgeschlagene frühe Datierung begründet sich zum einen auf die Zugehörigkeit zur Gruppe der farbigen Bleigläser allgemein. Darüber hinaus gibt es zum anderen innerhalb dieser Gruppe auch einige Stücke, die in Form und/oder Dekor verwandt und zugleich relativ gut datiert sind: vgl. vor allem das grüne Stengelglas mit Zickzackstegen aus

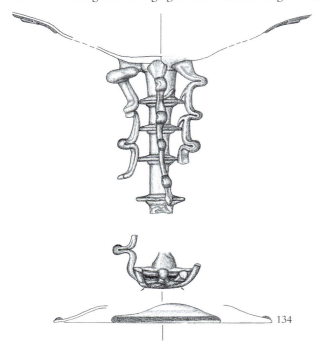

134

Braunschweig (Kat. Nr. 133) und das hochstielige Glas mit Zickzackfäden auf der Kuppa aus Maastricht (Kat. Nr. 130), dazu auch den gelben, grün verzierten Stiel aus London (Kat. Nr. 135).

LIT.: –

1 Holstenstraße 24, Inv.Nr. 0111/E 116. Spezifisches Gewicht 4,92 g/cm³ = ca. 64,6% PbO.

135 Stengelglas, Fragmente

Nordwesteuropa, 13. Jh./frühes 14. Jh. – Fundort: London, Nicolas Lane, nahe Lombard Street (Bank of England). – H 14,4 cm; ⌀ Fußfragment 6,3 cm, Stiel 1,2–1,4 cm; Wandungsstärke Kuppabruchkante 1,2 mm, Fuß 1,2–1,6 mm. – Transparent gelbes Glas, grüne Verzierung. Geklebt. An der Oberfläche z. T. schwärzlich korrodiert. – Bleiglas, spezifisches Gewicht noch nicht überprüft, aber durch Röntgenfluoreszenz-Analyse Blei nachgewiesen.

The Museum of London, London, Inv. Nr. A 25 270

Ansatz zu glattem Fuß. Massiver, unten leicht gestauchter Stiel, mit 2 Ringscheiben aus umgelegtem, flach gedrücktem Faden, zwischen denen ein grüner Faden zickzackförmig geführt ist (siebenmal auf und ab).

Zu den Fundumständen ist nichts Näheres bekannt, datierende Begleitfunde fehlen. – Als Parallelen siehe das Fragment eines gelben Stengelglases aus Lübeck (Kat. Nr. 134), zu vergleichen ist aber auch das Stengelglasfragment aus Koblenz (Kat. Nr. 245), das aus ›normalem‹ grünen Glas be-

135

steht, aber sehr ähnlich das Motiv des Zickzackfadens zwischen zwei Ringscheiben zeigt. Ein kleines Stück von einem hohlen Stiel mit 2 Ringscheiben und verbindendem Zickzackfaden wurde auch in Rougiers (Südfrankreich) gefunden, in einem Kontext, der möglicherweise noch ins späte 12. Jahrhundert zu datieren ist[1].

Das Motiv des zwischen 2 Ringscheiben auf und ab geführten Fadens ist aber alt und weit verbreitet. Es kommt schon an spätrömischen und merowingischen Kannen[2] vor, ebenso auch an islamischen Gläsern[3].

LIT.: –

1 Zuletzt bei Foy (1985), S. 28, Abb. 12,9 auf S. 27.
2 Z. B. an einer Kanne des 4. Jhs. im Rheinischen Landesmuseum Trier, siehe Goethert-Golaschek (1977), S. 219, Nr. 1322. – Fragmente zweier merowingischer Kannen mit diesem Motiv im Musée du Verre, Charleroi.
3 Z. B. am Röhrenhals einer iranischen Kanne des 12./13. Jhs. im Museum für Islamische Kunst, Berlin, Inv. Nr. I 12/66.

136 Flasche oder Krug, Fragmente

Nordwesteuropa, 13. Jh. – Fundort: Braunschweig, Altstadt, Turnierstraße, Ass. 631 (1985)., – H 9,9 cm; ⌀ Fußring 11,0 cm, maximal ca. 14,0 cm; Wandungsstärke 1,2 mm, am Boden maximal 3,3 mm. – Transparent gelbes Glas, z. T. grüne Auflagen. 1 großes Wandungsfragment geklebt, 1 Bodenfragment. Kaum korrodiert, sehr klar und stark glänzend. – Bleiglas, spezifisches Gewicht nicht näher bestimmt, aber Blei nachgewiesen.

Braunschweigisches Landesmuseum, Inv. Nr. 85:1/4929

Schwach hochgewölbter Boden. Grüner Fußring aus zweimal umgewickeltem Faden. An der Wandung abwechselnd gelbe und grüne gekerbte Fadenauflagen, senkrecht ansetzend, dann zu Arkaden gebogen. Darin eingestellt S-förmige glatte Fadenauflagen, grün unter gelber, gelb unter grüner Arkade. In den grünen Schlaufen einfache gelbe Nuppen, in den gelben grüne Beerennuppen.

Die Fragmente dieses Gefäßes, das man sich wegen der leicht bauchigen Wandung wohl als große Flasche oder Krug vorzustellen hat, stammen aus derselben Kloake und derselben Schicht wie die Scherbe eines islamischen Goldemailbechers Kat. Nr. 69. Die ›Abwurfzeit‹ des Materials in dieser Schicht wird um 1300 angenommen[1].

Die bei diesen Bruchstücken besonders gut erhaltene Glasmasse gibt eine gute Vorstellung von der Leuchtkraft der Farben und dem Glanz dieser Bleigläser. Bei der Entdeckung 1985 noch völlig isoliert, erweist sich auch dieses Stück inzwischen als Variante in einer Gruppe von ähnlich farbenprächtigen und reich verzierten Gläsern. Gute Parallelen sind unter den neuesten Braunschweiger Funden (vgl. z. B. die gelbe Schale Kat. Nr. 126), aber das im Dekor am besten vergleichbare Fragment stammt aus dem ehemaligen Hafen von Kalmar (Kat. Nr. 129), und auch in Schleswig sind kleine Scherben mit wohl sehr ähnlicher Verzierung geborgen worden (Kat. Nr. 138).

LIT.: Rötting (1987), Abb. 7:3,4.

1 Angaben zum Fundzusammenhang verdanken wir Hartmut Rötting, Braunschweig.

137 Krug, Fragmente

Nordwesteuropa, 13. Jh. – Fundort: Neuss, Grube bei St. Quirin (1971). – H 4,7 cm; ⌀ Lippenrand ca. 5,1-5,5 cm; Wandungsstärke Lippenrand 3,0 mm, Wandung minimal 0,5 mm. – Dunkel braunrotes, opakes Glas. 1 großes Fragment, geklebt, dazu kleine dünnwandige Einzelscherben von der Bauchwölbung. Durch Verwitterung leicht getrübt. Bleiglas, spezifisches Gewicht 5,06 g/cm³ = 69% PbO.

Rheinisches Landesmuseum Bonn, Inv. Nr. 85.0031

Teil einer ausladenden Bauchwölbung, Fragment vom annähernd zylindrischen Hals mit unregelmäßig verdicktem Lippenrand. Am Rand ansetzend massiver, unregelmäßig bandförmiger Henkel, zu einer Art Daumenrast zusammengekniffen.

Zum Fundzusammenhang vgl. Kat. Nr. 122. – Der Prozentsatz an Bleioxid, der in den meisten Fällen aufgrund des spezifischen Gewichts hochgerechnet wurde, ist bei diesem Stück durch eine Analyse nachgewiesen[1]. Innerhalb der Gruppe der Bleigläser ist das dunkle opake Rot anscheinend sehr viel seltener als das leuchtende Gelb oder Smaragdgrün, außer bei diesem Krug findet es sich bisher nur als Fadenverzierung an dem Lübecker Stengelglas Kat. Nr. 134.

137

Obgleich der Gefäßtyp Krug bzw. Henkelflasche oder Kanne durch kleinere Bruchstücke besonders der Henkel häufig nachgewiesen ist, kennen wir nur wenige Stücke der Zeit vor dem späten 15.-frühen 16. Jahrhundert, die eine Vorstellung von der Gesamtform geben. Die Form dieses einfachen glatten Krugs läßt sich nicht auf einen bestimmten Zeitraum eingrenzen, die Datierung ergibt sich durch den ›geschlossenen Fund‹.

LIT.: Krueger (1987), S. 281, Nr. 39.

1 Krueger (1987), S. 288. – Diese Analyse, die überhaupt erst auf die Spur der Bleigläser führte, verdanken wir Horst Scholze, Würzburg.

138 Wandungsfragment (von einer Kuppa?)

Nordwesteuropa, 13. Jh. – Fundort: Schleswig, Schild (1971). – H 2,5 cm; ⌀ in Höhe des Horizontalfadens (rekonstruiert) ca. 5,0 cm; Wandungsstärke 0,8-0,9 mm. – Transparent gelbes Glas, grüne Fadenauflagen. Geklebt. Wenig getrübt. Bleiglas, spezifisches Gewicht 5,35 g/cm³.

Archäologisches Landesmuseum der Christian-Albrechts-Universität zu Kiel, Schleswig. Fund-Nr. r. Scherbe x 1-11

173

Y 20-25, Schicht x, Quadrat 4,5,9,10; l. Scherbe X 1,90
Y 11,85, Schicht III, Quadrat 2

Dünne gewölbte Wandungsscherbe mit Fadenauflagen:
1 horizontaler Faden, z. T. gekerbt; Reste von 4 senkrecht
darauf ansetzenden gekerbten Fäden; beim Faden links quer
darüber gelegt dünnerer bogenförmiger gekerbter Faden;
(beim dritten Faden von links 2 Farben ineinander verschmolzen, Gelb zuunterst, Grün darüber).

138

Die linke dieser beiden zusammengehörigen Scherben
wurde in einer Schicht gefunden, die um die Mitte des
13. Jahrhunderts anzusetzen ist, die rechte in einer jüngeren
Schicht, nach 1280[1]. Unweit dieser rechten Scherbe kam das
Fragment eines Kuppabodens mit kleinem Rest des hochgezogenen Fußes zutage, ebenfalls aus gelbem Bleiglas. Obgleich die Auffindung der aneinanderpassenden Scherben in
verschiedenen Schichten zur Vorsicht bei Schlußfolgerungen
aus der Lage mahnt, ist doch zu erwägen, ob dieses grün
verzierte Wandungsfragment zu dem Kuppaboden-Fuß-Bruchstück gehören könnte, d. h. beide Teile eines Kelchglases auf hochgezogenem Fuß waren, wie etwa das Braunschweiger Stück Kat. Nr. 127 und wohl das Kalmarer Fragment Kat. Nr. 129.

LIT.: –

1 Nähere Angaben zu diesen Funden verdanken wir Volker Vogel, Schleswig.

139   Wandungsscherbe mit Rosettennuppe

Nordwesteuropa. 13. Jh. – Fundort: Neuss, Grube bei
St. Quirin (1971). – H ca. 2,8 cm; ⌀ in Höhe des Fadens
(rekonstruiert) ca. 7,2 cm; Wandungsstärke 0,9-1,0 mm. –
Smaragdgrünes Glas. Geklebt. Stellenweise leicht versintert.
Bleiglas (nicht näher untersucht).

Rheinisches Landesmuseum Bonn, Inv. Nr. 85.0032,1

139

Leicht konische Wandungsscherbe mit horizontaler Fadenauflage und einer sehr hohen, nach innen wenig durchgedrückten Rosettennuppe (6 längliche ›Blütenblätter‹ um einen ›Kelch‹ in der Mitte).

Das Fragment stammt aus derselben Grube mit Material des
13. Jahrhunderts in Neuss wie auch die Kat. Nrn. 122 f., 128,

137, es ist durch diesen Fundzusammenhang datiert. Die
›Rosettennuppe‹ ist eine bisher nur an diesem Fragment
nachgewiesene Variante der gestempelten Nuppen an Gläsern des 13. Jahrhunderts (neben den Beerennuppen). Die
Scherbe ist als Teil eines Bechers oder einer Kuppa denkbar.

LIT.: Krueger (1987), S. 283, Nr. 47.

140   Wandungsscherbe mit Beerennuppe

Nordwesteuropa, 13. Jh. – Fundort: London, Swan Lane,
nahe London Bridge (1981). – H ca. 1,5 cm; Wandungsstärke
0,5-0,6 mm. – Transparent gelbes Glas. Kaum verwittert. –
Bleiglas, spezifisches Gewicht nicht überprüft, aber hoher
Bleigehalt durch Röntgenfluoreszenz-Analyse nachgewiesen.

The Museum of London, Inv. Nr. SWA 81/5012

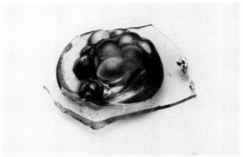

140

Sehr kleines Wandungsfragment mit einer Beerennuppe
(Stempel nicht vollständig abgedrückt).

Die kleine Scherbe ist interessant als erster Beleg für Bleiglas
mit Beerennuppen auch in England, sie stammt zudem aus
einem Kontext, der durch Münzfunde relativ gut datiert ist
in die Zeit um 1260-80.

LIT.: –

141   Kuttrolf-Fragment

Nordwesteuropa, 13. Jh./frühes 14. Jh. – Fundort: Kalmar,
slottsfjärden (1932-34). – H 3,9 cm; ⌀ der einen Röhre
6,0 mm; Wandungsstärke 0,6-1,5 mm. – Ursprünglich
transparent gelbes Glas. Fast gänzlich schwarz korrodiert,
Lüsterglanz. – Bleiglas, spezifisches Gewicht nicht bestimmt.

Statens Historiska Museum, Stockholm, Inv. Nr. 21 144: 1043

Kleines Fragment vom Mittelteil eines Kuttrolfs: Stück einer
senkrechten Außenröhre, zusammengekniffenes/gesaugtes
Segmentfeld zur Mitte hin, Teil der Mittelröhre.

Das kleine Fragment wurde im Schlamm des ehemaligen
Hafens von Kalmar gefunden, wie auch die Bruchstücke der
gelben glockenförmigen Kuppa Kat. Nr. 129. Es ist vorzu-

stellen als Teil eines Kuttrolfs etwa in der Art der Stücke aus Wiesbaden und in Düsseldorf (Kat. Nrn. 380, 381). Interessant ist dabei, daß also diese Flaschenform auch aus Bleiglas hergestellt wurde. Und da die Bleiglasgefäße, soweit Anhaltspunkte zur Datierung vorhanden sind, durchweg ins

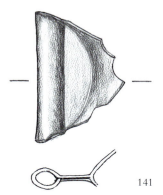

141

13., höchstens frühe 14. Jahrhundert gehören, liefert das unscheinbare Kalmarer Bruchstück ein Indiz dafür, daß diese besondere Kuttrolfform (die den antiken Kuttrolfen besonders nahesteht) möglicherweise früher anzusetzen ist als bisher vermutet: nicht ins 14./15. Jahrhundert, sondern schon ins 13./14. Jahrhundert.

LIT.: –

142   Bodenfragment

Nordwesteuropa, 13. Jh./frühes 14. Jh. (vor 1338). – Fundort: Burgsteinfurt (Nordrhein-Westfalen), Große Evangelische Kirche. – L ca. 4,0 cm; ⌀ (rekonstruiert) ca. 8,0 cm; Wandungsstärke am Rand 0,9 mm, 2,0 mm in der Mitte. – Transparent gelbes Glas, Rest von Golddekor. Bedeckt mit weißlicher Korrosionsschicht. – Bleiglas, spezifisches Gewicht 5,0 g/cm^3 = ca. 66% PbO.

Fundverwahrer: Westfälisches Museum für Archäologie, Amt für Bodendenkmalpflege, Münster

Fragment eines leicht hochgewölbten Bodens, mit Stück der Heftnarbe unter der Mitte. Auf der Oberseite am Rand Reste eines Dekors in Blattgold.

Die Scherbe wurde in Mauer f des Rechteckchors der Kirche gefunden, der wahrscheinlich als erster Teil des vergrößerten gotischen Neubaus fertiggestellt wurde, spätestens im Jahr 1338, für das eine Altarstiftung überliefert ist. – Der Golddekor auf der Oberseite eines Bodens ist nur bei einem offenen Gefäß, d. h. wohl einer Schale, sinnvoll. Parallelen dazu sind nicht bekannt. Da die Scherbe mit einer Lackschicht überzogen wurde, läßt sich zur Vergoldung und zum Bindemittel nichts Näheres aussagen.

142

LIT.: Uwe Lobbedey (u. a.), Zur Baugeschichte der Großen Evangelischen Kirche in Burgsteinfurt, in: Westfalen 50, 1972, S. 74 ff., besonders S. 86 f., Abb. 62 (irrtümlich falsch orientiert).

Becher mit konkav geschwungener Wandung

Eine Reihe von Bechern schließt sich vor allem durch die Form zu einer losen Gruppe zusammen: sie haben alle einen Fußfaden und eine leicht konkav geschwungene Wandung. Die folgenden Beispiele zeigen, daß der Dekor (und auch die Glasfarbe) stark variieren. Es kommen verschiedene Versionen des Fußrings und der Fadenauflagen vor, ausnahmsweise auch optisch geblasene Rippen und eingeschmolzene rote Bänder (Kat. Nr. 147).

Die hier zusammengestellten Becherfragmente lassen sich durch ihre Fundorte und die Ähnlichkeit zu Funden von der Glashütte im Laudengrund mit dem Spessart in Verbindung bringen und in die Zeit um 1300 oder ins frühe 14. Jahrhundert datieren. Auch erinnern die zum Teil wellenförmig geschwungenen Fadenauflagen an die Verzierung von Bechern und Flaschen des 12./13. Jahrhunderts (vgl. Kat. Nrn. 50-61).

Der Becher aus Rottenburg (Kat. Nr. 148) ist hier nur lose angereiht; er gehört wegen seiner abweichenden Form nicht unmittelbar zur Gruppe.

143 Becher mit Fadenauflagen und gekniffenem Band

Deutschland (Spessart), Ende 13. Jh./frühes 14. Jh. – Fundort: Mainz, Willigisstraße (1976). – H 7,8 cm; ⌀ Lippe 8,2 cm, Fußfaden 4,7 cm; Wandungsstärke Lippenrand 2,2 mm. – Hellgrünes Glas. Geklebt, kleine Ergänzungen. Durch Verwitterung leicht getrübt, bräunliche Korrosionsflecken.

Rheinisches Landesmuseum Bonn, Inv. Nr. 78.0403

Boden wenig hochgestochen. Glatter Fußfaden, darüber, z. T. spitzwinklig aufstoßend, wellenförmig geschwungene Fadenauflage. Im Halsbereich 3 Windungen eines dünneren Fadens umgewickelt, beim Ansatz der Lippe halbkreisförmig zusammengekniffenes Band umgelegt. Lippenrand leicht verdickt.

143

Dieser kleine Becher stammt aus derselben Kloake wie u. a. auch der emailbemalte Becher Kat. Nr. 73. Im selben Komplex fanden sich noch weitere Fragmente, die wohl zu ähnlichen Bechern gehörten (Kat. Nr. 144). Durch neuere Hüttenfunde von der Spessartglashütte im Laudengrund (vgl. S. 29, Abb. 25), die aufgrund von Keramikbeifunden in die Zeit um 1300 datiert wird, findet die früher geäußerte Vermutung einer Herkunft aus dem Spessart eine Bestätigung, die Entstehungszeit ist dadurch nun früher anzusetzen als zunächst angenommen.

LIT.: Krueger (1984), S. 536, Nr. 36.

144 Becher mit Fadenauflagen und gekniffenen Bändern, Fragmente

Deutschland (Spessart), Ende 13. Jh./frühes 14. Jh. – Fundort: Mainz, Willigisstraße (1976). – Hellgrünes Glas. Z. T. geklebt. Unterschiedlich stark bräunlich korrodiert.

a) H 3,0 cm; ⌀ Fußfaden ca. 5,7 cm; Wandungsstärke ca. 1,0 mm.
Boden leicht hochgedrückt. Glatter Fußfaden, darauf spitzwinklig aufstoßend (3 Stellen erhalten) Fadenauflage.

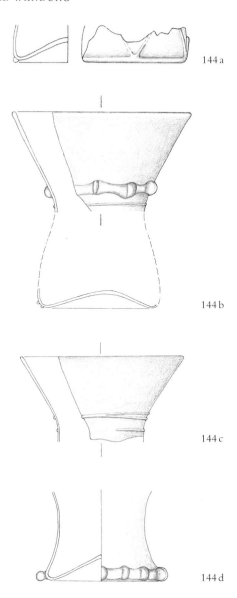

b) H des größten Fragments 5,4 cm; ⌀ Lippe (rekonstruiert) 9,6 cm, Fußfaden ca. 6,5 cm; Wandungsstärke Lippenrand 2,1 mm, minimal 0,8 mm.
Reste von 2 Windungen eines dünnen glatten Fußfadens, schwach gewölbter Boden. Stück dünne Fadenauflage im Halsbereich, etwas höher halbkreisförmig zusammengekniffenes Band umgelegt. Lippenrand leicht verdickt.

c) H 4,8 cm; ⌀ Lippe (rekonstruiert) 8,7 cm; Wandungsstärke Lippenrand 2,2 mm, minimal 1,2 mm.
Im Halsbereich Rest bzw. Spur von 4 Windungen eines dünnen Fadens. Lippenrand leicht verdickt.

d) H 5,0 cm; ⌀ Boden (ohne Band) ca. 6,2 cm; Wandungsstärke 1,3 mm.
Boden leicht hochgestochen. Als Fußring unregelmäßig gekniffenes Band umgelegt.

Rheinisches Landesmuseum Bonn, Inv. Nr. 78.0403

Die Fragmente a) bis c) wurden in derselben Kloake gefunden wie u. a. die Stücke Kat. Nrn. 73, 143, 217, 221 und 326. Sie waren in Form und Verzierung wohl sehr ähnlich wie Kat. Nr. 143. Das Unterteil d) ist in der konkaven Schwingung der Wandung eher dem einfachen Becher Kat. Nr. 326 vergleichbar, verbindet sich aber durch das gekniffene Band mit den anderen hier aufgeführten Fragmenten und auch mit einigen Bruchstücken aus der Spessartglashütte im Laudengrund, vgl. S. 29.

LIT.: Krueger (1984), S. 536-540, Nr. 37, 38, 40, 44.

145   Becher mit Fadenauflagen
       und gekniffenem Band, Fragment

Deutschland (wohl Spessart), Ende 13. Jh./frühes 14. Jh. – Fundort: Wohl Köln. – H 6,3 cm; ⌀ maximal 7,6 cm; Wandungsstärke Bruchkante oben 2,0 mm. Blaues Glas. Mit braunen Korrosionsflecken.

Karl Amendt, Krefeld

Als Fußring breites, in Abständen halbkreisförmig zusammengekniffenes Band umgelegt. Boden hochgestochen. Auf der Wandung zuunterst horizontal umgelegter Faden, darauf spitzwinklig aufstoßend wellenförmig geschwungener Faden, der von dünnem waagerechtem Faden überlagert wird.

145

In Form und Verzierung ähnelt das Becherunterteil den Stücken aus der Mainzer Willigisstraße bzw. von der Spessartglashütte im Laudengrund (vgl. Kat. Nrn. 143, 144 d). Es ist anzunehmen, daß man auch im Spessart, wie an Hüttenplätzen ganz verschiedener Regionen[1], im fraglichen Zeitraum blaues Glas herstellte oder jedenfalls verarbeitete.

LIT.: Baumgartner (1987), S. 42, Nr. 12.

[1] Zum Beispiel im Hils (Six (1976), S. 133-135), in den Argonnen, etwas später in Nordböhmen, vgl. S. 34.

146   Becher mit Fadenauflagen
       und gekniffenen Bändern

Deutschland (Spessart?), spätes 13. Jh./frühes 14. Jh. – Fundort: Wohl Mainz. – H 14,2 cm; ⌀ Lippe 9,8 cm; Wandungsstärke Lippenrand ca. 2,8 mm. – Gelblich grünes Glas. Geklebt und ergänzt. Stark gelb-bräunlich korrodiert.

Karl Amendt, Krefeld

146

Als Fußring breites, in Abständen halbkreisförmig zusammengekniffenes Band. Boden wenig hochgestochen. Auf der Wandung (unten tropfenförmig ansetzend) dünner, in engen Spiralwindungen umgewickelter Faden, an der Lippe wieder gekniffenes Band.

Genauere Fundumstände sind nicht bekannt, jedoch sollen Keramikbeifunde dem 13. Jahrhundert angehören. Für eine wahrscheinliche Herkunft aus dem Spessart sprechen sowohl die Ähnlichkeit mit Fragmenten von der Hütte im Laudengrund als auch der Fundort Mainz.

LIT.: Baumgartner (1987), S. 41, Nr. 11.

147 Becher mit eingeschmolzenen roten Bändern, Fragment

Deutschland (Spessart?), spätes 13. Jh./14. Jh. – Fundort: Limburg a. d. Lahn, Römer 2-4-6 (1985). – H 6,7 cm; ⌀ Boden (ohne Fußring) ca. 6,0 cm; Wandungsstärke Bruchkante oben 1,0-1,8 mm. – Hellgrünes Glas, rubinrote Bänder. Geklebt. Braune Korrosionsflecken.

Freies Institut für Bauforschung und Dokumentation im Auftrag des Magistrats der Stadt Limburg, Fund-Nr. 210

147

Als Fußring breites, in Abständen halbkreisförmig zusammengekniffenes Band umgelegt. Boden hochgestochen. Wandung mit schwach ausgeprägten senkrechten Rippen und eingeschmolzenen gewellten Bändern (vielfach faserig ausgedünnt, so daß der grüne Grund durchscheint).

Die Scherben dieses Bechers wurden auf dem Grundstück Römer 2-4-6 in der humosen Verfüllung eines Schachts gefunden, der ursprünglich als ›Mikwe‹ (kaltes Bad der Juden) diente und etwa ab der Mitte des 14. Jahrhunderts, nach einem Pogrom, verfüllt wurde. Im späteren 15. Jahrhundert wurde das Areal dann überbaut[1]. – (Unter den weiteren Glasfunden aus diesem Schacht sind viele Typen des 14. Jahrhunderts vertreten, u. a. hell blaugrüne Nuppenbecher mit kleinen oder größeren Nuppen, grüne Rippenbecher mit umknickenden Rippen, wohl auch Fragmente der Kuppen von Stengelgläsern.)

In der Form und dem gekniffenen Fußfaden ähnelt das Limburger Becherunterteil denen der vorherigen Kat. Nrn. Hinsichtlich der Verzierung mit eingeschmolzenen roten Bändern, die zusätzlich durch optisch geblasene Rippen verzerrt sind, ist besonders der Flaschenhals aus Braunschweig (Kat. Nr. 307) zu vergleichen. Bruchstücke von Boden und Wandung eines glatten Bechers, mit glattem Fußfaden und schmaleren roten Bändern, enthielt auch der Komplex aus der Würzburger Neubaustraße, aus dem u. a. die Stücke Kat. Nrn. 59 f., 184, 215 stammen.

LIT.: –

1 Kenntnis von diesem Fund und Angaben zu den Fundumständen verdanken wir Elmar Altwasser und Ulrich Klein vom Freien Institut für Bauforschung und Dokumentation, Marburg.

148 Becher mit Fadenauflage

Deutschland 13./14. Jh. – Fundort: Diözese Rottenburg. – H 8,3-8,8 cm; ⌀ Lippe 8,7 cm, Boden 4,8 cm; Wandungsstärke Lippenrand 1,8 mm. – Helles, gelblich-grünes Glas. Fadenauflage am Schaft weitgehend verloren, weiter oben mit 2 Ausbrüchen. Durch Verwitterung getrübt, im unteren Teil innen gelblich versintert.

Diözesanmuseum Rottenburg, Inv. Nr. 39

Boden rund hochgedrückt. An der Lippe tropfenförmig ansetzend gleichfarbige Fadenauflage, die spiralförmig um den ganzen Schaft herabgezogen war (3½ Windungen – von ursprünglich 8-9 – bis auf kleinere Ausbrüche erhalten, weiter unten bis zum Boden feine Abbruchspuren). Lippenrand leicht verdickt.

148

Der Becher hat wohl als Reliquienbehälter überlebt, jedoch sind Inhalt und Abdeckung mit eventuellem Siegelabdruck nicht erhalten, und der genaue Herkunftsort ist nicht bekannt.

Eine enge Parallele in Form und Verzierung ist nicht zu nennen, allein hinsichtlich der Form sind am besten die formgeblasenen Becher (möglicherweise auch Fragmente von unverzierten Bechern aus demselben Komplex) aus Mainz (Kat. Nr. 217) zu vergleichen. Bremens These einer italienischen Herkunft entbehrt jeder Grundlage.

LIT.: Bremen (1967), S. 51 f., Nr. 39.

Becher mit wechselndem horizontalem Fadendekor

Innerhalb des Typs der Becher mit Fadenauflagen bilden sich deutliche Gruppen. Eine davon ist diejenige der Becher mit horizontalen Auflagen, die abwechslungsweise gekniffen und glatt ausgeführt sind, wobei die gekniffenen Fäden aus derselben Glasmasse wie der Gefäßkörper bestehen, während die glatten blau sind. Die einzelnen nachfolgenden Beispiele variieren ziemlich stark, was den Aufbau und die Ausführung im Detail betrifft[1], und sie sind über eine längere Zeit hergestellt worden. Becher mit wechselndem Fadendekor scheinen in einer farblos-blauen Variante schon im 13. Jahrhundert vorzukommen. Ein Fund aus Breisach stammt aus einer Grube, deren Keramikmaterial noch ins ausgehende 13. Jahrhundert datiert wird (vgl. Kat. Nr. 151). Einen Anhaltspunkt dafür, daß gleiche Gläser auch noch etwas später verwendet wurden, bietet ein derartiges Fragment von Burg Uda bei Oedt, deren Anfänge ins frühe 14. Jahrhundert zurückreichen[2].

Glücklicherweise haben sich neben dem archäologisch ergrabenen Material, das Belege für das Alter erbringen kann, auch zwei Exemplare erhalten, die die ganze Form der Gläser zeigen (Kat. Nrn. 149 und 150). Beide Stücke wären für sich allein schwierig zu datieren, da sich der Vorbesitz natürlich nicht bis in die Entstehungszeit zurückverfolgen läßt.

Formal noch relativ stark mit den farblos-blauen Beispielen verwandt ist ein Glas, das aus hellgrüner und blauer Masse hergestellt ist (Kat. Nr. 152). Es hat zeitlich eine Mittelstellung zwischen den Bechern dieser Art aus farblosem Glas und einem Stück, das wohl ungefähr in der Mitte des 15. Jahrhunderts entstanden ist (vgl. Kat. Nr. 327). Bei den Bechern mit wechselndem Fadendekor ist also eine typologische Entwicklung festzustellen, die über eineinhalb Jahrhunderte führt.

Nach der gängigen Theorie wären die hier vorgestellten farblos-blauen Exemplare wiederum südlicher Herkunft (Venedig), während das hellgrün-blaue Stück aus den Anfängen der Glasproduktion nördlich der Alpen stammen müßte. Für den hier besprochenen Typus läßt sich bisher kein einziger Beleg südlich der Alpen beibringen. Dazu kommt, daß dieser Sachverhalt auch für einen Flaschentyp des 13. bis 14. Jahrhunderts zutrifft, der wiederum die gleiche Fadendekoration wie die hier besprochenen Becher aufweist (vgl. Kat. Nrn. 308 und 309). Es ist somit zu erwägen, ob nicht für die Becher mit wechselndem Fadendekor von Anfang an mit Lokalproduktion diesseits der Alpen gerechnet werden muß[3]. (Vgl. dazu auch den Kommentar zur nachfolgenden Gruppe der Schlaufenfadenbecher.)

---

1 So ist z. B. bei der Kat. Nr. 150 nur ein Teil der glatten Fäden blau.
2 Schietzel (1982), S. 161, Tf. 70,7.
3 Die bisher wenigen Bodenfunde sind noch zu spärlich, um irgendwelche Schlüsse über ein Verbreitungsgebiet zu erlauben. Außer den beiden Stücken Kat. Nr. 151 und von Burg Uda gibt es noch kleinere Fragmente, die wahrscheinlich zu dieser Gruppe gehören, aus Marbach a. N. und Braunschweig (Eiermarkt, Inv. Nr. 85:1/807).

BECHER MIT WECHSELNDEM HORIZONTALEM FADENDEKOR

149

149 Becher mit wechselndem Fadendekor

Entstehungsgebiet noch unbestimmt (Deutschland?), Ende 13. Jh./Anfang 14. Jh. – Provenienz: Slg. Pfoh. – H 15,0 cm; ⌀ Lippe 11,2 cm, Fußring 6,4 cm; Wandungsstärke Lippenrand 1,3 mm, Lippe 0,8 mm. – Farbloses Glas mit leichtem Rauchstich, z. T. blaue Auflagen. Geklebt.

Museum für Kunsthandwerk Frankfurt, Inv. Nr. 13 423

Fußring in unregelmäßigen Abständen gekniffen. Hochgestochener Boden. Auf der Wandung 4 horizontale blaue Fäden, dazwischen je ein farbloser, in z. T. größeren Abständen kreisförmig gekniffener Fadenring.

Die Herkunft dieses Bechers läßt sich über die Sammlung Pfoh nicht weiter zurückverfolgen. – Er wirkt trotz seiner stattlichen Größe sehr leicht und fragil, was unter anderem auch auf die sehr dünne Wandung zurückzuführen ist. Ähnlich wie die nachfolgende Kat. Nr. wurde er bisher aus Mangel an anderweitigen Belegen in die 2. Hälfte des 15. Jahrhunderts datiert, wobei allein aufgrund der farblosen und blauen Glasmasse Venedig als Herstellungsort vorgeschlagen wurde. Dank der archäologischen Belege (vgl. Kat. Nr. 151) ist man nun in der Lage, das Stück fast 2 Jahrhunderte früher anzusetzen. In das Glasspektrum dieser Zeit paßt sich das Stück auch mühelos ein; die Gesamtform, der tropfenförmig ausgezogene Fußring, die gekniffenen horizontalen Fäden und die dünn ausgeblasene Glasmasse haben dort ihre engsten Parallelen.

Da dieser Becher und auch das folgende Glas (annähernd) intakt sind, haben sie wahrscheinlich als Reliquienbehälter überlebt, und es ist höchst bedauerlich, daß weder der genaue Fundort noch eventuelle Datierungshilfen in Form von Siegeln oder dgl. erhalten sind.

Aus den bisher nur wenigen Bodenfunden dieser Art läßt sich zur Zeit noch kein Verbreitungsgebiet ableiten. Es ist aber zu hoffen, daß künftige Grabungen die Lücke schließen werden.

LIT.: Bauer (1975), S. 16, Nr. 9.

150 Becher mit wechselndem Fadendekor

Entstehungsgebiet noch unbekannt (Deutschland?), Ende 13. Jh./Anfang 14. Jh. – Fundort: Unbekannt. – Provenienz: Slg. Miller von Aichholz, Wien. Slg. Johannes Jantzen, Bremen. – H 10,3 cm; ⌀ Lippe 9,0 cm, Fußring 5,4 cm; Wandungsstärke Lippenrand 1,7 mm. – Farbloses und blaues Glas.

Kunstmuseum Düsseldorf, Inv. Nr. 1940-59

Gekniffener Fußring. Hochgestochener Boden. Auf der Wandung 4 horizontale glatte Fäden (der unterste und der oberste blau, die beiden anderen farblos), dazwischen je ein farbloser, z. T. in größeren Abständen kreisförmig gekniffener Fadenring.

Dieses Glas ist seit längerer Zeit bekannt und mehrfach publiziert. Es wurde bisher stets ›um 1500‹ datiert und zunächst nach Venedig[1], später nach Deutschland[2] lokalisiert.

Analog zu dem vorigen Becher kann man auch dieses Stück nun erheblich früher ansetzen. Es ist eines der seltenen intakt und in der Glasmasse ›wie neu‹ erhaltenen Stücke aus dem späten 13. oder frühen 14. Jahrhundert.

LIT.: Versteigerungskatalog der Slg. Miller von Aichholz bei C. J. Wawra und A. Werner, Wien 1925 (26. November), S. 7, Nr. 43 und Taf. – Kat. Darmstadt (1935), S. 70, Nr. 414 – Jantzen (1960), S. 20, Nr. 33. – Heinemeyer (1966), S. 49, Nr. 117.– Ricke (1987), S. 75, Nr. 52.

1 Siehe erste Literaturangabe.
2 Siehe weitere Literaturangaben.

150

151 Becher mit wechselndem Fadendekor, Fragmente

Entstehungsgebiet noch unbestimmt, spätes 13. Jh. – Fundort: Breisach (Baden-Württemberg), Grube B im Bereich der Rathauserweiterung (1980). – H des größeren Fragments 7,4 cm; ⌀ Lippe 10,6 cm, Wandungsstärke Lippenrand 1,2 mm, Wandung minimal 1,0 mm. – Farbloses Glas, z. T. blaue Auflagen.

Landesdenkmalamt Baden-Württemberg, Außenstelle Freiburg

Fragmente eines Bechers mit gekniffenem Fußring, leicht konischer Wandung mit horizontalen, abwechslungsweise glatten blauen und gekniffenen farblosen Fäden und ausbiegender Lippe.

Diese Becherfragmente wurden im Laufe einer 1980 begonnenen Grabungskampagne aus einer Grube geborgen, deren

Inhalt anhand der Keramik und weiterer Beobachtungen zur Fundsituation ins ausgehende 13. Jahrhundert datiert wird[1]. Das Breisacher Exemplar ist somit das bisher früheste, durch den Kontext datierbare Beispiel dieser besonderen Bechergruppe.

LIT.: Schmaedecke (1985), S. 11 (Text), S. 15, Abb. 11/9 (Maßstab 1:1).

1 Schmaedecke (1985), S. 11, sowie mündliche Auskünfte.

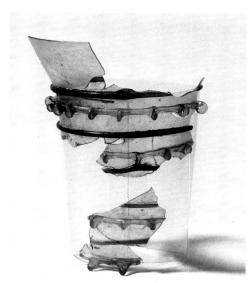

151

152 Becher mit wechselndem Fadendekor

Deutschland, Ende 14. Jh. – Fundort: Unbekannt. – Provenienz: Slg. Pfoh. – H 7,4 cm; Ø Lippe 7,1 cm, Fußring 4,7 cm; Wandungsstärke Lippenrand 1,5-2,0 mm, Lippe 0,8 mm. – Hell blaugrünes Glas, z. T. blaue Fäden. Geklebt und ergänzt, Sprung, blauer Faden mehrfach ausgebrochen. Leicht verwittert.

Museum für Kunsthandwerk Frankfurt, Inv. Nr. 13 417

Gekniffener Fußring. Hochgestochener Boden. Auf der Wandung 3 horizontale blaue Fäden deutlich sichtbar (Ausführung aber: Faden unten ansetzend, zweimal umgelegt, dann diagonal sehr dünn hochgeführt, wieder zweimal umgelegt, etc.; Diagonalen nur noch in kleinen Bruchstücken und Spuren erhalten). Horizontale gekniffene Fäden in der Farbe der Wandung.

Dieser Becher zeigt einen grundsätzlich ähnlichen Aufbau wie die 3 vorigen Stücke, der Gefäßkörper und die gekniffenen Fäden bestehen hier aber nicht aus farbloser, sondern aus hell blaugrüner Glasmasse, und die Ausführung ist im Detail weniger sorgfältig. Angaben zur Herkunft des Stückes gibt es leider nicht. Die oben erwähnten Unterschiede sind wahrscheinlich ein Indiz für eine spätere Entstehung und eventuell ein anderes Herkunftsgebiet. Ein bereits 1862 in der Kapelle von Bandekow (Kr. Hagenow, DDR) aufgefundenes Fragment[1], das dem Frankfurter Stück von der Glasfarbe her vergleichbar ist, ist datiert durch das mitgefundene Siegel des Ratzeburger Bischofs Detlev von Parkentin (1395-1419). Das Fragment aus Bandekow und dieser Becher lassen sich bei einer Datierung um 1400 zwanglos in eine typologische Entwicklung einreihen, die bis in die Mitte des 15. Jahrhunderts weiter zu verfolgen ist (Kat. Nrn. 327, 328). Die Entwicklung bei diesem Typ mit dem Übergang vom farblosen zum blaßgrünen Glas läuft zudem parallel mit der Entwicklung bei den Nuppengläsern.

Das Entstehungsgebiet innerhalb Deutschlands für diesen Becher läßt sich noch nicht näher eingrenzen. Aus der Beobachtung der Kombination von hell blaugrünem und blauem Glas, die um 1400 relativ selten zu sein scheint, wird sich später wohl eine genauere Aussage machen lassen.

LIT.: Bauer (1975), S. 28, Nr. 43.

1 Neugebauer (1967), S. 38, Tf. 11b. – Hegner (1983), S. 23, Nr. 160.

152

153 Stengelglas, Fragment

Herstellungsgebiet noch unbestimmt, 13./14. Jh. (?). – Fundort: Unbekannt (evtl. London). – H 10,3 cm; Ø beim Faden der Kuppa 5,1 cm; Wandungsstärke Bruchkante oben 1,0 mm, unten 1,3 mm. – Farbloses Glas mit Stich ins Rauchfarbene, z. T. blaue Auflagen. Geklebt. Wenig verwittert.

The Museum of London, Inv. Nr. 13 338

Fragment eines glatten Fußes, der in der Mitte zum Stiel hochgezogen ist. Wellenförmig gekniffener blauer Faden am teils hohlen, teils massiven Stiel. Kuppa mit ca. 16-20 schwach ausgeprägten Rippen, die oberhalb des gekniffenen Fadens auslaufen.

153

Die vorliegende und die nächste Kat. Nr. geben einige Rätsel auf. Sie haben im kontinentalen Material nur vage Parallelen. Dieses Stengelglasfragment gelangte 1933 ins Museum, die Fundstelle ist unbekannt. Auch bei einem etwas vollständigeren, in der Ausführung sehr ähnlichen Fragment (ebenfalls im Museum of London)[1], ist zum Fundzusammenhang nur ein sehr grober zeitlicher Rahmen (ca. 14.-16. Jahrhundert) bekannt. Die oben vorgeschlagene Datierung für dieses und das nachfolgende Stück beruht auf der Ähnlichkeit des Dekors zu dem der vorangehenden Becher. Die fehlende Kuppa dieses Stengelglases kann man sich eventuell wie bei dem folgenden Fragment vorstellen, das an der unteren Bruchkante (bei ähnlicher Biegung nach innen) ebenfalls den gekerbten Faden zeigt. Der Stiel dieses Fragments ist bisher bis auf das oben erwähnte Parallelstück m. W. einzigartig: er ist oben ca. 2 cm massiv, weiter unten dann hohl. Zudem weist er keinerlei Spuren eines Hefteisens auf. Eine Erklärung für die Herstellungsweise dieser Stielvariante ist noch nicht gefunden worden.

LIT.: –

1 Gefunden 1978, Shore Road, Hackney; Inv. Nr. SHR ⌂.

154 Kuppa (oder Becher?), Fragment

Herstellungsgebiet noch unbestimmt, 13./14. Jh. (?). – Fundort: London, Little Britain (1986). – H 6,6 cm; ⌀ Lippe 8,5 cm; Wandungsstärke Lippe 1,3 mm, untere Bruchkante 1,0 mm. – Farbloses Glas mit schwachem Grünstich, z. T. blaue Auflagen. Geklebt. Verwittert und z. T. korrodiert.

The Museum of London, Inv. Nr. 16 178 LBT 86 ⟨9⟩

Fragment einer Kuppa (?) mit alternierend farblosen gekniffenen und glatten blauen horizontalen Fäden. Oben auf den Lippenrand blauer Faden aufgeschmolzen.

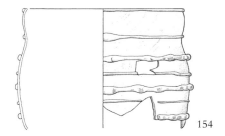

154

Das (Kuppa?)fragment wurde erst 1986 in London gefunden. Leider streuen die Beifunde zeitlich so stark, daß wiederum keine Datierung daraus abgeleitet werden kann.
Ebenso fehlen jegliche Hinweise zur Datierung bei 2 Parallelen im selben Museum[1], die schon vor mehr als 60 Jahren gefunden wurden.
Ob (wie bei der vorhergehenden Kat. Nr. vorgeschlagen) das Fragment Teil der Kuppa eines Stengelglases ist, wird sich nicht definitiv entscheiden lassen, bis ein vollständigeres Exemplar dieser Art gefunden wird. Das unten einbiegende Profil läßt aber die Deutung als Becher fraglich erscheinen. Zur Datierung kann man nur auf die kontinentalen Parallelen mit wechselndem Fadendekor (Kat. Nrn. 149-152) und auf die für das 13. und 14. Jahrhundert typische Kombination von farblosem und blauem Glas hinweisen.

LIT.: –

1 Gefunden 1923 oder früher, Nicholas Lane; Inv. Nrn. A 25787 und A 25788.

Schlaufenfadenbecher

Neben der noch recht kleinen Gruppe der Becher mit wechselndem Fadendekor bilden die Schlaufenfadenbecher eine viel größere Gruppe für sich. Als Schlaufenfadenbecher bezeichnen wir Becher aus farblosem Glas mit zylindrischem Unterteil und ausladender Lippe, die am Gefäßkörper jeweils sechs senkrechte, abwechselnd farblose und blaue Schlaufenfäden haben, das heißt Fäden, die zuerst glatt aufgelegt und dann in hochstehenden Schlaufen zurückgeführt sind. Für die Datierung dieser Gruppe gibt es Anhaltspunkte aus mehreren archäologischen Grabungen, die Kontexte verweisen jeweils ins 13. oder 14. Jahrhundert[1]. Für keines der Stücke ist bisher allerdings eine durch ein Fixdatum gestützte Feindatierung möglich.

Lange Zeit war aus der Literatur nur ein Beispiel dieser Art bekannt, das im Maximiliansmuseum in Augsburg aufbewahrt wird[2]. In den letzten Jahren kommen jedoch Fragmente von Schlaufenfadenbechern immer häufiger bei Grabungen zutage, und zwar ausschließlich nördlich der Alpen. Die Fundpunkte in dem Verbreitungsgebiet verdichten sich deutlich im schweizerisch/süddeutschen Raum[3], daneben finden sich solche Fragmente aber auch im Rheinland[4] und seltener weiter nördlich und östlich in Deutschland[5].

Dieses Verbreitungsgebiet ist wichtig für die Beantwortung der Frage, wo diese Becher hergestellt wurden. Als farblose Gläser mit blauer Verzierung würde man sie nach landläufiger Meinung als Importe aus Italien (›Venedig‹) ansprechen. Wie angedeutet, gibt es jedoch aus Italien bisher kein einziges Fragment dieser Art[6]. Das Fehlen derartiger Funde konnte bisher damit begründet werden, daß Mittelaltergrabungen in Italien bis 1980 selten waren, und das Material der jüngeren Grabungen noch nicht publiziert ist. Nun haben aber Nachfragen bei italienischen Archäologen und Glasspezialisten bestätigt, daß dieser Typ in Italien nicht existierte. Man wird also erwägen müssen, daß diese qualitativ hochstehenden Gläser nicht in Italien, sondern innerhalb des Verbreitungsgebiets nördlich der Alpen hergestellt wurden[7].

Die Gruppe der Schlaufenfadenbecher schließt sich auch durch Details der Herstellungstechnik sehr eng zusammen. Den Herstellungsprozeß kann man anhand der Überlappungen folgendermaßen rekonstruieren: während sich die Glasblase noch an der Pfeife befand, wurden die Fäden aufgelegt, zuerst der glatte Halsfaden, dann die senkrechten Schlaufenfäden. Diese wurden ungefähr in Höhe des (später umgelegten) Fußrings angesetzt, bis zum Halsfaden hochgezogen, etwas breitgedrückt und schließlich schlaufenförmig zum Ausgangspunkt zurückgeführt, wobei sie nach jeder Schlaufe leicht auf den darunter liegenden Faden gedrückt wurden. Als letztes wurde der Fußring aufgelegt und gekniffen. Erst danach wurde das Stück von der Pfeife gelöst und die Lippe ausgeweitet.

Merkwürdigerweise lassen sich zu dieser so homogenen Gruppe der Schlaufenfadenbecher bisher weder direkte Vorläufer noch eine Nachfolge aufzeigen. Das Motiv der Schlaufenfäden kommt schon an römischen wie auch nahöstlichen Gläsern vor, unterscheidet sich dort jedoch stark in der Ausführung (es ist in der Regel erheblich gröber)[8]. Im Gegensatz etwa zu der vorigen Gruppe hat der Typ des Schlaufenfadenbechers offenbar keine typologische Weiterentwicklung erfahren, er verschwindet wohl im Laufe des 14. Jahrhunderts völlig.

1 Etwa Freiberg (DDR), Obermarkt 16, Grube 3, mit Material des 13. Jh. (unpubliziert); Freiburg i. Br., Augustiner-Eremitenkloster, nach 1278 (vgl. S. 50, Abb. 55); Speyer, Allerheiligenstraße (Keller des ehemaligen Franziskanerklosters), mit Keramik des späten 13. und frühen 14. Jh. (unpubliziert); Braunschweig, Eiermarkt, Kontext 1. Hälfte 14. Jh. (unpubliziert).
2 Fuchs (1933/34), Abb. auf S. 58, Inv. Nr. DM IV. Dieses Glas stammt als einziges dieser Art nicht aus einer Grabung, sondern dürfte als Reliquienbehälter überlebt haben. Dafür spricht auch ein interessantes Detail: die Lippe des Glases wurde offenbar absichtlich entfernt (oberhalb des Halsfadens sind horizontale Ritzungen festzustellen, die wohl dazu dienten, eine möglichst glatte obere Abbruchkante zu erreichen).
3 Schweiz: Burgen Bischofstein, Dübelstein, Engenstein, Scheidegg; Basel, Schaffhausen. Süddeutschland: Konstanz, Freiburg i. Br., Augsburg, Sindelfingen, Unterregenbach, Marbach a. N.
4 Rheinland: Straßburg, Speyer, Worms, Mainz.
5 Nord- und Ostdeutschland: Göttingen, Braunschweig, Lübeck, Burg Lohra bei Nordhausen, Freiberg/Sachsen.
6 Der bisher einzige ›Schlaufenfaden‹ aus Italien ist der (erheblich gröbere) auf dem Henkel des Krugfragments aus Tarquinia (vgl. S. 46, Abb. 45).
7 Auch in dem reichen Fundmaterial aus Südfrankreich, das sehr viel farbloses Glas mit blauer Verzierung enthält, fehlt diese besondere Variante; vgl. Foy (1985).
8 Etwa Davidson (1952), Tf. 57, Nr. 728. – Ausst. Kat. Islamische Kunst/Verborgene Schätze, Berlin 1986, S. 67, Nr. 68. – Fritz Fremersdorf, Römisches geformtes Glas in Köln, Köln 1961 (= Denkmäler des römischen Köln, Bd. 6), Tf. 123.

155 Schlaufenfadenbecher

Entstehungsgebiet noch unbestimmt (Deutschland?), 2. Hälfte 13. Jh./1. Hälfte 14. Jh. – Fundort: Angeblich Speyer. – H 10,1 cm; ⌀ Lippe 9,8 cm, Fußring 5,9 cm; Wandungsstärke Lippenrand 0,9 mm. – Farbloses Glas, z. T. blaue Fäden. Geklebt und ergänzt. Leicht verwittert.

Kunstmuseum Düsseldorf, Inv. Nr. 1979-7

Gekniffener Fußring. Hochgestochener Boden. Auf der Wandung abwechselnd 3 farblose und 3 blaue senkrechte Schlaufenfäden. Glatter farbloser Faden am Ansatz zur Lippe.

155

Dieser Schlaufenfadenbecher ist als einziger im Profil ganz erhalten, und die Fehlstellen ließen sich zuverlässig ergänzen. Die näheren Fundumstände sind nicht bekannt; entsprechend lassen sich keine Angaben zur Datierung machen, die eine Präzisierung innerhalb des für die ganze Gruppe vorgeschlagenen Rahmens ergäben.

LIT.: Krueger (1984), S. 517-519, Abb. 11. – Ricke (1985), S. 49, Abb. 8.

156 Schlaufenfadenbecher, Fragment

Herstellungsgebiet noch unbestimmt (Deutschland?), Ende 13. Jh./Anfang 14. Jh. – Fundort: Schaffhausen, Alte Abtei (1921). – H 9,3 cm; ⌀ Halsfaden 7,5 cm, Fußring 7,0 cm; Wandungsstärke obere Bruchkante 1,1 mm, Wandung bis Fußring 1,0 mm. – Farbloses Glas, z. T. blaue Fäden. Geklebt. Stark verwittert.

Museum zu Allerheiligen Schaffhausen, Inv. Nr. 6797

Gekniffener Fußring. Hochgestochener Boden. Auf der Wandung abwechselnd 3 farblose und 3 blaue senkrechte Schlaufenfäden. Glatter farbloser Faden am Ansatz zur Lippe.

156

Dieses Unterteil eines Schlaufenfadenbechers gehört in denselben Komplex wie die bekannten ›Schaffhauser‹ Nuppenbecher (vgl. Kat. Nrn. 192-194). Im Gegensatz zu diesen wurde es jedoch von Rademacher nicht in seine Publikation über die deutschen Gläser des Mittelalters aufgenommen, vermutlich, weil er darin ein Importstück aus dem Süden sah.
Im Gläserbestand des Klosters Allerheiligen war dieser Typ offenbar erheblich seltener als die Nuppenbecher; es ist nur dieses eine Exemplar belegt.

LIT.: –

157 Schlaufenfadenbecher, Fragment

Entstehungsgebiet noch unbestimmt (Deutschland?), 2. Hälfte 13. Jh./1. Hälfte 14. Jh. – Fundort: Regensburg, Vor der Grieb (1983). – H 8,0 cm; ⌀ Fußring 8,5 cm; Wandungsstärke Bruchkante oben 1,8 mm. – Farbloses Glas, z. T. blaue Fäden. Geklebt und ergänzt. Verwittert.

Museen der Stadt Regensburg

Gekniffener Fußring. Hochgestochener Boden. Auf der Wandung abwechselnd 3 farblose und 3 blaue senkrechte Schlaufenfäden. Glatter farbloser Faden am Ansatz zur Lippe.

Der fragmentarische Schlaufenfadenbecher wurde in der Grundwasserschicht einer Latrine gefunden, die zu einem Regensburger Patrizierhaus gehörte. Diese Kloake wurde vermutlich im Zuge von Baumaßnahmen zu Anfang des

14. Jahrhunderts angelegt. Der Ausgräber rechnet die Fragmente dieses Bechers zu einer Füllung aus der Mitte des 14. Jahrhunderts[1].

Innerhalb der Gruppe zeichnet sich dieses Stück durch seine Größe aus.

LIT.: –

1 Angaben zu diesem Fund verdanken wir Veit Loers, der eine Publikation der Grabung und des Fundmaterials vorbereitet.

157

158 Schlaufenfadenbecher, Fragment

Entstehungsgebiet noch unbestimmt (Deutschland?), 2. Hälfte 13. Jh./1. Hälfte 14. Jh. – Fundort: Straßburg, 15 rue des Juifs (1987). – H 7,7 cm; ⌀ Fußring 5,2 cm; Wandungsstärke obere Bruchkante 0,8 mm. – Farbloses Glas, z. T. blaue Fäden. Leicht verwittert, z. T. hell korrodiert.

Direction des Antiquités historiques, Straßburg

158

Gekniffener Fußring. Hochgestochener Boden. Auf der verbleibenden Wandung abwechselnd 3 farblose und 3 blaue senkrechte Schlaufenfäden. Glatter farbloser Faden am Ansatz zur Lippe.

Dieses Fragment stammt aus einer Grube, die sehr reiche mittelalterliche Glasfunde enthielt, darunter Bruchstücke mehrerer emailbemalter Becher (Kat. Nrn. 82 und 105) und weitere farblose Gläser mit blauer Verzierung (Kat. Nrn. 164, 209, 234, 321 und 322). Diese Glasbeifunde bestätigen den für die Gruppe der Schlaufenfadenbecher vorgeschlagenen Datierungszeitraum.

Das Beispiel aus Straßburg ist eines der kleinsten innerhalb der Gruppe und fällt durch eine besonders sorgfältige Ausführung auf.

LIT.: –

159 Schlaufenfadenbecher auf Fuß, Fragment

Entstehungsgebiet noch unbestimmt (Deutschland?), 2. Hälfte 13. Jh./1. Hälfte 14. Jh. – Fundort: Wohl Worms. – H 8,7 cm; ⌀ Halsfaden 4,2 cm, Ansatz Fuß 1,5 cm; Wandungsstärke obere Bruchkante 0,6 mm. – Farbloses Glas, z. T. blaue Fäden. Verwittert, stellenweise irisiert.

Museum der Stadt Worms im Andreasstift

159

Oberes Ende eines hochgezogenen Fußes. Kuppaboden leicht nach unten gewölbt. Gekniffener ›Fußring‹. Auf der Wandung abwechselnd 3 farblose und 3 blaue Schlaufenfäden. Glatter farbloser Halsfaden. Ansatz zur ausbiegenden Lippe.

Dieses Fragment nimmt in der Gruppe der Schlaufenfadenbecher eine Sonderstellung ein. Es weist genau dasselbe Schema des Dekors an einer anderen Form auf, einem Becher auf hochgezogenem Fuß.

Wie dieser Fuß aussah, ist offen, bei der Kuppa fehlt nur ein Teil der Lippe, deren Höhe und Profil sich daher nicht bestimmen lassen. Leider gehört dieses (bisher) singuläre Stück zum Altbestand des Museums. Es sind keine Fundumstände oder Beifunde bekannt.

Gläser auf hochgezogenem Fuß sind innerhalb der angenommenen ›Laufzeit‹ der Schlaufenfadenbecher in verschiedenen Varianten belegt (vgl. z. B. Kat. Nrn. 127-132, 230-234).

LIT.: Grünewald (1984), S. 49, Abb. 2,5.

Becher mit anderem blauen Fadendekor

Außer in der besonderen Form bzw. Kombination wie in den beiden vorigen Gruppen kommt blauer Fadendekor auch noch in vielerlei anderen Varianten an Bechern sehr ähnlicher Form vor, was die kleine Gruppe der folgenden Stücke zeigen soll. All diese Varianten sind offenbar weitgehend zeitlich parallel entstanden, wie Fundkomplexe beweisen, die Fragmente mit mehreren Dekorversionen (und anderes Material dieses Zeitraums) zusammen enthalten. Wo diese farblosen oder weitgehend entfärbten Becher entstanden sind, ist noch ungewiß, da die Funde über mehrere Länder streuen. Sicher ist bisher nur, daß derartige Gläser in Südfrankreich hergestellt wurden, wo man Fragmente in Hüttenzusammenhängen gefunden hat. Aber weder die Becherform mit der ausbiegenden Lippe noch die meisten spezifischen Dekorvarianten der Funde vor allem vom Mittel- und Oberrhein kommen dort vor, ebensowenig wie in Italien (soweit bisher bekannt).

160

160 Becher mit blauen Fadenauflagen, Fragment

Entstehungsgebiet noch unbestimmt, 2. Hälfte 13. Jh./frühes 14. Jh. – Fundort: Angeblich Worms, Judengasse (1976). – H des Fragments 8,9 cm; Ø Lippe 9,8 cm; Wandungsstärke Lippenrand ca. 1,3 mm, Bruchkante unten 0,7 mm. – Farbloses Glas, blaue Verzierung. Geklebt und montiert. Durch Verwitterung getrübt, stellenweise irisiert.

Karl Amendt, Krefeld

Unterteil fehlt. Auf der Wandung blaue Fadenauflagen: je zweimal, gegenüberliegend, annähernd symmetrisches, stilisiertes Pflanzenmotiv und vertikales Zickzackmotiv. Blauer Halsfaden etwas unterhalb des Knicks zur Lippe. Lippenrand kaum verdickt.

Die Fragmente dieses zarten, schwungvoll verzierten Bechers stammen aus derselben Kloake, in der u. a. auch das Unterteil eines emailbemalten Bechers (Kat. Nr. 84) wie auch die Scherben von einem farblosen Nuppenbecher mit blauen Querfäden (Kat. Nr. 165) gefunden wurden.
Unter den bisherigen Becherfunden gibt es noch keine Parallele mit entsprechenden Motiven der blauen Fadenauflagen (vergleichbar ist allenfalls das Fragment mit farblosen Fadenauflagen aus Prag, Kat. Nr. 161). Ähnlich geschwungene, z. T. volutenartig eingerollte blaue Fadenauflagen finden sich aber auf den sicherlich gleichzeitigen Schalen aus farblosem Glas, besonders verwandt (symmetrisch zu einem mittleren ›Stiel‹) auf einem der Fragmente aus Straßburg (Kat. Nr. 322).

LIT.: Baumgartner (1987), S. 38, Nr. 5.

161 Becher mit Fadenauflagen, Fragment

Entstehungsgebiet noch unbestimmt (Böhmen?), spätes 13./14. Jh. – Fundort: Prag, Můstek čp. 379/I, Brunnen (1971). – H 4,8 cm; Ø in Höhe des Halsfadens (rekonstruiert) ca. 9,0 cm; Wandungsstärke Bruchkante unten 0,6 mm. – Farbloses Glas mit bräunlich-violettem Stich. Geklebt. Durch Verwitterung leicht getrübt.

Zentrum der Denkmalpflege der Stadt Prag, Inv. Nr. XXXVIII-9 A, 9 B

161

Auf dem Wandungsrest gleichfarbiger Fadendekor: nach außen eingerollte Fadenauflagen symmetrisch zu seiten einer oben tropfenförmig ansetzenden senkrechten Fadenauflage. Beim Knick zur ausbiegenden Lippe farbloser Halsfaden umgelegt.

Das Fragment dieses Bechers stammt aus demselben Brunnen wie die emailbemalte hochstielige Schale (Kat. Nr. 116), zu den Fundumständen siehe dort[1].
Das Motiv des Wandungsdekor bei diesem offenbar relativ großen, aber dünnwandigen Becher erinnert an die stilisierten ›Pflanzen‹ des vorhergehenden Stücks. Die Glasmasse ist jedoch völlig anders, der Farbstich läßt erkennen, daß sie mit Hilfe von Mangan entfärbt wurde.

LIT.: –

[1] Angaben zum Fundzusammenhang verdanken wir Ladislav Špaček, Prag.

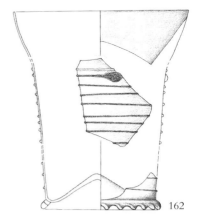
162

162 Becher mit blauen Fadenauflagen, Fragmente

Entstehungsgebiet noch unbestimmt, spätes 13./14. Jh. – Fundort: Wohl Mittelrheingebiet. – H des größten Fragments 4,9 cm; Ø Fußring 6,4 cm; Wandungsstärke ca. 1,0 mm (Ø evtl. zugehöriger Lippe ca. 9,0 cm, Wandungsstärke Lippenrand 1,2 mm). – Farbloses Glas mit schwach bläulichem Stich, z. T. blaue Fadenauflagen. Einzelfragmente. Durch Verwitterung leicht getrübt, stellenweise irisiert.

Privatbesitz

Gekniffener Fußring. Boden hochgestochen. Auf der Wandung feiner blauer Faden wohl in engen Spiralwindungen (10 im Ansatz erhalten) umgelegt, oben tropfenförmig ansetzend, nach unten zu extrem dünn ausgezogen. Beim Knick zur leicht ausbiegenden Lippe dünner Halsfaden aus dem fast farblosen Grundglas.

Zu den Fundumständen dieser Becherfragmente ist leider nichts Näheres bekannt. In der Form, dem gezackten Fußring wie auch in der blaßbläulichen (türkisfarbenen) Glasmasse schließt sich dieses Stück eng mit zahlreichen Nuppenbechern zusammen, die Verzierung mit einem vielfach umgewickeltem Faden ist jedoch eine neue und bisher vereinzelt gebliebene Variante zum Thema blaue Fadenauflagen. Eine gewisse Raffinesse zeigt sich in dem bewußt farblich vom Wandungsdekor abgesetzten Halsfaden.

LIT.: –

163 Becher mit blauen Fadenauflagen, Fragmente

Entstehungsgebiet noch unbestimmt, Ende 13. Jh./1. Hälfte 14. Jh. – Fundort: Winchester, Assize Courts Ditch (1963). – H ungewiß; ⌀ Lippe rekonstruiert ca. 7,5 cm, Fußring 5,2 cm; Wandungsstärke Lippenrand 0,8 mm, minimal 0,6 mm. – Farbloses Glas mit ganz schwachem Rosastich (Mangan), z. T. kobaltblaue Fadenauflagen. Fragmente, teilweise geklebt. Starke braune Korrosionsflecken, stellenweise Lochfraß.

Winchester City Museum, Winchester Research Unit, Inv. Nr. ACD RF 2803

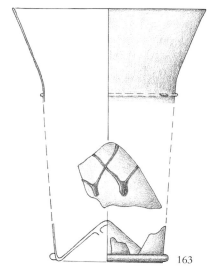

Glatter Fußring. Boden hochgestochen. Auf der Wandung (in unbekannter Höhe) Muster aus sich überkreuzenden blauen Zickzackfäden. Unterhalb der ausbiegenden Lippe wohl horizontaler farbloser Faden umgelegt (kleines Stück an einer Scherbe vorhanden, Abbruchspur an einer anderen). Lippenrand kaum verdickt.

Diese Becherfragmente wurden in einer Abfallgrube in Turm 2 der Burg gefunden, in einer Schicht, die wohl um die Mitte des 14. Jahrhunderts zu datieren ist.
Eine genaue Parallele zu diesem sehr feinen, zarten Becher mit dem Zickzackfaden ist bisher nicht bekannt. Formal fügt er sich in die große Gruppe der farblosen Becher mit annähernd zylindrischem Schaft und ausbiegender Lippe, die mit sehr unterschiedlichem Dekor (Nuppen, Rippen, Fadenauflagen) im 13./14. Jahrhundert häufig und verbreitet waren. Nur vage vergleichbare, sich überkreuzende blaue Zickzackfäden kommen an einem (allerdings walzenförmigen) Becher aus Avignon vor[1], sowie an Fragmenten von Schalen aus Farfa und Faenza[2].

LIT.: Charleston (1984), S. 22, fig. 4. – (Charleston, Kat. Nr. 3271, in Vorbereitung).

1 Foy (1985), S. 47, Abb. 32,1.
2 Whitehouse (1983), S. 116 f.

164 Becher mit blauen Fadenauflagen und Nuppen, Fragmente

Entstehungsgebiet noch unbestimmt, späteres 13. Jh./frühes 14. Jh. – Fundort: Straßburg, 15 rue des Juifs (1987). – Gesamthöhe ungewiß; ⌀ Lippe (rekonstruiert) ca. 8,1 cm, Fußring ca. 5,7 cm; Wandungsstärke Lippenrand wie sonstige Wandung ca. 0,9 mm. – Farbloses Glas, kobaltblaue Fäden. Einzelfragmente, durch Verwitterung leicht getrübt, stellenweise irisiert.

Direction des Antiquités historiques, Straßburg

Glatter farbloser Fußfaden etwas oberhalb der Standfläche. An der Wandung abwechselnd blaue Fadenringe und kleine farblose schneckenförmige Nuppen (ursprünglich wahrscheinlich 3, mindestens 2 Reihen Nuppen). Oberster blauer Querfaden als Halsfaden etwa bei der Biegung zur Lippe (schief). Lippenrand nicht verdickt.

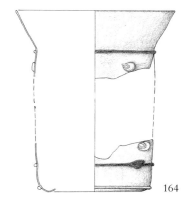

Diese Becherfragmente gehören in denselben Fundkomplex wie auch die emailbemalten Becher Kat. Nrn. 82, 105 und allerlei andere farblose, blau verzierte Gläser (Schlaufenfadenbecher, Rippenbecher, Schalen, vgl. Kat. Nrn. 158, 209, 321, 322).
Fragmente von Bechern mit vergleichbarer Dekoration aus blauen Fadenringen und farblosen Nuppen wurden auch an anderen Orten in Deutschland gefunden, z. B. in Worms (vgl. Kat. Nr. 165) und in Nürnberg[1]. Fragmente der gleichen Art sind aber auch aus Avignon bekannt[2], und schließlich wurden kleine Wandungsscherben mit farblosen Nuppen und blauen Fadenauflagen (nicht nur in einfachen Ringen) auch bei der Glashütte von Rougiers in Südfrankreich gefunden, deren Tätigkeit ins 2. Viertel des 14. Jahrhunderts gesetzt wird[3].
Diese Becher repräsentieren praktisch eine ›Kreuzung‹ zwischen denen mit blauer Fadenverzierung und den Nuppenbechern, zu denen sie hier die Überleitung bilden.

LIT.: –

1 Nürnberg, Zirkelschmiedsgasse (1983); das Becherunterteil von dieser Fundstelle hat ebenfalls einen glatten Fußfaden.
2 Zuletzt: Foy (1985), S. 33, Fig. 17, 1 u. 2, dort mit gekniffenem Fußfaden.
3 Zuletzt: Foy (1985), S. 33, Fig. 17, 6 u. 7.

165 Becher mit blauen Fadenauflagen
und farblosen Nuppen, Fragmente

Entstehungsgebiet noch unbestimmt, späteres 13. Jh./frühes 14. Jh. – Fundort: Angeblich Worms, Judengasse (1976). – H des größten Fragments 4,8 cm; ⌀ Schaft (rekonstruiert) ca. 7,5 cm; Wandungsstärke 0,8 mm. – Farbloses Glas, blaue Fäden. 2 Einzelscherben. Durch Verwitterung leicht getrübt.

Karl Amendt, Krefeld

An der Wandung abwechselnd schneckenhausförmige farblose Nuppen und blaue Fadenringe, der oberste als Halsfaden beim Ansatz zur Lippe.

Diese Scherben gehörten zu einem größeren Becher der gleichen Art wie der vorige. Sie stammen aus demselben

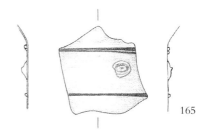

165

Komplex wie das emailbemalte Fragment Kat. Nr. 84 und das blauverzierte Becherfragment Kat. Nr. 160, fanden sich also in ganz ähnlicher Gesellschaft wie das Straßburger Stück.

LIT.: –

Farblose Nuppenbecher

Nuppengläser sind in der allgemeinen Vorstellung ein Synonym für mittelalterliche Gläser schlechthin, vor allem in ihrer Ausformung als Krautstrünke der Zeit um 1500 (vgl. Kat. Nrn. 403 ff.). Sie haben aber eine längere, für viele Fragen zur Geschichte des Glases im Mittelalter sehr interessante Vergangenheit. Selbstverständlich ist auch das Aufbringen von Glastropfen zur Verzierung verschiedenster Gefäße schon seit der Antike geübt worden[1]. Vergleichbare Nuppenbecher hat es aber nicht gegeben.

Als erstes stellt sich hier die Frage, ob sich die nachfolgend vorgestellten Stücke des 13. und 14. Jahrhunderts direkt aus gewissen älteren Vorbildern ableiten lassen. Soweit bis heute erkennbar, gibt es nur vereinzelte Belege von zeitlich nicht allzuweit zurückliegenden Nuppengläsern. Deren Beziehung untereinander und zur hier gezeigten Gruppe ist aber noch alles andere als geklärt. Nuppengläser kamen einerseits im Vorderen Orient vor. Die Zeit der Entstehung ist meist sehr ungewiß. Ein Exemplar mit Stiel und Fuß im Kunstmuseum Düsseldorf wird ins 9. bis 10. Jahrhundert datiert[2], ein anderes aus der ehemaligen Sammlung Strauss ins 10. bis 12. Jahrhundert[3]. Beide Beispiele haben aber mit den im Katalog nachfolgenden Stücken kaum mehr als das Vorhandensein von Nuppen gemeinsam; vor allem die Gesamtform zeugt von einem ganz anderen Verständnis. Etwas anders liegt der Fall bei einem erst vor wenigen Jahren durch das Kunstmuseum Düsseldorf erworbenen Becher (vgl. Kat. Nr. 166), der im Vorderen Orient gefunden worden sein soll und dem 10. bis 11. Jahrhundert zugeschrieben wird[4]. Bei diesem Stück sind gewisse Details, wie etwa die Anordnung und Ausführung der Nuppen sowie die Anbringung eines aufgelegten Fadens oberhalb der Nuppen, zu mehreren sicher europäischen Beispielen sehr ähnlich. Vor allem das Fehlen eines eigentlichen Standringes aber, der bei den nachfolgend gezeigten Stücken die Regel ist, zeigt für das Düsseldorfer Stück ein anderes Entstehungsgebiet an.

Formal wesentlich näher bei den nördlich der Alpen gefundenen Stücken stehen die vielzitierten Fragmente von Nuppenbechern aus Korinth[5]. Sie wurden im Zusammenhang mit Glashütten gefunden, von denen man zuerst annahm, sie seien 1147 bei der Eroberung durch die Normannen zerstört oder zumindest stillgelegt worden. Diese sehr gute Datierungsmöglichkeit wird aber in der Zwischenzeit in Frage gestellt; Gladys Davidson Weinberg tendiert entgegen ihren früheren Annahmen eher dazu, nach 1147 eine Weiterführung der Glasproduktion anzunehmen, wenn auch vielleicht nicht mehr im alten Umfang[6]. Leider dürfte kaum festzulegen sein, wie lange die Produktion noch fortgeführt wurde, so daß auch hier viele Fragen zum Verhältnis zu den im Norden gefundenen Nuppengläsern offen bleiben müssen.

Franz Rademacher ging in seinem Buch über die deutschen Gläser des Mittelalters (1933) noch davon aus, alle in Deutschland gefundenen farblosen Nuppengläser müßten aus dem Vorderen Orient stammen[7]. Aber auch noch lange nach dem Bekanntwerden der Funde aus Korinth, die erstmals 1940 publiziert wurden[8], wurde diese Meinung vertreten. Erst allmählich kam dann die Überlegung ins Spiel, der Typ der farblosen Nuppenbecher habe sich vom Vorderen Orient über Korinth und den Balkan bzw. Italien gegen Norden ausgebreitet[9].

Immer wieder wurde im Zusammenhang mit diesen Gedanken auch die These vorgetragen, farblose Nuppengläser des 13. und 14. Jahrhunderts, die nördlich der Alpen gefunden wurden, könnten nur aus Venedig stammen, weil nur dort das Wissen um die Herstellung der entfärbten Glasmasse vorhanden gewesen sei[10]. Den Glashütten nördlich der Alpen traute man hingegen die Herstellung farblosen Hohlglases lange nicht zu, und erst in jüngster Zeit mehren sich die Hinweise, daß diese Annahme falsch sein könnte[11].

Schon heute steht sicher fest, daß farblose Glasgefäße in der fraglichen Zeit auch außerhalb Venedigs hergestellt wurden, so etwa in Südfrankreich (vgl. S. 42, Abb. 42) oder in Böhmen (vgl. S. 34, Abb. 31). Die Erforschung vieler deutscher Glashüttengebiete ist noch zu wenig fortgeschritten, um von daher definitive Beweise vorzubringen, aber einiges spricht dafür, daß auch dort seit dem 13. Jahrhundert farblose Hohlgläser produziert wurden¹². In neueren Grabungen finden sich Fragmente von farblosen Nuppenbechern regelmäßig und in so großen Mengen, daß schon aus Gründen der Produktionskapazität ein einzelner Herstellungsort (z. B. Venedig) überfordert gewesen wäre.

Die Vielfalt der nachfolgenden Stücke mag als weiterer Beleg dafür betrachtet werden, daß verschiedenste Hüttenregionen an der Produktion dieser Gläser beteiligt waren. Das Material neuerer Grabungen führt zu dem Eindruck, im Bereich der Nuppengläser gäbe es keine eingleisige typologische Entwicklung, sondern eine Vielzahl verschiedener Nuppenglasvarianten sei nebeneinander hergestellt worden (man beachte bei den diversen Ausführungsvarianten etwa auch diejenige mit blauen Nuppen, Kat. Nrn. 184 f., 188). Interessant ist auch, daß durch einzelne Stücke eine wohl relativ späte Produktion farbloser Beispiele angedeutet wird (vgl. Kat. Nrn. 180-183), die bereits in einer Zeit liegt, in der größtenteils Nuppenbecher des sogenannten ›Schaffhauser Typs‹ die Regel waren (vgl. Kat. Nrn. 192 ff.).

1 Vgl. etwa Fremersdorf (1961), Taf. 15 und 18. – Kämpfer (1966), Nr. 44 f.
2 Saldern (1974), S. 214, Nr. 325.
3 Strauss (1955), S. 32, Nr. 64.
4 Ricke (1985), S. 48, Abb. 7.
5 Davidson (1940), S. 307, Fig. 11/1-3, S. 309, Fig. 12,1, 3. – Davidson (1952), S. 113, Fig. 14, Nrn. 742 und 744.
6 Weinberg (1975), S. 137.
7 Rademacher (1933), S. 105 f.
8 Davidson (1940).
9 Zu Funden aus Italien: Harden (1966), S. 74 f., Fig. 5, 6, 7, 10, 13. – Zu Funden aus Jugoslawien: Kojic (1967), S. 76 ff.
10 Siehe etwa Gasparetto (1979), S. 86.
11 Allgemeine Überlegungen u. a. bei Baumgartner (1985), S. 157 f. und 167 f.
12 Vgl. dazu etwa die Ausführungen zu den Schlaufenfadenbechern (Kat. Nrn. 155-159).

166 Nuppenbecher

Iran, wohl 10./11. Jh. – Fundort: Angeblich Nishapur. – H 10,7 cm; ⌀ Lippe 6,9 cm; Wandungsstärke Lippenrand 1,5 mm. – Farbloses Glas mit leichtem Gelbstich. Geklebt und ergänzt.

Kunstmuseum Düsseldorf, Inv. Nr. P 1980-1

LIT.: Ricke (1985), S. 48. – Ricke (1987a), S. 12., Abb. 1.

1 Zuletzt abgebildet bei Ricke (1987a), S. 12, Abb. 2.
2 Weitere Fragmente islamischer Nuppenbecher bei Lamm (1929), Bd. II, Taf. 26-28, sowie im Museum für Islamische Kunst, Berlin, Inv. Nr. J. 1984.2.

Nur sehr wenig hochgewölbter Boden. Auf der Wandung knapp oberhalb der Standfläche dicker Fußring. Darüber eine Horizontalreihe mit 8 und 4 mit je 9 Nuppen. Über den Nuppen dünnerer horizontaler Faden.

Der Nuppenbecher wurde 1980 aus dem Kunsthandel erworben. Sein Fundort ist nicht ganz gesichert, und auch die Entstehungszeit steht alles andere als fest. Dieser Becher wird als ein Beispiel für mögliche nahöstliche Vorläufer der Nuppenbecher gezeigt und zugleich, um die Unterschiede zu den europäischen Nuppenbechern zu verdeutlichen, bei denen vor allem Boden und Fußring völlig anders gebildet sind. (Er gehört also im Gegensatz zu dem anderen Material dieser Ausstellung nicht zu den in Europa gefundenen oder überlieferten Stücken.)

Genaue Parallelen zu diesem Glas sind bisher nicht bekanntgeworden. Ein angeblich in Beisan im Jordantal gefundener, heute im Haaretz Museum in Tel Aviv aufbewahrter Becher (Inv. Nr. MHG 97758) ist etwas breiter proportioniert, und vor allem weist er einen eigentlichen Fußring auf[1]; leider ist auch dieses Glas nicht mit Befunden verknüpft, die eine genaue Datierung erlauben würden[2]. Wichtig ist vor allem auch, daß sowohl das Stück in Düsseldorf als auch dasjenige in Tel Aviv mit den in Korinth gefundenen Nuppenbechern von der Gesamtform her nichts zu tun haben.

167 Nuppenbecher

Entstehungsgebiet noch unbestimmt, 13. Jh. (?). – Provenienz: Slg. M. de Massonneau. 1908 für das Kaiser-Friedrich-Museum erworben. 1930 Museum für Islamische Kunst. 1985 Kunstgewerbemuseum. – H 8,0 cm; ⌀ Lippe 7,7 cm, Fußring ca. 6,4 cm; Wandungsstärke Lippenrand 1,2-1,4 mm. – Farbloses Glas mit gelblichem Stich. Geklebt und ergänzt. Verwittert, z. T. versintert.

Staatliche Museen Preußischer Kulturbesitz, Kunstgewerbemuseum, Berlin, Inv. Nr. I 732

Glatter Fußring. Wenig hochgestochener Boden. Auf der Wandung 3 Horizontalreihen mit je 6 schneckenhausförmig abgedrehten Nuppen. Faden am Ansatz zur Lippe.

Dieser Becher wurde hier aufgenommen, um wenigstens eines der von Rademacher als orientalisch bezeichneten Stücke zeigen zu können. Neuerdings (daher die Überweisung vom Museum für Islamische Kunst ans Kunstgewerbemuseum) wurde er aber als europäisch (Venedig) angesehen. Tatsache ist, daß es weder im Nahen Osten (soweit bekannt) noch unter den sicher europäischen Nuppenbechern genaue Parallelen gibt (siehe die folgenden Kat. Nrn.). Die besonders weitmaschige Anordnung der Nuppen findet sich beim europäischen Material sonst nicht, ebensowenig die sehr gedrungene Form des Unterteils.

LIT.: Rademacher (1933), S. 106, 147, Tf. 34a. – Franz Adrian Dreier, Venezianischer Glasexport in das Gebiet des Schwarzen Meeres und den Nahen Osten, Teil 1: Ein Perlnuppenbecher der Slg. M. de Massonneau. Kunst & Antiquitäten, H. 2, 1988, S. 38.

168 Nuppenbecher

Entstehungsgebiet noch unbestimmt, 13. Jh./Anfang 14. Jh. – Fundort: Angeblich Speyer. – H 10,7 cm; ⌀ Lippe 8,7 cm, Fußring ca. 5,6 cm; Wandungsstärke Lippenrand ca. 1,2 mm, Wandung über Fußring ca. 0,9 mm. – Farbloses Glas. Geklebt und ergänzt. Verwittert.

Karl Amendt, Krefeld

168

Gekniffener Fußring. Boden nur im Ansatz erhalten (wohl hochgestochen). Auf der Wandung 8 horizontale Reihen mit je 13 Nuppen von 3 bis 5 mm Durchmesser. Faden am Ansatz zur Lippe.

Im Gegensatz zu den beiden vorhergehenden Beispielen sind die im folgenden gezeigten Nuppenbecher oder Fragmente (Kat. Nrn. 168-191) ohne Ausnahme nördlich der Alpen gefunden worden. Die chronologische Abfolge ist in den meisten Fällen unklar, weshalb die Stücke nach rein äußerlichen Merkmalen geordnet sind.
Unter den Bechern mit kleinen Nuppen ist das Stück der Sammlung Amendt den Fragmenten aus Korinth[1] von der Form her am ähnlichsten, bei diesen sind allerdings die Nuppen etwas größer und weniger zahlreich.
Stücke mit kleinen bis sehr kleinen ›Miniaturnuppen‹ sind schon an verschiedenen Stellen nördlich der Alpen gefunden worden[2]. Zur Datierung des Bechers in der Slg. Amendt sind keine Angaben vorhanden, da der Fundzusammenhang fehlt. Mehr oder weniger eng verwandte Parallelen aus süddeutschen und schweizerischen Funden legen jedoch eine Datierung noch ins 13. Jahrhundert nahe (vgl. z. B. Kat. Nrn. 169-172).
Für das Problem des Entstehungsgebietes des Bechers kann nur auf die Angaben in der Einführung zu diesem Kapitel verwiesen werden. Sicher ist, daß er mit seinem verfeinerten ›höfischen‹ Stil durchaus mit anderen Produkten im Einklang steht, die in derselben Zeit nördlich der Alpen entstanden sind.

LIT.: Baumgartner (1987), S. 36, Nr. 4.

1 Vgl. Weinberg (1975), S. 135, Fig. 16, 17.
2 Vgl. einige Hinweise bei Baumgartner (1985), S. 165. Siehe auch S. 25, Abb. 18.

169 Nuppenbecher, Fragmente

Entstehungsgebiet noch unbestimmt, 13. Jh./Anfang 14. Jh. – Fundort: Basel, Andlauerhof (1920). – H 5,5/7,2/6,4 cm; ⌀ Fußring 4,9/5,1/4,6 cm; Wandungsstärke obere Bruchkante 0,6/0,7/0,8 mm. – Farbloses Glas, z. T. mit minimalem Grünstich. Z. T. geklebt. Verwittert.

Historisches Museum Basel, Inv. Nr. 1940.691-93

Drei Fragmente von Nuppenbechern mit gekniffenem Fußring und hochgestochenem Boden; auf der Wandung Horizontalreihen mit 10 bis 11 sehr kleinen Nuppen. Das größte Fragment mit Teilstück eines horizontalen Fadens am Ansatz zur Lippe.

Die 3 Fragmente aus Basel mit den Miniaturnuppen vertreten eine Nuppenbechervariante, die im oberrheinischen Gebiet relativ häufig vorkam. Allein aus Fundstellen in Basel, Freiburg i. Br., Breisach und Straßburg sind mehr als ein Dutzend weiterer Belege vorhanden[1]. Aus den Kontexten zeichnet sich ab, daß diese Variante mit den besonders kleinen Nuppen besonders im 13. Jahrhundert beliebt war.

LIT.: –

1 Eines der Stücke aus Straßburg bei Rieb (1987), S. 7588. Belege aus Basel und Breisach vgl. Kat. Nrn. 170 und 171. Die anderen Fragmente noch nicht publiziert. – Eine sorgfältige, großräumig angelegte Beobachtung und Auswertung von archäologischen Funden würde mit Sicherheit nur schon für Deutschland und die Schweiz den Nachweis mehrerer Dutzend Fundstellen und einer naturgemäß um ein Vielfaches größeren Anzahl von Einzelindividuen ergeben.

170 Nuppenbecher, Fragment

Entstehungsgebiet noch unbestimmt, vor ca. 1280. – Fundort: Basel, Augustinergasse (1968). – H 12,4 cm; ⌀ Lippe 11,2 cm, Fußring 7,5 cm; Wandungsstärke Lippenrand 0,9 mm, Wandung auf halber Höhe des Gefäßes 0,5 mm. – Farbloses Glas. Geklebt. Verwittert und irisiert.

Historisches Museum Basel, Inv. Nr. 1968/37.3894a und b

Gekniffener Fußring. Hochgestochener Boden. Auf der Wandung ursprünglich 11 Horizontalreihen mit je 19 Nuppen (z. T. gerundet, meist aber sehr unregelmäßig geformt). Faden am Ansatz zur Lippe.

Die Fragmente wurden 1968 in den Einfüllungen eines Kellers gefunden, der unter den Fundamenten der Augustiner-

13./14. JAHRHUNDERT

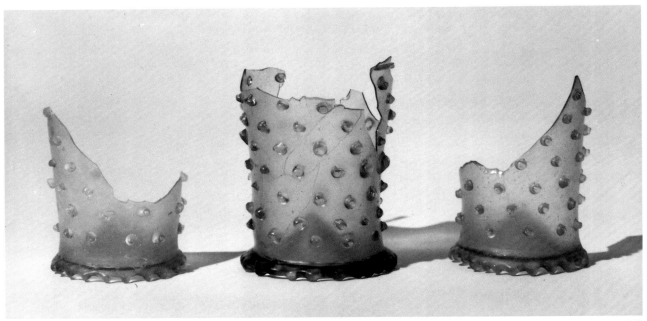

169

kirche lag¹. Die Augustiner ließen sich im Jahre 1276 in Basel nieder und dürften kurz danach mit dem Bau ihrer Kirche begonnen haben². Mit aller gegebenen Vorsicht läßt sich also die Verfüllung der Keller in die wenigen Jahre nach der Ankunft der Augustiner datieren. Die keramischen Beifunde sind zum Teil sogar eher der Mitte des 13. Jahrhunderts zuzuordnen.

1 Zur Grabung siehe den Beitrag im Jahresbericht der Archäologischen Bodenforschung des Kantons Basel-Stadt, in: Basler Zeitschrift für Geschichte und Altertumskunde 69, 1969, S. 355-368 sowie die Tafeln 3-5 und 9-15 und den anschließenden Grundriß zur Grabung. – Aus derselben Grabung stammt u. a. auch das Fragment eines emailbemalten Bechers, Kat. Nr. 74.
2 Monumenta Germaniae Historica, Scriptores 17, 1861, »Annales Basilienses«, S. 198: »1276. fratres sancti Augustini de Mulhusen transtulerunt se Basileam.«

170

Der Nuppenbecher aus diesem sicher ins 13. Jahrhundert datierten Komplex bietet einen Fixpunkt zur zeitlichen Einordnung anderer Funde dieser Art. Zudem ist er ein sehr schönes Beispiel für die Liebe zum Detail, die stark zur Ausstrahlung eines solchen Objektes gehört: Der Becher war ursprünglich mit 209 (!) säuberlich angeordneten Nuppen belegt.

LIT.: –

171 Nuppenbecher, Fragment

Entstehungsgebiet noch unbestimmt, 2. Hälfte 13. Jh. – Fundort: Breisach (Baden-Württemberg), Kapuzinergasse (1983). – H 10,0 cm; ⌀ Lippe 9,3 cm, Fußring 5,0 cm; Wandungsstärke Lippenrand 1,4 mm. – Farbloses Glas. Geklebt. Verwittert und irisiert.

Landesdenkmalamt Baden-Württemberg, Außenstelle Freiburg, Inv. Nr. 5001-1

Gekniffener Fußring. Hochgestochener Boden. Auf der Wandung ursprünglich ca. 9 Horizontalreihen mit kleinen Nuppen. Dünner Halsfaden.

Wie der Becher der vorigen Katalognummer läßt sich auch dieses im Profil ganz erhaltene Stück durch den Kontext relativ sicher in die 2. Hälfte des 13. Jahrhunderts datieren. Es stammt aus einer Zisterne, für die das spätere 13. Jahrhundert als Verfülldatum angenommen wird¹.
Typologisch gesehen ist das Glas als eher selten einzustufen. Die bisher bekannten farblosen Nuppenbecher weisen in der Regel abknickende, trichter- oder schalenförmige Lippen auf (vgl. z. B. Kat. Nrn. 168, 170); bei einer anderen Variante

ist die Gesamtform annähernd konisch, hier jedoch ausnahmsweise leicht konkav geschwungen.

LIT.: Schmaedecke (1985), S. 7f., Abb. 5. – Schmaedecke (1987), S. 79, Abb. 1.1, S. 82, Analyse S. 97, Tabelle 2, Nr. 1.

1   Die von Michael Schmaedecke 1985 vorgeschlagene Datierung hat sich inzwischen bei der näheren Auswertung von Befund und Fundmaterial bestätigt.

Das Fragment aus Zürich wird anhand der Beifunde ins 13. Jahrhundert datiert.

LIT.: Schneider (1980), S. 217ff., Abb. 2a, 2b und 3. – Schneider (1982, I), S. 147, Abb. 193, S. 148, Abb. 194. – Schneider (1982, II), S. 385, Taf. 68/1.

1   Auf der gegenüberliegenden Seite hat die Wandung einen Ausbruch, möglicherweise war dort ein zweiter Henkel angebracht.

171

172

172   Nuppenbecher, Fragment

Entstehungsgebiet noch unbestimmt, 13. Jh. – Fundort: Zürich, Münsterhof (1977/78). – H 12,2 cm; ⌀ Lippe ca. 10,0 cm, Fußring 7,3 cm; Wandungsstärke Lippenrand 1,3 mm, dann kontinuierlich dünner werdend bis 0,5 mm oberhalb des Fußrings. – Farbloses Glas mit minimalem rauchfarbenem Stich. Geklebt. Verwittert, leicht irisiert.

Schweizerisches Landesmuseum Zürich

Tropfenförmig ausgezogener Fußring. Hochgestochener Boden. Auf der Wandung 10 horizontale Reihen mit je 16 Nuppen und ein kleiner Henkel (zwischen Wandung und Henkel besteht ein Freiraum von nicht mehr als ca. 1,5 mm Höhe). Horizontaler Faden oberhalb der Nuppen.

Das Fragment von der Münsterhof-Grabung in Zürich zeigt eine weitere formale Variante des Bechers mit kleinen Nuppen; die Gesamtform ist relativ breit, und die Lippe führt die leicht konische Wandung weiter.

Der Becher aus Zürich weist eine Eigenheit auf, die bisher singulär geblieben ist: An einer Stelle der Wandung[1] ist ein kleiner, aus 2 Fäden bestehender Henkel aufgebracht, der nur so groß ist, daß man allenfalls einen relativ dünnen Faden darunter durchziehen kann. Er muß nach dem Aufsetzen der Nuppen aufgebracht worden sein, überdeckt er doch eine von ihnen. Seine Funktion muß offenbleiben. (Zu einem innen liegenden, allerdings anders hergestellten Henkel siehe Kat. Nr. 397.)

173   Nuppenbecher

Entstehungsgebiet noch unbestimmt, 13. Jh./Anfang 14. Jh. – Fundort: Unbekannt. – H 5,5 cm; ⌀ Lippe 8,4 cm, Fußring 6,0 cm; Wandungsstärke Lippenrand 1,2 mm. – Farbloses Glas. Stark irisiert, Oberfläche stellenweise angegriffen.

Erich Schott, Mainz

Tropfenförmig ausgezogener Fußring. Relativ flach hochgestochener Boden. Auf der Wandung 5 Horizontalreihen mit je 11 gerundeten Nuppen. Darüber horizontaler Faden.

Der Becher der Sammlung Schott repräsentiert eine unter den farblosen Nuppenbechern bisher einzigartige Formvariante. Leider gibt es keinerlei Anhaltspunkte aus einem Kontext zur Datierung dieses Stücks. Vor allem die sehr ausgewogene strenge Form und die große Sorgfalt bei der Ausführung deuten auf eine Entstehung noch im 13. Jahrhundert hin (man vergleiche etwa den sehr regelmäßig ausgezogenen Fußring mit demjenigen von Kat. Nr. 172).
Bei zunehmender Materialfülle zeigt sich an den Nuppenbechern immer mehr ein kaum überschaubarer Reichtum an Form- und Verzierungsvarianten. Allein schon die Beispiele in der Untergruppe mit den kleinen Nuppen sind so verschieden in der Form, daß sie sich unmöglich in eine typologische Abfolge zwängen lassen. Bei sehr viel größerer Mate-

rialkenntnis und präziseren Vorstellungen hinsichtlich der Herkunft und Datierung mag es später einmal gelingen, verschiedene Entwicklungsstränge aufzuzeigen.

LIT.: Eberhard Schenk zu Schweinsberg, Form und Schmuck des Hohlglases an Beispielen der Sammlung Schott, Mainz 1966 (= Schott Schriften 2), S. 4f.

173

174   Nuppenbecher

Entstehungsgebiet noch unbestimmt, 13./14. Jh. – Fundort: Flums (Kanton St. Gallen), Kirche St. Justus. – H 9,9 cm; ⌀ Lippe 7,2 cm, Fußring 5,5 cm; Wandungsstärke Lippenrand 1,2–2,0 mm. – Farbloses Glas mit schwachem Gelbstich. Gesprungen. Leicht verwittert und z.T. irisiert.

Kantonsarchäologie St. Gallen

Gekniffener Fußring. Hochgestochener Boden. Auf der Wandung 6 Horizontalreihen mit je 11 schneckenhausförmig abgedrehten Nuppen. Horizontaler Faden oberhalb der Nuppen.

Das sehr gut erhaltene Nuppenglas wurde vor mehr als 50 Jahren in der Kirche St. Justus in Flums aus dem Seitenaltar der Evangelistenseite geborgen. Der Verschluß des Glases trug das Siegel des Churer Bischofs Johannes VI. Flugi von Aspermont, der sein Amt ab 1636 innehatte. Das Glas kann aber unmöglich aus dieser Zeit stammen, so daß angenommen werden muß, es sei bei einer Neuweihe wiederverwendet worden.
Parallelstücke mit konischer Form (ohne abknickende Lippe) sind etwa vom Münsterhof in Zürich erhalten¹. Eines davon zeigt eine Eigenheit, die auch beim Glas aus Flums zu beobachten ist, sonst aber selten vorkommt; die Wandung schwingt oberhalb des Fußringes leicht ein und erweitert sich dann schwach konisch bis zum Lippenrand hin. Die erwähnten Formeigentümlichkeiten lassen auf einen noch nicht näher bestimmbaren Zusammenhang der Stücke schließen. Für die Parallelstücke aus Zürich wird noch das 13. Jahrhundert als Entstehungszeit angenommen.

LIT.: Birchler (1935), S. 225, Abb. 15 auf S. 227.

1 Schneider (1980), S. 220, Abb. 4-6.

175   Nuppenbecher, Fragment

Entstehungsgebiet noch unbestimmt, 13. Jh./Anfang 14. Jh. – Fundort: Flums, St. Justuskirche (1889 oder früher). – H 8,9 cm; ⌀ direkt unter Halsfaden 6,6 cm, Fußring 7,1 cm; Wandungsstärke obere Bruchkante 0,9 mm, 2 cm unter Halsfaden 0,6 mm. – Farbloses Glas mit Stich ins Rauchfarbene. Geklebt, mehrere Sprünge. Z.T. verwittert und irisiert.

Schweizerisches Landesmuseum Zürich, Inv. Nr. LM IN 38

Gekniffener Fußring. Hochgestochener Boden. (Der Fußring verschieden ausgezogen und in der Höhe nicht ganz regelmäßig aufgelegt, wodurch das Glas je etwa zur Hälfte auf dem Fußring und dem Boden aufsteht.) Auf der Wandung 4 horizontale Reihen mit je 9 meist schneckenhausförmig abgedrehten Nuppen. Horizontaler Faden am Ansatz zur Lippe.

175

Dieses Fragment stammt wie der vorige Becher aus der Kirche St. Justus in Flums. Es ist mindestens seit 1889 in der Sammlung des Landesmuseums Zürich.
Obschon es 2 Reihen weniger Nuppen hat als das komplette Stück, ist es diesem in der Einziehung über dem Fuß bei sonst konischer Form verwandt. Im Detail ist es etwas weniger fein ausgeführt.

LIT.: Erwähnt bei Birchler (1935), S. 225.

FARBLOSE NUPPENBECHER

199

13./14. JAHRHUNDERT

176 Nuppenbecher, Fragment

Entstehungsgebiet noch unbestimmt, 13. Jh. – Fundort: Unbekannt. – Provenienz: Slg. Bremen. – H 8,7 cm; ⌀ Halsfaden 6,7 cm, Fußring 6,8 cm; Wandungsstärke obere Bruchkante 0,8 mm. – Farbloses Glas. Sprung in der Wandung.

Rheinisches Landesmuseum Bonn, Inv. Nr. 68.0482

Gekniffener Fußring. Hochgestochener Boden. Auf der Wandung 6 Horizontalreihen mit je 11 meist schneckenhausförmig abgedrehten Nuppen. Reste eines Halsfadens. Kleine Ansätze zur Lippe.

176

Das Fragment soll angeblich aus dem Bodenseegebiet stammen[1] und Reliquien der beiden Heiligen Gallus und Otmar enthalten haben. Es war ursprünglich mit einem Wachsdeckel verschlossen, der nur noch die Spuren eines Siegels zeigte[2].
Das Glas ist oben abgekröselt (also willentlich abgebrochen) worden, und Walther Bremen schreibt, der Wachsdeckel sei über die ganze Wandung heruntergezogen worden. Das wäre sehr merkwürdig, denn ganz in Wachs eingepackte Nuppengläser sind nicht vor dem 15. Jahrhundert bekannt[3]. Der bei Bremen abgebildete (heute nicht mehr erhaltene) Wachsdeckel sieht jedenfalls nach einer der üblichen flachen Abdeckungen aus.
Auch dieser Nuppenbecher hat wiederum eine oberhalb des Fußringes leicht eingezogene Wandung. Zusammen mit den beiden Stücken aus Flums (Kat. Nrn. 174 und 175) sowie den dort genannten Parallelen aus Zürich scheint sich eine kleine Gruppe mit ähnlichen Merkmalen abzuzeichnen.

LIT.: Bremen (1964), S. 297 f., Nr. 109, Abb. auf S. 287.

1 Bremen (1964), S. 298.
2 Bremen (1964), S. 297, nimmt an, es handelte sich um das Siegel eines Abtes der Reichenau, ohne Gründe dafür zu nennen.
3 Siehe etwa ein Beispiel bei Heinemeyer (1966), S. 48, Nr. 113, Taf. 4.

177 Nuppenbecher, Fragment

Entstehungsgebiet noch unbestimmt, vor ca. 1280. – Fundort: Basel, Augustinergasse (1968). – H 7,4 cm; ⌀ Lippe (rekonstruiert) 7,8 cm; Wandungsstärke Lippenrand 1,3 mm, Lippe 0,7 mm, untere Bruchkante 1,0 mm. – Farbloses Glas mit schwachem Gelbstich. Geklebt. Verwittert.

Historisches Museum Basel, Inv. Nr. 1968/37.3889

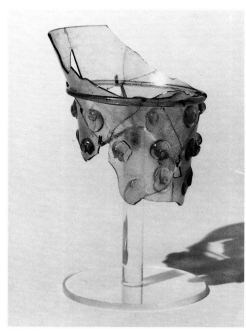

177

Auf dem erhaltenen Wandungsstück 3 seitlich versetzte Reihen mit ursprünglich je 8 schneckenhausförmig abgedrehten Nuppen. Horizontaler Faden am Ansatz zur Lippe.

Dieses Fragment stammt aus demselben gut datierten Fundkomplex wie Kat. Nr. 170. Es vertritt einen anderen Typ mit größeren Nuppen, der also offenbar – wie noch andere Varianten[1] – zeitlich parallel zu demjenigen mit kleinen Nuppen vorkam.

LIT.: –

1 Schneider (1980), S. 222, Abb. 9 u. 11.

178 Nuppenbecher

Entstehungsgebiet noch unbestimmt, 13./14. Jh. – Provenienz: Slg. Biemann. – H 12,6 cm; ⌀ Lippe 8,6 cm, Fußring 5,2 cm; Wandungsstärke Lippenrand 1,2 mm. – Farbloses Glas. Geklebt und ergänzt. Leicht verwittert.

The Corning Museum of Glass, Inv. Nr. 87.3.33

Tropfenförmig ausgezogener Fußring. Hochgestochener Boden. Auf der Wandung 4 Horizontalreihen mit je 8 spitz ausgezogenen Nuppen. Horizontaler Halsfaden.

Dieser Nuppenbecher soll angeblich aus Straßburg stammen. Farblose Exemplare mit spitz und lang ausgezogenen Nuppen sind bis heute relativ selten gefunden worden. Seit längerem ist ein Stück aus Preßburg bekannt[1], das allerdings viel weniger schlank proportioniert ist als der hier vorgestellte Becher. Ein Fragment, dem im Profil nur die Lippe fehlt, stammt aus einer Grube in Schaffhausen[2]. Noch unpubliziert sind mehrere Funde mit vergleichbaren Nuppen aus deutschen Grabungen; einzelne Beispiele aus der Latrine des ehemaligen Augustiner-Eremitenklosters in Freiburg i. Br. werden im Zusammenhang des Gesamtkomplexes gezeigt (vgl. S. 51 f.). Aus Italien sind von der sehr schlanken Form

178

und den spitzen Nuppen her neuerdings Funde aus Tarquinia besonders gut vergleichbar (siehe S. 44, Abb. 43); durch ihre hell gelbgrüne Glasmasse unterscheiden sie sich jedoch wiederum stark von den genannten nördlichen Beispielen.
Die Frage der Entstehungszeit der Becher mit spitz ausgezogenen Nuppen bzw. der Laufzeit dieser Variante ist weitgehend offen. Für die bisherigen Beispiele ergeben die Beifunde als früheste Datierung die Zeit um 1300 (Fragment aus Schaffhausen); für die Freiburger Fragmente haben wir nur den terminus post quem 1278; das Stück aus Preßburg soll in die 2. Hälfte des 14. Jahrhunderts gehören; der Komplex aus Tarquinia schließlich wird ins späte 14. Jahrhundert datiert.
Auch das Problem der Herkunft ist ungeklärt. Die Funde aus Tarquinia bilden bisher im Material aus Italien eine Ausnahme[3].

LIT.: Kat. Venedig (1982), S. 68, Nr. 48.

1   Ress (1968/69), S. 84, Abb. 14.
2   Gutscher (1984), S. 219, Abb. 45/1.
3   Die üblichen ›farblosen‹ Nuppenbecher sind dort fast zylindrisch bis zur Lippe, zeigen einen glatten Fußring und 3-4 seitlich versetzte Nuppenreihen; siehe Newby (1987), S. 264, Fig. 6 und 7. – Whitehouse (1987), S. 322, Fig. 3/6.

179   Nuppenbecher aus Silber, Fragment

Oberrhein (?), wohl vor 1349. – Fundort: Lingenfeld, (Kr. Germersheim, Rheinland-Pfalz), (1969). – H 7,6 cm; ⌀ Lippe 7,4 cm, Fußring 4,7 cm. – Silber, teilvergoldet. 2 Nuppen und 3 Flachkegel des ›Fußrings‹ sowie ein Teil der Lippe fehlen.

Historisches Museum der Pfalz, Speyer, Inv. Nr. HM 1977/3 c

Beschreibung (nach Günter Stein[1]): »Konischer, sich nach außen erweiternder Becher, dessen Wandung außen mit kleinen Spitzkegeln besetzt ist; es wechseln in senkrechter Anordnung jeweils zwei mit drei Spitzkegeln übereinander. Der Fuß ist aus seitlich schräg abwärts vortretenden kleinen flachen Kegeln gebildet; darüber läuft ein schmales Band mit Punkten zwischen Profilleistchen um. Über den Kegeln der Wandung umlaufende gerillte Rundleiste. Diese sowie das Band über dem Fuß und alle Kegel vergoldet. Über der oberen Rundleiste folgte ehemals noch ein 2 cm hoher glatter, konisch ausschwingender Rand, von dem noch zwei Stückchen gefunden wurden.«

Dieser kleine Silberbecher stammt aus dem sogenannten Schatzfund von Lingenfeld, der Ende 1969 zufälligerweise entdeckt wurde. Er bestand aus mehreren Silbergefäßen,

179

Silbermünzen und Silberschmuck. Dies alles lag angeblich in einem irdenen Topf, der nur wenig unter der Grasnarbe gefunden wurde. Günter Stein vermutet, daß ein jüdischer Geldverleiher um 1349 zur Zeit einer Judenverfolgung den Schatz auf der Flucht vergrub, dann aber umkam[2].

Ganz offensichtlich war das Vorbild für dieses Gefäß ein gläserner Nuppenbecher. Es ist ein immer wieder zu beobachtendes Phänomen, daß Gefäßtypen, die sich in einem bestimmten Material entwickelt haben, in anderen Materialien nachgeahmt wurden. Der kleine Becher aus dem Schatzfund von Lingenfeld ist bisher das einzige Beispiel aus gotischer Zeit für ein silbernes ›Glas‹[3]. Durch den relativ sicheren terminus ante quem 1349 für diesen Schatzfund bestätigt sich indirekt einmal mehr die frühe Datierung der Nuppenbecher.

LIT.: Zuletzt Fritz (1982), S. 238 (mit weiterer Lit.), Abb. 373.

1 Günter Stein, Der Schatzfund von Lingenfeld, in: Beiträge zur Speyerer Stadtgeschichte 6, 1981, S. 68, Nr. 4.
2 Stein (vgl. Anm. 1), S. 65-72.
3 Rademacher (1933, S. 111, Anm. 3) zitiert mehrere derartige Beispiele aus Straßburger Inventaren, z. B. (1526) »Item ein silberin becher mit stachlen, wie ein glas«, oder »Item ein silberins vergults stachelechts glas«, usw.

180 Nuppenbecher

Entstehungsgebiet noch unbestimmt, vor 1354. – Fundort: Kirche Ottenhofen (Ldkr. Erding, Bayern). – H 10,8 cm (mit Deckel); ⌀ Fußring 6,0 cm. – Farbloses Glas mit leichtem Gelbstich. Gesprungen. Verwittert.

Diözesanmuseum Freising, Inv. Nr. 21

Gekniffener Fußring. Hochgestochener Boden. Auf der Wandung 18 Vertikalreihen mit je 5 kleinen Nuppen. Faden am Ansatz zur Lippe, die größtenteils durch den festsitzenden Wachsdeckel verdeckt wird. Eine Ausbruchstelle oben auf diesem Deckel weist darauf hin, daß er ehemals mit einem Siegel versehen war.

Dieses Reliquienglas stammt aus der katholischen Kirche St. Katharina in Ottenhofen, und zwar aus dem Altar der Epistelseite. Nach Anton Ress[1] wurde das Glas mit einem heute verlorenen Siegel des Bischofs Konrad von Chiemsee gefunden, wobei nicht klar zu entscheiden ist, ob damit Konrad I. von Hintberg (1279-1293) oder Konrad II. von Liechtenstein (1340-1354) gemeint ist; mehrere Anhaltspunkte sprechen aber für Konrad II.[2]. Damit wäre allerdings nur ein terminus ante quem 1354 für die Entstehung dieses Glases gewonnen.

Das Glas unterscheidet sich von allen bisher gezeigten Nuppenbechern durch die leicht gebauchte Wandung, möglicherweise auch durch eine besondere Form der Lippe, die man sich eventuell ähnlich wie bei Kat. Nr. 183 vorstellen kann. Nuppenbecher mit leicht tonnenförmiger Wandung in farblosem Glas sind in diesem Zeitraum nördlich der Alpen offenbar selten. Einige wenige Stücke mit dieser Formbesonderheit stammen aus dem Südosten Deutschlands (siehe Kat.Nrn. 181 und 183), so daß sich hier vielleicht einmal eine regionale Variante fassen läßt[3].

LIT.: Fuchs (1936/37), S. 92f., Abb. auf S. 94. – Ress (1968/69), S. 86, Abb. 16 u. 17.

1 Ress (1968/69), S. 94, Anm. 28.
2 Ress (1968/69), S. 94, Anm. 29.
3 Rückert (1982), S. 44, bei Nr. 9.

180

181 Nuppenbecher

Entstehungsgebiet noch unbestimmt, 1. Hälfte 14. Jh. (?). – Fundort: Diözese Freising. – H 8,9 cm; ⌀ Lippe 6,5 cm, Fußring 4,9 cm; Wandungsstärke Lippenrand 1,4 mm. – Farbloses Glas mit leichtem Gelbstich. Sprung am Übergang von Boden zu Wandung, horizontaler glatter Faden z.T. ausgebrochen. Z.T. verwittert und irisiert.

Diözesanmuseum Freising, Inv. Nr. 20

Gekniffener Fußring. Hochgestochener Boden. Auf der Wandung 10 Vertikalreihen mit je 2 Nuppen (das Schema wird nur bei 7 Reihen eingehalten, 3 Reihen sind ungenau aufgesetzt). Horizontaler Faden oberhalb der Nuppen.

Der genaue Fundort des Bechers ist unbekannt, und entsprechend sind auch keine Anhaltspunkte zur Datierung vorhanden. Das trifft auch auf ein sehr ähnliches Vergleichsstück in München zu, das wohl ebenfalls im bayerischen Raum

181

gefunden wurde¹. Weiter ist das Fragment eines vergleichbaren Bechers aus Krems (Österreich) bekannt, allerdings auch ohne genauere Datierung².

Dieser Nuppenbecher hat mit dem vorigen sehr viel gemeinsam, so etwa die Glasfarbe und Glasmasse, das leichte Ausbauchen der Wandung, die Ausführung der Nuppen und des gekniffenen Fußringes. Eine Entstehung in derselben Region und zur gleichen Zeit darf vermutet werden.

Ungewöhnlich ist an diesem Stück (wie auch an der erwähnten Parallele in München), daß die Wandung nur in der unteren Hälfte mit Nuppen besetzt ist und der ›Halsfaden‹ sehr tief sitzt.

LIT.: Fuchs (1936/37), S. 93, Abb. auf S. 94 (untere Reihe, b). – Ress (1968/69), S. 87, Abb. 19.

1 Ress (1968/69), S. 87, Abb. 18.
2 Cech (1984), S. 286, Nr. C 38. – Der rekonstruierte Durchmesser der Lippe beträgt wie beim Stück aus Freising 6,5 cm. Die Glasbeifunde dürften größtenteils dem 13./14. Jahrhundert angehören.

182 Nuppenbecher

Entstehungsgebiet noch unbestimmt, 14. Jh. – Fundort: Regensburg, Grasgasse (1980/81). – H 10,2 cm; ⌀ Lippe 8,8 cm, Fußring 7,5 cm; Wandungsstärke Lippenrand 1,2–1,4 mm. – Farbloses Glas. Geklebt und ergänzt. Verwittert.

Museen der Stadt Regensburg, Inv. Nr. K 1982/50

Gekniffener Fußring. Hochgestochener Boden. Auf der Wandung Vertikalreihen mit (ursprünglich) je 2 spitz ausgezogenen Nuppen. Horizontaler Faden oberhalb der Nuppen.

Wie der vorige Becher hat auch dieser nur im unteren Teil der Wandung Nuppen und einen sehr tief sitzenden Faden. Diese Besonderheit ist bei farblosen Bechern sehr selten.

Wenn daher dieses weitere Stück ebenfalls im bayerischen Raum gefunden wurde, verstärkt das den Verdacht, diese besondere Variante sei in dieser oder einer anderen naheliegenden Region beheimatet¹.

Die Unterschiede zu dem vorigen Becher sind allerdings beträchtlich, zum Beispiel in der Gesamtform und in der Ausformung der Nuppen. Wie weit solche Beobachtungen interpretiert werden können, ist schwierig zu entscheiden; der andere Charakter des Glases könnte durch die Herstellung in einer anderen Hütte, durch einen von anderer Tradition beeinflußten Handwerker, oder auch durch eine etwas unterschiedliche Entstehungszeit zu erklären sein.

LIT.: –

1 Im Museum von Cheb/Eger (ČSSR) wird das Oberteil eines vergleichbaren Bechers aufbewahrt; Inv. Nr. A 3700.

182

183 Nuppenbecher

Entstehungsgebiet noch unbestimmt, spätes 14. Jh. – Fundort: Regensburg, Vor der Grieb (1984/85). – Farbloses Glas. Geklebt und ergänzt. Verwittert und stark irisiert.

a) H 7,8 cm; ⌀ Lippe 5,8 cm, Fußring 5,5 cm; Wandungsstärke Lippenrand 1,0 mm.

Gekniffener Fußring. Spitz hochgestochener Boden. Auf der Wandung 14 Vertikalreihen mit je 4 kleinen unregelmäßigen Nuppen. Horizontaler Halsfaden.

b) H 7,5 cm; ⌀ Lippe 8,0 cm, Fußring 7,5 cm; Wandungsstärke Lippenrand 1,9 mm.

Gekniffener Fußring. Spitz hochgestochener Boden. Auf der Wandung ehemals wohl 14 Diagonalreihen mit je 4 kleinen unregelmäßigen Nuppen. Horizontaler Halsfaden.

Museen der Stadt Regensburg

Die beiden Becher wurden in einer Latrine in Regensburg gefunden, die sehr reich mit Glas bestückt war (vgl.

Kat. Nrn. 157, 311 und 512)¹. Sie stammen aus einer Verfüllschicht, die dem späten 14. oder frühen 15. Jahrhundert zugeschrieben wird², was darauf hindeutet, daß neben den in dieser Zeit üblichen grünen Nuppengläsern (vgl. Kat. Nrn. 339-342) auch immer noch solche aus farblosem Glas hergestellt wurden. Dazu paßt sehr gut die leicht tonnenförmige Gesamtform der Stücke, die denen der Krautstrünke des frühen 15. Jahrhunderts ähnelt.

183a

Ein Beispiel, das den Bechern aus Regensburg von der Gesamtform und der farblosen Glasmasse her verwandt ist, wird im Bayerischen Nationalmuseum in München aufbewahrt³. Das erhaltene Siegel auf dem Wachsdeckel stammt von Bischof Johann II. von Chiemsee (1429-1438), was eine Stütze für die vorgeschlagene Datierung der Funde aus der Regensburger Latrine bedeutet.

183b

Der breitere der Becher weist auf der Unterseite des Bodens ein Ritzzeichen auf (⚓), das sich bei mehreren weiteren Nuppenbechern aus der gleichen Grube wiederholt. Ob es sich dabei um eine Besitzermarke handelt, muß dahingestellt bleiben.

LIT.: Vorbericht über die Grabung siehe Loers (1985), S. 169 ff. – Eine ausführliche Publikation wird durch den Ausgräber Veit Loers vorbereitet.

1 Aus der Grube sind Fragmente von mehreren 100 Gläsern erhalten.
2 Mitteilung von Veit Loers vom 18.11.1987.
3 Rückert (1982), S. 44, Nr. 9, Abb. auf Taf. 3.

184 Nuppenbecher mit z. T. blauen Nuppen

Entstehungsgebiet noch unbestimmt, 13. Jh. – Fundort: Würzburg, Neubaustraße 40 (1913). – H 13,7 cm; ⌀ Lippe 11,5 cm, Fußring 8,7 cm; Wandungsstärke Lippenrand 1,7 mm, Lippe 1,0 mm. – Farbloses Glas, z. T. blaue Verzierung. Geklebt und ergänzt. Rest einer ziemlich kräftigen Irisationsschicht.

Mainfränkisches Museum Würzburg, Inv. Nr. s 9699

Glatter Fußring. Relativ flach hochgestochener Boden. Auf der Wandung 4 Horizontalreihen mit je 8 Nuppen (in der ersten und dritten Reihe von unten blau, sonst farblos). Nuppen meist mit zentrierter, rund verschmolzener Spitze. Farblose Nuppen z. T. leicht schneckenhausförmig abgedreht, blaue Nuppen generell flacher als die farblosen. Horizontaler blauer Faden am Ansatz zur Lippe.

Die Fragmente von Nuppenbechern des 13. Jahrhunderts mit glattem Fußring und z. T. blauen Nuppen werden hier bewußt an den Schluß der Gruppe gestellt, denn sie bilden im Fundgut nördlich der Alpen bisher Ausnahmen. Der Becher aus der Neubaustraße 40 in Würzburg ist wenige Jahre nach seiner Auffindung bereits 1917 ein erstes Mal vorgestellt und seither noch mehrmals diskutiert worden. Er wurde meist ins 13. oder sogar noch ins 12. Jahrhundert[1] datiert. Aus den Fundumständen sind dazu keine Anhaltspunkte vorhanden[2]. Mehrere der nachfolgenden Stücke mit blauen Nuppen und/oder glattem Fußring (vgl. Kat. Nrn. 185, 188) scheinen aber eine Entstehung nicht später als im 13. Jahrhundert zu bestätigen.

Wie bei sämtlichen farblosen Nuppengläsern sind auch beim hier vorgestellten Stück die Autoren bisher fast ausnahmslos von einer Entstehung im Nahen Osten ausgegangen. Nachdem sich abzeichnet, daß bei anderen farblosen Glastypen des 13. Jahrhunderts eine Entstehung im Raum nördlich der Alpen denkbar ist, und nachdem blaues Glas sicher auch in diesem Gebiet hergestellt wurde (vgl. etwa Kat. Nr. 145), muß man auch für das Würzburger Stück und die folgenden Beispiele eine Herstellung in Europa oder gar diesseits der Alpen in Betracht ziehen. Im Gegensatz aber etwa zu den Schlaufenfadenbechern und den Bechern mit wechselndem Fadendekor ist der Typus des farblosen Nuppenbechers mit blauen Nuppen geographisch weit verbreitet. Er kommt an weiteren Orten in Deutschland und in der Schweiz vor[3], sowie in Italien[4], in Jugoslawien[5] und im Vorderen Orient[6] (wobei bei den italienischen und jugoslawischen Funden nicht gesagt wird, ob die Nuppen auch gemischt farblos und

blau, oder nur blau sind). Die Fragmente aus dem Vorderen Orient zeigen eine andere Verteilung der Nuppen als das Würzburger Stück.

Der interessanteste aller Becher mit farblosen und blauen Nuppen war wohl das legendäre Glas des Abtes Waltho von Wessobrunn, das heute leider verschollen ist. Es wurde glücklicherweise noch fotografisch festgehalten und von Ludwig Fuchs (wenn auch nur oberflächlich) beschrieben[7], als es sich noch im Benediktinerstift St. Stephan in Augsburg befand. Abt Waltho war von 1129-56 im Amt[8]. Von ihm wird mehrfach berichtet, er habe in einem Glas ein Weinwunder vollbracht. Einer der Chronisten beschreibt das Stück (allerdings erst in der Zeit zwischen 1704 und 1719): es sei groß und habe weiße und blaue Nuppen. Ein anderer berichtet 1753, das Glas befinde sich »bis auf den heutigen Tag« unter den Reliquien.

Nach der Beschreibung von Fuchs war das Waltho-Glas 16,5 (!) cm hoch, mit einem Durchmesser von 14 cm, aus leicht grünlichem Glas mit abwechselnd gleichfarbigen und blauen Nuppen sowie blauem Halsfaden. Die Wandung war »mit den Resten einer Grundierung für eine noch in Spuren vorhandene Vergoldung überzogen, worauf ehemals eine Schrift gestanden haben dürfte«[9]. Schade, daß auch dieser Sachverhalt nicht mehr überprüft werden kann; daß farblose Becher mit blauen Nuppenspitzen Vergoldung aufweisen können, zeigt ein Neufund aus der Nähe von Eichstätt (vgl. Kat. Nr. 191).

Obgleich der Waltho-Becher eine weniger ausbiegende Lippe und 6 statt 4 Reihen Nuppen hatte, ist die Ähnlichkeit zu dem Würzburger Stück doch offensichtlich.

LIT.: Stoehr (1917), S. 94, Abb. 14. – Fuchs (1935/36), S. 123. – Fuchs (1940), S. 100, Abb. 4. – Ress (1971), S. 83, Abb. 13.

1 Ress (1968/69), S. 84.
2 Stoehr (1917), S. 95 f.
3 Vgl. auch Kat. Nrn. 185, 188. – Gross (1984), S. 237, Abb. 218/1-5. – (Nicht berücksichtigt sind hier die Stücke mit blauen Nuppenspitzen, siehe Kat. Nrn. 189-191, sowie Fragmente von der 1265 zerstörten Burg Wartenberg, Abb. 51).
4 Harden (1966), S. 75, Nr. 11, Fig. 13. – Whitehouse (1981), S. 174 (Appendix 2, Beispiel aus Torrione del Casone).
5 Han (1975), S. 118, Anm. 23.
6 Lamm (1929), Bd. II, Taf. 26/14 und 15.
7 Fuchs (1935/36), S. 122-124. – Zuletzt wurde das Stück von Ress (1968/69), S. 79 und 84, besprochen.
8 Im Artikel von Fuchs (1935/36) irrtümlicherweise mit 1229-1257 angegeben; korrigiert auf S. 228. Alle hier folgenden Angaben zum Glas stammen aus dem Artikel von Ludwig Fuchs.
9 Fuchs (1935/36), S. 123.

185 Nuppenbecher, Fragment

Entstehungsgebiet noch unbestimmt, 13. Jh. – Fundort: Burg Dübelstein (Kt. Zürich), (1943). – H 6,5 cm; ⌀ Fußring 7,6 cm; Wandungsstärke Bruchkante oben 1,4 mm. – Farbloses Glas, z. T. blaue Nuppen. Geklebt. Verwittert und irisiert.

185

Schweizerisches Landesmuseum Zürich, Inv. Nr. LM 37483

Glatter Fußring. Ansatz zu hochgestochenem Boden. Nuppendekor auf der Wandung: horizontale Reihen mit wohl je 8 Nuppen, in der Abfolge blau-farblos-blau. (Die blauen Nuppen relativ glatt verschmolzen, die farblosen flüchtiger gesetzt und stärker plastisch.)

Sehr ähnlich wie das im Profil komplett erhaltene Stück aus Würzburg hat dieser Altfund von Burg Dübelstein ebenfalls einen glatten Fußring und abwechselnd blaue und farblose Nuppenreihen[1].

Burg Dübelstein dürfte um die Mitte des 13. Jahrhunderts entstanden sein[2]. Da die Grabung bis heute nicht abschließend bearbeitet wurde, sind aber genauere Angaben – auch zum vorliegenden Fragment – nicht möglich.

LIT.: –

1 Vom selben Fundplatz gibt es noch ein im Durchmesser leicht größeres Oberteil eines Nuppenbechers mit gleichem Lippenprofil wie das Würzburger Stück. Der Faden oberhalb der Nuppen ist bei diesem Fragment allerdings farblos. (Schweizerisches Landesmuseum Zürich, Inv. Nr. LM 37477.)
2 Hans Erb, Die Burg Dübelstein, Ein Führer auf dem Burgplatz, in: Heimatbuch Dübendorf, Dübendorf 1947 (12-28).

186 Nuppenbecher, Fragmente

Entstehungsgebiet noch unbestimmt, 2. Hälfte 13. Jh. – Fundort: Breisach, Rathauserweiterung (1984). – ⌀ Lippe ca. 11,5 cm, Fußring 10,0 cm; Wandungsstärke Lippenrand 1,9 mm, Wandung 1,3 mm. – Entfärbtes Glas mit deutlichem Braunstich.

Landesdenkmalamt Baden-Württemberg, Außenstelle Freiburg

Fragmente eines Nuppenbechers mit glattem Fußring, hochgestochenem Boden, zylindrischer Wandung mit großen Nuppen. Horizontaler Faden am Ansatz zur ausbiegenden Lippe.

Auch Becher mit ausschließlich farblosen Nuppen kommen mit glattem Fußring vor. Die Fragmente aus Breisach belegen dies und geben einen weiteren Hinweis auf die Entste-

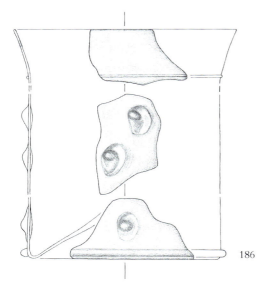

186

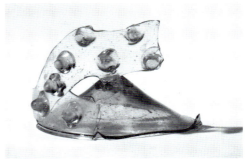

187

hung dieser Variante im 13. Jahrhundert; sie wurden in einer Grube gefunden, deren keramisches Material nicht über 1300 hinaus ging[1]. Diese Datierung bestätigen Fragmente mit glattem Fußring von der Grabung der Augustinerkirche[2] in Basel, die vor ca. 1280 in den Boden gelangt sein müssen (vgl. zur Datierung die Kat. Nr. 74).

Bemerkenswert sind hier auch die Glasfarbe und die Nuppengröße. Unter allen hier gezeigten Nuppengläsern hat dieses als einziges eine deutlich bräunliche Glasmasse, und die Nuppen sind überdurchschnittlich groß (bis 1,9 cm lang). Dieselben Merkmale weisen zwei sehr große (ca. 17 cm hohe) Gläser auf, die in Prag gefunden wurden[3]; sie sind allerdings mit einem tropfenförmig ausgezogenen Fuß versehen, viel schlanker proportioniert, und die Wandung lädt konisch aus.

LIT.: Schmaedecke (1985), S. 14, Abb. 11. – Schmaedecke (1987), S. 84, Nr. 2.7, Abb. 5. Analyse S. 97, Tabelle 2, Nr. 15.

1   Schmaedecke (1985), S. 11.
2   Schneider (1980), S. 220 ff., Abb. 9 und 11; die Zusammengehörigkeit der Bodenfragmente mit den in den Zeichnungen damit in Verbindung gebrachten Wandungsfragmenten ist nicht gesichert.
3   Zentrum der Denkmalpflege der Stadt Prag, Inv. Nrn. XXVIII-2 und XXVIII-3.

187   Nuppenbecher, Fragment

Entstehungsgebiet noch unbestimmt, 13. Jh. – Fundort: Zürich, Münsterhof (1977/78). – H 5,5 cm; ⌀ Fußring 8,0 cm; Wandungsstärke obere Bruchkante 0,9 mm. – Farbloses Glas. Geklebt.

Schweizerisches Landesmuseum Zürich

Fragment eines Bechers mit glattem Fußring, hochgestochenem Boden und einer Wandung mit horizontalen Reihen von wohl je 12 (maximal aber 13 oder 14) schneckenhausförmig abgedrehten Nuppen.

Während die bisher gezeigten Beispiele mit glattem Fußring sich von Form oder Farbe her wesentlich von den ›normalen‹ farblosen Nuppengläsern unterscheiden, fällt dieses Fragment nur dadurch auf, daß sein Fußring nicht gekniffen ist. Die ansatzweise erkennbare Form und die Anordnung, Größe und Ausführung der Nuppen haben mehrere Parallelen im bereits gezeigten Material.

Der glatte Fußring war offenbar nicht mit Nuppen einer bestimmten Größe verbunden. So weist dieses Fragment deutlich kleinere Nuppen auf als die vorigen Stücke, und schließlich kommt bei einem Neufund aus Liechtenstein[1] der glatte Fußring auch kombiniert mit sehr kleinen Nuppen vor.

LIT.: Schneider (1980), S. 219ff., Abb. 7 und 8.

1   Ein Fragment mit ca. 5,5 cm Durchmesser des glatten Fußrings wurde 1973/74 bei einer Kirchengrabung in Bendern (Fürstentum Liechtenstein) gefunden. Es wird im Depot des Liechtensteinischen archäologischen Dienstes aufbewahrt.

188

188   Nuppenbecher, Fragment

Entstehungsgebiet noch unbestimmt, 13. Jh./Anfang 14. Jh. – Fundort: Konstanz, Zollernstraße (1986). – H 4,5 cm; ⌀ Fußring 5,2 cm; Wandungsstärke obere Bruchkante 0,8 mm. – Farbloses Glas, z. T. blaue Nuppen. Geklebt. Irisiert.

Landesdenkmalamt Baden-Württemberg, Arbeitsstelle Konstanz

Gekniffener Fußring. Hochgestochener Boden. Auf der Wandung horizontale Reihen von ursprünglich wohl je 8 Nuppen, die unteren farblos, die oberen blau.

Das Fragment aus Konstanz würde unter den üblichen farblosen Nuppenbechern nicht auffallen, wäre daran nicht zum Teil blaues Glas verwendet worden. Es zeigt sich somit, daß blaue Nuppen nicht an einen bestimmten Nuppenbechertypus (etwa den mit glattem Fußring) gebunden sind.
Die Bearbeitung des Fundes steht noch aus. Eine Datierung ins 13., allenfalls noch ins frühe 14. Jahrhundert ist aber zu erwarten.

LIT.: —

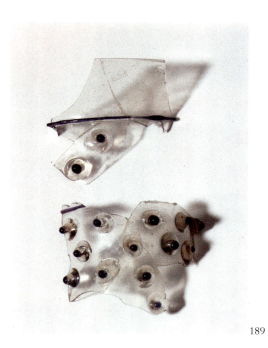

189

189 Nuppenbecher, Fragmente

Entstehungsgebiet noch unbestimmt, 13. Jh./Anfang 14. Jh. – Fundort: Konstanz, Hertieparkplatz (1986). – Farbloses Glas, z. T. blaue Verzierung. Geklebt. Spuren von Verwitterung.

a) H 6,8 cm; ⌀ Lippe 11,6 cm; Wandungsstärke Lippenrand 1,5 mm, untere Bruchkante 1,1 mm.
Fragment vom oberen Teil eines Bechers: Wandung mit 2 farblosen Nuppen mit blauer Spitze. Am Ansatz zur Lippe farbloser Faden, darauf aufgesetzt und weitgehend verschmolzen blauer Faden.

b) H 6,3 cm; ⌀ Halsfaden ca. 7,3 cm; Wandungsstärke Bruchkante oben 1,0 mm, unten 0,8 mm.
Auf der Wandung horizontale Reihen von Nuppen mit blauer Spitze. Blauer Halsfaden am Ansatz zur Lippe.

Landesdenkmalamt Baden-Württemberg, Arbeitsstelle Konstanz, Inv. Nr. KN 02/60

Gläser mit farblosen Nuppen, deren Spitzen mit einem blauen Tropfen verziert sind, kommen mehrfach an Fundplätzen verschiedener Regionen vor. Seit längerer Zeit sind kleine Fragmente aus dem sicher ins 13. Jahrhundert datierten Fundmaterial von der Burg Wartenberg publiziert[1] (vgl. S. 55, Abb. 51, siehe auch Kat. Nrn. 46, 125). Bekräftigt wird dieser zeitliche Ansatz durch einen Fund aus dem Chor des Dominikanerklosters von Buda, der nach der Fundschicht in die 1. Hälfte des 13. Jahrhunderts datiert wird[2]. Noch unpubliziert ist ein weiteres kleines Fragment aus Göttingen, Johannisstraße 21-25[3]. Ebenfalls blaue Spitzen weisen eine Reihe von Funden aus dem Nahen Osten auf[4].
Für die Konstanzer Fragmente ist die Auswertung der Befunde hinsichtlich der Datierung noch nicht abgeschlossen; das Resultat dürfte aber kaum erheblich vom oben vorgeschlagenen Ansatz abweichen. Bisher einmalig ist der zweifarbige Halsfaden des Fragments a).

LIT.: —

1 Bauer (1961), S. 263, Tf. XII, 11.
2 Gyürky (1971), S. 200, Abb. 1.
3 Kenntnis von diesem Stück verdanken wir Sven Schütte, Göttingen.
4 Lamm (1929/30), Bd. I, S. 86, Nr. 17 und 18, S. 87, Nr. 2-4; Bd. II, Tf. 26, 17 und 18, Tf. 27, 2-4. – Lamm beschreibt allerdings die Nuppenspitzen als türkisblaues Email.

190 Nuppenbecher, Fragmente

Entstehungsgebiet noch unbestimmt, 13. Jh./Anfang 14. Jh. – Fundort: Konstanz, Hertieparkplatz (1986). – H Bodenfragment 2,4 cm, Wandungsfragment 5,0 cm; ⌀ Fußring ca. 9,2 cm; Wandungsstärke obere Bruchkante Bodenfragment 1,1 mm, Wandungsfragment 0,8-1,0 mm. – Farbloses Glas mit leichtem Braunstich, z. T. blaue Verzierung. Leicht verwittert und irisiert.

Landesdenkmalamt Baden-Württemberg, Arbeitsstelle Konstanz, Inv. Nr. KN 02/210

Bodenfragment: tropfenförmig ausgezogener Fußring mit blauen Spitzen. Ansatz zum Boden abfallend (!). Auf der Wandung 2 Nuppen mit blauer Spitze. Wandungsfragment: 3 Horizontalreihen von Nuppen mit blauer Spitze.

Bisher ist von keinem der Fragmente mit blauen Nuppenspitzen ein Beispiel bekannt gewesen, das auch den Übergang zum Boden zeigte. Erwartet hätte man einen gekniffenen oder allenfalls einen glatten Fußring, nicht aber, was dieses Stück vorweist: Der Fußring ist in regelmäßigen Abständen ausgezogen, und die Spitzen (wie die Nuppen) sind mit blauem Glas gehöht.
Unklar ist im Moment noch, was aus der Beobachtung zu schließen ist, daß der Ansatz zum Boden leicht nach unten weist (und zwar deutlich unter die Höhe des Fußringes, auf

191

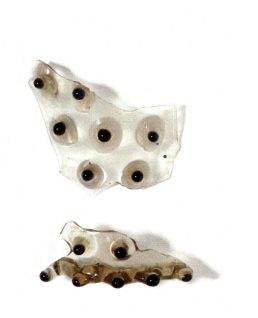

190

dem ein Becher normalerweise aufliegt). Es stellt sich die Frage, ob das Gefäß mit einem Fuß versehen war (vgl. etwa Kat. Nr. 159).

LIT.: –

191 Fragmente von wohl zwei farblosen Nuppenbechern mit blauen Nuppenspitzen

Entstehungsgebiet noch unbestimmt, 13. Jh. – Fundort: Burg Rauenwörth (Gem. Walting, Lkr. Eichstätt, Bayern), (1987). – ⌀ Lippe (rekonstruiert) ca. 17,0 cm bzw. 12,0 cm, Schaft (soweit rekonstruierbar) ca. 12,0 cm; Wandungsstärke Lippenrand 3,0 mm bzw. 1,2 mm, sonstige Wandung ca. 1,2 mm. – Farbloses Glas, hell kobaltblaue Nuppenspitzen, Reste von Goldbemalung. Einzelscherben. Ohne Verwitterungsspuren, Gold weitgehend verloren.

Bayerisches Landesamt für Denkmalpflege, Ingolstadt

2 Randfragmente von ausbiegenden Lippen mit unterschiedlichem Durchmesser. 7 Einzelscherben von der Wandung mit 1-2 schneckenförmigen Nuppen, denen blaue Spitzen aufgeschmolzen sind. Bei einer der Scherben 2 Nuppen aneinanderstoßend. Bei einer anderen innen (!) Reste von Bemalung in Gold: bogenförmige Einfassungslinie (von einem Rundfeld ?), darin Andeutung von Blattwerk und Ranken (Gold mit dünner Glasschicht überfangen, trotzdem weitgehend verloren, wohl da es von den Bruchkanten her ›ausgewaschen‹ werden konnte.)

Diese Glasscherben wurden bei einer Rettungsgrabung am Burgstall (Burghügel) Rauenwörth gefunden (dazu noch eine blaßgrüne gewölbte Scherbe mit einer Rippe und ebenfalls einem kleinen Rest von Vergoldung). Die Burg gehörte dem Geschlecht der Hirschberger, sie bestand (nach Ausweis der ältesten Keramikfunde) möglicherweise schon im 12. Jahrhundert und wurde wohl im späteren 13. Jahrhundert verlassen, jedenfalls aber nach dem Aussterben der Hirschberger 1304 nicht mehr benutzt[1].

Bemerkenswert sind die Fragmente einerseits durch die Goldbemalung, andererseits durch den rekonstruierbaren Durchmesser der Lippe. Goldbemalung wird beim sogenannten Waltho-Glas erwähnt (siehe dazu einige Angaben bei Kat. Nr. 184), das aber verloren ist. Weiter ist sie bei einem farblosen Rippenbecher (vgl. Kat. Nr. 211) und bei mehreren Exemplaren der (europäischen) emailbemalten Gläser (vgl. Kat. Nrn. 106 f., 116, 118) zu beobachten. Nie ist jedoch bisher an mittelalterlichem Material eine Vergoldung auf der Innenseite eines Gefäßes vorgefunden worden, und noch nie diese besondere ›Zwischengold‹-Technik, bei der das Gold mit einer dünnen Glasschicht überfangen ist[2]. Auffallend ist aber auch die besondere Größe, die eines der Gläser hatte; das eine der Lippenfragmente erlaubt die Rekonstruktion eines Durchmessers von ca. 17 cm (!), was der Größe des Schaffhauser ›Riesenbechers‹ (vgl. Kat. Nr. 194) entspricht.

LIT.: –

1 Informationen zur Grabung und zu den Beifunden sowie zur Zeitstellung der Burg verdanken wir Andreas Tillmann, Ingolstadt.
2 Theophilus Presbyter beschreibt im 2. Buch, Kap. XIII, seiner Schedula diversarum artium bei den Goldverzierungen der ›Griechen‹ einen Überfang aus farblosem Glas (Theobald (1933), S. 34 f.).

Nuppenbecher des ›Schaffhauser Typs‹

Für die nachfolgenden Gläser, Nuppenbecher aus hell blaugrüner Glasmasse, hat sich der Begriff Schaffhauser Becher eingebürgert. Dieser Name leitet sich von mehreren auf dem Areal des ehemaligen Klosters Allerheiligen gefundenen Bechern dieser Art her (vgl. Kat. Nrn. 192-194). Lange Zeit galten Schaffhauser Becher als relativ selten. Noch Anton Ress, der Ende der 1960er Jahre einen Artikel speziell zu diesem Typus schrieb, konnte nur wenig mehr Beispiele als Rademacher beibringen[1]. Seither ist aber die Zahl der Funde ins Unübersehbare angewachsen. Allein bei den Grabungen der letzten Jahre in Konstanz kamen rund 10000 Fragmente dieses Typs zutage[2], und auch im Profil komplette Schaffhauser Becher werden immer häufiger[3]. Eine Vorlage des heute greifbaren Materials würde bereits eine umfangreiche Publikation ergeben, die Fundmaterial aus einem Verbreitungsgebiet vom Kanton Graubünden bis an den Niederrhein und von der westlichen Tschechoslowakei bis zum Elsaß einschließen müßte.

Der Begriff Schaffhauser Typus wird hier für alle Gläser angewandt, die einen gekniffenen Fußring, meist schneckenhausförmig abgedrehte (aber auch spitz ausgezogene) und relativ kleine Nuppen sowie eine hell blaugrüne Glasmasse haben. Schon heute läßt sich feststellen, daß innerhalb des Typs – ähnlich wie bei den farblosen Nuppenbechern – eine große Vielfalt von Varianten vorhanden ist, die sich auch hier in keine geradlinige typologische Abfolge bringen lassen.

Rademacher hat die Schaffhauser Becher ins 15. Jahrhundert datiert, was erstaunt, da er selbst schon auf bildliche Darstellungen solcher Gläser aus der Zeit um 1400 hinweist[4]. Anton Ress schlug als Entstehungszeit das späte 13. oder frühe 14. Jahrhundert vor[5]. In der Zwischenzeit zeichnet sich ab, daß sie eine sehr lange Laufzeit haben, die schon im 13. Jahrhundert beginnt und bis ins späte 14., eventuell noch frühe 15. Jahrhundert dauert. In Schaffhausen selbst wurde in jüngerer Zeit Material aus Gruben geborgen, die wohl kaum wesentlich nach 1300 verfüllt worden sind[6]. Weitere noch unpublizierte Funde gehören nach Angaben der Bearbeiter wohl in dieselbe Zeit.

Da nachgewiesen ist, daß Becher des Schaffhauser Typs schon im 13. Jahrhundert aufkommen, überschneidet sich ihre Laufzeit offenbar mit der der farblosen Nuppenbecher. Nuppenbecher aus farblosem wie auch aus hell blaugrünem Glas kommen zum Beispiel in den Fundkomplexen der erwähnten Schaffhauser Gruben zusammen vor, auch in dem Material des Augustiner-Eremitenklosters in Freiburg (vgl. S. 52, Abb. 50). Schließlich deuten auch die von Rademacher vorgestellten Stücke aus dem Kloster Allerheiligen in Schaffhausen denselben Sachverhalt an, ist doch einer der Becher beinahe farblos (vgl. Kat. Nr. 193).

Während die farblosen Nuppenbecher im 14. und 15. Jahrhundert offenbar nur noch in Einzelfällen oder in gewissen Regionen vorkommen, muß der Schaffhauser Becher bis etwa 1400 der allgemein übliche Nuppenbecher gewesen sein. Die Vielfalt der im Laufe der Zeit auftretenden Ausformungen ist mit den nachfolgenden Beispielen nur angedeutet. Immer aber scheinen die Nuppen relativ klein geblieben zu sein und nur einen relativ bescheidenen Teil der Wandungsfläche bedeckt zu haben. Eine deutliche Änderung zeichnet sich in dieser Hinsicht etwa um 1400 ab; die Nuppen werden größer und flächiger. Parallel dazu entwickelt sich die Gesamtform immer mehr zum späteren Typus des Krautstrunks hin (mehr dazu bei den Kat. Nrn. 339 ff.).

Die Frage des Entstehungsgebietes von Gläsern des Schaffhauser Typs war bis vor einiger Zeit noch umstritten. Noch 1975 wollte Donald B. Harden eine Entstehung in Italien nicht ausschließen[7]. Bereits Anton Ress ging jedoch von einer Lokalproduktion aus[8], und diese These wird heute nicht mehr ernsthaft bezweifelt. Es dürfte nur eine Frage der Zeit sein, bis bei Glashüttengrabungen das entsprechende Material gefunden wird.

1 Ress (1968/69), S. 74 ff.
2 Oexle (1986), S. 231, Abb. 202.
3 Siehe etwa Kahsnitz (1984), S. 219, I C 27, S. 205, II C 7. – Baumgartner (1987), S. 48 ff., Nrn. 17-26.
4 Rademacher (1933), S. 107 f.
5 Ress (1968/69), S. 84.
6 Gutscher (1984), S. 219, Abb. 45/2-14. Die Keramik (S. 195 ff.) gehört größtenteils noch in die Zeit vor oder um 1300.
7 Harden (1975), S. 41.
8 Ress (1968/69), S. 89.

192 Nuppenbecher

Deutschland oder Schweiz, Ende 13./14. Jh. – Fundort: Schaffhausen, Alte Abtei (1921). – H 11,2 cm; ⌀ Lippe 12,4 cm, Fußring 7,1 cm; Wandungsstärke Lippenrand 1,3 mm, Lippe 0,9 mm. – Hell blaugrünes Glas. Geklebt, Fehlstellen. Verwittert.

Museum zu Allerheiligen Schaffhausen, Inv. Nr. 6285

Gekniffener Fußring. Hochgestochener Boden. Auf der Wandung 6 nicht ganz regelmäßig aufgebrachte Horizontalreihen mit meist 7 Nuppen. Horizontaler Faden am Ansatz der Lippe.

Die 3 Becher aus Schaffhausen (vgl. auch Kat. Nr. 193, 194) stellen nur einen kleinen Teil der 1921 aus der ehemaligen Latrine des Klosters Allerheiligen geborgenen Beispiele des gleichen Typs dar; Rademacher berichtet davon, daß sich fast 2 Dutzend Stücke nachweisen ließen[1]. Die Beifunde reichen vom 12. bis ins 16. Jahrhundert, so daß sich daraus kein Hinweis für die Datierung ergibt.

Stücke mit sehr stark ausladender Lippe sind im Schaffhauser Material mehrfach vertreten[2]. Das extremste Beispiel in dieser Hinsicht ist aber ein Glas aus der ehemaligen Sammlung Pazaurek[3], das heute verschollen ist; der Durchmesser der Lippe ist dort mehr als doppelt so groß wie derjenige des Fußrings. Was der enorme Unterschied der Form bei den Nuppenbechern aus dieser Kloake für die Interpretation der Stücke (in bezug auf Entstehungsgebiet und Datierung) bedeutet, ist noch vollkommen offen.

LIT.: Rademacher (1933), S. 107, 147, Tf. 35 c. – Ress (1971), S. 74 f., Abb. 1 f. – Schneider (1980), S. 224 f., Abb. 15.

1 Rademacher (1933), S. 107.
2 Vgl. Ress (1971), S. 79, Abb. 7.
3 Rademacher (1933), S. 147, Tf. 35 e.

193 Nuppenbecher

Deutschland oder Schweiz, Ende 13./14. Jh. – Fundort: Schaffhausen, Alte Abtei (1921). – H 7,1 cm; ⌀ Lippe 8,7 cm, Fußring 6,7 cm; Wandungsstärke Lippenrand 1,1-1,4 mm, Lippe 0,8 mm. – Farbloses Glas mit Stich ins Hell-Blaugrüne. Geklebt, Fehlstellen. Verwittert.

Museum zu Allerheiligen Schaffhausen, Inv. Nr. 6287

Gekniffener Fußring. Hochgestochener Boden. Auf der Wandung 6 Horizontalreihen mit je 8 Nuppen. Horizontaler Faden am Ansatz zur Lippe.

Dieser Becher ist besonders im Hinblick auf die Frage des Überganges vom farblosen zum hell blaugrünen Nuppenglas wichtig. Er wurde mit vielen ›normalen‹ Schaffhauser Bechern aus der Latrine des Klosters Allerheiligen geborgen und zeigt von der Ausführung her so viele Berührungspunkte mit ihnen, daß man an einer Herkunft aus dem gleichen Entstehungsgebiet kaum zweifeln kann. Interessant ist andererseits, daß er bei den farblosen Nuppenbechern (vgl. Kat. Nrn. 168-183) formal keine direkte Parallele hat, dort also eine weitere Variante darstellen würde.

Die Zugehörigkeit zu den höchstwahrscheinlich aus lokaler Produktion stammenden Schaffhauser Bechern liefert einen weiteren Hinweis darauf, daß farblose Glasgefäße nördlich der Alpen hergestellt wurden.

LIT.: Rademacher (1933), S. 107, 147, Tf. 35 a. – Ress (1971), S. 78, Abb. 6. – Schneider (1980), S. 224 f., Abb. 15.

194 Nuppenbecher

Deutschland oder Schweiz, Ende 13./14. Jh. – Fundort: Schaffhausen, Alte Abtei (1921). – H 17,6 cm; ⌀ Lippe 17,4 cm, Fußring 12,3 cm; Wandungsstärke Lippenrand 2,2 mm, Lippe 1,5 mm. – Hell blaugrünes Glas. Geklebt, Fehlstellen. Verwittert.

Museum zu Allerheiligen Schaffhausen, Inv. Nr. 6286

Gekniffener Fußring. Hochgestochener Boden. Auf der Wandung 12 Vertikalreihen mit je 6 Nuppen. Horizontaler Faden am Ansatz zur Lippe.

Dieses Stück nimmt vor allem wegen seiner Größe eine Sonderstellung unter den Schaffhauser Bechern ein. Es überragt die meisten verwandten Beispiele beinahe um das Doppelte, und sein Inhalt faßt (bis etwa auf die Höhe des Fadens gerechnet) ungefähr 1,5 Liter, während die beiden mitgefundenen Becher (Kat. Nrn. 192 f.) lediglich ein Sechstel und ein Zehntel dieses Inhalts aufnehmen. Ähnlich große Becher kommen in wenigen Fällen auch bei den frühen farblosen Nuppenbechern vor (vgl. Kat. Nr. 191).

Eine Besonderheit zeigt der ›Riesenbecher‹ bei der Anordnung der Nuppen. Normalerweise sind diese bei den Schaffhauser Bechern versetzt angeordnet, hier aber in eindeutigen Vertikalreihen. Eine Parallele konnte bisher nicht beigebracht werden.

LIT.: Rademacher (1933), S. 107, 147, Tf. 35 a. – Ress (1971), S. 76, Abb. 3 und 4. – Schneider (1980), S. 224 ff., Abb. 15.

1 Rademacher (1933), S. 107. – Aus derselben Latrine stammt u. a. auch das Schlaufenfadenbecher-Fragment Kat. Nr. 156.

195 Nuppenbecher, Fragment

Deutschland, spätes 13./14. Jh. – Fundort: Freiburg i. Br., ehemaliges Augustiner-Eremitenkloster (1982). – H 5,8 cm; ⌀ Lippe 8,3 cm, Fußring 6,5 cm; Wandungsstärke Lippenrand 1,2 mm, Wandung minimal 0,8 mm. – Hellgrünes Glas. Geklebt.

Landesdenkmalamt Baden-Württemberg, Außenstelle Freiburg

Gekniffener Fußring. Hochgestochener Boden. Auf der Wandung 12 Vertikalreihen mit je 2 Nuppen. Horizontaler Faden am Ansatz zur Lippe.

13./14. JAHRHUNDERT

195

Das Fragment des kleinen Bechers wurde aus dem Gesamtkomplex des Fundes vom Augustiner-Eremitenkloster (vgl. S. 52, Abb. 50) herausgelöst, weil es besonders gut die niedrige, breit gelagerte Variante des Schaffhauser Bechers zeigt. Zudem ist es ein schönes Beispiel dafür, wie gut Glas noch erhalten sein kann, nachdem es wohl etwa 700 Jahre im Boden gelegen hat.

LIT.: –

196 Nuppenbecher

Deutschland, Ende 13./14. Jh. – Fundort: Angeblich Raum Mainz/Speyer. – H 8,8 cm; ⌀ Lippe 7,1 cm, Fußring 4,8 cm; Wandungsstärke Lippenrand ca. 1,3 mm. – Hell blaugrünes Glas. Geklebt und ergänzt. Leicht verwittert und z. T. irisiert.

Karl Amendt, Krefeld

196

Gekniffener Fußring. Hochgestochener Boden. Auf der Wandung 6 horizontale Reihen mit je 7 schneckenhausförmig abgedrehten Nuppen. Horizontaler Faden am Ansatz zur Lippe.

Daß – wie in der Schaffhauser Kloake – zahlreiche Exemplare und ganz verschiedene Varianten von Schaffhauser Nuppenbechern in einem Komplex zusammen vorkommen können, beweist auch eine Gruppe von solchen Bechern in der Sammlung Amendt[1]. Aus diesem Ensemble wurde hier nur ein Stück ausgewählt, das eine weitere Formvariante repräsentiert.

LIT.: Baumgartner (1987), S. 48, Nr. 17.

1 Baumgartner (1987), S. 48 f., Nrn. 17-24.

197

197 Nuppenbecher

Deutschland oder Schweiz, Ende 13./14. Jh. – Fundort: Angeblich im Hegau (Baden-Württemberg). – Provenienz: Slg. Bremen. – H 7,1 cm; ⌀ Lippe 6,6 cm, Fußring 3,7 cm; Wandungsstärke Lippenrand 1,5-1,9 mm. – Hell blaugrünes Glas. Z. T. leicht verwittert.

Rheinisches Landesmuseum Bonn, Inv. Nr. 68.0483

Unregelmäßig gekniffener Fußring. Hochgestochener Boden. Auf der Wandung 5 Diagonalreihen mit je 6 ziemlich spitz ausgezogenen Nuppen. Horizontaler Faden am Ansatz zur Lippe.

Dieser kleine Becher muß wegen seiner nahezu perfekten Erhaltung wohl aus einem Altar stammen. Leider sind aber keine Angaben dazu erhalten. Als Vorbesitzer wird der Glasmaler Albert Heberle in Überlingen genannt.
Der Becher weist als Besonderheit sehr unregelmäßig ausgezogene Nuppen auf. Ein in dieser Hinsicht sehr ähnliches, noch kleineres fragmentarisches Glas war im Komplex vom Nürnberger Weinmarkt enthalten[1]; ein weiteres mit solchen Nuppen bei völlig anderer Form folgt unter Kat. Nr. 199.

LIT.: Bremen (1964), S. 298, Nr. 110.

1 Kahsnitz (1984), S. 119, Nr. IC 27.

198 Nuppenbecher

Deutschland, 14. Jh. – Fundort: Unbekannt. – H 7,5 cm; ⌀ Lippe 4,5 cm, Fußring 3,6 cm; Wandungsstärke Lippenrand 1,2 mm, Lippe 0,8 mm. – Hellgrünes Glas. Eine kleine Fläche versintert.

Erich Schott, Mainz

Gekniffener Fußring. Hochgestochener Boden. Auf der Wandung 10 Vertikalreihen mit je 3 Nuppen. Horizontaler Faden am Ansatz zur Lippe.

199

198

Wie bei dem vorigen kleinen Becher ist auch bei diesem Stück der Sammlung Schott der Erhaltungszustand fast perfekt. Leider sind auch hier keinerlei Fundumstände überliefert, die einen Datierungshinweis geben könnten.
Das Beispiel ist eines der zierlichsten der ganzen Schaffhauser Gruppe. Es zeigt eine sehr hohe und steile Lippe, eine Eigenheit, die auch bei mehreren bedeutend größeren Vergleichsstücken zu beobachten ist[1].

LIT.: –

1   Baumgartner (1987), S. 49, Nrn. 19-21.

199 Nuppenbecher

Deutschland, Ende 13./14. Jh. – Fundort: Angeblich Koblenz. – H 6,3 cm; ⌀ Lippe 4,1 cm, Fußring 3,5 cm; Wandungsstärke Lippenrand 1,4 mm. – Hellgrünes Glas. Geklebt und ergänzt. Verwittert, z. T. irisiert.

Rheinischer Privatbesitz

Gekniffener Fußring. Hochgestochener Boden. Auf der Wandung 6 Horizontalreihen mit je 5 Nuppen. Horizontaler Faden am Ansatz zur Lippe.

Dieses Stück zeigt sehr ähnliche Nuppen wie der Becher Kat. Nr. 197, aber eine grundverschiedene Gesamtform. Es nimmt mit seiner leicht bauchigen Wandung und der relativ kurzen Lippe die Form voraus, die für viele Krautstrünke des 15. Jahrhunderts typisch werden sollte[1].

LIT.: –

1   Vgl. etwa Baumgartner (1987), S. 52 f., Nr. 27, S. 54, Nrn. 29-31.

200

200 Nuppenbecher

Deutschland, 14. Jh. – Fundort: Paderborn, aus einem Altar des Domes (1953). – H 8,0 cm; ⌀ Lippe 5,3 cm, Fußring 4,8 cm; Wandungsstärke Lippenrand 2,0 mm. – Hell blaugrünes Glas.

Erzbischöfliches Diözesanmuseum, Paderborn, Inv. Nr. R 104

Gekniffener Fußring. Hochgestochener Boden. Auf der Wandung 6 Vertikalreihen mit je 3 Nuppen. Horizontaler Faden deutlich unterhalb des Ansatzes zur Lippe.

Beispiele des ›Schaffhauser Typs‹ mit bauchiger Wandung sind schon mehrfach nachgewiesen worden. Sie sind aber meist nur fragmentarisch erhalten, und das einzige bisher publizierte, im Profil komplette Stück (vgl. Kat. Nr. 201) ist im Vergleich zum Glas aus Paderborn noch stärker gebaucht und insgesamt gedrungener. Was die beiden Stücke jedoch wieder miteinander verbindet, ist der aufgelegte Faden, der nicht wie üblich am Ansatz der Lippe, sondern direkt oberhalb der Nuppen sitzt.

Bei aller Andersartigkeit (vor allem der Gesamtform) gegenüber den meisten Beispielen der Schaffhauser Gruppe bestehen doch so viele Ähnlichkeiten in der Ausführung, daß eine Entstehung im gleichen Zeitraum angenommen werden darf. Eine genauere Eingrenzung ist allerdings noch nicht möglich.

LIT.: –

bringen ließe. Daß hier im Gegensatz zu den meist schneckenhausförmig abgedrehten Nuppen solche mit einer stark ausgezogenen Spitze vorkommen, darf nicht stören; Vergleiche dazu lassen sich bei einigen Beispielen des 13. und 14. Jahrhunderts nachweisen[2].

LIT.: Baumgartner (1987), S. 51, Nr. 25.

1   Siehe Hinweise bei Baumgartner (1987), S. 51.
2   Siehe etwa Kat. Nr. 178 oder mehrere Beispiele im Fundkomplex Augustiner-Eremitenkloster Freiburg i. Br. (S. 52, Abb. 50).

202   Nuppenbecher, Fragment

Böhmen, letztes Viertel 14. Jh. – Fundort: Plzeň/Pilsen, Sedláčkova 9, Brunnen 2. – H 14,2 cm; ⌀ Lippe 8,7 cm, Fußring 8,5 cm; Wandungsstärke Lippenrand 2,0 mm, Wandung minimal 1,0 mm. – Farbloses Glas mit leichtem Gelbstich. Geklebt. Verwittert.

Westböhmisches Museum Plzeň, Inv. Nr. 25 501

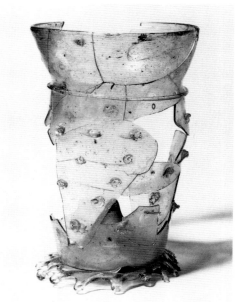

201   Nuppenbecher

Deutschland, 14. Jh. – Fundort: Angeblich Raum Mainz/Speyer. – H 7,1 cm; ⌀ Lippe 5,2 cm, Fußring 5,1 cm; Wandungsstärke Lippenrand ca. 1,4 mm. – Hell blaugrünes Glas. Geklebt und ergänzt. Leicht verwittert.

Karl Amendt, Krefeld

Gekniffener Fußring. Hochgestochener Boden. Auf der Wandung 7 Vertikalreihen von je 3 spitz ausgezogenen Nuppen. Horizontaler Faden deutlich unterhalb des Ansatzes zur Lippe.

Das Stück der Sammlung Amendt war das erste seiner Art, das publiziert wurde. Die zum Teil schon seit längerer Zeit vorhandenen Fragmente ähnlicher Gläser[1] konnten bis zu diesem Zeitpunkt keiner Form zugeordnet werden.

Der stark bauchige Nuppenbecher soll zusammen mit Kat. Nr. 196 und einer ganzen Reihe weiterer Fragmente von Schaffhauser Bechern gefunden worden sein, mit denen er sich teilweise auch im Detail stark verbindet. Jedenfalls ist bis jetzt kein anderer Typus (auch nicht aus einer ganz anderen Periode) bekannt, mit dem er sich in Zusammenhang

Zungenförmig ausgezogener Fußring. Spitz hochgestochener Boden. Auf der Wandung 5 Horizontalreihen mit je ca. 10 Nuppen (der horizontale Auftrag der Nuppen zeigt sich an feinen Fadenverbindungen zwischen einigen von ihnen). Horizontaler Faden am Ansatz zur Lippe.

Die bisher vorgestellten Nuppenbecher stammen alle aus dem deutsch-schweizerischen Raum. Becher mit Nuppenauflagen kommen aber auch in anderen Regionen vor, z. B. in Böhmen. Die folgenden 3 Beispiele zeigen, daß sie sich dort ganz erheblich von den weiter westlich gängigen Typen unterscheiden.

Dieser Becher aus Plzeň (aus einem von vielen dort ergrabenen Brunnen mit sehr reichem Glasmaterial) wird aus dem

Fundzusammenhang ins letzte Viertel des 14. Jahrhunderts datiert¹. Die Unterschiede zu den vorangehenden farblosen Nuppenbechern und denen des Schaffhauser Typs sind offensichtlich: Sie zeigen sich sowohl in der Gesamtform, dem zungenförmig ausgezogenen Fußring, dem mit einer Spitze hochgestochenen Boden, als auch in den unregelmäßigen Nuppen.

Die farblose Glasmasse dieses Stücks (wie vieler anderer böhmischer Gläser dieser Zeit) widerlegt einmal mehr die Behauptung, nördlich der Alpen sei vor dem 16. Jahrhundert kein farbloses Hohlglas hergestellt worden.

LIT.: Hejdová u. a. (1983), S. 254, Abb. 27.

1 Angaben zu den Funden aus Plzeň verdanken wir František Frýda, Plzeň.

rial insgesamt wird ins 14., spätestens ins frühe 15. Jahrhundert datiert¹.

Ungewöhnlich ist bei diesem Stück vor allem der Fußring, wobei deutlich sichtbar ist, daß der Faden zunächst in Schlaufen aufgelegt wurde, die dann leicht zusammengekniffen wurden.

LIT.: –

1 Angaben zu den Fundumständen und zur Datierung verdanken wir Ladislav Špaček, Prag.

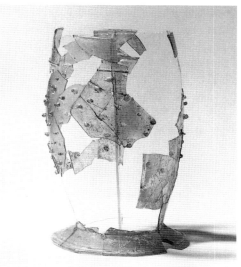
204

203

203 Nuppenbecher, Fragment

Böhmen, 14. Jh. – Fundort: Prag, Altstadt, Nr. 671/I, Kaufhaus Kotva (1971). – H 12,5 cm; ⌀ Lippe 7,8 cm, Fußring 7,2 cm; Wandungsstärke Lippenrand 1,8 mm, Wandung minimal 1,0 mm. – Schwach grünliches Glas. Geklebt und montiert. Verwittert, z. T. korrodiert.

Zentrum der Denkmalpflege der Stadt Prag,
Inv. Nr. XXX-sine

Gekniffener Fußring. Boden in hoher Spitze hochgestochen. Auf der Wandung 5 Horizontalreihen mit je etwa 10 spitz ausgezogenen Nuppen. Horizontaler Faden oberhalb der Nuppen.

Die Fragmente dieses Bechers wurden im Areal der Kommende des Deutschen Ritterordens gefunden, zusammen u. a. mit den Stücken Kat. Nrn. 114 und 368. Das Fundmate-

204 Nuppenbecher, Fragment

Böhmen, 2. Hälfte 14. Jh. – Fundort: Prag, St. Peters-Viertel (1969-76). – H (rekonstruiert) 19,7 cm; ⌀ Lippe ca. 10,5 cm, Fuß ca. 12,0 cm; Wandungsstärke Lippenrand 2,0 mm, Wandung minimal 1,0 mm. – Schwach grünliches Glas. Geklebt und montiert. Verwittert, leicht korrodiert.

Zentrum der Denkmalpflege der Stadt Prag,
Inv. Nr. XVIII-5

Gewickelter, nachträglich geglätteter Fuß. (Boden fehlt.) Auf der Wandung kleine Nuppen, annähernd in Diagonalreihen angeordnet. Oberhalb der Nuppen horizontaler Faden.

Zu den Fundumständen siehe bei Kat. Nr. 83. Dieser große, leicht faßförmige ›Humpen‹ ist eine weitere Variante der Nuppenbecher. Durch den gewickelten Fuß und die kleinen Nuppen wirkt er wie eine gedrungene Version der nuppenbesetzten Stangengläser.

Mit den 3 hier vorgestellten Nuppengläsern aus Böhmen ist das Spektrum der dort nachweisbaren Variationen zum Thema Nuppenbecher keineswegs erschöpft; auch hier zeichnet sich also wieder eine große Vielfalt innerhalb einer regionalen Produktion ab.

LIT.: –

Farblose Rippenbecher

Becher mit formgeblasenen, meist senkrechten Rippen aus farblosem Glas haben sich durch zahlreiche Funde gerade aus jüngerer und jüngster Zeit als ein Typ erwiesen, der offenbar neben und parallel zu den Nuppenbechern einer der beliebtesten war.

Das Verbreitungsgebiet ist groß: Funde farbloser Rippenbecher sind sehr häufig in der Schweiz und in Süddeutschland[1], kommen aber auch im Rheinland und im mittleren und nördlichen Deutschland[2] keineswegs selten vor (vereinzelt auch in Prag).

In etwas anderer Form wurden farblose Rippenbecher auch in Balkanländern gefunden[3], dagegen sind bisher keine Funde dieser Art aus Italien[4], Südfrankreich und dem übrigen Frankreich mit Ausnahme des Elsaß (Straßburg) bekannt geworden, ebensowenig aus England oder Skandinavien.

Entgegen der landläufigen Meinung muß deshalb mit der Möglichkeit gerechnet werden, daß diese Becher innerhalb des Verbreitungsgebiets (im süddeutschen oder schweizerischen Raum ?) hergestellt wurden und nicht allesamt Importe aus dem ›Mittelmeergebiet‹ sind. Die Anregung zu diesem Bechertyp kommt allerdings wahrscheinlich aus dem Süden, Vorläuferformen sind im Fundmaterial der Glashütten von Korinth vertreten (vgl. S. 25, Abb. 16f.).

Die Datierung der einzelnen Stücke bzw. die Laufzeit des Typs bleiben noch zu präzisieren. Soweit Kontexte bekannt sind, weisen sie stets auf den Zeitraum 2. Hälfte 13. bis 1. Hälfte 14. Jahrhundert. Einen terminus ante quem 1306 liefert das Reliquienglas aus Walenstadt (Kat. Nr. 206).

Innerhalb des Typs gibt es eine erhebliche Variationsbreite, wie die folgenden Beispiele zeigen. Die Glasmasse kann völlig farblos sein oder mehr oder weniger deutliche Farbstiche ins Gelbliche oder Rotbräunliche haben. Die Größe und auch die Proportionen variieren, die Lippe kann schmaler oder breiter und mehr oder weniger stark ausbiegend sein. Sie hat fast immer einen blauen Randfaden (Ausnahme: Kat. Nr. 209b). Die Rippen haben durchweg die ›Nasen‹ oben und laufen unter dem Boden aus. Meist springen sie oben kräftig vor, gelegentlich sind sie aber auch nur schwach und leicht verschwommen ausgeprägt. Seltener als die senkrechten Rippen kommen auch schräg geneigte vor (vgl. Kat. Nr. 212). Eine Sonderstellung innerhalb des Typs nimmt das Lübecker Fragment mit dem Golddekor ein (Kat. Nr. 211).

1 Zu einigen süddeutschen Funden: Prohaska (1986), S. 467-471.
2 Z.B. in Speyer, Worms, Mainz, Koblenz, Göttingen, Goslar, Braunschweig, Paderborn, Lübeck.
3 Siehe z. B. Kojić/Wenzel (1967), S. 76-93, bes. 80f. – Ljubinkovic (1985), S. 181-193, Fig. 3 u. 4.
4 Ein Fund aus Tarquinia (vgl. S. 45, Abb. 44) zeigt eine andersfarbige Glasmasse.

205 Rippenbecher

Entstehungsgebiet noch unbestimmt (Deutschland ?), 13. Jh./ frühes 14. Jh. – Provenienz: Slg. Bremen. – H 9,5 cm; ⌀ Lippe 8,0 cm, Fußring 5,2 cm; Wandungsstärke Lippenrand 1,3 mm, Lippe 0,8 mm. – Farbloses Glas mit ganz schwachem Graustich, hell kobaltblauer Randfaden. Nahezu ohne Verwitterungsspuren.

Rheinisches Landesmuseum Bonn, Inv. Nr. 68.0563

Gewellter, zwischen den Rippen angedrückter Fußfaden. Hochgestochener Boden. 12 senkrechte, oben kräftig vorspringende Rippen. Feiner blauer Faden auf den Rand aufgeschmolzen.

Die Provenienz dieses feinen kleinen Bechers läßt sich leider nicht weit zurückverfolgen, Bremen gibt als Vorbesitzer »Museumsdirektor Clarke in Freiburg-Littenweiler« an. Ihm waren bei der Abfassung seines Katalogtextes noch keinerlei enge Parallelen zu diesem Becher bekannt, der sich inzwischen durch eine Fülle von neuen Bodenfunden als Vertreter einer sehr großen und weit verbreiteten Gruppe erwiesen hat. Vermutlich hat er einst (wie der aus Walenstatt, Kat. Nr. 206, und ein anderer mit abgeröselter Lippe im Paderborner Diözesanmuseum) als Reliquienbehälter gedient und nur dank dieser Funktion als bisher einziger der ganzen Gruppe die Jahrhunderte unversehrt überlebt.

LIT.: Bremen (1964), S. 366-368, Nr. 178.

206

206

206 Rippenbecher

Entstehungsgebiet noch unbestimmt (Deutschland ?), 1306 oder früher. – Fundort: Walenstadt (Kanton St. Gallen), Pfarrkirche St. Lucius und Florinus (1973). – H 12,0 cm; ⌀ Lippe 10,8 cm, Fußring 8,3 cm; Wandungsstärke Lippe unter blauem Faden 1,0 mm, ›Rippennasen‹ 7,5-9,3 mm.

– Farbloses Glas mit gelblich-rauchfarbenem Stich, blauer Randfaden. Kleine Fehlstellen, Riß im Boden.

Katholische Kirchengemeinde Walenstadt

Gewellter, zwischen den Rippen angedrückter Fußfaden. Boden hochgestochen. Auf der Wandung 12 oben kräftig vorspringende senkrechte Rippen, die bis fast zum Hefteisenabriß deutlich sichtbar sind. Blauer Faden auf den Rand der Lippe aufgelegt.

Dieser Rippenbecher wurde in der Pfarrkirche im Hochaltar mit einem lose aufliegenden Wachsdeckel gefunden; er enthielt Knochen- und Stoffpartikel sowie einen Siegelabdruck in Wachs des Bischofs Siegfried von Gelnhausen, der 1298-1321 der Diözese Chur vorstand. Für die Weihe des Hochaltars (im Zusammenhang mit der Weihe des Kirchenneubaus) ist das Datum 20. März 1306 überliefert, so daß sich für dieses Reliquienglas der terminus ante quem 1306 ergibt.

LIT.: Irmgard Grüninger, Ausgrabungen in der Pfarrkirche Walenstadt vom 14. Mai-15. November 1973, in: Die restaurierte katholische Kirche Walenstadt, Mels 1975, S. 30-42, bes. S. 38.

207 Rippenbecher, Fragment

Entstehungsgebiet noch unbestimmt (Deutschland ?), 13. Jh./ frühes 14. Jh. – Fundort: Braunschweig, Altstadt, Turnierstraße, Ass. 631 (1985). – H 13,1 cm; ⌀ über den Rippenenden ca. 10,8 cm, mit Fußfaden ca. 10,0 cm; Wandungsstärke oberhalb der Rippen bis zu 3,0 mm, minimal (zwischen den Rippen über dem Fußfaden) 0,5 mm. – Farbloses Glas mit deutlichem Braun-Rosastich. Geklebt, große Ausbrüche in Wandung und Boden, Lippenrand fehlt. Kaum Verwitterungsspuren.

Braunschweigisches Landesmuseum, Inv. Nr. 85:1/4869b

Dicker Fußfaden, unregelmäßig gewellt (zwischen den Rippen jeweils angedrückt). Boden hochgestochen. An der Wandung 12 senkrechte Rippen, die unter dem Boden sternförmig zusammenlaufen und oben mit kräftigen Vorsprüngen enden.

Dieser Becher ist innerhalb der Gruppe der Rippenbecher einer der größten. Der rosa-bräunliche Farbstich deutet auf eine Beimengung von Mangan, das zum Entfärben der Glasmasse verwendet wurde.

207

In derselben Kloake 2507 und derselben Schicht 3142 kamen Fragmente weiterer farbloser Rippenbecher zutage, u. a. Kat. Nr. 208, sowie auch der Flaschenhals Kat. Nr. 58 und das Becherfragment Kat. Nr. 336.

LIT.: –

208

208 Rippenbecher, Fragmente

Entstehungsgebiet noch unbestimmt (Deutschland ?), 13. Jh./ frühes 14. Jh. – Fundort: Braunschweig, Altstadt, Turnierstraße, Ass. 631 (1985). – H maximal 8,9 cm; ⌀ Lippe rekonstruiert ca. 11,0 cm; Wandungsstärke Lippenrand 1,9 mm, Wandung minimal 0,6 mm. – Farbloses Glas mit ganz schwach gelblichem Stich und zahlreichen kleinen Bläschen, kobaltblauer Randfaden. Geklebt. Nahezu ohne Verwitterungsspuren.

Braunschweigisches Landesmuseum, Inv. Nr. 85:1/4869 c

Unterteil fehlt. Wandung mit 11 oder 12 senkrechten, nur ganz schwach ausgeprägten Rippen. Blauer Randfaden außen um den Lippenrand gelegt.

Im Kontrast zu dem Rippenbecherfragment Kat. Nr. 207 aus derselben Schicht einer Kloake wird deutlich, wie außerordentlich verschieden die Rippenverzierung und auch der Farbstich der entfärbten Glasmasse ausfallen können. Die durch Blasen in ein Rippenmodel vorgeformten Rippen sind bei diesem Becher durch Weiterblasen bis auf schwache Wülste wieder verschwunden.

LIT.: –

209 Rippenbecher, Fragmente

Entstehungsgebiet noch unbestimmt (Deutschland ?), 13. Jh./ frühes 14. Jh. – Fundort: Straßburg, 15 rue des Juifs (1987).

a) H 10,2 cm; ⌀ Lippe 9,8 cm, über dem Fußfaden ca. 7,0 cm; Wandungsstärke Lippenrand 2,0–3,0 mm, Wandung zwischen den Rippen minimal 1,0 mm. – Farbloses Glas mit leicht rauchfarbenem Stich, kobaltblauer Faden. 1 Fragment. Ausbrüche an der Lippe und in der Wandung unten. Stellenweise leicht versintert.

209 a

Gewellter und z. T. gekniffener Fußfaden. Boden hochgestochen. An der Wandung 12 senkrechte, oben kräftig vorspringende Rippen. Außen auf den Lippenrand ein intensiv blauer Faden von unterschiedlicher Dicke aufgeschmolzen.

b) H der Fragmente maximal 9,1 cm; ⌀ Lippe 8,2 cm; Wandungsstärke Lippenrand 1,5 mm, Wandung zwischen

221

den Rippen minimal 0,8 mm. – Farbloses Glas mit kleinen Bläschen. 2 Fragmente. Z. T. leicht versintert.
Wohl ursprünglich 12 (6 teilweise erhalten) senkrechte, oben kräftig vorspringende Rippen. Auf den Lippenrand ein farbloser Faden aufgeschmolzen.

Direktion des Antiquités historiques, Straßburg

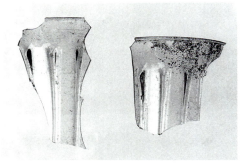

209 b

Die Fragmente dieser beiden Rippenbecher stammen aus derselben Grube, die auch Bruchstücke von mehreren emailbemalten Bechern, einem Schlaufenfadenbecher, Nuppenbechern u. a. enthielt (vgl. Kat. Nrn. 82, 105, 158, 164, 234, 312-314, 321 f., 346). Bei den Fragmenten b) ist ungewöhnlich, daß statt eines blauen ein farbloser Randfaden aufgeschmolzen wurde.

LIT.: –

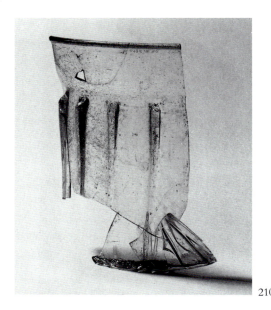

210

210   Rippenbecher, Fragmente

Entstehungsgebiet noch unbestimmt (Deutschland?), 13. Jh./frühes 14. Jh. – Fundort: Lübeck, Königstraße 96. – H 12,7 cm; ⌀ Lippe 11,3 cm; Wandungsstärke Lippenrand 2,5 mm, Wandung minimal 0,6 mm. – Farbloses Glas mit ganz schwachem gelblichem Stich, kobaltblauer Randfaden. Fragmente, geklebt. Stellenweise irisiert.

222

Amt für Vor- und Frühgeschichte (Bodendenkmalpflege), Lübeck, Inv. Nr. 0196/E 40

Schräg eingekerbter Fußfaden. Boden hochgestochen. Ursprünglich wohl 12 senkrechte, oben nur mäßig vorspringende Rippen, die unter dem Boden sternförmig zusammenlaufen. Relativ dicker blauer Faden außen um den Lippenrand gelegt.

Im Fundmaterial von Lübeck kommen Fragmente solcher farbloser Rippenbecher relativ zahlreich vor. Innerhalb des Verbreitungsgebiets ist dies bisher der nördlichste Fundort.

LIT.: – (Dumitrache, G 67, Abb. 406, 2, in Vorbereitung).

211

211   Rippenbecher mit Goldauflage, Fragment

Entstehungsgebiet noch unbestimmt (Deutschland?), 13. Jh./frühes 14. Jh. – Fundort: Lübeck, Dr.-Julius-Leber-Straße (früher Johannisstraße) 18, Brunnen III (1960). – H 11,5 cm; ⌀ Fußring ca. 9,0 cm; Wandungsstärke minimal 0,8 mm. – Farbloses Glas, mit ganz schwachem Graustich, Reste von Golddekor. Geklebt. Stellenweise durch Verwitterung getrübt und leichte Korrosionsflecken, Goldauflage größtenteils abgerieben.

Amt für Vor- und Frühgeschichte (Bodendenkmalpflege), Lübeck, Inv. Nr. 064/E 70

Unregelmäßig gekniffener Fußfaden. Boden hochgestochen. Ursprünglich 14 senkrechte, wenig vorspringende Rippen (eine ganz, 4 teilweise erhalten, die übrigen am Boden erkennbar). Zwischen 2 der Rippen, diese teilweise überdeckend, in Goldbemalung eine stilisierte Pflanze, annähernd symmetrisch nach beiden Seiten verzweigt, mit abwechselnd breiten dreiteiligen Blättern und schmalen spitzen Lanzettblättern. Goldauflage nur sehr fragmentarisch erhalten. Kleine Goldpartikel unter dem Bruchrand des Bodens lassen vermuten, daß es am Becher noch weitere Goldverzierung gab.

Die Fragmente dieses Bechers wurden in einem Brunnen nahe bei demjenigen gefunden, der die Scherben des islamischen Goldemailbechers (Kat. Nr. 66) enthielt. Er lag ebenfalls auf dem Grundstück der Ratsherren- und Bürgermeisterfamilie Pleskow. Unter den Beifunden waren angeblich Fragmente von Bechern mit Fadenrippen und blauen Tröpfchen (vgl. Kat. Nrn. 329-335) und Keramik des 15. Jahrhunderts.

Goldverzierung ist bisher von keinem weiteren der in so zahlreichen Fragmenten vertretenen Rippenbecher bekannt, es muß sich bei diesem Stück quasi um eine ›Luxusausführung‹ gehandelt haben. Ein solches Glas kann erheblich älter sein als das übrige Material in diesem Brunnen.

LIT.: Neugebauer (1965), S. 235.7 (erwähnt). – (Dumitrache, G 76, Abb. 407, Nr. 6, in Vorbereitung).

212 Rippenbecher, Fragment

Entstehungsgebiet noch unbestimmt (Deutschland ?), Ende 13. Jh./frühes 14. Jh. – Fundort: Freiburg i. Br., Augustiner-Eremitenkloster (1982). – H 8,2 cm; ⌀ Lippe ca. 10,8 cm; Wandungsstärke Lippenrand 1,5 mm, Bruchkante unten 0,8 mm. – Farbloses Glas, blauer Randfaden. Geklebt. Verwittert, z. T. irisiert.

Landesdenkmalamt Baden-Württemberg, Außenstelle Freiburg

212

Oberer Teil eines Bechers mit ehemals ca. 14 schwach ausgeprägten diagonalen Rippen. Blauer Faden auf den Lippenrand aufgeschmolzen.

Eine seltenere Variante der Rippenbecher sind diejenigen mit schrägen Rippen. Beispiele sind bisher vor allem aus dem süddeutschen Raum und aus dem Rheinland bekannt. Ein weiteres Fragment dieser Art mit stärker tordierten Rippen aus derselben Kloake siehe beim Gesamtkomplex, S. 49 ff.

LIT.: –

Gläser mit erhabenem formgeblasenen Dekor

Daß auch schon für Gläser des 13. bis 14. Jahrhunderts einfache gerippte Formen verwendet wurden, um mehr oder weniger ausgeprägte Rippen oder Riefeln zu erzielen, ist längst vertraut. Relativ neu ins Bewußtsein gerückt ist dagegen die Tatsache, daß man daneben auch in unseren Regionen Gläser mit komplizierteren erhabenen Mustern – geometrischen wie auch figürlichen – durch Blasen in eine mehrteilige Form herzustellen wußte (eine Technik, die in der römischen und nahöstlichen Glasproduktion längst geläufig war). Dies ist wieder eine Gruppe, die es ›noch nicht bei Rademacher‹ gab und die sich erst in Zukunft klarer abzeichnen wird.

Figürliche formgeblasene Darstellungen sind bisher in mehr oder weniger kleinen Fragmenten aus Magdeburg, Köln (?), Würzburg und von der Osterburg in Unterfranken nachzuweisen – ein etwas diffuses Verbreitungsgebiet, das sich hoffentlich noch durch Neufunde klären wird. Soweit der Kontext bekannt ist, weist er jeweils auf das 13. bis frühe 14. Jahrhundert als Entstehungszeit. Die bisher zu erschließenden Gefäßformen sind Becher und wohl bauchige Schalen (auf Fuß ?).

Die einfacheren geometrischen Muster aus runden Buckeln und Wülsten scheinen eine Spezialität von Spessartglashütten zu sein. Die Fragmente derart verzierter Becher wurden fast ausschließlich in Mainz gefunden sowie – ein Glücksfall für die Glasforscher – zusammen mit entsprechenden Modelfragmenten bei der Spessartglashütte im Laudengrund, die um 1300 datiert wird (vgl. S. 29, Abb. 24 f.). Für diese Gläsergruppe, vor allem die figürlich verzierten Stücke, sind noch Zusammenhänge mit anderen Gattungen des Kunsthandwerks zu überprüfen, u.a. mit der Keramik[1].

1 Die Wandscherbe eines bleiglasierten irdenen Gefäßes aus der Bäckerstr. in Minden (die in die 2. Hälfte des 13./1. Hälfte des 14. Jahrhunderts datiert wird) zeigt z. B. eine offenbar mit Hilfe eines Models aufgebrachte Adlerapplikation, die dem Adler auf der Magdeburger Becherscherbe verblüffend ähnlich sieht. (Siehe Kat. Ausgrabungen in Minden, Westfälisches Museum für Archäologie Münster, 1987, S. 108, Tf. 12.)

213 Becher mit formgeblasenem Dekor, Fragmente

Deutschland, 13. Jh./frühes 14. Jh. – Fundort: Magdeburg, Schwibbogen 9 (Zentraler Platz, Fundst. 52). – H 7,5 cm bzw. 6,0 cm; ⌀ (rekonstruiert) ca. 8,0 cm; Wandungsstärke 1,2-1,5 mm. – Hellgrünes Glas, kobaltblauer Halsfaden. 2 Fragmente. Durch Verwitterung getrübt, stellenweise gelbliche Korrosionsflecken.

Museen, Gedenkstätten und Sammlungen der Stadt Magdeburg, Inv. Nr. ZP/52 III 8; ZP/52 VII 16

213

2 Wandungsscherben wohl von einem Becher (oder 2 verschiedenen Exemplaren?) mit blauem Halsfaden und formgeblasenen heraldischen Tieren: einmal nach rechts gekehrter steigender Löwe, einmal Adler. Neben den Tieren jeweils Ansätze von senkrechten Wülsten. (Auf der gesamten Wandung hätten 4 solcher Tiere Platz.)

Die beiden Scherben stammen aus einer Fäkaliengrube, die reiche Funde an Keramik, Holz, Glas sowie auch einen Zinnfigurenstreifen enthielt. Dieser läßt sich, wie ein Großteil des Materials, ins 13. Jahrhundert datieren, die jüngsten Funde stammen aus den ersten Jahrzehnten des 14. Jahrhunderts. Obgleich in der Zwischenzeit weitere Belege für formgeblasenen, auch figürlichen Dekor an Gläsern dieser Zeit aufgetaucht sind (vgl. Kat. Nrn. 214, 216), sind diese beiden Magdeburger Scherben bisher noch die einzig faßbaren Fragmente von Bechern mit figürlichen Darstellungen in dieser Technik. Weitere Funde dieser Art, die nach Aussagen von Ausgräbern z. B. in Göttingen und Höxter beobachtet wurden, zerfielen leider bei der Bergung. – Eine nähere Vorstellung von der Gesamtform dieser Becher können wir uns daher noch nicht machen, wahrscheinlich hatten sie einen annähernd zylindrischen Schaft und oberhalb des Halsfadens eine leicht ausbiegende Lippe, ähnlich wie die kleineren Mainzer Becher mit formgeblasenen Mustern.
Zu den interessanten Glasfunden aus derselben Kloake gehören auch die Fragmente mit Fadenauflagen und Beerennuppen Kat. Nrn. 61 und 62.

LIT.: Nickel (1959), S. 125-156, bes. S. 142, Abb. 13.

214 Fußschale (?), Fragmente

Deutschland, 13./14. Jh. – Fundort: Angeblich Köln. – H des größten Fragments ca. 7,8 cm; ⌀ (rekonstruiert) maximal ca. 16,0 cm; Wandungsstärke 3,8 mm an der unteren Bruchkante, 1,5 mm im Bereich des größten ⌀. – Gelblich grünes Glas. 2 Fragmente, davon eines geklebt. Wenige braune Korrosionsflecken.

Karl Amendt, Krefeld

Fragment von einem gedrückt kugeligen Gefäßkörper mit kleinem Ansatz zu einer weiten Öffnung oben. Formgeblasener Dekor: durch mittleren Wulst in 2 Zonen geteilt, auf der größeren Scherbe unten zu seiten einer ›Säule‹ links eine Frau mit in die Hüften gestemmten Händen, rechts ein Mann mit einem Ring in der erhobenen rechten Hand. Punktrosetten im Umfeld. In der oberen Zone ein nach links gekehrter Greif erkennbar. Auf der kleineren Scherbe, ebenfalls in Verbindung mit ›Säule‹ und Punktrosetten, ein nach rechts gekehrter Löwe und Teil eines zweiten Greifen.

Die Fundumstände dieser Fragmente sind nicht näher bekannt, zu den Beifunden sollen Keramik des 13. Jahrhunderts sowie das Becherfragment Kat. Nr. 145 gehört haben. Zu dem dadurch angedeuteten Datierungszeitraum 13. bis frühes 14. Jahrhundert passen die Einzelmotive des Dekors (die wegen der undeutlichen Ausprägung stilistisch nicht näher

214

zu bestimmen sind), paßt auch die Verzierungstechnik durch Blasen in eine mehrteilige Form, wie die Stücke dieser Gruppe zeigen.

LIT.: Baumgartner (1987), S. 45-47, Nr. 16.

215 Fragment mit formgeblasenem Dekor (von einer Fußschale?)

Deutschland, 13. Jh./frühes 14. Jh. – Fundort: Würzburg, Neubaustraße 40 (1913). – H ca. 5,5 cm; Wandungsstärke 1,5-4,5 mm. – Ursprünglich wohl blaßgrünes Glas. Weitgehend braun korrodiert.

Mainfränkisches Museum Würzburg, Inv. Nr. S 71 909

215

Gewölbte Wandungsscherbe mit Resten von formgeblasenem, z. T. figürlichem Dekor. Erkennbar: an 2 Stellen ›Säulen‹, ein Bogenansatz; zwischen den ›Säulen‹ einmal Mischwesen (Gaukler?) mit menschlichem Oberkörper und erhobenen Armen, einmal Punktrosette; der Gegenstand bzw. die Figur auf der anderen Seite ist nicht mehr zu deuten. Unklar ist auch die Orientierung der Scherbe, falls die dickste Stelle nach unten (zu einem Fuß?) gerichtet war, stünde die eine Figur auf dem Kopf.

Das bisher unbeachtete Bruchstück stammt aus dem Komplex Neubaustraße 40, der eine ganze Reihe von bemerkenswerten frühen Glasfunden enthielt, u. a. auch die Stücke Kat. Nrn. 59 f., 184. Es gewinnt Interesse im Zusammenhang mit einigen anderen hier vorgestellten Fragmenten mit formgeblasenem Dekor. Besonders das Stück aus der Sammlung Amendt ist ähnlich und erlaubt auch eine etwas bessere Vorstellung von der Gesamtform, die möglicherweise eine bauchige Schale auf Fuß war.

LIT.: – (Zum Komplex siehe Stoehr (1917), S. 95 f.).

216 Fußschale, Fragment

Deutschland, 13. Jh. – Fundort: Osterburg (Stadt Bischofsheim, Landkreis Rhön-Grabfeld, Bayern). – H 2,2 cm; Radius maximal 4,9 cm; Ø Fußansatz 4,4 cm; Wandungsstärke Kuppa 3,0-4,5 mm, Fuß 2,0 mm. – Ursprünglich blaues Glas. Geklebt. Weitestgehend schwärzlich korrodiert und in Schichten zersetzt.

Heimatgeschichtliche Sammlung Bischofsheim a. d. Rhön

Kleiner Rest des breiten Fußes. Kuppaboden im erhaltenen Bruchstück breit ausladend, mit formgeblasenem Dekor: konzentrischer Wulst um den Fußansatz, darauf ansetzend nicht mehr erkennbare, aber jedenfalls nicht geometrische Darstellungen.

Die Ruine der Osterburg wurde 1897 wiederentdeckt, in den beiden ersten Jahrzehnten des 20. Jahrhunderts fanden dort wiederholt archäologische Untersuchungen statt, bei denen im Kernbereich der Burg u. a. dieses Glasfragment zutage kam. Es kann mit hoher Wahrscheinlichkeit ins 13. Jahrhundert datiert werden, da die Burg offenbar schon vor 1303 aufgegeben war. In den ältesten erhaltenen Lehensverzeichnissen des Bistums Würzburg aus diesem Jahr wird sie nicht mehr erwähnt, die erste urkundliche Nennung war von 1231. Das übrige Fundmaterial bestätigt den Zeitansatz ins 13. Jahrhundert[1].

Bis vor kurzem völlig ohne Parallelen, fügt sich dieses Fragment neuerdings in die sich abzeichnende Gruppe von Gläsern mit formgeblasenem, vielfach figürlichem Dekor dieser frühen Zeit. Eine Vorstellung von der Gesamtform und dem Dekor insgesamt können wir uns allerdings noch nicht machen.

LIT.: –

1 Informationen zum Fundort und zu den Fundumständen verdanken wir Ludwig Wamser, Würzburg.

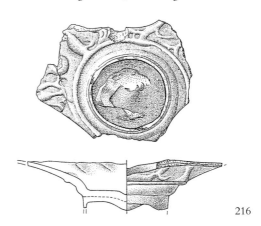

216

217 Becher mit formgeblasenen Mustern, Fragmente

Deutschland (Spessart), spätes 13. Jh./frühes 14. Jh. – Fundort: Mainz, Willigisstraße (1976). – Hellgrünes Glas. Fragmente, geklebt. Unterschiedlich stark bräunlich korrodiert.

a) H 9,3 cm; Ø Lippe 8,5 cm, Boden 4,9 cm; Wandungsstärke Lippenrand 2,0 mm, sonst ca. 1,0 mm.

Boden leicht hochgestochen. Am Schaft Muster aus senkrechten und schrägen Wülsten, an der Knickstelle zur Lippe horizontaler Wulst, nach oben leicht ausgezackt. Lippenrand etwas verdickt.

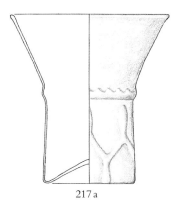
217a

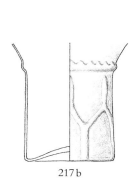
217b

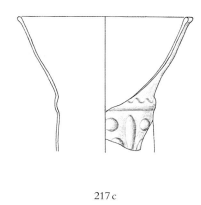
217c

b) H 6,5 cm; ⌀ Boden 4,8 cm; Wandungsstärke 1,0–1,5 mm.
Unterteil eines gleichen Bechers, möglicherweise aus derselben Form.

c) H 7,2 cm; ⌀ Lippe 9,1 cm, Schaft 5,2 cm; Wandungsstärke Lippenrand 2,0 mm, sonst 1,2 mm.
Am Schaftrest Muster aus abwechselnd senkrechten Wülsten und runden Buckeln (an der unteren Bruchkante wohl noch Ansatz von schrägen Wülsten).

d) H 8,3 cm; ⌀ Lippe ca. 9,0 cm; Wandungsstärke Lippenrand 2,5 mm, sonst 1,0 mm.
Am Schaftrest Muster aus spitzwinklig aneinanderstoßenden und senkrechten Wülsten, dazwischen runde Buckel.

e) H 7,4 cm; ⌀ Lippe 8,1 cm; Schaft ca. 4,4 cm; Wandungsstärke Lippenrand 1,8 mm, sonst 1,0 mm.
Am Schaft Muster aus unregelmäßig angeordneten runden Buckeln. An 2 gegenüberliegenden Stellen senkrechte Grate (entstanden durch die Zweiteiligkeit der Form).

Rheinisches Landesmuseum Bonn, Inv. Nr. 78.0403

Die Fragmente dieser Becher wurden, zusammen mit weiteren Scherben ähnlicher Becher, in der Kloake an der Mainzer Willigisstraße gefunden, aus der u. a. auch der emailbemalte Becher Kat. Nr. 73 stammt. Bei der Publikation der Glasfunde aus diesem Komplex waren sie noch ohne genaue Parallelen, kurz darauf erst wurden entsprechende Funde von der Spessartglashütte im Laudengrund bekannt: kleine Bruchstücke ähnlicher Becher und überdies auch Teile von Modeln mit vergleichbaren Mustern (vgl. S. 29, Abb. 24 f.). Dadurch fand die Vermutung einer Herkunft aus dem Spessart eine Bestätigung, die zunächst vorsichtig angenommene Datierung ins 14./15. Jahrhundert wurde aber noch nach unten korrigiert.

Die frühere Entstehung nun wohl im 13. bis frühen 14. Jahrhundert wird noch einmal bestätigt durch eine kleine Wandungsscherbe mit formgeblasenem Buckelmuster (wie bei Fragment e) unter den Glasfunden von der Burg Wartenberg, die bereits 1265 zerstört wurde[1].

Weitere Fragmente von Bechern mit solchen Wulst- und Buckelmustern sind inzwischen auch noch in einem anderen Fundkomplex in Mainz (Erbacherhof, Grebenstraße)[2] zutage gekommen, dort u. a. zusammen mit mehreren farblosen Rippenbechern (Fragmenten).

LIT.: Krueger (1984), S. 530–535, Nr. 17, 18, 21, 24, 27.

---

1 Bauer (1961), S. 263 (fälschlich als ›aufgesetzte Tropfen‹ bezeichnet), Taf. XII, 10.
2 Unpubliziert. Für die Möglichkeit, diese Funde zu sichten, danke ich Gerd Rupprecht, Landesamt für Denkmalpflege Mainz.

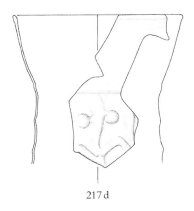
217d

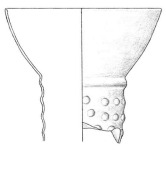
217e

Becher mit optisch geblasener Musterung

Die Verwendung von Modeln ist beim mittelalterlichen Glas eine der beliebtesten Verzierungstechniken. Dabei gilt es zu unterscheiden zwischen Stücken, die in eine mehrteilige Form geblasen werden, die auch die Gesamtform des Glases im wesentlichen vorbestimmt (vgl. Kat. Nrn. 213-217), und Stücken, bei denen die noch sehr kleine Glasblase in eine einteilige gemusterte Form geblasen wird, wobei der dadurch erzielte Dekor sich bei der weiteren Verarbeitung noch verändert, etwa beim Aufblasen schwächer wird. Das erste Verfahren wird mit ›Formblasen‹, das zweite mit ›optisch Blasen‹ bezeichnet, wobei im Detail so viele Fragen zur Herstellung offen sind, daß die Differenzierung beider Verfahren oft kaum exakt möglich ist. Die nachfolgend vorgestellten Stücke mit dekorierter Wandung sind aber eindeutig als ›optisch geblasen‹ zu bezeichnen.

Die Technik des optischen Blasens ist seit römischer Zeit kontinuierlich ausgeübt worden, sowohl in Europa als auch im Vorderen Orient[1]. Aus dem Mittelalter ist uns eine sehr große Zahl von entsprechenden Gefäßen aus dem Nahen Osten überliefert, deren (meist sehr vagen) Datierungen sich etwa zwischen dem 7. und 12. Jahrhundert bewegen[2]. Berührungspunkte mit optisch geblasenen Gläsern, die nördlich der Alpen gefunden wurden, ergeben sich nur in wenigen Fällen und nur bei relativ oberflächlicher Betrachtung; die europäischen Vergleichsstücke stammen zudem erst aus dem 15. Jahrhundert. Hingegen sind aus dem Vorderen Orient m. W. keine Beispiele bekannt, die mit den nachfolgenden Katalognummern in Zusammenhang gebracht werden könnten.

Das Herkunftsgebiet der nachfolgend zusammengestellten Becher ist wieder einmal ungewiß. Die kleinen konischen, sehr dünnwandigen, meist fein gemusterten Becher (in der einfachsten Version auch glatt), waren anscheinend in vielen Gebieten Europas gegen Ende des 13. Jahrhunderts und im 14. Jahrhundert sehr beliebt. Frühe Beispiele (Vorläufer ?) gibt es unter den Funden aus Korinth (S. 25, Abb. 13 ff.)[3]. Sehr viel vergleichbares Material wurde in Südfrankreich gefunden[4]. Aus Ober- und Mittelitalien sind bisher vorwiegend die schlichten unverzierten Becher (vgl. S. 42) und größer gemusterte Beispiele bekannt (vgl. S. 45, Abb. 44).

1 Saldern (1974), S. 71 ff., Nrn. 55 ff.
2 Saldern (1974), S. 190 ff., Nrn. 280 ff.
3 Davidson (1940), S. 114, Fig. 15. – Davidson (1952), S. 311, Fig. 13. – Weinberg (1975), S. 139, Fig. 27.
4 Foy (1985), S. 42 f., Fig. 23 f.

218 Becher mit Punktmuster, Fragment

Herstellungsgebiet noch unbestimmt, vor ca. 1280. – Fundort: Basel, Augustinergasse (1968). – H 6,7 cm; ⌀ Lippe (rekonstruiert) 7,6 cm; Wandungsstärke Lippenrand 0,6 mm, auf halber Gefäßhöhe 0,3 mm. – Farbloses Glas. Geklebt. Irisiert.

Historisches Museum Basel, Inv. Nr. 1968/37.3911.a

218

Hochgestochener Boden. Muster aus dicht gereihten, versetzt angeordneten Buckeln mit mittlerer Vertiefung, nach oben schwächer werdend. Ca. 1,5 cm breite Lippenzone glatt.

Das Fragment stammt aus der schon mehrfach erwähnten Grabung im Bereich der ehemaligen Augustinerkirche (vgl. Kat. Nrn. 74, 170 und 177). Die Fundsituation ergibt also einen terminus ante quem von etwa 1280.
In der Gruppe der fein gemusterten Becher kommen sehr verschiedene Mustervarianten vor, zum Beispiel Fischgrät- und Zickzackmuster, Rauten- und besonders häufig Punktmuster. Dieser kleine Becher aus Basel hat als Besonderheit des Dekors noch zusätzlich in den kleinen runden Buckeln eine mittlere Vertiefung. Dieselbe Mustervariante findet sich auch an 2 Fragmenten vom Andlauerhof in Basel[1], ebenso bei dem Stück aus Lübeck (Kat. Nr. 219).

LIT.: –

1 Gefunden 1920. Historisches Museum Basel, Inv. Nr. 1940.699. und 1940.700.

219 Becher mit Punktmuster, Fragment

Entstehungsgebiet noch unbestimmt, 13. Jh./1. Hälfte 14. Jh. – Fundort: Lübeck, Schüsselbuden 16/Fischstraße 1-3 (1970). – H 6,3 cm; ⌀ Lippe 7,0 cm; Wandungsstärke Lippenrand 0,9 mm, Wandung minimal 0,3 mm. – Farbloses Glas mit gelblichem Stich. Geklebt, etwa die Hälfte der Wandung fehlt. Wenig getrübt durch Verwitterung.

Amt für Vor- und Frühgeschichte (Bodendenkmalpflege) Lübeck, Inv. Nr. 01/E 1044

Boden leicht hochgestochen. Auf Boden und Wandung bis ca. 1,0 cm unter dem Rand Muster aus versetzt angeordneten kleinen runden Buckeln mit mittlerer Vertiefung. Am Boden undeutlich, zum Rand hin verzerrt.

Fragmente von ähnlichen zarten, gemusterten Bechern wurden in Lübeck auch noch an anderen Stellen gefunden[1]. – Unklar ist bisher noch, wie die Model aussahen, die für die Herstellung des feinen Musters in der Art des Basler und Lübecker Fundes gedient hatten. Bisher sind dafür keinerlei Belege vorhanden, auch nicht aus den Glashüttengrabungen in den Argonnen, wo nachweislich noch feinere Musterungen hergestellt wurden (vgl. z. B. Kat. Nrn. 258 ff.).

LIT.: Falk (1987), S. 56 f., Nr. 288, Abb. 27,3, Tf. 11,5. – (Dumitrache, G 54, Abb. 405, Nr. 2, in Vorbereitung).

1 Z. B. Markttwiete, Inv. Nr. 0165/E 118; Breite Straße 41, Inv. Nr. 038/E 89.

219

220 Glatter Becher, Fragment

Entstehungsgebiet noch unbestimmt, spätes 13./14. Jh. – Fundort: Lübeck, Breite Straße 41, Brunnen 1. – H 6,0 cm; ⌀ Lippe 6,0 cm, Boden 3,7 cm; Wandungsstärke Lippenrand 1,0 mm, Wandung minimal 0,6 mm. – Schwach bläulich-grünes Glas. Geklebt, sehr große Fehlstellen. Gelbliche Korrosionsflecken und stellenweise irisiert.

Amt für Vor- und Frühgeschichte (Bodendenkmalpflege) Lübeck, Inv. Nr. 038/E 46

Boden spitz hochgestochen. Glatte konische Wandung mit kaum verdicktem Rand.

Die Scherben dieses dünnwandigen Bechers wurden in einem Brunnen in der Lübecker Innenstadt gefunden, zusammen u. a. mit Fragmenten weiterer gleichartiger Becher und der Scheuer Kat. Nr. 224.

Dieses und das folgende Fragment wurden hier – obschon glatt – der Gruppe der optisch geblasenen Becher zugeordnet, weil sie in Form, Glasmasse und Dünnwandigkeit sehr eng mit ihnen verwandt sind.

Die sehr schlichten, nur durch ihre Dünnwandigkeit kostbar wirkenden Becher sind vielfach auf italienischen Bildern des Trecento nachzuweisen[1] und ausnahmsweise auch einmal in Bruchstücken aus Murano vertreten (vgl. S. 42, Abb. 42). Es ist also nicht daran zu zweifeln, daß sie (auch) in Murano hergestellt wurden. Offen bleibt aber weiterhin, ob deshalb alle Funde derartiger Becher – die vielerorts in Deutschland vorkommen, vgl. z. B. Kat. Nr. 221 – Import aus Murano sein müssen, oder ob solche einfachen Becher auch anderswo, vielleicht auch nördlich der Alpen, produziert wurden.

LIT.: – (Dumitrache, G 1, Abb. 400, Nr. 1, in Vorbereitung).

1 Siehe einige Belege bei Barovier-Mentasti (1982), S. 13, Abb. 2; S. 17, Abb. 3; S. 19, Abb. 4.

221   Glatter Becher, Fragment

Entstehungsgebiet noch unbestimmt, spätes 13./14. Jh. – Fundort: Mainz, Willigisstraße (1976). – H 4,6 cm; ⌀ Boden 5,0 cm; Wandungsstärke minimal 0,4 mm. – Schwach bläuliches Glas. Geklebt. Leicht milchig getrübt und z. T. irisiert.

Rheinisches Landesmuseum Bonn, Inv. Nr. 78.0403

Boden spitz hochgestochen. Glatte, sehr dünne Wandung.

Das Becherunterteil gehört zu den reichen Glasfunden aus einer Kloake auf dem Grundstück der ehemaligen Stiftsdechanei des St. Stephansstifts, unter denen als eines der wichtigsten Stücke auch der emailbemalte Becher Kat. Nr. 73 war.

LIT.: Krueger (1984), S. 520, Nr. 4.

222   Becher mit Vertikalrippen, Fragment

Entstehungsgebiet noch unbestimmt (Deutschland ?), vor 1403. – Fundort: Aus dem Hochaltar der Kirche in Bildechingen (bei Horb, Baden-Württemberg). – H 5,4 cm; ⌀ Bruchkante oben 5,4 cm; Wandungsstärke minimal 0,3 mm. – Hell blaugrünes Glas. Oben abgekröselt; geklebt. Verwittert.

Diözesanmuseum Rottenburg

Hochgestochener Boden. Annähernd zylindrische Wandung (mit Andeutung einer Einziehung unten) mit ca. 26 schwach ausgeprägten Vertikalrippen.

Das Reliquienglas aus dem Hochaltar der Kirche in Bildechingen war verborgen in einer Wachsumhüllung, die fünfmal das Siegel des Heinrich Zehender trug; dieser war von ca. 1387-1410 Weihbischof von Konstanz und weihte den Hochaltar am 11. 10. 1403, so daß sich für dieses Glas ein sehr exakter terminus ante quem ergibt.

Eine genaue Formparallele zu dem annähernd zylindrischen Becherfragment ist nicht bekannt. Aufgrund der Dünnwandigkeit und des optisch geblasenen Musters läßt es sich am besten den Stücken dieser Gruppe zuordnen.

LIT.: Bremen (1967), S. 60f., Nr. 44.

Scheuern

Seit Rademachers Publikation von 1933 verbindet man den Begriff ›Scheuer‹ auf dem Gebiet des Glases mit einem relativ kleinen, stark gebauchten Gefäß aus grünem Glas mit Nuppendekor und einer Handhabe (vgl. Kat.Nr. 477)[1]. Diese Form der Scheuer aus der Zeit um 1500 war aber damals schon nur eine von vielen möglichen Varianten (vgl. Kat.Nrn. 474-481), und es zeigt sich, daß eine Reihe von sehr interessanten Vorläufern existieren, die etwa 200 Jahre früher entstanden sind.

Der Typus der Scheuer ist keine spezifische Glasform, er war schon im 13. und 14.Jahrhundert in verschiedenem Material relativ gebräuchlich. So gab es etwa Beispiele aus Holz[2], ähnlich geformte Stücke aus Ton[3], Prunkstücke aus gefaßten Halbedelsteinen[4], aber auch teilvergoldete Silberscheuern sind mehrfach belegt (vgl. Kat.Nr. 225). Frühe Stücke aus Glas hingegen waren bis jetzt so gut wie unbekannt. Eine Glasscheuer wurde schon vor mehr als 50 Jahren publiziert[5], damals allerdings ins 15.Jahrhundert datiert (Kat.Nr. 223). Dieses Stück läßt sich nun anhand allgemeiner typologischer Überlegungen, aber auch durch eine datierbare Parallele aus einer archäologischen Grabung (Kat.Nr. 224) früher ansetzen.

Welche Formvarianten bei Glasscheuern im 13. und 14.Jahrhundert möglich waren, ist noch weitgehend unbekannt, denn Fragmente, die wohl zu diesem Typ gehört haben, sind bisher nicht genügend beachtet worden. Bei Bruchstücken, die keinen Henkel erkennen lassen, ist oft unsicher, ob es wirklich Teile von Scheuern sind, oder von Bechern ähnlicher Form und Verzierung (ohne Henkel). Ein komplettes Exemplar eines solchen Bechers ist allerdings bisher nicht bekannt.

Wie bei einigen anderen schon besprochenen Typen des 13. und 14.Jahrhunderts ist die Frage nach dem Entstehungsgebiet wiederum weitgehend offen. Nach der landläufigen Meinung ist eine Entstehung farbloser Gläser, also auch dieser Scheuern, nur irgendwo im Süden denkbar. Analog etwa zu den Bechern mit wechselndem Fadendekor (vgl. Kat.Nrn. 149-152) oder den Schlaufenfadenbechern sind aber auch für die nachfolgenden Stücke bisher keine Parallelen aus Italien bekannt[6], ebensowenig aus Südfrankreich. Möglicherweise zeichnet sich hier ein weiteres Indiz für die frühe Produktion farbloser Gläser nördlich der Alpen ab.

Am Schluß der Gruppe wird eine Scheuer (Kat.Nr. 229) zur Diskussion gestellt, die sich weder den Typen des 13. bis 14.Jahrhunderts, noch denjenigen des 15. bis 16.Jahrhunderts eindeutig anschließen läßt. Bei diesem Exemplar vermißt man besonders Informationen, die einen Anhaltspunkt zur Datierung und zum Entstehungsgebiet liefern könnten.

1 Rademacher (1933), Tf. 56a und b.
2 Koch (1979), S. 54f., Abb. 7 und 8. – Kat. Braunschweig (1985), Bd. 1, S. 231, Nr. 167.
3 Koch (1979), S. 54, Abb. 6.
4 Fritz (1982), Abb. 353f. (Bergkristall), Abb. 361 (Serpentin).
5 Fuchs (1936/37), S. 96.
6 In Italien sind Scheuern (in einer Variante auf hohem Fuß) erst aus der Zeit um 1500 bekannt; vgl. etwa Schmidt (1922), S. 87, Abb. 51, oder Journal of Glass Studies 21, 1979, S. 120, Nr. 7.

223 Scheuer

Entstehungsgebiet noch unbestimmt (Deutschland ?), 13. Jh./ Anfang 14. Jh. – Fundort: Diözese Freising. – H 6,7 cm; ⌀ Lippe 5,8 cm, Fußring 6,2 cm; Wandungsstärke Lippenrand (mit aufgelegtem blauem Faden) 1,5-2,0 mm. – Farbloses Glas, blauer Randfaden. Geklebt und ergänzt. Z. T. verwittert.

Diözesanmuseum Freising, Inv. Nr. 33

Gekniffener Fußring. Hochgestochener Boden. Auf der Wandung 12 Diagonalrippen, nach unten schwächer werdend, aber bis zum Hefteisenabriß unter dem Boden sichtbar. Bandförmiger Ringhenkel. Dünner blauer Faden außen um den Lippenrand aufgeschmolzen.

Die Scheuer des Diözesanmuseums Freising ist das besterhaltene bekannte Beispiel dieses Typs. Der Fundort ist unbekannt; das Stück dürfte aber als Reliquienbehälter gedient haben und aus einem Altar in der Diözese Freising stammen. Darauf könnte auch die Beschädigung am Glas schließen lassen, die nur die Lippenzone betrifft und die eventuell beim Entfernen des Verschlusses entstanden ist.
Das Glas weist viele Berührungspunkte zu den bereits besprochenen Rippenbechern auf (vgl. Kat. Nrn. 205-212). Vergleichbar sind die Machart – etwa des gekniffenen Fußringes und der Rippen – sowie die Farbe und Qualität der Glasmasse.
Eine Datierung ins 13. oder frühe 14. Jahrhundert, wie sie durch diese Ähnlichkeit zu den Rippenbechern nahegelegt wird, erhält eine Bestätigung durch den Kontext der verwandten Scheuer aus Nottuln (Kat. Nr. 224).
Typisch sind für die frühen Glasscheuern bandförmige Henkel. Runde Henkel sind auch bei den Holz- und Silberscheuern des 13. und 14. Jahrhunderts zu finden[1].
Schwieriger als die Datierung ist – wie in der Einführung erwähnt – die Bestimmung des Entstehungsgebietes. Für das hier vorgestellte Glas hat sich bereits Rainer Rückert gegen eine Entstehung im Süden ausgesprochen[2].

LIT.: Fuchs (1936/37), S. 93, Abb. auf S. 96 (obere Reihe, b).

1 Vgl. die in der Einführung, Anm. 2, genannten Stücke und Kat. Nr. 225.
2 Rückert (1982), Bd. 1, S. 48, bei Nr. 25.

224 Scheuer, Fragment

Entstehungsgebiet noch unbestimmt (Deutschland ?), spätes 13. Jh./1. Hälfte 14. Jh. – Fundort: Nottuln (Nordrhein-Westfalen), Stiftsplatz (1979). – H 8,8 cm; ⌀ Lippe 7,3 cm, Fußring 6,3 cm; Wandungsstärke Lippenrand 2,0 mm, am Körper minimal 0,5 mm. – Farbloses Glas mit ganz schwachem Gelbstich, kobaltblauer Faden. Geklebt, kleine Ergänzungen, größere Fehlstellen in der Wandung. Kaum getrübt durch Verwitterung.

Fundverwahrer: Westfälisches Museum für Archäologie, Amt für Bodendenkmalpflege, Münster. Fund-Nr. 79

Gekniffener Fußring. Boden hochgestochen. Auf der Wandung (ursprünglich) 12 oben kräftig vorspringende Vertikalrippen, die bis unter den Boden sichtbar bleiben. Auf dem oberen Ende einer dieser Rippen ein bandförmiger Ringhenkel angesetzt. Dünner blauer Faden außen um den Lippenrand aufgeschmolzen.

224

Die Bruchstücke dieser Scheuer wurden, zusammen mit wenigen anderen Glasfragmenten (Kat. Nr. 316) und Keramik des 13. bis Mitte 14. Jahrhunderts aus einer Kloake auf dem Stiftsplatz zu Nottuln geborgen.
Da diese Scheuer praktisch eine bauchige Variante zu den farblosen Rippenbechern mit blauem Randfaden darstellt, bestätigt die Datierung der keramischen Beifunde unsere Vorstellung von der ›Laufzeit‹ dieser Gläser. – Ein Parallelstück mit ebenfalls 12 senkrechten Rippen (bei dem ein Henkel allerdings nicht erhalten ist) befindet sich in der Sammlung Amendt[1], ein anderes kam in Nürnberg zutage[2]; zu ähnlichen Stücken mit schrägen Rippen vgl. Kat. Nr. 226.

LIT.: – (Zu Grabungen in Nottuln: Uwe Lobbedey, Ausgrabungen auf dem Stiftsplatz zu Nottuln, in: Westfalen 58, 1980, S. 45-54).

1 Baumgartner (1987), S. 40, Nr. 8.
2 Kahsnitz (1984), S. 112, Nr. 1 C 6 (dort später datiert).

225 Doppelscheuer

Zürich (?), um 1330. – Provenienz: Aus der Benediktinerinnenabtei in Seedorf (Kanton Uri). – H 9,9 cm; H unterer Becher 7,4 cm; H oberer Becher 4,2 cm; ⌀ maximal 11,2 cm. – Silber, vergoldet. Medaillons ehemals mit transluzidem Email.

Historisches Museum Basel, Inv. Nr. 1894.265

Doppelscheuer, bestehend aus einem ersten Becher mit Henkel und einem zweiten, der einerseits als Trinkgefäß, andererseits auch als Deckel verwendet werden kann. Der größere

223

Becher mit sechspassigem Fuß, dessen Kehle mit aufgesetzten Sternchen besetzt ist. Kurzer breiter Schaft. Auf der Höhe des größten Durchmessers der Wandung ein aufgesetzter Ringhenkel, verziert mit einer Rosenranke zwischen je einer Perlschnur. Perlschnur am Ansatz zur Lippe. Im Innern des Bechers auf dem Boden ein Medaillon mit Adler (Kopf nach links, ausgebreitete Flügel, Schwanz in eine stilisierte Lilie auslaufend).

Der kleinere Becher mit einem runden hochgezogenen Fuß. Auf der Unterseite ein Medaillon mit springendem Hirsch auf quadriertem Grund, umgeben von einem Rahmen mit vierblättrigen Blüten. Die Lippe des Bechers profiliert.

225

Mit dem in Basel aufbewahrten Stück soll wenigstens ein Beispiel für eine Scheuer aus einem anderen Material aufgezeigt werden. Es weist wie die Glasscheuer ebenfalls einen bandförmigen Ringhenkel auf. Eine gewisse Parallelität der Entwicklung läßt sich an diesem Detail ablesen, sind doch spätere Griffe bei Silber- sowie bei Glasscheuern anders geformt (vgl. Kat. Nrn. 474-482).

Die Doppelscheuer aus Basel hat mehrere ziemlich eng verwandte Parallelen[1]. Für die Datierung gibt unter anderem ein in der Gesamtform sehr ähnliches Stück aus dem sog. Schatzfund von Lingenfeld Anhaltspunkte (vgl. auch Kat. Nr. 179); es dürfte vor 1349 zu datieren sein[2].

LIT.: Yves Jolidon, Doppelbecher, in: Ausst. Kat. Alltag zur Sempacherzeit, Luzern 1986, S. 210f., Nr. 290 (mit einer Übersicht zur älteren Literatur).

1   Schweizerisches Landesmuseum Zürich, Inv. Nr. LM 4479 (Eva Maria Lösel, Zürcher Goldschmiedekunst vom 13. bis zum 19. Jahrhundert, Zürich 1983, S. 352, Abb. 17). – Rijksmuseum Amsterdam, Inv. Nr. R.B.K. 16999 (Hans-Jörgen Heuser, Oberrheinische Goldschmiedekunst im Hochmittelalter, Berlin 1974, Abb. 635, 637-639). – Sehr eng vergleichbar auch die Doppelscheuer aus dem sog. Schatzfund von Lingenfeld im Historischen Museum der Pfalz in Speyer (neben dem Basler Stück abgebildet bei Fritz (1982), Abb. 355 und 356).
2   Stein (1981), S. 65 ff., Abb. 47.

226   Scheuer (?), Fragment

Entstehungsgebiet unbestimmt (Deutschland ?), spätes 13.Jh./1.Hälfte 14.Jh. – Fundort: Lübeck, Breite Straße 41, Brunnen 1. – H 8,2 cm; ⌀ Lippe rekonstruiert ca. 6,0 cm, Fußring ca. 6,0 cm; Wandungsstärke Lippenrand 2,0 mm, an der Bauchwölbung minimal 1,0 mm. – Farbloses Glas mit schwach gelblichem Stich, hell kobaltblauer Randfaden. Geklebt, große Fehlstellen in der Wandung. Oberfläche stark angefressen, z.T. irisiert.

Amt für Vor- und Frühgeschichte (Bodendenkmalpflege) Lübeck, Inv. Nr. 038/E 2

Gekniffener Fußring. Boden hochgestochen. An der Wandung 12 schwach ausgeprägte Diagonalrippen, die bis unter den Boden spürbar sind. Dünner blauer Faden außen auf den Lippenrand aufgeschmolzen.

Die Form dieses Glases läßt vermuten, daß es sich um eine Scheuer handelte, die vermutlich an der jetzt fehlenden Wandungsstelle einen Ringhenkel hatte (vgl. Kat. Nrn. 223 und 224). Die vorgeschlagene Datierung stützt sich auf die allgemeine Verwandtschaft zu den farblosen Rippenbechern mit blauem Randfaden sowie auf die Ähnlichkeit zu der Scheuer aus Nottuln, deren Datierung durch Keramikbeifunde bestätigt wird.

LIT.: – (Dumitrache, G 79, Abb. 408, Nr. 2, in Vorbereitung).

226

227   Scheuer mit Wachsdeckel und Siegel

Entstehungsgebiet noch unbestimmt (Deutschland ?), spätes 13./14.Jh. – Fundort: Herkunft nicht mehr nachzuweisen, Sepulcrum eines Altars. – H 4,6 cm (mit Wachsdeckel 7,0 cm); ⌀ Lippe 5,0 cm, Fußring ca. 5,1 cm. – Annähernd farbloses Glas mit leichtem Grünstich, blauer Randfaden. Durch Verwitterung getrübt und stellenweise versintert.

Domschatz und Museum des St. Petri-Domes, Fritzlar

Bandförmiger, in größeren Abständen halbkreisförmig gekniffener Fußring. Boden hochgestochen. Wandung mit 12 schwach ausgeprägten diagonalen Rippen. Seitlich kleiner Ringhenkel angesetzt, nach oben gebogen und das Ende zum Henkel zurückgekniffen. Knapp unterhalb des Lippenrandes blauer Randfaden umgelegt. – Hals und Lippe mit dünnen

Bleistreifen umwickelt, die mit Bindfaden umschnürt sind. Als Abdeckung dicker Wachspfropf oben in die Öffnung gedrückt, kleinerer unter dem Boden, beide durch Bindfäden zusammengehalten. Darüber das Siegel gedrückt.

Dieses Siegel, mit einer Darstellung des Paulus-Sturzes, ist zu identifizieren als das des Mainzer Weihbischofs Paul Huthen in Erfurt, der dort zwischen 1510 und 1532 als Weihbischof zu belegen ist[1]. Dasselbe Siegel findet sich auch auf der Abdeckung des kleinen Bechers Kat. Nr. 463, dort auch in derselben Weise verschnürt (die sonst nicht gebräuchlich ist). Die kleine Scheuer ist aber im frühen 16. Jahrhundert

227

offensichtlich neu versiegelt worden, die Bleistreifen sind als Reste eines früheren Verschlusses zu verstehen. Dieses Glasgefäß hat im ersten Viertel des 16. Jahrhunderts keinerlei Parallelen, es läßt sich formal eher mit den farblosen Scheuern Kat. Nrn. 223 und 224 vergleichen. Die Schrägriefeln wie auch die leicht zusammengedrückt wirkende Form erinnern auch an den Krug Kat. Nr. 316 aus Nottuln. Auch der bandförmige gekniffene Fußring findet sich besonders an Gläsern des 13. bis 14. Jahrhunderts (vgl. Kat. Nrn. 144-147).

LIT.: –

1 Die Bestimmung des Siegels wurde uns freundlicherweise durch Herrn Domküster Matthäi vermittelt.

228 Scheuer (?), Fragment

Entstehungsgebiet noch unbestimmt (Deutschland ?), nach 1278. – Fundort: Freiburg i. Br., ehemaliges Augustiner-Eremitenkloster (1982). – H 9,2 cm; Fußring 10,2 cm; Wandungsstärke Lippenrand 2,5 mm, Lippe 0,9 mm. – Farbloses Glas. Geklebt. Verwittert und irisiert.

Landesdenkmalamt Baden-Württemberg, Außenstelle Freiburg

Gekniffener Fußring (in langen ›Zungen‹ ausgezogen). Ansatz zu leicht hochgestochenem Boden. Auf der Wandung 12 stark ausgeprägte Rippen, die bis unter den Boden sichtbar bleiben. Lippenrand kräftig verdickt.

228

Das Fragment wurde aus dem Gesamtkomplex des Augustiner-Eremitenklosters in Freiburg herausgelöst, weil der Typus sonst durch keinen weiteren Fund zu belegen ist. Es hebt sich z. T. durch seine Form, vor allem aber durch viele Details der Ausführung deutlich von den bisher gezeigten Scheuern ab. Der ›zungenförmig‹ ausgezogene Fußring, die kräftig profilierten Rippen und der wie die Wandung farblose, aber verdickte Lippenrand beispielsweise zeigen eine ganz andere Auffassung.

Das Stück muß nach ca. 1278 in den Boden gelangt sein (vgl. S. 50). Anhaltspunkte für eine nähere Bestimmung des Entstehungsgebietes sind nicht vorhanden.

LIT.: –

229 Scheuer

Entstehungsgebiet noch unbestimmt (Deutschland ?), 13. (?)/ 14. Jh. (?). – Provenienz: Slg. Lanna. – H 6,6 cm; Ø Lippe 6,3 cm, Fußring 5,7 cm; Wandungsstärke Lippenrand 3,2 mm, am Übergang von Schulter zu Lippe 1,8 mm. – Farbloses Glas, blaue Fadenauflagen. Kleines Wandungsstück ergänzt, Handhabe leicht bestoßen. Verwittert, z. T. hellbraun korrodiert.

Stuttgart, Württembergisches Landesmuseum, Inv. Nr. G 11,124

Zweifach umgelegter Fußring. Hochgestochener Boden. Blauer Fadendekor auf der Wandung: Zickzackfaden, darüber mehrfach (meist auf der gleichen Höhe) umgelegter Faden. Handhabe am Ende mit der Zange flachgekniffen. Breiter blauer Faden am Lippenrand.

Das Stück der ehemaligen Sammlung Lanna wurde hier in die Gruppe der Scheuern des 13. und 14. Jahrhunderts aufgenommen, obwohl seine Datierung sehr ungewiß ist. Es gibt aus der ganzen Zeit, in der Scheuern aus Glas nach den bisherigen Erkenntnissen vorkommen (13.-16. Jahrhundert), keine Parallele, aber auch keine anderweitigen Anhaltspunkte, die eine genauere zeitliche Einordnung erlauben würden.

229

Für eine eher frühe Datierung sprechen bedingt die Gesamtform, die Kombination von farblosem und blauem Glas und der glatte Fußring; vage erinnert auch der unregelmäßige Zickzackfaden an die Fadenauflagen von Gläsern des 13. Jahrhunderts (vgl. Kat. Nrn. 50-59). Form und Farbkombination sind ähnlich bei den bereits gezeigten Scheuern vorhanden. Für eine spätere Datierung spricht die Form der Handhabe und das Vorhandensein einer horizontalen Fadenauflage (vgl. Kat. Nrn. 477 f., 480 f.), die bei den frühen Stücken nicht vorkommt. Die Details der Verarbeitung und die Glasmasse schließen sich nirgendwo eng an.
Genauso offen wie die Datierung muß natürlich auch die Frage nach dem Entstehungsgebiet bleiben.

LIT.: Kat. Lanna (1911), Nr. 1721.

Gläser auf hohem Fuß oder Stiel

Für den unbefangenen Betrachter, der an hochstielige Weingläser neuerer Zeit gewöhnt ist, stellen die Gläser auf hohem Fuß oder Stiel des 13. bis 14. Jahrhunderts keinen ungewohnten Anblick dar. Es muß daher betont werden, daß seltsamerweise diese sehr große und variantenreiche Gruppe zu denjenigen gehört, die bei Rademacher und allen anderen älteren Autoren fehlen und die erst nach dem Zweiten Weltkrieg, im Grunde erst in den beiden letzten Jahrzehnten allmählich ins Bewußtsein rücken. Gerade in den letzten Jahren hat das Material zu diesem Typ in ganz erstaunlichem Maße zugenommen, und es kommen ständig neue Varianten und Raffinessen hinzu, die uns zu Bewunderung für den Phantasiereichtum und das technische Können dieser Glaskünstler nötigen. Es ist dies eine Gläsergruppe, die besonders deutlich das alte Vorurteil von den primitiven, derben Waldgläsern im Mittelalter widerlegt und die in ihrer ganzen Stilhaltung vorzüglich in die höfisch-verfeinerte Welt des späten 13. und 14. Jahrhunderts paßt.

Die Datierung (›Laufzeit‹) dieses Gläsertyps ins 13. und 14. Jahrhundert ergibt sich wiederum vielfach aus dem Kontext, d.h. durch Beifunde in anderem Material; zusätzlich bestätigen eine ganze Reihe von Darstellungen solcher Gläser auf Miniaturen und Gemälden des späteren 13. bis frühen 15. Jahrhunderts[1] diesen zeitlichen Ansatz. (Angesichts dieser bildlichen Darstellungen ist es umso erstaunlicher, daß Glasforscher früherer Zeit diesen Glastyp einfach nicht wahrgenommen haben.) Die wenigen Fixdaten, die es für Glasfunde dieser Art gibt[2], passen ebenfalls in diesen zeitlichen Rahmen.

Für einen sehr großen Teil des Materials, nämlich für sämtliche Stücke aus hellem, leicht bläulich grünen Glas, ist das Herkunftsgebiet relativ sicher zu bestimmen, vor allem dank Funden von Hüttenplätzen in den Argonnen (vgl. S. 31 ff.) und Südbelgien. Diese Hüttenfunde und die Fundkonzentration in Nordostfrankreich, Belgien, den Niederlanden sowie am Rhein deuten darauf hin, daß diese Gläser vor allem im Rhein-Maas-Gebiet, dazu wohl auch in anderen nordfranzösischen Hütten produziert wurden[3]. Neben diesen hellgrünen hochstieligen Gläsern gab es aber auch solche in farblosem Glas (zum Teil mit blauer Verzierung) sowie schließlich in farbigem Bleiglas (vgl. Kat. Nrn. 127-135); die Herkunft dieser Stücke liegt noch weitgehend im Dunkeln. In Form und Verzierung haben sie so viele Ähnlichkeiten zu den hellgrünen Gläsern dieser Art, daß sie sicherlich annähernd gleichzeitig entstanden sind.

Abgesehen von den unterschiedlichen Glasfarben und Glaszusammensetzungen gibt es auch in Form und Verzierung eine schier unerschöpfliche Fülle von Varianten, wie aus den folgenden Beispielen deutlich wird. (Zu den hier zusammengestellten Stücken sind noch die bei anderen Gruppen eingereihten Stengelgläser mit Emailbemalung (Kat. Nr. 116-118), diejenigen aus farbigem Bleiglas sowie einige mit besonderen Verzierungsvarianten (Schlaufenfäden, wechselndem Fadendekor, vgl. Kat. Nrn. 159, 153) hinzuzurechnen.) Es ist bisher kaum möglich, diesen ganzen Formenreichtum in eine zeitliche Abfolge zu bringen. Das Nebeneinander ganz verschiedener Varianten in einem Fundkomplex und die immer wechselnde Kombination verschiedener Motive machen es vielmehr wahrscheinlich, daß sehr zahlreiche Form- und Verzierungsvarianten gleichzeitig und in denselben Zentren produziert wurden.

Gläser auf hochgezogenem Fuß, mit Rippen an der Kuppa oder auch mit kleinteiligem formgeblasenem Muster, sind offenbar weniger häufig als diejenigen mit dünnen hohen Stielen, sie kommen aber meist gemeinsam mit diesen in einem Fundkomplex vor. Wir wissen leider überhaupt nichts darüber, ob unterschiedliche Formen eventuell durch einen unterschiedlichen Verwendungszweck bedingt waren, ob z.B. für Wein andere Gläser benutzt wurden als für andere Getränke.

Für die Kuppa der Gläser auf hohem Stiel waren Rippen eines der häufigsten Verzierungsmotive – wie groß aber der Spielraum bei solchen Rippenkuppen war, sowohl in der Kuppaform als auch in Anzahl und Form der Rippen, das zeigen die folgenden Beispiele.

Eine besonders interessante und technisch raffinierte

Gruppe bilden die Gläser mit kleinteiligem, außen eingeprägtem Muster. Einige der besonders gut erhaltenen Fragmente aus allerjüngsten Fundkomplexen zeigen sehr deutlich, wie fein und präzise diese Muster (und wie perfekt und klar die Glasmasse) waren. Wahrscheinlich konnte solch ein feinteiliger Dekor nur mit Hilfe von Metallformen, nicht mit den üblichen Tonmodeln erzielt werden. Bisher ist aber nur eine einzige Form aus Metall (Bronze) in den Argonnen gefunden worden, die aber kaum mit diesen Gläsern in Verbindung zu bringen ist. Sie ist in Privatbesitz und uns nur aus einer Zeichnung bekannt. Das Muster darin entspricht aber nicht genau den bisher von diesen Gläsern bekannten. Ungewöhnlich ist vor allem eine lateinische Inschrift (?) im unteren Teil. Möglicherweise ist dieses Model erheblich älter und gehört nicht in den Zusammenhang mit solchen Gläsern des 13./14. Jahrhunderts, sondern mit spätantik-merowingerzeitlichen Schalen mit ähnlichen kleinteiligen Mustern[4].

Die eingeprägten Muster aus länglichen Zungen, Kreisen, Punkten und Rauten sind nicht auf die Stengelgläser beschränkt, sondern kehren auch auf anderen Gläserformen wie Bechern, Flaschen, Krügen wieder, von denen deshalb einige Fragmente hier zugeordnet sind.

Nach einigen Sonderformen oder besonderen Verzierungsvarianten sind an den Schluß dieser Gruppe einige Stengelglasfragmente aus farblosem Glas gestellt, die zum großen Teil aus England stammen. Wahrscheinlich waren sie Importstücke, aber ihr Herkunftsgebiet ist noch völlig ungewiß.

---

1 Zusammenstellungen bei Barrelet (1953), Chambon (1955), Barrelet (1959).
2 Baumgartner/Krueger (1985), S. 406.
3 Baumgartner/Krueger (1985), S. 407.
4 Eine Reihe von Schalen dieser Art sind zusammengestellt bei André Dasnoy, Coupes de verre ornées de symboles chrétiens, in: Annales de la Société Archéologique de Namur, Bd. 48, 1955, S. 360-373, Pl. XIII-XXVIII.

230 Rippenkelch auf hochgezogenem Fuß

Rhein-Maas-Gebiet, 12./13. Jh. – Fundort: Lüttich, St. Christophe, Grab des Lambert le Bègue (?) (1887). – H 9,3 cm; ⌀ Lippe 7,2 cm, Fuß 8,6 cm; Wandungsstärke Lippenrand 2,4 mm, Wandung am Fuß minimal 0,5 mm. – Helles gelblich-grünes Glas. Geklebt, größere Ausbrüche in Fuß und Lippe. Weitgehend bräunlich korrodiert.

Musée d'Art Religieux et d'Art Mosan, Lüttich, Inv. Nr. N 15

230

Glatter hochgezogener Fuß mit leicht verdicktem Rand. Kuppa mit 9 senkrechten, unten nur wenig vorspringenden Rippen, die zum Lippenrand hin schwächer werden, aber spürbar bleiben. Kuppawandung im oberen Teil zu einem Wulstring nach außen gestaucht. Lippenrand verdickt.

Dieses Glas wurde schon 1887 in einem Grab am Eingang zum Chor in St. Christophe in Lüttich entdeckt, das für das des Bischofs Lambert le Bègue gehalten wird. Diese Identifizierung scheint aber nicht außer Zweifel zu sein, so daß das Todesdatum 1187 dieses Bischofs kein ganz sicherer terminus ante quem für das Glas ist. Die übrigen bisher bekannten Rippenkelche auf hochgezogenem Fuß gehören wohl frühestens ins 13. Jahrhundert. Die Kuppaform mit dem nach außen gestauchten Wulst unter der Lippe ist bisher einmalig geblieben.

LIT. (Auswahl): A. Lecoy de la Marche, Le treizième siècle artistique, Lille 1889, S. 339, Abb. 159. – Barrelet (1953), S. 36f. – Chambon (1955), S. 55. – Barrelet (1959), S. 208. – Ausst.-Kat. Rhein und Maas, Köln 1972, Bd. I, S. 40, Nr. I 14a. – Baumgartner/Krueger (1985), S. 393, 409.

231 Rippenkelch auf hochgezogenem Fuß, Fragment

Rhein-Maas-Gebiet, 13. Jh./frühes 14. Jh. – Fundort: Angeblich Köln, Nähe von St. Ursula. – H 6,2 cm; ⌀ Fuß (rekonstruiert) ca. 11,0 cm; Wandungsstärke Bruchkante Kuppa 0,9 mm, Fußrand 2,0 mm. – Hellgrünes Glas. Geklebt. Weitgehend bedeckt mit gelblicher Korrosionsschicht.

Slg. H. J. E. van Beuningen-de Vriese, Leihgabe im Museum Boymans-van Beuningen, Rotterdam, Inv. Nr. 5001.6

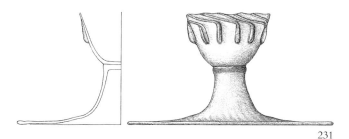

231

Großer, außen flach aufliegender Fuß mit leicht verdicktem Rand und wirbelförmig gedrehten schwachen Rippen, weiter oben glatt. Kuppafragment mit 12 unten deutlich vorspringenden Rippen, die nach ca. 1,0 cm scharf nach links umknicken.

Die Fragmente dieses Rippenkelchs gehören offenbar in einen großen Fundkomplex, der u.a. zahlreiche weitere Bruchstücke von Gläsern auf hohem Fuß oder hohen Stielen enthielt[1]. Zu den Fundumständen ist leider nichts Näheres bekannt.
Der hier ausnahmsweise in seinem ganzen Durchmesser zu erschließende große Fuß läßt vermuten, daß auch die Kuppa relativ groß war. Das Motiv der scharf umknickenden Rippen findet sich ähnlich auch bei den Kuppen von hochstieligen Gläsern[2] und sehr häufig vor allem bei Rippenbechern (vgl. Kat. Nrn. 351-353). Ein Fragment eines ähnlichen Glases (mit nach rechts umknickenden Rippen), das in Metz gefunden wurde, befindet sich im Musée Lorrain in Nancy[3].

LIT.: Baumgartner/Krueger (1985), S. 389f., Nr. 64.

1 Vgl. Kat. Nrn. 233, 240, 246, 261, 263, 270, 286 und 289. Weitere Stücke aufgeführt in: Baumgartner/Krueger (1985).
2 Vgl. z. B. Baumgartner/Krueger (1985), S. 384, Nr. 50.
3 Freundlicher Hinweis von François Jannin, Clermont-en-Argonne.

232 Rippenkelch auf hochgezogenem Fuß, Fragment

Rhein-Maas-Gebiet, 13. Jh./frühes 14. Jh. – Fundort: Angeblich Worms. – H 4,4 cm; ⌀ Fußfragment maximal 4,4 cm; Wandungsstärke Bruchkante Kuppa minimal 0,5 mm. – Blaßgrünes Glas. Wenige braune Korrosionsflecken.

Karl Amendt, Krefeld

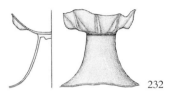

232

Fuß im erhaltenen Teil glatt. An der Kuppa ursprünglich 9 (7 im Ansatz erhalten) nahe beim Fußansatz beginnende Rippen, die unten deutlich vorspringen, weiter oben wahrscheinlich senkrecht verliefen (keine Spur von Umknicken).

Nähere Fundumstände zu diesem Fragment sind nicht bekannt.

LIT.: Baumgartner/Krueger (1985), S. 392, Nr. 68.

233 Kelch mit kleinteiligem Muster auf hochgezogenem Fuß, Fragment

Rhein-Maas-Gebiet (Argonnen?), 13. Jh./frühes 14. Jh. – Fundort: Angeblich Köln, Nähe von St. Ursula. – H 6,3 cm; ⌀ Fußfragment maximal 7,7 cm; Wandungsstärke Bruchkante Kuppa minimal 0,8 mm. – Hellgrünes Glas. Geklebt. Gelbliche Korrosionsflecken.

Slg. H. J. E. van Beuningen-de Vriese, Leihgabe im Museum Boymans-van Beuningen, Rotterdam, Inv. Nr. 5001.5

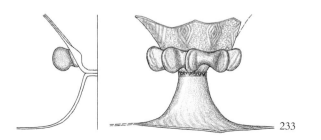

233

Unten flach aufliegender Fuß mit schwach ausgeprägten, wirbelförmig gedrehten Rippen, weiter oben glatt. Kuppa mit 6 rippenartigen Verdickungen und außen eingeprägtem kleinteiligem Muster aus konzentrischen Rauten und versetzt angeordneten punktförmigen Vertiefungen. Knapp über dem Fußansatz breites, in Abständen halbkreisförmig zusammengekniffenes Band umgelegt.

Zu einigen Glasbeifunden siehe Kat. Nr. 231. – Stengelgläser mit kleinteiligem Muster, kombiniert mit rippenartigen Verdickungen und auch gekniffenen Bändern sind besonders häufig in Metz gefunden worden, kleine Fragmente auch bei Glashütten in den Argonnen, daher die Vermutung, daß auch dieses Stück dorther stammen könnte.

LIT.: Baumgartner/Krueger (1985), S. 399, Nr. 80.

234 Hochgezogener Fuß, Fragmente

Entstehungsgebiet noch unbestimmt, 13. Jh./frühes 14. Jh. – Fundort: Straßburg, 15 rue des Juifs (1987). – H 6,7 cm; ⌀ Fußrand (rekonstruiert) 9,0 cm, Fuß oben 1,9 cm; Wandungsstärke Fußrand ca. 1,0 mm, Fußwandung minimal 0,8 mm. – Farbloses Glas, hell kobaltblauer Randfaden. 1 Fragment und 4 Einzelscherben. Durch Verwitterung getrübt und stark irisiert.

Direction des Antiquités historiques, Straßburg

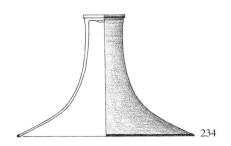

234

Fragmente von einem hochgezogenen Fuß mit dünnem blauen Faden auf dem Rand. Sehr kleiner Ansatz des Kuppabodens.

Die Fragmente dieses schön geschwungenen, dünnwandigen Fußes stammen aus derselben Grube wie auch die Bruchstücke mehrerer emailbemalter Becher und verschiedenartiger Becher und Schalen aus farblosem Glas mit blauen Fadenauflagen (vgl. Kat. Nrn. 82, 105, 158, 164, 209, 312-314, 321f.). Der Ansatz des Kuppabodens erlaubt leider keinerlei Rückschlüsse mehr auf die Form der Kuppa, Parallelen von farblosen Gläsern auf hochgezogenem Fuß fehlen bisher – allenfalls wäre das Kuppafragment mit den Schlaufenfäden aus Worms (Kat. Nr. 159) anzuführen, das den Ansatz eines relativ breiten Stiels oder Fußes hat.

LIT.: –

235 Rippenschale auf hohem Stiel, Fragment

Nordostfrankreich, 14. Jh. – Fundort: Saint-Denis. – H ca. 15,5 cm; ⌀ Lippe 12,4 cm, Fuß 9,6 cm; Wandungsstärke Lippenrand 1,2 mm, Kuppawandung minimal 0,6 mm. – Helles, bläulich-grünes Glas. Geklebt, kleine Ergänzungen. Einige der Scherben mit bräunlichen Korrosionsflecken.

Unité d'Archéologie de la Ville de Saint-Denis, Inv. Nr. S.D. 16.401.5

Fuß mit kaum verdicktem Rand und schwach ausgeprägten, wirbelförmig gedrehten Rippen. Glatter hohler Stiel. An der weitausladenden Kuppa ursprünglich 14 (8 im Ansatz erhalten) unten deutlich vorspringende Rippen, die nach links geneigt sind und in weichem Bogen bis knapp unter den Rand verlaufen. Lippenrand wenig verdickt.

235

236

stellen an Fuß und Kuppa, Teil des Schaftsrings weggebrochen. Scherben z.T. mit bräunlichen Korrosionsflecken.

Société Archéologique de Tournai

Fußfragment mit sehr schwach ausgeprägten, wirbelförmig gedrehten Rippen. Am hohen massiven Stiel Schaftring aus umgewickeltem und wellenförmig gekniffenem Faden. An der schalenförmigen Kuppa in ca. 1,5-1,7 cm Abstand zum Stiel Ansatz von ursprünglich wohl 25 (22 teilweise erhaltenen) Rippen, die radial ausstrahlen und knapp unter dem Rand in leichter Biegung auslaufen. Lippenrand leicht abgesetzt und verdickt.

Die Fragmente dieses Glases stammen aus einer der Abfallgruben, die bei den Stadtkerngrabungen in Saint-Denis nördlich der Kathedrale gefunden wurden. Unter den sehr reichen Glasfunden aus diesem Grabungsareal, die bisher nur zu einem sehr kleinen Teil publiziert sind[1], gibt es u.a. auch zahlreiche Fragmente von Gläsern auf hohem Stiel oder Fuß, bei denen viele unterschiedliche Varianten der Stiel- und Kuppaform vertreten sind.

Diese hochstielige Schale mit den weich geschwungenen Rippen repräsentiert einen Typ, der in Saint-Denis mehrfach vorkommt, ähnlich auch unter den Funden aus Chevreuse[2], bisher aber nicht weiter östlich, z.B. nicht unter den so zahlreichen Stengelglasfragmenten aus Metz. Es gab also offensichtlich lokale bzw. regionale Varianten innerhalb der großen Gruppe der hochstieligen Gläser.

LIT.: – Zu den Stadtkerngrabungen allgemein: Meyer u.a. (1980). – Kurzer Vorbericht zum Glas: Hubert de Witte (Hrsg.), Recherches Archéologiques Urbaines, Rapport 1982, S. 159, Abb. 92 links.

1 Die Glasfunde sind vorgesehen zur Publikation durch Nicole Le Tiec. Einsicht in das Material und wertvolle Informationen verdanken wir Nicole Le Tiec und Nicole Meyer.
2 Trombetta (1982), Abb. S. 75.

236 Rippenschale auf hohem Stiel, Fragment

Rhein-Maas-Gebiet, späteres 13.Jh./frühes 14.Jh. – Fundort: Tournai, bei St. Quentin (1974). – H 19,0 cm; Ø Lippe (rekonstruiert) ca. 12,0 cm, Stiel 0,7-1,1 cm; Wandungsstärke Lippenrand 1,7 mm, Kuppawandung minimal 0,9 mm. – Helles bläulich-grünes Glas. Geklebt, große Fehl-

Die Fragmente dieses Glases gehören zu einem Komplex aus einer Abfallgrube beim Wohnhaus des Pfarrers von St. Quentin, die bei Bauarbeiten angeschnitten und deren Inhalt nur notdürftig geborgen wurde. Die Gläser aus diesem Komplex wurden schon im folgenden Jahr von Chambon publiziert[1], und die darin enthaltenen Varianten von hochstieligen Gläsern (vgl. auch Kat. Nrn. 237, 256 und 266) bestimmten lange Zeit wesentlich unser Bild von dieser Gruppe.

LIT.: Chambon (1975), S. 153, Fig. 3 E[2].

1 Chambon (1975), S. 151-157. Eine erneute Durchsicht der Funde, die uns durch Michèle Thiry ermöglicht wurde, ergab, daß die Zeichnungen in diesem Artikel einige kleine Irrtümer enthalten. Z.T. sind möglicherweise auch Scherben verlorengegangen, so daß heute manche der Stücke weniger komplett sind als es in der Zeichnung erscheint. So auch dieses Stück, bei dem der Fuß im Profil nicht (mehr) vollständig ist.

237 Kuppen mit Rippen, Fragmente

Rhein-Maas-Gebiet, späteres 13./14. Jh. – Fundort: Tournai, bei St. Quentin (1974). – Helles bläulich-grünes Glas. Geklebt. Einzelne Scherben durch Verwitterung getrübt und leicht gelblich korrodiert.

a) H 5,0 cm; ⌀ Lippe (rekonstruiert) ca. 13,0 cm; Wandungsstärke Lippenrand 1,5 mm, Wandung minimal 0,5 mm.
Kleines Stück eines massiven Stiels. An der weit ausladenden Kuppa ursprünglich 8 (5 im Ansatz erhalten) unten weit vorspringende Rippen, die ca. 0,8 cm unter dem Rand in leichter Biegung auslaufen. Lippenrand abgesetzt und leicht verdickt.

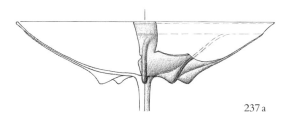

237 a

b) H 4,3 cm; ⌀ Lippe (rekonstruiert) ca. 12,0 cm; Wandungsstärke Lippenrand 1,2 mm, Wandung minimal 0,4 mm.
An der etwas weniger ausladenden Kuppa ursprünglich wohl 8 (5 an Einzelscherben erhalten) unten weit vorspringende Rippen, die ca. 1,2 cm unter dem Rand in schwacher Biegung auslaufen. Lippenrand abgesetzt und leicht verdickt.

Société Archéologique de Tournai

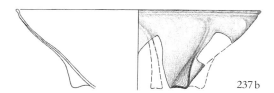

237 b

Zum Fundzusammenhang vgl. Kat. Nr. 236. Bruchstücke von ähnlichen, unterschiedlich weit ausladenden Kuppen waren noch mehrfach in dem Komplex vertreten. Da die Wandung zwischen den Rippen extrem dünn ausgeblasen ist, sind von diesen Kuppen meist nur Unterteile oder Randstücke erhalten, selten das ganze Profil, wie hier. Die Fragmente b) zeigen die ganze ursprüngliche Reinheit der Glasmasse, die bei der minimalen Wandungsstärke fast farblos erscheint.

LIT.: Chambon (1975), S. 152, Fig. 1 A.

238 Stengelglas mit Rippenkuppa, Fragment

Rhein-Maas-Gebiet, spätes 13./14. Jh. – Fundort: Angeblich Köln. – Provenienz: Slg. Stieg. – H 12,3 cm; ⌀ Fuß (rekonstruiert) ca. 10,3 cm, Stiel minimal 1,1 cm; Wandungsstärke Fußrand 1,5 mm, Bruchkante Kuppa 0,6 mm. – Helles, bläulich-grünes Glas. Geklebt. Bräunliche Korrosionsflecken.

Erwin Baumgartner, Basel

238

Fuß mit leicht verdicktem Rand und schwach ausgeprägten, wirbelförmig gedrehten Rippen. Glatter hohler Stiel. Kuppa an der kleinen halbkugeligen Ausbuchtung unten glatt, dann an der weit ausladenden Wandung 27 wirbelförmig nach links gedrehte Rippen.

Zu den Fundumständen und eventuellen Beifunden ist nichts Näheres bekannt. Diese Variante einer schalenförmig weit ausladenden Kuppa mit halbkugeliger Ausbuchtung unten ist bisher vereinzelt geblieben.

LIT.: Baumgartner/Krueger (1985), S. 366, Nr. 1.

239 Rippenkuppa, Fragment

Rhein-Maas-Gebiet, spätes 13./14. Jh. – Provenienz: Slg. Stieg. – H 2,5 cm; ⌀ maximal 9,4 cm; Wandungsstärke Bruchkante Kuppa minimal 0,6 mm. – Helles, bläulich-grünes Glas. Starke braune Korrosionsflecken.

Erwin Baumgartner, Basel

Sehr kleiner Ansatz eines hohlen Stiels. In ca. 1,3–1,8 cm Abstand davon Ansatz von 19 Rippen, die nach oben auslaufen.

Zum Fundzusammenhang ist nichts bekannt. Das Fragment repräsentiert wieder eine neue Variante unter den zahlreichen Möglichkeiten von schalenförmig weiten Kuppaformen.

LIT.: Baumgartner/Krueger (1985), S. 370, Nr. 8.

240 Rippenkuppa, Fragment

Rhein-Maas-Gebiet, spätes 13./14. Jh. – Fundort: Angeblich Köln, Nähe von St. Ursula. – H ca. 2,8 cm; ⌀ maximal 6,7 cm; Wandungsstärke Bruchkante Kuppa 1,3 mm. – Hellgrünes Glas. Weitgehend bedeckt mit gelb-bräunlicher Korrosionsschicht.

Slg. H. J. E. van Beuningen-de Vriese, Leihgabe im Museum Boymans-van Beuningen, Rotterdam, Inv. Nr. 5001.3

Kleiner Ansatz eines hohlen Stiels. Am unteren halbkugeligen Teil der Kuppa in 1,5-2,4 cm Abstand vom Stiel 27 Rippen, die beim Knick der Wandung nach links umbiegen.

LIT.: Baumgartner/Krueger (1985), S. 367, Nr. 3.

241 Rippenkuppa, Fragment

Rhein-Maas-Gebiet, spätes 13./14. Jh. – Fundort: Angeblich Köln. – Provenienz: Slg. Stieg. – H 4,0 cm; ⌀ maximal 7,0 cm; Wandungsstärke Bruchkante Kuppa und Stielansatz 0,6 mm. – Hellgrünes Glas. Geklebt. Mit weißer bis gelblicher Korrosionsschicht.

Erwin Baumgartner, Basel

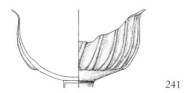

Kleiner Ansatz eines hohlen Stiels. An der Kuppa in 1,4-2,0 cm Abstand zum Stiel Ansatz von 24 Rippen, die z. T. leicht nach rechts geneigt sind und nach oben auslaufen.

LIT.: Baumgartner/Krueger (1985), S. 367, Nr. 6.

242 Stengelglas mit Rippenkuppa, Fragment

Rhein-Maas-Gebiet (Argonnen ?), frühes 14. Jh. (?) – Fundort: Metz, Arsenal Ney (1985). – H 15,0 cm; ⌀ Lippe 11,4 cm, Stiel 5,5-6,5 mm; Wandungsstärke Lippenrand 1,2 mm, Kuppawandung minimal 0,6 mm. – Helles, bläulich-grünes Glas. Geklebt, große Fehlstellen an Fuß und Kuppa. Gelbe Korrosionsflecken.

Direction des Antiquités Préhistoriques et Historiques de Lorraine, Metz

Fragment vom Fuß mit schwach ausgeprägten, wirbelförmig nach rechts gedrehten Rippen. Dünner massiver Stiel, unten verdickt. Kuppa mit ursprünglich 8 (7 erhalten) unten weit vorspringenden Rippen, die knapp unter dem Rand in leichter Biegung auslaufen. Lippenrand ganz leicht abgesetzt und verdickt.

Dieses Stengelglas gehört in einen Komplex aus einer Latrine, die noch eine Fülle von weiteren Glasfunden enthielt, darunter zahlreiche Stengelglasfragmente in sehr unterschiedlichen Varianten[1]. – Die Kuppa mit der konischen Wandung und den unten stark vorspringenden Rippen ist eine etwas weniger weit ausladende Version zu den Kuppen Kat. Nrn. 236 und 237 aus Tournai. Sie entspricht in etwa auch derjenigen des vielzitierten Stengelglases von der Burg Nieuwendoorn (nördlich von Alkmaar) in Holland, die um 1365 zerstört wurde[2]. Dieses Glas hat einen hohlen Stiel wie auch die folgende Kat. Nr. 243.

LIT.: –

1 Vgl. Kat. Nrn. 253, 258, 260, 267, 269, 275 und 278. Die Ausgrabungen am Arsenal Ney wurden unter der Leitung von Dominique Heckenbenner durchgeführt, der wir hiermit unseren Dank aussprechen, daß sie uns das Material zugänglich gemacht hat. Die gesamten Glasfunde aus diesem Komplex sollen von Hubert Cabart, Châlons-sur-Marne, publiziert werden.
2 Renaud (1983), S. 28, Abb. 5/1, S. 29, Abb. 6.

243 Stengelglas mit Rippenkuppa, Fragment

Rhein-Maas-Gebiet (Argonnen?), frühes 14. Jh. – Fundort: Metz, Hauts de Sainte Croix (1983). – H 10,7 cm; ⌀ Stiel minimal 7,4 mm; Wandungsstärke Kuppa minimal 0,4 mm. – Helles, bläulich-grünes Glas. Durch Verwitterung leicht getrübt.

Direction des Antiquités Préhistoriques et Historiques de Lorraine, Metz

244 Stengelglas mit Rippenkuppa, Fragment

Rhein-Maas-Gebiet, 14. Jh. – Fundort: Trier, Pferdemarkt (1983). – H 9,8 cm; ⌀ Stiel 5,5–6,0 mm, mit Schaftring 1,1 cm; Wandungsstärke Bruchkante Kuppa minimal 0,8 mm. – Hellgrünes Glas. Braune Korrosionsflecken.

Rheinisches Landesmuseum Trier

243

244

Fragment vom Fuß mit schwach ausgeprägten, wirbelförmig nach links gedrehten Rippen, glatter hohler Stiel. Kuppafragment mit 7 (von ursprünglich 8) unten weit vorspringenden Rippen.

Ähnlich wie der Fundkomplex vom Arsenal Ney in Metz enthielt auch der von der Fundstelle Hauts de Sainte Croix eine Fülle von z. T. ungewöhnlich gut erhaltenen Glasfragmenten, darunter viele Varianten von Stengelgläsern (vgl. auch Kat. Nrn. 268 und 276).
Dieses Fragment zeigt eine sehr ähnliche Rippenkuppa wie Kat. Nr. 242, ist im Gegensatz zu dieser aber nicht mit einem massiven, sondern einem hohlen Stiel verbunden.

LIT.: –

Glattes Fragment vom Fuß (an einer Stelle schief hochgezogen zum Stiel). Dünner massiver Stiel, unten leicht verdickt. Als Schaftring Faden umgelegt und viereckig verformt (in der Aufsicht quadratisch). Kuppafragment mit in der Mitte leicht hochgedrücktem Boden und 3 (von ursprünglich wohl 9) unten weit vorspringenden Rippen.

Zum Fundzusammenhang ist noch nichts Näheres bekannt. – Das Fragment zeigt den Rest einer ähnlichen Rippenkuppa wie bei den vorigen Nummern, diesmal in Verbindung mit einem massiven Stiel mit ›Schaftring‹. Solche Schaftringe kommen häufig und in sehr unterschiedlichen Formen vor (vgl. z. B. Kat. Nrn. 236, 245, 258 und 293), der viereckig gedrückte Nodus dieses Trierer Glases repräsentiert eine ausgefallene Variante.

LIT.: –

245 Stengelglas mit durchbrochenem Nodus, Fragment

Rhein-Maas-Gebiet, 14. Jh. – Fundort: Koblenz, Mehlgasse (1983). – H 9,0 cm; ⌀ Stiel minimal 0,5 cm, Nodus-Scheiben 2,3 cm. – Hellgrünes Glas. Starke braune Korrosionsflecken.

Landesamt für Denkmalpflege, Abt. Archäologische Denkmalpflege, Amt Koblenz, Eingangs-Nr. 83/69,2

245

Sehr kleiner Ansatz zum Fuß. Dünner massiver Stiel, unten und oben leicht verdickt. Kleines glattes Stück Kuppaboden, in der Mitte hochgewölbt. Am Stiel Nodus aus 2 umgelegten und flach gedrückten Fäden, dazwischen freistehender Zickzackfaden, oben angesetzt und zweimal herumgeführt, sich überkreuzend.

Dieses Fragment stammt aus einer Senkgrube an der Koblenzer Mehlgasse, deren reiches Glasmaterial noch nicht näher bearbeitet ist. In denselben Komplex gehören u. a. weitere interessante Stengelglasfragmente, darunter die Stücke Kat. Nrn. 250, 251 und 255.
Zu einem ähnlichen Nodus mit freistehendem Zickzackfaden vgl. das Stengelglasfragment aus gelbem Bleiglas aus London, Kat. Nr. 135. Bei den grünen hochstieligen Gläsern ist diese besonders reiche Form des Nodus bisher ohne Parallelen.

LIT.: Kurze Informationen zur Fundstelle bei: Hans-Helmut Wegner, Stadtkernarchäologie in Koblenz, in: Archäologische Informationen, Mitteilungen zur Ur- und Frühgeschichte 7, Heft 2, 1984, S. 112 f.

246 Rippenkuppa, Fragment

Rhein-Maas-Gebiet, 14. Jh. – Fundort: Angeblich Köln, Nähe von St. Ursula. – H (ohne die nach unten überstehenden Rippen) 4,3 cm; ⌀ Lippe (rekonstruiert) ca. 10,0 cm; Wandungsstärke Lippenrand 1,6 mm, Wandung minimal 0,6 mm. – Helles bläulich-grünes Glas. Geklebt. Braune Korrosionsflecken.

Slg. H. J. E. van Beuningen-de Vriese, Leihgabe im Museum Boymans-van Beuningen, Rotterdam, Inv. Nr. 5001.15

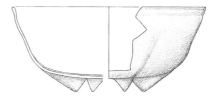

246

Fragment einer Kuppa mit 4 (von ursprünglich 7?) unten sehr stark vorspringenden Rippen, die knapp unter dem Rand in leichter Biegung auslaufen.

Von den bisher aufgeführten Kuppen mit wenigen, unten stark vorspringenden Rippen unterscheidet sich diese durch die nicht konische, sondern leicht gewölbte Wandung.

LIT.: Baumgartner/Krueger (1985), S. 371, Nr. 13.

247 Rippenkuppa, Fragment

Rhein-Maas-Gebiet, 14. Jh. – Fundort: Angeblich Köln, Severinstraße. – Provenienz: Slg. Bremen. – H 3,3 cm; ⌀ maximal 5,8 cm; Wandungsstärke Bruchkante oben 0,8 mm. – Hellgrünes Glas. Braune Korrosionsflecken und stellenweise beginnende Zersetzung der Oberfläche.

Rheinisches Landesmuseum Bonn, Inv. Nr. 68.0455,1

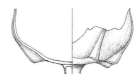

Kleiner Ansatz eines hohlen Stiels. An der Kuppawandung 6 (ursprünglich 7) unten weit vorspringende Rippen, die nach oben auslaufen.

Dieses Kuppafragment war früher fälschlich mit einem anderen Stengelglasfragment (mit massivem Stiel) montiert, und das Oberteil der Kuppa war in einer Form ergänzt, für die es bei allem Formenreichtum innerhalb der Gruppe der hochstieligen Gläser keinerlei Parallelen gibt. Wie das Profil dieser im unteren Teil bauchigen Kuppa weiter oben aussah, muß daher offenbleiben.

LIT. (Auswahl): Bremen (1964), S. 260 f., Nr. 91 (in der falschen Rekonstruktion). – Baumgartner/Krueger (1985), S. 371 f., Nr. 15 (mit weiterer Lit.).

248 Fußfragment von einem Stengelglas

Rhein-Maas-Gebiet (Argonnen?), 14. Jh. – Fundort: Metz, Hauts de Sainte Croix (1983). – H 2,3 cm; ⌀ Fuß (rekonstruiert) ca. 11,6 cm, Stiel über der Verdickung unten 0,9 cm; Wandungsstärke Fußrand 2,2 mm, Fußwandung minimal 1,2 mm.

Direction des Antiquités Préhistoriques et Historiques de Lorraine, Metz

248

Flacher Fuß mit leicht verdicktem Rand und schwach ausgeprägten, wirbelförmig nach rechts gedrehten Rippen. Ansatz eines massiven, unten verdickten Stiels.

Obgleich es Bruchstücke der Füße von Stengelgläsern in sehr großen Mengen gibt, sind sie doch meist recht klein und erlauben keine anschauliche Vorstellung vom ganzen Fuß. Auch bei unseren Beispielen für weitgehend vollständige hochstielige Gläser ist vom Fuß meist nur ein Ansatz erhalten. Dieses Stück soll also einen typischen Scheibenfuß mit wirbelförmigen Riefeln repräsentieren.

LIT.: –

249 Fuß (?) mit Rippen, Fragment

Rhein-Maas-Gebiet (Argonnen?), 14. Jh. – Fundort: Metz, Musée (1932/33). – H 3,5 cm; ⌀ (rekonstruiert) 14,8 cm; Wandungsstärke Rand 2,5 mm, minimal 1,2 mm. – Hellgrünes Glas. Stark korrodiert, mit braunen Flecken und Lochfraß.

Musée d'Art et d'Histoire, Metz

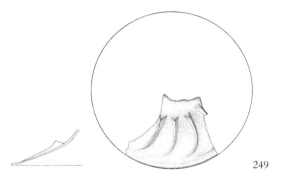

249

Fragment von einem ansteigenden Fuß mit verdicktem Rand und 4 (von ursprünglich 12?) Rippen, die oben stark vorspringen und in ca. 1,0 cm Abstand vom Rand in leichter Biegung nach rechts auslaufen.

Dieses Fragment, das bei Grabungen im Museumsareal Anfang der 1930er Jahre gefunden wurde, stellt ein Unikum dar. Weil es nur wenig ansteigt, haben wir es versuchsweise als Fußfragment interpretiert. Da es allerdings bisher keinen zweiten Fuß mit solchen Rippen gibt, ist nicht ganz auszuschließen, daß es Teil einer besonders flachen, weit ausladenden Rippenkuppa war.

LIT.: –

250 Fußfragmente von einem Stengelglas

Rhein-Maas-Gebiet, 14. Jh. – Fundort: Koblenz, Mehlgasse (1983). – H 5,2 cm; ⌀ Stielfragment oben 0,5 cm, Fuß rekonstruiert ca. 11,0 cm; Wandungsstärke minimal 0,5 mm. – Helles bläulich-grünes Glas. Einzelfragmente. Mit zahlreichen braunen Korrosionsflecken.

Landesamt für Denkmalpflege, Abt. Archäologische Denkmalpflege, Amt Koblenz, Eingangs-Nr. 83/69,5

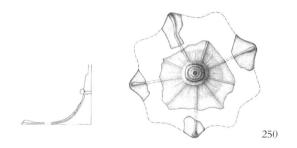

250

Außen flach aufliegender Fuß mit gewelltem Rand und 9 radialen Rippen. Kleines Stück eines dünnen, unten verdickten massiven Stiels. Um die Nahtstelle zwischen Fuß und Stiel ein dicker Faden gelegt.

Zum Fundzusammenhang vgl. Kat. Nr. 245. – In der inzwischen sehr großen Gruppe der hochstieligen Gläser ist diese Fußvariante mit gewelltem Rand bisher einmalig.

LIT.: –

251 Stengelglas mit Zickzackstegen

Rhein-Maas-Gebiet, späteres 14. Jh. (?) – Fundort: Koblenz, Mehlgasse (1983). – H 15,6 cm; ⌀ Lippe 12,0 cm, Fuß (rekonstruiert) ca. 12,4 cm; Wandungsstärke Lippenrand 1,2 mm, Kuppawandung minimal 0,4 mm. – Helles bläulich-grünes Glas. Geklebt, Fehlstellen an Fuß, Stegen und Kuppa. Leicht verwittert.

Landesamt für Denkmalpflege, Abt. Archäologische Denkmalpflege, Amt Koblenz, Eingangs-Nr. 83/69,1

Fuß mit leicht verdicktem Rand und sehr schwach ausgeprägten, wirbelförmig gedrehten Rippen. Massiver Stiel, unten gestaucht, darüber kugelig verdickt, in der Mitte Ringscheibe aus umgelegtem, flach gekniffenen Faden. Zwischen Kuppaboden und unterer Verdickung 3 je dreimal gekniffene Zickzackstege (bei einem davon größerer Ausbruch)[1]. Kuppa mit 14 unten kräftig vorspringenden Rippen, die knapp unter dem Rand bogenförmig zusammenlaufen. Lippenrand deutlich abgesetzt, kaum verdickt.

Die Scherben dieses zarten, eleganten Glases stammen aus derselben Senkgrube wie u.a. auch die Fragmente Kat.Nrn. 244, 245, 250 und 255. Das Motiv der gekniffenen Zickzackstege findet sich schon an einigen farbigen Bleiglas-Kelchen (Kat.Nrn. 133 und 134), von denen zumindest das Braunschweiger Stück mit großer Wahrscheinlichkeit noch ins 13. Jahrhundert gehört. Es kommt aber auch noch an Gläsern des frühen 16. Jahrhunderts vor (vgl. Kat.Nrn. 516f.), sowie auch noch im 17. Jahrhundert. Soweit man aus den wenigen bekannten Beispielen eine Entwicklungstendenz ablesen kann oder darf, scheint es, daß die Stücke mit zahlreichen Stegen in 3 oder mehr Stufen und mit annähernd senkrechter Führung der Stege (bis auf die Kniffe nach außen) die früheren sind, die sparsameren Ausführungen mit 3-4 Stegen in nur 2 Stufen die jüngeren. Demnach gehört dieses Koblenzer Stück sicherlich nicht zu den ganz frühen. Die Form und Verzierung von Fuß und Kuppa wie auch die Glasfarbe und die Dünnwandigkeit schließen es eng mit den hier aufgeführten Stengelgläsern des 14. Jahrhunderts zusammen.

Der Komplex aus der Mehlgasse enthält noch einen Stiel von einem weiteren Glas dieser Art, sehr ähnlich ist auch ein Stielbruchstück in der Slg. Amendt, das aus Köln stammen soll[2].

LIT.: —

1 Technisch: Die Glasfäden für die Stege sind am Kuppaboden angesetzt, ihre Enden unter die kugelige Verdickung unten gedrückt, das Ganze dann auf ein kleines, oben verbreitetes Stielstück über dem Fuß geschmolzen.
2 Baumgartner (1987), S. 44, Nr. 14.

252 Stiel von einem Stengelglas mit Zickzackstegen

Rhein-Maas-Gebiet, 14.Jh. (?) – Fundort: Angeblich Köln. – Provenienz: Slg. Stieg. – H 12,0 cm; ⌀ Stiel ca. 1,2 cm, Ringscheiben ca. 3,0 cm. – Helles bläulich-grünes Glas. Braune Korrosionsflecken und Lochfraß.

Erwin Baumgartner, Basel

252

Kleiner Ansatz zu trichterförmigem Fuß. Massiver, unten leicht verdickter Stiel mit 3 Ringscheiben aus umgelegten und flach gedrückten Fäden, die unterste dieser Scheiben direkt über dem Fuß. Zwischen der Kuppa (von der ein Bodenansatz erhalten ist) und der untersten Ringscheibe ursprünglich 4 Zickzackstege (einer weitgehend erhalten, die anderen nur in kleinen Ansätzen), die an den Scheiben abgestützt sind und dort, z.T. auch dazwischen, nach außen zusammengekniffen sind.

Zu den Fundumständen ist nichts Näheres bekannt. In der vorerst noch hypothetischen Entwicklungsreihe (vgl. Kat. Nr. 251) der gekniffenen Zickzackstege wäre dieses Stück mit seinen 3 Stufen und der vorwiegend senkrechten Führung der Stege relativ früh anzusetzen.

LIT.: —

253 Stengelglas mit blauer Fadengirlande, Fragment

Rhein-Maas-Gebiet (Argonnen ?), 14.Jh. – Fundort: Metz, Arsenal Ney (1985). – H 7,1 cm; ⌀ Kuppa Bruchkante oben

251

13./14. JAHRHUNDERT

254 253

3,2 cm, Stiel 5,7 mm; Wandungsstärke Kuppabruchkante 0,5 mm. – Helles, bläulich-grünes Glas, blaue Fadengirlande. Besonders an der Kuppa bräunlich korrodiert und z. T. zersetzt.

Direction des Antiquités Préhistoriques et Historiques de Lorraine, Metz

Stück eines dünnen massiven Stiels. Schmales Unterteil einer Kuppa mit 9 unten kräftig vorspringenden Rippen. An den Rippennasen freihängende Girlande aus einem dicken kobaltblauen Faden (an 5 Rippen erhalten).

Zum Fundkomplex vgl. Kat. Nr. 242. – Das Motiv der Fadengirlande unten an den Rippennasen bei solchen Stengelgläsern wurde erst vor wenigen Jahren bekannt, als man in St. Martin in Lüttich in einem Grab einen fragmentarischen Glaskelch mit solchen blauen Fadenschlaufen entdeckte[1]. Inzwischen hat sich gezeigt, daß diese Fadengirlanden ein durchaus gängiges Motiv waren, das sowohl in grünem als auch in blauem Glas ausgeführt wurde. Außer den beiden folgenden Kat. Nrn. 254 f. wurden weitere Fragmente dieser Art z. B. in Brüssel[2], Maastricht[3] und schließlich auch noch an einer weiteren Stelle in Metz[4] gefunden. Wieder ist zu beobachten, daß das Motiv sowohl bei hohlen als auch bei massiven Stielen vorkommt.

LIT.: –

1 Iker (1980), S. 110 f., Abb. 77/78.
2 C. Fontaine-Hodiamont u. P. de Henau, Restaurierungsbericht, in: Bulletin de l'Institut Royal du Patrimoine Artistique 20, 1984/85, 256 f.
3 In dem Komplex von der Propstei St. Servatius (1980): 2 Kuppafragmente, bei denen zwar nicht mehr die Fadengirlanden, wohl aber die Abbruchstellen vorhanden sind. Kenntnis von diesem Komplex verdanken wir T. A. S. M. Panhuysen, Maastricht.
4 Metz, Espace Serpenoise (1985).

254 Stengelglas mit Fadengirlande, Fragment

Rhein-Maas-Gebiet, 14. Jh. – Fundort: Trier, Palastgarten, Abfallgrube 9 (1982). – H 8,0 cm; ⌀ Kuppa ca. 5,6 cm, Stiel 7,2–9,0 mm; Wandungsstärke Bruchkante Kuppa minimal 0,2 mm (!). – Helles bläulich-grünes Glas. Braun korrodiert besonders an Stiel und Kuppaboden.

Rheinisches Landesmuseum Trier, Eingangs-Nr. E.V. 82/30

Stück von einem massiven Stiel. Unterteil einer Kuppa mit leicht hochgedrücktem Boden und ursprünglich wohl 16 (9 im Ansatz erhalten) unten mäßig vorspringenden Rippen. An den Rippennasen freihängende Girlande aus grünem Faden (an 3 Rippen erhalten).

Zu den Fundumständen und Beifunden dieses Fragments ist noch nichts Näheres bekannt. Das Stielbruchstück ist unten leicht verdickt, so daß es möglicherweise knapp über dem Fuß gebrochen ist – das würde einen ungewöhnlich kurzen Stiel im Verhältnis zu der großen Kuppa bedeuten. Das Motiv der Fadengirlande (vgl. Kat. Nrn. 253 und 255) findet sich hier ausnahmsweise nicht an einer unten sehr schmalen Kuppa, sondern an einer relativ breiten mit wohl annähernd zylindrischer Wandung.

LIT.: –

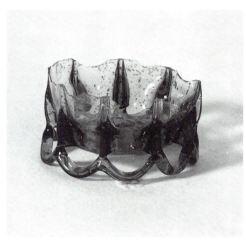

255

255 Kuppa- oder Becherfragment mit Fadengirlande

Rhein-Maas-Gebiet, 14. Jh. – Fundort: Koblenz, Mehlgasse (1983). – H 2,9 cm; ⌀ Bruchkante oben ca. 4,3 cm; Wandungsstärke Bruchkante oben minimal 0,2 mm.

Landesamt für Denkmalpflege, Abt. Archäologische Bodendenkmalpflege, Amt Koblenz, Eingangs-Nr. 83/69,4

Unterteil von Kuppa oder Becher mit leicht hochgewölbtem Boden und 9 unten stark vorspringenden Rippen. An den Rippennasen frei hängende Girlande aus einem grünen Faden.

Zum Fundkomplex vgl. Kat. Nr. 245. – Bei diesem Fragment läßt sich nicht eindeutig entscheiden, ob es zur Kuppa eines hochstieligen Glases gehörte oder zu einem Becher. Die Abbruchstelle unter dem Boden könnte sowohl von einem Stiel als auch vom Hefteisen sein. Für die Deutung als Kuppa spricht, daß wir bisher die Fadengirlanden nur von Stengelgläsern kennen (vgl. Kat. Nrn. 253 und 254) und daß es an den Fadenschlaufen keinerlei Standspuren gibt. Andererseits ist es kaum vorstellbar, wie ein Stiel direkt unter dem Boden abbrechen kann, ohne daß die Fadengirlande beschädigt wird. Auch ist vielfach zu beobachten, daß Kuppaformen sehr ähnlich auch als Becher ohne Stiel gefertigt wurden.

LIT.: –

256

256 Stengelglas mit Rippenkuppa, Fragment

Rhein-Maas-Gebiet, 14. Jh. – Fundort: Tournai, bei Saint Quentin (1974). – H 10,3 cm; ⌀ Kuppafragment oben 3,0 cm, Stiel 3,6-5,0 mm; Wandungsstärke Kuppawandung minimal 0,4 mm. – Helles bläulich-grünes Glas. Geklebt. Kaum verwittert.

Société Archéologique de Tournai

Kleiner Ansatz vom Fuß. Dünner massiver Stiel, unten verdickt. Boden der schmalen Kuppa leicht hochgedrückt, auf der Wandung 9 senkrechte Rippen, deren untere Enden rund verschmolzen sind.

Zum Fundzusammenhang vgl. Kat. Nr. 236. Die Kuppa dieses Glases war irrtümlich mit einem nicht zugehörigen Randfragment[1] ergänzt und gezeichnet worden, dieses scheinbar komplette Profil einer solchen Kuppa entfällt leider. Die einzige Rippenkuppa mit ähnlich schmalem Unterteil, die in ganzer Höhe gesichert ist, weist z. Zt. das Glas aus einem Grab in St. Martin in Lüttich auf[2]: Die Kuppa dort hat eine noch höhere, schlankere Glockenform als in der früheren Rekonstruktion dieses Fragments. Bruchstücke von weiteren Stengelgläsern mit schmalen Kuppaunterteilen waren noch mehrfach in dem Komplex aus Tournai vertreten, sie kommen aber auch an anderen Fundorten vor, z. B. in Huy, Metz, Tours[3]. In der Darstellung der Mariengeburt (aus einer Tafel mit Szenen aus dem Marienleben) von einem Brabanter Meister um 1400 ist ein Glas mit ähnlicher Kuppa zu sehen[4]. Das ist eines der Indizien dafür, daß diese schlanken Kuppaformen innerhalb der großen Gruppe der Stengelgläser zu den jüngeren gehören.

LIT.: Chambon (1975), S. 153, Fig. 2 D[1].

1 Die Anzahl der Rippen stimmte nicht überein.
2 Iker (1980), S. 110 f., Abb. 77 u. 78.
3 Cogniuol-Thiry (1978), Fig. 1 D, Fig. 5. – Motteau (1985), Nr. 167.
4 Musée des Beaux-Arts, Brüssel, Inv. Nr. 999. Detailabbildung bei Chambon (1955), Pl. K.

257 Stengelglas mit Fadenschlaufen und Ringen, Fragment

Nordfrankreich oder Rhein-Maas-Gebiet, 14. Jh. – Fundort: London, St. Swithin's House, Walbrook. – H 10,4 cm; ⌀ Stiel minimal 0,6 cm, Ringe ca. 1,8 cm; Wandungsstärke Bruchkante oben ca. 1,5 mm. – Hellgrünes Glas. Geklebt. Weitgehend braun korrodiert.

The Museum of London, Inv. Nr. 18 425

257

Kleiner Ansatz des Fußes. Massiver Stiel. Kuppafragment mit 9 unten stark vorspringenden Rippen. An ursprünglich 3 Stellen Fadenschlaufen zwischen Rippennasen und Kuppaboden befestigt, in die Ringe eingehängt sind (2 erhalten).

Die ausladende Form der Rippenkuppa mit den wenigen stark vorspringenden Rippen ist aus vielen Fragmenten vertraut, neu und bisher einmalig ist die Verzierung mit in Fadenschlaufen eingehängten Glasringen.

LIT.: Renaud (1959), S. VIII/31, Abb. 1. – Harden (1969), S. 107, Fig. 20. – Harden (1975), S. 40, Abb. 15.

258 Stengelglas mit kleinteiligem Muster, Fragment

Rhein-Maas-Gebiet (Argonnen ?), spätes 13./14. Jh. – Fundort: Metz, Arsenal Ney (1985). – H 12,4 cm; ⌀ Lippe ca. 9,0 cm, Fuß 13,2 cm, Stiel 7,5-8,0 mm; Wandungsstärke Lippenrand 1,8 mm, Kuppawandung minimal 1,0 mm. – Sehr helles, bläulich-grünes Glas. Geklebt, große Fehlstellen an Fuß und Kuppa. Durch Verwitterung milchig getrübt.

Direction des Antiquités Préhistoriques et Historiques de Lorraine, Metz

258

Großer Fuß mit leicht verdicktem Rand und kaum noch sichtbaren wirbelförmig gedrehten Rippen. Massiver, unten leicht gestauchter Stiel mit Spuren von Torsion in der Glasmasse. Schaftring aus doppelt umgelegtem Faden. Kuppa mit außen eingeprägtem kleinteiligen Muster: um den Stiel radiale längliche Zungen, dann Kranz von kleinen Kreisen, dann versetzt angeordnete punktförmige Vertiefungen. Am Kuppaboden außerdem breites, sechsmal halbkreisförmig zusammengekniffenes Band aufgelegt. Ca. 2 cm breite Randzone glatt, Lippenrand leicht abgesetzt und verdickt.

Zum Fundkomplex vgl. Kat. Nr. 242. – Dieses Glas ist eines von nur sehr wenigen im Profil ganz erhaltenen Beispielen innerhalb der Gruppe der Stengelgläser. Es zeigt einen im Verhältnis zur Kuppa unverhältnismäßig großen Fuß. Das feine Muster der Kuppa ließ sich vermutlich in dieser Kleinteiligkeit und Schärfe nur mit Hilfe eines Metallmodels erzie-

len. Obgleich man aber bei Glashütten in den Argonnen zahlreiche Fragmente von kleingemusterten Gläsern gefunden hat (vgl. S. 33, Abb. 30), fehlen bisher unter den Hüttenfunden derartige Model[1], vermutlich, weil sie wieder eingeschmolzen wurden.

Die Reihe der folgenden Beispiele gibt einen Überblick über die sehr vielfältigen Varianten von hochstieligen (und anderen) Gläsern, an denen kleinteilige Muster vorkommen, und über die bisher bekannten Muster.

LIT.: –

1 Zu einer möglichen Ausnahme vgl. S. 238.

259 Stengelglas mit kleinteiligem Muster, Fragment

Rhein-Maas-Gebiet (Argonnen ?), spätes 13./14. Jh. – Fundort: Metz, Visitation (1957). – H 6,2 cm; ⌀ Lippe 14,0 cm, Stiel 0,9 cm (mit Schaftring 1,9 cm); Wandungsstärke Lippenrand 1,8 mm, Kuppawandung minimal 1,0 mm. – Helles bläulich-grünes Glas. Geklebt. Kaum Spuren von Verwitterung.

Musée d'Art et d'Histoire, Metz

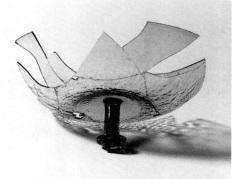

259

Teil des glatten massiven Stiels, knapp unter dem Schaftring (aus mehrfach umgewickeltem Faden) gebrochen. Schalenförmige Kuppa mit außen eingeprägtem kleinteiligen Muster: um den Stiel radiale längliche Zungen, dann Muster aus versetzt angeordneten punktförmigen Vertiefungen. (Muster nur undeutlich ausgeprägt, im oberen Teil verzogen.) Ca. 2 cm breite glatte Randzone, Lippenrand leicht verdickt.

Zu den Fundumständen ist nichts Näheres bekannt. – Der Komplex enthielt noch weitere Fragmente von kleingemusterten Stengelgläsern, darunter solche von ähnlichen schalenförmigen Kuppen, aber auch von glockenförmigen (mit hohlen Stielen, vgl. Kat. Nr. 277). Bei diesem Stück ist ausnahmsweise das ganze Profil einer solchen großen Kuppa erhalten, und die Glasmasse zeigt die ursprüngliche Reinheit und Transparenz.

LIT.: –

260 Kuppa mit kleinteiligem Muster, Fragment

Rhein-Maas-Gebiet (Argonnen), spätes 13./14. Jh. – Fundort: Metz, Arsenal Ney (1985). – H 4,1 cm; ⌀ Lippe 13,1 cm; Wandungsstärke Lippenrand 1,6 mm, Wandung minimal 0,8 mm. – Helles bläulich-grünes Glas. Geklebt. Scherben unterschiedlich korrodiert, z. T. völlig klar.

Direction des Antiquités Préhistoriques et Historiques de Lorraine, Metz

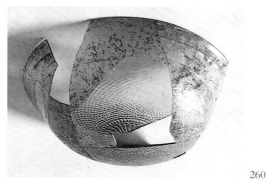

260

(Stiel in der Mitte ausgebrochen.) Große Teile einer schalenförmigen Kuppa mit außen eingeprägtem kleinteiligen Muster (wie bei Kat. Nr. 258). Breite Randzone glatt, Lippenrand leicht abgesetzt und verdickt.

Zum Fundkomplex vgl. Kat. Nr. 242. – Diese relativ vollständige Kuppaschale gibt eine gute Vorstellung von der Form, zeigt zum anderen an einer perfekt erhaltenen Scherbe das feine Muster in seiner ganzen Schärfe.

LIT.: –

261 Stengelglas mit kleinteiligem Muster, Fragment

Rhein-Maas-Gebiet, spätes 13./14. Jh. – Fundort: Angeblich Köln, Nähe St. Ursula. – H 11,2 cm; ⌀ Fuß (rekonstruiert) ca. 11,0 cm, Stiel 1,1 cm; Wandungsstärke Fußrand 1,2 mm, Fußwandung minimal 0,9 mm. – Helles bläulich-grünes Glas. Geklebt. Scherben unterschiedlich stark gelblich korrodiert.

Slg. H. J. E. van Beuningen-de Vriese, Leihgabe im Museum Boymans-van Beuningen, Rotterdam, Inv. Nr. 5001.4

Fuß mit leicht verdicktem Rand und schwach ausgeprägten, wirbelförmig gedrehten Rippen. Glatter hohler Stiel. Flacher Boden einer weitausladenden Kuppa mit 5 (von ursprünglich 8) rippenartigen Verdickungen und außen eingeprägtem kleinteiligen Muster: um den Stiel radiale längliche Zungen, dann Kranz von kleinen Kreisen, dann versetzt angeordnete punktförmige Vertiefungen.

Dieses Fragment zeigt, daß schalenförmige Kuppen nicht nur auf massiven Stielen vorkommen, wie bei Kat. Nr. 259, sondern auch auf hohlen.

LIT.: Baumgartner/Krueger (1985), S. 394, Nr. 73.

261

262 Stiel und Fußfragment von einem Stengelglas

Rhein-Maas-Gebiet, spätes 13./14. Jh. – Fundort: Metz, Musée (1932-33). – H 10,4 cm; ⌀ Fuß (rekonstruiert) 10,0 cm, Stiel minimal 0,9 cm; Wandungsstärke Fußrand 1,2 mm, Fußwandung minimal 0,9 mm. – Helles bläulich-grünes Glas. Durch Verwitterung getrübt.

Musée d'Art et d'Histoire, Metz

262

Fragment von einem Fuß mit leicht verdicktem Rand und schwach ausgeprägten wirbelförmig gedrehten Rippen. Glatter hohler Stiel, kleiner Ansatz des Kuppabodens.

Dieses Fragment, eines der bei Bauarbeiten im Museumsareal schon 1932/33 gefundenen Stücke, ist interessant im Zusammenhang mit der noch nicht restlos geklärten Herstellungstechnik solcher hohlen Stiele. Es zeigt deutlich, daß diese Stiele oben geschlossen sind (mit kleiner Heftnarbe innen) und daß der Kuppaboden auf diesen oberen Deckel aufgeschmolzen ist. Die feinen regelmäßigen Zacken an der Nahtstelle sind ähnlich an vielen Stücken zu beobachten; sie ergeben sich vermutlich bei der Berührung mit dem kleinteiligen Muster der Kuppa.

LIT.: –

263 Stengelglas mit kleinteiligem Muster, Fragment

Rhein-Maas-Gebiet, spätes 13./14. Jh. – Fundort: Angeblich Köln, Nähe St. Ursula. – H 17,2 cm; ⌀ Fußfragment maximal 7,0 cm, Stiel 0,9-1,0 cm; Wandungsstärke Bruchkante Fuß ca. 1,4 mm. – Helles bläulich-grünes Glas. Geklebt. Stark korrodiert, z. T. in Schichten zersetzt.

Slg. H. J.-E. van Beuningen-de Vriese, Leihgabe im Museum Boymans-van Beuningen, Rotterdam, Inv. Nr. 5001.24/25

264 Stengelglas mit kleinteiligem Muster, Fragment

Rhein-Maas-Gebiet (Argonnen?), spätes 13./14. Jh. – Fundort: Metz. – H 14,8 cm; ⌀ Lippe (rekonstruiert) ca. 13,0 cm; Wandungsstärke Lippenrand 1,2 mm, Kuppawandung minimal 0,6 mm. – Helles bläulich-grünes Glas. Geklebt. Kuppafragment durch Verwitterung getrübt und mit bräunlichen Korrosionsflecken.

Musée d'Art et d'Histoire, Metz

Ansatz zum Fuß. Massiver tordierter Stiel, unten verdickt. Teil einer schalenförmigen Kuppa (im Profil ganz) mit kleinteiligem außen eingeprägten Muster: radial um den Stiel Zungen aus 3 übereinandergestellten Punkten, dann zwischen 2 Kreislinien kleine Kreise mit mittlerem Punkt, dann Muster aus versetzt angeordneten punktförmigen Vertiefungen. 3 cm breite Randzone glatt. Lippenrand leicht verdickt.

Die genaue Fundstelle in Metz und die Fundumstände sind nicht bekannt. – Die tordierte Form des massiven Stiels kommt bei den Stengelgläsern relativ häufig vor (vgl. Kat. Nrn. 265, 266, 271 und 273).

LIT.: –

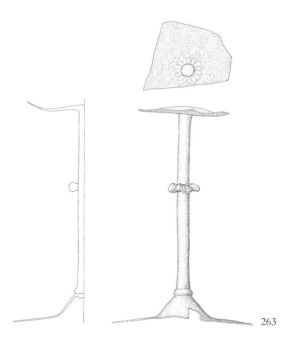

263

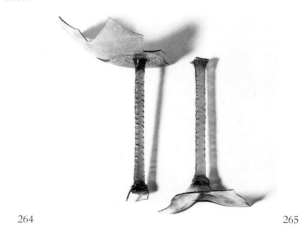

264   265

265 Stengelglas mit kleinteiligem Muster, Fragment

Rhein-Maas-Gebiet (Argonnen?), spätes 13./14. Jh. – Fundort: Metz, Musée (1932/33). – H 12,8 cm; ⌀ Fußfragment maximal 7,5 cm; Wandungsstärke Fuß minimal 0,6 mm. – Helles bläulich-grünes Glas. Durch Verwitterung getrübt.

Musée d'Art et d'Histoire, Metz

Teil des Fußes mit schwach ausgeprägten, wirbelförmig gedrehten Rippen. Massiver tordierter Stiel, unten verdickt. Kleiner Ansatz des Kuppabodens mit Rest des kleinteiligen Musters.

Dieses Fragment bietet eine Vorstellungshilfe, wie der beim vorigen Stück fehlende Fuß wohl aussah.

LIT.: –

Teil von einem Fuß mit schwach ausgeprägten, wirbelförmig gedrehten Rippen. Massiver, unten leicht verdickter Stiel mit Schaftring aus dickem, wellenförmig gekniffenen Faden. Boden einer weit ausladenden Kuppa mit außen eingeprägtem kleinteiligen Muster (wie bei Kat. Nr. 258).

LIT.: Baumgartner/Krueger (1985), S. 397, Nr. 78.

266 Zwei tordierte Stiele, Fragmente

Rhein-Maas-Gebiet, 14. Jh. – Fundort: Tournai, bei Saint Quentin (1974). – Bläulich-grünes Glas. Kaum verwittert.

a) H 8,0 cm; ⌀ minimal 0,5 cm.
Sehr kleiner Ansatz vom Fuß, darunter knopfförmiger Hefteisenabriß. Dünner massiver Stiel, unten kugelig verdickt, dann in engen Windungen tordiert. Nicht in ganzer Höhe erhalten.

b) H 9,0 cm; ⌀ minimal 0,5 cm.
Dünner massiver, eng tordierter Stiel, oben kleiner Rest des Kuppabodens. Bis auf die untere Verdickung in ganzer Höhe erhalten.

Société Archéologique de Tournai

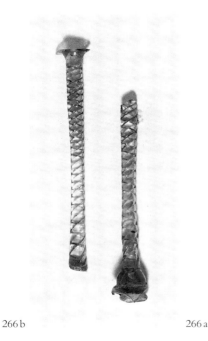

266 b   266 a

Zum Fundzusammenhang vgl. Kat. Nr. 236. – Diese beiden kleinen Stiele sind in der Ausführung besonders schön und sorgfältig und in der Glasmasse perfekt erhalten[1].

LIT.: Chambon (1975), S. 152 f., Fig. 1 B[1] und B[2] (die in den Zeichnungen mit angegebenen Kuppen und Füße sind nicht gesicherte freie Rekonstruktionen).

1 Über die Herstellungstechnik der tordierten Stiele konnten sich die Autoren nicht einig werden; deshalb klafft hier eine wissenschaftliche Lücke.

267 Stengelglas mit kleinteiligem Muster, Fragment

Rhein-Maas-Gebiet (Argonnen?), 14. Jh. – Fundort: Metz, Arsenal Ney (1985). – H 9,9 cm; ⌀ Fuß 8,2 cm, Stiel oben 1,8 cm; Wandungsstärke Fußrand 2,1 mm, Fußwandung minimal 1,2 mm. – Helles bläulich-grünes Glas. Geklebt. Weitgehend gelb-bräunlich korrodiert und z. T. in Schichten zersetzt.

Direction des Antiquités Préhistoriques et Historiques de Lorraine, Metz

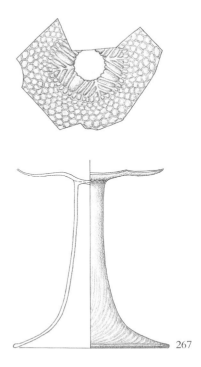

267

Fuß mit leicht verdicktem Rand und deutlich ausgeprägten, wirbelförmig gedrehten Riefeln, die bis zur halben Höhe des hohlen Stiels sichtbar bleiben. Boden einer flach ausladenden Kuppa mit undeutlichem außen eingeprägten Muster: um den Stiel 4 stilisierte Blätter aus je 4 fischgrätartig zu seiten einer Mittellinie angeordneten länglichen Zungen. Dann unregelmäßiges Netzmuster aus kleinen rundlichen Vertiefungen.

Zum Fundkomplex vgl. Kat. Nr. 242. – Dieses leider relativ schlecht erhaltene Stück fällt in doppelter Hinsicht aus dem Rahmen: zum einen durch den relativ breiten Stiel und die sehr kräftigen Riefeln an Fuß und unterer Stielhälfte, zum anderen durch eine neue und bisher vereinzelte Variante des kleinteiligen Musters.

LIT.: –

268 Stengelglas mit kleinteiligem Muster, Fragment

Rhein-Maas-Gebiet (Argonnen?), spätes 13./14. Jh. – Fundort: Metz, Hauts de Sainte Croix (1984). – H 10,5 cm; ⌀ Stiel 1,2–3,1 cm; Wandungsstärke Bruchkante Kuppa 1,0 mm. – Helles bläulich-grünes Glas. Fast ohne Korrosionsspuren.

13./14. JAHRHUNDERT

Direction des Antiquités Préhistoriques et Historiques de Lorraine, Metz

Kleiner Ansatz zum Fuß mit wirbelförmig gedrehten Rippen. Hohler Stiel, im unteren Drittel mit senkrechten Riefeln, weiter oben glatt. Teil vom flachen Boden einer Kuppa mit kleinteiligem Muster (wie bei Kat. Nr. 258). Muster unscharf ausgeprägt, Stiel nicht genau zentriert.

Zum Fundkomplex vgl. Kat. Nr. 243.

LIT.: –

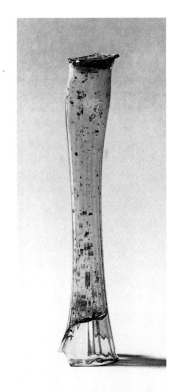

269

268

269 Hohler Stiel

Rhein-Maas-Gebiet (Argonnen?), 14. Jh. – Fundort: Metz, Arsenal Ney (1985). – H 14,1 cm; Ø 1,3–2,0 cm; Wandungsstärke Bruchkante unten 1,4 mm. – Helles bläulich-grünes Glas. Geklebt. Gelbliche Korrosionsflecken.

Direction des Antiquités Préhistoriques et Historiques de Lorraine, Metz

Hohler Stiel mit senkrechten Riefeln bis 2 cm unter dem oberen Abschluß, sehr kleiner Ansatz eines Kuppabodens. Unregelmäßig dick und schief verzogen.

Zum Fundkomplex vgl. Kat. Nr. 242. – Dieser Stiel ist eine Art Kuriosität durch seine Größe und plumpe Unregelmäßigkeit. An einem Hüttenplatz würde man ihn für ein mißratenes und verworfenes Stück halten, die Herkunft aus einer Kloake beweist, daß er doch zu einem einst kompletten Stück gehörte.

LIT.: –

270 Stengelglas mit kleinteiligem Muster, Fragment

Rhein-Maas-Gebiet, spätes 13./14. Jh. – Fundort: Angeblich Köln, Nähe St. Ursula. – H ca. 5,8 cm; Ø Kuppafragment maximal 9,8 cm, Stiel oben 14,5 mm; Wandungsstärke Bruchkante Kuppa minimal 0,6 mm. – Helles bläulich-grünes Glas. Geklebt. Starke gelbliche Korrosionsschicht, z. T. in Schichten zersetzt.

Slg. H. J. E. van Beuningen-de Vriese, Leihgabe im Museum Boymans-van Beuningen, Rotterdam, Inv. Nr. 5001.9

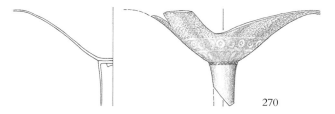

270

Teil eines hohlen Stiels und Fragment einer weit ausschwingenden Kuppa mit 7 rippenartigen Verdickungen und außen eingeprägtem kleinteiligen Muster (wie bei Kat. Nr. 258).

Die Gesamtform dieser höchst elegant geschwungenen Kuppa ist leider nicht vorstellbar, auch bei den bisher bekannten Parallelstücken fehlt jeweils der obere Teil (vgl. Kat. Nr. 271).

LIT.: Baumgartner/Krueger (1985), S. 394, Nr. 74.

271 Stengelglas mit kleinteiligem Muster, Fragment

Rhein-Maas-Gebiet (Argonnen?), spätes 13./14. Jh. – Fundort: Metz. – H ca. 7,6 cm; ⌀ Kuppafragment maximal 9,0 cm, Stiel 0,6 cm; Wandungsstärke Bruchkante Kuppa minimal 0,6 mm. – Helles bläulich-grünes Glas. Weitgehend bedeckt mit weißlicher Korrosionsschicht, z. T. Oberfläche angegriffen.

Musée d'Art et d'Histoire, Metz

271

Stück eines dünnen tordierten Stiels. Fragment der geschwungenen Kuppa mit außen eingeprägtem kleinteiligen Muster: um den Stiel nicht mehr zu erkennen, weiter außen versetzt angeordnete konzentrische Rauten. Randzone glatt.

Die Fundstelle innerhalb von Metz und die Fundumstände sind nicht mehr bekannt. – Rauten in Verbindung mit dem sehr viel häufigeren Punktmuster finden sich gelegentlich innerhalb dieser Gläsergruppe (vgl. Kat. Nr. 233). Ein gleiches, nur aus verschachtelten Rauten gebildetes Muster kennen wir sonst bisher nur von Bechern (vgl. Kat. Nrn. 281a, 354f.).

LIT.: –

272 Stengelglas mit kleinteiligem Muster, Fragment

Rhein-Maas-Gebiet (Argonnen?), spätes 13./14. Jh. – Fundort: Metz, Musée (1932-33). – H 4,7 cm; ⌀ Kuppafragment maximal 5,0 cm, Stiel 0,9 cm; Wandungsstärke Bruchkante Kuppa 1,2 mm. – Helles bläulich-grünes Glas. Durch Verwitterung getrübt, leichte braune Korrosionsflecken.

Musée d'Art et d'Histoire, Metz

Stück von einem glatten massiven Stiel. Unterteil einer Kuppa mit undeutlich eingeprägtem kleinteiligen Muster (wie bei Kat. Nr. 258), zusätzlich breites Band umgelegt und sechsmal halbkreisförmig zusammengekniffen (das Band drückt die Wandung wulstartig nach innen).

Das Fragment wurde (wie auch Kat. Nrn. 249, 262, 264f., 279 und 290) 1932/33 bei Bauarbeiten im Museumsareal gefunden. Für das Motiv des gekniffenen Bandes an kleingemusterten Kuppen vgl. Kat. Nrn. 233 und 273.

LIT.: –

272

273 Stengelglas mit kleinteiligem Muster, Fragment

Rhein-Maas-Gebiet, spätes 13./14. Jh. – Fundort: Angeblich Köln. – Provenienz: Slg Stieg, Krefeld. – H 4,6 cm; ⌀ Kuppafragment maximal 7,0 cm, Stiel 7,5-9,0 mm; Wandungsstärke Bruchkante Kuppa 1,0 mm. – Helles bläulich-grünes Glas. Wenig Korrosionsspuren.

Erwin Baumgartner, Basel

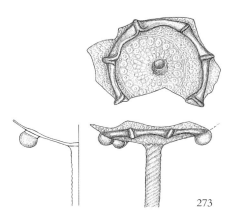

273

Teil eines massiven tordierten Stiels. Boden einer schalenförmig weit ausladenden Kuppa mit 6 (ursprünglich 7) schwachen rippenartigen Verdickungen und kleinteiligem, außen schwach eingeprägtem Muster (wie bei Kat. Nr. 258). Zusätzlich breites, ursprünglich 7 mal halbkreisförmig zusammengekniffenes Band umgelegt.

LIT.: Baumgartner/Krueger (1985), S. 397-399, Nr. 79.

274 Stengelglas mit kleinteiligem Muster, Fragment

Rhein-Maas-Gebiet, spätes 13./14. Jh. – Fundort: Angeblich Köln. – Provenienz: Slg. Stieg, Krefeld. – H 5,5 cm; Ø Kuppa beim Stauchungsring 6,6 cm, Stiel 1,2 cm; Wandungsstärke Bruchkante Kuppa 0,9 mm. – Helles bläulichgrünes Glas. Geklebt. Durch Verwitterung getrübt, stellenweise leicht irisiert.

Erwin Baumgartner, Basel

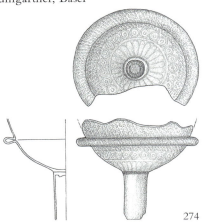

274

Stück von einem glatten hohlen Stiel. Kuppaunterteil mit kleinteiligem, außen schwach eingeprägten Muster (wie bei Kat. Nr. 258), zusätzlich Stauchungsring nach außen.

Innerhalb dieser Gruppe der hochstieligen Gläser des 13. bis 14. Jahrhunderts ist das Motiv des Stauchungsrings bisher singulär geblieben.

LIT.: Baumgartner/Krueger (1985), S. 394-397, Nr. 76.

275

275 Stengelglas mit kleinteiligem Muster, Fragment

Rhein-Maas-Gebiet (Argonnen?), spätes 13./14. Jh. – Fundort: Metz, Arsenal Ney (1985). – H 13,6 cm; Ø Lippe (rekonstruiert) ca. 9,4 cm, Fuß ca. 9,0 cm; Wandungsstärke Lippenrand 2,1 mm, Kuppawandung minimal 0,9 mm. – Helles bläulich-grünes Glas. Geklebt. Durch Verwitterung getrübt, bräunliche Korrosionsflecken.

Direction des Antiquités Préhistoriques et Historiques de Lorraine, Metz

Teil vom Fuß mit unregelmäßig verdicktem Rand und schwach ausgeprägten, wirbelförmig gedrehten Rippen, die am Stiel auslaufen. Hohler, zu 2 Dritteln glatter Stiel. Glokkenförmige Kuppa mit 4 (von ursprünglich 9?) rippenartigen Verdickungen und undeutlich ausgeprägtem kleinteiligen Muster (wie bei Kat. Nr. 258). Glatte Randzone, Lippenrand leicht verdickt.

Zum Fundkomplex vgl. Kat. Nr. 242. – Dieses Stück und Kat. Nr. 258 sind bisher die beiden einzigen Gläser dieser Art, die ›archäologisch ganz‹, d.h. im Profil vollständig gesichert sind.

LIT.: –

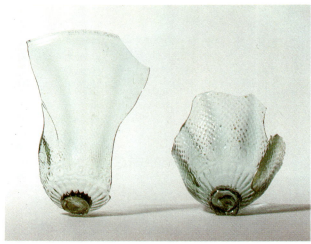

276   277

276 Kleingemusterte Kuppa, Fragment

Rhein-Maas-Gebiet (Argonnen?), spätes 13./14. Jh. – Fundort: Metz, Hauts de Sainte Croix (1984). – H 7,9 cm; Ø Lippe (rekonstruiert) 9,0 cm; Wandungsstärke Lippenrand 1,2 mm, Kuppawandung minimal 0,9 mm. – Helles bläulich-grünes Glas. Ohne jegliche Korrosionsspuren.

Direction des Antiquités Préhistoriques et Historiques de Lorraine, Metz

Sehr kleiner Ansatz eines hohlen Stiels. Fragment einer glokkenförmigen Kuppa (im Profil ganz erhalten) mit rippenartigen Verdickungen und außen eingeprägtem kleinteiligen

Muster (wie Kat. Nr. 258). Glatte Randzone, Lippenrand leicht verdickt.

Zum Fundkomplex vgl. Kat. Nr. 243. – Dieses Bruchstück gibt eine Vorstellung von der sehr reinen und hellen Glasmasse und der ursprünglichen Wirkung des feinen flimmerigen Musters.

LIT.: –

277   Kuppa mit kleinteiligem Muster, Fragment

Rhein-Maas-Gebiet (Argonnen?), spätes 13./14. Jh. – Fundort: Metz, Visitation (1957). – H 5,2 cm; ⌀ Kuppafragment maximal 5,4 cm; Wandungsstärke Bruchkante minimal 0,8 mm. – Helles bläulich-grünes Glas. Geklebt. Bis auf eine leicht verwitterte kleine Scherbe ohne Korrosionsspuren.

Direction des Antiquités Préhistoriques et Historiques de Lorraine, Metz

Sehr kleiner Ansatz eines hohlen Stiels. Unterer Teil einer glockenförmigen Kuppa mit 9 rippenartigen Verdickungen und außen eingeprägtem kleinteiligen Muster (wie bei Kat. Nr. 258).

Dieses Kuppafragment, ein Zwillingsbruder zu der vorigen Kat. Nr. und auch ähnlich makellos im Erhaltungszustand der Glasmasse, stammt von derselben Fundstelle wie Kat. Nr. 259.

LIT.: –

278

278   Kuppa mit kleinteiligem Muster, Fragment

Rhein-Maas-Gebiet (Argonnen?), spätes 13./14. Jh. – Fundort: Metz, Arsenal Ney (1985). – H 7,0 cm; ⌀ Kuppafragment maximal 6,9 cm; Wandungsstärke minimal 0,9 mm. – Helles bläulich-grünes Glas. Geklebt. Bräunliche Korrosionsflecken.

Direction des Antiquités Préhistoriques et Historiques de Lorraine, Metz

Sehr kleiner Ansatz eines hohlen Stiels. Fragment einer glockenförmigen Kuppa mit 9 rippenartigen Verdickungen, die nach rechts gebogen bzw. geknickt sind, und außen eingeprägtem kleinteiligen Muster (wie bei Kat. Nr. 258).

Zum Fundkomplex vgl. Kat. Nr. 242. – Die Besonderheit an diesem Fragment sind die abknickenden oder abbiegenden rippenartigen Verdickungen – wieder eine neue Raffinesse in dem schier unerschöpflichen Repertoire dieser Gläsergruppe.

LIT.: –

279

279   Stengelglas mit kleinteiligem Muster, Fragment

Rhein-Maas-Gebiet (Argonnen?), spätes 13./14. Jh. – Fundort: Metz, Musée (1932-33). – H 8,2 cm; ⌀ Kuppafragment maximal 5,0 cm, Stiel 0,8 cm; Wandungsstärke Bruchkante Kuppa 1,0 mm. – Helles bläulich-grünes Glas. Durch Verwitterung getrübt und starke braune Korrosionsflecken.

Musée d'Art et d'Histoire, Metz

Teil eines glatten massiven Stiels mit Schaftring aus mehrfach umgelegtem und flach gekniffenen Faden. Unterer Teil der glockenförmigen Kuppa mit 8 rippenartigen Verdickungen und außen eingprägtem kleinteiligen Muster (wie bei Kat. Nr. 258).

Die Kuppa dieses Glases war sehr ähnlich wie die vorigen Beispiele, aber der Stiel ist diesmal massiv – beide Alternativen für die Stiele kommen offensichtlich nebeneinander vor.

LIT.: –

280   Stengelglas mit formgeblasenem Muster, Fragmente

Nordostfrankreich (England?), Ende 13. Jh./1. Hälfte 14. Jh. – Fundort: Winchester, Assize Courts Ditch (1963). – H in der Rekonstruktionszeichnung ca. 16,2 cm; ⌀ Kuppalippe ca. 15,0-16,0 cm, Stiel 0,8-1,0 cm; Wandungsstärke Lippenrand ca. 1,0 mm. – Helles, bläulich-grünes Glas. Z. T. geklebt, weitgehend braun korrodiert und zersetzt.

Winchester City Museum, Winchester Research Unit, Inv. Nr. ACD RF 2801

Teil des hochgewölbten Fußes. Massiver, unten gestauchter Stiel. Teile der Kuppa mit außen eingeprägtem, netzartigen Muster (unregelmäßig und unscharf geprägt). Glatte Lippe mit leicht abgesetztem Rand.

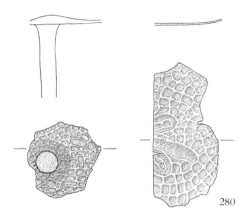

280

Die leider sehr schlecht erhaltenen Bruchstücke dieses Stengelglases wurden (zusammen mit denen des Bechers Kat. Nr. 163) in einer Abfallgrube in Turm 2 der Burg gefunden, in einer wohl um die Mitte des 14. Jahrhunderts anzusetzenden Schicht.
In der Form und Glasfarbe ähnelte dieses Stück offenbar denen aus Ostfrankreich bzw. dem Rhein-Maas-Gebiet, jedoch ist das Muster anders als bei diesen: gröber, unregelmäßiger und weniger präzise. Es fragt sich, ob es sich um ein mißratenes Importstück oder vielleicht um eine einheimische Nachahmung handelt?

LIT.: – (Charleston, Kat. Nr. 3274, in Vorbereitung)

281 Becher mit kleinteiligem Muster, Fragmente

Rhein-Maas-Gebiet (Argonnen?), 14. Jh. – Fundort: Metz. – Helles bläulich-grünes Glas. Einzelfragmente. Leicht getrübt durch Verwitterung und z. T. bräunlich korrodiert.

281 a

a) H 2,2 cm; ⌀ Boden ca. 4,5 cm; Wandungsstärke Bruchkante oben 1,0 mm.
Boden sehr wenig hochgedrückt. Als Fußring breites, in Abständen halbkreisförmig zusammengekniffenes Band umgelegt. Boden und Wandung mit außen eingeprägtem Muster: radial um die Heftnarbe längliche Zungen, dann Kreislinie, dann versetzt angeordnete konzentrische Rauten.

b) H ca. 3,2 cm; ⌀ Boden ca. 6,5 cm; Wandungsstärke Bruchkante 1,2 mm.
Ansatz zu kaum hochgedrücktem Boden. Glatter Faden als Fußring umgelegt und schräg hochgezogen zu einem weiteren horizontalen Fadenring (von dort Stück Faden schräg hochragend, zu wohl weiterem Ringfaden). Boden und Wandung mit schwach eingeprägtem Muster aus punktförmigen Vertiefungen.

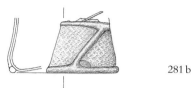

281 b

c) H 7,3 cm; ⌀ Lippe (rekonstruiert) 7,8 cm; Wandungsstärke Lippenrand 2,0 mm, Wandung minimal 1,0 mm.
Rand- und Wandungsfragment von einem hohen Becher mit schwach eingeprägtem Pünktchenmuster und Resten von 2 horizontalen Fadenringen (Faden dazwischen schräg hochgezogen). – Wohl nicht vom selben Becher wie b), aber von einem sehr ähnlichen Stück.

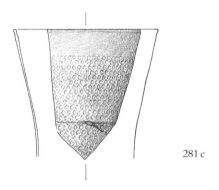

281 c

d) H 4,9 cm; Wandungsstärke minimal 0,8 mm.
Stück Wandung mit leichter Biegung zum Boden hin von einem Becher mit senkrechten rippenartigen Verdickungen und außen eingeprägtem Pünktchenmuster. An einer Stelle zweimal gekniffenes Füßchen angesetzt.

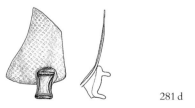

281 d

Musée d'Art et d'Histoire, Metz

Die nähere Fundstelle und Fundumstände sind nicht bekannt. Das kleine Sortiment von Fragmenten kleingemusterter Becher ganz verschiedener Form soll hier nur zeigen, daß parallel zu den Stengelgläsern mit solchen Mustern natürlich auch noch andere Gefäßformen hergestellt wurden, wahrscheinlich vielfach unter Verwendung derselben Model.

LIT.: –

282 Bodenfragmente mit kleinteiligem Muster

Rhein-Maas-Gebiet (Argonnen?), spätes 13./14.Jh. – Fundort: Wohl Metz. – L der Fragmente maximal 8,0 cm/8,2 cm/ 8,5 cm; Wandungsstärke 1,0-2,8 mm. – Hell bläulich-grünes Glas. Unterschiedlich stark durch Verwitterung getrübt, bräunliche Korrosionsflecken.

Musée d'Art et d'Histoire, Metz

Teil des leicht hochgestochenen Bodens von einer Flasche oder einem Krug mit außen eingeprägtem kleinteiligen Muster: radial angeordnete längliche Zungen, Kreislinie, versetzt angeordnete punktförmige Vertiefungen.

Das Bodenfragment wurde in einem Brunnen in der Lübecker Altstadt gefunden. Die Ähnlichkeit zu den vorhergehenden Stücken ist so groß, daß eine Herkunft aus derselben Hüttenregion anzunehmen ist.

LIT.: –

282

283

Bruchstücke von 3 in der Mitte leicht hochgestochenen Böden, wohl von Flaschen oder Krügen, mit außen eingeprägtem kleinteiligen Muster: a) radial angeordnete längliche Zungen, Kreislinie, versetzt angeordnete punktförmige Vertiefungen, b) zwischen Zungen und Punkten zusätzlich Kranz von größeren Kreisen mit mittlerem Punkt zwischen 2 Kreislinien.

Die Fragmente gehören zum Altbestand im Depot, sie stammen höchstwahrscheinlich aus Metz, zu den Fundumständen ist jedoch nichts bekannt. – Die Gesamtform der Gefäße, von denen diese Bodenfragmente übrigblieben, läßt sich nicht mehr erschließen. Es könnte sich um Flaschen, Krüge, vielleicht auch um Schalen oder breite Näpfe gehandelt haben. Durch ihr kleinteiliges Muster wie auch durch die Glasmasse ist offensichtlich, daß sie in denselben Hütten produziert wurden wie auch die kleingemusterten hochstieligen Gläser.

LIT.: –

283 Bodenfragment mit kleinteiligem Muster

Rhein-Maas-Gebiet, spätes 13./14.Jh. – Fundort: Lübeck, Breite Straße 97, Brunnen III. – H 1,5 cm; L maximal 6,7 cm; Wandungsstärke 2,3-0,8 mm. Hell bläulich-grünes Glas. Durch Verwitterung getrübt, bräunliche Korrosionsflecken.

Amt für Vor- und Frühgeschichte (Bodendenkmalpflege) Lübeck, Inv. Nr. 0211/E 916

284 Bodenfragmente mit kleinteiligem Muster

Rhein-Maas-Gebiet (Argonnen?), spätes 13./14.Jh. – Fundort: Metz, Hauts de Sainte Croix (1983), – H 2,4 cm / 2,9 cm; ⌀ Fußring 6,9 cm / 4,7 cm; Wandungsstärke an den Bruchkanten oben 0,9 mm. – Hell bläulich-grünes Glas. Kaum Verwitterungsspuren.

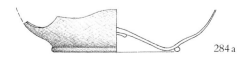

284a

a) Glatter Fußfaden (der die Wandung leicht nach innen drückt), Boden wenig hochgestochen, mit knopfförmiger Heftnarbe.

284b

b) Gekerbter Fußfaden, Ansatz zu wenig hochgestochenem Boden. Bei beiden Fragmenten kleinteiliges Muster nur noch schwach ausgeprägt.

Direction des Antiquités Préhistoriques et Historiques de Lorraine, Metz

Die Gesamtform läßt sich nicht mehr mit Sicherheit erschließen: Es könnte sich um Flaschen, Krüge oder vielleicht auch um Schalen oder breite Näpfe gehandelt haben.

LIT.: –

285   Bodenfragment mit kleinteiligem Muster

Rhein-Maas-Gebiet (Argonnen?), spätes 13./14.Jh. – Fundort: Metz, Arsenal Ney (1985). – H 1,7 cm; ⌀ Fußring 8,0 cm; Wandungsstärke 2,6–0,8 mm. Hell bläulich-grünes Glas. Durch Verwitterung getrübt, bräunliche Korrosionsflecken.

Direction des Antiquités Préhistoriques et Historiques de Lorraine, Metz

285

Fuß mit hohlem Rand durch Hochstechen der Blase gefaltet, Boden schief hochgedrückt. Kleinteiliges Muster nur noch ganz schwach und unscharf ausgeprägt: radial angeordnete längliche Zungen und kleine kreisförmige Vertiefungen.

Der kleine Ansatz zu einer weit ausladenden Wandung läßt vermuten, daß dieser Boden zu einer bauchigen Flasche bzw. einem Krug gehörte.
Der Fundkomplex vom Arsenal Ney enthält ein sehr reiches Spektrum an verschiedenartigen kleingemusterten Gläsern (vgl. auch Kat.Nrn. 258, 260, 267, 275 und 278).

LIT.: – (Die Glasfunde vom Arsenal Ney sind vorgesehen zur Publikation durch Hubert Cabart, Châlons-sur-Marne.)

286   Stengelglas, Fragment

Rhein-Maas-Gebiet, 13./14.Jh. – Fundort: Angeblich Köln, Umgebung von St. Ursula. – H 13,5 cm; ⌀ Kuppafragment 3,7 cm, Stiel 0,8–1,5 cm, Fußfragment 5,0 cm; Wandungsstärke Kuppa-Bruchkante 1,2 mm, am Fuß minimal 0,9 mm. – Hellgrünes Glas. Zahlreiche braune Korrosionsflecken, stellenweise zersetzt.

Slg. H.J.E. van Beuningen-de Vriese, Leihgabe im Museum Boymans-van Beuningen, Rotterdam, Inv.Nr. 5001.1

Teil des glatten Fußes. Massiver Stiel, unten leicht gestaucht, oberhalb der Mitte ringförmig umgelegter Faden. Kuppafragment glatt, zweimal geschnürt und gestaucht.

Über die näheren Fundumstände zu diesem Fragment ist nichts bekannt, es gehörte offenbar in einen Komplex mit sehr zahlreichen weiteren Bruchstücken von Stengelgläsern (vgl. Kat.Nr. 231, Anm. 1). In Analogie zu den Fragmenten Kat.Nrn. 287 und 288 kann man sich wohl auch bei diesem Glas eine Kuppa mit gewelltem Umriß vorstellen, die möglicherweise weiter oben ebenfalls Rippen hatte. Im Gegensatz zu diesen Vergleichsstücken hat dieses Glas aber keinen hohlen Stiel. Das Vorkommen ähnlicher Kuppaformen mit alternativ massivem oder hohlem Stiel läßt sich innerhalb der großen Gruppe der hochstieligen Gläser vielfach beobachten.

LIT.: Baumgartner/Krueger (1985), S. 383, Nr. 48.

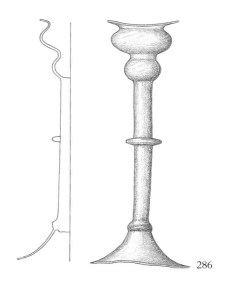

286

287   Stengelglas, Fragment

Rhein-Maas-Gebiet, Ende 13.Jh./frühes 14.Jh. – Fundort: Maastricht, O.L. Vrouweplein (1980). – H 10,5 cm; ⌀ Lippe ca. 6,5 cm, Stiel minimal 1,15 mm; Wandungsstärke Lippenrand 2,0 mm. – Ursprünglich hellgrünes Glas, jetzt fast ganz braun korrodiert und zersetzt. Geklebt und ergänzt (Kuppa im Profil ganz), unterer Teil des Stiels fehlt, Zugehörigkeit des mit montierten Fußfragments nicht sicher.

Gemeentelijk Oudheidkundig Bodemonderzoek Maastricht, Inv.Nr. 1980. MAVP, 2-1-1

Stück eines hohlen Stiels. Kuppa unten glatt, weiter oben mit schwachen Schrägrippen (Anzahl nicht mehr festzulegen), Wandung zweimal eingeschnürt und leicht gestaucht, so daß ein gewellter Umriß entstanden ist. Lippenrand leicht verdickt.

Die Fragmente dieses Glases mit der extravaganten Kuppaform wurden in derselben Kloake gefunden wie u.a. das smaragdgrüne Stengelglas Kat.Nr. 130, so daß es mit größter Wahrscheinlichkeit ebenfalls vor ca. 1340 weggeworfen wurde. Einige Parallelstücke, wie z.B. Kat.Nrn. 286 und 288 und ein im Profil nicht ganz vollständiges Kuppafragment aus Valkenburg[1], lassen erkennen, daß derartige gewellte Kuppen eine Gruppe für sich bildeten in dem erstaunlich reichen Formenrepertoire der hochstieligen Gläser des 13./14. Jahrhunderts.

LIT.: Renaud (1983), S. 24, Abb. 2,1 auf S. 25.

1 Renaud (1985), S. 17, Abb. 1,2 (aufbewahrt im Museum in Valkenburg).

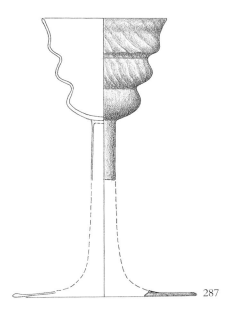

288 Stengelglas, Fragmente

Rhein-Maas-Gebiet, späteres 13. Jh./frühes 14. Jh. – Fundort: Maastricht, Van Veldekeplein (Staargebouw, um 1955). – H des Kuppafragments 3,5 cm; ⌀ Kuppafragment oben 7,0 cm, Stielansatz oben 2,0 cm, Fuß (rekonstruiert) ca. 9,0 cm; Wandungsstärke Bruchkante Kuppa oben 1,0 mm. – Hellgrünes Glas. Je ein Fragment von Fuß und Kuppa (Zusammengehörigkeit plausibel, aber nicht gesichert), weitgehend gelb-bräunlich korrodiert und stellenweise zersetzt.

Gemeentelijk Oudheidkundig Bodemonderzoek Maastricht

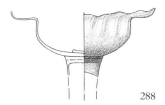

Leicht ansteigender Fuß mit schwach ausgeprägten, wirbelförmig gedrehten Rippen. Relativ breiter hohler Stiel. Kuppa unten glatt, weiter oben mit 24 leicht schräg geneigten Rippen. Wandung eingeschnürt und gestaucht. Im Inneren der Kuppa knopfförmige Heftnarbe (wegen der Montierung ist nicht mehr festzustellen, ob außerdem auch innen im Ansatz des hohlen Stiels eine Heftnarbe ist, wie bei den Gläsern mit hohlem Stiel üblich).

Diese Fragmente kamen zusammen mit anderen Stengelglasfragmenten, den Scherben des islamischen Goldemailbechers Kat. Nr. 70 und Keramik des späten 13. Jahrhunderts in einem Areal zutage, wo früher Kanonikerhäuser des St. Servatius-Stifts standen.

Das Kuppafragment wurde zunächst als Fußbruchstück angesehen, wohl wegen der Heftnarbe, die im Inneren einer Kuppa unüblich ist. Es läßt sich aber dank neuerer Funde nun in die Gruppe der Kuppen mit gewelltem Umriß einreihen (vgl. Kat. Nrn. 286 und 287), während es weiterhin keinerlei Parallelen für eine derartige Fußform gibt. Die irritierende Heftnarbe ergab sich wahrscheinlich durch den recht komplizierten Herstellungsprozeß einer solchen Kuppa.

LIT.: Renaud (1958), Abb. 7, Text Sp. 5. – Renaud (1983), S. 24. – Renaud (1985), S. 17, Abb. 1,1 (nun als Kuppafragment).

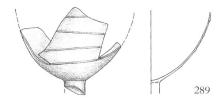

289 Stengelglas, Fragment

Rhein-Maas-Gebiet, 14. Jh. (?). – Fundort: Angeblich Köln, Nähe St. Ursula. – H 4,5 cm; ⌀ Kuppafragment maximal 6,0 cm, Stiel 1,0 cm; Wandungsstärke Bruchkante Kuppa 0,9 mm. – Helles, bläulich-grünes Glas. Bedeckt mit gelblicher Korrosionsschicht.

Slg. H. J. E. van Beuningen-de Vriese, Leihgabe im Museum Boymans-van Beuningen, Rotterdam, Inv. Nr. 5001.20.

Kleines Stück eines massiven Stiels und Teil einer annähernd eiförmig gewölbten Kuppa mit dünnem, spiralförmig umgelegten Faden.

Diese Kuppavariante ist bisher ohne Parallelen geblieben.

LIT.: Baumgartner/Krueger (1985), S. 384, Nr. 51.

290 Rippenkuppa, Fragment

Rhein-Maas-Gebiet (Argonnen?), 14. Jh. – Fundort: Metz, Musée (1932-33). – H 5,5 cm; ⌀ Lippe (rekonstruiert) ca. 10,0 cm; Wandungsstärke Lippenrand 1,5 mm, Wandung minimal 0,7 mm. Helles bläulich-grünes Glas. Geklebt. Kaum verwittert.

Musée d'Art et d'Histoire, Metz

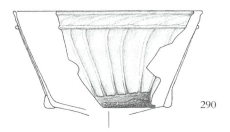

Teil einer breit konischen Kuppa mit senkrechten, unter dem Rand in leichter Biegung auslaufenden Rippen (6 erhalten). Über den Ansatz der Rippen unten ein dicker Faden gelegt, dünnerer Fadenring ca. 1,0 cm unter dem Rand. Lippenrand leicht abgesetzt und verdickt.

Dieses Fragment (gefunden bei Bauarbeiten im Museumsareal) gibt sich nur durch die Neigung des Bodens und eine winzige Ausbiegung zum Stiel hin als Teil einer Kuppa, nicht eines Bechers, zu erkennen. Parallelen zu einer solchen Kuppaform fehlen bisher.

LIT.: –

291 Stengelglas mit gekniffenen Stegen, Fragment

Entstehungsgebiet noch unbestimmt (Südfrankreich?), 14. Jh. – Fundort: London, Bank of England. – H 14,0 cm; ⌀ Stiel 9,5 mm; Wandungsstärke Bruchkante Fuß 1,0 mm. – Farbloses Glas mit leichtem Gelbstich, z. T. blaue Verzierung. Teile von Fuß und Kuppa sowie einem der Stege fehlen.

The Museum of London, Inv. Nr. 14702

Teil eines zur Mitte steil ansteigenden Fußes. Massiver, unten breit gestauchter Stiel mit 3 Schaftringen aus umgelegtem und flach gekniffenem Faden. Zwischen Kuppaboden und unterstem Schaftring 4 Zickzackstege, abwechselnd blau und farblos, unter der Kuppa und an den Schaftringen jeweils gekniffen. Kuppa verziert mit blauem, weit eingeschmolzenen Spiralfaden und farblosem horizontalen Band, das gekniffen und tropfenförmig ausgezogen ist.

Dieses ungewöhnliche Stengelglasfragment wurde, zusammen mit den beiden folgenden Stücken, in den 1930er Jahren beim Neubau der Bank of England gefunden, zu den näheren Fundumständen und eventuellen Beifunden ist leider nichts bekannt. Mangels Parallelen wurden die 3 Fragmente zunächst versuchsweise ins 16./17. Jahrhundert datiert, erst in jüngerer Zeit mit der Wiederentdeckung der Stengelgläser des 13./14. Jahrhunderts und speziell der besonderen Variante mit den Zickzackstegen rücken sie in einen verständlichen Zusammenhang. Das Motiv der gekniffenen Stege war schon in der Gruppe der farbigen Bleigläser (Kat. Nrn. 133 und 134) begegnet, ebenso bei den hellgrünen Stengelgläsern (Kat. Nrn. 251 und 252), hier nun findet es sich auch an farblosen Gläsern. Zeitlich liegen diese Gläser mit gekniffenen Stegen aus unterschiedlicher Glasmasse sicherlich nicht weit auseinander. Ein vage vergleichbares Stengelglas aus farblosem und blauem Glas mit Schaftringen und 6 abwechselnd blauen und farblosen Stegen in bizarren Biegungen wurde in Montauban (Tarn-et-Garonne, Südfrankreich) gefunden, es wird in die 1. Hälfte des 14. Jahrhunderts datiert[1].

LIT.: J. Charleston (1968), Nr. 23. – Charleston (1984), S. 21.

1 Foy (1986), S. 84–87, Fig. 3,6.

292 Stengelglas mit gekniffenen Stegen

Entstehungsgebiet noch unbestimmt (Südfrankreich?), 14. Jh. – Fundort: London, Bank of England. – H 13,0 cm; ⌀ Stiel 9,5 mm; Wandungsstärke Bruchkante Fuß 2,5 mm, Bruchkante Kuppa 1,2 mm. – Farbloses Glas mit leichtem Gelbstich, z. T. blaue Verzierung.

The Museum of London, Inv. Nr. 14703

GLÄSER AUF HOHEM FUSS ODER STIEL

263

Teil des zur Mitte steil hochgezogenen Fußes. Massiver, unten breit gestauchter Stiel mit 3 Schaftringen aus umgelegtem und flach gekniffenem Faden. (Auf der unteren Verdickkung blauer Tropfen.) Zwischen Kuppaboden und unterstem Schaftring 4 gekniffene Stege, abwechselnd blau und farblos. Diese Stege unter der Kuppa sind an den Schaftringen und – im Gegensatz zu dem vorigen Stück – auch dazwischen gekniffen. Kuppa mit 2 blauen, weit eingeschmolzenen Zickzackfäden übereinander und farblosem, horizontalem Band, das tropfenförmig ausgezogen ist.

Dieses Fragment wurde zusammen mit dem sehr ähnlichen Gegenstück Kat. Nr. 291 gefunden. Das etwas größere Kuppafragment läßt eine geschwungene schalenförmig ausladende Form erkennen, die ähnlich auch von den Stengelgläsern aus hellgrünem Glas bekannt ist (vgl. Kat. Nrn. 270 und 271). Dies ist ein weiteres Indiz für die Vermutung, daß trotz unterschiedlicher Glasmasse diese Stengelgläser etwa gleichzeitig entstanden sind.

LIT.: J. Charleston (1968), Nr. 24. – Charleston (1984), S. 21.

Dieser Stiel wurde zusammen mit den beiden vorhergehenden Fragmenten gefunden und gehört offensichtlich eng mit diesen zusammen, obgleich das Motiv der Zickzackstege fehlt. – Ein Fragment eines farblosen Stiels mit blauen Tropfen am Schaftring wurde in Montauban (Tarn-et-Garonne, Südfrankreich) gefunden[1]. Die Verzierung mit aufgesetzten blauen Tropfen kehrt auch an dem sternförmig ausgezogenen Nodus einer in Fragmenten erhaltenen hochstieligen Schale aus Southampton[2] wieder.

LIT.: J. Charleston (1968), Nr. 22. – Charleston (1984), S. 21.

1 Foy (1986), S. 87, Fig. 3,12 auf S. 86.
2 Charleston (1975), S. 204, 218, Nr. 1513.

294 Stengelglas, Fragment

Entstehungsgebiet noch unbestimmt (Südfrankreich?), 14. Jh. – Fundort: London, St. Nicholas Lane (1922 oder früher). – H 13,2 cm; ⌀ Fußfragment ca. 12,0 cm; Wandungsstärke Fußbruchkante minimal 0,8 mm. – Farbloses Glas. Geklebt. Z. T. hell bräunlich korrodiert.

The Museum of London, Inv. Nr. A 25 286

Teil eines zur Mitte hin sehr steil hochgezogenen Fußes und eines dünnen massiven, unten kugelig verdickten Stiels. Um die Nahtstelle von Fuß und Stiel gekniffenes Band gelegt.

Zu den näheren Fundumständen oder Beifunden ist nichts bekannt. Dieses Bruchstück repräsentiert ein weiteres farbloses Stengelglas, das nach der steilen Proportion des Fußes

293

293 Stengelglas, Fragment

Entstehungsgebiet noch unbestimmt (Südfrankreich?), 14. Jh. – Fundort: London, Bank of London. – H 10,4 cm; ⌀ Stiel 0,8 cm; Wandungsstärke Bruchkante Fuß minimal 1,0 mm. – Farbloses Glas mit leichtem Gelbstich, z. T. blaue Verzierung.

The Museum of London, Inv. Nr. 14 701

Teil des zur Mitte steil ansteigenden Fußes. Massiver, unten gestauchter Stiel, mit einer langgezogenen Luftblase in der unteren Hälfte. Knauf in etwa halber Höhe, verziert mit 4 dicken blauen Glastropfen. Nur sehr kleiner Rest des Kuppabodens mit Ansätzen von 2 (urprünglich wohl 4) blauen, weit eingeschmolzenen Fäden.

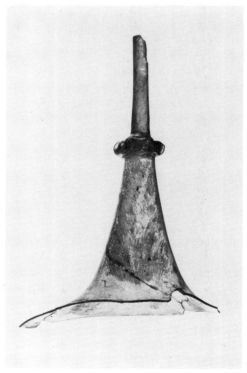

294

und dem sehr dünnen Stiel wahrscheinlich recht hoch und überfeinert war. Das gekniffene Band um den Fußansatz ist eine neue Verzierungsvariante. – Vergleichsstücke von hohen farblosen Stengelgläsern mit steil-trichterförmig ansteigendem Fuß sind wiederum aus Montauban[1] bekannt.

Fragmente von farblosen hochstieligen Gläsern sind außer in London auch noch an anderen Orten in England gefunden worden, z. B. in Southampton[2] und Nottingham. Sie sind wahrscheinlich Importe, aber zur Zeit spricht mehr dafür, daß sie aus Südfrankreich stammen als aus Italien, wie bisher meist postuliert wurde.

LIT.: –

1 Foy (1986), S. 87, Fig. 3,1 und Fig. 4.
2 Charleston (1975), S. 216, Nr. 1483, S. 218, Nr. 1513.

295 Stengelglas mit Stegen, Fragment

Entstehungsgebiet noch unbestimmt, spätes 13./14. Jh. – Fundort: Löwenburg (Kanton Jura), (1963). – H 10,2 cm; ⌀ Stiel minimal 1,1 cm; Wandungsstärke Bruchkante Fuß 1,5 mm. – Farbloses Glas mit manganfarbenen Schlieren. Stellenweise irisiert.

Christoph Merian Stiftung, Museum Löwenburg (Kanton Jura)

Teil eines hochgezogenen Fußes. Darauf zunächst Ringscheibe mit den abgebrochenen Enden von 4 Stegen, dann massiver, unten kugelig verdickter Stiel (nicht in ganzer Höhe erhalten). Reste von 2 Schaftringen aus umgelegten, flach gekniffenen Fäden mit Ausbruchstellen der Stege. Aus dem Fundzusammenhang sind keine Hinweise für die Datierung abzuleiten. In Analogie zu den beiden Londoner

295

Fragmenten von farblosen Gläsern mit Zickzackstegen und anderen derartigen Gläsern aus grünem Glas oder farbigem Bleiglas (vgl. Kat. Nrn. 133 und 134) kann man sich auch bei diesem Glas 4 Stege vorstellen, die wohl am Kuppaboden ansetzten und auf der unteren Ringscheibe (bzw. unter der unteren Verdickung des Stiels) endeten.

LIT.: –

Flaschen mit Stauchungsring

Das Merkmal des aus der Glasblase gestauchten hohlen Innenrings findet sich zu verschiedenen Zeiten, in weit auseinanderliegenden Regionen und an recht unterschiedlichen Flaschenformen[1].

Im Fundmaterial aus der Schweiz und vom Oberrhein kommen die frühesten Fragmente dieser Art in Kontexten des 12. und 13. Jahrhunderts vor: Außer den Stücken aus Straßburg und Basel (Kat. Nrn. 296 f.) gibt es noch zwei Innenring-Bruchstücke aus einem Zusammenhang des 12. Jahrhunderts in Basel[2], und ein (schwach grünliches) Stauchungsring-Fragment wurde in Zürich zusammen mit Material des mittleren 13. Jahrhunderts gefunden[3]. Die Flasche Kat. Nr. 296 aus der Baseler Augustinergasse mit dem relativ sicheren terminus ante quem von ca. 1280 gibt dann erstmals eine Vorstellung von der Gesamtform einer solchen Flasche mit gedrückt kugeligem Körper und deutlichem ›Kropf‹ am Hals. Während die frühen gestauchten Flaschen aus der Schweiz und vom Oberrhein aus annähernd farblosem (z. T. deutlich manganstichigen) Glas sind, kommen etwa gleichzeitig oder wenig später im mittleren und nördlichen Deutschland die ersten gestauchten Flaschen aus grünem Glas auf (Kat. Nrn. 298 f.). Spätestens im 14. Jahrhundert sind dann die frühesten gestauchten Flaschen mit deutlich überkragendem Oberteil nachzuweisen, aus denen sich die eigentlichen ›doppelkonischen‹ Flaschen entwickeln (vgl. Kat. Nrn. 374-377, 527).

Bei den gestauchten Flaschen mit überkragendem Oberteil gibt es offenbar deutlich unterschiedliche Typen in verschiedenen Regionen, von denen wir hier wenigstens noch den ›böhmischen‹ Typ neben dem deutschen repräsentieren. Diese gestauchten Flaschen aus Böhmen (Kat. Nr. 300) sind aus farblosem Glas und haben ein relativ breites zylindrisches Unterteil zusammen mit einem niedrigeren überkragenden Oberteil. Die weiter westlich, nachweislich im Spessart (Hütte im Laudengrund), aber sicherlich auch noch anderswo hergestellten gestauchten Flaschen haben dagegen in der frühen Form des 14. Jahrhunderts ein bauchig ausladendes Unterteil und ein etwa gleich hohes, sehr breit konisches Oberteil. Sie sind zusätzlich oft leicht gerippt.

1 Nach Abbildungen zu urteilen hat z. B. eine kugelige Flasche der Zeit um 600 aus einem Sarkophag in Cividale del Friuli einen Stauchungsring (Kat. Venedig (1982), S. 64, Nr. 32). – Dieses Motiv findet sich dann auch an iranischen Flaschen des 11./12. Jahrhunderts, z. B. an einem Exemplar im Islamischen Museum Berlin (Kröger (1984), S. 28, Nr. 22), ebenso an einem Flaschenfragment aus dem Material von den Glashütten in Korinth (Davidson (1952), S. 119, Nr. 781, Fig. 17 auf S. 118).
2 Basel, Rosshof, Grabung von 1983. Eines der Fragmente ist braun korrodiert (FK 13.516), das andere hat einen deutlich violett-manganfarbenen Stich (FK 13.368). Angaben zum Kontext verdanken wir Christoph Matt, Basel.
3 Schneider (1982), S. 303, Tf. 69,2.

296 Flasche mit Stauchungsring, Fragmente

Herkunftsgebiet noch unbestimmt (Deutschland?), 13. Jh. (vor ca. 1280) – Fundort: Basel, Augustinergasse (1968). – H rekonstruiert ca. 12,7 cm; ⌀ Lippe ca. 2,3 cm, Wandung in Höhe des Stauchungsrings 8,6 cm; Wandungsstärke Lippenrand 6,0 mm, Wandung minimal 0,3 mm. – Farbloses Glas mit schwachem Grünstich. Geklebt. Durch Verwitterung getrübt.

Historisches Museum Basel, Inv. Nr. 1968/37.3916 a und b

296

Hochgestochener Boden und Ansatz zu bauchiger Wandung. Ohne Anschluß, aber wohl zugehörig: Teile der bauchigen Wandung mit Stauchungsring nach innen. Am Hals nach außen gestauchter Wulst (›Kropf‹), Lippenrand verdickt.

Die Bruchstücke dieser Flasche wurden bei Grabungen im Bereich der ehemaligen Augustinerkirche gefunden, in Kellern, die im Zusammenhang mit der Errichtung dieser Kirche wohl kurz nach 1276 verfüllt wurden. Zu den Funden aus derselben Grabung gehören auch die Stücke Kat. Nrn. 74, 170, 177 und 218.

Bruchstücke von Innenringen aus Kontexten des 12. und 13. Jahrhunderts von anderen Stellen in Basel sowie aus Zürich und Straßburg (siehe S. 266) beweisen, daß diese Flasche kein Einzelstück im Glasmaterial jener Zeit war. Sie ist aber bisher das einzige Exemplar, das eine Vorstellung von der Gesamtform gibt.

LIT.: –

297 Stauchungsring, wohl von einer Flasche, Fragment

Entstehungsgebiet noch unbestimmt, 10.-12. Jh. – Fundort: Straßburg, 59 rue des Grandes-Arcades (1969) – ⌀ außen 13,4 cm, innen 11,6 cm; Wandungsstärke Bruchkante Wandung 1,0 mm, am Stauchungsring 1,6-2,0 mm. – Farbloses Glas mit deutlichem Manganstich. Geklebt.

Jean-Pierre Rieb, Straßburg

Durch Stauchen der Glasblase hergestellter Innenring wohl von einer Flasche. Auf der Außenseite der Wandung keine Naht sichtbar.

297

Dieses Bruchstück ist vage datiert durch die Lage in einer Schicht, deren älteste Funde ins späte 10. bis frühe 11. Jahrhundert und deren jüngste in die Mitte des 12. Jahrhunderts gehören.

LIT.: Salch (1971), S. 149-151, Nr. 54, Abb. S. 150.

298 Flasche mit Stauchungsring

Deutschland (Weserbergland?), 13. Jh. – Fundort: Höxter, Hl.-Geist-Straße, mittelalterliche Hospitalkloake (1986). – H 17,2 cm; ⌀ Lippe 1,8 cm, beim Stauchungsring 8,8 cm, Fuß 5,0-5,2 cm; Wandungsstärke Lippenrand 5,0 mm. – Gelblich-grünes Glas. Geklebt und ergänzt. Stark bräunlich korrodiert, Oberfläche z. T. wegkorrodiert.

Stadt Höxter, F. Nr. 203 / Fst. 1.

Fußring mit hohlem Rand durch Hochstechen der Blase gebildet, Boden leicht hochgestochen. Wandung birnförmig mit Stauchungsring nach innen etwa auf halber Höhe. Ca. 2,5 cm unter dem Lippenrand kleine Ausbuchtung (›Kropf‹), Lippenrand wulstartig verdickt, wohl nach außen umgeschlagen.

Die Fragmente dieser Flasche wurden in einem Kontext des 13. Jahrhunderts gefunden[1]. Da es sich eindeutig nicht um einen Luxusgegenstand, sondern um eine einfache Gebrauchsflasche aus grünem ›Waldglas‹ handelt, war sie sicherlich kein Importstück, sondern ein Produkt regionaler Hütten und beweist somit das Vorkommen der Flaschen mit Stauchungsring (aber ohne das überkragende Oberteil der doppelkonischen Flaschen) schon im 13. Jahrhundert auch im nördlichen Deutschland. Formal vergleichbar ist besonders die Flasche aus Nürnberg (Kat. Nr. 299).

LIT.: – (vgl.: Andreas König, Hans-Georg Stephan, Archäologische Untersuchungen am Heilig-Geist-Spital in Höxter, in: Ausgrabungen und Funde in Westfalen-Lippe 4, 1987)

1 Den Hinweis auf diese Flasche und die Angaben zum Fundzusammenhang verdanken wir Hans-Georg Stephan, Göttingen.

tige Varianten darstellen, oder ob man (nach dem Bekanntwerden der Flasche aus Höxter Kat. Nr. 298) die Stücke mit glatt durchlaufender Wandung als etwas ältere Vorläufer zu den frühen ›doppelkonischen‹ Flaschen sehen kann.

LIT.: Kahsnitz (1984), S. 127, Nr. I C 50.

1 Kahsnitz (1984), S. 128, Nr. I C 51.

298

299

299 Flasche mit Stauchungsring, Fragment

Deutschland, Ende 13./14. Jh. – Fundort: Nürnberg, Weinmarkt 11 (1983). – H 14,2 cm; ⌀ Lippe 2,0 cm, Wandung maximal 8,2 cm; Wandungsstärke Bruchkante unten 0,8 mm. – Hellgrünes Glas. Verwittert, helle und schwärzliche Korrosionsflecken.

Germanisches Nationalmuseum Nürnberg, Inv. Nr. Gl 649

Oberteil einer Flasche mit hohlem Stauchungsring nach innen. Am Hals nach außen gestauchter ›Kropf‹ (mit etwa gleichbleibender Wandungsstärke), Lippenrand verdickt.

Dieses Flaschenfragment stammt aus derselben Kloake wie u. a. auch der emailbemalte Becher Kat. Nr. 89 sowie die Stücke Kat. Nrn. 115 und 309. Im selben Komplex gab es noch ein Fragment einer wohl ähnlichen birnförmigen Flasche[1] sowie eine ganze Reihe von Bruchstücken gestauchter Flaschen mit überkragendem Oberteil.
Es ist noch nicht recht deutlich, ob diese verschiedenen Formen von Flaschen mit Stauchungsring annähernd gleichzei-

300 Flaschen mit Stauchungsring, Fragmente

Böhmen (?), wohl frühes 14. Jh. – Fundort: Most/Brüx (ČSSR), Abfallgrube 6 (1977). – Farbloses Glas mit grauviolettem bzw. leicht gelblichem Stich. Geklebt und montiert. Verwittert.

a) H rekonstruiert 19,2 cm; ⌀ Fuß 12,0 cm; Wandungsstärke Bruchkante Hals 3,1 mm, Wandung minimal 1,0 mm.
Durch Hochstechen der Glasblase gebildeter hohler Fuß, spitz hochgestochener Boden. In ca. 11,5 cm Höhe hohler Stauchungsring nach innen, Wandung darüber stark ausbiegend.

b) H rekonstruiert 20,6 cm; ⌀ Lippe 2,4 cm, Wandung maximal 12,2 cm; Wandungsstärke Lippenrand 5,5 mm, Wandung minimal 0,8 mm.
Teil des annähernd zylindrischen Unterteils. Hohler Stauchungsring nach innen. Oberteil stark überkragend und konkav gewölbt. Am Hals oben nach außen gestauchter Wulst (›Kropf‹). Lippenrand verdickt.

300

Archäologisches Institut der ČSAV, Expositur Most, Inv. Nr. 26/77-503

Diese beiden fragmentarischen gestauchten Flaschen aus einer Abfallgrube in der Innenstadt von Most sind durch den Zusammenhang ins wohl frühe 14. Jahrhundert datiert[1]. Sie vertreten einen Flaschentyp, der mehrfach an Fundorten in Böhmen vorkommt. Ein Flaschenfragment dieser Form (stratigraphisch ins 13. Jahrhundert datiert) war auch im Fundmaterial vom königlichen Palast in Buda[2].

LIT.: –

1 Angaben zum Fundzusammenhang verdanken wir Eva Černá, Most.
2 Zuletzt: Gyürky (1986), S. 72-74, Fig. 3,3.

301   Flasche mit Stauchungsring, Fragment

Böhmen (?), 13. Jh./frühes 14. Jh. – Fundort: Landshut (Bayern), Altstadt, westlich von St. Martin (1984) – H 11,0 cm; Ø Lippenrand 2,2 cm, Wandung maximal 13,0 cm; Wandungsstärke Lippenrand 6,0 mm, Bruchkante unten 1,0 mm. – Farbloses Glas mit bräunlich-rauchfarbenem Stich. Geklebt. Unterschiedlich verwittert.

Bayerisches Landesamt für Denkmalpflege, Außenstelle Landshut, F. Nr. 45 533.

Fragment vom Oberteil einer gestauchten Flasche: Teil der überkragenden, konkav hochgezogenen Wandung. Am Hals oben nach außen gestauchter Wulst (›Kropf‹). Lippenrand verdickt.

Dieses Flaschenfragment aus der Altstadt von Landshut läßt sich stratigraphisch in die Zeit um 1300 datieren[1]. Obgleich von einem Innenring nichts erhalten ist, ist doch die starke Biegung an der unteren Bruchkante nur als Teil der überkragenden Wandungspartie über einem solchen Stauchungsring zu interpretieren. In der Form und Glasfarbe ist dieses Fragment sehr eng mit den Flaschen aus Most Kat. Nr. 300 verwandt, eine Herkunft aus den nicht allzu fernen böhmischen Hütten ist gut vorstellbar.

LIT.: –

1 Angaben zum Fundzusammenhang verdanken wir Bernd Engelhardt, Landshut. Zur Grabung allgemein siehe: Bernd Engelhardt, Archäologische Untersuchungen zur Stadtgeschichte Landshuts, in: Vorträge des 4. Niederbayerischen Archäologentags 1986, S. 115-125.

301

302   Flasche mit Stauchungsring, Fragment

Deutschland (Spessart?), frühes 14. Jh. – Fundort: Mainz, Willigisstraße (1976) – H 14,3 cm; Ø Lippe 2,0 cm, Körper maximal 10,8 cm, Fußring 5,5 cm; Wandungsstärke Lippenrand 5,0 mm, Wandung minimal 0,6 mm. – Hellgrünes Glas. Geklebt und montiert. Verwittert, wenige braune Korrosionsflecken.

Rheinisches Landesmuseum Bonn, Inv. Nr. 78.0403

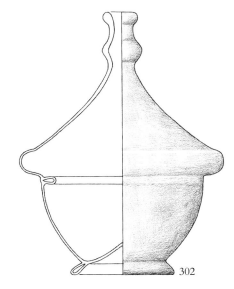

302

269

Durch Hochstechen der Glasblase gebildeter hohler Fußring, hochgestochener Boden. Hohler Stauchungsring nach innen. Am Hals leichter Wulst nach außen (›Kropf‹), Lippenrand verdickt.

Die Scherben dieser Flasche sowie einer ganzen Reihe von weiteren ähnlichen[1] wurden in derselben Kloake in Mainz gefunden, aus der u. a. auch die Stücke Kat. Nrn. 73, 143 f. und 217 stammen.

Die besondere Form der gestauchten Flasche mit bauchigem, nahezu halbkugeligem Unterteil und breitem, relativ niedrigem Oberteil ist in mehreren Fundkomplexen mit Material des späten 13./14. Jahrhunderts vertreten, u. a. in solchen aus Nürnberg, Worms, Speyer[2]. Der Eindruck, daß dies eine frühe Form der später dann deutlicher ›doppelkonischen‹ Flaschen sei, wird noch einmal bestätigt durch Fragmente dieser Art von der Spessartglashütte im Laudengrund, deren Tätigkeit um 1300 angesetzt wird (vgl. S. 28 f.). Diese Formvariante kommt unter den Laudengrund-Funden wie auch in den sonst erwähnten Fundkomplexen auch vielfach mit leicht gerippter Wandung vor.

LIT.: Krueger (1984), S. 546, Nr. 59, Abb. S. 547.

1 Krueger (1984), S. 546-548, Nr. 59-65.
2 Krueger (1984), S. 550 f.

Rippenflaschen

Die folgenden Flaschen (-fragmente) sind keine eigentliche Gruppe, sondern eine Zusammenstellung von Einzelstücken mit dem einen gemeinsamen Merkmal der Rippenverzierung.

Mit den in den Katalogtexten erwähnten Vergleichsstücken ergibt sich schon in dieser kleinen Untergruppe der Flaschen ein erstaunlicher Variationsreichtum. Bei einer Zusammenstellung aller bisher veröffentlichten Rippenflaschen des 13. und 14. Jahrhunderts scheinen sich regionale Gruppierungen abzuzeichnen, bei denen wir mit den heutigen Materialkenntnissen noch nicht absehen können, wie eventuelle typologische Entwicklungen und Beeinflussungen ablaufen.

303 Rippenflasche

Italien (?) / Jugoslawien (?), 13. Jh. (?) – Provenienz: Slg. Pezzoli. – H. 11,6 cm; ⌀ maximal 8,8 cm; Wandungsstärke 2,6-3,5 mm, am Hals 2,0-2,5 mm. – Gelb-gelbbraunes Glas. Innen etwas verwittert (?) und mit Rückständen.

Museum Poldi-Pezzoli, Mailand, Inv. Nr. 467

Hochgestochener Boden. Wandung mit 10 Rippen (im Profil ungefähr dreieckig, ziemlich scharfkantig), die noch knapp bis unter den Boden laufen. Wandungsstärke beim ›Kropf‹ des Halses etwa gleichbleibend.

Diese Flasche war schon 1879 in der Sammlung Pezzoli; weiter läßt sich die Provenienz leider nicht zurückverfolgen. Flaschen mit Vertikalrippen, die durch Abstände deutlich voneinander getrennt sind, kommen im 13. und 14. Jahrhundert in verschiedenen Ausführungen vor, und zwar geographisch weit gestreut[1]. Direkt vergleichbar mit der Flasche im Museum Poldi-Pezzoli ist bisher einzig ein Stück aus Jugoslawien. Es wurde in Panik (bei Dubrovnik) gefunden[2], ist zwar um etliches größer und aus farblosem Glas hergestellt, vor allem aber in der Gesamtform und im Dekor gut vergleichbar. Leider ist auch dieser jugoslawische Grabfund nur vage ins 12. bis 14. Jahrhundert zu datieren. Für die spezifische Ausformung des Halses mit einem ›Kropf‹ knapp oberhalb der Schulter wurde im Zusammenhang mit der Flasche aus Panik bereits auf Fragmente aus Korinth[3] sowie aus Buda[4] verwiesen. Beifügen ließe sich noch ein leicht konischer Hals mit ›Kropf‹ aus Cividale del Friuli[5]. Außer bei der jugoslawischen Flasche sind aber jeweils nur Details mit der Flasche in Mailand zu vergleichen.

Sehr ungewöhnlich für Gläser dieser Zeit ist die honiggelbe Farbe der Glasmasse, die ähnlich sonst nur in der Gruppe der Bleiglasgefäße (vgl. z. B. Kat. Nrn. 122-126, 128, 132, 134f.) vorkommt[6].

LIT.: Elisabetta Roffia / Giovanni Mariacher, Vetri, in: Museo Poldi-Pezzoli, Katalog »Ceramiche, vetri, mobili e arredi« (Bd. 3), Mailand 1983, S. 172, Nr. 36, Abb. auf S. 211.

1 Vgl. z. B. Kat. Nr. 305 und eine Flasche aus einem Grab im Poitou, siehe Barrelet (1953), S. 36, Abb. auf Tf. xx (A).
2 Marko Popović, Crkina u Paniku, in: Glasnika Zemaljskog muzeja Bosne i Hercogevine 27/28, 1973, S. 362f. – Pavo Anđelić, Un aperçu de la typologie du verre médiéval en Bosnie et en Herzégovine, in: Verre médiéval aux Balkans (v^e-xve s.), Recueil des travaux, Conférence internationale Belgrade, 24-26 avril 1974, Belgrade 1975, S. 172 f., Abb. auf Tf. vi/23. – Marian Wenzel, Analysis of some glass from Hercegovina, in: ebenda, S. 205, Abb. auf Tf. v/14. – Weinberg (1975), S. 134, Fig. 14.
3 Weinberg (1975), S. 134, Fig. 12 und 13.
4 Gyürky (1971), S. 208, Abb. 8.
5 Astone Gasparetto, La verrerie vénitienne et ses relations avec le levant balkanique au moyen âge, in: Verre médiéval (siehe Anm. 2), Tf. vi/20.
6 Die Mailänder Flasche ist bisher nicht auf Bleigehalt überprüft worden, sie wirkt allerdings nicht auffällig schwer.

304 Rippenflasche, Fragment

Entstehungsgebiet noch unbestimmt, 13. Jh./1. Hälfte 14. Jh. – Fundort: Landshut (Bayern), Rathaus (1976). – H 7,7 cm; ⌀ ›Halskropf‹ 3,6 cm; Wandungsstärke untere Bruchkante 0,7 mm. – Farbloses Glas. Verwittert, z. T. irisiert.

Stadt- und Kreismuseum Landshut

304

Schulter und Unterteil des Halses 16fach diagonal gerippt. Lippenrand wohl nach innen umgeschlagen (weitgehend verschmolzen).

Das Fragment aus Landshut zeigt, daß auch in Deutschland Flaschen mit einem ähnlichen ›Kropfhals‹ wie bei der Flasche in Mailand (Kat. Nr. 303) vorkommen[1]. Gleichzeitig repräsentiert es auch eine neue Variante: optisch geblasene Diagonalrippen sind in Verbindung mit der speziellen Form des Halses m. W. noch nicht publiziert worden.

Das Fragment kann wohl ins 13. Jahrhundert, spätestens noch in den Anfang des 14. Jahrhunderts datiert werden. Der Hals mit tiefliegendem ›Kropf‹ läßt sich mit ziemlicher Sicherheit schon für das 12., kaum aber mehr für das späte 14. oder gar 15. Jahrhundert belegen[2].

LIT.: –

1 Ein weiteres Fragment einer farblosen Rippenflasche mit Kropf (und vertikalen Rippen, die unterhalb des Kropfes ansetzen) wurde in Kloake 2507 in Braunschweig, Altstadt, Turnierstraße, in einem Kontext des 14. Jahrhunderts gefunden; Inv. Nr. 85:1/4766b.
2 Vgl. die Anmerkungen 1-5 der vorhergehenden Kat. Nr.

305 Rippenflasche

Rhein-Maas-Gebiet, 13./14. Jh. – Fundort: Lüttich, Friedhof der Kirche Saint-Nicolas-au-Trez. – H 8,0 cm; ⌀ Lippe 3,1 cm, Körper maximal 6,8 cm; Wandungsstärke Hals 1,6 mm. – Grünes Glas. Verwittert, Korrosionsflecken, Oberfläche z. T. angegriffen

Musée d'Art Religieux et d'Art Mosan, Lüttich, Inv. Nr. N 17

Hochgestochener Boden. Wandung mit 14 Vertikalrippen. Deutlicher Ansatz vom Überstechen der Glasblase am Ansatz des Halses. Lippenrand nach innen umgeschlagen.

Diese kleine Rippenflasche wurde schon im vorigen Jahrhundert gefunden, angeblich im Grabe eines Priesters. Sie wurde bisher fast immer[1] ins 12./13. Jahrhundert datiert, ohne besondere Begründung, möglicherweise in Parallele zu dem Rippenkelch aus einem anderen Priestergrab in Lüttich (Kat. Nr. 230). Konkrete Anhaltspunkte für eine Datierung gibt es nicht, Verwandtschaft besteht am ehesten zu den Gläsern auf hohem Fuß oder Stiel mit Rippenkuppen des 13./14. Jahrhunderts.

305

LIT.: F. Pholien, La Verrerie et ses artistes au pays de Liège, Liège 1899, S. 22, Fig. 4. – J. Gobert, Liège à travers les âges, Liège 1924-1929, Bd. IV, S. 317. – Rademacher (1933), S. 56, 142, Tf. 8 d. – Chambon (1955), S. 55 und Taf. 1 b. – Kat. Lüttich (1958), Nr. 220. – Ausst.-Kat. Rhein und Maas, Köln 1972, Bd. 1, S. 40, Nr. 1 14 b.

1 Rademacher (1933), S. 56, ordnet sie als einziger ins frühe 16. Jh. ein.

306 Rippenfläschchen

Deutschland/Rhein-Maas-Gebiet, 14./15. Jh. – Provenienz: Slg. Lückger, Köln. – H 5,1 cm; ⌀ Lippe 2,5 cm, Körper maximal 5,2 cm; Wandungsstärke Lippenrand maximal 3,0 mm. – Hellgrünes Glas. Kleiner Ausbruch an der Lippe, Sprung im Boden. Leicht verwittert und irisiert.

Kunstmuseum Düsseldorf, Inv. Nr. P 1936-21.

Boden spitz hochgestochen. Wandung mit 14 Rippen, die unten stark vorspringen und auf der Schulter auslaufen. Lippenrand leicht verdickt. Im Bereich des Rippendekors überstochen.

Flaschen mit Rippenmuster sind sehr häufig und kommen in vielerlei Varianten über einen sehr langen Zeitraum vor. Den einzigen Anhaltspunkt für eine vage zeitliche Einordnung dieses Fläschchens bieten die sehr stark vorspringenden, eventuell sogar nachgekniffenen Rippen-›Nasen‹. Dieses

306

Detail findet sich ähnlich auch an vielen Rippenbechern (mit senkrechten oder scharf umknickenden Rippen) und an den Kuppen von Stengelgläsern.

LIT.: (Auswahl): Rademacher (1933), S. 142, Tf. 8 b. – Heinemeyer (1966), S. 41, Nr. 83.

307 Flaschenoberteil, Fragmente

Deutschland, 13./14. Jh. (?) – Fundort: Braunschweig, Altstadt, Turnierstraße, Ass 631 (1985). – H des größten Fragments ca. 10,0 cm; ⌀ Halsfragment oben 2,2 cm; Wandungsstärke Bruchkante oben 1,5 mm. – Ursprünglich hellgrünes Glas, eingeschmolzene rote Bänder. Fragmente. Das grüne Glas sehr stark bräunlich korrodiert und in Schichten zersetzt.

307

Braunschweigisches Landesmuseum, Inv. Nr. 85:1 / 4898.

Enger Hals mit in Spiralen aufgelegten und eingeschmolzenen, zickzackförmig verzerrten roten Bändern (opakrot im Auflicht, rubinrot im Durchlicht) und 16 senkrechten Riefeln. Ansatz zur Bauchwölbung. Kleine lose Scherben, u.a. wohl von der Bauchwölbung, diese glatt und mit glatten roten Streifen.

Diese Fragmente wurden in einer Kloake gefunden, zusammen mit Material des 14. Jahrhunderts[1]. – Die Flaschenform ist nicht näher vorstellbar, eine typologische Einordnung nicht möglich. Das Schmuckmotiv der eingeschmolzenen roten Bänder wurde offenbar über einen längeren Zeitraum von mehreren Jahrhunderten verwendet, es findet sich z. B. schon an Fragmenten aus Utrecht (Boterstraat)[2], die durch den Kontext um 1200 zu datieren sind, aber auch noch an den Stangenglasfragmenten aus Lübeck und Lüneburg (Kat. Nrn. 505 f.). Besonders gut mit dem Braunschweiger Flaschenfragment vergleichbar sind diejenigen unter den rotgebänderten Gläsern, die zusätzlich auch noch eine Riefelung oder leichte Rippen haben. (Durch das Blasen in eine gerippte Form wurden dann die unregelmäßig umgelegten roten Bänder mehr oder weniger stark wellen- oder zickzackförmig verzerrt.) Die engste Parallele sind dann Fragmente von Flaschenoberteilen[2] mit leichten Rippen und roten gezackten Bändern aus Magdeburg, aus derselben Kloake wie u. a. die Kat. Nrn. 61, 62 und 213, d. h. aus einem Kontext des 13. bis frühen 14. Jahrhunderts. Vergleichbar ist auch das Becherfragment aus Limburg (Kat. Nr. 147).

LIT.: –

1 Kloake 2507, Schicht 3142. Angaben zum Fundzusammenhang verdanken wir Hartmut Rötting, Braunschweig.
2 Kenntnis von diesem Fund vermittelte uns Clasina Isings, Utrecht.

Rippenflaschen mit Fadenauflagen

Die folgenden Fragmente von Rippenflaschen weisen als Besonderheit blaue Fadenauflagen auf. Es sind fast alles Neufunde aus den letzten Jahren, und weitere Parallelen kommen laufend hinzu.

Eine der Gruppen, die sich dabei abzeichnet, sind Flaschen, die im Unterteil vertikal gerippt sind, während der glatte Hals auf eine immer sehr ähnliche Weise aufgebaut ist. Knapp oberhalb der Schulter sind horizontal zwei blaue Fäden und dazwischen ein farbloser gekniffener Faden aufgelegt[1]. Bevor der Hals zur Lippe ausschwingt, ist er (bei gleichbleibender Wandungsstärke) kropfartig erweitert. Der Lippenrand wird meist von einem aufgelegten blauen Faden dekoriert.

Nach dem seit Jahrzehnten vorgegebenen Schema wurden die Funde in den wenigen bisherigen Publikationen quasi reflexartig mit Venedig in Verbindung gebracht; die Stichworte farbloses und blaues Glas sowie hohe Ausführungsqualität schienen dafür zu genügen. Tatsache ist, daß derartige Funde nördlich der Alpen sehr häufig vorkommen, während eng vergleichbare Stücke in Italien bisher fehlen. Ein Flaschenhals aus Tarquinia (vgl. S. 46, Abb. 45)[2] zeigt die gleiche Abfolge der Fadenauflagen unten und einen ›Kropf‹ im Oberteil, der allerdings anders ausgeformt ist als bei den nördlich der Alpen gefundenen Beispielen; die Lippe schwingt nur unmerklich aus, und der Lippenrand verbleibt ohne blaue Verzierung; dazu kommt, daß die Glasmasse nicht farblos, sondern leicht grün ist. Auch weitere publizierte Funde aus Italien zeigen nur Ähnlichkeiten, nicht aber wirkliche Übereinstimmungen; so etwa ein Hals aus Cividale del Friuli, der am Ansatz einen blauen, wohl spiralförmig aufgelegten Faden, weiter oben einen ›Kropf‹ und eine Mündung ohne blauen Lippenrand aufweist und (wie das Stück aus Tarquinia) aus leicht grünem Glas besteht[3]. Kleinere vergleichbare Fragmente sind zudem aus Genua[4], vom Monte Lecco[5] und aus Torretta[6] bekannt.

Die Interpretation dieser Beobachtungen ist wiederum schwierig. Wären die nördlich der Alpen gefundenen Stücke in Italien entstanden, müßte dort wenigstens ein Teil der Funde vergleichbar sein. Und wäre der Export italienischer Gläser nach Norden so stark gewesen, wie das immer wieder betont wurde, müßten nördlich der Alpen auch Fragmente von Flaschenhälsen auftreten, wie sie in Italien vor allem vorzukommen scheinen. Wie sind die nördlich und südlich der Alpen sich abzeichnenden, nach dem bisher publizierten Material sich strikte voneinander abhebenden Gruppen zu erklären? Die Antwort ist noch nicht schlüssig gefunden, aber lokale Produktion für beide Gruppen muß sicher im Auge behalten werden.

Klar zeichnet sich auch eine zweite Gruppe von farblosen Flaschen mit blauer Fadenauflage ab. Es handelt sich um Stücke, die verschiedene Ausformungen zeigen, immer aber eine ausladende, mit einem spiralförmig aufgelegten blauen Faden verzierte Lippe aufweisen (Kat. Nrn. 310 f.). Im Unterschied zu den besprochenen Funden mit wechselnder horizontaler Fadenauflage (Kat. Nrn. 308 f.) finden sich Fragmente mit blauem Spiralfaden geographisch viel weiter verbreitet. Die Funde streuen von Jugoslawien[7] über Südfrankreich[8] und Ungarn[9] bis England[10]. Aus Italien scheinen bisher keine entsprechenden Nachweise vorzuliegen. Die Belege für Stücke aus Deutschland und der Schweiz haben in den letzten Jahren stark zugenommen. Interessant ist dabei die Beobachtung, daß in der Ausführung relativ starke Unterschiede auftreten (vgl. etwa Kat. Nr. 310 und 391). Wahrscheinlich wurden Stücke mit blauem Spiralfaden über längere Zeit, wahrscheinlich auch an verschiedenen Orten hergestellt.

---

1 Dieses Element kam bei den schon besprochenen Bechern mit wechselnder horizontaler Fadenauflage ähnlich vor, vgl. Kat. Nrn. 149-152.
2 Whitehouse (1987), S. 328, Fig. 5/36.
3 Kat. Venedig (1982), S. 66, Nr. 38.
4 Andrews (1977), S. 168 f., Taf. XXXI/1, 8.
5 Fossati/Mannoni (1975), S. 58, Nr. 2.
6 Gasparetto (1986), S. 127, Tf. XX, 6, S. 206, Nr. 229, S. 208, Nr. 229.
7 Corovic (1965), Taf. 2/1. – In Bosnien müssen an verschiedenen Fundplätzen größere Mengen vergleichbarer Fragmente gefunden worden sein; freundlicher Hinweis von Marian Wenzel, Abingdon (GB).
8 Foy (1985), S. 51, Fig. 37/3.
9 Gyürky (o. J.), Taf. XV/2, 3, 5, Taf. XVI/1, 2.
10 Charleston (1975), S. 219, Fig. 222, Nr. 1521.

308 Rippenflasche mit Fadenauflagen, Fragment

Entstehungsgebiet noch unbestimmt, 13. Jh./Anfang 14. Jh. – Fundort: Nürnberg, Obere Krämergasse 12 (1982). – H ca. 22,5 cm; ⌀ Lippe 7,1 cm, Gefäßkörper maximal 18,0 cm (rekonstruiert); Wandungsstärke unterhalb Lippenrand ca. 1,8 mm, Schulter (zwischen Rippen) 1,3 mm (oben), 0,7 mm (unten), auf der Höhe des größten ⌀ und an der unteren Bruchkante je 0,4 mm. – Farbloses Glas, z. T. blaue Verzierung. Geklebt und ergänzt. Verwittert, z. T. irisiert.

Germanisches Nationalmuseum Nürnberg, Inv. Nr. Gl 616

308

Wandung vom größten Durchmesser bis zum Halsansatz mit (ursprünglich wohl) 17 Rippen, die einen dreieckigen Querschnitt aufweisen und unten und oben allmählich auslaufen (der obere Ansatz der Rippen ist nicht durch ein Überstechen der Glasblase markiert). Blaue Fäden am Hals ca. 1½mal umgelegt, farbloser Faden gekniffen. ›Halskropf‹ mit durchgehend etwa gleichbleibender Wandungsstärke. Blauer Faden am Lippenrand.

Das Fragment gehört zu reichen Glasfunden aus Nürnberg, die erfreulicherweise schon kurz nach ihrer Auffindung publiziert wurden[1]. Besonders interessant ist dabei, daß gleich an zwei Fundstellen vergleichbare Flaschen geborgen wurden, die sonst noch nicht so komplett nachzuweisen waren (vgl. nächste Kat. Nr.). Leider ist bisher noch ungewiß, wie der untere Abschluß ausgesehen hat. Die übrigen Vergleichsstücke, die aus Eichstätt, Landshut, Augsburg, Konstanz, dem Fürstentum Liechtenstein, Basel und Worms stammen[2], zeigen nur den Hals oder einen Teil davon.

Die Parallelstücke lassen sich bisher in keinem Fall näher datieren, als großer Rahmen zeichnet sich aber mehrfach das 13. Jahrhundert und noch ein Teil des 14. Jahrhunderts ab.

Die Frage nach dem Entstehungsgebiet muß vorderhand noch offengelassen werden, obschon eine auffallende Fundkonzentration im süddeutschen, schweizerischen und liechtensteinischen Raum festzustellen ist.

LIT.: Kahsnitz (1984), S. 202, Nr. II C 1.

1 Kahsnitz (1984), S. 106-130, Nrn. 1 C 1-1 C 63, S. 202-207, Nrn. II C 1-II C 13. – Anläßlich eines Kolloquiums vom 21. September 1984 in Nürnberg wurde festgestellt, daß viele der im Katalog enthaltenen Stücke wohl zu spät datiert sind. Das trifft auch für den Großteil der Gläser (inkl. der hier vorgestellten und der nächsten Katalognummer) zu.
2 Eichstätt: Grabung Huttenstadel 1985/86, Bayerisches Landesamt für Denkmalpflege, Ingolstadt, Inv. Nr. B 233 129. – Landshut: Grabung Rathaus, 1976, Stadt- und Kreismuseum Landshut. – Augsburg: zwei Fragmente im Römischen Museum Augsburg. – Konstanz: mehrere Funde, siehe etwa: Oexle (1986), S. 232, Abb. 203. – Liechtenstein: Fund von Schellenberg, Ruine Neuschellenberg, 1961, Depot Archäologie, Fund-Nr. 61-337. – Basel: Grabung Andlauerhof, 1921, Historisches Museum Basel, Inv. Nr. 1940.698.a. – Worms: Altbestand, aufbewahrt im Museum der Stadt Worms im Andreasstift.

309

309 Rippenflasche mit Fadenauflagen, Fragment

Entstehungsgebiet noch unbestimmt, 13. Jh./Anfang 14. Jh. – Fundort: Nürnberg, Weinmarkt 11 (1983). – H ca. 12,8 cm; ⌀ Lippe 4,9 cm, Gefäßkörper maximal ca. 11,0 cm (rekonstruiert); Wandungsstärke unterhalb Lippenrand ca. 1,7 mm, Schulter (zwischen Rippen) 1,4 mm, untere Bruchkante 0,5 mm. – Farbloses Glas, z. T. blaue Fadenauflagen. Geklebt. Verwittert, z. T. irisiert.

Germanisches Nationalmuseum Nürnberg, Inv. Nr. Gl 646

Wandung vom größten Durchmesser bis zum Halsansatz mit (ursprünglich wohl) 14 Rippen, die einen dreieckigen Querschnitt aufweisen und unten und oben allmählich auslaufen (der obere Ansatz der Rippen ist nicht durch ein Überstechen der Glasblase markiert). Blaue Fäden am Hals ca. 2¼- bzw. 1½mal umgelegt, farbloser Faden gekniffen. ›Kropf‹ mit durchgehend etwa gleichbleibender Wandungsstärke. Blauer Faden am Lippenrand.

Das zweite Stück aus Nürnberg wurde u. a. zusammen mit Fragmenten zweier emailbemalter Becher (vgl. Kat. Nr. 89), einer farblos/blauen Scheuer (?), einer farblosen gerippten Schale und mehrerer farbloser Nuppenbecher gefunden[1]. Dieses Material gehört wohl ins 13. oder frühe 14. Jahrhundert[2], eine Datierung, die auch für dieses Flaschenfragment zutreffen mag.
Erstaunlich ist bei beiden Stücken aus Nürnberg die extreme Dünnwandigkeit; auf der Höhe des größten Durchmessers beträgt die Wandungsstärke nur noch 0,4 mm (Kat. Nr. 308) bzw. 0,5 mm. Diese minimale Wandungsstärke ist für Gefäße, die eine gewisse Größe und damit in gefülltem Zustand auch ein beträchtliches Gewicht haben, bemerkenswert.
Zur Frage nach dem Entstehungsgebiet vergleiche die vorhergehende Katalognummer und den Einführungstext zu dieser Gruppe.

LIT.: Kahsnitz (1984), S. 111, Nr. 1 C 4. – Baumgartner (1985), S. 171 (Analyse).

1 Kahsnitz (1984), S. 107 ff., Nrn. 1 C 2, 1 C 3, 1 C 5, 1 C 6.
2 Vgl. Kat. Nr. 308, Anm. 1.

310   Rippenflasche mit Fadenauflage, Fragment

Entstehungsgebiet noch unbestimmt, spätes 13. Jh./1. Hälfte 14. Jh. – Fundort: Eichstätt (Bayern), Huttenstadel (1985/86). – H 13,5 cm; ⌀ Lippe 6,6 cm; Wandungsstärke Lippenrand 2,7 mm, untere Bruchkante 0,6 mm. – Farbloses Glas, blaue Fadenauflage. Geklebt. Verwittert, z. T. irisiert.

Bayerisches Landesamt für Denkmalpflege Ingolstadt, Inv. Nr. 233 131

Ganze Wandung 12fach diagonal gerippt. ›Halskropf‹ mit durchgehend etwa gleicher Wandungsstärke. Blauer Spiralfaden an der Lippe. (Die Dicke des Fadens variiert etwas, er wurde aber nicht mehrmals angesetzt. Im unteren Teil der Spirale ist der Faden stärker plastisch als im Oberteil; er wurde also aufgelegt, bevor die Mündung aufgetrieben wurde.)

Der Fund aus Eichstätt wird hier an den Anfang der Stücke mit blauem Spiralfaden gestellt, weil er wohl einer der frühen Belege für diese Gruppe ist und einer der am besten erhaltenen. Ob man von höchstwahrscheinlich jüngeren Beispielen (vgl. Kat. Nr. 391) auch auf die Gesamtform dieser Flasche schließen kann, bleibt ungewiß. Ähnliche Fragmente sind in Deutschland und der Schweiz öfter gefunden worden[1]. Die größte Ansammlung gleichartiger Flaschenhälse stammt aus Regensburg (vgl. nächste Kat. Nr.).

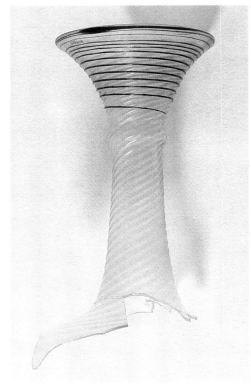

310

Die Datierung läßt sich für das Fragment aus Eichstätt nicht aus der Grabung ableiten. Die Feinheit der Ausführung, die ganz allgemein ein Merkmal vieler Gläser des 13. und frühen 14. Jahrhunderts ist, und die Gesamtform des Halses, die sehr ähnlich wie bei beiden Nürnberger Flaschen ist, lassen auf eine eher frühe Entstehung schließen, die kaum nach der Mitte des 14. Jahrhunderts liegen dürfte.

LIT.: –

1 Braunschweig: Rötting (1985), S. 94f., Abb. 53,1. – Neuburg a. d. Donau (1983): 2 Fragmente aus einer Zisternenfüllung, aufbewahrt in der Prähistorischen Staatssammlung München. – Raum Mainz/Speyer: Baumgartner (1987), S. 40, Nr. 9. – Löwenburg (Kanton Jura), aufbewahrt im Museum Löwenburg. – Zu den außerhalb Deutschlands und der Schweiz gefundenen Beispielen vgl. den Einführungstext zu dieser Gruppe.

311   Flaschenfragmente mit blauem Spiralfaden

Entstehungsgebiet noch unbestimmt, 2. oder 3. Drittel 14. Jh. – Fundort: Regensburg, Vor der Grieb 3 (1983). – H größtes Fragment 10,3 cm; ⌀ Lippe maximal 6,2 cm; Wandungsstärke Lippenrand ca. 2,0-2,5 mm, Schulter minimal 0,6 mm (oberste Reihe, links außen). – Farbloses Glas, blaue Fadenauflagen. Z. T. geklebt. Meist verwittert, korrodiert und irisiert.

Museen der Stadt Regensburg

9 Hals- und 14 Lippenfragmente, alle mit blauem Spiralfaden an der Lippe. Hals meist glatt, in 2 Fällen je 20fach diagonal gerippt. Einer der gerippten Hälse mit ›Kropf‹ unterhalb der Lippe und Ansatz zu ausbiegender Schulter, auf der die Diagonalrippen weiterlaufen. Bei 3 der glatten Hälse auf der Schulter Ansatz zu Vertikalrippen, Kante vom Überstechen der Glasblase.

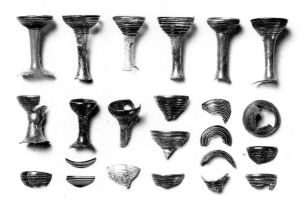

311

Aus der 1983 entdeckten Grube in Regensburg kam ein beeindruckendes Inventar zu Tage, das neben sehr viel Keramik und anderen Materialien auch Bruchstücke von mehreren hundert Gläsern erbrachte[1]. Die Fragmente von Flaschen mit blauem Spiralfaden sind dabei in ungewöhnlich großer Anzahl vertreten; die hier vorgestellten Beispiele machen nur etwa die Hälfte dieser Funde aus. Erstaunlich ist, wie viele Varianten schon in dieser kleinen Gruppe nachgewiesen werden können, sowohl was die Grundform, als auch, was die Wandungsstruktur betrifft.

Die Datierung der Fundschicht mit den Flaschenhälsen kann frühstens in die Mitte des 14. Jahrhunderts, spätestens in die Zeit um 1400 erfolgen[2]; damit ist allerdings noch nichts darüber ausgesagt, wie alt die Stücke bereits waren, als sie weggeworfen wurden. Da es sich aber, nach der Anzahl der nachweisbaren Exemplare zu schließen, nicht um seltene Luxusware handelte, muß nicht unbedingt mit einer sehr hohen Lebensdauer der Flaschen gerechnet werden.

LIT.: Vorbericht zur Grabung siehe Loers (1985), S. 169-171.

1 Aus demselben Komplex u. a. auch Kat. Nrn. 157, 183 und 512. Eine Publikation der Grabung wird durch Veit Loers, Kassel, vorbereitet.
2 Angaben verdanken wir Veit Loers, Kassel.

312 Rippenflasche, Fragmente

Oberrhein (?), Ende 13. Jh./Anfang 14. Jh. – Fundort: Straßburg, 15 rue des Juifs (1987). – H unteres Fragment 1,8 cm, oberes Fragment 6,4 cm; ⌀ Lippe 1,7 cm; Wandungsstärke Lippenrand 2,0 mm, untere Bruchkante 0,4 mm / 1,3 mm (Rippe). – Hellgrünes Glas.

Direction des Antiquités historiques, Straßburg

Hochgestochener Boden. 9 im Ansatz kräftig plastische Rippen, auf denen das Gefäß aufliegt. Am oberen Fragment 9 Rippen bis zum Ansatz des Halses sichtbar. Hals mit hohlem Stauchungsring. Lippe verdickt (aber wohl nicht umgeschlagen).

Diese Fragmente stammen aus derselben Grube mit überaus reichem Glasmaterial wie u. a. auch die Kat. Nrn. 82, 105, 158, 164, 209, 234, 321 f. Höchstwahrscheinlich waren sie Teile einer Flasche, wodurch sich erstmals eine Vorstellung von der Gesamtform einer solchen Rippenflasche mit gestauchtem Hals ergibt. Der kugelige Gefäßkörper war aber offenbar nur eine von verschiedenen möglichen Formen, die beiden folgenden Stücke lassen auf ein anderes Profil schließen. In den meisten Fundkomplexen besonders aus dem Rheingebiet sind (durchweg weniger komplette) Fragmente ähnlicher Flaschen mit diagonalen bzw. leicht tordierten Rippen[1] sehr viel häufiger als diese Variante mit Vertikalrippen.

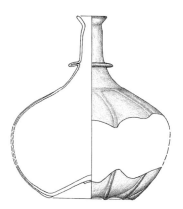

312

Die möglichen Vorläufer zum Typus mit vertikalen Rippen sind noch nicht genau bekannt. Eine entfernte Ähnlichkeit zeigt eine Flasche aus einem Grab im Poitou, die ins 13. Jahrhundert datiert wurde[2].

Die Grabung in Straßburg ist noch nicht endgültig ausgewertet. Einer Datierung der Fragmente ungefähr in die gleiche Zeit wie die Funde aus Breisach (vgl. Einführung zu dieser Gruppe, Anm. 5) steht jedoch vom mitgefundenen Glasmaterial her nichts im Wege.

Die Häufigkeit von Fragmenten mit gestauchtem Hals im Oberrheingebiet läßt die Frage zu, ob es sich vielleicht hier um eine lokale Produktion handelt. Glashütten, die im 13.

und 14. Jahrhundert hier tätig waren, sind vielfach belegt[3], was sie hergestellt haben, ist bisher aber noch unbekannt.

LIT.: –

1   Bremen (1964), S. 359f., Nrn 170a und b.
2   Barrelet (1953), Taf. xx(A).
3   Vgl. etwa Kat. Freiburg (1985), S. 25, Abb. 21.

313   Rippenflasche, Fragment

Oberrhein (?), Ende 13. Jh./Anfang 14. Jh. – Fundort: Straßburg, 15 rue des Juifs (1987). – H 5,9 cm; ⌀ Lippe 1,5 cm, maximal (rekonstruiert) ca. 9,6 cm; Wandungsstärke Lippenrand 1,8 mm, untere Bruchkante 0,4 mm. – Hellgrünes Glas. Geklebt. Z. T. hellbraune Korrosionsflecken.

Direction des Antiquités historiques, Straßburg

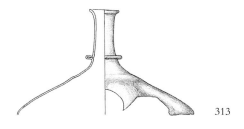

313

Schulter bis zum Umknicken des Profils auf der Höhe des größten Durchmessers erhalten. Kaum erkennbare Vertikalrippen, die bis etwas unterhalb des Ansatzes zum Hals sichtbar sind. Hals mit hohlem Stauchungsring. Lippe verdickt (aber wohl nicht umgeschlagen).

Das Fragment stellt eine Variante zur vorhergehenden Katalognummer dar. Die Vertikalrippen sind kaum sichtbar, vor allem aber läßt sich eine andere Grundform erkennen. Das Profil zeigt eine ziemlich flache Schulter, die abrupt nach unten umknickt. Wie die Wandung weiter verläuft, ist noch ungewiß.
Die Überlegungen zur Datierung und zum Entstehungsgebiet sind die gleichen wie bei der letzten Katalognummer.

LIT.: –

314   Flasche mit Fadenauflagen, Fragment

Oberrhein (?), Ende 13. Jh./Anfang 14. Jh. – Fundort: Straßburg, 15 rue des Juifs (1987). – H 6,6 cm; ⌀ Lippe 2,0 cm, maximal ca. 9,6 cm; Wandungsstärke Lippenrand 3,0 bis 3,5 mm, untere Bruchkante 0,6 mm. – Hellgrünes Glas, blaue Fadenauflagen. Geklebt.

Direction des Antiquités historiques, Straßburg

Schulter bis zum Umknicken des Profils auf der Höhe des größten Durchmessers erhalten. Unregelmäßige blaue Fa-

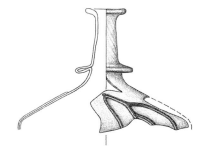

314

denauflage. Hals mit hohlem Stauchungsring. Lippe verdickt (aber wohl nicht umgeschlagen).

Belege für Flaschen mit blauen Fadenauflagen waren bis vor kurzem vor allem in Form von Böden und Wandungsfragmenten vorhanden, die aber keine Vorstellung von der Gesamtform ergeben. Beim vorliegenden Fragment ist das gleiche abrupt umknickende Profil wie bei der letzten Katalognummer zu erkennen. Was für ein Muster die Fäden auf der Wandung bildeten, ist bisher ungewiß. Es darf jedoch angenommen werden, daß sie unter dem Boden wieder sternförmig zusammenliefen, wie dies vielfach belegt ist[1]. Zu Datierung und Entstehungsgebiet siehe Kat. Nr. 312.

LIT.: –

1   Siehe etwa S. 52, Abb. 50 (zweitunterste Reihe / Mitte) oder Kat. Freiburg (1985), S. 10, Abb. 7/5, S. 12, Abb. 9/2 etc.

315   Flasche mit Fadenauflage, Fragment

Oberrhein (?), Ende 13. Jh./Anfang 14. Jh. – Fundort: Straßburg, 44 Faubourg de Pierre (1969). – H 5,3 cm; ⌀ Lippe 1,9 cm; Wandungsstärke Lippenrand 2,8–3,2 mm, untere Bruchkante 0,8 mm. – Farbloses Glas mit minimalem Grünstich, blaue Fadenauflage. Weitgehend hellbraun korrodiert.

Charles Dach, Straßburg, Inv. Nr. s 7 12

315

Teile der Schulter mit spiralförmig aufgelegtem blauen Faden. Hals mit hohlem Stauchungsring. Lippe verdickt (aber wohl nicht umgeschlagen).

Die letzte der bisher bekannt gewordenen Varianten von Flaschen mit gestauchtem Hals ist die mit einem spiralförmig aufgelegten blauen Faden, der wahrscheinlich schon unter dem Boden angesetzt und dann über die ganze Wandung hochgeführt wurde[1]. Ein diesem Straßburger Fund vergleichbares Fragment stammt aus der Grube des Augustiner-Eremitenklosters in Freiburg i. Br. (vgl. S. 49 ff.).

Beim vorliegenden Stück ist besonders hervorzuheben, daß die Glasmasse der Wandung (was nur an einigen kleinen, von der Korrosion nicht betroffenen Flächen zu erkennen ist) praktisch farblos ist.

Zu Datierung und Entstehungsgebiet siehe Kat. Nr. 312.

LIT.: –

1 Ein entsprechender Boden aus einem Straßburger Fund wird in der dortigen Direction des Antiquités historiques d'Alsace aufbewahrt, ein anderer stammt vom Augustiner-Eremitenkloster in Freiburg i. Br.

316 Rippenkrug, Fragment

Entstehungsgebiet noch unbestimmt, spätes 13. Jh./1. Hälfte 14. Jh. – Fundort: Nottuln (Nordrhein-Westfalen), Stiftsplatz (1979). – H 12,4 cm; ⌀ Lippe 8,7 cm, Fuß 7,7 cm; Wandungsstärke Lippenrand 1,9 mm, Wandung minimal 0,8 mm. – Farbloses Glas. Geklebt. Durch Verwitterung leicht getrübt.

Fundverwahrer: Westfälisches Museum für Archäologie, Amt für Bodendenkmalpflege, Münster, Fund-Nr. 79

Boden wenig hochgestochen. Auf der über dem Fuß eingezogenen Wandung 22 schwach ausgeprägte Diagonalrippen, die unter dem Boden sternförmig zusammenlaufen und 1,5 cm unter dem Lippenrand enden. Seitlich bandförmiger Henkel: unten breit angesetzt (zieht die Wandung ein Stück in einen Hohlraum im unteren Teil des Henkels), schräg hochgeführt, Ende (mit einer Falte) in der Kehle oben.

Die Bruchstücke dieses Krugs wurden in derselben Kloake gefunden wie auch die farblose Scheuer Kat. Nr. 224. Die Keramikbeifunde lassen sich ins 13., spätestens in die erste Hälfte des 14. Jahrhunderts datieren[1].

Eine genaue Parallele zu diesem Stück ist bisher nicht bekannt. Es gibt jedoch Bruchstücke von farblosen, diagonal gerippten Gläsern (Flaschen oder Krügen?) mit einer ähnlichen Einziehung über dem Fuß unter den Glasfunden aus Lübeck[2], und konkav einschwingende farblose Wandungsfragmente mit senkrechten oder diagonalen Rippen sind bei den neuen Grabungen in Braunschweig (Eiermarkt) gefunden worden. Möglicherweise werden sich diese und weitere künftige Funde einmal zu einer deutlicheren Gruppe zusammenschließen.

LIT.: –

1 Angaben zu den Fundumständen und den Beifunden verdanken wir Uwe Lobbedey, Münster.
2 Z. B. die Fragmente Inv. Nr. 038/8 E 24 und 034/ E 59.

317 Flasche, Fragment

Entstehungsgebiet noch unbestimmt, 14. Jh. (?) – Fundort: Göttingen, Markt 7/8 (1981). – H 15,5 cm; ⌀ Lippe 7,0 cm, Fuß 8,6 cm, Körper maximal 9,9 cm; Wandungsstärke Lippenrand 2,0 mm, Wandung minimal 0,6 mm. – Farbloses Glas mit leichtem Gelbstich. Geklebt. Durch Verwitterung getrübt.

Städtisches Museum Göttingen, Stadtarchäologie, Inv. Nr. 168

Spitz hochgestochener Boden. Wandung über dem Fuß stark eingezogen, im oberen Teil ca. 12 senkrechte Rippen sehr schwach sichtbar. Lippenrand kaum verdickt.

Die Scherben dieser Flasche wurden in einer bruchsteingemauerten Kloake gefunden, die möglicherweise bis ins 13. Jahrhundert zurückgeht. Das Gros der Keramik- und Glasfunde daraus stammt allerdings aus dem späten 14. bis frühen 15. Jahrhundert[1].
Enge Parallelen zu diesem Stück sind weder aus dem Fundmaterial in Göttingen noch von anderen Orten bekannt.

Durch die Einziehung über dem Fuß, die schwachen Rippen und die annähernd farblose Glasmasse erinnert diese Flasche vage an den Krug aus Nottuln Kat. Nr. 316.

LIT.: Schütte (1982/83), S. 140, Abb. 4,20 auf S. 138.

1 Angaben zu den Fundumständen und den Beifunden verdanken wir Sven Schütte, Göttingen.

319

281

Farblose Schalen mit Fadenauflagen

Eine neue Form im Repertoire der farblosen Gläser mit blauer Verzierung (vgl. auch die Becher Kat. Nrn. 149 bis 165) sind elegant geschwungene Schalen mit eingezogenem Unterteil. Innerhalb dieser Gruppe, die sich erst seit einigen Jahren abzeichnet, lassen sich bereits verschiedene Varianten des Dekors unterscheiden: Am häufigsten sind bisher Schalen in der Art von Kat. Nr. 319 mit volutenartig gerollten Fadenauflagen am Unterteil. Daneben finden sich auch andere Muster sowie Exemplare mit blauen Linsen unter dem Boden, und schließlich auch einfache Ausführungen, die nur einen blauen Randfaden haben.

Die nördlich der Alpen gefundenen Schalenfragmente haben mehr oder weniger verwandte Parallelen aus Südfrankreich und Italien. Die bisher aus Italien bekannten Schalen sind aber in mancher Hinsicht anders: Zum Beispiel weicht die fragmentarische Schale aus Farfa (Kat. Nr. 323) in der Form und im Randprofil, der grünlichen Glasfarbe, im Muster[1] der Fadenauflagen wie schließlich auch in den Dimensionen erheblich von den hierzulande gefundenen Stücken ab. Ein Beispiel aus Faenza[2] zeigt einen einfachen Zickzackfaden als Verzierung. Von der Dekoration her scheint ein Fragment aus Tarquinia (vgl. S. 46, Abb. 45)[3] den nördlichen Beispielen ähnlicher, nur ist die Glasmasse wiederum grünlich, einschließlich der Fadendekoration.

Ähnlicher sind den Schalen aus unseren Regionen eine größere Anzahl von Funden aus Südfrankreich[4].

Der Dekor entspricht dort vor allem demjenigen der Kat. Nrn. 319 f.; wie weit die Stücke insgesamt ähnlich sind, könnte man allerdings erst in einer direkten Gegenüberstellung sehen. Für die Fadenmuster der Kat. Nrn. 321 f. gibt es hingegen im reichen südfranzösischen Material keine Parallelen. Zu den Schalen mit blauen Linsen oder blauen Tupfern unter dem Boden lassen sich wiederum Vergleichsstücke aus Südfrankreich nachweisen (siehe S. 42, Abb. 42), in der Ausführung dieses Ziermotivs zeigen sich aber Differenzen.

Angesichts der erwähnten Unterschiede zwischen den Schalen aus Italien und Südfrankreich und denen von Fundstellen nördlich der Alpen muß die Frage nach deren Entstehungsgebiet wiederum offenbleiben.

Für die Schalenfragmente in der folgenden Gruppe gibt es keine näheren Anhaltspunkte zur Datierung aus dem Fundzusammenhang; die Grobdatierung ins 13. bis 14. Jahrhundert stützt sich hauptsächlich auf die enge Verwandtschaft zu den anderen farblosen, blau verzierten Gläsern.

---

1 Ein in Basel im Andlauerhof gefundenes Fragment zeigt ebenfalls zwei sich überkreuzende Zickzackfäden; die Wandung ist allerdings farblos. Historisches Museum Basel, Inv. Nr. 1940.698.b.
2 Whitehouse (1983), S. 117, Fig. 4.
3 Whitehouse (1987), S. 327, Nr. 24, Fig. 4 auf S. 324.
4 Foy (1985), S. 48, Fig. 33 und 34.

318 Schale

Entstehungsgebiet noch unbestimmt, 2. Hälfte 13. Jh./Anfang 14. Jh. – Fundort: Angeblich Raum Mainz/Speyer. – H 5,3 cm; ⌀ 14,6 cm, Fußring 5,5 cm, ›Glastupfer‹ unter dem Boden 1,8 cm; Wandungsstärke unterhalb des Lippenrandes geringer als 1,0 mm. – Farbloses und blaues Glas. Geklebt und ergänzt. Verwittert und z. T. irisiert.

Karl Amendt, Krefeld

Gekerbter Fußring. Hochgestochener Boden mit zentriertem blauem ›Glastupfer‹ auf der Unterseite, auf dem der Hefteisenabriß (wohl farbloses Glas) sitzt. Blauer Faden am oberen Rand.

In der Sammlung Amendt werden zwei Schalen mit undekorierter Wandung und einem Glastupfer auf der Unterseite des Bodens aufbewahrt. Das hier gezeigte Beispiel weist als

318

Besonderheit einen gekerbten (nicht gekniffenen) Fußring auf, das zweite einen glatten[1].
Die Dekoration der Unterseite des Bodens mit einem blauen Tropfen wurde auf verschiedene Arten ausgeführt. Normalerweise erhielt das blaue Glas einen linsenförmigen Querschnitt, das heißt, die Materialstärke lief gegen den Rand der Auflage auf null aus (siehe ein Beispiel von der Frohburg, S. 55, Abb. 51, zweite Reihe von oben, rechts)[2]. Bei beiden Schalen der Sammlung Amendt hingegen ist das blaue Glas wie ein Tupfer aufgesetzt und behält durchgehend die gleiche Materialstärke.
Fragmente von Schalen mit blauer Linse sind in größerer Zahl nachzuweisen. Von Fundorten nördlich der Alpen sind etwa das bereits erwähnte Stück von der Frohburg sowie ein weiteres Fragment von dieser Burgstelle[3] oder ein kleines Bodenstück aus der Rittergasse 4 in Basel zu nennen[4]. Aber auch weiter nördlich kommen vergleichbare Stücke vor, z. B. wurde ein derartiges Schalenfragment in Nottingham gefunden[5]. Relativ häufig sind die Funde in Südfrankreich[6], dort gelegentlich auch an Hüttenplätzen[7]. Aber gerade die Unterschiede zwischen den nördlich der Alpen und den in Südfrankreich gefundenen Schalen mit blauer Linse (Südfrankreich: bisher alle ohne Fußring, im ›Norden‹: mit Fußringen unterschiedlicher Form und zum Teil anderer Ausführung der blauen Glaslinse) lassen vermuten, daß dieser offenbar sehr beliebte Typ in verschiedenen Hüttenregionen hergestellt wurde. Übrigens sind aus Italien bisher keine entsprechenden Funde publiziert oder uns bekanntgeworden.

Für die Datierung der Schale aus der Sammlung Amendt kann auf das Fragment von der Frohburg verwiesen werden, das spätestens in den Anfang des 14. Jahrhunderts angesetzt werden kann[8]. Die Funde aus Südfrankreich werden in das zweite Viertel des 14. Jahrhunderts datiert[9].

LIT.: Baumgartner (1987), S. 39, Nr. 6.

1 Baumgartner (1987), S. 39, Nr. 7.
2 Siehe auch Baumgartner (1985), S. 159, Abb. 1.1, S. 167, Abb. 6.
3 Baumgartner (1985), S. 159, Abb. 1.2.
4 Aufbewahrt im Historischen Museum Basel, Inv. Nr. 1972.3923.
5 Unpubliziert, Fund aus Nottingham, Bridlesmith Gate (Privatbesitz); freundlicher Hinweis von Robert J. Charleston, Whittington, Cheltenham (GB).
6 Foy (1985), S. 49, Fig. 35.
7 Hütte von La Seube: Lambert (1972), S. 88, Fig. 12 und 13. – Lambert (1982/83), S. 187, Fig. 7 und 8, S. 223, Fig. 60.
8 Baumgartner (1985), S. 164.
9 Foy (1975), S. 122.

319 Schale mit Fadenauflagen

Entstehungsgebiet noch unbestimmt, 2. Hälfte 13. Jh./ 1. Hälfte 14. Jh. – Fundort: Angeblich Mittelrheingebiet. – H 7,4 cm; ⌀ Lippe 25,6 cm, Fußring 11,8 cm; Wandungsstärke Lippenrand 1,2 mm. – Farbloses Glas, blaue Fadenauflagen. Geklebt und ergänzt. Verwittert.

Kunstmuseum Düsseldorf, Inv. Nr. P 1985-297

Gekniffener Fußring. Boden wenig hochgestochen. An Boden und unterem Teil der Wandung fortlaufende Fadenauflage mit volutenartigen Einrollungen oben und unregelmäßigen Zackenspitzen unter dem Boden (größtenteils aus einem einzigen Faden, der in den Voluten tropfenartig dick aufliegt, sonst zum Teil sehr fein ausgezogen ist). Horizontale blaue Fäden über den Voluten und am Lippenrand.

Diese Schale im Kunstmuseum Düsseldorf ist das bisher vollständigste und größte Exemplar mit Volutenmuster in dieser Gruppe. Die spezifische blaue Fadenauflage kehrt an einer ganzen Reihe von Schalenfragmenten ähnlich wieder, außer an dem folgenden Stück noch an weiteren aus Freiburg i. Br., Straßburg und Mainz sowie aus Südfrankreich und wohl auch Southampton[1].
Der Fundzusammenhang der Düsseldorfer Schale ist nicht bekannt, Anhaltspunkte für die Datierung ergeben sich also nur durch den Kontext der vergleichbaren Schalen, zum Beispiel in England und Südfrankreich, der jeweils auf die erste Hälfte des 14. Jahrhunderts weist.

LIT.: Baumgartner (1985), S. 163, Abb. 5. – Ricke (1985), S. 48, Abb. 6.

1 Freiburg i. Br.: Fragmente von 2 Schalen vom Areal der ehemaligen Deutschordenskommende (Grabung 1982/83), Landesdenkmalamt Baden-Württemberg, Außenstelle Freiburg. – Straßburg, Komplex rue des Juifs, vgl. Kat. Nrn. 82, 105, 158, 164, 209, 234, 312-314, 321 und 322. – Mainz: Privatbesitz, unpubliziert. – Südfrankreich: Foy (1985), S. 48, Fig. 34. – Southampton: Charleston (1975), S. 217, Nr. 1492.

320 Schale mit blauer Fadenauflage, Fragment

Entstehungsgebiet noch unbestimmt, 2. Hälfte 13. Jh./ 1. Hälfte 14. Jh. – Fundort: Wohl Mainz. – H 4,0 cm; ⌀ Fußring 9,5 cm; Wandungsstärke Bruchkante oben 1,0 mm. – Farbloses Glas mit minimalem Grünstich, blaue Fadenauflagen. Geklebt und ergänzt. Verwittert.

Karl Amendt, Krefeld

Gekniffener Fußring. Boden wenig hochgestochen. An Boden und unterem Teil der Wandung fortlaufende Fadenauflage mit volutenartigen Einrollungen oben und unregelmäßigen Zackenspitzen unter dem Boden. Horizontaler Faden oberhalb der Voluten.

320

Dieses Fragment stellt eine Variante zu der Schale in Düsseldorf dar. Vor allem zeigt es eine etwas andere Glasmasse mit schwachem Grünstich.
Die Volutenmuster dieser Schalenuntergruppe scheinen stets nach dem gleichen Prinzip aufgetragen zu sein: der blaue Faden wurde – höchstwahrscheinlich vor dem Einstechen des Bodens, eindeutig vor dem Auflegen des Fußrings – auf der Glasblase aufgesetzt und dann meist ohne Unterbrechung weitergeführt. Diese frei aufgetragenen Ornamente fielen natürlich recht unterschiedlich aus[1].

LIT.: –

1 Vgl. etwa die Stücke Kat. Nrn. 319, 320, mit denen bei Lambert (1972), S. 106, Pl. VII/12, oder Foy (1985), S. 48, Fig. 34/1.

321 Schale mit Fadenauflagen, Fragment

Entstehungsgebiet noch unbestimmt, 2. Hälfte 13. Jh./ 1. Hälfte 14. Jh. – Fundort: Straßburg, 15 rue des Juifs (1987). – H 5,9 cm; ⌀ Lippe 13,8 cm, Fußring 6,8 cm; Wandungsstärke Lippenrand 1,0-1,3 mm, Wandung sonst 0,7-0,8 mm. – Farbloses Glas, blaue Fadenauflagen. Geklebt. Verwittert, z. T. irisiert.

Direction des Antiquités historiques, Straßburg

Gekniffener Fußring. Hochgestochener Boden. Auf der Wandung blaue Verzierung mit 3 Punkten und 3mal sich wiederholenden Fadenschnörkeln (stark mit der Wandung verschmolzen). Am Übergang zur Lippe 2fach umgelegter, stärker plastisch erhabener Faden.

321

Das Schalenfragment aus Straßburg wurde erst 1987 zusammen mit dem folgenden und weiteren sehr interessanten frühen Glasfunden geborgen (vgl. Kat. Nrn. 82, 105, 158, 164, 209, 234, 312-314). Das System der Fadenauflage ist wegen Fehlstellen in der Wandung nicht genau zu rekonstruieren, es scheint aber auf keinem der sonst bekannten Stücke vorzukommen. Die Zugehörigkeit des Fragments zu dieser Schalengruppe ist aber nicht zu bezweifeln. Deren vage Datierung scheint sich durch die ›Vergesellschaftung‹ in dieser Grube zu bestätigen.

LIT.: –

322 Schale mit Fadenauflagen, Fragment

Entstehungsgebiet noch unbestimmt, 2. Hälfte 13. Jh./ 1. Hälfte 14. Jh. – Fundort: Straßburg, 15 rue des Juifs (1987). – H 4,0 cm; ⌀ (rekonstruiert) ca. 13,0 cm; Wandungsstärke Lippenrand 1,4 mm, Lippe 0,7 mm, Bruchkante unten 1,3 mm. – Farbloses Glas, blaue Fadenauflagen. Geklebt. Verwittert.

Direction des Antiquités historiques, Straßburg

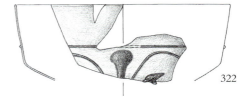

322

Fragment vom oberen Wandungsbereich einer Schale. Blauer Fadendekor: Rest eines senkrechten, oben tropfenförmig aufgesetzten Fadens, flankiert von Voluteneinrollungen. Horizontaler Faden.

Zum Fundzusammenhang siehe beim vorigen Fragment. Die innerhalb dieser Schalengruppe neue Dekorvariante ist vermutlich ähnlich vorzustellen, wie bei den Becherfragmenten Kat. Nrn. 160 und 161. Diese Becher und die Schalen wurden also wahrscheinlich in denselben Hüttenregionen und annähernd gleichzeitig hergestellt.

LIT.: –

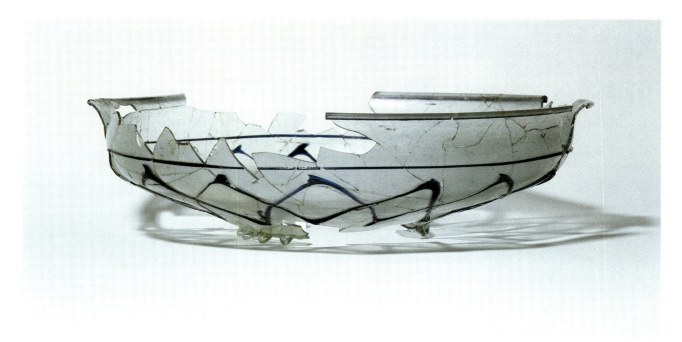

323

323 Schale mit blauer Fadenauflage, Fragmente

Italien, 13./14. Jh. – Fundort: Benediktinerabtei Farfa (nordöstlich von Rom). – H 11,4 cm; ⌀ ca. 39,8 cm; Wandungsstärke minimal 1,7 mm. – Farbloses Glas mit Grünstich, blaue Fadenauflagen. Geklebt. Verwittert, z. T. leicht irisiert.

Soprintendenza Archeologica del Lazio, Rom

Gekniffener Fußring. Ansatz zu leicht hochgestochenem Boden. Auf der Wandung unten 2 unregelmäßige blaue Zickzackfäden, sich überkreuzend, darüber horizontaler blauer Faden. Lippenrand nach außen umgebogen, mit blauem Randfaden.

Die mehr als 100 Scherben dieser sehr großen Schale wurden in einer Abfallgrube beim Palast des Abtes von Farfa gefunden, unterhalb einer Schicht mit Keramik des 15. Jahrhunderts. In Faenza kamen in einem Kontext des 14. Jahrhunderts Bruchstücke einer kleineren Schale mit einfachem Zickzackfaden zutage[1] – das ist bisher alles, was an Schalen dieser Art aus Italien publiziert ist. Möglicherweise ergibt sich hier durch Überlieferungszufälle ein völlig verzerrtes Bild?
Abgesehen vom abweichenden Dekor und dem grünlichen Glas hat die Schale aus Farfa auch eine völlig andere Form als die in dieser Gruppe zusammengefaßten Stücke von Fundorten nördlich der Alpen.

LIT.: Whitehouse (1983), S. 116f. – (Zum Fundort und anderen Glasfunden aus Farfa siehe: Newby (1987), S. 255-270).

1 Kat. Venedig (1982), S. 70, Nr. 51. – Whitehouse (1983), S. 117.

324 Fragment einer Flasche (?) mit bemalten blauen Medaillons

Entstehungsgebiet noch unbestimmt, 2. Hälfte 13. Jh. / Anfang 14. Jh. – Fundort: London, Queen Victoria Street (1870). – H 9,6 cm; ⌀ maximal (rekonstruiert) ca. 11,5 cm; Wandungsstärke 1,2-1,5 mm. – Farbloses Glas mit gelblichem Stich, blaue Linsen, gelbes Email. Durch Verwitterung getrübt und irisiert.

The Museum of London, Inv. Nr. 16718.

324

Gewölbte Wandungsscherbe mit aufgeschmolzenen blauen Medaillons: eines komplett (rechts unten das Blau in kleinem Zipfel ausgelaufen), an der rechten Bruchkante Ansatz eines zweiten (ursprünglich insgesamt 4?). Auf dem Medaillon Bemalung in (heute) gelber Emailfarbe: Zackenbordüre als Randeinfassung, im Rundfeld Wappenschild mit dreiteiligen gefiederten Blättern an den Ecken; über dem Schild ein Vogel, seitlich je ein kleiner geflügelter Drache; im Schild ein heraldischer Adler (nur als Aufrauhung und leichte Vertiefung der Oberfläche erhalten, möglicherweise ursprünglich vergoldet?).

Zu den Fundumständen und eventuellen Beifunden dieses höchst interessanten Fragments ist leider nichts mehr bekannt. – Nach der Wölbung der Wandung kann es wohl nur zu einer bauchigen Flasche gehört haben, von deren Aussehen wir uns aber mangels Parallelen keine nähere Vorstellung machen können.

Aufgeschmolzene blaue Linsen auf farblosem Glas sind bisher nur unter dem Boden einiger Schalen (oder auch Becher-)fragmente bekannt, die – soweit datierbar – ins 13. bis frühe 14. Jahrhundert gehören[1]. Eine Datierung am ehesten wohl noch ins 13. Jahrhundert legt bei diesem Londoner Fragment auch die Bemalung nahe. Vergleichbare dünngliedrige, bewegte kleine Zwickeltiere finden sich häufiger im Kunstgewerbe jener Zeit, so – um nur ein Beispiel zu nennen – an einer Goldschmiede-Schiefermatrize im Rheinischen Landesmuseum[2]. Auch die Form des Wappenschilds wie des Adlers paßt ins 13. Jahrhundert. Die Darstellung ist rein ›abendländisch‹, eine nähere Einordnung dieses bisher einzigartigen Stücks ist noch nicht möglich.

LIT.: J. Charleston (1968), No. 25. – Charleston (1984), S. 27.

1 Baumgartner (1985), S. 158-163. Außer den dort beschriebenen Stücken von der Frohburg und den Parallelen aus Südfrankreich und Deutschland sind inzwischen noch 2 weitere Fragmente aus Basel und Nottingham bekanntgeworden.
2 Inv. Nr. 17272. Zuletzt in: Kat. Ornamenta Ecclesiae, Köln 1985, Bd. 1, S. 323, Nr. B 99.

14./15. Jahrhundert

Unter den Gläsern des 14./15. Jahrhunderts sind manche Typen, die schon in früherer Zeit aufkamen und sich nun einigermaßen kontinuierlich fortentwickeln. So wandeln sich die Nuppenbecher vom Schaffhauser Typ über allerlei Zwischenstufen allmählich zum klassischen Krautstrunk, oder die früheren Flaschen mit hohlem Stauchungsring zu den schlankeren, ausgeprägt ›doppelkonischen‹ Flaschen. Obgleich im vorigen Kapitel nicht präsent, hatten sicherlich auch die grünen Rippenbecher ihre Anfänge schon parallel zu den hochstieligen Gläsern mit Rippenkuppen, sie scheinen dann aber bis weit ins 15. Jahrhundert ›weitergelebt‹ zu haben, in bestimmten Varianten auch noch länger, so daß sie deshalb hier eingeordnet sind.

Während dünnwandige Becher mit optisch geblasenen Mustern nur noch vereinzelt zu finden sind, beginnt wohl im frühen 15. Jahrhundert die große Zeit der dickwandigeren niedrigen Maigelein oder höheren Becher mit Kreuzrippenmuster. Diese sind in der Ausstellung deutlich und bewußt unterrepräsentiert. Sie sind so häufig und so geläufig, daß sie im allgemeinen Bewußtsein geradezu synonym für mittelalterliches deutsches Glas stehen. Um Platz zu lassen für weniger Bekanntes, müssen sie sich daher hier mit wenigen Stellvertretern begnügen.

Wichtige Neuerungen bringen im 14./15. Jahrhundert vor allem einige böhmische Typen ins Bild, z. B. die Becher mit Fadenrippen und blauen Tröpfchen oder die hohen Stangengläser mit zahlreichen kleinen Nuppen oder Fadenverzierung.

Diese böhmischen Gläser sind zugleich die einzigen aus annähernd farblosem Glas, die im fortgeschrittenen 14. und im 15. Jahrhundert in größeren Mengen vorkommen; andere farblose Gläser sind nun nur noch vereinzelt nachzuweisen, während sie im Fundmaterial des 13. bis frühen 14. Jahrhunderts eine so große Rolle spielten. Eine schlüssige Erklärung für diesen Wandel ist nicht ersichtlich, wahrscheinlich muß man ihn hauptsächlich auf einen Wechsel der Mode, einen veränderten Geschmack zurückführen.

Innerhalb der typologischen Entwicklungsreihe der Nuppenbecher von den völlig farblosen über die hell blaugrünen bis hin zu den kräftig grünen oder blaugrünen scheint sich eine allgemeine Tendenz hin zu stärker farbigen Gläsern anzudeuten. Parallel dazu läßt sich beobachten, daß in der früheren Zeit offenbar zarte, dünnwandige, ausgesprochen verfeinerte Gläser bevorzugt wurden, im 15. Jahrhundert (und später) dagegen robustere, dickwandigere Stücke. Aus heutiger Sicht ist man geneigt, darin eine Vergröberung und einen gewissen Niedergang zu sehen, was der landläufigen Vorstellung von den allenfalls primitiven Neuanfängen der Glasproduktion im 13. Jahrhundert und einer Aufwärtsentwicklung im 14./15. Jahrhundert diametral entgegensteht.

325 Becher

Süddeutschland (?), 14./15. Jh. (?) – Provenienz: Wohl Diözese Freising. – H 5,4 cm; ⌀ Lippe 7,1 cm; Wandungsstärke Lippenrand 2,0 mm. – Farbloses Glas mit schwachem Gelbstich.

Diözesanmuseum Freising, Inv. Nr. 28

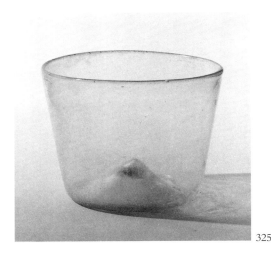

Hochgestochener Boden. Glatte, leicht konische Wandung. Lippenrand kaum verdickt.

Der einfache kleine Becher wurde höchstwahrscheinlich einst als Reliquienbehälter verwendet, es ist aber nicht bekannt, aus welcher Kirche innerhalb der Diözese Freising er – wie noch drei ähnliche farblose Becher – ins Museum gelangte.
Da derartige schlichte Becherchen über einen langen Zeitraum und sicherlich auch an ganz veschiedenen Orten hergestellt wurden, ist eine nähere Datierung oder Lokalisierung kaum möglich. – Von den ähnlichen konischen Bechern Kat. Nr. 220/221, die wir als einfachste unverzierte Variante den feingemusterten Bechern des 13./14. Jahrhunderts zugeordnet haben, unterscheidet sich dieser durch seine gedrungenere Proportion und die stabilere, dickere Wandung.

LIT.: Fuchs (1936/37), S. 92, Abb. S. 94 oben.

326 Becher, Fragment

Deutschland (Spessart), 14. Jh. – Fundort: Mainz, Willigisstraße (1976). – H 13,2 cm; ⌀ Lippe 8,5 cm, Boden 5,6 cm; Wandungsstärke Lippenrand 2,5 mm, Wandung minimal 1,0 mm. – Hellgrünes Glas mit Schlieren. Geklebt. Kaum verwittert.

Rheinisches Landesmuseum Bonn, Inv. Nr. 78.0403

Boden wenig hochgestochen. Glatte, stark konkav einschwingende Wandung. Lippenrand leicht verdickt.

Der fragmentarische Becher gehört wiederum zu den reichen Glasfunden aus einer Mainzer Kloake, wie u. a. auch Kat. Nrn. 73, 143 f., 217. Es gab darin noch weitere Bruchstücke von unverzierten Bechern mit ausbiegender Lippe[1], jedoch kein zweites Exemplar mit so schmalen Proportionen und so stark einschwingender Wandung. Bei diesem wenig sorgfältig hergestellten, leicht schiefen Glas muß offenbleiben, ob man es als einsames Beispiel eines sonst nicht bekannten Bechertyps ansehen kann oder vielmehr als eher unbeabsichtigte Formabweichung.

LIT.: Krueger (1984), S. 540, Nr. 45, Abb. S. 541 f.

1 Krueger (1984), S. 540-543, Nr. 46-54.

327 Becher mit Fadenauflagen

Deutschland, 1. Hälfte 15. Jh. (vor 1459). – Fundort: Altar der Schiffer-Compagnie in der Kirche St. Nicolai zu Wismar (1794). – H 7,9 cm; ⌀ Lippe 6,6 cm, Fußring 4,9-5,1 cm; Wandungsstärke Lippenrand 2,0 mm. – Hell türkisfarbenes Glas, z. T. blaue Auflagen. Intakt.

Staatliches Museum Schwerin, Inv. Nr. KG 3642.

Glatter Fußring. Boden hochgestochen. Auf der Wandung horizontale Fadenauflagen: 3 dünne blaue Fäden (der mittlere doppelt umgewickelt, der oberste etwas oberhalb der Einziehung beim Lippenansatz), dazwischen 2 breitere gekerbte Bänder aus dem bläulichen Grundglas. Lippenrand leicht verdickt.

Der kleine Becher wurde schon 1794 beim Abbruch des Altars in der Kapelle der Schiffer-Compagnie in St. Nicolai zu Wismar gefunden. Er enthielt einige kleine Reliquien mit beschrifteten Pergamentstreifen, Weihrauchbrocken und eine Weihurkunde vom 28. Februar 1459 mit dem Siegel des Bischofs Johann von Ratzeburg. Der Verschluß aus Pergament war mit roten Seidenfäden befestigt.

Vorläufer des Wismarer Bechers kann man in der Gruppe der Gläser mit abwechselnd gleichfarbigen gekniffenen Bändern und glatten blauen Fadenringen sehen (vgl. Kat. Nrn. 149-152). Ein fragmentarisches Glas aus dieser Vorläufergruppe befindet sich ebenfalls im Staatl. Museum Schwerin: der Becher aus der Kirche zu Bandekow mit dem Siegel des Ratzeburger Bischofs Detlev von Parkenthin (1395-1419)[1]. Dieses Glas hat noch eine kaum gebauchte Wandung und einen gekniffenen Fußring.

327

In der leicht tonnenförmigen Wandung und dem glatten Fußring, kombiniert mit horizontalen, z.T. gekerbten Fadenauflagen, hat der Becher aus Wismar Parallelen in zwei anderen Reliquiengläsern aus Norddeutschland: zum einen dem Becher Kat. Nr. 328 mit dem Siegel eines von 1466-1479 amtierenden Ratzeburger Bischofs, zum anderen dem Glas aus der Goldenen Tafel des Lüneburger St. Michaelisklosters im Kestner-Museum, Hannover[2].

LIT. (Auswahl): Gläserne Reliquien-Urne von Wismar (ohne Autor), in: Jahrbücher des Vereins für mecklenburgische Geschichte und Alterthumskunde (Jahresbericht) III, 1838, S. 90f. – Rademacher (1933), S. 33, 103, 147, Tf. 32d. – Neugebauer (1967), S. 40, Tf. IIIb. – Hegner (1983), S. 23, Nr. 161 (mit weiterer Lit.).

1 Neugebauer (1967), S. 38, Tf. IIb. – Hegner (1983), S. 23, Nr. 160.
2 Mosel (1979²), S. 61, Nr. 33.

328 Becher mit Fadenauflagen

Deutschland, 15. Jh. (vor 1470). – Fundort: Altar der Kapelle in Grambek (Kr. Herzogtum Lauenburg/Schleswig-Holstein), (1914). – H 9,5 cm; Ø Lippe 5,9 cm, Fußring 5,3-5,4 cm; Wandungsstärke Lippenrand 1,0-1,5 mm. – Helles, gelblich-grünes Glas mit kleinen Bläschen. Kleine Ausbrüche an den Fadenauflagen. Stellenweise durch Verwitterung getrübt, bräunliche Korrosionsflecken an der Lippe.

Museum für das Fürstentum Lüneburg, Lüneburg, Inv. Nr. 4:1915.

Glatter Fußfaden, zweifach gewickelt. Boden hochgestochen, mit kräftiger Heftnarbe. Auf der Wandung dreimal Fadenauflagen: auf etwa halber Höhe dünner glatter Faden anderthalbfach umgelegt, etwas höher dickerer Faden, stellenweise breitgedrückt und gekerbt, in der Halszone dünner glatter Faden viermal umgewickelt, bis zum Lippenrand schräg hochgezogen und weit eingeschmolzen. Lippenrand leicht verdickt.

Das Glas wurde bei Abbruch der Fachwerkkapelle von Grambek (bei Mölln) 1914 im Altar entdeckt. Es war mit einem Wachsdeckel verschlossen und enthielt zwei seidene Beutelchen mit Reliquien sowie das Wachssiegel des Bischofs Johann Stalkoper von Ratzeburg (1466-1470). (Deckel, Reliquien und Siegel sind im Krieg verbrannt.)

328

Gut vergleichbar ist vor allem das Reliquienglas aus der Goldenen Tafel, dem Altar der Benediktinerabtei St. Michael zu Lüneburg, das im Kestner-Museum Hannover verwahrt wird[1].

LIT.: Richard Haupt, Reliquiengefäße aus Altären, in: Zeitschrift für Christliche Kunst 28, 1915, Heft 2/3, S. 29f., Abb. S. 27. – Rademacher (1933), S. 103, Anm. 4. – Neugebauer (1967), S. 40f., Tf. I.

1 Mosel (1979²), S. 61, Nr. 33.

Becher mit Fadenrippen

Das Verbreitungsgebiet der Becher mit Fadenrippen erstreckt sich von Böhmen (z. B. Prag, Pilsen, Kutná Hora[1]) über Nord- und Ostdeutschland (Lübeck, Braunschweig, Göttingen, Rehna, Erfurt, Leipzig[2]) bis nach Schweden (Lund, Skanör, Kalmar[3]). In Fundkomplexen weiter westlich und südlich sind sie unseres Wissens bisher überhaupt nicht vertreten. Bei aller Vorsicht gegenüber Fundstatistiken im heutigen Stand der Forschung kommen sie doch in Böhmen so viel häufiger vor als an allen anderen Fundorten, daß man sie zu einem dort einheimischen, dort hergestellten Typ erklären kann. Dazu paßt auch die Glasmasse in ihrer Farbigkeit und besonderen Art der silbrig-bräunlichen Verwitterung. Offen ist natürlich noch, ob sie ausschließlich dort hergestellt und exportiert wurden, oder ob man manche der Varianten, die anderswo gefunden wurden, als Nachahmungen und Abwandlungen aus anderen Hüttengebieten ansehen muß.

Nach Fundzusammenhängen in seinem Heimatland Böhmen hat der Typ dort eine ›Laufzeit‹ vom Ende des 13. Jahrhunderts bis gegen Mitte des 15. Jahrhunderts, mit besonderer Fundhäufigkeit in der 2. Hälfte des 14. und ersten Hälfte des 15. Jahrhunderts[4]. Der terminus ante quem 1456 für den Becher aus Rehna gilt also quasi für den ganzen Typ genauso wie für dieses Einzelstück. – Die Beifunde an deutschen Fundorten (soweit bekannt) sind ebenfalls vielfach ins 14. Jahrhundert zu datieren (z. B. Braunschweig, Göttingen) oder auch noch ins 15. Jahrhundert (Lübeck angeblich).

Wie schon die kleine Auswahl der Exponate in dieser Ausstellung zeigt, kommen allerlei Varianten des Typs vor: Die Farbe des Grundglases variiert von farblos und schwach grünlich bis hin zu normalem Waldglas-Grün. (Da dieses Grün bei den böhmischen Gläsern offenbar wenig üblich ist und solche grünen Fadenrippenbecher bisher nur in Braunschweig und neuerdings in Göttingen[5] gefunden wurden, kann man darin vielleicht norddeutsche Nachahmungen sehen?) – Ganz erheblich sind die Größenunterschiede bei den Bechern dieses Typs, von bescheidenen 9 cm Höhe bis hin zu ca. 22 cm, wobei die Riesenhumpen bisher nur in Böhmen gefunden wurden und die zierlichen kleinen Becher nur in Norddeutschland (Rehna, Braunschweig) – Zufall, Indiz für andere Trinkgewohnheiten oder gar für verschiedene Herstellungszentren?

Außer den Unterschieden in der Größe gibt es natürlich auch solche in Form und Proportionen wie auch in der Verzierung: Die einfachsten Ausführungen haben nur die Fadenrippen, bei der ›Standardausführung‹ gehören die blauen Tröpfchen dazu, und die noch reicheren Stücke haben zusätzlich blaue Fadenauflagen an der Lippe, am Hals, ausnahmsweise sogar am Fuß.

Zur Herstellungstechnik läßt sich bei genauer Betrachtung der Stücke einiges erschließen. Zunächst wurden, offenbar während das künftige Gefäß noch an der Pfeife saß, die Fadenrippen aufgelegt (die jeweils bis unter den Boden reichen), dann darüber ein blauer Faden lose umgewickelt und durch leichtes weiteres Blasen gesprengt, so daß nur die auf den Rippen haftenden Stückchen blieben (vgl. Kat. Nr. 334). Bei Erwärmen verschmolzen diese zu runden Tropfen. Danach erst erfolgte das Umwickeln des Fußfadens, das Hochstechen des Bodens, Loslösen von der Pfeife und Ausweiten der Lippe.

1   Beispiele aus Kutná Hora z. B.: Hejdová u. a. (1983), S. 252 f., Abb. 18 und 20. – Zu Beispielen aus Pilsen vgl. Kat. Nrn. 331-334. – Zu solchen Bechern und anderen böhmischen Gläsern mit blauer Verzierung allgemein: Hejdová u. a. (1975), S. 530-554.
2   Zu Beispielen aus Lübeck, Braunschweig und Rehna siehe Kat. Nrn. 330, 335 f., 329. – Zu Fragmenten aus Göttingen siehe Schütte (1976), S. 104, Nr. 1-5.
3   Beispiele aus Schweden werden erwähnt bei Arbman (1960), Sp. 347.
4   Nach einer Übersichts-Tabelle zum Vorkommen verschiedener böhmischer Glastypen, die uns freundlicherweise František Frýda, Pilsen, zugänglich machte.
5   Einsicht in neues Fundmaterial aus Göttingen verdanken wir Sven Schütte, Göttingen.

329 Becher mit Fadenrippen

Böhmen (?), 14.Jh./frühes 15.Jh. (vor 1456). – Fundort: Hochaltar der Kirche des Prämonstratenser-Nonnenklosters Rehna (Kr. Gadebusch, Mecklenburg), (1851). – H 9,5 cm; ⌀ Lippe 7,5 cm, Fußring 5,7 cm; Wandungsstärke Lippenrand 2,0 mm. – Schwach grünliches Glas, z.T. blaue Auflagen. Geklebt, Sprünge in Lippe und Wandung.

Staatliches Museum Schwerin, Inv. Nr. KG 3638.

Fußring 7,8 cm; Wandungsstärke Lippenrand 3,2 mm. – Farbloses Glas, kobaltblaue Auflagen. Geklebt und ergänzt (im Profil ganz). Verwittert.

Amt für Vor- und Frühgeschichte (Bodendenkmalpflege) Lübeck, Inv. Nr. 036/ E 14 (S. 943).

Glatter Fußring aus einem dicken Faden (Ansatz deutlich sichtbar). Boden leicht hochgestochen. Auf der Schulter – in unterschiedlicher Höhe – tropfenförmig ansetzend 15 Fadenrippen, senkrecht herabgezogen bis unter den Boden, im unteren Teil weit mit der Wandung bzw. dem Boden verschmolzen. Auf den Rippen jeweils 4-5 blaue Glastropfen. Dicht unter dem leicht verdickten Lippenrand blauer Randfaden von unterschiedlicher Stärke umgelegt.

329

Glatter Fußfaden. Boden leicht hochgestochen. 12 auf der Schulter tropfenförmig angesetzte Rippen, die als Fäden bis unter den Boden herabgezogen sind. Darauf jeweils 6 blaue Glaströpfchen. Dünner grünlicher Halsfaden. Lippenrand kaum verdickt.

Das Glas wurde 1851 im Altartisch der Kirche zu Rehna gefunden, es enthielt verschiedene kleine Reliquien und eine Weiheurkunde vom 10. Oktober 1456 mit anhängendem Siegel des Ratzeburger Bischofs Johann III. Preen (1454-1461) und war mit einem Wachsdeckel verschlossen. (Urkunde und Wachsverschluß sind erhalten, Siegel und sonstiger Inhalt verlorengegangen.)

LIT. (Auswahl): G.M.C. Masch, Ueber die Heiligthümer des Hochaltars zu Rehna, in: Jahrbücher des Vereins für mecklenburgische Geschichte und Alterthumskunde 20, 1855, S. 343 f. – Friedrich Schlie, Die Kunst- und Geschichtsdenkmäler des Großherzogthums Mecklenburg-Schwerin, II, Schwerin 1899², S. 435 f. – Rademacher (1933), S. 99, 103, 146, Tf. 30d. – Neugebauer (1967), S. 38 f. – Hegner (1983), S. 23, Nr. 159 (mit weiterer Lit.). – Kahsnitz (1984), S. 43, Abb. 21.

330 Becher mit Fadenrippen, Fragment

Böhmen, 14.Jh./frühes 15.Jh. – Fundort: Lübeck, Breite Straße 39-41. – H 13,6-14,1 cm (schief); ⌀ Lippe 10,9 cm,

330

Die Fragmente dieses Bechers wurden in einem als Abfallschacht benutzten Brunnen gefunden, zusammen u.a. mit Bruchstücken von mehreren ähnlichen Gläsern. Die keramischen Beifunde sollen der Mitte des 15. Jahrhunderts angehören. – Auch an anderen Stellen in der Lübecker Altstadt kamen Fragmente von Bechern dieses Typs zutage, ebenfalls jeweils aus farblosem Glas. Neugebauer[1] erwähnt in einem Fall einen blauen Fußfaden als besondere Variante.

LIT.: Neugebauer (1965), S. 235.7, Abb. 15. – Neugebauer (1967), S. 39. – Kat. Braunschweig (1985), Bd. 1, S. 199f., Nr. 133 a.

1 Neugebauer (1967), S. 39.

331 Becher mit Fadenrippen, Fragmente

Böhmen, 2. Hälfte 14. Jh. – Fundort: Plzeň/Pilsen, Františkánská 7, Brunnen Nr. 2. – H (rekonstruiert) ca. 16 cm; ⌀ Lippe ca. 9,8 cm; Wandungsstärke Lippenrand 1,5-2,0 mm, minimal 1,0 mm. – Helles Glas, genaue Farbe nicht mehr erkennbar, ursprünglich blaue Auflagen. Boden und Fragmente von Wandung und Rand, geklebt und montiert. Grundglas gänzlich braun-silbrig korrodiert und z. T. irisiert, Auflagen jetzt dunkelbraun.

Westböhmisches Museum Pilsen, Inv. Nr. 25 830.

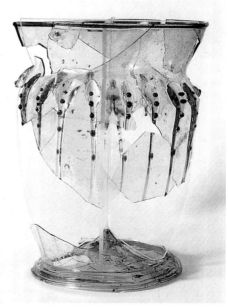

332

331

Fußring aus dreimal umgewickeltem Faden (eine der Windungen unter den Fuß verrutscht). Boden leicht hochgestochen. Auf der Schulter tropfenförmig ansetzende Rippen (7 im Ansatz erhalten, von ursprünglich 14), die als Fäden bis unter den Boden herabgezogen sind. Darauf in unregelmäßigen Abständen jeweils blaue Tröpfchen bis ca. 2 cm über dem Fußring. Blauer Randfaden knapp unterhalb des leicht verdickten Lippenrandes.

LIT.: –

332 Becher mit Fadenrippen, Fragment

Böhmen, 2. Hälfte 14. Jh. – Fundort: Plzeň/Pilsen, Sedláčkova 9, Brunnen Nr. 2. – H (rekonstruiert) 20,0-20,9 cm; ⌀ Lippe 15,0 cm, Fußring ca. 11,8 cm; Wandungsstärke Lippenrand 3,5 mm, Wandung minimal 0,9 mm. – Farbloses, leicht blasiges Glas mit minimalem grünlichen Stich, kobaltblaue Auflagen. Fragmente, geklebt und montiert. Kaum verwittert.

Westböhmisches Museum Pilsen, Inv. Nr. 25 420.

Fußring aus mehrfach umgewickeltem Faden. Boden hochgestochen. Auf der Schulter tropfenförmig ansetzend ca. 19 senkrechte Fadenrippen die unter dem Boden nur noch ganz schwach spürbar sind. Darauf jeweils 5 blaue Tröpfchen, z. T. perlenartig hochstehend, z. T. weit eingeschmolzen. Knapp unterhalb des leicht verdickten Lippenrandes blauer Randfaden.

LIT.: Hejdová u. a. (1983), S. 252, Abb. 19.

333 Becher mit Fadenrippen, Fragment

Böhmen, 14. Jh. – Fundort: Plzeň/Pilsen, Dřevěná 6, Brunnen Nr. 1. – H (rekonstruiert) 21,9 cm; ⌀ Lippe 16,5-17,5 cm, Fußring 14 cm; Wandungsstärke Lippenrand 2,5 mm, Wandung minimal 1,0 mm. – Farbloses Glas mit

333

ganz schwachem gelb-grünlichen Stich. Geklebt und montiert. Durch Verwitterung getrübt, z. T. bräunlich korrodiert oder irisiert.

Westböhmisches Museum Pilsen, Inv. Nr. 26 098

Fußring aus mehrfach umgewickeltem Faden. Boden hochgestochen. Auf der Schulter tropfenförmig ansetzende, annähernd senkrecht herabgezogene Fadenrippen (Anzahl nicht mehr zu bestimmen). Lippenrand kaum verdickt.

Dieser Becher, eine einfache Ausführung ohne jegliche blaue Verzierung, ist wohl eines der größten Exemplare dieses Typs – schon mehr ein Kübel als ein Becher, nur mit zwei Händen zu umfassen. Falls es einst als Bierglas kreiste, so muß man die ›Zeit des großen Durstes‹ offensichtlich schon weit vor der Barockzeit mit ihren vielzitierten großen Humpen ansetzen.

LIT.: Hejdová u. a. (1983), S. 253, Abb. 21.

Die Fragmente dieses Bechers sind informativ in doppelter Hinsicht: 1. An den so unterschiedlich korrodierten, aber aneinanderpassenden Scherben wird deutlich, welche Farbveränderung die Korrosion beim Grundglas wie auch bei den blauen Verzierungen bewirkte, wie man sich also viele der völlig braun-silbrig gewordenen böhmischen Gläser ursprünglich vorzustellen hat; 2. Die waagerechten fadenartigen Fortsätze der blauen Tröpfchen verraten etwas über die Anbringungstechnik mit Hilfe eines umgewickelten und dann durch Weiterblasen gesprengten Fadens (vgl. S. 290).

LIT.: –

335   336

334

334   Becher mit Fadenrippen, Fragment

Böhmen, 2. Hälfte 14. Jh. – Fundort: Plzeň/Pilsen, Františkánská 7, Brunnen Nr. 1. – H der Fragmente maximal 9,0 cm; ⌀ Lippe 8,9 cm; Wandungsstärke Lippenrand 2,0 mm, Wandung minimal 0,9 mm. – Farbloses Glas mit schwach grünlichem Stich, blaue Auflagen. Fragmente von Rand und Wandung, z. T. geklebt, dazu Einzelscherben. Die meisten Scherben silbrig-bräunlich korrodiert, einige noch klar, blaue Auflagen ebenfalls teilweise zu Braun korrodiert.

Westböhmisches Museum Pilsen, Inv. Nr. 25 823

Auf der Schulter tropfenförmig angesetzte Rippen, als Fäden senkrecht herabgezogen. In unregelmäßigen Abständen darauf blaue Tröpfchen, an manchen Stellen zwischen den Rippen horizontal fadenartig verlaufend. Blauer Halsfaden, Lippenrand kaum verdickt.

335   Becher mit Fadenrippen, Fragment

Böhmen, 14./15. Jh. – Fundort: Braunschweig, Altstadt, Turnierstraße, Ass. 636 (1987). – H 7,0 cm; ⌀ Lippe 6,3 cm; Wandungsstärke Lippenrand 2,0 mm, Bruchkante unten 0,7 mm. – Farbloses Glas mit schwachem Grünstich, kobaltblaue Auflagen. Geklebt. Gelbliche Korrosionsflecken.

Braunschweigisches Landesmuseum, Inv. Nr. 85:1 / 11 524

Auf der Schulter tropfenförmig ansetzende, dann senkrecht herabgezogene Fadenrippen (in einem Fall Faden teilweise freistehend, nicht mit der Wandung verschmolzen). Darauf jeweils unregelmäßige kleine blaue Glastropfen. Unter einigen der Fadenrippen offenbar zuerst ein senkrechter blauer Faden aufgelegt, z. T. sehr fein, z. T. breiter und oben tropfenförmig, so daß die Rippe insgesamt blau wirkt.

Diese Fragmente aus einer Braunschweiger Kloake[1] haben offenbar zu einem besonders kleinen Becher dieses Typs gehört, ungewöhnlich sind auch die blauen Fäden unter einigen der Rippen.

LIT.: –

1   Kloake 3302, Schicht 3143. – Weiteres Material in dieser Schicht gehört nach Auskunft von Hartmut Rötting, Braunschweig, in die 2. Hälfte des 15. Jahrhunderts.

336 Becher mit Fadenrippen, Fragment

Deutschland (?), 14. Jh. – Fundort: Braunschweig, Altstadt, Turnierstraße, Ass. 631 (1985). – 5,5 cm; ⌀ Lippe ca. 9,0 cm; Wandungsstärke Lippenrand 2,5-3,0 mm, Wandung minimal 1,0 mm. – Grünes Glas (mit einigen größeren Blasen). Geklebt. Durch Verwitterung getrübt, Oberfläche angegriffen.

Braunschweigisches Landesmuseum, Inv. Nr. 85:1 / 4869a

Auf der Wandung unterhalb der ausbiegenden Lippe tropfenförmig ansetzend senkrechte Fadenrippen (5 im Ansatz erhalten, ursprünglich wohl ca. 12). Lippenrand verdickt.

Von diesen einfachen grünen Bechern ohne blaue Tropfen auf den Fadenrippen wurden am Braunschweiger Eiermarkt an verschiedenen Stellen Fragmente gefunden, außerdem sind bisher diese ›Varianten in Grün‹ der Becher mit Fadenrippen m. W. nur noch in Göttingen zutage gekommen[1]. Dieses Fragment stammt aus derselben Kloake und derselben Schicht[2] wie auch der Flaschenhals Kat. Nr. 58 und die beiden farblosen Rippenbecher Kat. Nrn. 207/208. In einer anderen Kloake waren derartige Fragmente vergesellschaftet u. a. mit Bruchstücken von farblosen Rippen- und Nuppenbechern, hell blaugrünen Nuppenbechern und von einem islamischen Goldemailbecher.

LIT.: –

1 Einsicht in neue Glasfunde aus Göttingen, unter denen auch solche Fragmente sind, verdanken wir Sven Schütte, Göttingen.
2 Kloake 2507, Schicht 3142. – Angaben zum Fundzusammenhang verdanken wir Hartmut Rötting, Braunschweig.

337 Stangenglas mit Fadenrippen, Fragment

Böhmen, letztes Viertel 14. Jh. – Fundort: Plzeň/Pilsen, Sedláčkova 9, Brunnen Nr. 2. – H (angenommen, nicht gesichert) 31,2 cm; ⌀ Lippe ca. 9,0 cm; Wandungsstärke Lippenrand 2,5 mm, Wandung minimal 0,7 mm. – Farbloses Glas mit ganz schwachem gelblichen Stich, blaue Auflagen. Fragmente vom Oberteil, geklebt und montiert. Grundglas mit bräunlichen Korrosionsflecken, blaue Auflagen z. T. braun korrodiert.

Westböhmisches Museum Pilsen, Inv. Nr. 26097

Etwa 4,5 cm unterhalb des Lippenrands 15 tropfenförmig ansetzende, senkrecht herabgezogene Fadenrippen. Darauf in unregelmäßigen Abständen jeweils ca. 6 blaue Tröpfchen, z. T. perlenartig hochstehend, z. T. weit eingeschmolzen. Etwas über den Rippenansätzen blauer Querfaden, ein weiterer knapp unter dem Lippenrand.

Zu diesem Glas sind keine Reste des Unterteils oder Fußes erhalten, wohl aber fanden sich an anderer Stelle in Pilsen Unterteile von Stangengläsern dieser Art (z. B. Rooseveltova 7/1). Entsprechend kann man sich wohl auch für dieses Fragment einen aus einem Faden gewickelten, breiten flachen Fuß und einen spitz hochgestochenen Boden für den Gefäßkörper vorstellen.

Die derart verzierten Stangengläser sind als eine Variante der Becher mit den Fadenrippen und zusätzlich meist blauen Tröpfchen anzusehen.

LIT.: Hejdová u. a. (1983), S. 250, Abb. 11.

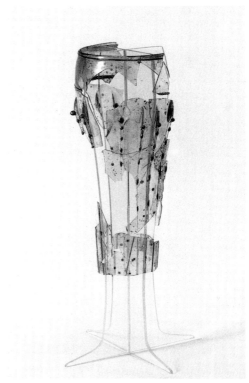

337

338 Becher mit Fadenauflagen, Fragment

Böhmen, 2. Hälfte 14. Jh. – Fundort: Prag, St. Petersviertel (1969-76). – H rekonstruiert 10,5 cm; ⌀ Lippe 9,5 cm, Fußring 7,4 cm; Wandungsstärke Lippenrand 1,9-2,5 mm. – Ursprüngliche Glasfarbe nicht mehr zu erkennen. Geklebt und montiert. Völlig braun-silbrig korrodiert.

Zentrum der Denkmalpflege der Stadt Prag, Inv. Nr. XVIII-3

Fußring aus dreifach umgewickeltem Faden. Hochgestochener Boden. Auf der Wandung an 3 Stellen Fäden von unterschiedlicher Stärke 1½-2mal horizontal umgelegt. Lippenrand leicht verdickt.

Zum Fundzusammenhang siehe bei Kat. Nr. 83, weitere Glasfunde von derselben Fundstelle sind u. a. auch Kat. Nr. 204 und 550. – Der Dekor aus mehreren horizontal umgewickelten Fadenauflagen ist bisher vereinzelt im Fundmaterial aus Böhmen. Der Becher schließt sich aber in der Form, der Bildung des Fußrings wie auch offenbar der Glas-

338

masse (die die an sehr vielen böhmischen Glasfunden zu beobachtende bräunlich-silbrige Korrosion aufweist) eng an die Becher mit senkrechten Fadenrippen an, denen er daher nachgestellt ist.

LIT.: —

Krautstrünke

Als ›Krautstrunk‹ bezeichnet man einen meist leicht tonnenförmigen Becher mit ausbiegender Lippe, dessen Wandung mit relativ großen Nuppen belegt ist. Der Begriff wurde bereits 1562 vom Wittenberger Pfarrer Johann Mathesius in seiner »Glaspredigt« verwendet[1].

Krautstrünke sind neben den Maigelein und Kreuzrippenbechern die häufigsten spätmittelalterlichen Gläser überhaupt und standen bis in jüngste Zeit stellvertretend für das deutsche mittelalterliche Glas schlechthin. Sie müssen in riesigen Quantitäten hergestellt worden sein, sind uns doch noch heute Hunderte intakt (oder wenigstens komplett) erhalten, während die Zahl der Fragmente in die Zehntausende geht. Trotzdem – oder vielleicht gerade deshalb – wissen wir über diesen Typus noch relativ schlecht Bescheid, vor allem, was die Entstehungszeit und die Entwicklung im Laufe des 15. Jahrhunderts betrifft.

Fest steht, daß sich der Krautstrunk aus dem Becher des Schaffhauser Typs heraus entwickelt hat (vgl. Kat. Nrn. 192ff.). Wohl zu Beginn des 15. Jahrhunderts veränderten sich die bisher meist schneckenhausförmig abgedrehten Nuppen; sie wurden flacher und verdeckten (bei prinzipiell gleicher Anordnung) einen größeren Teil der Wandung (vgl. Kat. Nr. 339)[2]. Später wurden sie dann entschieden größer und dementsprechend nahm ihre Anzahl ab; während sie bei den Schaffhauser Bechern meist zwischen ca. 30 und 50 lag (vgl. Kat. Nrn. 192, 193, 196 und 197), ging sie später bis auf 9 zurück[3], wobei die Anordnung auf der Wandung sehr verschieden sein konnte. Meist waren die Nuppen nun auch mit einer nach oben gerichteten Spitze ausgeformt. Sicher war der ›klassische‹ Krautstrunk um die Mitte des 15. Jahrhunderts voll ausgebildet[4], jedoch fehlen für die Feindatierung im 15. Jahrhundert noch viele Anhaltspunkte. Auch sind eventuelle regionale Unterschiede der Entwicklung noch kaum erfaßt worden, und eine verläßliche Zuordnung der Stücke an die verschiedenen Produktionsgebiete ist noch nicht möglich.

1 Sarepta oder Bergpostill, sampt der Jochimsthalischen kurtzen Chroniken, Johann Mathesii, Nürnberg MDLXII, S. 277 v: »Wer kan aber allerley Gattung und form der gleser erzelen, die alten hatten jre hohe spechter, krautstrünck, engster, piergleser, teublein, brüderlein, und feine kleine trinckgleserlein …«. – Mehrere Auszüge aus der 15. Predigt »vom Glasmachen« bei Rademacher (1933), S. 136-138.
2 Wann und wie weit sich schon vor diesem Übergang die Gesamtform der Schaffhauser Becher in Richtung auf die Krautstrünke hin verändert hat, bleibt noch abzuklären.
3 Rademacher (1933), Tf. 43a. (Noch kleiner war die Anzahl natürlich bei den Bechern mit nur einer Nuppenreihe.)
4 Siehe etwa ein vor 1458 entstandenes Stück bei Rademacher (1933), Tf. 43d.

339 Nuppenbecher

Deutschland, Ende 14. Jh./Anfang 15. Jh. – Fundort: Diözese Rottenburg (Ort unbekannt). – H 9,2 cm, ⌀ Lippe 7,6 cm, Fußring 5,8 cm; Wandungsstärke Lippenrand 1,6 mm, Lippe 1,4 mm. – Hell blaugrünes Glas. Kleines Wandungsstück fehlt, diverse Sprünge. Boden verwittert.

Diözesanmuseum Rottenburg

339

Gekniffener Fußring. Hochgestochener Boden. Auf der Wandung 13 vertikale Nuppenreihen mit 2 oder 3 Nuppen. Faden am Ansatz zur Lippe.

Dieser Becher repräsentiert Stücke, die typologisch eine Übergangsform zwischen dem Schaffhauser Typus und dem Krautstrunk sind. Er zeigt eine Gesamtform (mit fast zylindrischem Unterteil und ausladender Lippe), die uns bei älteren Beispielen schon mehrfach begegnet ist (vgl. etwa Kat. Nr. 196), die etwas größeren, nicht mehr schneckenhausförmig abgedrehten Nuppen jedoch sind neu. Sie kommen an mehreren, leicht unterschiedlich ausgeformten Bechern vor[1]; wichtig ist dabei, daß die Anzahl und Anordnung der Nuppen noch weitgehend wie beim Schaffhauser Becher erfolgt.

Die Veränderung des Typs dürfte in die Zeit um oder kurz nach 1400 zu datieren sein. Anhaltspunkte dafür liefern etwa der Nuppenbecher von Merwede, der vor 1421 entstanden sein muß[2], oder die Darstellung eines Nuppenbechers in dem ›Paradiesgärtlein‹ (Frankfurt, Städelsches Kunstinstitut), das um 1400 bis 1410 von einem oberrheinischen Meister gemalt wurde[3]. Der Becher aus Merwede zeigt zum Teil bereits flächigere Nuppen als die üblichen Schaffhauser Becher, das Glas aus dem Paradiesgärtlein die Form der späteren Krautstrünke mit einer Lippe, die im Durchmesser nicht größer als die leicht gebauchte Wandung ist (vgl. dazu auch die nächste Kat. Nr.).

LIT.: Bremen (1967), S. 53 f., Nr. 40.

1 Klesse (1973 a), S. 101, Nr. 154. – Baumgartner (1987), S. 52 f., Nr. 27. – Kunstmuseum Düsseldorf; unpubliziert, Inv. Nr. P 1936-77.
2 Beste Abb.: Renaud (1982), S. 325, Fig. 4; zur Datierung S. 321.
3 Detailabbildung bei Kahsnitz (1984), S. 47, Abb. 27.

340 Nuppenbecher

Deutschland, Ende 14. Jh./Anfang 15. Jh. – Fundort: Speyer, Augustinerkloster (1982-1984). – H 10,2 cm; ⌀ Lippe 6,6 cm, Fußring 4,6 cm; Wandungsstärke Lippenrand 1,6 mm, Lippe 1,2 mm. – Hell blaugrünes Glas. Geklebt, kleine Fehlstelle an Lippenrand. Verwittert, irisiert, versintert.

Archäologische Denkmalpflege Speyer,
Fund Nr. 84/49 Fu 43

340

Gekniffener Fußring. Hochgestochener Boden. Auf der Wandung 6 horizontale Reihen von je 6 Nuppen. Faden am Ansatz zur Lippe.

Der Becher wurde zusammen mit viel weiterem Glasmaterial in der ›Faßgrube 43‹ auf dem Areal des ehemaligen Augustinerklosters gefunden. Bisher liegt für den Fundkomplex nur eine provisorische Datierung in die Zeit von etwa 1450 bis 1550 vor[1].

Der Nuppenbecher weist bereits eine deutlich tonnenförmige Wandung auf (typisch für den Krautstrunk), die mittelgroßen Nuppen zeigen aber noch die Nähe zum Schaffhauser Becher. Kennzeichnend für die Übergangsform ist auch die Lippe: Sie ist noch sehr hoch (typisch für den Schaffhauser Typus), biegt jedoch nicht über das nuppenbesetzte Unterteil aus (typisch für den Krautstrunk). Die Entstehungszeit des Bechers dürfte im ersten Viertel des 15. Jahrhunderts, eventuell noch im späten 14. Jahrhundert liegen.

LIT.: Engels (1985), S. 53, Abb. 63.

1 Engels (1985), S. 50, Abb. 57 (geleerte Grube), S. 53, Abb. 63 (Beifunde), S. 52 (Datierung).

341   Krautstrunk

Deutschland, 15. Jh. – Fundort: Aschaffenburg, Christuskirche (1951). – H 11,3 cm; ⌀ Lippe 10,1 cm, Fußring 7,1 cm; Wandungsstärke Lippenrand 1,9 mm, Lippe 1,4 mm. – Helles bläulich-grünes Glas. Mehrere Sprünge, Lippe z. T. ergänzt. Leicht verwittert.

Schloßmuseum der Stadt Aschaffenburg, Inv. Nr. 96/51

341

Gekniffener Fußring. Hochgestochener Boden. Wandung mit 8 Vertikalreihen von abwechselnd 3 und 2 Nuppen mit gerichteter Spitze. Überlappungen der Nuppen zeigen, daß sie von oben nach unten aufgesetzt wurden. Faden am Ansatz zur Lippe.

Dieser Becher stammt aus einem kellerartigen Raum unter der Christuskirche (Pfaffengasse). Zur Datierung waren aus dem Fundzusammenhang keine genaueren Hinweise abzuleiten.

Eng verwandte Parallelen sind bisher unbekannt; die schalenförmig ausladende Lippe ist selten zu finden, vor allem nicht bei Gläsern mit vergleichbaren Nuppen[1]. Hingegen kommt sie relativ häufig bei den Schaffhauser Bechern vor (vgl. etwa Kat. Nrn. 192 und 196)[2]. Der Vorschlag, den Aschaffenburger Krautstrunk früh zu datieren, beruht auf dieser Beobachtung. Ein weiteres Indiz könnte die hell blaugrüne Glasmasse sein, die bei den Stücken des fortgeschrittenen 15. und frühen 16. Jahrhunderts kaum zu beobachten ist.

LIT.: Schneider (1956), S. 212 f. und Abb. 61. – Ernst Schneider (Hrsg.), Schloßmuseum der Stadt Aschaffenburg, Aschaffenburg 1972, S. 43.

1   Ein Beispiel mit einem viel schlankeren Unterteil bei Rademacher (1933), Tf. 37 b.
2   Siehe auch Rademacher (1933), Tf. 35 e.

342   Krautstrunk

Deutschland, 15. Jh. – Provenienz: Kölner Privatbesitz (1935). – H 9,6 cm; ⌀ Lippe 6,0 cm, Fußring 4,7 cm; Wandungsstärke Lippenrand 2,5-2,7 mm, Lippe 2,0 mm. – Blaugrünes Glas.

Rheinisches Landesmuseum Bonn, Inv. Nr. 35.254

342

Gekniffener Fußring. Hochgestochener Boden. Auf der Wandung 6 Vertikalreihen mit je 2 Nuppen mit gerichteter Spitze. Faden am Ansatz zur Lippe.

Als letztes Stück dieser Gruppe wird hier ein voll ausgebildeter Krautstrunk gezeigt. Er stellt nur eine von unzähligen möglichen Ausformungen dar, vor allem die Anordnung der Nuppen und viele Details der Gesamtform variieren stark. Eine Interpretation all dieser Unterschiede ist bisher nicht möglich: sie können auf zeitliche und regionale Unterschiede, auf handwerkliche Gewohnheiten der einzelnen Glasbläser, aber auch etwa auf Wünsche auf der Abnehmerseite zurückzuführen sein. Erst um 1500 scheint sich dann Grundsätzliches am Aufbau des Krautstrunkes zu verändern (vgl. Kat. Nrn. 403 ff.).

LIT.: Rheinisches Landesmuseum Bonn, Auswahlkatalog 4, Kunst und Kunsthandwerk, Mittelalter und Neuzeit, Köln/Bonn 1977, S. 116, Nr. 58 b.

Grüne Rippenbecher

Becher aus grünem Glas mit formgeblasenen Rippen, die nicht (wie bei den farblosen Rippenbechern) unter dem Boden zusammenlaufen, sondern unten an der Wandung in meist kräftig vorspringenden ›Nasen‹ ansetzen, sind wiederum ein sehr großer, variantenreicher und wohl auch langlebiger Typ. Wie unsere kleine Reihe von Beispielen zeigt, gibt es Variationen zum einen in der Form, die niedrig oder höher, leicht konisch oder auch geschwungen oder mit ausbiegender Lippe sein kann. Zum anderen variiert die Verzierung; die Rippen können senkrecht verlaufen oder nach kurzem geradem Ansatz diagonal abknicken, zusätzlich können auf dem Rand oder auch im oberen Teil der Wandung und gelegentlich unten Fadenverzierungen hinzukommen, oft in blauem Glas. Bei einigen Fragmenten mit schräg abknickenden Rippen sind kleine Ansätze eines seitlichen Henkels erhalten. Und schließlich ist auch die Wandungsstärke sehr unterschiedlich.

Es ist bisher kaum möglich, diese verschiedenen Varianten in eine zeitliche Abfolge zu ordnen. Wegen der großen Verwandtschaft der sehr dünnwandigen Rippenbecher aus klarem, bläulich-grünen Glas (wie z. B. Kat. Nrn. 343-346) zu den zarten Stengelgläsern mit Rippenkuppen des 14. Jahrhunderts ist mit großer Wahrscheinlichkeit anzunehmen, daß solche Becher parallel zu den hochstieligen Gläsern hergestellt wurden – im selben Zeitraum und wohl auch in denselben Hüttenregionen. Ob und wieviel jünger dann die dickwandigeren Stücke wie z. B. Kat. Nrn. 348 f. sind, muß vorerst dahingestellt bleiben.

Grüne Rippenbecher insgesamt hatten eine längere Laufzeit als die Stengelgläser, wahrscheinlich noch durch das ganze 15. Jahrhundert, in bestimmten Varianten auch noch bis ins frühe 16. Jahrhundert.

Das Verbreitungsgebiet war offenbar auch ähnlich wie bei den grünen hochstieligen Gläsern. Fragmente grüner Rippenbecher kommen in den meisten Fundkomplexen mit Material des 14./15. Jahrhunderts im Rhein-Maas-Gebiet, in Ostfrankreich, Belgien und auch Holland vor.

343   Rippenbecher mit blauem Randfaden

Rhein-Maas-Gebiet, 14. Jh. – Fundort: Angeblich Köln. – H 6,3 cm; ⌀ Lippe 7,2 cm; Wandungsstärke Lippenrand 1,0–2,5 mm, Wandung minimal 0,6 mm. – Hellgrünes Glas, blauer Randfaden. Gesprungen, Boden fehlt. Bräunliche Korrosionsflecken.

H. J. E. van Beuningen, Cothen

343

14 annähernd senkrechte Rippen, die unten kräftig vorspringen und ca. 1,2 cm unter dem Lippenrand auslaufen. Etwa 1,0 cm breite glatte, leicht eingezogene Lippe mit unregelmäßig dünnem blauen Faden auf dem Rand.

Zu den Fundumständen ist nichts Näheres bekannt. – Ähnliche relativ niedrige, dünnwandige Rippenbecher waren offenbar im ganzen Rheingebiet und darüber hinaus verbreitet. Fragmente von zwei Parallelstücken mit blauem Randfaden wurden z. B. auch in Marburg gefunden[1], ebenso auch in dem Komplex vom Freiburger Augustiner-Eremitenkloster (siehe S. 50 f.). Daneben, vielfach im selben Fundkomplex, kommt die einfachere Ausführung ohne blauen Randfaden vor, wie Kat. Nrn. 344–346.

LIT.: Kat. Zwolle (1980), S. 158, Nr. 239, Farbabb. S. 156.

[1] In einem Brunnen am Markt, der von ca. 1300 bis spätestens 1512 als Fäkaliengrube genutzt wurde. In diesem Komplex waren Bruchstücke von 8 grünen Rippenbechern enthalten, davon 2 mit blauem Randfaden. Kenntnis von diesen Funden und Auskünfte dazu verdanken wir Elmar Altwasser und Ulrich Klein, Freies Institut für Bauforschung und Dokumentation, Marburg.

344   Rippenbecher

Rhein-Maas-Gebiet, 14. Jh. – Fundort: Kendenich (Landkreis Köln), Hochaltar der Pfarrkirche (1955). – H 6,8 cm; ⌀ Lippe 7,1 cm; Wandungsstärke Lippenrand 1,5 mm. – Hellgrünes Glas. Durch Verwitterung leicht getrübt, an einer Stelle unten versintert.

Rheinisches Landesmuseum Bonn, Inv. Nr. 57,4

Boden sehr wenig hochgestochen. 14 annähernd senkrechte Rippen, die unten kräftig vorspringen und etwa 1,3 cm unter dem Lippenrand auslaufen. Ca. 1,0 cm breite, leicht eingezogene glatte Lippe mit kaum verdicktem Rand.

Dieser Rippenbecher wurde 1955 beim Abbruch der Fundamente des Hochaltars in der Pfarrkirche zu Kendenich in einem Bleikästchen gefunden. Außer dem Glas enthielt dieses noch zwei kleine goldene Reliquienkapseln, die Reste eines Leinenbeutelchens und eines Siegels, Knochenpartikel und einen Pergamentstreifen mit unvollständigem Heiligennamen. Da die jetzige Pfarrkirche eine 1859 abgebrochene romanische Kirche ersetzt, muß das Bleikästchen schon aus dem Altar des Vorgängerbaus übertragen worden sein. Ein möglicher Anlaß zur Einsetzung des Reliquienbehälters wäre eine Neuweihe der Kirche, die nach einer Plünderung um 1375 nötig wurde.

344

Ähnliche einfache, dünnwandige Rippenbecher (bzw. Fragmente davon) sind häufig im Rheingebiet wie auch weiter westlich und östlich. Ein annähernd intaktes Parallelstück steht z. B. im Trierer Diözesanmuseum[1].

LIT.: Erwerbungsbericht, in: Bonner Jb. 159, 1959, S. 337. – Kat. Ornamenta Ecclesiae, Köln 1985, Bd. 2, S. 84 f., Nr. D 65 (I. Krueger).

[1] Rademacher (1933), Tf. 29 b.

345   Rippenbecher, Fragmente

Rhein-Maas-Gebiet (Argonnen?), 14. Jh. – Fundort: Metz, Hauts de Sainte-Croix (1983).

a) H 6,7 cm; ⌀ Lippe rekonstruiert ca. 7,0 cm; Boden (ohne Rippenvorsprünge) ca. 5,0 cm; Wandungsstärke Lippenrand 2,0 mm, Wandung minimal 0,6 mm. – Hellgrünes, leicht blaustichiges Glas. Fragment von Wandung und Boden, geklebt. Durch Verwitterung kaum getrübt.

Ansatz zu hochgestochenem Boden. An der Wandung ursprünglich ca. 14 (5 erhalten) senkrechte Rippen, unten weit vorspringend, wohl gekniffen, oben leicht gebogen und ca. 2,0 cm unter dem Rand auslaufend. Lippenrand verdickt.

b) H 3,8 cm; ⌀ Boden (ohne Rippenvorsprünge) 4,2 cm; Wandungsstärke minimal 1,0 mm. – Helles bläulich-grünes Glas. Unterteil in 1 Fragment. Nahezu ohne Verwitterungsspur, sehr klar.
Boden kaum hochgedrückt, mit knopfförmiger Heftnarbe. An der Wandung 14 senkrechte Rippen, die unten kräftig vorspringen.

Direction des Antiquités Préhistoriques et Historiques de Lorraine, Metz

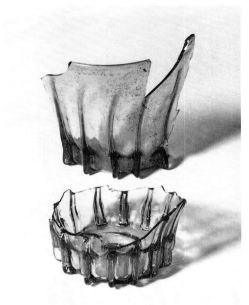

345

Diese beiden Rippenbecher-Fragmente wurden in einer Kloake mit sehr reichen Glasfunden entdeckt, u. a. zahlreichen Fragmenten von Stengelgläsern mit kleinteiligem Muster und mit Rippen, vgl. Kat. Nrn. 243, 248, 268 und 276. Da diese Stengelgläser nach Ausweis von Hüttenfunden in den Argonnen hergestellt wurden, ist dies mit einiger Wahrscheinlichkeit auch für die Rippenbecher anzunehmen, die ihnen in der Farbe und Reinheit der Glasmasse sehr ähneln.

LIT.: –

346 Rippenbecher, Fragmente

Rhein-Maas-Gebiet, 14. Jh. – Fundort: Straßburg, 15 rue des Juifs (1987). – Helles bläulich-grünes Glas. Geklebt. Wenig verwittert.

a) H 6,0 cm; ⌀ Lippe rekonstruiert ca. 7,4 cm; Wandungsstärke Lippenrand 1,0 mm, Wandung minimal 0,6 mm. Boden wenig hochgestochen. Auf der Wandung ursprünglich wohl 14 unten kräftig vorspringende Vertikalrippen. 1,2 cm breite, leicht eingezogene Randzone glatt, Lippenrand kaum verdickt.

346 a

b) H 7,0 cm; ⌀ oben maximal 5,8 cm, am Schaft minimal 4,0 cm; Wandungsstärke minimal 0,7 mm.
Boden wenig hochgestochen. 14 senkrechte Rippen, unten deutlich vorspringend, an der Wandung nur schwach ausgeprägt.

Direction des Antiquités historiques, Straßburg

346 b

Die Bruchstücke dieser beiden Becher gehören zu dem sehr reichen Glasmaterial einer Grube in der Straßburger Judengasse, aus der u. a. die Gläser Kat. Nrn. 82, 105, 158, 164, 209, 234, 312-314 und 321 f. stammen. Im selben Fundkomplex waren auch Fragmente von Stengelgläsern (u. a. mit kleinteiligem Muster), und die beiden zarten Becher sind in ihrer Dünnwandigkeit und in der klaren bläulich-grünen Glasmasse solchen hochstieligen Gläsern so verwandt, daß eine etwa gleichzeitige Herstellung in denselben Hütten wahrscheinlich ist. Der sehr schlanke Becher b) mit der ausbiegenden Lippe repräsentiert eine weitere, bisher unbekannte

Formvariante unter den grünen Rippenbechern. Fragmente von einem zweiten offenbar ähnlichen Becher im selben Fundkomplex zeigen eine relativ schmale Lippe mit blauem Randfaden, wie man es sich möglicherweise auch für dieses Stück ergänzend vorstellen kann.

LIT.: –

347   Zwei Rippenbecher, Fragmente

Rhein-Maas-Gebiet, 14./15. Jh. – Provenienz: Slg. Stieg. – H 5,4 cm; ⌀ Lippe ca. 7,8 cm; Wandungsstärke Lippenrand 2,0 mm, Wandung minimal 1,0 mm. – Grünes Glas. Geklebt. Verwittert.

Erwin Baumgartner, Basel

Hochgestochener Boden. Auf der Wandung 9 unten kräftig vorspringende senkrechte Rippen, die etwa auf halber Höhe auslaufen. Lippenrand leicht verdickt.

Diese fragmentarischen Rippenbecher, die an derselben Fundstelle (wohl in Köln) zutage kamen, sind interessant, weil an kleinen Unregelmäßigkeiten der Rippen unten zu sehen ist, daß sie aus demselben Rippenmodel stammen.

LIT.: Baumgartner/Krueger (1985), S. 411, Abb. 23.

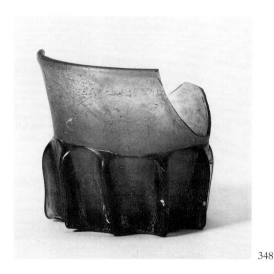

348   Rippenbecher, Fragment

Rhein-Maas-Gebiet, 14./15. Jh. – Fundort: Burg Uda, Oedt (Kreis Viersen/Nordrhein-Westfalen). – H 4,8 cm; ⌀ Lippe 5,4 cm; Wandungsstärke Lippenrand 1,8 mm, Wandung minimal 1,0 mm. – Grünes Glas. 1 Fragment mit großem Ausbruch in der Wandung. Oberfläche leicht verwittert und irisiert.

Heimatverein Oedt e. V., Grefrath-Oedt

Wenig hochgestochener Boden. Wandung mit 9 formgeblasenen, unten stark vorspringenden Rippen. Lippenrand leicht verdickt.

Burg Uda wurde im frühen 14. Jahrhundert erbaut, ein terminus post quem 1311 ergibt sich durch ein dendrochronologisches Datum aus dem Holz des zugrundeliegenden Pfahlrosts. Das Fundmaterial gehört hauptsächlich in den Zeitraum 14.-16. Jahrhundert[1].

LIT.: Schietzel (1982), Tf. 70,1. – Ausst. Kat. Kurköln, Land unter dem Krummstab, Kempen 1985/86, Nr. 23,4.

1   Unter den Glasfunden von Burg Uda waren auch Fragmente eines farblosen Bechers mit wechselndem Fadendekor, vgl. Kat. Nrn. 149-152.

349   Rippenbecher, Fragment

Rhein-Maas-Gebiet, 14./15. Jh. – Fundort: Trier, Palaststraße 6. – H 7,5 cm; ⌀ Lippe 6,0 cm; Wandungsstärke Lippenrand 2,0 mm, Wandung minimal 1,0 mm. – Grünes Glas. Geklebt, großer Ausbruch in der Wandung, kleine Absplitterungen an der Lippe. Oberfläche leicht verwittert und irisiert.

Rheinisches Landesmuseum Trier, Inv. Nr. 10,644

Breit hochgedrückter Boden. Wandung nur im unteren Drittel mit 8 formgeblasenen, stark vorspringenden Rippen. Lippenrand leicht verdickt.

Unter den sehr zahlreichen rippenverzierten Bechern fällt dieser aus dem Rahmen durch das ungewöhnliche Verhältnis zwischen den niedrigen Rippen und der sehr hohen glatten Wandung. Dadurch ergibt sich, wie schon von Rademacher hervorgehoben, Formverwandtschaft zu Mörsern aus Metall.

LIT.: Loeschcke (1921), S. 40, Abb. 1,18. – Rademacher (1933), S. 98, Tf. 29d.

350 Rippenbecher mit blauem Fußfaden, Fragment

Rhein-Maas-Gebiet, 14./15. Jh. – Fundort: Wahrscheinlich Worms. – H 2,7 cm; ⌀ Fußring 6,0 cm; Wandungsstärke Bruchkante oben 1,2 mm. – Grünes Glas, blauer Fußfaden. Braune und schwärzliche Korrosionsflecken.

Museum der Stadt Worms im Andreasstift

350

Blauer Fußfaden wellenförmig um die unteren Rippennasen gelegt. Hochgestochener Boden. Auf der Wandung 9 unten deutlich vorspringende Vertikalrippen.

Das Fragment gehört zum Altbestand im Wormser Museum, ist also wahrscheinlich in Worms gefunden worden. Zur genauen Fundstelle und eventuellen Beifunden ist jedoch leider nichts bekannt.
Genaue Parallelen lassen sich bisher nicht nachweisen. In der Form (soweit aus dem Fragment zu erschließen) und dem Motiv des wellenförmig umgelegten Fußfadens ähnelt das Stück den besonders in Belgien verbreiteten farblosen Rippenbechern mit gewelltem Fußfaden, vgl. Kat. Nr. 457. Eine gewisse Ähnlichkeit ergibt sich andererseits zu den Rippenkuppen von Stengelgläsern mit blauen Fadengirlanden an den unteren Rippennasen (vgl. Kat. Nr. 253).

LIT.: –

351 Rippenbecher mit umknickenden Rippen, Fragment

Rhein-Maas-Gebiet (Argonnen?), 15. Jh. – Fundort: Châlons-sur-Marne, Maison de la Porte-Verte (1984). – H 7,6 cm; ⌀ Lippe 7,7 cm; Wandungsstärke Lippenrand 1,2 mm, Wandung minimal 0,4 mm. – Bläulich-grünes Glas. Geklebt. Verwittert, bräunliche Korrosionsflecken, irisiert.

Musée Municipal, Châlons-sur-Marne, Inv. Nr. 987-8-24

351

Hochgestochener Boden. An der Wandung 17 unten deutlich vorspringende Rippen, die in ca. 1,5 cm Höhe scharf nach rechts umknicken. Schmale, leicht eingezogene Randzone glatt.

Die Scherben dieses Rippenbechers wurden in einem Kontext gefunden, der insgesamt schon auf das 16. Jahrhundert verweist, allerdings ganz zuunterst. Ähnliche Rippenbecher – mit umknickenden oder geraden Rippen – waren im Fundmaterial aus Châlons-sur-Marne auch an anderen Stellen relativ häufig, dann aber meist im Zusammenhang mit Material des 15. Jahrhunderts oder noch früherem[1].

LIT.: Cabart (1985), S. 57, Nr. 11, Fig. 21,11 auf S. 56 und Fig. 22 auf S. 57.

1 Vgl. z.B. auch Cabart (1985), S. 50f., Nr. 19-22.

352 Rippenbecher mit umknickenden Rippen, Fragment

Rhein-Maas-Gebiet, 14./15. Jh. – Fundort: Freiburg, Augustiner-Eremitenkloster (1982). – H 3,2 cm; ⌀ Boden 4,6 cm; Wandungsstärke Bruchkante oben 0,8-1,1 mm. – Grünes Glas.

Landesdenkmalamt Baden-Württemberg, Außenstelle Freiburg

Wenig hochgestochener Boden. Auf der Wandung 16 unten deutlich vorspringende Rippen, die in ca. 1,5 cm Höhe scharf nach rechts umknicken.

14./15. JAHRHUNDERT

Dieses Unterteil eines Bechers mit umknickenden Rippen wurde aus dem Gesamtkomplex (vgl. S. 49 ff.) herausgenommen, da es ein relativ großes und anschauliches Bruchstück dieser Bechervariante ist. Rippenbecher mit umknickenden Rippen lassen sich aus sehr zahlreichen Fundkomplexen in Deutschland (besonders im Rheinland), Ostfrankreich, Belgien und Holland nachweisen – aber meist nur mit Fragmenten, die knapp über dem Rippenknick gebrochen sind.

LIT.: –

Die Scherben dieses Glases kamen in einer hölzernen Fäkalientonne zutage, zusammen mit Keramik und weiterem Glas der Zeit ›um 1500‹, u. a. flachen Maigelein und einem niedrigen Krautstrunk. Da es bisher ohne Parallelen ist, muß offenbleiben, ob die durch den Kontext angedeutete relativ späte Entstehungszeit zutrifft. Es ist hier als Variante der Becher mit abknickenden tordierten Rippen diesen zugeordnet.

352

353 Rippenbecher auf hochgezogenem Fuß

Rhein-Maas-Gebiet, Ende 15.Jh./Anfang 16. Jh. (?). – Fundort: Mecheln, Augustijnenstraat (1981). – H 13,1 cm; ∅ Lippe 7,1 cm, Fuß 7,4 cm, Fußansatz unter der Kuppa 2,0 cm; Wandungsstärke Lippenrand 2,0 mm, Wandung minimal 1,0 mm. – Bläulich-grünes Glas. Geklebt, Ausbrüche in Rand, Wandung und Fuß. Stellenweise leicht getrübt oder versintert.

Mechelse Vereniging voor Archeologie

Hochgezogener Fuß mit nach unten umgeschlagenem Rand. Hohe Kuppa mit 15 formgeblasenen Rippen, die nach ca. 1,5 cm scharf nach rechts umknicken und 1,5 cm unter dem Lippenrand enden. Glatte Lippe mit leicht verdicktem Rand.

353

LIT.: Stephan Vandenberghe, Het oudheidkundig bodemonderzoek in het Mechelse in 1980 en 1981, in: Handelingen van de Koninklijke Kring voor Oudheidkunde, Letteren en Kunst van Mechelen 85, 1981, S. 247-249. – Vandenberghe (1984), S. 137, Abb. 1,11 auf S. 134.

Optisch geblasene Becher

Optisch geblasene, das heißt in eine einteilige Form vorgeblasene und anschließend weiterbearbeitete Gläser, sind uns schon mehrfach begegnet (vgl. etwa Kat. Nrn. 218f. und 258 ff., etc.); optisch geblasen sind vor allem auch die bei weitem am zahlreichsten überlieferten Gläser des Mittelalters, die sogenannten Maigelein und die Rippen- und Kreuzrippenbecher (Kat. Nrn. 357-363, 459 ff.). Kurioserweise weiß man zu diesen Gläsern ähnlich wenig (oder noch weniger) wie zu den Krautstrünken. Auch hier mag die unübersehbare Fülle des erhaltenen Materials bisher davon abgeschreckt haben, genauere Untersuchungen anzustellen. Dazu kommt, daß Rademachers Aussagen zu diesen Typen auf den ersten Blick als erschöpfende Bearbeitung erschienen[1]. Dem ist aber nicht so: Weder das erste Auftreten der nachfolgend gezeigten Maigel und Rippenbecher noch die typologische(n) Entwicklung(en), weder das Verbreitungsgebiet noch die Fragen zur Herstellungstechnik sind abgeklärt, von den Problemen mit der Datierung ganz zu schweigen.

Dieses Manko kann hier nicht beseitigt werden. Eine der Bedingungen dafür wäre die regionale Aufarbeitung der Fundbestände, und diese wird momentan erst sehr partiell vorgenommen. Festhalten läßt sich bisher, daß die Maigelein und Rippenbecher sicher schon vor der Mitte des 15. Jahrhunderts aufkommen, daß direkte Vorläufer nicht bekannt sind, und daß beide Typen noch bis zum Beginn des 16. Jahrhunderts zu verfolgen sind (vgl. Kat. Nrn. 462-471).

Wie groß die Überraschungen bei einer eingehenden Bearbeitung des archäologischen Fundmaterials sein können, mag ein einziges Beispiel belegen. Das Maigelein, von dem man bisher annahm, es komme mehr oder weniger überall vor, fehlt in ganzen Landstrichen. Nach den bisherigen Erkenntnissen ist es etwa im gesamten nordbadischen Raum nicht vertreten, während Rippen- und Kreuzrippenbecher dort in großer Menge vorkommen[2]. Erst eine Summe solcher Beobachtungen wird in Zukunft dazu führen, ein genaueres Bild von der wirklichen Entwicklung zu erhalten.

Die ersten drei nachfolgenden Beispiele sind Einzelstücke, deren Einordnung und Datierung Schwierigkeiten macht. Ihre Dekoration läßt sich aber, im Gegensatz zu den Maigelein und Rippenbechern, mit älteren Beispielen in Verbindung bringen.

---

1 Rademacher (1933), S. 92-98, Tf. 22-27.
2 Diese Beobachtung machte Christine Prohaska, Heidelberg, bei der Bearbeitung mehrerer Fundkomplexe aus diesem Gebiet; wir bedanken uns für die mündliche Mitteilung dieses Sachverhalts.

354 Becher mit Rautenmuster

Rhein-Maas-Gebiet, 14. Jh. (?). – Fundort: Kirche von Sensenruth (Provinz Luxembourg/Belgien), (1935). – H 6,2 cm; Ø Lippe 7,7 cm; Wandungsstärke Lippenrand 1,0-1,2 mm. – Hell gelbgrünes Glas. Teilweise verwittert.

Diözesanmuseum Namur, Inv. Nr. 448

354

355 Becher mit Rautenmuster, Fragmente

Rhein-Maas-Gebiet (?), 14. Jh. – Fundort: Lübeck, Breite Straße 39-41, Brunnen II. – H rekonstruiert ca. 8,5 cm; Ø Lippe 6,2 cm; Wandungsstärke Lippenrand 1,5 mm, an der Bauchwölbung minimal 0,4 mm. – Hell bläulich-grünes Glas. Geklebt, lose Einzelscherben, Boden fehlt. Vor allem im oberen Bereich getrübt und bräunliche Korrosionsflecken.

Amt für Vor- und Frühgeschichte (Bodendenkmalpflege) Lübeck, Inv. Nr. 036/E 21

355

Wenig hochgestochener Boden. Auf der Wandung bis ca. 1,0 cm unter dem Lippenrand optisch geblasenes Muster aus konzentrischen Rauten (je 8 Rauten in einer Horizontalreihe).

Das Glas stammt aus einem Altar, der 1846 errichtet wurde. Die Reliquien wurden aber zum Teil aus einem Altar wohl des 16. Jahrhunderts übernommen[1].
Bisher wurde der Becher – ohne Begründung – ins 15. Jahrhundert[2] datiert. Unter dem reichen Fundmaterial aus dieser Zeit fehlen aber Gläser mit diesem Muster, wogegen sich aus dem 13./14. Jahrhundert mehrere Vergleichsstücke mit konzentrischen Rauten nachweisen lassen: außer verschiedenen Gläsern auf hohem Fuß oder Stiel (vgl. z. B. Kat. Nrn. 233, 271) auch kleine Fragmente von Glashütten des 13./14. Jahrhunderts bei Anlier (Südbelgien)[3] und Pérupt (Argonnen) (vgl. S. 33, Abb. 30). In seiner gelb-grünen Farbe[4] setzt sich aber der Becher aus Sensenruth von diesen Parallelen ab, und auch die einfache konische Form ist sonst bei den Gläsern mit Rautenmuster nicht vertreten.

LIT.: Chambon/Courtoy (1951/52), S. 109, Nr. 3, Tf. 1c. – Philippe (1973), S. 34, Fig. 8. – G. Hossey, Fouilles d'églises dans le Luxembourg, in: Archaeologia Belgica 176, 1975, S. 11, Fig. 3.

1 Chambon/Courtoy (1951/52), S. 109, Nr. 3.
2 Philippe (1973), S. 34, Fig. 8.
3 Arbman (1937), S. 84, Abb. 11.
4 Die gleiche Farbe weist ein von der Form her verwandter glatter Becher aus der ehemaligen Kirche von Chenois (Südbelgien) auf; siehe Chambon (1955), S. 307, Nr. 2, Tf. 1,2.

Kleiner Ansatz zu einem wohl ursprünglich hochgestochenen Boden. Auf der bauchigen Wandung optisch geblasenes Muster aus versetzt angeordneten konzentrischen Rauten. An der Lippe unregelmäßiger Rand der einmal überstochenen Glasblase sichtbar. Lippenrand wenig verdickt.

Die Scherben dieses zarten Bechers wurden in einem Brunnen in der Lübecker Altstadt gefunden. Die bauchige Becherform ist weniger häufig als die konische oder annähernd zylindrische, kommt aber gelegentlich daneben vor, z. B. auch bei den Nuppenbechern (vgl. etwa Kat. Nr. 200).
Das Rautenmuster findet sich besonders ähnlich an dem Becher aus dem Diözesanmuseum Namur (vgl. Kat. Nr. 354), es ist aber auch in der Gruppe der Gläser auf hohem Stiel oder Fuß vertreten. Mit dieser Gruppe ist das Lübecker Stück auch in der Glasfarbe und der Dünnwandigkeit verwandt. Die vorgeschlagene Datierung und Lokalisierung beruht auf diesen Ähnlichkeiten. (Das Bodenfragment Kat. Nr. 283 beweist, daß es Importe aus dieser Region in Lübeck auch sonst gab.)

LIT.: – (Dumitrache, G 63, Abb. 405, Nr. 11, in Vorbereitung).

356 Becher mit Punktmuster

Deutschland, 14. Jh. (?). – Fundort: Speyer, Augustinerkloster (1982-1984). – H 7,6 cm; Ø Lippe 6,3 cm; Wandungsstärke Lippenrand 1,2 mm, Wandung auf halber Höhe 0,6 mm. – Hell graugrünes Glas. Geklebt, Fehlstellen. Verwittert und korrodiert.

Archäologische Denkmalpflege Speyer,
Fund Nr. 84/49 Fu 47

Nur wenig hochgestochener Boden. Auf der unteren Hälfte der Wandung optisch geblasenes Punktmuster. Die Punkte der einzelnen Reihen liegen z. T. vertikal übereinander, z. T. sind sie seitlich versetzt.

Dieses Maigelein steht stellvertretend für Zehntausende von (meist fragmentarisch) erhaltenen Gläsern dieses Typs, der wohl durch das ganze 15. Jahrhundert in Gebrauch war. Direkte Vorläufer sind bisher nicht bekannt[1], ebenso wenig kennt man die Zeit des ersten Auftretens. Hingegen ist anzunehmen, daß es etwa parallel zu den Kreuzrippenbechern vorkam, die technisch im Prinzip gleich hergestellt wurden, und die sicher schon in der ersten Hälfte des 15. Jahrhunderts vorkamen (vgl. dazu Kat. Nr. 359).

356

357

Der Becher stammt aus der ›Faßgrube 4/47‹ vom Areal des ehemaligen Augustinerklosters. Fragmente von 10 weiteren vergleichbaren Stücken waren im selben Fundkomplex[1]. Ähnlich wie beim Glas aus Namur (Kat. Nr. 354) sind auch für diese Becher aus Speyer keine Parallelen im Fundmaterial des 15. und 16. Jahrhunderts bekannt, jedoch sind deutliche Bezüge zu Stücken des 13. Jahrhunderts vorhanden (vgl. Kat. Nrn. 218 und 219)[2]. Dazu kommt, daß im übrigen Material aus der Grube in Speyer Stücke vertreten sind, die durchaus auch ins 14. Jahrhundert datiert werden können[3], weshalb hier versuchsweise ein so früher Ansatz vorgeschlagen wird.

LIT.: Engels (1985), S. 53, Abb. 62.

1 Engels (1985), S. 50, Abb. 58 (geleerte Grube), S. 52 (Datierung), S. 53, Abb. 62 (Beifunde).
2 Einzelne der Beifunde desselben Typs aus der Grube in Speyer weisen sogar die bei den Kat. Nrn. 218 und 219 beobachtete Eigenheit der mittleren Vertiefung der einzelnen Punkte auf.
3 Engels (1985), S. 53, Abb. 62 (doppelkonische Flasche; vgl. dazu Kat. Nr. 302).

357 Maigelein

Deutschland, 15. Jh. – Fundort: Unbekannt. – Provenienz: Slg. Pfoh. – H 4,2 cm; ⌀ Lippe 7,2 cm; Wandungsstärke Lippenrand und Lippe 2,8–3,2 mm. – Grünes Glas.

Museum für Kunsthandwerk, Frankfurt, Inv. Nr. 13 408

Wenig hochgestochener Boden. Wandung mit Kreuzrippenmuster aus 14teiliger Form. Ungefähr 0,5 cm breite glatte Lippenzone.

Wie bereits in der Einleitung zu dieser Gruppe erwähnt, scheint auch der so häufig vertretene Typus des Maigeleins in gewissen Gebieten zu fehlen. Später werden sich aus den Verbreitungsgebieten wohl auch die Hüttenregionen eingrenzen lassen, die an der Produktion beteiligt waren. Daß dabei – oder bei der Beobachtung von Hüttenplätzen – unerwartete Befunde vorkommen können, belegt ein Maigelein (und mehrere Fragmente gleicher Gefäße), das bei der Glashütte ›Formathot‹ in Macquenoise (Belgien, südlich von Charleroi) gefunden wurde[2], in einem Gebiet also, in dem man nicht unbedingt die Produktion eines ›urdeutschen‹ Glases erwartet.

LIT.: Bauer (1975), S. 25, Nr. 34.

1 Sicher besteht keine Verbindung zu den mit einem ähnlichen Muster versehenen Bechern aus dem Vorderen Orient, die mehrere Jahrhunderte älter sind; vgl. etwa Saldern (1974), S. 209, Nr. 316.
2 Chambon (1955), S. 307, Nr. 3, Abb. auf Tf. I,3.

358 Maigelein (niedriger Kreuzrippenbecher)

Deutschland, 2. Hälfte 15. Jh. – Fundort: Braunschweig, Jöddenstraße 7-9 (1978). – H 5,0 cm; ⌀ Lippe 7,1 cm; Wandungsstärke Lippenrand 3,0 mm. – Dunkelgrünes Glas. Geklebt, kleines Stück Wandung ergänzt. Kaum Verwitterungsspuren.

Braunschweigisches Landesmuseum, Inv. Nr. 78:3/233

Boden leicht hochgestochen, Spur eines großen Hefteisens (⌀ 1,8 cm). Wandung mit Kreuzrippenmuster aus 21fach gerippter Form. Ca. 1,3 cm breite Randzone glatt, Lippenrand wenig verdickt.

Dieser Becher belegt, daß auch bei einem Typus, den man gut zu kennen glaubt, Überraschungen möglich sind. Ein Maigelein aus einer vergleichbar dunkelgrünen Glasmasse ist m. W. bisher nicht bekanntgeworden. Das Stück wird nach den Beifunden in die zweite Hälfte des 15. Jahrhunderts datiert.

LIT.: Rötting (1985), S. 91, Abb. Farbtf. 12.

358

359 Kreuzrippenbecher

Deutschland, 15. Jh. – Provenienz: Slg. Bremen. – H 6,5 cm; ⌀ Lippe 7,1 cm; Wandungsstärke Lippenrand 2,0 mm. – Dunkel blaugrünes Glas. Winzige Stoßstelle an der Lippe. Wenige braune Korrosionsflecken.

Rheinisches Landesmuseum Bonn, Inv. Nr. 68.0422

359

Boden sehr spitz hochgestochen. Wandung mit Kreuzrippenmuster aus 20fach gerippter Form. 0,6 cm breite Randzone glatt, Lippenrand leicht verdickt.

Der Becher steht – wie schon das Maigelein aus Frankfurt – stellvertretend für eine Fülle vergleichbaren Materials. Daß Kreuzrippenbecher um die Mitte und auch schon in der ersten Hälfte des 15. Jahrhunderts vorkommen, belegen sowohl Darstellungen solcher Gläser auf Gemälden[1], als auch aus Altären geborgene Stücke[2] und Befunde archäologischer Ausgrabungen[3]. Eine genaue Eingrenzung der einzelnen Varianten im 15. und eventuell auch noch frühen 16. Jahrhundert ist allerdings noch nicht vorgenommen worden.

LIT.: Bremen (1964), S. 236, Nr. 67.

1 Siehe etwa den Becher auf der Abendmahldarstellung vom Kölner ›Meister der Lyversbergischen Passion‹ (um 1464), Detailabbildung bei Rademacher (1933), Tf. 27 b.
2 Chambon (1955), S. 307, Nr. 4, Abb. auf Tf. 1, 4.
3 Isings/Wijnman (1977), S. 82 f., Fig. 2, 6.

360 Rippenbecher

Deutschland, 15. Jh. – Fundort: Unbekannt. – Provenienz: Slg. Pfoh. – H 7,4 cm; ⌀ Lippe 7,7 cm; Wandungsstärke Lippenrand ca. 2,1 mm, Lippe ca. 2,3 mm. – Grünes Glas. Z. T. leicht verwittert.

Museum für Kunsthandwerk Frankfurt, Inv. Nr. 13 414

Spitz hochgestochener Boden. Wandung mit 22 optisch geblasenen Diagonalrippen. Ungefähr 1 cm breite glatte Lippenzone.

Neben den bisher gezeigten Stücken mit Kreuzrippenmuster kommen ebenso häufig Beispiele mit einfachen Diagonalrippen vor. Welches der beiden ›Modelle‹ allenfalls zuerst hergestellt wurde, läßt sich bisher nicht entscheiden. Wiederum ist durch Hinweise aus Gemälden[1] und archäologischen Grabungen[2] zu erschließen, daß Becher mit Diagonalrippen schon in der ersten Hälfte des 15. Jahrhunderts vorkamen. Noch unklar ist momentan, ob eventuell die Becher mit scharf umknickenden Rippen (vgl. Kat. Nr. 351) Vorgänger derartiger Becher sind. Übergangsformen sind bisher nicht nachgewiesen worden.

LIT.: Bauer (1975), S. 26, Nr. 38.

1 Siehe etwa Dirk Bouts, Christus im Hause des Simon (ca. 1462-64), Detailaufnahme bei Rademacher (1933), Tf. 27 c.
2 Isings/Wijnman (1977), S. 82 f., Fig. 2, 1 oder 3.

361 Rippenbecher

Deutschland, 15. Jh. – Fundort: Unbekannt. – Provenienz: Slg. Pfoh. – H 7,5 cm; ⌀ Lippe 8,5 cm; Wandungsstärke Lippenrand 1,8-2,2 mm, Lippe 1,1-1,8 mm. – Farbloses Glas mit kaum wahrnehmbarem Grüngraustich, blauer Randfaden. Oberfläche innen z. T. wegkorrodiert oder leicht verwittert.

Museum für Kunsthandwerk Frankfurt, Inv. Nr. 13 410

360

361

Leicht hochgestochener Boden. Wandung mit 16 optisch geblasenen Rippen, die unterm Boden nicht mehr sichtbar sind. Ungefähr 0,7 cm breite glatte Lippenzone. Lippenrand mit blauem Faden, der mindestens 2mal umgelegt ist.

Dieser Becher ist auf einer Schwarzweiß-Aufnahme kaum von den ›normalen‹ (grünen) Rippenbechern zu unterscheiden[1]. Er dürfte auch aus derselben Zeit und wohl auch einer Hütte nördlich der Alpen stammen. Der Vergleich mit andern Beispielen (vgl. Kat. Nrn. 412, 451) zeigt, daß in Deutschland auch im 15. und frühen 16. Jahrhundert sehr wohl farblose Gläser hergestellt wurden, daß aber die bewußt grün gefärbten Stücke offenbar bevorzugt wurden.

Das Glas blieb bisher ohne genaue Parallele. Da zu den Fundumständen keine Angaben überliefert sind, beruht die vorgeschlagene vage Datierung auf der Ähnlichkeit zu den grünen Rippenbechern gleicher Form.

LIT.: Bauer (1975), S. 27, Nr. 40.

1 Vgl. etwa die Aufnahmen auf S. 26 f. bei Bauer (1975).

362 Achtkantiger Rippenbecher

Deutschland, 15. Jh. – Provenienz: Slg. Lückger. – H 7,0 cm; ⌀ Lippe 7,9 cm; Wandungsstärke Lippenrand 2,5 mm. – Grünes Glas.

Kunstmuseum Düsseldorf, Inv. Nr. P 1936-10

Boden spitz hochgestochen. Wandung achtkantig, mit 30 Diagonalrippen bis knapp unter den Lippenrand, dieser leicht verdickt.

Becher dieser Art wurden in einem großen Verbreitungsgebiet (vom Oberrhein bis Holland) gefunden. Die seit Rademacher übliche Datierung ins 15. Jahrhundert wird durch verschiedene neuere Beobachtungen gestützt, etwa durch Funde aus Utrecht[1], von der Glashütte ›Salzwiesen‹ im Nassachtal östlich von Stuttgart[2], oder durch noch unpubliziertes Material aus Heidelberg[3].

362

Die Mehrkantigkeit der Wandung wurde, ähnlich wie bei den Stangengläsern (vgl. Kat. Nrn. 505, 508), durch das Einstoßen eines Innen-Models erzielt[4]. Ein Fragment eines solchen Werkzeuges (mit einer kegelförmigen Aussparung für den spitzen Bodeneinstich des vorgeformten Bechers) wurde erst kürzlich bei der Untersuchung der schon erwähnten Hütte ›Salzwiesen‹ gefunden (siehe S. 36, Abb. 34).

LIT.: Kat. Darmstadt (1935), S. 67, Nr. 389. – Heinemeyer (1966), S. 47, Nr. 107.

1 Isings/Wijnman (1977), S. 82f., Fig. 2, 2.
2 Siehe S. 35f.
3 Aus der Grabung am Kornmarkt (1986/87) stammen Fragmente verschiedener Mehrkantbecher. Sie wurden – nach vorerst noch provisorischen Datierungen – zum Teil der ersten Hälfte des 15., zum Teil dem Anfang des 16. Jahrhunderts zugeordnet. Freundliche Auskunft von Christine Prohaska, Heidelberg, die mit der Bearbeitung der Funde beschäftigt ist.
4 Zur Herstellung vgl. Baumgartner (1987), S. 72f., Nr. 68.

363 Kreuzrippenbecher mit gestauchtem Fuß

Deutschland, 15. Jh. – Provenienz: Slg. Thewalt, Köln. – H 7,5 cm; ⌀ Lippe 6,8 cm, Fuß 5,4 cm; Wandungsstärke Lippenrand 2,2 mm. – Gelblich-grünes Glas.

Kunstmuseum Düsseldorf, Inv. Nr. 17782

363

Durch Hochstechen der Glasblase hergestellter Fuß mit hohlem Rand. Boden nur wenig hochgewölbt. Auf der Wandung im unteren Teil 30 schwach ausgeprägte senkrechte Rippen, weiter oben Kreuzrippenmuster. 1,5 cm breite Randzone glatt, Lippenrand kaum verdickt.

Kreuzrippenbecher mit Fuß bilden eine Variante, die parallel zu den einfacheren konischen Bechern vorkommt, die aber ein kleineres Verbreitungsgebiet hat; sie scheint etwa am Oberrhein und in Holland zu fehlen. Anhaltspunkte für eine Datierung, die von derjenigen für die ›normalen‹ Rippenbecher abweicht, sind nicht vorhanden.

LIT. (Auswahl): Rademacher (1933), S. 96, 145, Tf. 25a. – Kat. Darmstadt (1935), S. 67, Nr. 394. – Heinemeyer (1966), S. 46, Nr. 106 (mit weiterer Lit.).

364 Kreuzrippenbecher mit gekniffenem Faden, Fragment

Deutschland, 15. Jh. – Fundort: Utrecht, Boterstraat. – H 7,8 cm; ⌀ Fuß 8,6 cm; Wandungsstärke Bruchkante oben 1,5 mm. – Hellgrünes Glas. Gelb-bräunlich korrodiert.

Archeologisch Depot Gemeente Utrecht, Inv. Nr. BT/03/00/00/E/100.

364

Fuß mit hohlem Rand durch Hochstechen der Glasblase gebildet, Boden hochgestochen. Wandung mit Kreuzrippenmuster aus 20fach gerippter Form. Horizontal umgelegtes Band, das 9mal halbkreisförmig zusammengekniffen ist.

Die keramischen Beifunde aus der Kloake, aus der dieses Becherunterteil stammt, gehören ins 15. Jahrhundert (jüngeres Material ist nicht enthalten).
Als Parallele zu dieser Variante der Kreuzrippenbecher mit gestauchtem Fuß und gekniffenem Faden vgl. das Stück in der Slg. Amendt[1]. Auch dieses zeigt allerdings nur ein Unterteil, so daß offenbleiben muß, wie hoch solche Becher waren und wie stark die sich andeutende Biegung der Wandung nach außen wurde.

LIT.: –

1 Baumgartner (1987), S. 74, Nr. 71.

365 Rippenbecher

Deutschland, 15. Jh. – Fundort: Wohl Mainz. – H 13,0 cm; ⌀ Lippe 6,7 cm, Fuß 6,3 cm; Wandungsstärke Lippenrand ca. 3,0 mm. – Grün-gelbgrünes Glas. Ergänzt. Verwittert, z. T. braun korrodiert.

Karl Amendt, Krefeld

Durch Hochstechen der Glasblase hergestellter Fuß mit hohlem Rand. Wandung mit 18 schwach ausgeprägten Vertikalrippen, die bis ca. 2 cm unter den Lippenrand sichtbar sind.

Der Becher kann bisher nur mit zwei unpublizierten Fragmenten aus Privatbesitz verglichen werden, die zu Herkunft und Datierung keine weiterführenden Hinweise liefern. Die Form ist den Trichterhalsbechern aus Steinzeug verwandt, die im 15. und 16. Jahrhundert vorkamen[1]. Auch die spezifische Ausformung des Fußes, die eng mit der entsprechenden Partie doppelkonischer Flaschen (vgl. Kat. Nrn. 374 ff.) verwandt ist, läßt durchaus eine Datierung ins 15. Jahrhundert zu. Als Herkunftsgebiet könnte der Spessart mit seinen kurmainzischen Glashütten in Frage kommen.

LIT.: Baumgartner (1987), S. 63, Nr. 45.

1 Siehe etwa Ekkart Klinge, Siegburger Steinzeug, Düsseldorf 1972, Kat. Nrn. 5 und 109.

365

366 Bauchiger Rippenbecher, Fragment

Deutschland, 14./15. Jh. – Fundort: Marburg, Markt (1984). – H 9,6 cm; ⌀ Lippe 4,4 cm; Fuß ca. 4,8 cm; Wandungsstärke Lippenrand 2,4 mm, Wandung minimal 1,4 mm. – Hellgrünes Glas. Geklebt, größere Fehlstellen in Wandung und Lippe, Scherben unterschiedlich korrodiert. –

Freies Institut für Bauforschung und Dokumentation, Marburg, im Auftrag des Magistrats der Stadt Marburg, Inv. Nr. 6/9-3, Lfd. Nr. 212

Fuß mit hohlem Rand durch Hochdrücken der Glasblase gebildet, Boden wenig hochgewölbt. Auf der Wandung 26 schwach ausgeprägte Schrägrippen, die ca. 1,5 cm unter dem Rand auslaufen. Lippenrand leicht verdickt.

366

Die Scherben dieses Bechers wurden in einem ehemaligen Brunnen auf dem Marburger Markt gefunden, der wohl ab ca. 1300 als Fäkaliengrube benutzt wurde, bis spätestens 1512, als in diesem Gebiet Baumaßnahmen im Zusammenhang mit dem Rathausneubau stattfanden[1]. Zu den Glasbeifunden in diesem Komplex gehören u. a. niedrige grüne Rippenbecher, z. T. mit blauem Randfaden (ähnlich wie Kat. Nr. 343), hell blaugrüne Nuppenbecher und Fragmente doppelkonischer Flaschen.

Der einfache, etwas schiefe kleine Becher fällt durch die leicht bauchige Form aus dem Rahmen des Üblichen. Es ist nicht auszuschließen, daß er einst einen Henkel hatte, der nach Art des Ausbruchs dann aber nur klein und hochsitzend gewesen sein kann.

LIT.: –

1 Auskünfte zu den Fundumständen verdanken wir Elmar Altwasser und Ulrich Klein vom Freien Institut für Bauforschung und Dokumentation, Marburg.

Böhmische Stangengläser

Die Produktion von mäßig bis extrem hohen, mit zahlreichen kleinen Nuppen besetzten Gläsern scheint in der zweiten Hälfte des 14. und in der ersten Hälfte des 15. Jahrhunderts eine Spezialität böhmischer Hütten gewesen zu sein. Darauf deuten zum einen die besondere, fast farblose Glasmasse (die im Boden sehr oft weißlich-bräunlich und silbrig glänzend korrodiert), zum anderen die Fundhäufigkeit in Böhmen.

Diese Gläser sind entweder leicht konisch in der Form oder auch schwach keulenförmig gebaucht, daneben kommen auch Varianten mit einer Einziehung unter der Lippe vor[1]. Der Fuß ist nicht aus der Glasblase hochgestochen, sondern angesetzt (aus einem Faden gewickelt und nachträglich geglättet). Der Dekor besteht in der Regel aus sehr zahlreichen kleinen, unregelmäßig geformten und in oft unregelmäßiger Anordnung aufgesetzten Nuppen, die meist von einem Spiralfaden unten und einem Fadenring oben eingegrenzt werden. (Ähnlich dekorierte und in derselben Technik – mit angesetztem Fuß – hergestellte Gläser gibt es daneben auch in niedrigeren und breiteren Becherformen, so daß man letztlich die Stangengläser auch als hohe Sonderform der Nuppenbecher auffassen kann.) Eine innerhalb der Laufzeit des Typs wohl etwas jüngere Verzierungsvariante stellen die in unterschiedlichen Mustern aufgelegten gekerbten Fäden anstelle der Nuppen dar (vgl. Kat. Nrn. 370f.).

Die Datierung dieser Stangengläser in die zweite Hälfte des 14. bis erste Hälfte des 15. Jahrhunderts ergibt sich vor allem aus den Fundzusammenhängen in Böhmen[2], seit dem späteren 14. Jahrhundert lassen sich derartige Gläser auch in bildlichen Darstellungen nachweisen[3]. Die Verbreitung der böhmischen Stangengläser beschränkt sich natürlich nicht auf Böhmen, ähnlich wie andere böhmische Typen (z. B. die Becher mit Fadenrippen und blauen Pünktchen, vgl. Kat. Nrn. 329-337) kommen sie auch weiter nördlich vor, in Sachsen, Norddeutschland und bis Skandinavien[4], dagegen nur selten im Westen oder Süden Deutschlands[5].

Die formal ähnlichen Stangen- oder Keulengläser aus grünem oder farbigem Glas, die wohl in mittel- und norddeutschen Hütten produziert wurden, gehören durchweg in eine jüngere Zeit, vgl. Kat. Nrn. 483-490.

1 Siehe z. B. die Zusammenstellung bei Hejdová u. a. (1983), S. 247.
2 Frýda (1979), S. 24 f.
3 Frýda (1979), S. 26. – Hejdová (1975), S. 144, z. B. Fig. 4 und 11.
4 Funde dieser Art sind etwa bekannt aus Dresden (Mechelk (1970), S. 161, Abb. 65,3) und Freiberg (unpubliziert), aus Göttingen (z. B. Schütte (1982/83), S. 139) und Lübeck (z. B. Neugebauer (1965), Abb. 13 und 19), sowie aus Kalmar (Hofrén (1961), S. 183, Abb. 1).
5 Ein fragmentarisches Stangenglas dieser Art in der Slg. Amendt wurde angeblich in Mainz gefunden, es hat einen zeitgenössischen ›Ersatzfuß‹ aus Metall, galt also offenbar als etwas Besonderes (Baumgartner (1987), S. 91 f., Nr. 107).

367 Stangenglas mit Nuppen, Fragment

Böhmen, 2. Hälfte 14. Jh. – Fundort: Prag, Národní, Neustadt Nr. 61/II (Kaufhaus Máj), (1968). – H 41,0 cm; ⌀ Lippe 5,6 cm, Fuß 11,1 cm; Wandungsstärke Lippenrand 3,0 mm, Wandung minimal 0,9 mm. – Ursprünglich annähernd farbloses Glas. Geklebt und montiert. Weitgehend bedeckt mit weißlich-silbriger Korrosionsschicht.

Zentrum der Denkmalpflege der Stadt Prag, Inv. Nr. XIV-5

367

Fuß aus einem Faden gewickelt und leicht geglättet. Boden hochgestochen. Auf der Wandung in ca. 12 cm Höhe Ausbruchsspuren von 4 Windungen eines Spiralfadens. Darüber zahlreiche kleine unregelmäßige Nuppen in etwa 21 Horizontalreihen (z. T. Reste von horizontalen Fadenverbindungen zwischen den Nuppen). Fadenring oberhalb der Nuppen, 7 cm breite Randzone glatt.

Die Fragmente dieses Stangenglases stammen aus einem Brunnen beim ehemaligen Brauhaus, der in der zweiten Hälfte des 14. Jahrhunderts errichtet wurde und 1506 bereits zugeschüttet war[1].
Es ist dies ein typisches ›böhmisches Stangenglas‹: charakteristisch sind die weitgehend entfärbte Glasmasse und die besondere weißliche und silbrig glänzende Korrosion, die Herstellungstechnik des Fußes und schließlich die Form und die Verzierung durch unregelmäßige kleine Nuppen zwischen einem Spiralfaden unten und einem Fadenring oben. Auch die Größe entspricht in etwa der Norm.

LIT.: –

1 Angaben zum Fundzusammenhang und zur Datierung verdanken wir Ladislav Špaček, Prag.

368 Stangenglas mit Nuppen, Fragment

Böhmen, 2. Hälfte 14. Jh. – Fundort: Prag, Altstadt, Nr. 671/I (Kaufhaus Kotva), (1971). – H rekonstruiert 55,2 cm; ⌀ Lippe 8,0 cm, unten 3,5 cm; Wandungsstärke Lippenrand 3,0 mm, Wandung minimal 1,0 mm. – Farbloses Glas mit schwachem graugrünlichen Stich. Geklebt und montiert. Verwittert, z. T. leicht korrodiert.

Zentrum der Denkmalpflege der Stadt Prag, Inv. Nr. XXX-5

Fuß fehlt. Auf der Wandung unten kleines Stück einer Fadenauflage, eventuell von Spiralfaden. Darüber zahlreiche kleine, oft sichelförmige Nuppen in unregelmäßiger Anordnung. Horizontaler Faden oberhalb der Nuppen, 7 cm breite Randzone glatt.

Die Fragmente dieses besonders großen Stangenglases wurden gefunden im Areal der Kommende des Deutschen Ritterordens, zusammen u. a. mit den Bechern Kat. Nr. 114 und 203. Das Fundmaterial von dieser Fundstelle gehört insgesamt ins 14. bis spätestens frühe 15. Jahrhundert[1].

LIT.: –

1 Angaben zum Fundzusammenhang verdanken wir Ladislav Špaček, Prag.

369 Stangenglas mit Nuppen, Fragment

Böhmen, 2. Hälfte 14. Jh. – Fundort: Plzeň/Pilsen, Františkánská 5, Brunnen 2 (1979). – H 44,5 cm; ⌀ Lippe ca. 5,8 cm, Fuß 11,8 cm; Wandungsstärke Lippenrand 2,0 mm, Wandung minimal 1,0 mm. – Annähernd farbloses Glas mit schwach grünlichem Stich. Geklebt. Weitgehend bedeckt mit weißlich-silbriger Korrosionsschicht.

Westböhmisches Museum Pilsen, Inv. Nr. 26095

Fuß aus einem Faden gewickelt und nachträglich geglättet. Boden hochgestochen. Auf der Wandung in ca. 14 cm Höhe Ausbruchspuren von mehreren Windungen eines Spiralfadens, darüber zahlreiche kleine unregelmäßige Nuppen. Horizontaler Faden oberhalb der Nuppen, Randzone glatt.

Die Fragmente dieses Stangenglases gehören zum reichen Glas-Fundmaterial aus einem Brunnen in der Pilsener Altstadt. In Form, Verzierung und Größe entspricht es wiederum völlig dem Standardtyp des böhmischen Stangenglases.

LIT.: Hejdová u. a. (1983), S. 246, Abb. 2.

14./15. JAHRHUNDERT

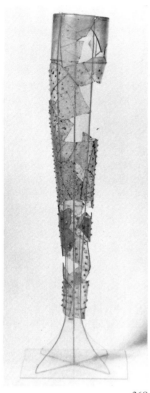

368 369 370 371

370   Stangenglas mit Fadenauflagen, Fragment

Böhmen, 1. Hälfte/Mitte 15. Jh. – Fundort: Plzeň/Pilsen, Pražská 14, Brunnen 1. – H 36,5 cm; Ø in Höhe des obersten Fadens 6,3 cm, Fuß 12,3 cm; Wandungsstärke Bruchkante oben 1,5 mm. – Annähernd farbloses Glas mit schwachem Grünstich. Geklebt. Weißlich-silbrige Korrosionsschicht und runde Flecken.

Westböhmisches Museum Pilsen, Inv. Nr. 26 096

Fuß aus einem Faden gewickelt und nachträglich geglättet, am Rand mit der Zange flachgekniffen. Auf der Wandung in ca. 15 cm Höhe 4 Windungen eines Spiralfadens. Oben 2 ringförmige gekerbte Fadenauflagen. Zwischen dem Spiralfaden und dem unteren der Fadenringe gekerbte Zickzackfäden aufgelegt: abwechselnd in kurzen annähernd horizontalen Zacken und in langen annähernd vertikalen Zacken (je 3mal).

Die Bruchstücke dieses Stangenglases stammen wiederum aus einem der vielen, sehr glasreichen Brunnen in der Pilsener Altstadt. Es entspricht weitgehend dem Typ der böhmischen Stangengläser, hat nur statt der viel häufigeren kleinen Nuppen die reichen Fadenauflagen. Der gewickelte Fuß ist bei diesem Stück so gut geglättet, daß diese Herstellungstechnik erst bei näherem Hinsehen (an dem Fadenende auf dem Rand) sichtbar wird.

LIT.: –

371   Stangenglas mit Fadenauflagen, Fragment

Böhmen, letztes Viertel 14. Jh. – Fundort: Opava/Troppau, Kolárská ul. (1960). – H rekonstruiert 42,3 cm; Ø Lippe 6,9 cm, Fuß 12,5 cm; Wandungsstärke Lippenrand 3,0 mm, Wandung minimal 1,2 mm. – Annähernd farbloses Glas mit schwachem Grünstich. Geklebt und montiert. Verwittert, bräunliche Korrosionsflecken, irisiert.

Kunstgewerbemuseum Prag, Inv. Nr. 77.394

Fuß aus einem Faden gewickelt und nachträglich geglättet, am Rand mit der Zange flachgekniffen. Auf der Wandung zuunterst 4 Windungen eines Spiralfadens, oben horizontaler Faden. Dazwischen 9 diagonale gekerbte Fäden, oben am Fadenring angesetzt.

Dieses fragmentarische Stangenglas aus Opava hat ähnlich wie das vorige Stück statt der kleinen Nuppen gekerbte Fäden. Es gab offenbar noch weitere Muster-Varianten dieser gekerbten Fadenauflagen an solchen Stangengläsern, z. B. zeigt ein Fragment aus Cheb/Eger senkrecht aufgelegte gekerbte Fäden[1].

LIT.: Hejdová (1975), S. 147, Fig. 14, III/6a. – Kat. Prag (1986), S. 31, Nr. 262.

1 Hejdová u. a. (1983), S. 248, Abb. 9.

372 Keulenglas mit Nuppen

Böhmen (?), 14.Jh./1. Hälfte 15.Jh. – Fundort: Regensburg, Grasgasse (1979). – H 22,5 cm; ⌀ Lippe 7,3 cm, Fuß 10,3 cm; Wandungsstärke Lippenrand 2,4 mm. – Ursprüngliche Glasfarbe nicht mehr festzustellen. Geklebt und ergänzt. Völlig braun korrodiert, weitgehend in Schichten zersetzt.

Museen der Stadt Regensburg, Inv. Nr. 1979/82

372

Fuß aus einem Faden gewickelt und nachträglich geglättet. Boden hochgestochen. Auf der Wandung Ausbruchsspur von ca. 9 Windungen eines Spiralfadens, darüber Zone mit zahlreichen kleinen, hochstehenden Nuppen. Unterhalb der Lippe Rest eines zweifach umgelegten dünnen Fadens.

Bei diesem Bodenfund aus Regensburg läßt sich aufgrund des sehr schlechten Erhaltungszustands (und der rigorosen Restaurierung) die ursprüngliche Glasfarbe nicht mehr beurteilen. Die Herstellungstechnik mit dem gewickelten Fuß und das Dekorschema mit der Abfolge Spiralfaden – Nuppenzone – Halsfaden lassen es als engen Verwandten zu den böhmischen Stangengläsern mit Nuppen erscheinen. Auch diese Formvariante mit bauchigem Oberteil und einer Einziehung unter der Lippe ist in Böhmen nachzuweisen[1], aber auch an anderen Orten innerhalb des Verbreitungsgebiets, das für die mehr konischen böhmischen Stangengläser angeführt wurde (vgl. S. 312), so z. B. in Lübeck[2].

LIT.: Loers (1982), S. 86f., Abb. 38.

1 Vgl. Hejdová u. a. (1983), S. 247, Abb. 6 und 7.
2 Neugebauer (1965), S. 235.6, Abb. 13. – Falk (1987), S. 58, Nr. 325, Abb. 28,8 (oben).

373 Keulengläser (?), Fragmente

Deutschland (?), 2. Hälfte 15.Jh. – Fundort: Angeblich Andernach (Rheinland-Pfalz). – Sehr hellgrünes Glas. Verwittert, kleine braune Korrosionsflecken.

a) H 9,8 cm, ⌀ Fuß 12,0 cm; Wandungsstärke Bruchkante oben 1,0 mm.
Fuß wohl aus einem Faden gewickelt und nachträglich geglättet, am Rand mit der Zange gekniffen. Boden hochgestochen. Auf der Wandung 10 Windungen eines Spiralfadens, der unten in feiner Spitze ausläuft.

b) H 9,6 cm, Wandungsstärke Bruchkante oben 1,0 mm.
Als Füße 3 langausgezogene hohle Nuppen, an den Enden flachgekniffen, zum Gefäßkörper hin offen. Boden wenig hochgestochen. Auf der Wandung 9 Windungen eines Spiralfadens, der unten ausläuft.

Karl Amendt, Krefeld

373

Diese beiden Unterteile kann man sich wohl wegen der stark konisch ausladenden Wandung und des relativ großen Fußdurchmessers bei Fragment a) am ehesten als Teile von Keulengläsern vorstellen. Sie wurden zusammen gefunden und sind untereinander eng verwandt, während es sonst an direkten Parallelen fehlt. Vor allem die hohlen Nuppen als Füße sind bisher singulär.
Der angesetzte Fuß und der Spiralfaden auf dem unteren Teil der Wandung erinnern an die böhmischen Stangengläser, jedoch wirkt die hellgrüne Glasmasse nicht typisch böhmisch. Das Motiv der hohl geblasenen Nuppen läßt sich mit den hohlen Tierkopfnuppen der späteren reichen Stangengläser vergleichen (Kat.Nrn. 500-505, 507); es wäre damit das entwicklungsgeschichtlich jüngste Detail, das eine Datierung dieser Fragmente wohl erst in die 2. Hälfte des 15. Jahrhunderts nahelegt[1].

LIT.: Baumgartner (1987), S. 93, Nr. 109, 110.

1 Das Umbaudatum 1477/78 eines Hauses in der Marburger Altstadt gilt als terminus ante quem für die Funde aus einer Fäkalienrinne, darunter auch eine (offenbar hohle) Tierkopfnuppe. Diese wäre damit die bisher früheste ihrer Art, die wir kennen (Elmar Altwasser, Die Glasfunde aus dem 15. Jahrhundert, in: Hirschberg 13, ein Haus von 1321. Marburger Schriften zur Bauforschung 3, 1984, S. 68, Nr. 13).

Flaschen

In der folgenden kleinen Zusammenstellung von Flaschenformen des 14./15. Jahrhunderts steht voran der Typ der Flaschen mit innerem hohlem Stauchungsring, der in seinen frühen Versionen schon im vorigen Kapitel vorkam und der nun das typologische Stadium erreicht, in dem er den eingebürgerten Namen ›doppelkonische Flasche‹ verdient: Das früher annähernd halbkugelig gebauchte Unterteil wird nun geradwandig konisch. In dieser Form sind die doppelkonischen Flaschen offenbar in enormen Mengen hergestellt worden, als oft flüchtig ausgeführte Massenware. (Der Herstellungsprozeß der aus einer einzigen Blase gestauchten Flaschen ist noch nicht im Detail geklärt, er muß aber sehr schnell und einfach vor sich gegangen sein.) Doppelkonische Flaschen wurden noch bis in die erste Hälfte des 17. Jahrhunderts weiter produziert[1], die Entwicklung ging dabei zu zunehmend höheren und schlankeren Formen.

Das Verbreitungsgebiet dieser Flaschen umfaßt vor allem das Mittel- und Oberrheingebiet, sie kommen aber auch in Norddeutschland gelegentlich vor, z. B. in Lübeck. Der Verwendungszweck war, soweit man das vor allem aus bildlichen Darstellungen erschließen kann, recht vielfältig. Sie konnten offenbar Trinkflaschen sein, aber ebenso auch Aufbewahrungsflaschen für verschiedene Flüssigkeiten im Haushalt oder in Apotheken und dgl. Die rote Flüssigkeit in der Flasche aus Straßburg (Kat. Nr. 374) ist noch nicht untersucht – roter Wein ist die nächstliegende Vermutung.

Neben den doppelkonischen Flaschen (und neben den einfachen glatten Stücken, die zu allen Zeiten gebraucht wurden) kamen natürlich noch eine Reihe weiterer Flaschentypen vor, unter anderem verschiedene Varianten von ›Kuttrolfen‹ (diese Bezeichnung wird hier in neuzeitlich-traditionellem Sinn für einige bestimmte Flaschenformen verwendet, denn da in den mittelalterlichen Schriftquellen dieser Name nie in Verbindung mit einer näheren Formbeschreibung vorkommt, wird sich wohl kaum je feststellen lassen, welche spezifische Form ursprünglich damit gemeint war). Eine der frühen Kuttrolf-Varianten ist in den beiden Flaschen aus Wiesbaden und Düsseldorf (Kat. Nrn. 380 f.) präsent, bei denen der Körper im Mittelteil zu kurzen Röhren zusammengedrückt ist. Andere Varianten zeigen eine deutliche Trennung zwischen Körper und Hals, der einröhrig oder mehrröhrig, mit geraden oder verdrehten Röhren gebildet sein kann. Daß Kuttrolfe mit mehrröhrig-tordiertem Hals schon recht früh vorkamen, beweisen z. B. Halsfragmente dieser Art von der Spessartglashütte im Laudengrund, die schon um 1300 arbeitete (vgl. S. 28 f.). Der Hals dieser Kuttrolfe ist entweder am oberen Ende röhrenförmig eng oder auch zu einer trichter- oder schalenförmigen Lippe erweitert, je nachdem, ob die Flasche mehr zur Aufbewahrung (und zum Verschließen mit einem Stopfen) gedacht war oder als Trinkflasche. – Kuttrolfe mit mehrröhrigem Hals blieben in vielerlei Abwandlungen bis weit ins 17. Jahrhundert beliebt.

Unter den Rippenflaschen, die hier angereiht sind, vertritt die Flasche mit dem spiralförmig um den Hals gewickelten Faden einen böhmischen Sondertyp (Kat. Nr. 390), die beiden folgenden Stücke lassen sich als jüngere Verwandte der früheren Flaschen mit blauem Spiralfaden an der Lippe verstehen (vgl. Kat. Nrn. 310 f.).

1 Z. B. in der Ziroff-Hütte im Spessart, die 1627-31 arbeitete, vgl. Tochtermann (1979), S. 23-28.

FLASCHEN

374

der doppelkonischen Flaschen vom 15. zum 16. Jahrhundert bisher nicht näher zu bestimmen. Nach den Frühformen der Flaschen mit Stauchungsring (vgl. Kat. Nrn. 296-302) hat dieser Flaschentyp offenbar im 15. Jahrhundert die eigentlich ›doppelkonische‹ Entwicklungsstufe erreicht, d. h. die Form mit deutlich konischem Unter- wie auch Oberteil. Innerhalb dieser Grundform scheint die Entwicklungstendenz von breiteren zu höheren und schlankeren Proportionen zu verlaufen, aber Fixdaten für bestimmte Entwicklungsstadien fehlen noch weitgehend.[1]

LIT.: –

1 Einen terminus ante quem 1521 gibt es für eine doppelkonische Flasche aus dem Grundstein der Kirche von Blankenloch im Badischen Landesmuseum Karlsruhe (Renate Neumüllers-Klauser, Die Grundsteinlegung der evangelischen Kirche zu Blankenloch, in: Forschungen und Berichte der Archäologie des Mittelalters in Baden-Württemberg Bd. 6, 1979, S. 173-180, Abb. 3 auf S. 175). Diese ist in der Form der Straßburger Flasche recht ähnlich.

375 Doppelkonische Flasche, Fragmente

Deutschland, 15. Jh. – Fundort: Angeblich Mainz. – H 17,8 cm; Ø Lippe 2,1 cm, Wandung maximal 9,1 cm, Fuß 5,3 cm; Wandungsstärke Lippenrand 5,5 mm, Wandung minimal 0,9 mm. – Gelblich-grünes Glas. Z. T. geklebt, leicht verwittert und verkratzt.

Johann Josef Halm, Durbusch

374 Doppelkonische Flasche

Deutschland, 15. (bis frühes 16.) Jh. – Fundort: Straßburg, 15 rue des Juifs (1987). – H 17,0 cm; Ø Fuß 4,8 cm, Wandung maximal 9,9 cm. – Grünes Glas. Mit Inhalt und Korkstopfen erhalten. Außen verwittert und irisiert.

Direction des Antiquités historiques, Straßburg

Fuß mit hohlem Rand durch Hochstechen der Glasblase gebildet. Boden hochgestochen. Hohler Stauchungsring nach innen, Oberteil weit überkragend. Lippenrand wulstartig verdickt.

Diese intakte, mit Inhalt und Korkverschluß erhaltene Flasche ist erstaunlicherweise ein Bodenfund. Sie stammt aus einer Grube in der Straßburger Altstadt, in der u. a. auch die Stücke Kat. Nrn. 486 f., 526 f., 529, 544 gefunden wurden. Obgleich durch den Kontext wahrscheinlich ist, daß sie erst zu Anfang des 16. Jahrhunderts in diese Grube gelangte, ist sie hier als besterhaltenes, anschaulichstes Beispiel für doppelkonische Flaschen den Exemplaren aus dem 15. Jahrhundert vorangestellt. Ohnehin ist die Formveränderung

375

Fuß mit z. T. hohlem Rand durch Hochstechen der Blase gebildet. Boden hochgestochen. Hohler Stauchungsring nach innen, Wandung des Oberteils überkragend. Lippenrand zu dickem Wulst nach außen umgeschlagen.

317

Die Bruchstücke dieser Flasche, die absichtlich nicht weiter zusammengeklebt wurden, zeigen anschaulicher als jede Zeichnung, wie diese Flaschen aus einer einzigen Blase ›gefaltet‹ wurden. Sie lassen auch die sehr unterschiedliche Wandungsstärke deutlich erkennen.

LIT.: –

376 Doppelkonische Flasche

Deutschland, 15. Jh. – Fundort: Bonn (1901). – Provenienz: Ankauf aus Privatbesitz. – H 11,0 cm; ⌀ Fuß 4,2 cm, Wandung maximal 7,6 cm; Wandungsstärke Lippenrand 4,5 mm. – Grünes Glas. Geklebt, kleiner Ausbruch. Leicht versintert und bräunliche Korrosionsflecken.

Rheinisches Landesmuseum Bonn, Inv. Nr. 14 388

376

Durch Hochstechen der Glasblase gebildeter Fuß mit hohlem Rand. Boden wenig hochgestochen. Hohler Stauchungsring nach innen, überkragendes Oberteil unregelmäßig eingebeult. Lippenrand wulstartig verdickt.

Diese Flasche ist ein Bodenfund aus Bonn, nähere Fundumstände sind leider nicht bekannt. Sie ist ein ungewöhnlich kleines Exemplar und läßt durch ihre nachlässig-schiefe Ausführung deutlich erkennen, daß solche Flaschen einfache Massenprodukte waren (was auch durch die Häufigkeit derartiger Funde offensichtlich ist).

LIT.: –

377 Unterteil einer doppelkonischen Flasche

Deutschland, 15. Jh. – Fundort: Angeblich Raum Bingen-Bingerbrück (Rheinland-Pfalz). – H 7,4 cm; ⌀ Fuß 5,7 cm, oben 7,5 cm. – Grünes Glas. Oberteil abgekröselt. Verwittert, bräunliche Korrosionsflecken.

Rheinisches Landesmuseum Bonn, Inv. Nr. A 581

Fuß mit hohlem Rand durch Hochstechen der Glasblase gebildet. Boden wenig hochgestochen. Oberteil abgekröselt, so daß der hohle Stauchungsring nach innen den oberen Rand bildet.

377

Es kam anscheinend nicht allzu selten vor, daß das Oberteil einer doppelkonischen Flasche (absichtlich oder nach einer Beschädigung?) abgekröselt und das Unterteil allein weiterverwendet wurde, vor allem wohl als Reliquienbehälter. Da zu diesem Stück keine näheren Angaben zur Herkunft überliefert sind, ist in diesem Fall eine solche Funktion nicht nachzuweisen. Anders ist das z. B. bei 2 solchen Flaschenunterteilen im Augsburger Diözesanmuseum und im Kölner Schnütgen-Museum[1]. Auch ein weiteres Fragment im Rheinischen Landesmuseum (dessen Rand eine neuzeitliche Bleieinfassung hat) soll aus einem Kölner Sepulcrum stammen[2].

LIT.: – Zu halbierten doppelkonischen Flaschen: Rademacher (1926/27), S. 105. – Rademacher (1933), S. 73.

1 Augsburg: Fuchs (1931), S. 66, Abb. 3. – Köln: Rademacher (1926/27), S. 105, Abb. 21 rechts.
2 Bremen (1964), S. 348 f., Nr. 158a (= Rheinisches Landesmuseum Bonn, Inv. Nr. 68.0540).

378 Flasche mit Wachsummantelung

Deutschland, 14. Jh. (?) – Fundort: Diözese Freising (Ort unbekannt). – H 11,0 cm; ⌀ Fußring 3,7–4,3 cm. – Farbloses Glas. Verwittert. Wachsummantelung z. T. ausgebrochen.

Diözesanmuseum Freising, Inv. Nr. 37

Zweifach gewickelter Fußring. Boden leicht hochgestochen. Abgeflachter Gefäßkörper. Faden knapp unterhalb des Lippenrandes.

Die kleine Flasche aus Freising ist ein Beispiel für die nicht sehr häufige Verwendung von Flaschen mit sehr enger Öffnung als Reliquiengefäß (vgl. Kat. Nr. 524). Sie wurde mit einer Wachsummantelung versehen, auf der ein ›Siegel‹ mit einem Adler und einer nur teilweise lesbaren Umschrift, die sich wohl zu SANCTUS JOHANNES ergänzen läßt, vorhanden ist. Die Buchstabenformen dieser Umschrift, die nicht jünger als Ende des 14. Jahrhunderts anzusetzen sind[1], bieten nahezu den einzigen Anhaltspunkt zur Datierung der sehr einfachen Flasche. Bei der Frage nach dem Entstehungsgebiet deutet eventuell die farblose Glasmasse (wie auch das Fundgebiet) auf eine Herkunft aus dem südostdeutschen Raum. Bei spätmittelalterlichen Gläsern dieser Region ist farbloses Glas mehrfach nachzuweisen (vgl. Kat. Nrn. 180-183, 325, 413, 480).

LIT.: Fuchs (1936/37), S. 95, untere Reihe (f).

1 Auskunft zu dem ›Siegel‹ und der Umschrift verdanken wir Sigmund Benker und Peter Steiner, Freising.

tierung scheinen bisher nicht vorzuliegen. Im Anschluß an Rademacher wurde ohne Begründung meist das 15. Jahrhundert vorgeschlagen. Wegen der Verwandtschaft zu den Kuttrolfen (Kat. Nrn. 380 und 381) muß aber auch eine frühere Entstehung in Betracht gezogen werden; Glasmasse, Derbheit der Ausführung, bauchiges Unterteil ohne Standring und mit nur leicht hochgewölbtem Boden etc. stimmen weitgehend überein.

LIT.: Rademacher (1931), S. 290, Abb. 1 a. – Rademacher (1933), S. 143, Tf. 14 a. – Kat. Darmstadt (1935), S. 62, Nr. 353, Tf. 41. – Dexel (1977), S. 166, Abb. 215.

378

379

379 Flasche

Deutschland, 14./15. Jh. (oder früher ?). – Fundort: Mainz, Eppichmauergasse 14 (1900). – Provenienz: Slg. Seligmann. – H 17,5 cm; ⌀ maximal 10,6 cm; Wandungsstärke Lippenrand 3,5-4,7 mm, Hals 3,5-4,0 mm. – Gelblich-grünes Glas. Verwittert und z. T. hellbraun korrodiert. Sprung in Boden und Wandung.

Hessisches Landesmuseum Darmstadt, Inv. Nr. Kg 32:14

Hochgestochener Boden. Die glatte Wandung unterhalb der Lippe eingeschnürt.

Laut Inventarkarte des Hessischen Landesmuseums handelt es sich bei der Flasche um einen Bodenfund aus Mainz, der im Jahre 1900 zutage kam. Direkt auf die Wandung der Flasche aufgemalt ist die Inschrift: »Eppichmauergasse 14, M. Binder 1900«. Der Fund gelangte 1932 nach Darmstadt. Dieses Beispiel zeigt die einfachste aller möglichen Varianten der Flasche: die ursprüngliche Glasblase wurde kaum verformt, nur unten leicht hochgewölbt, damit eine Standfläche entstand. Parallelen sind bloß in kleiner Zahl und meist fragmentarisch erhalten, und verläßliche Hinweise zur Da-

380 Fünfröhriger Kuttrolf

Deutschland, 14./15. Jh. (oder früher?) – Fundort: Wiesbaden, Mauritiusplatz (1857). – H 14,5 cm; ⌀ Lippe 1,6-2,0 cm, Unterteil maximal 8,5 cm; Wandungsstärke Lippenrand 4,0 mm. – Gelblich grünes Glas mit zahlreichen bräunlichen Korrosionsflecken.

Sammlung Nassauischer Altertümer, Wiesbaden, Inv. Nr. 2833

Boden nur ganz leicht hochgedrückt. Über kugelig gedrücktem Unterteil im Mittelteil 4 Röhren um eine Mittelröhre, darüber wieder einteilig. Lippe am röhrenförmigen Hals wenig ausgeweitet, verdickt.

Die birnförmige Flasche in Darmstadt und dieser Kuttrolf sind in der Grundform offensichtlich sehr eng verwandt – das Darmstädter Stück wirkt wie eine Vorstufe, aus der dann in einem nächsten Arbeitsgang durch Zusammendrücken der Wandung im mittleren Teil der einfache Kuttrolf entstand. Für diese Form des Kuttrolfs gibt es spätantike Vorläufer[1], es ist aber nicht bekannt, wann im Mittelalter sie wieder aufgenommen wurde. Möglicherweise geschah das früher als landläufig angenommen wird, schon im 13. Jahrhundert? Dieses Exemplar aus Wiesbaden wie auch das folgende aus der Slg. Jantzen sind ohne jeden Fundzusammenhang überkommen, ihre bisherige traditionelle Datierung ins 14./15. Jahrhundert ist daher völlig ungesichert. In den uns bekannten einigermaßen datierbaren Fundkomplexen fehlen Fragmente dieser Art (mit kurzen, unverdrehten Röhren nur im Mittelteil). Ein noch nicht recht einzuordnendes Puzzlestück stellt das kleine Fragment aus gelbem Bleiglas vom mittleren Teil wohl eines solchen Kuttrolfs (Kat. Nr. 141) dar: Wenn der bisherige Eindruck stimmt, daß die Bleiglasgefäße im 13. Jahrhundert (spätestens frühen 14. Jahrhundert) hergestellt wurden, liegt darin möglicherweise ein Indiz für eine frühere Datierung dieser besonderen Kuttrolf-Variante.

LIT.: Rademacher (1928/29), S. 38. – Rademacher (1933), S. 66, 143, Tf. 11 b. – Kat. Darmstadt (1935), S. 61, Nr. 351, Tf. 41.

1 Rademacher (1928/29), S. 37-43. – Fritz Fremersdorf, Der römische Guttrolf, in: Jahrbuch des Deutschen Archäologischen Instituts 46, 1931, Arch. Anzeiger, Sp. 132-151.

Boden leicht hochgestochen, mit ringförmiger Heftnarbe. Über kugelig gedrücktem Unterteil im Mittelteil 4 Röhren um eine Mittelröhre, darüber wieder einteilig. Kleine Ausbuchtung am Röhrenhals, Lippenrand wenig verdickt.

Für diesen Kuttrolf gilt dasselbe wie für das vorige Stück: Mangels Datierungshinweisen aus einem Fundzusammenhang und mangels datierbarer Parallelstücke ist die traditionell angenommene Entstehung im 14./15. Jahrhundert alles andere als gesichert.

381

LIT.: Auktionskat. Sammlung H. Emden, Teil 1, Hamburg, Berlin (R. Lepke) 1908, Nr. 955, Tf. 80. – Rademacher (1928/29), S. 39f., Abb. S. 39. – Rademacher (1933), S. 66, 143, Tf. 11a. – Kat. Darmstadt (1935), S. 61, Nr. 350, Tf. 41. – Walter Dexel, Deutsches Handwerksgut, Berlin 1939, S. 485, Abb. S. 287. – Heinemeyer (1966), Nr. 81, S. 40, Tf. 3. – Ricke (1987), S. 76, Nr. 53.

380

381 Fünfröhriger Kuttrolf

Deutschland, 14./15. Jh. (oder früher ?). – Provenienz: Slg. Jantzen; vorher Slg. Emden. – H 18,8 cm; ⌀ Lippe 2,1 cm, Unterteil maximal 8,6 cm; Wandungsstärke Lippenrand maximal 5,5 mm. – Gelblich-grünes Glas. Z.T. verwittert und irisiert, bräunliche Korrosionsflecken.

Kunstmuseum Düsseldorf, Inv. Nr. P 1940-43

382 Fünfröhriger Kuttrolf

Deutschland, 14./15. Jh. (?). – Fundort: Angeblich Holland. – Provenienz: Slg. Vecht. – H 20,5 cm; ⌀ Boden 7,1 cm. – Grünes Glas. Hals oben abgebrochen. Verwittert, bräunliche Korrosionsflecken.

The Corning Museum of Glass, Corning N.Y., Inv. Nr. 56.3.22

FLASCHEN

321

Hochgestochener Boden. Über kugeligem Körper Hals mit 4 Röhren um eine Mittelröhre, zunächst senkrecht, weiter oben verdreht. Oberer Teil des Halses wieder einröhrig. Lippe nicht erhalten, Metallmontierung mit Korkstopfen auf eine Bruchkante gesetzt.

Im Vergleich zu den beiden vorigen Stücken ist dieses in der Form weiter von den spätantiken Vorläufern entfernt, bei denen die Röhren im Mittelteil des Gefäßkörpers eingeschoben sind. Diese Flasche hat dagegen eine deutliche Zweiteilung in das kugelige Unterteil und einen Hals, der im unteren Teil mehrröhrig ist. Ob dies eine gleichzeitige oder jüngere Variante ist, muß offenbleiben, da auch für dieses Stück keine äußeren Anhaltspunkte zur Datierung gegeben sind.

LIT.: Keith Middlemas, Continental Coloured Glass, London 1971, S. 17. – Kat. The Secular Spirit: Life and Art at the End of the Middle Ages, New York 1975, S. 114, Nr. 123. – Kat. Bottles of the World, Tokyo, Suntory Museum of Art, 1977, Nr. 83, fig. 83.

Dieser Kuttrolf ist wohl der einzige intakt erhaltene seiner Art[1]. Bei der Datierung kann man vor allem von den Varianten mit mehreren Röhren ausgehen, die eine große Ähnlichkeit in der Ausführung zeigen und sich zum Teil ins 15. und frühe 16. Jahrhundert datieren lassen (vgl. Kat. Nrn. 384 f.). Bei der Erörterung des Entstehungsgebietes wird für Kuttrolfe mit Vorliebe auf die vielzitierte Zunftordnung von 1406 aus dem Spessart verwiesen, in der erwähnt wird, daß »eyn meinster mit eynem knecht eyn tag nit mer sal machen wann zweihundert kuttrolf oder was für kuttrolf gent...«[2]. Zur Vorsicht mag (neben der Tatsache, daß niemand weiß, was mit dem Begriff ›Kuttrolf‹ damals gemeint war) die Beobachtung mahnen, daß Hüttenfunde auch aus anderen Regionen nachgewiesen sind (siehe nächste Kat. Nr.).

LIT.: Friedrich (1884), S. 95, Fig. 12. – Rademacher (1933), S. 67, 143, Tf. 13 c. – Bornfleth (1985), Nr. 9.

1 Hälse von wohl gleichen Gefäßen sind mehrfach erhalten; zu Beispielen aus archäologischen Grabungen siehe etwa Lutz (1983), S. 221, Abb. 5, 21 oder Rainer Laskowski, Archäologische Untersuchungen eines brunnenartigen Schachtes im Sanierungsgebiet Altstadt-Ost, Kirchheim u. Teck, Kreis Esslingen, in: Archäologische Ausgrabungen in Baden-Württemberg 1985, Stuttgart 1986, S. 275, Abb. 241, 7.
2 Zitiert nach Krimm (1982), der S. 226-228 die ganze »Bundesordnung der Glasmacher auf und um den Spessart von 1406« aufführt.

383

384

383 Einröhriger Kuttrolf

Deutschland, 15. Jh. – Fundort: unbekannt. – Provenienz: Ankauf 1879 in München. – H 15,2 cm; ⌀ Lippe 6,4 cm, maximal 8,6 cm; Wandungsstärke Lippenrand ca. 3,0 mm. – Grünes Glas. Innen z. T. versintert.

Gewerbemuseum der Landesgewerbeanstalt Bayern, Nürnberg, Inv. Nr. 5458

Hochgestochener Boden. Die Wandung des Gefäßkörpers und der Hals mit 12 optisch geblasenen Rippen.

384 Zweiröhriger Kuttrolf

Deutschland, 15. Jh. – Fundort: Angeblich Köln. – H 12,0 cm; ⌀ Lippe 5,6 cm, Körper maximal 7,5 cm; Wandungsstärke Lippenrand 2,5-3,0 mm, Lippe 1,5 mm. – Dunkelgrünes Glas. Hals geklebt mit kleiner Ergänzung, kleiner Sprung. Z. T. verwittert und korrodiert.

Fritz und Mary Biemann, Zürich

Hochgestochener Boden. Wandung bis ca. 1,5 cm unter Lippenrand 17fach vertikal gerippt. Hals im Unterteil zweiröhrig.

Häufiger als Kuttrolfe mit einer einzigen geraden Röhre sind die Stücke, deren Hals zweigeteilt (aber nicht verdreht) ist. Die schon von Rademacher für vergleichbare Fragmente vorgeschlagene Datierung in die Zeit um 1500 wird etwa durch einen Fund von einem Hüttenplatz zwischen Harz und Thüringer Wald bestätigt[1]. Sicherlich war dieser Flaschentyp keine kurzfristige Mode, sondern setzte schon erheblich früher ein und lief erst im 16. Jahrhundert aus.
Das Herstellungsgebiet für solche Kuttrolfe bleibt noch zu umreißen; daß es nicht auf den Spessart (vgl. letzte Kat. Nr.) beschränkt ist, zeigt neben dem oben erwähnten Fund auch ein Fragment von einem Hüttenplatz im südwestlichen Schwarzwald (siehe S. 37, Abb. 38).

LIT.: Sotheby's London, 16. Februar 1981, S. 21, Nr. 91.

1 Lappe/Möbes (1984), S. 230, Abb. 15, 8. Zur Datierung S. 223.

tordierten Halses und dann wieder im Bereich der trichterförmigen Mündung bis ca. 2 cm unter dem Rand sichtbar.

Das gerippte Unterteil der Flasche und der spitz hochgestochene Boden zeigen die Verwandtschaft zum vorhergehenden Kuttrolf; auch der zweiröhrige Hals ist ähnlich hergestellt, hier aber zusätzlich um 360° tordiert.
Parallelen sind meist in weniger gutem Erhaltungszustand überliefert; bei annähernd vergleichbaren Hälsen fehlt das Unterteil, bei ähnlichen Körpern ist der Hals unvollständig[1]. Für die Datierung sei auf die Darstellung eines Kuttrolfs mit geradem, ähnlich tordiertem Hals auf einem um 1475 gedruckten Holzschnitt aus Johann von Montevillas (Jean de Mandeville's) Reise nach Jerusalem hingewiesen[2].

LIT.: Baumgartner (1987), S. 65, Nr. 49.

1 Siehe etwa Rückert (1982), S. 122, Nr. 251 f., Abb. auf Tf. 73.
2 Rademacher (1933), S. 65, Abb. 6.

385

386

386 Fünfröhriger Kuttrolf, Fragment

Deutschland, 15. Jh. (eventuell noch frühes 16. Jh.?). – Fundort: Duisburg-Hamborn, Abtei (1987). – H des Fragments 13,1 cm; ⌀ Boden 6,2 cm, Körper maximal 7,8 cm; Wandungsstärke minimal 0,8 mm. – Helles bläulich-grünes Glas. Geklebt, Lippe fehlt. Stark bräunlich korrodiert und z. T. irisiert.

Niederrheinisches Museum Duisburg, Inv. Nr. 87:29

Boden leicht hochgestochen (rund hochgewölbt). Am Körper 15 schräge Rippen, die bis unter den Boden spürbar sind. Hals mit 4 Röhren um eine Mittelröhre, nur ganz wenig verdreht. Am Ansatz zur ausladenden Lippe 2 dünne horizontale Fadenauflagen.

385 Zweiröhriger Kuttrolf

Deutschland, 15. Jh. – Fundort: Wohl Mainz. – H 20,5 cm; ⌀ Lippe 6,5 cm, Körper maximal 10,1 cm; Wandungsstärke Lippenrand ca. 3,0 mm. – Grünes Glas. Geklebt und ergänzt. Z. T. verwittert.

Karl Amendt, Krefeld

Hochgestochener Boden. 13 Vertikalrippen, von knapp oberhalb der Standfläche bis zum Ansatz des zweiröhrigen,

Die Fragmente dieses kleinen Kuttrolf wurden in einem Ziegelschacht südwestlich des Kirchturms im unteren Bereich der Füllung gefunden. Die Beifunde bestehen zum großen Teil in Irdenware des 16. Jahrhunderts. Wenn also möglicherweise dieses Exemplar erst im späten 15. oder frühen 16. Jahrhundert entstanden ist, so wäre das gegen Ende der Laufzeit des Typs.

Ein Oberteil von einem wohl ähnlichen Kuttrolf, nach dem man sich die fehlende Lippe des Duisburger Stücks vorstellen kann, kam in Speyer zutage[1]. Bemerkenswert ist, daß bei beiden Beispielen die Rippen nicht (wie bei den letzten drei Kuttrolfen) vom Boden bis zum Mündungsbereich verlaufen, sondern am Ansatz des Halses aufhören. Auch der nur wenig hochgewölbte Boden und die um die Mündung aufgelegten Fäden zeigen eine andere Auffassung. Ob dies durch zeitliche oder regionale Unterschiede bedingt ist, muß offenbleiben.

LIT.: –

1 Rademacher (1933), S. 65 f., 143, Tf. 12 c.

Kleine Ansätze zur Schulter des Gefäßkörpers. Hals im Unterteil mit einer kleinen vertikalen Mittelröhre und 3 tordierten Röhren.

Das Fragment aus Worms repräsentiert offensichtlich einen ganz andern Typus als die letzten vier Beispiele mit geradem Hals und ausgeweiteter Lippe. Von der Form des Unterteils haben wir keine Vorstellung, da komplette Exemplare bisher fehlen.

Über die Datierung kann bisher nur spekuliert werden; ähnlich tordierte Hälse sind schon in der ›Laudengrund‹-Hütte im Spessart nachzuweisen (vgl. S. 29, Abb. 25), die um 1300 datiert wird.

LIT.: –

387 Kuttrolfhals

Deutschland, 14./15. Jh. – Fundort: Eventuell Worms. – H 20,0 cm; ⌀ Lippe 2,9 cm; Wandungsstärke Lippenrand 1,8 mm, untere Bruchkante 0,8 mm. – Grünes Glas. Z. T. verwittert.

Museum der Stadt Worms im Andreasstift

388 Kuttrolfhals

Deutschland, 14. Jh. (?). – Fundort: Nürnberg, Obere Krämergasse 12 (1982). – H 14,3 cm; ⌀ Lippe 2,1 cm; Wandungsstärke Lippe ca. 2,0 mm, Röhrenwandung unten ca. 1,5 mm, zwischen Röhren ca. 3,0 mm. – Grünes Glas. Oberfläche wegkorrodiert. 2 Sprünge.

Germanisches Nationalmuseum Nürnberg, Inv. Nr. Gl 622

2 tordierte Röhren, Mündungsteil einröhrig.

Dieses Fragment wurde in Nürnberg zusammen mit Glasmaterial gefunden, das hauptsächlich wohl dem späten 13. und dem 14. Jahrhundert zuzurechnen ist[1]. Diese Datierung ist für den Flaschenhals durchaus möglich, jedoch nicht zu belegen; das Fehlen vergleichbarer Funde im relativ zahlreichen Material des 15. und frühen 16. Jahrhunderts scheint jedoch ebenfalls auf eine frühe Entstehung hinzuweisen.

Genaue Parallelen sind bisher nicht bekanntgeworden. Zweiröhrige tordierte Hälse gibt es in verschiedensten Ausführungen, jedoch ist normalerweise die einröhrige Halspartie länger als beim hier gezeigten Beispiel und die Mündung mit einer ausbiegenden Lippe versehen.

LIT.: Kahsnitz (1984), S. 206, Nr. II C 11.

1 Vgl. dazu Kat. Nr. 308, Anm. 1.

Direkte Parallelen zu diesem Stück sind nicht bekannt. Am besten vergleichbar erscheinen die in Böhmen häufiger nachzuweisenden Rippenflaschen mit Spiralfaden um den Hals (vgl. Kat. Nr. 390), die eine ›Laufzeit‹ etwa von der 2. Hälfte des 14. bis durch die 1. Hälfte des 15. Jahrhunderts haben. Sie haben eine sehr ähnliche Glasmasse, ähnliche bauchige Form und auch den gleichartig gekniffenen Fußring. Auch mehrröhrige Kuttrolfe ähnlicher Form kommen etwa zur selben Zeit in Böhmen vor. Die bisher bekannten Exemplare haben allerdings andersartige, meist bogenförmig ausgezogene Fadenauflagen, und die Unterteile fehlen bisher, so daß ungewiß (wenn auch wahrscheinlich) ist, ob sie einen ähnlichen gekniffenen Fußring hatten.

LIT.: Falk (1987), S. 58, Kat. Nr. 324, Abb. 26, 17. – (Dumitrache, G 454, Abb. 451, Nr. 8).

1 Falk (1987), S. 57f., Kat. Nrn. 310, 325, 326, Abb. 24, 12; 25; 23; 28, 8 (oben).

389

389   Sechsröhriger Kuttrolf, Fragment

Böhmen (?), 14./15. Jh. – Fundort: Lübeck, Schüsselbuden 16, Fischstraße 1-3 (1970). – H 17,4 cm; ⌀ Fußring 8,5 cm; Wandungsstärke minimal 0,9 mm. – Farbloses Glas mit grau-gelblichem Stich. Geklebt, große Ausbrüche in der Wandung, Lippe fehlt. Starke gelbliche Korrosionsschicht bzw. -flecken.

Amt für Vor- und Frühgeschichte (Bodendenkmalpflege) Lübeck, Inv. Nr. 01/E 1217

Bandförmiger, halbkreisförmig gekniffener Fußring. Boden hochgestochen. Auf der Bauchwölbung Reste einer zickzackförmigen dicken Fadenauflage. Hals mit 4 leicht verdrehten Röhren außen und 2 dünnen innen (Mittelröhre in der Mitte noch einmal zusammengefallen). Ansatz zu ausladender Lippe.

Die Fragmente dieses Kuttrolfs stammen aus einem Brunnen, in dem u. a. auch die Scherben des kleinen Bechers mit formgeblasenem Punktmuster (Kat. Nr. 219) sowie Fragmente von mehreren Stangengläsern des böhmischen Typs mit kleinen unregelmäßigen Nuppen (in der Art von Kat. Nrn. 367-369) vorkamen[1].

390

390   Rippenflasche, Fragment

Böhmen, 1. Viertel 15. Jh. – Fundort: Plzeň/Pilsen, Františkánská 5, Brunnen 1. – H 16,2 cm; ⌀ Lippe 2,5 cm (mit Faden), Fußring 7,9 cm; Wandungsstärke Lippenrand 2,2 mm, Wandung minimal 0,6 mm. – Farbloses Glas mit schwachem graugrünlichen Stich. Geklebt und montiert. Verwittert, starke hellbraune Korrosionsflecken.

Westböhmisches Museum Pilsen, Inv. Nr. 25 671

Fußring in Abständen kreisförmig zusammengekniffen. Boden wenig hochgestochen. Auf der Wandung 14 schwach ausgeprägte senkrechte Rippen (Kante vom Überstechen der Glasblase oberhalb der Rippen). Am Röhrenhals 9 Windungen eines Spiralfadens, am Lippenrand angesetzt, unten in dünner Spitze auslaufend.

Die Fragmente dieser Flasche wurden in einem der vielen Brunnen mit reichem Glasmaterial in Pilsen gefunden. Solche bauchigen Rippenflaschen mit gekniffenem Fußring und Spiralfaden am Hals waren offenbar in Böhmen sehr verbreitet, allein aus Pilsen sind Fragmente von mehr als 35 Exemplaren dieser Art nachzuweisen[1]. Der Typ hatte nach den Fundzusammenhängen eine Laufzeit von der zweiten Hälfte des 14. bis durch das erste Viertel des 15. Jahrhunderts.

LIT.: –

1 Frýda (1979), S. 26.

Hochgestochener Boden. Wandung mit 15 optisch geblasenen Rippen. Spiralfaden auf Lippe oben ansetzend, im oberen Bereich weit eingeschmolzen.

Die Nürnberger Flasche mit dem blauen Spiralfaden an der Lippe ist eines von nur wenigen im Profil ganz überlieferten Stücken dieser Art[1]. Sie wurde zusammen mit Keramik aus dem späten 15. bis frühen 16. Jahrhundert gefunden. Die durch diese ›Vergesellschaftung‹ angedeutete Datierung erscheint aber erheblich zu spät. Die Flasche hat deutliche Verwandtschaft zu der Gruppe der Rippenflaschen mit Spiralfaden Kat. Nrn. 310 und 311, die ins 14. Jahrhundert, zum Teil gar noch ins 13. Jahrhundert gehören. Auch die Flasche aus Freiberg (folgende Kat. Nr.), die in mancher Hinsicht vergleichbar ist, läßt sich durch den Kontext noch vor 1400 datieren. Die Nürnberger Flasche war also entweder schon ›alt‹, als sie weggeworfen wurde, oder der Typ wurde mit geringen Varianten über einen sehr langen Zeitraum hergestellt.

LIT.: Notiz zur Flasche durch Rainer Kahsnitz, in: Anzeiger des Germanischen Nationalmuseums 1986, S. 101 f., Abb. 4.

1 Nickel (1980), S. 19, Abb. 10 b.

391

391 Rippenflasche mit blauem Spiralfaden, Fragment

Entstehungsgebiet noch unbestimmt, 14./15. Jh. – Fundort: Nürnberg, Zirkelschmiedsgasse (1983). – H 16,8 cm; ⌀ maximal 8,6 cm, Lippe 5,6 cm; Wandungsstärke Lippenrand 2,5 mm, Wandung minimal 0,5 mm. – Farbloses Glas mit leichtem Grünstich, blaue Fadenauflage. Geklebt.

Germanisches Nationalmuseum Nürnberg, Inv. Nr. Gl 703

392

392 Rippenflasche, Fragment

Deutschland (oder Böhmen ?), 2. Hälfte 14. Jh. – Fundort: Freiberg (Sachsen), Peters Gasse (jetzt August-Bebel-Straße) 19, Brunnen 3 (1985). – H 23,1 cm; ⌀ Lippe ca. 5,0 cm, Körper maximal 11,8 cm; Wandungsstärke Lippenrand

2,1 mm, Wandung minimal 0,5 mm. – Farbloses Glas, blaue Fadenverzierung. Geklebt. Verwittert, weißliche Korrosionsflecken.

Stadt- und Bergbaumuseum Freiberg, Stadtkernforschung Freiberg, Inv. Nr. 4/85

Boden spitz hochgestochen. Am gedrückt kugeligen Körper 14 schwach ausgeprägte Rippen, die unter dem Boden sternförmig zusammenlaufen. (Glasblase am Körper überstochen.) Unterhalb der ausgeweiteten Lippe blauer Faden aufgelegt, knapp unter dem Lippenrand 3 Windungen eines blauen Spiralfadens eingeschmolzen.

Die Bruchstücke dieser Flasche wurden in einer Brandschutt- und Gülleeinfüllung eines Brunnens in der Freiberger Altstadt gefunden[1]. Unter dem Glasmaterial aus diesem Brunnen sind auch eine Reihe von Fragmenten böhmischer Glastypen, z. B. von großen Stangengläsern mit kleinen unregelmäßigen Nuppen (vgl. Kat. Nrn. 367-369) und eine im Profil komplette Rippenflasche mit gekniffenem Fußfaden und Spiralfaden am Hals (vgl. Kat. Nr. 390).

LIT.: –

1 Für die Möglichkeit, die sehr reichen Freiberger Glasfunde zu sichten und für Auskünfte dazu danken wir besonders Andreas Becke, Freiberg.

393

393 Rippenflasche, Fragmente

Deutschland, 15. Jh. (?). – Fundort: Unbekannt. – H 17,3 cm (rekonstruiert); ⌀ maximal ca. 10,0 cm; Wandungsstärke obere Bruchkante 2,5 mm, Wandung minimal 0,5 mm. – Grünes Glas.

Karl Amendt, Krefeld

Nur wenig hochgestochener Boden. Wandung mit 14 Diagonalrippen. Am Halsansatz Kante vom Überstechen der Glasblase. Horizontal umgelegter Faden am Unterteil des Halses.

Aus der übereinstimmenden Glasfarbe, der identischen Anzahl der Rippen und dem Profil, das sich zu ergänzen scheint, kann man schließen, daß die erhaltenen Teile wohl zu ein- und demselben Gefäß gehören. Der Typus läßt sich nur selten nachweisen; vergleichbar ist ein Fund aus einer Abfallgrube des ehemaligen Kartäuserklosters in Delft[1], der aber zeitlich nicht eng eingegrenzt werden kann.

LIT.: –

1 Renaud (1962), Tf. XVII, Abb. 1.

394

394 Krug oder Kännchen, Fragment

Rhein-Maas-Gebiet, 14. Jh. – Fundort: Angeblich Köln, Nähe von St. Ursula. – H 7,2 cm; ⌀ Lippe 3,0-3,2 cm; Wandungsstärke Lippenrand 3,2 mm, Bruchkante unten 1,3 mm. – Ursprünglich helles bläulich-grünes Glas. Geklebt. Weitgehend dunkelbraun korrodiert.

Slg. H. J. E. van Beuningen-de Vriese, Leihgabe im Museum Boymans-van Beuningen, Rotterdam, Inv. Nr. 5001.13

Teil der Bauchwölbung mit zahlreichen, oben schwach ausgeprägten, leicht tordierten Rippen. (Glasblase bis oberhalb der Rippen überstochen.) Lippe am engen Hals ausgeweitet und verdickt. 2mal gekniffener Bandhenkel auf der Schulter angesetzt, zum Hals hochgeführt, Bandende dort umgelegt und fadendünn auslaufend.

Dieses Oberteil eines kleinen gerippten Krugs (oder Kännchens) soll aus demselben Fundkomplex aus Köln stammen wie u. a. auch zahlreiche Bruchstücke von Gläsern auf hohem Stiel oder Fuß[1]. Auch Fragmente von mehreren weiteren ähnlichen Rippenkrügen waren darin enthalten[2]. Daß diese ›Vergesellschaftung‹ nicht zufällig ist, wird durch Hüttenfunde von den Argonnen-Glashütten (siehe S. 33) belegt, unter denen ebenfalls Stengelglasbruchstücke und Teile solcher kleinen Krüge zusammen vorkommen.

LIT.: –

1 Vgl. Kat. Nr. 231, 233, 240, 246, 261, 263, 270, 286 und 289.
2 Slg. H.J.E. van Beuningen-de Vriese, Leihgabe im Museum Boymans-van Beuningen, Rotterdam, Inv. Nr. 5001.2; 5001.14; 5001.16; 5001.17; 5001.27. – Stengelglasfragmente und Rippenkrug-Bruchstücke kamen auch in einem Komplex aus Maastricht (Propstei St. Servatius) zusammen vor, ebenso in dem aus Metz, Arsenal Ney.

395

395 Kännchen

Deutschland (oder Rhein-Maas-Gebiet?), 14. Jh. – Fundort: Angeblich Meschede (Nordrhein-Westfalen). – Provenienz: Slg. Lanna, vorher Slg. Schnütgen. – H 10,8 cm (mit Tülle 11,7 cm); ⌀ Lippe 3,0 cm; Wandungsstärke Lippenrand 1,0-2,0 mm, an der Bauchwölbung minimal 0,5 mm. – Hellgrünes Glas. Geklebt, Ausbrüche, Tüllenende abgebrochen. Verwittert.

Museum für Kunst und Gewerbe, Hamburg, Inv. Nr. 1913.269.

Boden hochgestochen. Auf der bauchigen Wandung 10 leicht tordierte Rippen, die unten kräftig vorspringen und unterhalb der Lippe auslaufen. Dünner massiver Bandhenkel, zu einer Art Daumenrast gekniffen. Geschwungene Ausgußtülle. Lippenrand ausgeweitet und leicht verdickt.

Ähnlich gekniffene Bandhenkel kommen in archäologischen Fundkomplexen relativ häufig vor, auch schon in solchen des 13./14. Jahrhunderts (vgl. z.B. das Krug-Fragment aus Neuss, Kat. Nr. 137). Bruchstücke der sehr zerbrechlichen geschwungenen Tüllen sind dagegen erheblich seltener nachzuweisen, sie kommen aber z.B. im Material von den Argonnen-Glashütten (vgl. S. 33, Abb. 29) vor. Bei Bodenfragmenten ist nicht zu entscheiden, ob sie zu einer Flasche, zu einem Krug oder zu einer Kanne gehört haben. Obgleich also zu vermuten ist, daß ähnliche Kännchen durchaus geläufig waren, ist dieses Stück doch das einzige Tüllenkännchen in nördlichen Regionen, das eine Vorstellung von der Gesamtform erlaubt.

Die Art der Rippenbildung (mit ausgeprägten Nasen unten) ist so deutlich verwandt mit den Rippenkuppen von Stengelgläsern oder auch dünnwandigen Rippenbechern, daß die traditionelle Datierung ins 15. Jahrhundert wahrscheinlich zu spät ist; das Kännchen ist eher parallel zu jenen hochstieligen Gläsern schon im 14. Jahrhundert entstanden.

LIT.: Kat. Lanna (1911), Nr. 912. – Rademacher (1933), S. 73 f., 94, 144, Tf. 17 a.

15./16. Jahrhundert

Während sich in den früheren Zeiten bei aller Variationsbreite doch in der Regel wenige Typen über relativ lange Zeiträume verfolgen ließen, bietet sich für das späte 15. und frühe 16. Jahrhundert ein geradezu verwirrend vielfältiges Bild mit einem übersprudelnden Reichtum an Mischtypen, Varianten und ausgesprochenen Glas-Individuen. Natürlich lassen sich auch in dieser Zeit einige Grundtypen erkennen, wie Krautstrünke, Berkemeyer, Stangen- und Keulengläser und bestimmte Flaschentypen, aber zu diesen Typen gibt es so viele Sonderformen, Abwandlungen und sogar ›Kreuzungen‹, daß die Ausnahme schon fast die Regel wird.

Exemplarisch kann man diesen Trend etwa an der Gruppe der Krautstrünke ablesen. Auch schon bei den einfachen Stücken gibt es alle möglichen Varianten der Proportion, der Nuppenformen und -anordnungen, dazu können dann zusätzlich noch optisch geblasene Muster kommen – und ›typenüberschreitende‹ Sonderformen wie die Krautstrünke auf durchbrochenem Fuß oder gar auf kurzem Stiel oder die übereinandergestellten Mehrfachkrautstrünke, die in ihrer hohen Gesamtform quasi ein Zwitter zwischen Krautstrunk und Stangenglas werden.

Wie die Formen, so wurden auch die Verzierungsmotive mit größter Freiheit und Phantasie kombiniert. Es wurden auch einige modische Neuerungen ins Repertoire aufgenommen, die als relativ kurzlebige Dekormotive die zeitliche Einordnung mancher Gläser ermöglichen – so z. B. die durchbrochenen Füße, die ›Girlandenfäden‹, die optisch geblasenen Wechselmuster und die massiv aufgesetzten oder hohl geblasenen Tierkopfnuppen. Solche Tierkopfnuppen wie auch langgezogene hohle Rüssel kombiniert mit verschiedenen Fadenauflagen kommen vor allem an hohen Stangengläsern zur Geltung, unter denen es einige der bizarrsten Stücke innerhalb der spätgotisch-krausen Glasproduktion dieser Zeit gibt.

Es scheint aber, als sei dieses Feuerwerk der Phantasie recht bald verpufft. In der zweiten Hälfte des 16. Jahrhunderts verschwanden die meisten der vielerlei Form- und Verzierungsvarianten wieder, und nur einige wenige Typen (z. B. Berkemeyer, Stangengläser) entwickelten sich weiter.

Becher mit Fadenauflage

Die Becher mit Fadenauflage passen sehr gut in das im Einleitungstext zum späten 15. und frühen 16. Jahrhundert beschriebene Bild. Es werden neue Formen eingeführt (Kat. Nrn. 396, 402), von der Grundform her vertraute Typen werden durch neue Dekorationselemente verändert (Kat. Nrn. 398 f.), und die Kombination von Fadenauflagen und Nuppen wird um viele Möglichkeiten erweitert (Kat. Nrn. 399-402).

Die folgenden Becher sind bisher nur in Einzelexemplaren erfaßt; von einem Verbreitungsgebiet für die verschiedenen ›Typen‹ kann daher nicht gesprochen werden. Dementsprechend ist – da Hüttenfunde fehlen – auch die Eingrenzung der Entstehungsgebiete vorläufig nicht möglich.

Für die Datierung kann man sich bei solchen singulären Stücken, wenn sie nicht durch einen glücklichen Zufall (etwa einer Darstellung auf einem Gemälde) zeitlich eingeordnet werden können, nur auf sehr allgemeine Kriterien wie etwa Gesamtform und Ausführung gewisser Details verlassen.

Die wenigen hier zusammengestellten Stücke demonstrieren sehr deutlich, daß in der Zeit um oder kurz nach 1500 allein schon bei den Bechern mit Fadenauflage eine erstaunlich reiche Palette an Form- und Verzierungsvarianten möglich ist. Es ist wahrscheinlich kein Überlieferungszufall, daß all diese Stücke als deutliche Individuen erscheinen, sondern spiegelt tatsächlich eine andere Entwicklungsstufe wider, denn ähnliche Beobachtungen wiederholen sich bei etlichen der folgenden Gruppen.

396 Becher mit Fadenauflagen

Deutschland, Anfang 16. Jh. – Provenienz: Slg. Schnütgen, Slg. Lanna. – H 7,4 cm; ⌀ Lippe 5,4 cm; Wandungsstärke Lippenrand 4,3 mm. – Grünes Glas. Sprung im Boden. Bräunliche Korrosionsflecken.

Museum für Kunst und Gewerbe, Hamburg,
Inv. Nr. 1913.268

397 Becher mit Fadenauflage

Deutschland/Schweiz, 1. Hälfte 16. Jh. – Fundort: Bistum Chur. – H 7,1 cm; ⌀ Lippe 6,2 cm, Fußring 4,7 cm; Wandungsstärke Lippenrand und Lippe 2,0 mm. – Grünes Glas. Leicht verwittert und wenige kleine braune Korrosionsflecken. Fehlstelle an Lippe.

Domschatz Chur

396

397

Fußring aus doppelt umgelegtem Faden. Hochgestochener Boden. Auf der Wandung Fadenauflagen, von oben nach unten aufgebracht: 1 glatter Faden, 3 Fäden, die glatt aufgelegt und anschließend mit der Zange bogenförmig nach oben ausgezogen wurden. Auf der Schulter eine lateinische geritzte Inschrift.

Dieser Becher zeigt die Gesamtform eines Krautstrunks, ist aber an Stelle der Nuppen mit bogenförmig ausgezogenen Fäden dekoriert. Diese Kombination kommt selten vor[1]. Relativ häufig ist hingegen die spezifische Form der Fadenauflagen, die auf verschiedensten Glastypen angewendet wurde (vgl. etwa Kat. Nrn. 507 f., 561 f.)[2].
Eine Datierung des Stückes läßt sich vor allem aus der Gesamtform und der Ausführung des Fußringes ableiten. Die relativ stark gebauchte Wandung ist besonders mit solchen Krautstrünken verwandt, die sich dem Anfang des 16. Jahrhunderts zuschreiben lassen (vgl. Kat. Nr. 408). Dasselbe trifft für den glatten Fußring zu (vgl. Kat. Nrn. 409 f.).

LIT.: Rademacher (1933), S. 103, 131, 149, Tf. 44a.

1 Ein weiteres Beispiel bei Rademacher (1933), Tf. 44b.
2 Die Dekoration hält sich bis ins 17. Jahrhundert, siehe etwa Klesse (1973a), S. 82 f., Nr. 450, oder Tochtermann (1979), S. 90, Abb. 32.

Hochgestochener Boden. Faden unten angesetzt und 2mal umgelegt als Standring, dann weitergezogen und 7mal spiralig über die Wandung hochgeführt. Oberhalb des Fadens eine wohl von links und rechts eingestochene Innenöse; der Steg im Innern des Gefäßes ist massiv, der Binnenraum der Öse mißt ca. 5 mm in der Länge und 1 mm in der Breite.

Der ausgefallene kleine Becher ist ein Reliquienglas aus dem Bistum Chur, über dessen nähere Herkunft und ursprünglichen Inhalt leider nichts bekannt ist[1].
Die Einordnung des Stückes gibt mehrere Probleme auf. Die Gesamtform erinnert an gewisse späte Krautstrünke, die nicht eine gleichmäßig bauchig ausladende Wandung zeigen, sondern bei denen eher die ›Schulter‹ unterhalb des Ansatzes zur Lippe betont wird (vgl. Kat. Nr. 425). Die Mehrzahl dieser Stücke kommt im süddeutschen und schweizerischen Raum vor, was eventuell ein Hinweis auf die Provenienz des Bechers aus Chur sein könnte. Sie stammen meist aus der 1. Hälfte des 16. Jahrhunderts.
Der als Fuß und anschließend als Dekor umgewickelte Faden ist bisher an keinem anderen Stück nachgewiesen. Besonders merkwürdig ist schließlich die Innenöse, deren Funktion völlig unklar bleibt (vgl. Kat. Nr. 172).

LIT.: –

1 Die Angaben verdanken wir Hansjörg Frommelt, Vaduz.

398 Becher mit Fadenauflage, Fragment

Oberrheingebiet (?), 1. Hälfte 16. Jh. – Fundort: Worms. – H 9,0 cm; ⌀ Lippe 5,7 cm, Fußring 5,2 cm; Wandungsstärke Lippenrand 1,6 mm, Wandung minimal 0,8 mm. – Grünes Glas. Geklebt, Faden teilweise ausgebrochen. Verwittert, z. T. irisiert.

Museum der Stadt Worms im Andreasstift, Inv. Nr. M 1951

399 Becher mit Fadenauflagen, Fragment

Oberrheingebiet (?), 1. Hälfte 16. Jh. – Fundort: Straßburg, Quai Altorffer – Faubourg National (1971). – H 8,6 cm; ⌀ Lippe 6,6 cm, Fußring 5,2 cm; Wandungsstärke Lippenrand und Lippe 2,0 mm, auf halber Höhe 0,9 mm. – Grünes Glas. Geklebt. Verwittert.

Jean-Pierre Rieb, Straßburg

398

399

Gekniffener Fußring. Hochgestochener Boden. Auf der Wandung ein in ca. 10 Windungen spiralig aufgelegter Faden, unten angesetzt.

Der Becher wurde bereits vor längerer Zeit in Worms gefunden; die genauen Zusammenhänge fehlen jedoch. Für die Datierung gibt es nur wenige Anhaltspunkte aus Dekor und Form: Der spiralförmig aufgelegte Faden ist an einem Becherfragment aus Straßburg belegt, das wohl ins frühe 16. Jahrhundert gehört[1]. Die tonnenförmige Wandung (ohne abgesetzte Lippe) kommt auch bei Nuppenbechern vor, die sich wohl noch dem ersten Viertel des 16. Jahrhunderts zuweisen lassen[2].

LIT.: Grünewald (1984), S. 50, Abb. 4/5.

1 Rieb (1987), S. 7589, Planche III, Nr. 6; das Fragment ist im Profil nicht ganz erhalten, eine ausgebogene Lippe wird angenommen.
2 Siehe etwa Rademacher (1933), Tf. 45 b.

2fach umgelegter Fußring. Hochgestochener Boden. Auf der Wandung wurden zuerst die Nuppen aufgesetzt (erhalten: 8 von ursprünglich 9), anschließend die beiden spiralig aufgelegten Fäden, je unten angesetzt und die Nuppen teilweise überlappend.

Dieser Fund aus Straßburg bringt eine Bestätigung für die bei Kat. Nr. 398 vorgeschlagene Datierung; er wird von den Ausgräbern nicht später als in den Anfang des 16. Jahrhunderts gesetzt.
Die Kombination von Fadenauflagen und einer Reihe Nuppen ist an Bechern des 15. Jahrhunderts bisher nie nachgewiesen, kommt aber in der ersten Hälfte des 16. Jahrhunderts mehrfach vor, wie die nachfolgenden Stücke unterschiedlicher Form zeigen.

LIT.: Rieb (1971), S. 126, Nr. 13. – Rieb (1987), S. 7589, Tf. III/7.

400 Becher mit Fadenauflage, Fragment

Deutschland/Schweiz, 1. Hälfte 16. Jh. (?). – Fundort: Unbekannt. – H 9,8 cm; ⌀ Lippe 8,5 cm; Wandungsstärke Lippenrand 2,0 mm. – Grünes Glas. Fuß nur noch im Ansatz erhalten, Lippe bestoßen. Z. T. braun versintert.

Historisches Museum Basel, Inv. Nr. 1895.45

Ansatz zu einem gesponnenen Fuß. Hochgestochener Boden. Auf der Wandung 5 unregelmäßig geformte Nuppen und stark mit der Wandung verschmolzener Spiralfaden (mit eingeschobenem Zickzackmotiv).

Der Becher gehört zum ›alten Bestand‹ des Historischen Museums Basel. Er ist im Oberteil ganz erhalten, jedoch ist vom ehemals gesponnenen, flach ausladenden Fuß nur noch ein Ansatz vorhanden.
Wirkliche Parallelen zu diesem Stück fehlen bisher ganz. Eine zeitliche Einordnung kann nur gefühlsmäßig vorgenommen werden.

LIT.: –

Bei Umbauten im Bereich des Glockenhauses, d. h. des ehemaligen Zeughauses der Stadt, wurden 1973 im Hinterhof (Glockenhof) 7 Abfallgruben entdeckt und ihr Inhalt in aller Eile geborgen. Aus den reichen Glasfunden dieser Gruben stammt u. a. dieser Becher (weiteres Material vom Glockenhof siehe Kat. Nr. 506).
In der Form entspricht dieser Becher einem normalen, schlanken Krautstrunk, durch die kapriziöse Mischung von Verzierungselementen ist er aber ohne enge Parallele. Ungewöhnlich sind auch die ›Stachelnuppen‹ an diesem Stück, bei denen die übliche Abdeckung der Öffnung durch eine zweite Nuppe fehlt.

LIT.: – (Die Lüneburger Glasfunde sind zur Publikation durch Friedrich Laux, Hamburg, vorgesehen.)

400

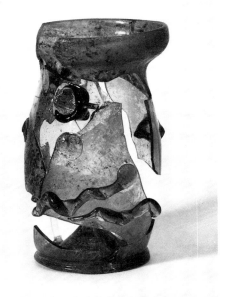

401

401 Becher mit verschiedenen Nuppen und Fadenauflagen, Fragment

Deutschland, 1. Hälfte 16. Jh. – Fundort: Lüneburg, Glockenhof, Schwind-Grube 1 (1973). – H 11,0 cm; ⌀ Lippe 6,3 cm, Fußring ca. 5,0 cm; Wandungsstärke Lippenrand 2,2 mm. – Hell bläulich-grünes Glas. Geklebt, große Fehlstellen in der Wandung. Z. T. durch Verwitterung getrübt oder bräunlich korrodiert.

Museum für das Fürstentum Lüneburg

Glatter Fußfaden, anderthalbfach gewickelt. Boden hochgestochen. Wandung mit nur ganz schwach erkennbaren optisch geblasenen Vertikalrippen und verschiedenen Auflagen: in der unteren Hälfte tropfenförmig angesetzter dicker Glasfaden wellenförmig aufgelegt und schräg gekniffen; in der Zone darüber kleine flache Nuppen und nach innen spitz eingestochene ›Stachelnuppen‹ (je 2 erhalten). An der oberen Stachelnuppe ansetzend horizontaler Faden, von dem ein kleines Stück erhalten ist, sonst Ausbruchsspur. Lippenrand kaum verdickt.

402 Becher mit Fadenauflagen und Nuppen

Deutschland, Anfang 16. Jh. – Fundort: Wiesbaden. – H 13,5 cm; ⌀ Lippe 10,5 cm, Fußring 7,4 cm; Wandungsstärke Lippenrand 2,0 mm, minimal ca. 1,0 mm. – Bläulichgrünes Glas. In Wandung und Lippe je ein Sprung, drei kleine Ausbrüche. Im unteren Teil leicht getrübt durch Verwitterung.

Sammlung Nassauischer Altertümer, Wiesbaden, Inv. Nr. 2836

Durchbrochener Fuß aus innerem flüchtig gekniffenen und äußerem glatten Faden. Boden nur ganz schwach hochgestochen. Wandung mit optisch geblasenem Rautenmuster. Darauf dreimal drei große, diagonal untereinander gesetzte

15./16. JAHRHUNDERT

334

402

Nuppen, zwischen ihnen (unten tropfenförmig ansetzend) drei diagonale gekerbte Bänder, deren obere Enden auf einem ebenfalls gekerbten Fadenring aufliegen. Ca. 1,5 cm unter dem Lippenrand breites Band aufgelegt und neunmal nach unten ausgezogen und zusammengekniffen, z. T. tropfenförmig. Lippenrand kaum verdickt.

Dieser Becher ist einer der schönsten Belege für die Tendenz der Zeit um 1500, ein Objekt optisch möglichst vielfältig und reizvoll zu gestalten; es wurden fast alle damals gebräuchlichen Dekorationsarten an einem Stück vereint. Daß dabei ein ausgewogenes Ganzes entstand, ist nicht selbstverständlich.

Ein eng verwandtes Glas ist bisher nicht bekanntgeworden. Auf verschiedenen anderen Stücken lassen sich einzelne seiner Dekor-Elemente nachweisen, der bogenförmig herabgezogene Faden etwa auf einem Nuppenbecher in Trier[1], diagonal aufgelegte gekerbte Fäden auf einem Stangenglas der Sammlung Amendt[2], oder das Rautenmuster auf einem Nuppenbecher mit sehr ähnlicher Form (vgl. Kat. Nr. 449). Alle die zitierten Gläser lassen sich in die erste Hälfte des 16. Jahrhunderts datieren, wobei mehrere Indizien sogar eher für das erste Viertel sprechen.

LIT.: Rademacher (1933), S. 103, 115, 149, Tf. 48a. – Kat. Darmstadt 1935, Nr. 405.

1 Rademacher (1933), Tf. 48b.
2 Baumgartner (1987), S. 88, Nr. 100.

Krautstrünke

Der Krautstrunk ist im späten 15. und frühen 16. Jahrhundert neben dem Maigelein und dem Kreuzrippenbecher nach wie vor der weitaus häufigste Typus. Schon komplett erhaltene Exemplare kommen sehr zahlreich vor, und die Fragmente, die bei archäologischen Grabungen zutage kommen, gehen in die Zehntausende.

Diese riesige Menge von Material mag einer der Gründe sein, daß die Krautstrünke bisher nicht genau untersucht worden sind. Man begnügte sich damit, die Datierungen anhand einiger weniger Fixpunkte vorzunehmen, registrierte aber weder die genaue Verbreitung, die besondere Fundhäufigkeit in bestimmten Gebieten, die regionalen Besonderheiten der Ausführung, noch die Hinweise auf die Datierung einzelner Formen im typologischen Ablauf. Hier bleibt eine große Arbeit zu leisten, die noch einige Zeit in Anspruch nehmen wird.

Der ›klassische‹ Krautstrunk mit gekniffenem Fußring und Halsfaden (vgl. Kat. Nrn. 403-407) läßt sich in einem sehr großen Gebiet nachweisen. Ohne auf spezielle Fundkonzentrationen einzugehen, kann man sagen, daß er entlang des ganzen Rheinlaufes vom Kanton Graubünden (Kat. Nrn. 403 f.) bis nach Holland häufig vorkommt, weiter östlich noch bis Bayern und Österreich, während in den nördlichen und nordöstlichen Gebieten der Bundesrepublik die Fundhäufigkeit deutlich abnimmt und etwa im Gebiete der Tschechoslowakei Beispiele fast nur im westlichen Böhmen nachzuweisen sind. Erheblich seltener sind die Krautstrünke auch westlich des Hauptverbreitungsgebietes; ganz Frankreich – mit Ausnahme von Elsaß-Lothringen – scheint keine Funde dieser Art aufzuweisen, auch in Belgien kommen sie kaum vor.

Interessant ist, daß vereinzelte Krautstrünke in Ungarn, Jugoslawien und Italien zu finden sind[1], wobei ein Exemplar aus Gacko (nordöstlich von Dubrovnik) eine Ausführung zeigt, die nördlich der Alpen unbekannt ist[2]; einige Stücke dürften eher zufällig in den Süden gelangt sein, andere mögen aber auch Nachahmungen regionaler Hütten sein.

›Klassische‹ Krautstrünke gibt es bis in die Zeit kurz nach 1500. Anschließend scheint sich ein Wandel abzuzeichnen, der sich an gut datierten Stücken aus dem Bistum Chur ablesen läßt, der aber noch der Bestätigung durch viele weitere Befunde bedarf, bevor man ihn als allgemein verbindlich betrachten kann. Stücke mit gekniffenem Fußring und Halsfaden lassen sich mit Weihedaten von 1485, 1486 und 1491 verbinden, solche mit gekniffenem Fußring, aber ohne Halsfaden mit Daten von 1504 und 1509, und solche mit glattem oder gesponnenem Fußring und ohne Halsfaden mit Daten von 1509, 1510, 1515, 1519 und 1520[3]. Die beiden Krautstrünke von ungefähr 1486 und 1491 (Kat. Nrn. 403 und 404) und ein Stück von ca. 1520 (Kat. Nr. 409) mögen Anfang und Ende der angesprochenen Veränderung aufzeigen.

Es gibt auch Krautstrünke, die durch ihre Farbe auffallen: Statt aus dem üblichen grünen sind sie aus farblosem Glas hergestellt (Kat. Nrn. 412 f.). Ihr Entstehungsgebiet ist noch nicht genauer bestimmt, dürfte aber nördlich der Alpen liegen. Anders liegt der Fall bei einem Glas, dessen Nuppen zum Teil aus grünem und blauem Glas gefertigt sind (Kat. Nr. 414); hier handelt es sich eventuell um ein venezianisches Produkt.

An der normalen Krautstrunkform können auch verschiedene Varianten des Dekors vorkommen, zum Beispiel zusätzlich optisch geblasene Vertikalrippen (Kat. Nr. 415), dornartig nach innen gedrückte Nuppen (Kat. Nr. 416) oder auch Nuppen nur auf einem Teil der Wandung (Kat. Nr. 411). Eine eher kuriose Spielerei mit dem Grundthema repräsentieren die doppelt oder gar dreifach aufeinandergestellten Krautstrünke. Niedrige Varianten mit nur einer Nuppenreihe (Kat. Nrn. 420 ff.) oder die Stücke mit wenigen hochovalen Nuppen (Kat. Nrn. 425-427) ließen sich streng genommen nicht mehr mit dem Begriff Krautstrunk belegen.

Das regionale Vorkommen all dieser Varianten ist bei weitem noch nicht abgesteckt, die Datierungen sind zum Teil noch sehr unsicher, und selbstverständlich gibt es viele Typen, die hier aus Platzgründen gar nicht aufgeführt werden konnten. Feststellen läßt sich

403

aber, daß all diese Varianten des Krautstrunks beziehungsweise seine Nachfolger nur relativ kurze Zeit zu beobachten und nur ausnahmsweise über das erste Drittel des 16. Jahrhunderts hinaus weiterzuverfolgen sind. Das Nuppenglas, das sich als einziges kontinuierlich weiter entwickeln wird, ist der Berkemeyer (vgl. Kat. Nrn. 450 ff.).

LIT.: –

1 Ungarn: Gyürky (1981), Tf. XXVI/1. – Jugoslawien: Kojic/Wenzel (1967), S. 80, Fig. 9, S. 91, Fig. 17. – Italien: Gasparetto (1986), S. 127, Tf. XX/10, S. 210, Nr. 244.
2 Kojic/Wenzel (1967), S. 83, Fig. 11.
3 Die Angaben zur Datierung hat uns dankenswerterweise Hansjörg Frommelt, Vaduz, zur Verfügung gestellt.

403   Krautstrunk

Deutschland/Schweiz, 1486 oder früher. – Fundort: Brigels (Kanton Graubünden), Pfarrkirche St. Maria. – H 12,9 cm (mit Deckel), 11,8 cm (nur Glas); ⌀ Lippe ca. 8,8 cm, Fußring 6,7 cm. – Grünes Glas. Innen leicht verwittert. Wachsdeckel mit Fehlstelle und Sprung.

Domschatz Chur

Gekniffener Fußring. Hochgestochener Boden. Auf der Wandung 6 Vertikalreihen mit abwechselnd 2 und 3 Nuppen mit gerichteter Spitze. Bei den Zweierreihen sind die Nuppen voneinander getrennt, bei den Dreierreihen überlappen die unteren die oberen. Faden am Ansatz zur Lippe (wegen Fehlstelle im Wachsdeckel sichtbar). Im Glas die Weiheurkunde vom Oktober 1486 mit dem Siegel des Weihbischofs Johannes Theodorici episcopus Tripolitanus (1479-1488), Reliquienzettel und mehrere Stoffpartikel.

Beim ersten Krautstrunk dieser Reihe wurden nahezu alle Daten, die man sich wünschen kann, mitgeliefert: Der Fundort ist bekannt, das Datum der Einsetzung als Reliquienglas in den Altar ist durch die im Glase selbst enthaltene Weiheurkunde gegeben, und der Bischof, der die Weihe vorgenommen hat, steht ebenfalls fest[1].
Das Datum (Oktober 1486), vor dem das Glas entstanden sein muß, paßt durchaus in das gängige Bild von der Entwicklung dieses Typs; man hat sich ihn auch noch im späten 15. Jahrhundert in der bereits seit mehreren Jahrzehnten bekannten Form vorzustellen. Neben relativ geringfügigen Verschiebungen der Gesamtproportion kann vor allem die Anordnung der Nuppen variieren. Diese zeigen noch bis nach der Jahrhundertwende eine nach oben gerichtete Spitze. Am Glas aus Brigels läßt sich auch ablesen, daß die Nuppen von oben nach unten aufgesetzt wurden (siehe die Überlappungen in den Dreierreihen).

LIT.: –

1 Die Angaben zu Herkunft und Datierung verdanken wir Hansjörg Frommelt, Vaduz.

404   Krautstrunk

Deutschland/Schweiz, 1491 oder früher. – Fundort: Sevgein (Kanton Graubünden), Kirche St. Thomas. – H 11,3 cm; ⌀ Lippe 7,1 cm, Fußring 6,0 cm; Wandungsstärke Lippenrand 1,8 mm, Lippe 2,0 mm. – Grünes Glas. Geklebt und ergänzt.

Domschatz Chur

404

Gekniffener Fußring. Hochgestochener Boden. Auf der Wandung 6 in der Höhe versetzte Vertikalreihen mit je 2 Nuppen mit gerichteter Spitze. Faden am Ansatz zur Lippe.

Bei einer archäologischen Untersuchung der Kirche von Sevgein kam 1969 dieser Krautstrunk zum Vorschein. Er wurde im Sepulcrum des Hochaltars gefunden mit einem Siegel des Weihbischofs Balthasar Brennwald episcopus Troianus (1491-1500)[1]. Die Weihe der Kirche ist nach einer Urkunde im Pfarrarchiv in Sevgein für den 26. November 1491 belegt[2].
Das Glas aus Sevgein zeigt eine der möglichen Varianten zum vorhergehenden Krautstrunk; es sind jeweils zwei Nuppen übereinandergesetzt, die Reihen in der Höhe versetzt. Das Glas weist zudem etwas schlankere Proportionen auf. Die Unterschiede sind in dieser Hinsicht allerdings zu gering, als daß irgendwelche Schlüsse auf eine typologische Abfolge gezogen werden könnten.

LIT.: –

1 Diese Angabe verdanken wir Hansjörg Frommelt, Vaduz.
2 S. Nauli, Die archäologischen Untersuchungen auf dem Kirchhügel von Sevgein, in: Neue Bündner Zeitung vom 6. 8. 1971.

405 Krautstrunk

Deutschland, 1498 oder früher. – Fundort: Eutingen bei Horb (Baden-Württemberg). – H 11,4 cm; ⌀ Fußring 5,1 cm. – Grünes Glas.

Diözesanmuseum Rottenburg

406 Krautstrunk

Deutschland, 1498 oder früher. – Fundort: Heutige Diözese Rottenburg oder ehemalige Diözese Konstanz (Ort unbekannt). – H 12,8 cm; ⌀ Fußring 5,7 cm. – Grünes Glas. Loch in der Wandung mit Wachs geflickt.

Diözesanmuseum Rottenburg

405

406

Gekniffener Fußring. Hochgestochener Boden. Auf der Wandung 6 in der Höhe versetzte Vertikalreihen mit je 2 Nuppen mit gerichteter Spitze. Wachsdeckel mit 1 Siegel des Konstanzer Weihbischofs Daniel Zehenter (ca. 1473-1498) und eingeritzter Inschrift: »Daniel eps bel ordis minor. 1498« (Daniel episcopus bellinensis ordinis minor 1498). Der Wachsdeckel wurde seit 1498 nicht entfernt und sitzt noch heute fest auf; entsprechend ist auch der Inhalt des Reliquienglases (Stoffsäckchen und Weihrauchkörner) ursprünglich erhalten.

Dieses Reliquienglas ist etwas weniger gebaucht als der vorige Krautstrunk, dem es sonst in der Größe und im Nuppendekor ähnlich ist. Im Vergleich zu dem Glas aus Brigels (Kat. Nr. 403) wurde hier der Deckel weiter auf die Wandung heruntergezogen. Noch stärker oder sogar ganz überzogene Reliquiengläser in Form von Krautstrünken sind verschiedentlich nachzuweisen[1].

LIT.: Bremen (1967), S. 55f., Nr. 41.

1 Rademacher (1933), Tf. 43d. – Heinemeyer (1966), S. 48, Nr. 113, Tf. 4.

Gekniffener Fußring. Hochgestochener Boden. Auf der Wandung 6 in der Höhe versetzte Vertikalreihen mit je 2 Nuppen mit gerichteter Spitze. Wachsdeckel mit 1 von ursprünglich 4 Siegeln des Konstanzer Weihbischofs Daniel Zehenter (ca. 1473-1498) und eingeritzter Inschrift: »Daniel eps Bellinensis 1498« (Daniel episcopus bellinensis 1498).

Wie das vorige wurde auch dieses Glas von Weihbischof Zehenter gesiegelt. Die Inschrift auf dem Deckel wurde aber von anderer Hand eingeritzt.

Interessant ist, daß man bereits 1498 bei der Weihe ein defektes Glas als Reliquienbehälter verwendete: Eine Fehlstelle in der Wandung ist mit dem gleichen Material verschlossen worden, aus dem auch der Deckel hergestellt ist. Diese Beobachtung bleibt kein Einzelfall (vgl. Kat. Nr. 440)[1].

LIT.: –

1 Vgl. auch ein Reliquienglas im Halleschen Heiltum, siehe Rademacher (1937), S. 29-32, Abb. 4 und 5.

407 Krautstrunk

Deutschland/Schweiz, Anfang 16. Jh. – Fundort: Villa-Pleif (Kanton Graubünden), Kirche St. Vincentius. – H 11,6 cm (mit Deckel), 10,4 cm (nur Glas); ⌀ Lippe ca. 7,0 cm, Fußring 6,1 cm; Wandungsstärke auf Höhe der Nuppen kleiner als 1,0 mm. – Grünes Glas. Mehrere Sprünge, Fehlstelle.

Domschatz Chur

408 Krautstrunk

Deutschland, Anfang 16. Jh. – Fundort: angeblich Stadtkirche St. Martin in Leutkirch (Allgäu). – Provenienz: Slg. Bremen. – H 10,0 cm; ⌀ Lippe 8,1 cm, Fußring 5,8 cm; Wandungsstärke Lippenrand 2,0-2,4 mm, Lippe 2,0 mm. – Grünes Glas.

Rheinisches Landesmuseum Bonn, Inv. Nr. 68.0486

407

408

Gekniffener Fußring. Hochgestochener Boden. Auf der Wandung 6 in der Höhe versetzte Vertikalreihen mit je 2 Nuppen mit gerichteter Spitze. Am Ansatz zur Lippe ein aufgelegter Faden, der aber nur noch teilweise sichtbar ist, weil er stellenweise in die Wandung eingeschmolzen ist. Wachsdeckel mit dem Siegel des Weihbischofs Stephan Tschuggli (1501-1538).

Für den Krautstrunk aus Villa-Pleif ist nur die Zeit zwischen 1501 und 1538 für die Einsetzung in den Altar gesichert. Ein Weihedatum fehlt[1]. Wie bereits im zusammenfassenden Text zu den Krautstrünken erwähnt, verändert sich der Typus wohl in der Zeit kurz nach 1500 ziemlich stark, sowohl in der Form als auch durch den Verzicht auf den Halsfaden. Dieser ist zwar hier noch vorhanden (was aus der Abbildung nicht ersichtlich ist), aber die Tendenz zu einer stärker bauchigen Form ist zu erkennen. Das ganze Gefäß scheint etwas in sich zusammengesunken zu sein, etwas von seiner Spannung verloren zu haben. Dieser Trend wird sich fortsetzen, wie die nachfolgenden Beispiele zeigen.

LIT.: –

1 Die Angaben zu Herkunft und Datierung verdanken wir Hansjörg Frommelt, Vaduz.

Gekniffener Fußring. Hochgestochener Boden. Auf der Wandung 8 in der Höhe versetzte Vertikalreihen mit je 3 Nuppen mit gerichteter Spitze; an den Überlappungen kann man sehen, daß die Nuppen von oben nach unten aufgesetzt wurden.

Laut Walther Bremen soll das Glas aus Leutkirch stammen. Beifunde wie Weiheurkunde oder Siegel werden von ihm nicht erwähnt.

Hier ist nun kein Faden mehr am Ansatz zur Lippe vorhanden, und die Gesamtform hat sich gegenüber dem vorigen Krautstrunk noch mehr verbreitert. Ein deutlicher Schritt in der typologischen Entwicklung läßt sich auch daran ablesen, daß ein Wandungsstreifen unterhalb des Ansatzes zur Lippe frei von Nuppen bleibt (vgl. Kat. Nrn. 411 und 428). Als Anhaltspunkt für eine Datierung mag die Darstellung eines in Form und Verzierung gleichen Glases auf einer Abendmahlsdarstellung vom Sippenaltar Martin Schaffners von 1521 dienen[1].

LIT.: Bremen (1964), S. 300f., Nr. 113.

1 Detail bei Rademacher (1933), Tf. 44c.

409 Krautstrunk

Deutschland/Schweiz, 1520 oder früher. – Fundort: Surcasti (Kanton Graubünden), Pfarrkirche St. Laurentius. – H 9,0 cm; ⌀ Lippe 6,8 cm, Fußring 5,5 cm; Wandungsstärke Lippenrand 2,4-2,7 mm, Lippe 2,0 mm. – Bläulichgrünes Glas. Z. T. verwittert und leicht korrodiert.

Domschatz Chur

410 Krautstrunk

Deutschland, 2. Viertel 16. Jh. – Fundort: angeblich aus der Gegend von Wangen (Allgäu). – Provenienz: Slg. Bremen. – H 5,8 cm; ⌀ Lippe 6,9 cm, Fußring 5,1 cm; Wandungsstärke Lippenrand 2,5 mm, Lippe 1,8 mm. – Grünes Glas. Wenige kleine braune Korrosionsflecken auf dem Lippenrand.

Rheinisches Landesmuseum Bonn, Inv. Nr. 68.0487

409

410

2fach umgelegter Fußring. Hochgestochener Boden. Auf der Wandung 6 Vertikalreihen mit abwechselnd 2 und 3 Nuppen; an den Überlappungen ist zu sehen, daß die Nuppen von oben nach unten aufgesetzt wurden.

Der Krautstrunk wurde zusammen mit einem Siegel von Weihbischof Stephan Tschuggli (1501-1538) gefunden. Für die Kirche ist eine Neuweihe im September 1520 bezeugt[1]. Als letzter Schritt in der bisher beschriebenen Entwicklung wird der gekniffene Fußring durch einen glatten, ein- oder mehrmals umgelegten Faden ersetzt. Deutlich ist hier gegenüber Kat. Nr. 408 auch eine Veränderung der Nuppen festzustellen; die bisherigen wiesen ausnahmslos nach oben gerichtete Spitzen auf, hier werden sie wesentlich flacher und flauer. Dies ist bei vielen etwa zeitgleichen oder wenig späteren Krautstrünken zu beobachten; es dürfte sich dabei also nicht bloß um eine regional bedingte Gewohnheit gewisser Glasmacher handeln.

LIT.: –

1 Die Angaben zu Herkunft und Datierung verdanken wir Hansjörg Frommelt, Vaduz.

2fach umgelegter Fußring. Hochgestochener Boden. Auf der Wandung 6 Vertikalreihen mit je 2 Nuppen, wobei immer die obere von der unteren überlappt wird.

Die Angaben zur Herkunft stammen von Walther Bremen; sie lassen sich nicht weiter präzisieren.

Dieses Glas und die folgenden repräsentieren einige von vielen möglichen Varianten zum ›klassischen‹ Krautstrunk. In diesem Fall ist es vor allem die erheblich gedrungenere Proportion, die von der ›Norm‹ abweicht. – Fragen nach der Datierung der einzelnen Typen lassen sich beim heutigen Stand der Kenntnisse noch nicht genauer beantworten. Dasselbe gilt für die Entstehungsgebiete; eine Eingrenzung wird erst nach einer großflächigen und gleichmäßigen Erfassung der Funde möglich werden, oder natürlich auch, wenn eine genügende Anzahl von Glashüttenplätzen archäologisch untersucht ist.

LIT.: Bremen (1964), S. 301 f., Nr. 114.

411 Krautstrunk

Deutschland, 1. Hälfte 16. Jh. – Fundort: Angeblich Köln. – H 6,3 cm; ⌀ Lippe 3,1 cm, Fußring 3,0 cm; Wandungsstärke Lippenrand ca. 2,2 mm. – Grünes Glas. Ergänzt. Z. T. irisiert.

Karl Amendt, Krefeld

Gekniffener Fußring. Hochgestochener Boden. Auf der unteren Hälfte der Wandung 2 seitlich versetzte Horizontalreihen mit je 5 Nuppen mit gerichteter Spitze.

Der kleine Krautstrunk mit seiner besonderen Art der Anordnung der Nuppen, die sich auf den unteren Teil der Wandung beschränken, hat nur wenige Parallelen. Er läßt sich bisher nicht genau datieren und keinem Entstehungsgebiet zuweisen; wie auch das vorige Glas stellt er also eine der Varianten dar, die sich nur noch lose mit den herkömmlichen Krautstrünken verbinden lassen.

Die einzigen Anhaltspunkte, die hier für die ungefähre Datierung genannt werden können, sind der gekniffene Fußring und die ausbiegende Lippe, weiter das Fehlen des Halsfadens und das Leerlassen der oberen Wandungspartie. Die zwei ersten Punkte sprechen für eine nicht allzu späte Datierung (die Lippe in der angesprochenen Form dürfte gegen die Jahrhundertmitte kaum mehr zu finden sein), die anderen gegen eine Datierung in den Anfang des Jahrhunderts.

LIT.: Baumgartner (1987), S. 60, Nr. 40.

411

412

412 Krautstrunk, Fragment

Deutschland, 2. Hälfte 15. Jh./Anfang 16. Jh. – Provenienz: Slg. Lanna. – H 10,5 cm; ⌀ Lippe 7,2 cm, Fußring 6,0 cm; Wandungsstärke Lippenrand 2,2 mm, auf halber Höhe 1,0 mm. – Farbloses Glas. Ein Sprung. Verwittert und versintert.

Kunstgewerbemuseum Prag, Inv. Nr. 1048

Gekniffener Fußring. Hochgestochener Boden. Auf der Wandung vier Vertikalreihen mit abwechselnd 2 und 3 Nuppen mit gerichteter Spitze. Faden am Ansatz zur Lippe.

Eine spezielle Variante zum ›klassischen‹ Krautstrunk sind Stücke, die aus farblosem Glas hergestellt sind. Beim Glas aus der Sammlung Lanna weiß man leider nicht, wo und in welchem Kontext es gefunden wurde. Es zeigt eine Form und Ausführungsdetails, die uns von den grünen Krautstrünken her bestens vertraut sind. Wäre das Stück nicht farblos, würde man es problemlos einer deutschen Glashütte zuschreiben. Die Glasmasse führt dazu, daß man damit zögert, wurde doch während Jahrzehnten ständig wiederholt, farbloses Glas sei über längere Zeit nur in Venedig hergestellt worden.

Wie die Diskussion um farblose Gläser des 13. bis 15. Jahrhunderts gezeigt hat, ist die gängige Meinung in diesem Punkt revisionsbedürftig. Auch in der Zeit vor und nach 1500 war im Norden das Wissen um die Herstellung farblosen Glases selbstverständlich vorhanden, nur scheint man für viele Typen bewußt eingefärbtes grünes Glas vorgezogen zu haben. Die Herstellung einzelner farbloser Stücke (vgl. auch Kat. Nrn. 413 und 451) im Norden mag auf den Wunsch einer speziellen Käuferschicht zurückgehen.

Das relativ seltene Vorkommen farbloser Gläser mit typisch nördlichen Formen erlaubt es noch nicht, über ein genauer eingegrenztes Entstehungsgebiet des hier gezeigten Beispiels zu spekulieren. Die Datierung muß von den grünen Krautstrünken übernommen werden.

LIT.: Kat. Prag (1986), S. 32, Nr. 271, Abb. 271.

413 Krautstrunk

Deutschland, Ende 15. Jh./Anfang 16. Jh. – Fundort: Diözese Freising (Ort unbekannt). – H 6,6 cm; ⌀ Lippe 7,5 cm, Fußring 6,8 cm; Wandungsstärke Lippenrand 2,2 mm. –

Farbloses Glas mit leichtem Gelbstich. Verwittert, z. T. bräunlich korrodiert.

Diözesanmuseum Freising, Inv. Nr. 19

Gekniffener Fußring. Hochgestochener Boden. Auf der Wandung 8 in der Höhe leicht versetzte Vertikalreihen mit je 2 Nuppen. Faden am Ansatz zur Lippe.

Ähnlich wie das farblose Exemplar aus der Sammlung Lanna läßt sich auch dieser kleine Becher mit grünen Krautstrünken vergleichen[1], und auch er ist wahrscheinlich irgendwo in Deutschland hergestellt worden. Das Entstehungsgebiet läßt sich in diesem Fall eventuell etwas näher eingrenzen. Vor allem die Glasmasse mit leichtem Gelbstich findet sich auch an einigen anderen Stücken, die alle mit dem süddeutschen Raum verbunden sind, z. B. an einem Nuppenglas im Bayerischen Nationalmuseum, das in die erste Hälfte des 15. Jahrhunderts datiert wird[2]. Es wurde in der Nähe von Ainring, also nicht weit von Freising entfernt, gefunden. Im Museum von Freising selbst sind noch mehrere Gläser mit diesem Farbton (vgl. Kat. Nrn. 180 f., 325). Interessanterweise lassen

413

sich die Formen und z. T. auch Ausführungsdetails dieser Stücke nicht mit anderen Beispielen außerhalb des bayerischen Raums vergleichen, was Rainer Rückert bewogen hat, für den erwähnten Becher den Bayerischen Wald oder Böhmerwald als Entstehungsgebiet vorzuschlagen[3]. Eine Herkunft aus dieser Region wäre auch für den Krautstrunk aus Freising denkbar.
Datieren kann man ihn wiederum nur in Analogie zu verwandten grünen Exemplaren, wahrscheinlich ins späte 15. oder frühe 16. Jahrhundert.

LIT.: Fuchs (1936/37), Abb. auf S. 95, mittlere Reihe links.

1 Siehe etwa Fuchs (1936/37), Abb. auf S. 95, obere Reihe rechts.
2 Rückert (1982), Bd. 1, S. 44, Nr. 9, Abb. auf Tf. 3.
3 Rückert (1982), Bd. 1, S. 44, Kommentar zu Nr. 9; Rückert führt auch einige Parallelen zu seinem Stück aus Böhmen an.

414 Krautstrunk

Venedig (?), Ende 15. Jh./Anfang 16. Jh. – Provenienz: Slg. Lanna, Slg. Pazaurek. – H 11,8 cm; ⌀ Lippe 9,0 cm, Fußring 6,8 cm; Wandungsstärke Lippenrand 1,7 mm, Lippe 1,4 mm. – Farbloses Glas, z. T. grüne und blaue Auflagen. Mehrere Sprünge in der Wandung.

Kunstgewerbemuseum Prag, Inv. Nr. 16.879

Gekerbter Fußring. Hochgestochener Boden. Auf der Wandung 10 Vertikalreihen mit abwechselnd 3 und 4 Nuppen (die Spitzen quer über die Nuppen gelegt und verschmolzen). Blauer Faden (ca. 2mal umgelegt) am Ansatz zur Lippe.

Dieser Krautstrunk aus der Sammlung Lanna mit den z. T. farbigen Nuppen ist eine äußerst seltene Variante, bei der es sich möglicherweise um eine venezianische Interpretation eines deutschen Glastyps handelt. Das Glas ist kein Bodenfund, sondern eine seit seiner Entstehung sorgsam bewahrte ›Preziose‹.
Farblose Nuppengläser mit teilweise blauen Nuppen kamen schon im 13. bis frühen 14. Jahrhundert vor (vgl. Kat. Nrn. 184, 185, 188). Unter den jüngeren Nuppenbechern (bis ins späte 15. Jahrhundert) gibt es dann keine farblich abweichenden Nuppen mehr[1]; erst aus dem 16. Jahrhundert sind wieder einige Ausnahmen von Nuppenbechern (nicht Krautstrünken) mit andersfarbigen Nuppen bekannt (vgl. Kat. Nr. 443)[2].
Abgesehen von den farbigen Nuppen weist dieser Krautstrunk aber noch weitere ungewöhnliche Elemente auf: Der Fußring ist nicht wie üblich mit der Zange gekniffen, sondern in gewissen Abständen eingekerbt; im Gegensatz zum Halsfaden fast aller bekannten Krautstrünke ist hier kein tropfenförmiger Ansatz zu erkennen, und der Faden liegt in zwei deutlich separaten Windungen auf; die auffälligsten Unterschiede bestehen aber in der besonders großen Anzahl[3] und in der Ausformung der Nuppen. Beim Aufsetzen der Glastupfer wurde die Spitze jeweils fadenartig quer über die ganze Nuppe gelegt und weitgehend verschmolzen, was sonst in der Regel nicht vorkommt. All diese Beobachtungen zusammen weisen darauf hin, daß dieser Krautstrunk wohl nicht in einer deutschen Hütte entstanden ist.
Bei Überlegungen zum möglichen Herstellungsort dürfte Venedig im Vordergrund stehen. Es ist bekannt, daß die venezianischen Glasmacher ihre Produktion den verschiedenen Absatzmärkten anzupassen versuchten. Für Venedig sprechen auch die Qualität und die Farben von Grundglas und farbigen Auflagen. Neben sehr vielen Gefäßen aus dem vielzitierten kristallähnlich farblosen Glas wurden im 15. und 16. Jahrhundert in Venedig auch Gläser aus blauem bzw. smaragdgrünem Glas (in dem Farbton der Nuppen an diesem Glas) hergestellt. Auch die Kombination von farblosem Grundglas mit blauen und grünen Auflagen ist an venezianischen Gläsern nachzuweisen[4], zum Beispiel an einem Becher im Metropolitan Museum of Art[5].
Die vorgeschlagene Datierung in die Zeit um 1500 beruht auf der formalen Ähnlichkeit zu den deutschen Vorbildern.

15./16. JAHRHUNDERT

LIT.: Kat. Lanna (1911), S. 106, Nr. 868, Abb. auf Tf. 63.

1 Bei einem grünen Krautstrunk in Privatbesitz, der gegen Ende des 15. Jahrhunderts oder gegen 1500 entstanden sein dürfte, kommt eine einzelne (!) blaue Nuppe vor.
2 Ein großer farbloser ›Krautstrunk‹ mit blauen und grünen Nuppenspitzen wird auf der Veste Coburg aufbewahrt, vgl. Weiß (1966), S. 137. Die Datierung dieses Stücks ist bisher noch völlig offen.
3 Hier 35 Nuppen, während 9, 12 oder 15 Nuppen die Regel, 20 oder 24 bereits eine Ausnahme darstellen.
4 So häufig farbloses Glas mit blauer Verzierung ist, so unüblich ist merkwürdigerweise die Verwendung von grünem Dekor an farblosem Glas. Sie ist uns bisher nur von venezianischen Beispielen bekannt, vgl. S. 42, Abb. 42.
5 Berndt (o. J.), S. 46, Nr. 5, Tf. 5. Von den 3 Reihen Nuppen zwischen den Rippen des Bechers sind 2 Reihen blau und 1 grün.

415 Krautstrunk

Deutschland oder Schweiz, 1. Viertel 16. Jh. – Fundort: Illgau (Kanton Schwyz). – H 10,2 cm; ⌀ Lippe 7,1 cm, Fußring ca. 6,2 cm; Wandungsstärke Lippenrand ca. 3,0 mm. – Grünes Glas. 1 Nuppenspitze fehlt. Leicht verwittert.

Museum zu Allerheiligen Schaffhausen, Inv. Nr. 16050

415

Gekniffener Fußring. Nur wenig hochgestochener Boden. Wandung mit 14 optisch geblasenen Vertikalrippen, die vom Fußring bis auf die halbe Höhe der Lippe sichtbar sind, und 6 in der Höhe leicht versetzten Vertikalreihen von je 2 Nuppen mit gerichteter Spitze.

Der Krautstrunk in Schaffhausen unterscheidet sich nur durch die optisch geblasenen Vertikalrippen vom Normaltyp. Genau vergleichbare Stücke konnten bisher nicht beigebracht werden. Ein ähnliches Glas in München zeigt Vertikalrippen nur auf der oberen Wandungshälfte[1]. Rademacher führt ein Stück an, das in ganzer Höhe, aber diagonal gerippt ist[2]. Bei einem weiteren optisch geblasenen Krautstrunk läßt sich auf der Aufnahme die Art der Musterung nicht genau erkennen[3].

Das Glas gelangte bereits 1925 als Geschenk ans Museum zu Allerheiligen. Leider sind keine Informationen zu den Fundumständen und etwaigen Beifunden vorhanden. Eine Datierung müßte nach den oben angeführten Kriterien (Ausbildung Fußring, Fehlen Halsfaden) ins 1. Viertel des 16. Jahrhunderts erfolgen.

LIT.: –

1 Rückert (1982), S. 46, Nr. 16, Abb. auf Tf. 4.
2 Rademacher (1933), Tf. 47 d.
3 Sotheby's 10. November 1938, S. 23, Nr. 67.

416

416 Krautstrunk, Fragment

Deutschland, Ende 15. Jh./Anfang 16. Jh. – Fundort: Angeblich Köln. – Provenienz: Slg. Lückger. – H 11,8 cm; ⌀ Lippe 8,1 cm; Wandungsstärke Lippenrand 2,8 mm. – Bläulichgrünes Glas. Z. T. korrodiert.

Kunstmuseum Düsseldorf, Inv. Nr. P 1936-89

Gekniffener Fußring (an einer Stelle der unteren Bruchkante ein kleines Stück erhalten). Auf der Wandung (ursprünglich) 10 leicht in der Höhe versetzten Vertikalreihen mit je 3 Stachelnuppen. Faden am Ansatz zur Lippe.

Eine weitere seltene Variante des Krautstrunkes ist diejenige mit dornartig nach innen gestochenen Nuppen. Stücke, die die gleiche Besonderheit aufweisen, sind bisher nur in anderen Formen bekanntgeworden. Publiziert ist ein Stangenglas aus der ehemaligen Sammlung Mühsam[1], das wohl dem 2. Viertel des 16. Jahrhunderts angehört. Ein weiteres, etwas breiter proportioniertes Stangenglas mit Innendornen wird

15./16. JAHRHUNDERT

seit 1855 im Victoria & Albert Museum in London aufbewahrt[2].

Die Nuppen dieser Gläser sind alle auf die gleiche Weise hergestellt. Auf die Wandung wird – wie bei der Herstellung eines normalen Nuppenglases – ein kleiner Posten Glas aufgebracht, der aber anschließend nicht wie üblich mit einer Zange ausgezogen, sondern mit einem spitzen Gegenstand durch die Wandung ins Innere des Gefäßes eingestochen wird. Die so entstandene Vertiefung wird anschließend mit einem zweiten kleinen Posten Glas verschlossen, wobei dieser wie eine normale Nuppe ausgezogen[3] oder wie in unserem Beispiel relativ glatt bleiben kann[4].

Die Form, die Merkmale des Halsfadens und des gekniffenen Fußrings weisen für diesen Krautstrunk auf eine Entstehung spätestens im frühen 16. Jahrhundert. Dadurch ergibt sich der bisher früheste Nachweis für das Auftreten von Stachelnuppen (Applaus!).

LIT.: Rademacher (1933), Tf. 46b.

1 Rademacher (1933), Tf. 46a und c.
2 Unpubliziert. Inv. Nr. 1838.'55.
3 Rademacher (1933), Tf. 46c.
4 Eine Ausnahme mit nach innen gestochenen Nuppen ohne ›Dekkel‹ ist Kat. Nr. 401.

417 Doppelkrautstrunk

Deutschland, 1. Hälfte 16. Jh. – Fundort: Unbekannt. – H 15,1 cm; ⌀ Lippe 5,8 cm, Fuß (rekonstruiert) 7,7 cm; Wandungsstärke Lippenrand 2,3 mm, Lippe 1,8 mm. – Grünes Glas. Fuß größtenteils in Gips ergänzt (im Profil aber komplett), Fadenauflagen mehrfach bestoßen. Verwittert, z. T. innen und außen braun korrodiert.

Historisches Museum der Pfalz, Speyer, Inv. Nr. HM 0/742

Fuß aus 9fach gewickeltem Faden. Hochgestochener Boden. Auf der Wandung von unten nach oben: 2 horizontale Reihen mit je 6 Nuppen mit gerichteter Spitze, glatter ›Halsfaden‹, gekniffener ›Fußring‹, Nuppen (wie am Unterteil), glatter Faden am Ansatz zur Lippe. Am Übergang von Unter- zu Oberteil: ›Naht‹ vom Überstechen der Glasblase (?).

Der Doppelkrautstrunk ist wohl eines der schönsten Beispiele dafür, wie am Ende der langen und kontinuierlichen Entwicklung eines Gefäßtyps skurrile Abwandlungen entstehen können. Die beiden nachfolgenden Katalognummern sind nur versuchsweise hier zugeordnet, sind aber leider nicht so gut erhalten, als daß man eine enge typologische Verbindung nachweisen könnte.
Interessant ist beim Doppelkrautstrunk aus Speyer die Bildung des Fußes. Ein gewickelter Fuß ist bisher bei keinem Gefäß nachzuweisen, das man noch als Krautstrunk bezeichnen könnte, jedoch kommt dieses Element häufig bei Stangengläsern vor, von denen es wohl auch übernommen wurde (vgl. Kat. Nr. 499).

LIT.: Rademacher (1933), S. 113, 149, Tf. 45c.

417

418 Mehrfach-Krautstrunk (?), Fragment

Deutschland, 1. Hälfte 16. Jh. – Fundort: Wahrscheinlich Köln. – H 6,5 cm; ⌀ maximal 4,7 cm, minimal 1,9 cm; Wandungsstärke Bruchkante oben 1,8 mm. – Bläulich-grünes Glas. Verwittert.

Kölnisches Stadtmuseum, Inv. Nr. KSM 1987/425

418

Teil eines gekniffenen ›Fußfadens‹. Auf der Wandung 2 Horizontalreihen zu je 6 Nuppen mit gerichteter Spitze, versetzt angeordnet. Darüber dünner Faden umgelegt.

Das Fragment gehört zum Altbestand im Kölnischen Stadtmuseum, ist also wahrscheinlich ein Kölner Bodenfund. Durch das folgende Parallelstück aus Freiburg wird es nun verständlich als mittlerer Teil eines dreifachen Krautstrunks (falls es nicht noch höher gestapelte Exemplare gab!); die Bruchkanten unten und oben lassen erkennen, daß hier jeweils noch ein weiterer kleiner Krautstrunk folgen mußte.

LIT.: –

419

419 Mehrfach-Krautstrunk (?), Fragment

Deutschland, 1. Hälfte 16. Jh. – Fundort: Freiburg i. Br., Schloßberggarage (1973). – H 17,5 cm; ⌀ maximal 5,5 cm, Wandungsstärke Bruchkante oben 1,5 mm, Wandung minimal 0,7 mm. – Grünes Glas. Verwittert, z. T. irisiert.

Landesdenkmalamt Baden-Württemberg, Außenstelle Freiburg

Zuunterst Hälfte eines ›Krautstrunks‹ mit einer Horizontalreihe von 4 (ehemals 5) Nuppen. Darüber 2 weitere ›Krautstrünke‹, jeweils mit gekniffenem ›Fußring‹ und einer Nuppenreihe mit 4 Nuppen. An den engsten Stellen Nähte wohl vom Überstechen der Glasblase (innen durchgängig hohl, keine Böden).

Dieses bizarre Fragment wurde bei Baggerarbeiten in einer Latrinengrube entdeckt, die Material aus der Zeit ab ca. 1500 enthielt. Es zeigt erstmals 3 kleine ›Krautstrünke‹ balusterartig übereinandergetürmt, wobei die obere Bruchkante offenläßt, ob hier der Ansatz einer ausbiegenden Lippe war oder gar noch ein weiterer ›Krautstrunk‹ folgte. Da der Doppelkrautstrunk aus Speyer (Kat. Nr. 417) als bisher einziges Stück dieser Art mit Lippe und Fuß oben unter der Lippe bei weitem nicht so stark verengt ist, scheint die Alternative eines vierten Krautstrunks sogar die wahrscheinlichere. Das Glas wäre dann in der Tat ein extremes Beispiel der spätgotisch-exzentrischen Formphantasie gewesen.

LIT.: –

420

420 Niedriger Krautstrunk

Deutschland (Rheinland?), um 1500. – Fundort: Angeblich Köln. – Provenienz: Slg. Bremen. – H 6,1 cm; ⌀ Lippe 10,5 cm, Fußring 9,5 cm; Wandungsstärke Lippenrand 2,7 mm, Lippe 2,2 mm. – Blaugrünes Glas. Verwittert, z. T. irisiert.

Rheinisches Landesmuseum Bonn, Inv. Nr. 68.0506

Gekniffener Fußring. Hochgestochener Boden. Auf der Wandung 6 Nuppen mit gerichteter Spitze. Faden am Ansatz zur Lippe.

Eine der wenigen Varianten zum Krautstrunk, die relativ häufig vorkommen, ist diejenige mit nur einer Nuppenreihe. Wann diese niedrige Version in Mode kam, läßt sich nicht genau festlegen. Die frühesten Darstellungen von Gläsern dieser Art gehören in die Zeit um 1500[1]. Neben den einfachen Ausführungen kamen offenbar recht bald auch reicher verzierte Stücke auf (vgl. Kat. Nrn. 422 f., 515).

Die bisher bekannten Fundorte des niedrigen Krautstrunks scheinen sich vor allem im Rheinland zu konzentrieren. Die Entstehung ist deshalb wohl in Hütten dieser Region zu vermuten[2].

LIT.: Bremen (1964), S. 314f., Nr. 133, Abb. S. 316.

1 Siehe etwa Rademacher (1933), Tf. 39 d.
2 Es sind auch andere regionale Varianten bekannt, z. B. solche mit gekerbtem Fußring in Belgien; vgl. Chambon (1955), S. 380, Nr. 10 und Abb. auf Tf. II.

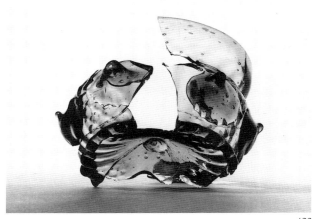

422

421

421 Niedriger Krautstrunk

Deutschland, um 1500. – Fundort: Angeblich Köln. – H 5,0 cm; ⌀ Lippe 9,5 cm, Fußring 7,9 cm; Wandungsstärke Lippenrand ca. 2,0 mm. – Blau-blaugrünes Glas. Ein Stück Lippe ergänzt.

Karl Amendt, Krefeld

Gekniffener Fußring. Leicht hochgewölbter Boden mit der Struktur des Werkzeuges, das die Wölbung bewirkte. Auf der Wandung 6 große Nuppen mit gerichteter Spitze. Faden am Ansatz zur Lippe.

Das Glas aus der Sammlung Amendt nimmt seiner Farbe wegen unter den niedrigen Krautsträhnen eine Ausnahmestellung ein. Es ist blau mit einem leichten Grünstich, eine Farbe, die man bei Krautsträhnen sonst kaum finden kann.

LIT.: Baumgartner (1987), S. 56, Nr. 35.

422 Niedriger Krautstrunk, Fragment

Deutschland, um 1500. – Fundort: Angeblich Köln. – Provenienz: Slg. Stieg. – H ca. 5,7 cm; ⌀ Lippe ca. 7,8 cm, Fußring 7,4 cm; Wandungsstärke Lippenrand 1,7 mm. – Bläulich-grünes Glas. Geklebt.

Erwin Baumgartner, Basel

Gekniffener Fußring. Nur wenig hochgestochener Boden. Auf der Wandung ursprünglich 6 Nuppen mit gerichteter Spitze, Faden am Ansatz zur Lippe. Die Wandung mit einem optisch geblasenen ›Wechselmuster‹, das nur die Zonen direkt unter dem Lippenrand und um den Hefteisenabriß nicht berührt: 4mal wiederholte Abfolge von Vertikalrippen und Rautenmuster.

Das hier nachweisbare ›Wechselmuster‹ muß in der Zeit um oder kurz nach 1500 aufgekommen sein. Dieser Becher ist der bisher wohl früheste Beleg dafür. Das Muster fand eine Nachfolge auf mehreren Typen[1] (vgl. Kat. Nrn. 473, 487b, 517, 559) und dürfte sich noch etwa im 1. Drittel des 16. Jahrhunderts gehalten haben.

LIT.: –

1 Prohaska (1987), S. 286, Abb. 216/5.

423

423 Niedriger Krautstrunk, Fragment

Deutschland, 1. Viertel 16. Jh. – Fundort: Wohl Köln. – H 6,0 cm; ⌀ Lippe 10,0 cm, Fuß 7,8 cm; Wandungsstärke Lippenrand 1,8 mm, Wandung minimal 1,0 mm. – Ziemlich dunkel grün-blaugrünes Glas. 1 große Fehlstelle.

H. J. E. van Beuningen, Cothen

2fach umgelegter Fußring. Nur wenig hochgestochener Boden. Wandung mit optisch geblasenem Rautenmuster, das bis ca. 1 cm unter den Lippenrand sichtbar ist. 6 Nuppen mit gerichteter Spitze. Faden am Ansatz zur Lippe.

Wie das vorige Stück ist auch dieses optisch geblasen, allerdings mit einem Rautenmuster. Diese Verzierung kommt weit häufiger als das Wechselmuster und auf den verschiedensten Gefäßen vor (vgl. z. B. Kat. Nrn. 441, 449, 453 f.). Ob bei diesem Becher der glatte gewickelte Fußfaden statt des gekniffenen Fußrings symptomatisch für eine spätere Entwicklungsstufe ist, muß noch offen bleiben. Es gibt zu wenige gut datierte Stücke, um eine typologische Abfolge ablesen zu können.[1]

LIT.: Kat. Delft (1986), S. 16 f., Nr. 3.

1 Die relativ zahlreichen gut datierten Krautstrünke sind alle als Reliquiengläser überkommen, niedrige Krautstrünke in dieser Funktion sind bisher nicht bekanntgeworden.

die vorgeschlagene Datierung in den Anfang des 16. Jahrhunderts als bloßer Versuch zu werten, der auf einigen der bereits für die Krautstrünke erwähnten Kriterien beruht.

LIT.: Rademacher (1933), S. 148, Tf. 39 a.

425

424

424 Niedriger Krautstrunk

Deutschland, Anfang 16. Jh. – Fundort: Unbekannt. – H 7,8 cm; ⌀ Lippe 8,8 cm, Fußring 7,8 cm; Wandungsstärke Lippenrand 2,0–3,0 mm. – Grünes Glas. Verwittert.

Museum der Stadt Worms im Andreasstift, Inv. Nr. M 1956

Gekniffener Fußring. Relativ flach hochgestochener Boden. Auf der Wandung 3 Nuppen (leicht schneckenhausförmig abgedreht). Faden am Ansatz zur Lippe.

Dieser Becher ist in der Katalogabfolge bewußt zwischen der Gruppe der niedrigen Krautstrünke und den nachfolgenden Stücken mit hochovalen Nuppen angeordnet. Er läßt sich keinem der beiden Typen wirklich anschließen; für den ersten ist er zu hoch und mit zu wenig Nuppen versehen, für den zweiten stimmt die Gesamtform nicht, und für beide hat er atypische Nuppen. Zwischenglieder zur einen oder andern Gruppe hin fehlen bisher ebenfalls. Entsprechend ist

425 Krautstrunk

Süddeutschland/Schweiz, Anfang 16. Jh. – Fundort: Angeblich Stadtkirche St. Martin in Leutkirch (Allgäu). – Provenienz: Slg. Bremen. – H 10,2 cm; ⌀ Lippe 7,9 cm, Fußring 5,9 cm; Wandungsstärke Lippenrand 2,4 mm, Lippe 1,8 mm. – Grünes Glas.

Rheinisches Landesmuseum Bonn, Inv. Nr. 68.0485

2fach umgelegter Fußring. Hochgestochener Boden. Auf der Wandung 4 Nuppen mit schwach ausgeprägter Spitze.

Die Krautstrünke mit hohen ovalen Nuppen galten bis vor kurzer Zeit als relativ selten, kommen aber vor allem im süddeutschen und schweizerischen Raum doch recht häufig vor. Da es wieder für eine Reihe von Gläsern dieser Sonderform einen terminus ante quem durch Weihedaten von Kirchen des Bistums Chur gibt[1], läßt sich eine gewisse typologische Entwicklung erkennen. Demnach sind zwei Beispiele mit gekniffenem Fußring und je drei Nuppen 1504 oder früher zu datieren, zwei mit glattem Fußring und je vier Nuppen 1520 bzw. 1522 oder früher. Diese vier Stücke weisen (wie alle bisher bekannten Krautstrünke mit hochovalen Nuppen) keinen Faden am Ansatz zur Lippe auf. 1987 kamen erstmals bei einer Grabung am Kornmarkt in Heidelberg zwei fragmentarische Becher (mit gekniffenem Fußring) zutage, die einen Halsfaden haben. Ob sie – analog zum Schema der Krautstrünke – an den Anfang der Entwicklung gestellt werden müssen, wird hoffentlich die Auswertung der Heidelberger Grabung klären[2].

LIT.: Bremen (1964), S. 300, Nr. 112, Abb. auf S. 299.

1 Die Angaben verdanken wir Hansjörg Frommelt, Vaduz.
2 Christine Prohaska, Heidelberg, wird das Material bearbeiten. Eines der beiden Stücke ist (sehr klein) in einer Abbildung wiedergegeben, siehe Prohaska (1986), S. 283, Abb. 214 (erste Reihe der Objekte, etwas links von der Mitte).

Neben den bereits beschriebenen typologischen Veränderungen des Krautstrunkes mit hochovalen Nuppen gibt es auch Veränderungen im Detail; so verkümmern die Nuppen teilweise bis zur Unkenntlichkeit[1], oder der Fußring wird durch einen mehrfach gewickelten Faden gebildet[2]. Bei all diesen Veränderungen wird aber die Gesamtform mit ausbiegender Lippe beibehalten.

Anders ist das beim rein tonnenförmigen Nuppenbecher aus Freising. Er dürfte relativ spät zu datieren sein, ist doch das Wegfallen der Lippe auch bei der typologischen Entwicklung des Krautstrunkes erst am Ende zu beobachten (vgl. Kat. Nrn. 428 und 429).

LIT.: Fuchs (1936/37), S. 94 (untere Reihe, d).

1 Siehe etwa ein Beispiel im Reklameteil der Weltkunst 56/7, 1986.
2 Ein Stück im Museum der Stadt Worms im Andreasstift, Inv. Nr. M 1957, zeigt einen 4fach gesponnenen Fußring.

426

427

426 Krautstrunk

Süddeutschland/Schweiz, Anfang 16. Jh. – Fundort: Schänis (Kanton St. Gallen). – H 8,0 cm; ⌀ Lippe 6,0 cm, Fußring 4,7 cm; Wandungsstärke Lippenrand 2,0 mm. – Grünes Glas. Standfläche Fußring etwas korrodiert.

Historisches Museum Basel, Inv. Nr. 1904.573

Glatter Fußring. Hochgestochener Boden. Auf der Wandung 4 Nuppen mit schwach ausgeprägter Spitze am oberen Ende.

Dieser zweite Krautstrunk mit hochovalen Nuppen ist ein Reliquienglas aus der Nordost-Schweiz. Sein Fundort bestätigt also das erwähnte Verbreitungsgebiet.

LIT.: Rademacher (1933), S. 148, Tf. 41 b.

427 Nuppenbecher

Süddeutschland/Schweiz, 2. Viertel 16. Jh. – Fundort: Diözese Freising (Ort unbekannt). – H 7,8 cm; ⌀ Lippe 4,9 cm, Fußring 4,6-4,9 cm; Wandungsstärke Lippenrand 2,2 mm. – Grünes Glas. Z. T. verwittert und braun korrodiert.

Diözesanmuseum Freising, Inv. Nr. 13

Glatter Fußring. Hochgestochener Boden. Auf der Wandung 4 Nuppen mit gerichteter Spitze.

428 Krautstrunk

Deutschland, 2. Viertel 16. Jh. (?). – Provenienz: Slg. Grützner, Slg. Jantzen. – H 17,4 cm; ⌀ Lippe 10,3 cm, Fußring 7,9 cm; Wandungsstärke Lippenrand 3,0 mm. – Dunkelgrünes Glas.

Kunstmuseum Düsseldorf, Inv. Nr. 1940-48

2fach gewickelter Fußring. Hochgestochener Boden. Auf der Wandung 6 Diagonalreihen mit je 3 Nuppen mit gerichteter Spitze. Faden oberhalb der Nuppen.

Die ›Riesenkrautstrünke‹ sind eine der spätesten Varianten des Typs (entsprechend einer vielfach zu beobachtenden Tendenz zu großen Trinkgefäßen im 16. und 17. Jahrhundert). Dieser Becher aus Düsseldorf faßt bereits etwa das Vierfache eines normalen Krautstrunks, das nachfolgende Stück aus Frankfurt etwa das Zehnfache.

Späte Merkmale innerhalb der typologischen Reihe sind auch die Anordnung der Nuppen nur auf den unteren beiden Dritteln der Wandung (vgl. Kat. Nr. 411) und der tiefer sitzende ›Halsfaden‹[1]. Es sei aber nicht verschwiegen, daß dieser Becher wie auch einige Vergleichsstücke in der Datierung Unbehagen bereiten und ihre Entstehung im Spätmittelalter insgesamt nicht außer Zweifel steht.

LIT.: Rademacher (1933), S. 148, Tf. 41 d. – Fuchs (1960), S. 13, abgebildet in der Mitte der Gruppe der Nuppengläser. – Jantzen (1960), S. 18, Nr. 22. – Heinemeyer (1966), S. 49, Nr. 116.

1 Vgl. etwa Baumgartner (1987), S. 60, Nr. 41.

Der späteste Schritt in der typologischen Reihe der Krautstrünke, bzw. der Schritt darüber hinaus, ist das Wegfallen der ausbiegenden Lippe. Das tonnenförmige Nuppenglas kann nicht mehr zu den eigentlichen Krautstrünken gerechnet werden. Belege für die Datierung dieses neuen Typs sind aus der Malerei bekannt, so ist zum Beispiel eine entsprechende Darstellung in einem Gemälde von Lucas Cranach aus der Zeit um 1530[1] zu finden. Die Ähnlichkeit betrifft allerdings nur die Form des Nuppenglases, nicht die Ausführungsdetails. Während das Stück bei Cranach einen glatten Fußring hat und nur 18 großflächige Nuppen errechnen läßt, weist das Frankfurter Glas einen gekniffenen Fußring und 102 Nuppen auf[2].

428

429

429 Nuppenbecher

Deutschland, 16. Jh. – Provenienz: Slg. Fürstin Anna-Luise zu Schwarzburg. – H 24,1 cm; ⌀ Lippe 14,7 cm, Fußring 13,1 cm; Wandungsstärke Lippenrand 4,2-5,6 mm, Lippe 3,1-4,6 mm, Wandung oberhalb Fußring 1,8 mm. – Grünblaugrünes Glas. Fehlstelle in Wandung, 1 Riß.

Museum für Kunsthandwerk, Frankfurt, Inv. Nr. 6187

Gekniffener Fußring. Hochgestochener Boden. Auf der Wandung 11 Diagonalreihen mit je 3, 2 mit je 7 Nuppen. Faden oberhalb der Nuppen.

Wie lange nach 1530 solche großen Nuppenbecher noch hergestellt wurden, ist zur Zeit nicht zu überblicken. Auch ist ungewiß, ob man den gekniffenen Fußring als Indiz für eine relativ frühe Entstehung werten soll, oder ob er auch in späterer Zeit wieder aufgegriffen wurde.

LIT.: Kohlhaussen (1970), Nr. 69 mit Abb. – Bauer (1980), S. 103, Nr. 220.

1 Max J. Friedländer und Jakob Rosenberg, Die Gemälde von Lucas Cranach, Berlin 1932, Abb. 237 (»Alter Mann und junge Dirnen«).
2 Weitere ungefähr formgleiche Stücke siehe Dexel (1977), S. 80, Nr. 40. – Journal of Glass Studies 28, 1986, S. 100, Nr. 8.

Nuppenbecher auf durchbrochenem Fuß

Eine Sondergruppe der Nuppengläser bilden die meist konischen Becher auf durchbrochenem Fuß. Diese Bezeichnung ist eine Kurzformel für einen Fuß mit recht kompliziertem Aufbau: Zunächst wird ein Fußring in Abständen halbkreisförmig gekniffen, dann wird ein weiterer Faden umgelegt, der zwischen den herausgekniffenen ›Scheibchen‹ girlandenartige Bögen bildet, zum Schluß wird ein Faden ein oder mehrfach umgewickelt, der den eigentlichen Standring ausmacht (die äußere Fadenwindung kann gelegentlich auch noch gekniffen sein).

Für die Datierung dieser Gruppe gibt es verschiedene Anhaltspunkte, die alle in dieselbe Richtung weisen: sowohl die Fundzusammenhänge (vgl. Kat. Nrn. 432 und 433) als auch Darstellungen in Gemälden (siehe bei Kat. Nr. 431) und allgemeine typologische Überlegungen deuten auf die Zeit um oder kurz nach 1500. (Bei den verwandten Bechern auf kurzem Stiel und durchbrochenem Fuß (vgl. Kat. Nrn. 511 ff.) gelangt man zu einer ähnlichen Datierung.) Der Typ – soweit man bei so vielen individuellen Varianten überhaupt von einem Typ sprechen kann – scheint nur eine recht kurze Laufzeit gehabt zu haben, die sich etwa auf das erste Drittel des 16. Jahrhunderts beschränkt.

Die folgenden Nuppenbecher auf durchbrochenem Fuß stammen alle aus dem Gebiet zwischen Mittelrhein und Holland. Der durchbrochene Fuß kommt gelegentlich auch an Gläsern im südwestdeutschen Raum vor, darüber hinaus ist er bisher nicht nachgewiesen. Da keine Fragmente dieser Gruppe von Hüttenplätzen publiziert sind, können Vermutungen zu einer eventuellen Herkunft aus dem Rheinland sich ausschließlich auf die Fundhäufigkeit in dieser Region stützen.

NUPPENBECHER AUF DURCHBROCHENEM FUSS

431

430 Krautstrunk auf durchbrochenem Fuß

Deutschland (Rheinland?), Anfang 16. Jh. – Fundort: Angeblich Mainz. – H 13,3 cm; ⌀ Lippe 7,5 cm, Fuß 7,5 cm; Wandungsstärke Lippenrand ca. 2,0 mm. – Dunkelgrünes Glas. Geklebt und ergänzt. Z. T. korrodiert.

Slg. H. J. E. van Beuningen-de Vriese, Leihgabe im Museum Boymans-van Beuningen, Rotterdam, Inv. Nr. F 5131.

430

Durchbrochener Fuß: Faden mit beim Auflegen gebildeten, vom Gefäßkörper abstehenden Schlaufen, Girlandenfaden, 2fach gesponnener Faden, die äußere Windung gekniffen. Hochgestochener Boden. Auf der Wandung 8 in der Höhe versetzte Vertikalreihen von gerundeten, innen hohlen Nuppen.

Der Becher ist eines der seltenen Beispiele für einen Krautstrunk auf durchbrochenem Fuß. Ein weiteres Fragment dieser Art wurde bereits von Rademacher publiziert[1]. In beiden Fällen sind interessanterweise die Nuppen von innen hohl, eine Eigenheit, die nur bei einer kleineren Minderheit von Krautstrünken zu beobachten ist[2].

Obgleich der untere Durchmesser im Vergleich zum normalen Krautstrunk verringert wurde, wirkt diese Kombination nicht besonders harmonisch, im Gegensatz zu den folgenden Bechern.

LIT.: –

1 Rademacher (1933), Tf. 57d.
2 Renaud (1962), S. 106, Fig. 2/6, Tf. 18, Abb. 4. – Grünewald (1984), S. 50, Abb. 3/3. – Mehrere weitere Funde aus dem Rheinland sind unpubliziert.

431 Nuppenbecher auf durchbrochenem Fuß

Deutschland (Rheinland?), Anfang 16. Jh. – Provenienz: Slg. Seligmann, Slg. J. Strauss. – H 9,9 cm; ⌀ Lippe 7,0 cm; Wandungsstärke Lippenrand 3,0 mm. – Grünes Glas. Metallisch glänzende Oberfläche.

The Corning Museum of Glass, Corning N. Y., Inv. Nr. 79.3.178

Durchbrochener Fuß: kreisförmig gekniffener Faden, Girlandenfaden, glatter Fußring. Hochgestochener Boden. Auf der Wandung 6 Vertikalreihen mit je 4 Nuppen mit gerichteter Spitze. Faden oberhalb der Nuppen.

Dieser Becher aus der Sammlung Seligmann (Köln) ist das bisher einzige intakte Glas seiner Art. Seine Herkunft ist unbekannt. Rademacher bezeichnete es als »eines der reizvollsten Erzeugnisse der spätgotischen Glasmacherkunst überhaupt«[1]. Von den Parallelstücken sind nur wenige im Profil ganz erhalten[2] (vgl. Kat. Nr. 432). Soweit Fundorte bekannt sind, liegen sie alle im Rheinland, wo denn auch die Entstehung dieser Nuppenbecher auf durchbrochenem Fuß angenommen wird.

Einen Anhaltspunkt für die Datierung bieten Darstellungen solcher Becher in Gemälden, zum Beispiel im Vordergrund eines Madonnen-Bildes vom sog. Meister der Mansi-Magdalena (ca. 1515-25)[3], oder bei einem niederländischen Abendmahlsbild aus dem Anfang des 16. Jahrhunderts[4]. Diese Datierung wird bestätigt durch die Kontexte von Bodenfunden (vgl. Kat. Nrn. 432f.).

LIT.: Rademacher (1931), S. 293, Abb. 5, Text S. 294. – Rademacher (1933), Tf. 57c. – Jerome Strauss, Glass Drinking Vessels from the Collections of Jerome Strauss, Ausst. Kat. des Corning Museum of Glass, Corning 1955, S. 39, Nr. 92.

1 Rademacher (1931), S. 294.
2 Kunstmuseum Düsseldorf, ex Slg. Lückger, Inv. Nr. P 1936-80. – Ein Fragment im Historischen Museum der Pfalz, Speyer. – Ein Fragment 1985 in holl. Privatbesitz.
3 Max J. Friedländer, Early Netherlandish Painting, Leyden/Brussels 1971, Bd. 7, Tf. 79, Nr. 99. Zur Datierung siehe S. 47.
4 Chambon (1955), Tf. M/b.

432 Nuppenbecher auf durchbrochenem Fuß, Fragment

Deutschland (Rheinland?), Anfang 16. Jh. – Fundort: Maastricht, Minckelerstraat 11 (1983). – H 9,5 cm; ⌀ Lippe ca. 7,8 cm (rekonstruiert), Fuß 6,5 cm; Wandungsstärke Lippenrand 2,0 mm, Wandung minimal 1,0 mm. – Dunkelgrünes Glas. Geklebt.

Gemeentelijk Oudheidkundig Bodemonderzoek Maastricht, Inv. Nr. 1983.MAMC.11,1-X-0

Durchbrochener Fuß: kreisförmig gekniffener Faden, Girlandenfaden, 2fach gewickelter Fußring. Hochgestochener Boden. Auf der Wandung ursprünglich 8 in der Höhe versetzte Vertikalreihen mit je 3 Nuppen mit gerichteter Spitze. Faden oberhalb der Nuppen.

Dieses Fragment aus Maastricht ist in der Proportion deutlich gedrungener als der Becher in Corning und viele andere dieser Gruppe. Entsprechend hat er nur 3 Nuppen übereinander anstatt der üblichen Viererreihen[1].
Die keramischen Beifunde zum Stück aus Maastricht sind nicht später als ins Ende des 15. oder in den Anfang des 16. Jahrhunderts zu datieren[2]. Somit bestätigt sich der aus den Vergleichen mit Darstellungen auf Gemälden gegebene Ansatz (vgl. Kat. Nr. 431).

LIT.: Erwähnt bei Baumgartner (1987), S. 61 f.

1   Das Stück aus der Slg. Amendt, das nach der Restaurierung eine Abfolge von Vierer- und Fünferreihen zeigt, dürfte ursprünglich nicht so ausgesehen haben; vgl. Baumgartner (1987), S. 61 f., Nr. 43 und die vorgeschlagene Rekonstruktion auf der Typentafel S. 117.
2   Die Auskünfte zur Grabung verdanken wir T. S. A. M. Panhuysen, Maastricht.

433

432

433   Becher auf durchbrochenem Fuß, Fragment

Deutschland (Rheinland?), Anfang 16. Jh. – Fundort: Amsterdam, Nieuwezijdskolk. – H 9,5 cm; Ø Fuß 7,3 cm; Wandungsstärke obere Bruchkante 2,0 mm. – Grünes Glas. Leicht verwittert.

Amsterdams Historisch Museum (Onderafd. Archeologie), Inv. Nr. NZK-2

Durchbrochener Fuß: kreisförmig gekniffener Faden, Girlandenfaden, 2fach gewickelter Randfaden. Hochgestochener Boden. Auf der Wandung 3 Nuppen, zwischen denen je 1 Faden in Form eines X mit Querbalken aufgelegt ist. Kleines Stück eines horizontalen Fadens.

Neben den ›normalen‹ konischen Nuppenbechern auf durchbrochenem Fuß (Kat. Nrn. 431 f.) gibt es eine größere Anzahl von Varianten, die wohl alle auch im frühen 16. Jahrhundert entstanden sind. Sie behalten in den meisten Fällen die Grundform bei, variieren aber den Dekor.
Das ist auch bei dem Amsterdamer Fund der Fall, der zusätzlich zu den Nuppen noch mit aufgelegten Fäden verziert ist. Dieser Dekor blieb bisher, von der nachfolgenden Katalognummer abgesehen, ohne Parallelen. Um so wichtiger ist der Umstand, daß das Fragment aus einer kontrollierten Grabung stammt. Die Beifunde gehören in die Zeit von ca. 1490 bis 1510[1]. Dieser zeitliche Ansatz wird bestätigt durch die Datierung der nächsten Katalognummer.

LIT.: Erwähnt bei Baumgartner (1987), S. 62.

1   Die Auskünfte zur Grabung verdanken wir Jan M. Baart, Amsterdam.

434   Becherfragment

Deutschland (Rheinland?), Anfang 16. Jh. – Fundort: Reimerswaal (1976). – H 4,9 cm; Ø Fußring 5,3 cm; Wandungsstärke obere Bruchkante 1,8 mm. – Grünes Glas. Rotbraune Korrosionsflecken.

Slg. H. J. E. van Beuningen-de Vriese, Leihgabe im Museum Boymans-van Beuningen, Rotterdam, Inv. Nr. F 5057

2fach gewickelter Fußring. Hochgestochener Boden. Auf der Wandung 3 Nuppen, zwischen denen je 1 Faden in Form eines X mit Querbalken aufgelegt ist. Kleines Stück eines horizontalen Fadens.

Der Katalognummer 433 wird hier wegen des verwandten Dekors ein Becher zugeordnet, der typologisch in eine andere Gruppe gehört. Er zeigt, daß die bisher unbekannte Art der Verzierung eine gewisse Verbreitung hatte und zumindest auf verschiedene Bechertypen angewandt wurde.

Das Fragment wurde in Reimerswaal gefunden, einem Ort, der 1530 überflutet und danach nicht wieder aufgebaut wurde[1]. Somit ergibt sich eine Datierung, die derjenigen für die vorhergehende Katalognummer sehr nahe kommt.

434

Es wäre sicherlich voreilig, eine Entstehung der Gläser mit diesem besonderen Dekor in Holland anzunehmen, nur weil die bisher einzigen Stücke dort gefunden wurden. Es sind erheblich mehr Funde dieser Art abzuwarten, ehe man aus einem ›Verbreitungsgebiet‹ auf das Herstellungsgebiet schließen kann.

LIT.: –

1 Angaben zu diesem Datum bei: C. Dekker, Zuid-Beveland. De historische geografie en den instellingen van een Zeeuws eiland in den Middeleeuwen, Dissertation, Universität Amsterdam 1971. – Hinweis von Harold Henkes, Geervliet.

435 Nuppenbecher auf durchbrochenem Fuß, Fragment

Deutschland (Rheinland?), Anfang 16. Jh. – Fundort: Wohl Mainz. – H 8,3 cm; ⌀ Fuß 6,1 cm; Wandungsstärke obere Bruchkante 1,7 mm. – Grünes Glas. Geklebt. Verwittert, z. T. irisiert.

Karl Amendt, Krefeld

Durchbrochener Fuß: kreisförmig gekniffener Faden, Girlandenfaden, glatter Fußring. Hochgestochener Boden. Auf der Wandung 3 Nuppen mit gerichteter Spitze. Faden oberhalb der Nuppen.

Die bisher gezeigten konischen Nuppenbecher auf durchbrochenem Fuß weisen alle eine Wandung auf, deren größerer Teil durch Auflagen dekoriert war, während ein horizontaler Faden eine glatte Lippenzone abtrennte. Beim vorliegenden Fragment nun wird dieses Schema verlassen. Der horizontale Faden ist weiter unten umgelegt, die darüber liegende Zone scheint frei von Dekoration zu bleiben.
Diese Variante ist eine unter vielen weiteren, die hier nicht alle aufgeführt werden können. Es ist besonders charakteristisch für die Zeit um 1500 oder kurz danach, daß mit viel Phantasie und großer Unbefangenheit ständig neue Abwandlungen geschaffen wurden.

LIT.: Erwähnt bei Baumgartner (1987), S. 62.

436

435

436 Nuppenbecher auf durchbrochenem Fuß

Deutschland (Rheinland?), Anfang 16. Jh. – Fundort: Angeblich Andernach. – H 12,7 cm; ⌀ Lippe 9,2 cm, Fußring 8,9 cm; Wandungsstärke Lippenrand ca. 1,8 mm. – Grünes Glas. Geklebt und ergänzt.

Karl Amendt, Krefeld

Durchbrochener Fuß: kreisförmig gekniffener Faden, Girlandenfaden, 2fach gewickelter Fußring, die äußere Windung größtenteils gekniffen. Hochgestochener Boden. Wandung mit 5 Tierkopfnuppen zwischen horizontalen gekerbten Fäden. Glatter Faden unter der Lippe.

Zu diesem Glas aus der Slg. Amendt konnten bisher keine direkten Vergleichsstücke beigebracht werden. Der durchbrochene Fuß, der konische Becher und der aufgelegte Faden unterhalb der Lippe entsprechen dem von den Katalognummern 431 bis 433 her bekannten Schema, neu sind die Tierkopfnuppen und gekerbten Bänder. Diese wirken hier etwas fremd, als ob sie als Dekorationsidee von einem anderen Gefäß übernommen worden wären. Ein ›wildes‹ Kombinieren einmal eingeführter Form- und Verzierungselemente ist für die Zeit des frühen 16. Jahrhunderts typisch (vgl. etwa Kat. Nrn. 402, 415, 507 ff.).

Tierkopfnuppen sind im Mittelalter erst spät zu beobachten. Der bisher früheste Beleg dürfte aus den 1480er Jahren stammen (vgl. Kat. Nr. 439). Gekerbte Fäden sind im böhmischen Raum schon früher bekannt (vgl. Kat. Nrn. 307 f.), ohne daß zu den Stücken des ausgehenden 15. und beginnenden 16. Jahrhunderts eine Verbindung gezogen werden könnte. Als Anhaltspunkt für die Datierung des hier vorgestellten Glases kann nur auf die im Aufbau verwandten, schon besprochenen Beispiele hingewiesen werden.

LIT.: Baumgartner (1987), S. 62, Nr. 44.

Auf konischer Wandung unten ein grüner, oben ein opakroter gekerbter Faden horizontal umgelegt. Tierkopfnuppe, an drei Stellen zu Ohren bzw. Schnauze gekniffen, nach den Fäden aufgelegt (Überlappungen).

Das Fragment dürfte Teil eines konischen Bechers gewesen sein. Es wird an dieser Stelle eingereiht, weil eine Verwandtschaft besonders zu dem vorigen Stück, im Prinzip auch zum folgenden Becher besteht.

Daß auch opakrotes Glas als Verzierung auf grüner Wandung vorkommt, darf nach der bereits mehrfach erwähnten Kombinationsfreudigkeit im frühen 16. Jahrhundert nicht erstaunen. Dieselbe Farbkombination zeigt zum Beispiel auch ein Nuppenbecher (Kat. Nr. 443).

LIT.: –

437

438

437 Becherfragment

Deutschland (Rheinland?), Anfang 16. Jh. – Fundort: Bonn, Münsterplatz (Kaufhaus Leffers), (1965). – H 4,4 cm; ⌀ auf Höhe des unteren Fadens ca. 4,1 cm; Wandungsstärke ca. 0,8 mm. – Bläulich-grünes Glas, opakrote Verzierung.

Rheinisches Landesmuseum Bonn, Inv. Nr. 70.1937

438 Becher auf durchbrochenem Fuß, Fragment

Deutschland (Rheinland?), Anfang 16. Jh. – Fundort: Mainz, Schillerplatz 3 (1966). – H 10,8 cm; ⌀ Fußring ca. 7,6 cm; Wandungsstärke obere Bruchkante 1,0 mm. – Blaues Glas. Geklebt. Stellenweise weißlich korrodiert, irisiert.

Landesmuseum Mainz, Inv. Nr. 66/35

Durchbrochener Fuß: gekniffener Faden, 2fach gewickelter Rand, außen zu unregelmäßigen Zacken gekniffen. Hochgestochener Boden. Wandung mit optisch geblasenem Muster: schwach ausgeprägte senkrechte Rippen, Rautenmuster. 6 Tierkopfnuppen zwischen je einem gekerbten Faden. Nach der Zeichnung im Fundbericht (vgl. Lit.) hatte der Becher weiter oben noch einen dünnen horizontalen Faden und darüber eine glatte Lippe; die Scherbe(n) von diesem Randbereich sind aber nicht mehr auffindbar.

Die Fragmente dieses Bechers wurden 1966 in einer gemauerten Abfallgrube hinter dem Gebäude Schillerplatz Nr. 3 gefunden, zusammen mit einigen anderen Glasscherben und größeren Mengen an meist einfacher Keramik. Der blaue Becher aus Mainz repräsentiert eine noch reichere Variante innerhalb dieser Gruppe: reicher durch die seltenere blaue Glasfarbe und das optisch geblasene Muster der Wandung. Dagegen ist der Fuß etwas einfacher gebildet als bei den vorigen Stücken; es fehlt der ›Girlandenfaden‹.

LIT.: Fundbericht in: Mainzer Zeitschrift 63/64, 1968/69, S. 206, Abb. 27/16 auf S. 205.

Sonderformen von Nuppenbechern

Die folgenden ausgefallenen Nuppenbecher erscheinen uns heute (und sind es wahrscheinlich auch) als lauter Individuen, nicht Vertreter eines in vielen Exemplaren nachweisbaren Typs.

Keines der Stücke kommt von einem Hüttenplatz oder hat eine Parallele unter bisher bekannten Hüttenfunden, so daß das Herstellungsgebiet jeweils nicht näher einzugrenzen ist.

Zur Datierung gibt es außer sehr allgemeinen typologischen Überlegungen nur für zwei der Becher, die als Reliquienbehälter dienten, einen Anhaltspunkt durch Weihedaten (vgl. Kat. Nrn. 439f.). In einem Fall ergibt sich dadurch eine unerwartet frühe Datierung, und es erweist sich, daß bereits zeitlich parallel zu den ›klassischen‹ Krautstrünken Sonderformen von Nuppenbechern hergestellt wurden.

439 Nuppenbecher, Fragment

Deutschland/Schweiz, 1485 oder früher. – Fundort: Laax (Kanton Graubünden), Hochaltar der Pfarrkirche. – H 10,9 cm; ⌀ unter Lippenansatz 8,2 cm, Fußring 8,2 cm; Wandungsstärke obere Bruchkante 0,8-2,3 mm, Wandung 0,5-1,8 mm. – Bläulich-grünes Glas. Lippe fehlt, mehrere kleine Sprünge.

Domschatz Chur

439

Gekniffener Fußring. Hochgestochener Boden. Auf der 14fach vertikal gerippten Wandung 8 Vertikalreihen mit je 3 Nuppen. Die Nuppen je 3mal ausgezogen. Faden am Ansatz zur Lippe.

Der Nuppenbecher hatte bei der Bergung aus dem Hochaltar der Kirche von Laax einen Wachsdeckel mit dem Siegel des Bischofs Johann v. Flugi (1601-1627). Im Glase befand sich ein Siegel des Weihbischofs Johannes Theodorici episcopus Tripolitanus (1479-1488). Demnach dürfte das Reliquiengefäß bei einer Weihe der Kirche, die 1485 stattgefunden hat, erstmals in einen Altar eingesetzt worden sein und bei einer Neuweihe von 1604 wiederverwendet worden sein[1].
Das Glas ist in Form wie auch Verzierung bisher einzigartig. Zwar ist die Lippe nur im Ansatz erhalten, so daß man von ihrer Form und von der Gesamtproportion des Glases keine Vorstellung hat, aber unter den sonst bekannten Nuppengläsern dieser Zeit gibt es keine Vergleichsstücke mit solchem zylindrischem Unterteil und so stark ausbiegender Lippe. Erstaunlich ist zudem, daß die Wandungsstärke und die Dicke der Vertikalrippen im Lippenbereich oben zunimmt, und sich nicht, wie man erwarten würde, verringert.
Eine Neuheit sind auch die Nuppen, die je dreimal ausgezogen wurden, und zwar nicht in Art der Tierkopfnuppen zu angedeuteten Ohren und Schnauze (vgl. z.B. Kat.Nr. 436) sondern ohne erkennbare Richtung.
In dieser relativ frühen Zeit (vor 1485), in der die Bindung an traditionelle Typen sicherlich noch stärker war als in der Zeit um und nach 1500, ist eventuell damit zu rechnen, daß ein solches heute singuläres Stück sich später einmal als Vertreter eines regionalen Typs erweist.

LIT.: –

1 Die Angaben zu Herkunft und Datierung verdanken wir Hansjörg Frommelt, Vaduz.

440 Nuppenbecher

Süddeutschland/Schweiz, 1520 oder früher. – Fundort: Surcasti (Kanton Graubünden), Kirche St. Laurentius. – H 8,3 cm (ohne Deckel); ⌀ Fußring 6,0 cm; Wandungsstärke Lippenrand 1,8 mm, Wandung 1,4 mm. – Grünes Glas. Alter Ausbruch im Oberteil der Wandung. Wachsdeckel mit Fehlstellen, geklebt.

Domschatz Chur

440

Durchbrochener Fuß: gekniffener Fußring, 2fach umgelegter glatter Faden. Hochgestochener Boden. Auf dem Unterteil der 8kantigen Wandung 8 Vertikalreihen mit je 2 Nuppen. Faden oberhalb der Nuppen. Wachsdeckel mit Siegel des Weihbischofs Stephan Tschuggli (1501-1538).

Das Glas stammt aus einem Altar, der im September 1520 neu geweiht wurde (vgl. Kat.Nr. 409)[1]. Der Wachsdeckel ist nur noch fragmentarisch erhalten, zeigt aber deutlich, daß der Verschluß ursprünglich auch eine Fehlstelle in der Wandung zudeckte (vgl. Kat.Nr. 406).
Da das Glas keine genauen Parallelen hat, ist der terminus ante quem der Altarweihe besonders wichtig als einzige Datierungsmöglichkeit. Obgleich alle einzelnen Motive (Auflagen, Mehrkantigkeit, Aufbau des Fußes) geläufig sind, sind sie in dieser Zusammenstellung sonst nicht nachzuweisen.

Festzuhalten ist, daß (wie schon bei Rippenbechern des 15. Jahrhunderts, vgl. Kat. Nr. 362) auch hier die Kanten durch das Einstechen eines Kerns in das Glas hergestellt wurden, als dieses bereits am Hefteisen saß und die Lippe fertig bearbeitet war. Die Kanten sind bis knapp oberhalb des Fußes zu sehen; der verwendete Innenkern muß also unten sehr flach oder sogar konkav gewesen sein (vgl. S. 36, Abb. 34).

LIT.: Erwähnt bei Baumgartner (1987), S. 75 und 77.

1   Die Angaben zu Herkunft und Datierung verdanken wir Hansjörg Frommelt, Vaduz.

441

441   Nuppenbecher

Deutschland, 1. Hälfte 16. Jh. – Fundort: Unbekannt. – H 10,7 cm; ⌀ Fußring 5,4 cm; Wandungsstärke Lippenrand 1,6-2,0 mm. – Dunkelgrünes Glas. Geklebt und ergänzt. Z. T. verwittert.

Karl Amendt, Krefeld

Dreifach gewickelter Fußring. Hochgestochener Boden. Der Gefäßkörper unten rund, oben sechseckig; Rautenmusterung bis ca. 2 cm unter den Lippenrand. Im Unterteil der Wandung 7 unregelmäßig geformte Nuppen, darüber 2 horizontale Fäden.

Die bisher engsten Parallelen zu diesem Becher sind Fragmente aus Worms[1], für die aber leider die äußeren Anhaltspunkte zu einer Datierung (aus dem Fundzusammenhang) ebenso fehlen wie für dieses Stück. Der terminus ante quem 1520 für das wenigstens vage vergleichbare Reliquienglas aus Surcasti (Kat. Nr. 440) ist daher die einzig verfügbare Datierungshilfe.

Es ließ sich bereits mehrfach beobachten (vgl. Kat. Nrn. 415, 423, 438), daß bestehende Typen im frühen 16. Jahrhundert zusätzlich mit optisch geblasenen Mustern bereichert werden. Wie bei den genannten Vergleichsbeispielen ist auch in diesem Fall keine Weiterentwicklung des Typs bekannt.

LIT.: Baumgartner (1987), S. 77, Nr. 78.

1   Illert (1953), S. 145, Nr. 11 (oben rechts). – Keßler (1936), S. 71, Abb. 2/45.

442   Nuppenbecher

Deutschland 1. Hälfte 16. Jh. – Fundort: Unbekannt (Diözese Freising). – H 7,1 cm; ⌀ Lippe 4,7 cm, Fuß 4,5 cm; Wandungsstärke Lippe (mit Faden) 1,7 mm. – Blaues Glas, kobaltblaue Fäden.

Diözesanmuseum Freising, Inv. Nr. 22

2fach gewickelter Fußring. Hochgestochener Boden. Auf der Wandung 6 Nuppen mit gerichteter Spitze. Blauer Faden oberhalb der Nuppen (1mal umgelegt) und am Lippenrand (3mal mit kleinen Abständen umgelegt).

442

Der völlig intakte blaue Becher des Diözesanmuseums Freising ist wiederum ein Reliquienglas, zu dem aber leider weder die genaue Herkunft noch ein Siegel oder dergleichen überliefert sind. Blaue Gläser kommen im 14. oder 15. Jahrhundert selten vor, um 1500 sind sie bei verschiedenen Gefäßtypen zu beobachten, bleiben aber immer noch Ausnahmen (vgl. Kat. Nrn. 421, 438, 467, 489f., 541). Dieser Becher in Freising ist insofern singulär, als dafür zwei verschiedene Blautöne verwendet wurden. Das Gefäß selbst sowie Fußring und Nuppen bestehen aus einer Glasmasse, die Fadenauflagen aus einer anderen[1].

LIT.: Fuchs (1936/37), S. 96.

1 Das Anbringen eines in mehreren Windungen spiralförmig aufgelegten Fadens knapp unter dem Lippenrand ist sonst fast ausschließlich bei wohl belgischen oder nordfranzösischen Bechern des frühen 16. Jahrhunderts zu beobachten, dort meist aus opakweißem Glas; siehe etwa Baumgartner (1987), S. 101, Nr. 121 f.

dem gerade in der Zeit um 1500 schier unerschöpflichen Vorrat an Varianten zum Thema Nuppenbecher. Da es wieder keine Parallelen hat, kann man sich die Gesamtform nicht weiter vorstellen.

LIT.: –

444

444 Nuppenglas, Fragment

Oberrhein (?), 15./16. Jh. – Fundort: Straßburg, 15 rue des Juifs (1987). – H 6,3 cm; Ø Fußring 7,9 cm; Wandungsstärke obere Bruchkante 1,1 mm. – Grünes Glas. Geklebt. Verwittert, z.T. oberflächlich hellbraun korrodiert.

Direction des Antiquités historiques, Straßburg

Gekniffener ›Fußring‹. Hochgestochener Boden mit sehr grobem und großem Hefteisenabriß. Auf der Wandung Nuppen mit gerichteter Spitze, in der Höhe versetzt. Nach dem Auflegen des Fußringes und der Nuppen an gegenüberliegenden Stellen 2 dicke Fäden angesetzt und unter den Boden gezogen (beide unten abgebrochen).

Dieses Stück gibt mehrere Rätsel auf. Es sieht beim ersten Augenschein wie ein Fragment eines normalen Nuppenbechers aus. Bei näherem Hinsehen bemerkt man, daß das Glas gar nicht auf dem Fußring stehen könnte, weil an genau gegenüberliegenden Stellen auf dem untersten Stück der Wandung zwei Fäden angesetzt sind, die unter den Boden gezogen sind. Leider sind sie abgebrochen, so daß man weder über Form noch Funktion dieses Elements etwas sagen kann. Eine Deutung als Füßchen ist auszuschließen, weil davon hier mindestens vier nötig wären, an der entsprechenden Stelle des Fragments aber eindeutig keine Ausbruchspur vorhanden ist. Falls sich die beiden Fäden zu einem Henkel verbunden haben, wäre dieser Becher ein nicht standfähiger ›Sturzbecher‹, ein absolutes Unikum unter den Gläsern dieses Zeitraumes.

LIT.: –

443

443 Nuppenbecher, Fragment

Deutschland, 1. Hälfte 16. Jh. (?). – Fundort: Unbekannt. – H 4,1 cm; Ø Fußring 6,3 cm; Wandungsstärke obere Bruchkante 1,2 mm. – Grünes und opak siegellackrotes Glas.

Germanisches Nationalmuseum Nürnberg, Inv. Nr. H.G. 877

Glatter Fußring. Hochgestochener Boden mit siegellackroter Heftnarbe. Auf der Wandung ein roter Faden und 3 (ursprünglich wohl 10) rote Nuppen (2 davon gerundet, 1 schneckenhausförmig abgedreht).

Von diesem Fragment mit siegellackroten Auflagen sind leider keine Fundzusammenhänge bekannt; es gelangte schon vor 1900 in die Bestände des Germanischen Nationalmuseums. Das Becherunterteil ist ein weiteres Beispiel aus

Konisch ausladende Nuppenbecher

Unter den Nuppengläsern zeichnet sich bereits im ausgehenden 15. Jahrhundert ein Typus mit mehr oder weniger zylindrischem Unterteil und ausladender Lippe ab. Die Erforschung dieser Sonderform steckt – vor allem was die frühen Beispiele betrifft – noch in den Anfängen. Zum Glück ist ein früher Nachweis durch die Darstellung eines entsprechenden Stückes auf einem 1493 datierten Altar von Hans Holbein d. Ä. vorhanden[1]. Aber auch ein Beispiel aus einer archäologischen Grabung bestätigt eine ähnlich frühe Datierung (vgl. Kat. Nr. 445).

Die frühen Beispiele zeigen viele Elemente, die uns von den Krautstrünken durchaus geläufig sind, so etwa den gekniffenen Fußring, eine ähnliche Ausführung der Nuppen, einen aufgelegten Faden oberhalb der Nuppen und ein vergleichbares Volumen des Gefäßes. Verschieden ist die Gesamtform, und eine optisch geblasene Musterung findet sich bei den konisch ausladenden Nuppenbechern relativ häufig, während sie an Krautstrünken nur ausnahmsweise vorkommt. Von den folgenden Varianten dieser Gläsergruppe entwickelt sich nur eine als besonderer Typ weiter. Dieser – meist als Berkemeyer bezeichnete – Typ (vgl. Kat. Nr. 450 ff.) läßt sich über viele Jahrzehnte bis hin zum Römer verfolgen. Der Berkemeyer ist ein meist relativ kleines Glas mit Nuppen im unteren Teil und einem horizontalen Faden etwa auf halber Höhe. Im Laufe der Zeit wird das nuppenbesetzte Unterteil immer niedriger und schmaler, während das ausladende Oberteil größer und schließlich auch kugelig gewölbt wird (Römer).

1 Weingartener Altar im Dom von Augsburg, Außenseite des rechten Flügels mit der Darstellung der Geburt Mariens, abgebildet bei: Norbert Lieb / Alfred Stange, Hans Holbein der Ältere, München / Berlin 1960, Abb. 11.

445 Nuppenbecher, Fragment

Deutschland, 3. Viertel 15.Jh. – Fundort: Eichstätt (Bayern), Volksbank (1983). – H 9,6 cm; ⌀ Lippe 8,7 cm, Fußring 6,0 cm; Wandungsstärke Lippe 1,9 mm. – Bläulich-grünes Glas. Geklebt. Verwittert, z.T. irisiert.

Bayerisches Landesamt für Denkmalpflege, Ingolstadt

445

Gekniffener Fußring. Hochgestochener Boden. Auf der Wandung 2 Horizontalreihen mit je 6 Nuppen mit gerichteter Spitze, darüber ein gekerbter Faden. Die obere Hälfte der Wandung mit optisch geblasenen Vertikalrippen.

Der Nuppenbecher wurde 1983 aus einer Brunneneinfüllung im Bereich der ehemaligen Stadtpfarrkirche Unsere Liebe Frau in Eichstätt geborgen, die zwischen 1472 und 1515 errichtet wurde[1]. Der Fundplatz liegt unter dem westlichen Teil des nördlichen Seitenschiffes. Um sämtliche Spekulationen auszuschließen, müßte man als letztmöglichen Termin für die Verfüllung des Brunnens das Jahr 1515 annehmen, was aber keinen Sinn ergibt, weil der Bauplatz natürlich viel früher eingeebnet worden ist. Zudem wird vermutet, daß der Neubau der Kirche im Westen begann, weil eine Nachricht vom Abbruch von Häusern in diesem Bereich erhalten ist[2]. Da die keramischen Beifunde zum Nuppenglas noch vor das Ende des 15.Jahrhunderts zu datieren sind[3], liegt die Vermutung nahe, daß wir es hier mit einem Glas etwa des 3. Viertels des 15.Jahrhunderts zu tun haben, was allerdings eine Überraschung darstellt. Diese Datierung müßte in Zukunft durch weitere Funde bestätigt werden.
Genau vergleichbare Stücke konnten bisher nicht beigebracht werden. Das Element des gekniffenen (nicht wie hier gekerbten) Fadens oberhalb der Nuppen kommt bei zwei Nuppengläsern mit konisch ausladender Wandung vor[4], jedoch in beiden Fällen ohne Vertikalrippen im Bereich der Lippe[5].

Genauere Angaben zum Enstehungsgebiet des Bechers können bisher nicht gemacht werden.

LIT.: Rieder (1984), S. 59, Abb. 17. – Erwähnt bei Baumgartner (1987), S. 78.

1 Konrad Held, Die einstige Stadtpfarrkirche Unsere Liebe Frau, in: Volksbank Eichstätt (Hrsg.), Festschrift zur Einweihung des neuen Bankgebäudes, Eichstätt 1984, S. 63.
2 Freundliche Mitteilung von Karl Heinz Rieder, Ingolstadt.
3 In der Publikation von Rieder (1984), S. 59f., wird für die Keramik das späte 14. oder frühe 15.Jahrhundert angegeben. Neuere Erkenntnisse führten nach Angaben von Rieder dazu, die spätesten Funde noch in die 2. Hälfte des 15.Jahrhunderts zu datieren.
4 Neugebauer (1968), S. 108, Abb. 18/5. – Baumgartner (1987), S. 78, Nr. 79.
5 Ähnliche Vertikalrippen im oberen Teil des Gefäßes weist ein Becher aus der Pfarrkirche von Höhenkirchen (südlich von München) auf. Das Glas ist allerdings fast zylindrisch und der horizontale Faden oberhalb der Nuppen glatt; siehe Ress (1965), S. 100ff., Abb. 1 und 2.

446 Nuppenbecher

Deutschland, Ende 15.Jh. (?). – Provenienz: Slg. Lückger. – H 7,6 cm; ⌀ Lippe 10,4 cm, Fußring 7,3 cm; Wandungsstärke Lippenrand 2,0 mm. – Grünes Glas. Geklebt und ergänzt. Verwittert.

Kunstmuseum Düsseldorf, Inv. Nr. P 1936-73

446

Gekniffener Fußring. Hochgestochener Boden. Wandung mit optisch geblasenen vertikalen Rippen und abwechselnd 3 großen einzelnen und 2 kleineren übereinander gestellten Nuppen mit gerichteter Spitze. Dünner Faden oberhalb der Nuppen.

Dieser fragmentarische Becher ist wohl ein Bodenfund, es gibt aber leider keinerlei Informationen zur Herkunft. Eng verwandte Vergleichsstücke sind bisher nicht bekannt; am nächsten kommt ihm ein Fund aus Lübeck[1], der eine ähnliche Form zeigt, auch ein optisch geblasenes Muster hat, aber in Details der Auflagen wiederum differiert.

Interessant ist, daß sich die optisch geblasenen Rippen mit auffällig großen Abständen sehr ähnlich auch bei dem vorigen Becher aus Eichstätt fanden. Ob man in dieser Eigenheit ein zeitspezifisches Merkmal sehen und das Düsseldorfer Glas entsprechend noch ins ausgehende 15. Jahrhundert datieren kann, sei dahingestellt.

LIT.: Rademacher (1933), S. 115, 149, Tf. 47b.

1 Neugebauer (1968), S. 108, Abb. 18/5.

448

447

447 Nuppenbecher

Deutschland, 1. Hälfte 16. Jh. – Fundort: Wohl Köln. – H 7,0 cm; ⌀ Lippe 7,7 cm, Fußring 5,4 cm; Wandungsstärke Lippenrand 1,6 mm. – Grünes Glas. Geklebt. Kaum verwittert.

H. J. E. van Beuningen, Cothen

Gekniffener Fußring. Hochgestochener Boden. Auf der Wandung 5 Nuppen mit gerichteter Spitze. Faden oberhalb der Nuppen.

Dieser konische Becher mit nur einer Nuppenreihe ist eine wohl ziemlich frühe Sonderform (Vorläufer des Berkemeyers?). Exemplare dieser Art sind selten; die besten Vergleichsstücke sind zwei Becher (wohl ebenfalls aus Köln) in der Slg. Amendt[1].

LIT.: Kat. Delft (1986), S. 19, Nr. 9.

1 Baumgartner (1987), S. 78, Nrn. 80f.

448 Nuppenbecher, Fragment

Deutschland/Niederlande, 1. Hälfte 16. Jh. – Fundort: Wohl Lüttich. – H 7,5 cm; ⌀ Lippe 12,0 cm, Fußring 8,3 cm; Wandungsstärke Lippenrand 1,4 mm. – Grünes Glas. Geklebt.

H. J. E. van Beuningen, Cothen

2fach umgelegter Fußring. Boden nur im Ansatz erhalten. Auf der Wandung 4 große flache Nuppen mit gerichteter Spitze. Faden oberhalb der Nuppen.

Ähnlich wie es bei den Krautstrünken eine niedrige Variante mit nur einer Nuppenreihe gibt, so auch bei den konisch ausladenden Nuppenbechern. Vergleichbare Stücke sind in einigen Exemplaren nachzuweisen, so etwa bei einem Bodenfund aus Delft, der der ersten Hälfte des 16. Jahrhunderts zugeschrieben wird[1], oder bei einem gut erhaltenen Beispiel, das vor kurzem im Handel auftauchte[2].
Für die Datierung sei hier auch auf eine Darstellung eines in der Gesamtform verwandten Stückes in einem 1525 entstandenen Gemälde von Lucas Cranach d. Ä. verwiesen[3].

LIT.: Kat. Delft (1986), S. 19, Nr. 11.

1 Renaud (1962), S. 103, Fig. 1/1.
2 Weltkunst 17, 1986, S. 2316.
3 Dieter Koepplin / Tilman Falk, Lukas Cranach, Basel / Stuttgart 1974, Bd. 1, S. 215, Tf. 12, Nr. 45 (Kardinal Albrecht v. Brandenburg, Erzbischof von Mainz, als Hl. Hieronymus).

449 Nuppenbecher

Deutschland, 1. Hälfte 16. Jh. – Fundort: Heidelberg, Kornmarkt (1986). – H 11,5 cm; ⌀ Lippe 9,4 cm, Fußring 6,3 cm; Wandungsstärke Lippenrand 2,0 mm. – Bläulich-grünes Glas. Geklebt. Kleine Fehlstellen.

Landesdenkmalamt Baden-Württemberg, Außenstelle Karlsruhe, Inv. Nr. 10-86-001

Gekniffener Fußring. Hochgestochener Boden. Wandung mit optisch geblasenem Rautenmuster, Lippenzone glatt. Nuppendekor: 3 Vertikalreihen mit je 2 Nuppen, dazwischen je 1 Nuppe mit gerichteter Spitze. Oberhalb der Nuppen gekniffener Faden.

Der Becher gehört zu einer großen Menge von Glasmaterial, das in den Jahren 1986/87 bei einer Grabung auf dem Kornmarkt in Heidelberg zum Vorschein kam (vgl. auch Kat. Nr. 511). Es wird nach den Beifunden in die 1. Hälfte des 16. Jahrhunderts datiert[1].

Das bekannteste, relativ eng verwandte Vergleichsbeispiel ist der Nuppenbecher mit Deckel, der im Kunstgewerbemuseum Köln aufbewahrt wird[2]. Er ist etwas kleiner als das Glas aus Heidelberg, weist aber die gleiche Musterung der Wandung und Anordnung der Nuppen auf. Der Hauptunterschied besteht beim Faden oberhalb der Nuppen, der

449

beim Kölner Beispiel glatt, hier aber gekniffen ist. Das Rautenmuster erscheint ab ca. 1500 auf den verschiedensten Gefäßen (vgl. Kat. Nrn. 423, 441)[3]. Es lebt beim Berkemeyer noch einige Zeit weiter (vgl. Kat. Nr. 453), verliert sich dann aber auf dem Weg der Entwicklung zum Römer hin, während es für andere Gefäße weiter verwendet wird[4].

LIT.: Prohaska (1987), S. 286, Abb. 216.4.

1. Auskunft zu Fundumständen und Datierung verdanken wir Christine Prohaska, Heidelberg.
2. Klesse (1973a), S. 102, Nr. 157, Farbtaf. 1. Das Stück konnte leider für die Ausstellung nicht ausgeliehen werden, weil das Kunstgewerbemuseum (Museum für Angewandte Kunst) Köln 1987 am neuen Standort eingerichtet wird.
3. Für das Beispiel eines Stangenglases mit Rautenmuster siehe Rademacher (1933), Tf. 54b.
4. Spätere Stücke siehe etwa Klesse (1973b), S. 96, Nr. 470, oder Baumgartner (1987), S. 102f., Nr. 124.

450 Berkemeyer

Deutschland, 1. Hälfte 16. Jh. – Fundort: Wohl Delft. – H 8,1 cm; ⌀ Lippe 7,8 cm, Fußring 4,6 cm; Wandungsstärke Lippenrand 1,5 mm. – Grünes Glas. Ausbruch in Lippe, Sprung. Z. T. verwittert, braune Korrosionsflecken.

H. J. E. van Beuningen, Cothen

Gekerbter Fußring. Hochgestochener Boden. Auf der Wandung zwei Horizontalreihen mit je 7 Nuppen mit gerichteter Spitze. Faden oberhalb der Nuppen.

Die meisten der bisher aufgeführten Varianten des Nuppenbechers können in ihrer Entwicklung nicht über das erste Viertel des 16. Jahrhunderts hinaus verfolgt werden. Die wichtigste Ausnahme davon bildet der hier repräsentierte Typus des Berkemeyers, ihn kann man in kontinuierlicher Entwicklung bis hin zu den verschiedenen Ausformungen des Römers der späteren Jahrhunderte verfolgen[1]. Die Datierung dieses Berkemeyer-Exemplars läßt sich nicht genau eingrenzen, da sich der Typ während der ersten Jahrzehnte offenbar nur wenig verändert hat. So kommt er etwa auf einem 1529 datierten Gemälde von D. Jacobsz vor, aber auch noch um die Jahrhundertmitte oder sogar später[2].

LIT.: Kat. Delft (1986), S. 19, Nr. 10.

1. Einige Beispiele zu dieser Entwicklung bei Baumgartner (1987), S. 79ff., Nrn. 82ff. und Typentafel S. 118. – Zur Geschichte des Römers siehe Theuerkauff (1968).
2. Siehe Max J. Friedländer, Early Netherlandish Painting, Leyden/Brussels 1975, Bd. 13, Tf. 199, Tf. 165, Nr. 334. – R. H. Wilenski, Flemish Painters, London 1960, Bd. 2, Tf. 399.

450   451

451 Berkemeyer, Fragment

Deutschland, 1. Hälfte 16. Jh. – Fundort: Wohl Mainz, Näheres nicht bekannt. – H 8,1 cm; ⌀ Lippe rekonstruiert ca. 7,9 cm, über dem Fuß 4,5 cm; Wandungsstärke Lippenrand 1,2 mm, minimal 0,6 mm. – Farbloses Glas mit leichtem Graustich. Geklebt. Oberfläche durch Korrosion stark angegriffen.

Landesmuseum Mainz, Inv. Nr. 0,5183

Tropfenförmig ausgezogener Fußring. Boden nur wenig hochgestochen. Am Schaft 2 Reihen zu je 6 Nuppen, senkrecht übereinander gesetzt, die Spitzen nach oben gerichtet. Dünner Halsfaden. Lippenrand kaum verdickt.

Zum Fundort und zu den Fundumständen ist leider nichts Näheres bekannt, das Fragment gehört zum Depotaltbestand. Das praktisch farblose Exemplar wird hier vor allem

15./16. JAHRHUNDERT

seiner Glasmasse wegen gezeigt. Es ist (nach den Kat. Nrn. 412 und 413) ein weiterer Beleg für die Tatsache, daß nördlich der Alpen das Wissen um die Herstellung farblosen Glases durchaus vorhanden war, daß aber der (bewußt hergestellten) grünen Farbe der Vorzug gegeben wurde.

LIT.: – Gezeigt in der Ausst. »Glück und Glas«, Lohr/Dortmund 1984 (im Kat. nicht aufgeführt).

452 ›Berkemeyer‹ aus Steinzeug

Siegburg, 16. Jh. – Fundort: Unbekannt (Ankauf aus Bonner Privatbesitz). – H 8,7 cm; ⌀ Lippe 6,5–6,8 cm, Fußring 4,6 cm. – Helles salzglasiertes Steinzeug. Ausbruch in Lippe ergänzt, 2 Nuppen abgeplatzt.

Rheinisches Landesmuseum Bonn, Inv. Nr. 49.1

452

453

Glatter Fußring, Boden flach. Am Schaft 2 Reihen zu je 5 Nuppen, versetzt angeordnet. Glatter Faden am Ansatz zur Lippe, diese mit Kerbschnitt und darüber horizontalen Rillen gemustert.

Der kleine Becher hat eine Form, die für Steinzeug ganz untypisch ist, vielmehr deutlich die Glasform des Berkemeyers nachahmt, ähnlich wie der kleine Silberbecher aus dem Schatzfund von Lingenfeld (Kat. Nr. 179) in Form und Verzierung den früheren Nuppenbechern nachgebildet ist.

LIT.: –

453 Berkemeyer

Deutschland, 2. Drittel 16. Jh. – Fundort: Wohl Köln. – H 7,9 cm; ⌀ Lippe 7,3 cm, Fußring 4,8 cm; Wandungsstärke Lippenrand ca. 1,5 mm. – Grünes Glas. Ergänzt.

Karl Amendt, Krefeld

Gekniffener Fußring. Hochgestochener Boden. Auf der Wandung 2 horizontale Reihen mit je 7 Nuppen mit gerichteter Spitze. Faden oberhalb der Nuppen. Wandung mit optisch geblasenem Rautenmuster, das auf dem Boden nur noch undeutlich zu erkennen ist. Ein ca. 1 cm breiter Streifen unterhalb des Lippenrandes glatt.

Neben Berkemeyern mit konisch ausladender Lippe gibt es auch solche, die im Oberteil leicht bauchig geformt sind. Dies ist im großen Rahmen der Entwicklung zum Römer hin ein entscheidender Schritt. Beim Beispiel der Slg. Amendt ist er noch nicht mehr als angedeutet, spätere Stücke zeigen eine wesentlich deutlichere Rundung[1].

Das Rautenmuster verliert sich ziemlich früh im Laufe der Entwicklung vom Berkemeyer zum Römer; dieser Becher dürfte eines der spätesten Beispiele mit optisch geblasener Wandung sein.

LIT.: Baumgartner (1987), S. 80, Nr. 85.

1 Baumgartner (1987), S. 82, Nr. 88.

454 Becher mit Rautenmuster

Venedig (?), Ende 15. Jh./Anfang 16. Jh. – Fundort: Schloß Rathsamhausen bei Ottrott (Elsaß), (1972). – H 12,2 cm; ⌀ Lippe 10,2 cm, Fußring 6,0 cm; Wandungsstärke Lippenrand 2,0 mm, Wandung auf halber Höhe 0,7 mm (zwischen Rippen) und 1,8 mm (Rippen). – Smaragdgrünes und farbloses Glas, Goldsprenkel. Geklebt.

Joëlle Burnouf, Straßburg

Gekniffener Fußring (farblos). Hochgestochener Boden. Wandung mit optisch geblasenem Rautenmuster und Resten von Vergoldung. 2 farblose Fäden, einmal gekniffen, einmal glatt.

Am Ende der Gruppe ist hier noch ein Beispiel behandelt, das zwar keine Nuppen hat, aber von der Gesamtform und der Musterung der Wandung her eine gewisse Verwandtschaft speziell etwa zu Kat. Nr. 449 aufweist.

Der schöne Becher wurde 1972 bei einer Grabung im Areal von Schloß Rathsamhausen bei Ottrott im Elsaß gefunden, und zwar in einer Schicht, die ins ausgehende 15. oder beginnende 16. Jahrhundert datiert wurde[1]. Er unterscheidet sich von allen irgendwie verwandten, nördlich der Alpen gefundenen zeitgleichen Bechern in mehrfacher Hinsicht; die smaragdgrüne Glasfarbe ist bei Lokalprodukten unbekannt, ebenso wie die spezifische Art der Goldsprenkel auf der Wandung und die Applikation von farblosen Fäden auf einem grünen Gefäßkörper.

Einiges spricht dafür, daß hier ein venezianisches Glas vorliegt, das im Hinblick auf den Export in Gebiete nördlich der Alpen hergestellt wurde. Das Smaragdgrün läßt sich in venezianischen Arbeiten der Jahrhundertwende mehrfach nachweisen[2], und die Verwendung von Gold, das auf die Glasblase aufgebracht wurde und bei der Weiterbearbeitung zerplatzte, kommt oft vor[3]. Typisch ist auch die Verwendung farblosen Glases für Auflagen auf eine farbige Wandung, nur wird dies selten beobachtet, weil die farblosen Teile die Farbe des Gefäßes reflektieren[4].

Falls die These zur Herkunft stimmt, wäre dieser Becher einer der wenigen bekannten Belege für die oft gerühmte Fähigkeit der Venezianer, ihre Produkte dem Geschmack nördlicher Abnehmerkreise anzupassen (vgl. auch Kat. Nr. 414)[5].

LIT.: Burnouf u. a. (1978), S. 12 f., Nr. 101, S. 14, Fig. 1. – Rieb (1987), S. 7591, Planche V/1, S. 7592, Planche A.

454

1 Burnouf u. a. (1978), S. 21.
2 Vgl. etwa die Farbabbildung auf dem Titelblatt von Klesse (1973 a).
3 Vgl. etwa Tait (1979), plate 8, Nr. 29.
4 Vgl. etwa Kat. Luzern (1981), S. 26, Nr. 643; bei diesem Stück sind sowohl der Rand des Fußes als auch der aufgelegte gekniffene Faden am Becher aus farblosem Glas hergestellt.
5 Ein besonders schönes Beispiel dafür ist auch eine Scheuer im Kunstgewerbemuseum Berlin, siehe Journal of Glass Studies 21, 1979, S. 120, Nr. 7.

Rippenbecher

Becher mit Rippenverzierung spielten schon in den früheren Kapiteln eine große Rolle, und es versteht sich fast von selbst, daß diese einfache und zu fast allen Zeiten beliebte Dekor-Möglichkeit auch im späteren 15. Jahrhundert und im frühen 16. Jahrhundert weiter verwendet wurde. Es lassen sich aber in dieser Zeit nicht mehr so wenige, fest geprägte und in sehr zahlreichen Exemplaren vertretene Typen beobachten wie früher, sondern es gibt eine Vielzahl von Varianten, die manchmal nur als Einzelstücke, manchmal in kleineren oder größeren Gruppen nachzuweisen sind. Gelegentlich (vgl. Kat. Nr. 457) lassen sie sich als regionale Sonderform erkennen, in anderen Fällen wird sich wahrscheinlich bei zunehmender Materialkenntnis Ähnliches ergeben. Die folgende kleine Zusammenstellung von ›diversen Rippenbechern‹ zeigt nur eine kleine Auswahl der im späteren 15. Jahrhundert und frühen 16. Jahrhundert möglichen Rippenbecher-Versionen.

455 Rippenbecher

Deutschland, 2. Hälfte 15.Jh./1. Hälfte 16.Jh. – Fundort: Worms. – H 8,0 cm; ⌀ Lippe 5,3 cm, Fußring 5,3 cm; Wandungsstärke Lippenrand 2,5 mm. – Grünes Glas. Gesprungen, kleine Ausbrüche in Lippe und Fußring. Verwittert, leicht irisiert.

Museum der Stadt Worms im Andreasstift, Inv. Nr. M 1952

455

Dicker glatter Faden als Fußring umgelegt. Boden wenig hochgestochen. Auf der Wandung 14 senkrechte Rippen, die oben deutlich vorspringen und in der unteren Hälfte verschwinden. Glatte zylindrische Randzone.

Die Fundstelle dieses Bechers in Worms ist leider nicht näher bekannt, so daß sich keine Datierungshinweise aus einem Kontext ergeben. Dasselbe gilt für ein Parallelstück im Bayerischen Nationalmuseum München[1], das in der Form verwandt ist wie auch in der Art der Rippen, die am unteren Teil der Wandung auslaufen. Es hat zusätzlich blaue Fäden am Rand und oberhalb der Rippen. Weitere enge Vergleichsstücke sind nicht bekannt, die vorgeschlagene Datierung bleibt daher besonders vage.

LIT.: –

1   Rückert (1982), S. 47, Nr. 24, Tf. 6.

456 Rippenbecher, Fragment

Belgien oder Nordfrankreich (?), Ende 15.Jh./Anfang 16.Jh. – Fundort: angeblich Delft. – H 6,0 cm; ⌀ Lippe 7,5 cm; Wandungsstärke Lippenrand 1,0 mm, Wandung minimal 0,8 mm. – Farbloses Glas. Geklebt, Ausbruch in der Wandung. Stellenweise verwittert.

Sammlung Henkes, Geervliet, Inv. Nr. 748

Boden hochgestochen (in der Mitte rund hochgedrückt). Auf der Wandung 9 schwach ausgeprägte senkrechte Rippen, die unter dem Boden sternförmig zusammenlaufen und nach oben in leichter Biegung auslaufen. Leicht eingezogene Randzone glatt, Lippenrand kaum verdickt.

Die Bruchstücke dieses zarten Bechers sollen in Delft gefunden worden sein, zum Fundzusammenhang ist sonst nichts Näheres bekannt. Er unterscheidet sich von den folgenden ebenfalls farblosen Rippenbechern besonders durch die Art der Rippen: hier laufen sie unter dem Boden zusammen, dort setzen sie unten an der Wandung mit ›Nasen‹ an. Die bisher engsten Parallelen zu diesem Rippenbecher sind Fragmente unter den Glasfunden von der Grabung in der Cour Napoléon des Louvre (Paris)[1]. Bei den Vergleichsstücken dort (die vielfach zusätzlich noch einen blauen Randfaden und eine blaue Heftnarbe haben) wiederholt sich auch die eigenartige runde Delle in der Bodenmitte.

LIT.: –

1   Die Glasfunde von der Cour Napoléon sind noch nicht publiziert. Gelegenheit, das Material teilweise zu sichten, ergab sich während eines Kongresses des ICOM-Glass-Committee im Sommer 1985.

456

457 Rippenbecher mit gewelltem Fußfaden, Fragmente

›Belgien‹, 15.Jh. – Fundort: Brügge, Oosterlingenplaats (1986). – Farbloses Glas mit gelblichem Stich. Geklebt. Durch Verwitterung getrübt und z.T. irisiert.

a) H 7,5 cm; ⌀ Lippe rekonstruiert 6,8 cm; Wandungsstärke Lippenrand 1,0 mm, minimal 0,7 mm.

b) H 7,7 cm; ⌀ Lippe rekonstruiert 7,8 cm; Wandungsstärke Lippenrand 1,5 mm, minimal 0,5 mm.

Stad Brugge, Archeologische Dienst, Inv. Nr. BR 86/OO/K 1

Ansatz zu leicht hochgestochenem Boden. Wellenförmig umgelegter und schräg gekniffener Fußfaden. 8 oder 9 senkrechte, unten stark vorspringende Rippen. Ca. 2,0 cm breite glatte Lippe mit kaum verdicktem Rand.

Die Fragmente dieser beiden Becher wurden in einer Abfallgrube am Oosterlingenplaats in Brügge gefunden[1]. Die Beifunde bestanden u. a. in Keramik des 15. Jahrhunderts (lokale

457

Irdenware, Siegburger Steinzeug, spanische Majolika[2]), sowie weiteren Glasfragmenten. Unter diesen waren die eines ähnlichen Rippenbechers ohne Fußfaden und ein Bruchstück, das möglicherweise zu einer Variante dieser Becher mit Stiel oder hohem Fuß gehörte. Daneben fanden sich auch Fragmente einfacher grüner Kreuzrippenbecher.

Die dünnwandigen farblosen, relativ niedrigen Rippenbecher mit gewelltem Fußfaden scheinen eine Sonderform der Rippenbecher darzustellen, die vor allem oder gar fast ausschließlich von belgischen Fundorten nachzuweisen ist. Es ist daher wohl mit einer Produktion in Hütten dieser Region zu rechnen. Eng verwandte Parallelstücke kamen z. B. auch noch an anderer Stelle in Brügge (Rijkepijnder, Abfallgrube 6) vor, wie auch in Brüssel (Château, ›Le Slot‹, Woluwé St. Lambert), Gent (Kammerstraat) und Mecheln. Das bisher einzige publizierte Stück dieser Art stammt aus Arlon/Luxemburg[3].

Neben solchen Bechern, die den gewellten Faden direkt unterhalb der Rippen›nasen‹ haben, kommen auch solche ohne den Fußfaden vor. Mit Exemplaren dieser Art auf hohem Fuß oder Stiel ist zu rechnen (s. o.), jedoch können wir uns zur Zeit noch keine genauere Vorstellung davon machen.

Ähnliche Becher sind auch auf südniederländischen Gemälden dargestellt, z. B. in Gerard Davids »Hochzeit zu Kana« (ca. 1500/1505, im Louvre)[4].

LIT.: –

1 Hubert de Witte, Archeologisch Jaarrapport 1985-86, in: Jaarboek 1985-86, Stad Brugge, Stedelijke Musea, S. 108 f.
2 Hubert de Witte/Alexandra Mars, Geimporteerd Spaans aardewerk in Brugge, a. a. O. (wie Anm. 1), S. 131.
3 René Borremans, Céramique, verrerie et hache anciennes trouvées à Arlon en 1955, in: Bulletin trim. de l'Institut archéologique du Luxembourg, 34, 1958, S. 25, Abb. 1,9 auf S. 22, Abb. 2 auf S. 24.
4 Claire Dumortier, Technologie et essai de typologie des verres à boire dans les Pays-Bas méridionaux à la fin du xve siècle, in: Revue des Archéologues et Historiens d'Art de Louvain, v, 1972, S. 87, Abb. 2 (Detailabbildung G. David), S. 88 Anm. 25 (Liste weiterer Bilder mit Darstellung von Rippenbechern).

458 Rippenbecher

Venedig, um 1500. – Fundort: Bistum Chur (Näheres unbekannt). – H inkl. Deckel 10,5 cm; ⌀ unterhalb Wachsdeckel 7,1 cm, Fußring 5,9 cm. – Farbloses Glas. Mehrfarbiger Emaildekor, Golddekor. Ein kleines Wandungsstück ausgebrochen, ein Riß.

Liechtensteinisches Landesmuseum Vaduz FL, Inv. Nr. GL 1

Gekniffener Fußring. Hochgestochener Boden. Wandung mit 12 Rippen, die auf der Unterseite des Bodens schwach sichtbar bis zum Hefteisenabriß laufen. Emailmalerei in Grün, Rotbraun und Weiß. Knapp unterhalb des Lippenrandes ein größtenteils durch den Wachsdeckel verdeckter Golddekor: horizontale Linien (ausgekratztes Blattgold). Wachsdeckel mit dem Siegel des Weihbischofs Stephan Tschuggli (1501-1538). Inhalt des Glases: zwei verschnürte Stoffteilchen, ein Zettelchen mit der Aufschrift »de s. Barbara« (von der hl. Barbara).

Der Rippenbecher wurde seit längerer Zeit im Depot des Liechtensteinischen Landesmuseums Vaduz aufbewahrt[1]. Er ist in mehrfacher Hinsicht bemerkenswert. Rippenbecher venezianischer Provenienz mit Email- und Golddekor sind schon an und für sich selten. Meist haben sie eine Verzierung mit Goldlinien und -rosetten, die zusätzlich mit Emailpunkten ›gehöht‹ ist[2]. Der Emaildekor dieses Bechers, für den sich im englischen Sprachgebrauch der Begriff ›lily of the valley motif‹ eingebürgert hat, ist hier ausnahmsweise mit Rippen kombiniert. Normalerweise ist das ›Maiglöckchenmotiv‹ auf Bechern und Pokalen zu finden, die mit ›nipt-diamond-waies‹, einem durch Zusammenkneifen von Rippen erzieltem Rautenmuster, dekoriert sind[3]. In Kombination mit Rippen kommt es nur hin und wieder auf kleinen Schalen vor[4]. All die angesprochenen Vergleichsstücke werden ins ausgehende 15. oder spätestens ins beginnende 16. Jahrhundert datiert. Das paßt sehr gut zu dem Siegel für den Zeitraum 1501-38. Wie lange vor dem Einsetzen in den Altar das Glas möglicherweise schon entstanden ist, läßt sich natürlich nicht feststellen.

Neben der Tatsache, daß hier ein seltener Glastyp nachgewiesen werden kann, ist auch hervorzuheben, daß dies m. W. bisher das einzige venezianische Glas ist, das nördlich der Alpen als Reliquienglas verwendet wurde. In der Zeit um

1500 sind in dieser Funktion sonst fast ausschließlich relativ einfache Krautstrünke und Kreuzrippenbecher aufgefunden worden.

LIT.: –

1 Es wurde dort von Hansjörg Frommelt entdeckt, der das Glas im Rahmen einer Arbeit über die Reliquiengefäße des Bistums Chur bearbeiten wird. Es ist auch eine separate Publikation des Rippenbechers durch Hj. Frommelt im Jahrbuch des historischen Vereins für das Fürstentum Liechtenstein vorgesehen. Hansjörg Frommelt sei an dieser Stelle herzlich dafür gedankt, daß wir das Glas hier schon vorstellen dürfen.
2 Giovanni Mariacher, Vetri italiani del rinascimento, Mailand 1963, S. 66. – Kat. Venedig (1982), S. 89, Nr. 83, S. 90, Nr. 85.
3 Siehe etwa Tait (1979), S. 28, Nr. 1 und Abb. auf plate 1. – Ausst. Kat. Three Great Centuries of Venetian Glass, The Corning Museum of Glass, Corning 1958, S. 28, Nr. 3, S. 30, Nr. 4.
4 Kat. Venedig (1982), S. 104, Nr. 114.

Becher mit Rippen- oder Kreuzrippendekor

Der neben dem Krautstrunk häufigste Typus des 15. und auch des beginnenden 16. Jahrhunderts ist der optisch geblasene Rippen- oder Kreuzrippenbecher. Auch diese Gläser kommen intakt relativ oft, in Bruchstücken aber zu Tausenden vor, und auch hier mag – wie bei den Krautstrünken – diese große Menge bisher davon abgehalten haben, genauere Untersuchungen anzustellen. So ist – wie bereits im Kapitel zum 14./15. Jahrhundert erwähnt – unklar, wann der Typ aufkommt, und die verschiedenen Formen und die Dekorvarianten lassen sich noch nicht in eine zeitliche Abfolge ordnen. Gewisse Anzeichen sprechen dafür, daß Becher, die denen des 15. Jahrhunderts noch sehr ähnlich sind, auch noch in der ersten Hälfte des 16. Jahrhunderts in Gebrauch waren[1].

Sicher ist anderseits, daß bei den Bechern mit Rippen- oder Kreuzrippendekor nach einer längeren, offensichtlich ziemlich ruhig verlaufenen Entwicklung ab ungefähr 1500 verschiedene Veränderungen zu beobachten sind. Eine davon zeigt sich in der Form; so scheinen die Kreuzrippenbecher mit geschwungenem Kontur (vgl. Kat. Nrn. 463-466) erst relativ spät aufzutreten und – im Gegensatz zu den meisten anderen Beispielen dieser Gruppe – im Laufe der Zeit auch größer zu werden. Oft sind die großen Exemplare im Bereich der Lippe auch mit einem aufgelegten Faden versehen (vgl. Kat. Nrn. 465 f.). Ob gewisse weniger bekannte Typen, etwa die mit fast vollständig zylindrischer Form (vgl. Kat. Nrn. 459-461), auch zu den Innovationen der Zeit nach 1500 gehören, ist noch ziemlich unklar.

Sicher nicht vor die Zeit des frühen 16. Jahrhunderts gehören mehrere Stücke, bei denen der Wunsch nach Neuerungen ganz offensichtlich wird; einem vollkommen herkömmlich ausgeführten Maigelein wurde ein gesponnener Fuß angefügt (Kat. Nr. 470), ein anderes Maigelein erhielt statt der üblichen Kreuzrippen nur ein einfaches Diagonalrippenmuster, zusätzlich wurde die Form des Gefäßes durch das Zusammendrücken der Lippe von zwei Seiten her verändert (Kat. Nr. 471), einem Kreuzrippenbecher wurde ein gekerbter Faden spiralförmig aufgelegt (Kat. Nr. 472), und schließlich wurde ein Glas traditioneller Form mit einem optisch geblasenen Wechselmuster aus Rauten und Vertikalrippen dekoriert (Kat. Nr. 473).

Statt der geringfügigen Abwandlungen innerhalb eines festen Typs treten also um 1500 wieder eine Fülle von Varianten auf, die aber fast alle vereinzelt oder jedenfalls rar und kurzlebig bleiben.

---

1 So wurden zum Beispiel umfangreiche Funde, die in diese Richtung weisen, am Kornmarkt in Heidelberg gemacht. Die Angaben zur Datierung dieser Stücke verdanken wir Christine Prohaska, Heidelberg, die das Material auch publizieren wird.

459 Rippenbecher

Deutschland, spätes 15. Jh./frühes 16. Jh. – Fundort: Bonn, Nähe des Mauspfads (1950). – H 6,8 cm; ⌀ Lippe 5,8 cm, Wandungsstärke Lippenrand 2,2 mm. – Hellgrünes Glas mit unregelmäßigen Bläschen. Ausbruch im Boden. Stellenweise durch Verwitterung getrübt.

Rheinisches Landesmuseum Bonn, Inv. Nr. 50.110 b

459

Ansatz zu spitz hochgestochenem Boden. An der Wandung 14 schwach ausgeprägte senkrechte Rippen, ca. 1,2 cm breite Randzone glatt. Lippenrand leicht verdickt.

Der kleine Becher wurde in einer Abfallgrube mit Material des 16. Jahrhunderts gefunden. Er zeigt mit seiner annähernd zylindrischen Form und den optisch geblasenen vertikalen Rippen Elemente, die bei Stücken des 15. Jahrhunderts weniger vorkommen. Diese Beobachtung findet auf Gemälden der Zeit eine Bestätigung; diese zeigen vorwiegend konische Rippenbecher[1].
Eine Unsicherheit für die Datierung ergibt sich natürlich dadurch, daß man bis heute die regionalen Unterschiede in der Produktion von Rippenbechern noch kaum kennt.

LIT.: –

1 Rademacher (1933), Taf. 27 a, b. – Chambon (1955), Tf. 1/a, b und d.

460 Rippenbecher

Deutschland, spätes 15. Jh./frühes 16. Jh. – Fundort: Angeblich aus einer Kirche am Mittelrhein. – H 7,6 cm; ⌀ Lippe 5,3 cm; Wandungsstärke Lippenrand 1,8-2,8 mm. – Hellgrünes Glas. Durch Verwitterung getrübt und innen leicht versintert.

Rheinisches Landesmuseum Bonn, Inv. Nr. 70.0234

Boden zu sehr hoher Spitze hochgestochen. Auf der Wandung 8 schwach ausgeprägte diagonale Rippen. Lippenrand leicht verdickt.

Das Glas ist sehr gut erhalten, weil es als Reliquienbehälter die Jahrhunderte überdauert hat. – Wie bei dem vorigen Stück bereitet auch hier die Datierung gerade wegen der besonders einfachen, wenig spezifischen Form Schwierigkeiten.

LIT.: –

460

461 Rippenbecher

Deutschland, Ende 15. Jh./Anfang 16. Jh. – Fundort: Speyer, Augustinerkloster (1982-1984). – H 15,0 cm; ⌀ Lippe 8,3 cm; Wandungsstärke Lippenrand 2,3 mm, Wandung auf halber Höhe 0,9-1,1 mm. – Grünes Glas. Geklebt, Fehlstellen. Leicht verwittert, z. T. korrodiert.

Archäologische Denkmalpflege Speyer,
Fund Nr. 84/49 Fu 43

Nur wenig hochgestochener Boden. Wandung mit 23 nach unten schwächer werdenden Diagonalrippen, die knapp über dem Boden verschwinden. Ca. 1 cm breite glatte Lippenzone.

Das Glas kam in einer Grube auf dem Areal des ehemaligen Augustinerklosters in Speyer zum Vorschein. Leider läßt sich auch hier keine präzise Datierung angeben; das mitgefundene Glasmaterial ist zu disparat, als daß eine genauere Eingrenzung möglich wäre[1].
Der sehr hohe Becher überragt die bisher bekannt gewordenen Rippenbecher wesentlich; diese sind in der Regel nicht größer als acht bis zehn Zentimeter.

LIT.: Engels (1985), S. 53, Abb. 63.

1   Das vorliegende Stück ist zusammen mit einigen weiteren Funden aus derselben Grube abgebildet bei Engels (1985), S. 53, Abb. 63.

461

462   Kreuzrippenbecher

Deutschland, Anfang 16. Jh. – Fundort: Angeblich Bopfingen (Baden-Württemberg) oder Umgebung. – Provenienz: Slg. Bremen. – H 7,5 cm; ⌀ Lippe 7,7 cm; Wandungsstärke Lippenrand 2,2 mm. – Grünes Glas. Ohne Verwitterungsspuren.

Rheinisches Landesmuseum Bonn, Inv. Nr. 68.0428

462

Boden zu schiefer Spitze hochgestochen. Wandung mit Korbmuster aus 31 teiliger Form: diagonal laufende Rippen bis ca. 1,0 cm unter Lippenrand, vertikal laufende bis ca. 2,0 cm unter Lippenrand sichtbar. Lippenrand kaum verdickt.

Der Becher soll nach Angaben der Vorbesitzer aus einem Sepulcrum aus Bopfingen (oder Umgebung) stammen. Durch die Verwendung als Reliquienglas läßt sich der ausgezeichnete Erhaltungszustand des Stückes erklären.
Obschon direkte Hinweise zur Datierung des Stückes fehlen, bewegt man sich hier auf etwas sichererem Boden als bei den letzten Katalognummern. Das Diözesanmuseum Rottenburg besitzt ein Glas mit vergleichbarem Dekor aus dem Hochaltar der Kirche in Reichenbach, das mit einer Weihe im Jahre 1519 verbunden wird[1].
Das Muster dieses Bechers ist wohl das Feinste, was auf dem Sektor der Kreuzrippenmuster hergestellt wurde. Ob sich aus einer genaueren Untersuchung der unzähligen Varianten des optisch geblasenen Dekors je Aufschlüsse zur näheren Lokalisierung und Datierung werden ableiten lassen, ist ungewiß.

LIT.: Bremen (1964), S. 239, Nr. 70.

1   Bremen (1967), S. 34 f., Nr. 14.

463

463   Kreuzrippenbecher mit Wachsverschluß

Deutschland (Rheinland?), Anfang 16. Jh. – Fundort: Unbekannt. – H 6,6 cm (Glas); ⌀ Lippe 6,4 cm. – Grünes Glas. Verschnürter Wachsverschluß.

Domschatz und Museum des St. Petri-Domes, Fritzlar

Hoch und spitz eingestochener Boden. Wandung mit Kreuzrippenmuster aus 20teiliger Form. Wachsdeckel und Wachspfropfen unter dem Boden miteinander verschnürt. Auf dem Deckel Siegel des Mainzer Weihbischofs Paul Huthen, der in Erfurt von 1510 bis 1532 nachzuweisen ist.

Dieser Becher ist ein sehr erfreulicher Zuwachs für die Gruppe der Kreuzrippenbecher mit geschwungener Wandung. Die bisher bekannten Beispiele sind nicht mit festen Daten verbunden. Sie wurden meist ins 15. Jahrhundert datiert[1]; Rademacher machte allerdings auf ein Stück im Augustinermuseum in Freiburg i. Br. aufmerksam, das in einem Sepulcrum mit einer Urkunde von »anscheinend 1518« gefunden wurde[2]. Das Glas aus Fritzlar bestätigt nun diese Datierung, besagt doch das Siegel des Weihbischofs Paul Huthen, daß es wohl im zweiten oder dritten Jahrzehnt des 16. Jahrhunderts in einen Altar eingesetzt wurde. Diese Datierung stimmt recht gut mit Angaben überein, die aus dem Material einer Grabung am Kornmarkt in Heidelberg gewonnen werden konnten; dort scheinen die konischen Kreuzrippenbecher mit leichten Veränderungen vom 15. ins 16. Jahrhundert durchzulaufen, während Beispiele mit geschwungener Wandung erst nach der Jahrhundertwende vorkommen[3].

Eine Besonderheit beim vorliegenden Glas ist (neben dem besonders kleinen Format) der Verschluß: Das Glas ist nicht nur mit einem Deckel, sondern auch mit einem Pfropfen unter dem Boden versehen und zusätzlich noch verschnürt (vgl. Kat. Nr. 227).

LIT.: –

1 Rademacher (1933), Tf. 26a. – Dexel (1977), S. 79, Nr. 35.
2 Rademacher (1933), Tf. 26d und Text S. 145 f.
3 Diese Angaben verdanken wir Christine Prohaska, Heidelberg, die das Material publizieren wird.

464

464 Kreuzrippenbecher

Deutschland (Rheinland?), frühes 16. Jh. – Fundort: Unbekannt. – H 10,4 cm; ⌀ Lippe 9,6 cm, Boden 6,2 cm; Wandungsstärke Lippenrand ca. 3,0 mm. – Bläulich-grünes Glas. Durch Verwitterung getrübt, unten leichte Korrosionsflecken.

Kölnisches Stadtmuseum, Inv. Nr. KSM/RM 1928 / 1321

Boden sehr hoch und spitz eingestochen. Wandung mit relativ grobem Kreuzrippenmuster aus 15fach gerippter Form. Ca. 2,0 cm breite Lippenzone glatt. Lippenrand unregelmäßig verdickt.

Bei dem vorigen Becher ist die Wandung konkav geschwungen und biegt zum Lippenrand hin kaum ein. Das ist beim Stück aus dem Stadtmuseum Köln und mehreren Parallelen deutlich anders. Ob aus diesem Unterschied Hinweise für eine Feindatierung abgeleitet werden können, ist noch ungewiß.

LIT.: Rademacher (1933), S. 145, Tf. 26a. – Dexel (1950), S. 46, Nr. 61. – Schlosser (1965), S. 77, Abb. 66. – Dexel (1973), S. 246, Nr. 417. – Dexel (1977), S. 79, Nr. 35.

465

465 Kreuzrippenbecher

Deutschland (Rheinland?), 1. Hälfte 16. Jh. – Fundort: Worms, Domberg (frühe 1930er Jahre). – H ca. 15,0 cm; ⌀ Lippe 12,7 cm, Boden, 7,8 cm; Wandungsstärke Lippenrand 2,5-3,0 mm. – Bläulich-grünes Glas. Geklebt, kleiner Ausbruch in der Lippe. Kaum verwittert.

Museum der Stadt Worms im Andreasstift,
Inv. Nr. M 1896

Boden sehr spitz hochgestochen. Wandung mit Kreuzrippenmuster aus 20fach gerippter Form. Horizontaler Faden auf der ca. 3,5 cm breiten glatten Randzone umgelegt. Lippenrand kaum verdickt.

Der große Becher wurde in einer Abfallgrube (Grube II) südwestlich des Doms (am ›dritten Domplatz‹) gefunden, die neben einigen besonders schönen Bechern und Pokalen mehr als 200 einfache Maigelbecher verschiedener Form enthielt. Konkrete Hinweise auf die Datierung des vorliegenden Stückes sind jedoch nicht vorhanden; die mitgefundenen Gläser stammen aus einem Zeitraum von mehr als zwei Jahrhunderten[1].

Anders als bei den Krautstrünken, bei denen die Fäden unterhalb der Lippe im Laufe der Entwicklung verschwinden (vgl. Kat. Nrn. 407 bis 411), scheinen sie bei den Kreuzrippenbechern mit geschwungener Wandung erst spät hinzuzukommen. Die Entwicklung tendiert offenbar auch zum größeren Format; mit dem Beispiel aus Worms und dem nachfolgenden Exemplar aus der Sammlung van Beuningen ist das Maximum bei weitem noch nicht erreicht, es gibt Stücke, deren Volumen etwa doppelt so groß war[2].

LIT.: Keßler (1936), S. 68, Nr. 13, S. 69, Abb. 1/13 II, Foto S. 73.

1   Keßler (1936), S. 69, Abb. 1; alle im Anschluß an die arabische Numerierung mit einer römischen II bezeichneten Stücke stammen aus derselben Grube.
2   Fragmente dieser sehr großen Stücke wurden mehrfach im Mittelrheingebiet gefunden, sind aber noch unpubliziert.

466

466   Kreuzrippenbecher, Fragment

Deutschland (Rheinland?), 1. Hälfte 16. Jh. – Fundort: Angeblich Mainz. – H 13,0 cm; ⌀ Lippe 11,6 cm, Boden 6,4 cm; Wandungsstärke Lippenrand 3,0-5,0 mm. – Bläulich-grünes Glas. Geklebt, Ausbrüche in Lippe und Wandung, kleine Korrosionsflecken.

H. J. E. van Beuningen, Cothen

Boden sehr spitz hochgestochen. Wandung mit Kreuzrippenmuster aus 20fach gerippter Form. Auf der ca. 3,8 cm breiten Randzone Spiralfaden in 4 Windungen umgelegt (tropfenförmiger Ansatz unten, Endstück oben spitzwinklig zurückgeführt). Lippenrand unregelmäßig verdickt.

Das Stück der Sammlung van Beuningen ist als eine Variante zum vorigen Becher aus Worms aufgenommen; der Faden oben ist statt horizontal mehrfach spiralförmig aufgelegt. Abgesehen von den Größenunterschieden ist die Zufügung der Fadenauflage oben die einzige Abwandlung innerhalb der Gruppe der geschwungenen Kreuzrippenbecher. Der Typ scheint gegen die Mitte des 16. Jahrhunderts zu verschwinden.

LIT.: Kat. Zwolle (1980), S. 158, Nr. 236, Farbabb. S. 156. – Kat. Delft (1986), S. 16f., Nr. 1.

467   Blauer Rippenbecher, Fragment

Deutschland (?), 1. Hälfte 16. Jh. – Fundort: Wohl Delft. – H 8,4 cm; ⌀ Lippe rekonstruiert 9,3 cm, Boden 5,9 cm; Wandungsstärke Lippenrand 2,0 mm, Wandung minimal 1,5 mm. – Dunkelblaues Glas mit Graustich. Einzelne braune Korrosionsflecken.

Sammlung Henkes, Geervliet, Inv. Nr. 681

Boden spitz hochgestochen. Wandung mit 19 schwach ausgeprägten senkrechten Rippen, die oben leicht nach links geneigt sind. Ca. 1,0 cm breite Randzone glatt, Lippenrand kaum verdickt.

Das blaue Fragment läßt sich formal in etwa mit Kreuzrippenbechern vergleichen, von denen es sich aber durch die blaue Farbe und die einfachen, oben umbiegenden Rippen unterscheidet. Diese Unterschiede deuten darauf hin, daß möglicherweise der Typ der Kreuzrippenbecher als Anregung diente, dieser blaue Becher aber in einer anderen Region hergestellt wurde. Den normalen grünen Kreuzrippenbechern noch ähnlicher ist ein fragmentarischer blauer Becher mit Kreuzrippendekor in Rotterdam[1].

LIT.: –

1   Slg. H. J. E. van Beuningen-de Vriese, Leihgabe im Museum Boymans-van Beuningen, Rotterdam, Inv. Nr. 5288.

467

15./16. JAHRHUNDERT

468

469 Rippenbecher

Deutschland, 15./16. Jh. – Fundort: Köln, Gereonstraße. – H 10,0 cm; ⌀ Lippe 7,0 cm, Fußring ca. 4,0 cm; Wandungsstärke Lippenrand 2,0-2,5 mm. – Gelblich-grünes Glas. Verwittert, z. T. korrodiert.

Kölnisches Stadtmuseum, Inv. Nr. KSM HM 1928/337

Glatter, flach gedrückter Fußring. Boden in kleiner Spitze hochgestochen. Wandung mit 12 schwach ausgeprägten, im unteren Teil kaum noch sichtbaren Schrägrippen. Lippenrand unregelmäßig ausgebogen und verdickt.

Laut Inventar wurde der Becher »beim Kellerbau von Kreutzberg, Gereonstraße« gefunden. Er ist aber identisch mit dem bei Rademacher auf Tf. 28 d abgebildeten Stück, das aus der Sammlung Seligmann, Köln, stammen soll.

469

468 Roter Becher

Deutschland, 16. Jh. (?). – Fundort: Worms. – H 10,0 cm; ⌀ Lippe 8,3 cm; Wandungsstärke Lippenrand 1,6 mm. Opak siegellackrotes Glas. Geklebt und ergänzt. Z. T. irisiert.

Museum der Stadt Worms im Andreasstift, Inv. Nr. M 2131

Nur wenig hochgestochener Boden. Verdickter Lippenrand.

Dieser glatte Becher wurde zu den Stücken mit Rippen- oder Kreuzrippendekor aufgenommen, weil formal eine – wenn auch nur vage – Ähnlichkeit besteht, und weil sich für die Zeit des späten 15. und frühen 16. Jahrhunderts keine eigene Gruppe mit glatten Beispielen ergab.
Opak siegellackrotes Glas wurde über sehr lange Zeit und in den verschiedensten Regionen Europas hergestellt und fand für alle möglichen Gefäßtypen Verwendung[1]. Diese besondere Glasfarbe ist also keinerlei Indiz für eine Datierung oder Lokalisierung.
Auch der rote Becher aus Worms ist nur aufgrund seiner vagen formalen Ähnlichkeit zu den geschwungenen Kreuzrippenbechern (vgl. besonders Kat. Nr. 463) zeitlich hier eingeordnet worden.

LIT.: Grünewald (1984), S. 51, Abb. 5/2.

1 Vgl. allein schon die sehr heterogenen Stücke in diesem Katalog, Nrn. 22, 137, 437, 443, 475, 476, 490 b, 505 f., 523 und 528.

Vergleichbare Becher aus auffallend gelblich-grünem Glas, allerdings mit Vertikalrippen, gibt es auch im Kölner Kunstgewerbemuseum[1] sowie im Rheinischen Landesmuseum Bonn[2]. Das Stück in Bonn soll angeblich ebenfalls ein Kölner Bodenfund sein.
Das Herstellungsgebiet dieses Typs und seine Datierung liegen noch nicht fest. Rademacher schlägt ohne Begründung das 15. Jahrhundert vor[3]. Auffallend ist, daß die beiden Vergleichsstücke außer einer ähnlichen Glasfarbe auch Details aufweisen, die selten vorkommen, etwa den nur in einer kleinen Spitze hochgestochenen Boden. Andere, eng verwandte Stücke fehlen bisher. Gewisse Ähnlichkeiten mit Bechern, die aus Belgien stammen dürften[4], sind vorhanden; die Unterschiede bleiben aber zu groß, um Rückschlüsse auf das Entstehungsgebiet des Kölner Bechers zu ziehen.

LIT.: Rademacher (1933), S. 146, Tf. 28 d.

1 Klesse (1973a), S. 96, Nr. 142 (= Rademacher (1933), Tf. 28c)
2 Inv. Nr. 68.0433; Bremen (1964), S. 242, Nr. 74.
3 Rademacher (1933), S. 146, Text zu Tf. 28c und d.
4 Chambon (1955), Tf. II, Nr. 8. – Baumgartner (1987), S. 102, Nr. 123.

470   Maigelein auf Fuß

Rhein-Maas-Gebiet (?), 1. Hälfte 16. Jh. – Fundort: Kloster Eemstein in Zwijndrecht. – H 6,2 cm; ⌀ Lippe 8,6 cm, Fuß 6,5 cm; Wandungsstärke Lippenrand 1,6 mm. – Grünes Glas. Ergänzt. Verwittert, z. T. irisiert.

H. J. E. van Beuningen, Cothen

471

470

9fach gesponnener Fuß, die unterste Windung in größeren Abständen gekniffen. Maigelschale mit Kreuzrippendekor aus 14facher Form bis ca. 1 cm unter Lippenrand.

Die Sonderform des Maigeleins auf Fuß ist bisher nur in Holland und Belgien nachzuweisen[1], in Deutschland fehlen entsprechende Beispiele ganz. Diese Typenvariante läßt sich also wahrscheinlich durch ein anderes Herstellungsgebiet erklären. Es ist aber auch an die allgemeine Tendenz in der Zeit um 1500 zu erinnern, bestehende Typen auf vielerlei Art abzuwandeln.
Eine Datierung um 1500 wird für diese Maigelein auf Fuß allgemein angenommen, sie findet etwa bei einem Parallelstück aus Mecheln durch den archäologischen Kontext Bestätigung[2].

LIT.: Kat. Delft (1986), S. 16f., Nr. 2.

1 Renaud (1943), S. 106, Fig. 1. – Renaud (1959), S. 32, Bild 4. – Isings (1966), Abb. 30. – Vandenberghe (1975), S. LIV, Fig. II, Nr. 24. – Vandenberghe (1984), S. 135f., Fig. 2/17. – Henkes (1986), S. 96, Anm. 4.
2 Vandenberghe (1975), S. LIV.

471   Maigelein

Deutschland, 1. Hälfte 16. Jh. – Fundort: Unbekannt. – Provenienz: Wittemannsche Sammlung; Historisches Museum Frankfurt (ab 1879). – H 5,5 cm; Länge 8,5 cm; Wandungsstärke Lippenrand ca. 2,5 mm. – Grün-gelbgrünes Glas.

Museum für Kunsthandwerk Frankfurt, Inv. Nr. X 10746

Wenig hochgestochener Boden. Wandung mit 20 optisch geblasenen Schrägrippen. Lippe ca. 1 cm hoch glatt, von 2 Seiten leicht zusammengedrückt.

Vergleichsbeispiele zu dieser Sonderform des Maigeleins fehlen bisher. Datierungshinweise – etwa durch Abbildungen – sind nicht vorhanden. Mit der zu einem ›Oval‹ verformten Lippe muß man das Stück aber wohl in die 1. Hälfte des 16. Jahrhunderts setzen; die Form findet, mit leichten Veränderungen und einem anderen Rippendekor, eine Nachfolge im späteren 16. und im 17. Jahrhundert[1].

LIT.: Bauer (1980²), S. 100, Nr. 211.

1 Siehe etwa Klesse (1978), S. 112, Nr. 54, Abb. auf S. 95.

472   Rippenbecher mit gekerbtem Spiralfaden

Deutschland, Anfang 16. Jh. – Fundort: Wohl Mainz. – H 11,0 cm; ⌀ Lippe 10,8 cm; Wandungsstärke Lippenrand 2,7 mm. – Grünes Glas. Geklebt und ergänzt. Verwittert, z. T. oberflächlich braun korrodiert.

Karl Amendt, Krefeld

Spitz hochgestochener Boden. Wandung mit Diagonalrippen bis ca. 2 cm unter den Lippenrand. Gekerbter Spiralfaden, mit 7 Windungen, oben angesetzt.

Dieser Rippenbecher mit aufgelegten Spiralfäden ist eines der schönsten Beispiele dafür, wie altbekannte Typen um

15./16. JAHRHUNDERT

1500 verändert werden. Ohne Faden würde er in der großen Menge der verwandten Stücke kaum auffallen, so bleibt er bisher völlig ohne Parallelen.

Eine ungefähre Datierung ist nur unter der Annahme möglich, daß sich entsprechend zu anderen Typen (etwa den Krautstrünken oder den Stangengläsern) einschneidende Neuerungen auch bei den Rippenbechern erst in der Zeit um oder kurz nach 1500 zeigen. Der gekerbte Faden jedenfalls ist in dieser Zeit häufig nachzuweisen (vgl. z. B. Kat.Nrn. 402, 436, 485, 495f., 507f.), kaum jedoch in der zweiten Hälfte des 15. Jahrhunderts.

LIT.: –

472

473 Becher mit Wechselmuster, Fragment

Deutschland, Anfang 16. Jh. – Fundort: Wohl Kölner Raum. – Provenienz: Slg. Stieg. – H 6,6 cm; ⌀ Lippe (rekonstruiert) 6,6 cm; Wandungsstärke ganze Lippenzone 2,0 mm, in der oberen Hälfte der gemusterten Partie ca. 1,3 mm, in der unteren Hälfte 1,4-2,6 mm. – Grünes Glas. Eine Fläche innen verwittert.

Erwin Baumgartner, Basel

Boden mit 24 Rippen, die bis zur Spitze des Einstichs sichtbar sind. Auf der Wandung Wechselmuster aus Rauten und Vertikalrippen, das sich 4mal wiederholt. Ca. 1 cm breite Lippenzone ohne Musterung.

473

Gläser mit einem Wechselmuster aus Vertikalrippen und Rauten in schachbrettartiger Anordnung der Muster waren bisher nicht publiziert[1]. Dieses Muster ist erst aus dem Material neuerer Grabungen an verschiedenen Glastypen nachzuweisen (vgl. Kat.Nrn. 422, 487b, 559)[2]. Auch bei diesem Becher zeigt die Bereicherung einer traditionellen Form mit einem ›modischen‹ Muster das Bestreben nach Neuerungen, wie es für die erste Hälfte des 16. Jahrhunderts charakteristisch ist.

LIT.: –

1 Rademacher stellt einen Nuppenbecher vor, der (soweit in der Abbildung erkennbar) verschiedene Muster nur in Vertikalstreifen nebeneinander, nicht in der schachbrettartigen Aufteilung zeigt; Rademacher (1933), Tf. 48c.
2 Ein weiteres Stück bei Prohaska (1987), S. 286, Abb. 216,5.

Scheuern

In Franz Rademachers Bild vom deutschen Glas des Mittelalters gibt es den Typ der spätgotischen Glasscheuer nur als allergrößte Rarität, er konnte seinerzeit nicht mehr als zwei, untereinander weitgehend ähnliche Exemplare aufführen[1]. Die folgende Gruppe der Glasscheuern – nur eine Auswahl aus dem heute bekannten Material – führt deutlich vor Augen, wie sehr sich das Bild vom mittelalterlichen Glas gerade an dieser Stelle bereichert hat.

Eine Reihe von Scheuern war schon in dem Kapitel zum Glas des 13./14. Jahrhunderts vertreten, deren Herkunftsgebiet allerdings noch unbestimmt ist. Im Kapitel zum 14./15. Jahrhundert fehlte dieser Typ dann ganz, und dies entspricht dem heutigen Wissensstand; wir kennen keine ganzen oder fragmentarischen Glasscheuern aus dem fortgeschrittenen 14. und dem 15. Jahrhundert. Wenn in der Zeit um 1500 und im frühen 16. Jahrhundert Glasscheuern dann plötzlich keineswegs selten und in vielerlei Varianten nachzuweisen sind, so haben sie anscheinend keine direkten Vorläufer in diesem Material und auch keine direkte Nachfolge. Im weiteren Verlauf des 16. Jahrhunderts scheint der Typ recht bald wieder zu verschwinden. Dies erklärt sich möglicherweise daraus, daß (wie schon früher bemerkt) die Scheuer keine spezifische Glasform ist, sondern ein Typ, der in vielerlei Materialien hergestellt wurde. Vorläufer oder Verwandte der spätgotischen Glasscheuern sind also z.B. auch unter den Scheuern aus Metall, Holz oder Keramik möglich.

Bei den Varianten von gläsernen Scheuern in der folgenden Gruppe bleibt als gemeinsamer Nenner die Form des Gefäßkörpers erhalten: relativ niedrig, stark bauchig und mit kurzer, zylindrischer Lippe, dazu der kurze, nach oben gebogene Griff (im Gegensatz zu dem Ringhenkel der früheren Scheuern). Sehr unterschiedlich ist dagegen der Dekor und ganz besonders die Gestaltung der Fußpartie.

1 Rademacher (1933), S. 124, Tf. 56a-c.

474 Scheuer

Deutschland, spätes 15. Jh./1. Hälfte 16. Jh. – Fundort: Wohl Mainz. – H 8,0 cm; ⌀ Lippe 5,8 cm, Fuß 5,5 cm; Wandungsstärke Lippenrand 2,0 mm. – Grünes Glas. Geklebt und ergänzt. Z. T. etwas verwittert.

Karl Amendt, Krefeld

Durch Hochstechen der Glasblase hergestellter Fuß mit hohlem Rand. Kurzer bandförmiger Henkel, seitlich angesetzt, am Ende mit der Zange zweimal flachgekniffen.

Die glatte Scheuer der Sammlung Amendt repräsentiert eine der bisher unbekannten Varianten. Ein in Form und Ausführung etwas differierendes Stück steht im Diözesanmuseum Freising; es ist allerdings aus fast farblosem Glas hergestellt[1]. Weitere verwandte Scheuern fehlen.

Wie stets bei besonders einfachen Stücken ist es auch bei diesem unverzierten Exemplar besonders schwierig, die Datierung näher einzugrenzen. Die Form des Griffs zeigt, daß es zur Gruppe der späten Scheuern gehört und damit allgemein in den Zeitraum vom späten 15. Jahrhundert bis ca. Mitte des 16. Jahrhunderts.

LIT.: –

1 Fuchs (1936/37), S. 96, Abb. oben rechts. Auch dieses Freisinger Vergleichsstück läßt sich nicht näher datieren; es hebt sich aber deutlich von der Gruppe der frühen Scheuern des 13. und 14. Jahrhunderts ab.

475 Scheuer auf durchbrochenem Fuß

Deutschland, 1. Drittel 16. Jh. – Fundort: Angeblich Mainz. – H 11,0 cm; ⌀ Lippe 7,4 cm, Fuß 8,4 cm; Wandungsstärke Lippenrand 2,5 mm. – Siegellackrotes Glas. Geklebt und ergänzt. Z. T. braun korrodiert.

Karl Amendt, Krefeld

Durchbrochener Fuß: kreisförmig gekniffener Faden, Girlandenfaden, umgelegter Rand. Flacher Boden. Faden etwas unterhalb des Ansatzes zur Lippe. Handhabe am Ende zweimal mit der Zange halbkreisförmig flachgekniffen.

Dieses Exemplar zeigt gleich zwei Neuheiten, die bei Scheuern bisher nicht bekannt waren: zum einen die siegellackrote Glasmasse, zum anderen den durchbrochenen Fuß.

Diese besondere Fußform, die erst etwa um 1500 aufzukommen scheint und offenbar nur eine relativ kurzfristige Modeerscheinung war, erlaubt für diese Scheuer eine etwas präzisere Datierung ins erste Drittel des 16. Jahrhunderts. Wie schon früher gesagt (vgl. Kat. Nr. 468), hilft dagegen die rote Glasmasse weder zur Datierung noch zu einer Herkunftsbestimmung. Allgemein läßt sich bisher nur sagen, daß die spätgotischen Glasscheuern bisher ausschließlich in Deutschland gefunden und sicherlich auch hier hergestellt wurden.

LIT.: –

476 Scheuer oder Becher auf Fuß, Fragment

Deutschland, 1. Drittel 16. Jh. – Fundort: Worms, Andreasstraße. – H 3,5 cm; ⌀ Fuß 8,7 cm; Wandungsstärke obere Bruchkante 0,9 mm. – Grünes und siegellackrotes Glas. Geklebt.

Museum der Stadt Worms im Andreasstift

Durchbrochener Fuß aus grünem Glas: kreisförmig gekniffener Faden, Girlandenfaden, glatter Fußring. Hochgestochener Boden und Ansatz zu ausladender Wandung aus siegellackrotem Glas.

Dieses Fragment könnte zu einem Becher oder zu einer Scheuer gehört haben. Es ist hier eingeordnet, weil die Wandung relativ weit auslädt und als Variante zu dem vorigen Stück, mit dem es den Fuß und die zum Teil rote Glasmasse gemeinsam hat. Während die Kombination von rotem und grünem Glas an einem Gefäß öfter vorkommt (vgl. Kat. Nrn. 437, 443), ist die Zusammenstellung von grünem Fuß und rotem Gefäßkörper bisher einmalig.

LIT.: Illert (1953), S. 145, Nr. 11 unten rechts. – Grünewald (1984), S. 51, Abb. 5/3.

LIT.: Baumgartner (1987), S. 58, Nr. 37.

1   Rademacher (1933), Tf. 56a bis c.

478   Scheuer

Deutschland, 1. Viertel 16. Jh. – Fundort: Unbekannt. – H 6,6 cm; ⌀ Lippe 4,8 cm, Fußring 4,2 cm; Wandungsstärke Lippenrand 1,5–1,9 mm. – Blaugrünes Glas. Geklebt und ergänzt (u. a. die ganze Handhabe). Leicht verwittert.

Fritz und Mary Biemann, Zürich

5fach gesponnener Fuß. Flacher Boden. Auf der Wandung 2 Reihen flacher Nuppen (untere Reihe mit 8, obere mit 7

477

478

477   Scheuer

Deutschland, um oder kurz nach 1500. – Fundort: Mainz. – H 7,2 cm; ⌀ Lippe 6,0 cm, Fußring 6,5 cm; Wandungsstärke Lippenrand ca. 3,3 mm. – Grünes Glas. Geklebt und ergänzt, u. a. der senkrechte Teil der Handhabe.

Karl Amendt, Krefeld

Gesponnener Fuß; die äußeren 2 Windungen des Fadens mit der Zange flachgedrückt und gekniffen. Schwach hochgestochener Boden. Auf der Wandung zwischen 2 horizontal umlaufenden und z. T. gekerbten Fäden 6 Tierkopfnuppen. Jede der Nuppen 3mal mit der Zange ausgezogen. Ansatz der Handhabe auf dem oberen Faden aufliegend.

Das Stück aus der Sammlung Amendt steht für die ›klassische‹ Scheuer der Zeit um oder kurz nach 1500. Für Franz Rademacher war es die einzige bekannte Variante des Typs, die er aufgrund der Wiedergabe auf einer Abendmahldarstellung von Albert Bouts in die Zeit um 1500 setzen konnte[1]. Die bisher bekannten Funde von Fragmenten dieser Scheuer-Variante scheinen sich auf das Rheinland zu konzentrieren, wo wohl auch das Entstehungsgebiet anzunehmen ist.

Nuppen). Handhabe an Stelle einer der Nuppen der oberen Reihe angesetzt. Faden am Ansatz der Lippe.

Diese Scheuer setzt sich aus denselben Grundelementen wie die ›klassische‹ Scheuer zusammen, sie hat ähnlich bescheidene Ausmaße, den gewickelten Fuß und den Faden oberhalb der Nuppen. Auffällig anders sind die stark bläuliche Glasfarbe und die rund verschmolzenen Nuppen. Diese Unterschiede mögen eventuell auf ein anderes Herstellungsgebiet innerhalb Deutschlands zurückgehen.

LIT.: –

479   Scheuer auf Fuß

Deutschland, 1. Viertel 16. Jh. – Fundort: Angeblich Speyer. – H 9,0 cm; ⌀ Lippe 5,6 cm, Fuß 6,7 cm; Wandungsstärke Lippenrand ca. 2,2 mm. – Grünes Glas. Geklebt und ergänzt. Verwittert.

Karl Amendt, Krefeld

Glatter hochgezogener Fuß. Kurzer massiver Stiel. Gefäßkörper mit 10 Vertikalreihen von abwechselnd 2 und 3 unregelmäßig geformten Nuppen. Seitlich angesetzte Handhabe. Faden etwas unterhalb des Überganges zur Lippe.

Genuppte Scheuern auf Fuß und kurzem Stiel waren vor der Publikation dieses Stückes unbekannt. Zum Glück konnte für die Datierung auf ein Fragment hingewiesen werden, das mit großer Wahrscheinlichkeit von einem vergleichbaren Gefäß stammt[1]; die Beifunde zu diesem Fragment erlauben noch eine Einordnung ins erste Viertel des 16. Jahrhunderts.

479

Ein Hinweis auf das Entstehungsgebiet dieser Scheuern auf Fuß könnte sich aus den Fundplätzen ergeben; das hier vorgestellte Stück soll aus Speyer stammen, das erwähnte vergleichbare Fragment wurde in Pforzheim gefunden. Eine Entstehung in einer der vielen Hütten des nördlichen Schwarzwaldes oder des Gebietes nordöstlich von Stuttgart wäre zu erwägen[2].

LIT.: Baumgartner (1987), S. 58f., Nr. 38.

1   Lutz (1983), S. 221, Abb. 5/20, S. 244, Abb. 20.
2   Greiner (1971), Karte auf S. 2.

480 Scheuer

Deutschland (Südostdeutschland ?), Anfang 16. Jh. – Fundort: Diözese Freising (Ort unbekannt). – H 5,6 cm; ⌀ Lippe 6,5 cm, Fußring 6,2 cm; Wandungsstärke Lippenrand 1,7 mm. – Glas farblos mit schwachem Grünstich. Einige Stellen mit Lochfraß. Verwittert, z. T. korrodiert.

Diözesanmuseum Freising, Inv. Nr. 34

Zweifach gewickelter Fußring. Hochgestochener Boden. Wandung mit ca. 20 Vertikalrippen (ca. 4 mm unter Lippenrand ansetzend und zum Fußring hin auslaufend), 8 in der Höhe leicht versetzten Nuppen und einem horizontalen, in der Dicke von ca. 1-6 mm variierenden Faden. Handhabe mehrmals deutlich quer flachgedrückt und am Ende 3mal ausgezogen.

Diese Scheuer ist höchstwahrscheinlich als einstiges Reliquiengefäß ins Diözesanmuseum gelangt, jedoch ist der Her-

kunftsort unbekannt, so daß keine Anhaltspunkte zu einer Datierung etwa durch ein Weihedatum oder ein Siegel gegeben sind.

Auffällig ist bei diesem Stück zunächst die annähernd farblose Glasmasse mit nur minimalem Grünstich. Auch die sehr breite gedrückte Form und die Vertikalrippen in Verbindung mit Nuppen sind neu in der Gruppe der Scheuern. Trotz der Unterschiede zu den andern Scheuern der Zeit um 1500 ist dieses Exemplar doch wohl am ehesten etwa in diese Zeit einzuordnen[1]. Die Andersartigkeit im Vergleich zu den meist im Rheinland gefundenen vorhergehenden Scheuern erklärt sich möglicherweise durch die Herkunft aus einer anderen Region. Eine ähnliche Glasmasse hat zum Beispiel auch eine zweite, glatte Scheuer in Freising[2], und mehrere andere Gläser deuten darauf hin, daß im östlichen Teil Süddeutschlands farbloses Glas verabeitet wurde (vgl. Kat. Nrn. 180-183, 325, 413).

LIT.: Fuchs (1936/37), S. 93, Abb. auf S. 96.

1   Mit den ebenfalls farblosen frühen Scheuern des 13./14. Jahrhunderts hat diese jedenfalls sicher nichts zu tun, dagegen sprechen sowohl die andere Form als auch viele Details bis hin zu dem kurzen Griff.
2   Fuchs (1936/37), S. 96, Abb. oben rechts.

480

481 Scheuer auf Fuß und Stiel

Deutschland, 1. Hälfte 16. Jh. – Fundort: Angeblich Mainz. – H 10,8 cm; ⌀ Lippe 5,0 cm, Fuß 7,0 cm; Wandungsstärke Lippenrand 2,3 mm. – Dunkelgrünes Glas. Geklebt und ergänzt. Mehrere Fehlstellen.

Privatbesitz

Durchbrochener Fuß: kreisförmig gekniffener Faden, Girlandenfaden, 7fach gesponnener Rand. Massiver Stiel mit auf halber Höhe umgelegtem, ziemlich dickem Faden. 4 freiplastische Stege, am Übergang zum Fuß, auf dem Faden am Schaft und auf der Kuppaunterseite aufliegend. Kuppa 16fach vertikal gerippt. 2fach umgelegter Faden am Ansatz zur Lippe. Auf Höhe des größten Durchmessers Ansatz einer (abgebrochenen) Handhabe. Anhand der Überlappungen der einzelnen Teile läßt sich folgende Produktionsfolge festlegen: 1. Kuppa, 2. Stiel mit Ring, 3. freiplastische Stege, 4. durchbrochener Fuß.

Daß analog zu anderen Typen um oder bald nach 1500 auch Scheuern mit Fuß und Stiel versehen würden, war zu erwarten. Belegen konnte man es bis vor kurzem nur an wenigen Beispielen (vgl. Kat. Nr. 479)[1].

481

Das hier vorgestellte Stück ist die im Aufbau komplizierteste der bisher bekannten Scheuern. Zusätzlich zum durchbrochenen Fuß und dem massiven Stiel weist sie noch vier Stege auf, die an entsprechende Elemente bei den Stengelgläsern erinnern (vgl. Kat. Nrn. 513, 516f., 519). Auch die Rippen als alleinige Verzierung des Gefäßkörpers sind ein neues Element[2].

Zur Datierung des Stückes mag der durchbrochene Fuß einen Anhaltspunkt liefern; der vielfach (hier siebenmal) gesponnene Faden scheint in Kombination mit dem Girlandenfaden in den Jahren kurz nach 1500 noch nicht vorzukommen.

LIT.: Erwähnt bei Baumgartner (1987), S. 59f., Nr. 39.

1 Ein weiteres Beispiel, das jedoch nicht mit Sicherheit als Scheuer angesprochen werden kann, weil eine Handhabe fehlt, siehe Baumgartner (1987), S. 59, Nr. 39.

2 Venezianische Scheuern sind mehrfach mit Rippen belegt, vgl. Schmidt (1922), S. 87, Abb. 51, oder Journal of Glass Studies 21, 1979, S. 120, Nr. 7.

482 Steinzeug-Scheuer

Siegburg, 15. Jh./1. Hälfte 16. Jh. – Fundort: Siegburg. – H 7,8 cm; ⌀ Lippe 5,5 cm, Fuß ca. 6,0 cm. – Helles, z. T. bräunliches Steinzeug ohne Glasur. Ausbruch am Hals ergänzt, 2 Auflagen abgeplatzt.

Rheinisches Landesmuseum Bonn, Inv. Nr. 32.34

Wellenfuß, am Körper ursprünglich 3 kleine runde Auflagen mit runden Buckeln zwischen konzentrischen Wulstringen. Nach oben gebogener, glatt abgeschnittener Griff. Andeutung eines Halsfadens.

Wie schon bei den frühen Glasscheuern (siehe S. 231) erwähnt, ist die Scheuer keineswegs ein spezifischer Glastyp. Scheuern wurden vielmehr aus sehr verschiedenem Material in ähnlicher Form hergestellt, so auch in Steinzeug. Bei diesem Exemplar erinnern auch die kleinen runden Auflagen an die (z. T. auch gestempelten) Nuppen von Gläsern.

LIT.: –

482

Keulengläser

Keulengläser sind hohe Gläser, deren Wandung im oberen Teil mehr oder weniger stark keulenförmig gebaucht ist. Sie sind in der Regel aus grünem Glas (zu Ausnahmen vgl. Kat. Nr. 489 f.) und ihr Fuß ist durch Hochstechen der Glasblase gebildet. Die Verzierung besteht meist aus schwachen optisch geblasenen Vertikalriefeln und Fadenauflagen.

Sein Hauptverbreitungsgebiet hat der Typ der Keulengläser im mittleren und nördlichen Deutschland. Große Mengen solcher Gläser wurden z. B. in Göttingen, Braunschweig, Höxter gefunden, aber auch in Lübeck und Kiel[1] kommen sie vor. Hüttenfunde dieser Art sind u. a. von den Hütten in Großalmerode[2] und im Eichsfeld (Thüringen)[3] bekannt, aber sicherlich wurden sie noch in vielen anderen Hütten hergestellt. Weiter südlich und westlich sind die großen Keulengläser selten. Wie die Straßburger Funde Kat. Nrn. 486 f. zeigen, scheint es dort allenfalls andere (kleinere) Varianten gegeben zu haben. (Die großen Keulengläser waren wohl in der Regel Biergläser und fehlen daher weitgehend in den ›weintrinkenden‹ Regionen.)

Die frühesten hohen Gläser mit leicht keulenförmig gebauchter Wandung kommen unter den böhmischen, meist nuppenbesetzten Stangengläsern vor (vgl. Kat. Nr. 367), in der zweiten Hälfte des 14. und ersten Hälfte des 15. Jahrhunderts. Die deutschen grünen Keulengläser entstanden rund ein Jahrhundert später, etwa seit dem späteren 15. Jahrhundert und vor allem im frühen 16. Jahrhundert, parallel zu den zylindrischen und den mehrkantigen Stangengläsern (deren Laufzeit dann aber länger anhält). Dieser Datierungsspielraum für die Keulengläser ergibt sich aus vielen Fund-Kontexten und wird auch durch bildliche Darstellungen vielfach bestätigt[4].

1 Hucke (1981), S. 387-390.
2 König/Stephan (1987), Typentafel.
3 Lappe/Möbes (1984), S. 207-232, Abb. 12,2 auf S. 217 und 13 auf S. 228.
4 Vgl. z. B. Abb. 13 und 14 bei Rademacher (1933), S. 104: Details aus einer Dürer-Zeichnung von ca. 1502/04 und einem Holzschnitt von Hans Baldung Grien von ca. 1510.

483 Keulenglas, Fragment

Nördliches Deutschland, 2. Hälfte 15. Jh. – Fundort: Braunschweig, Altstadt, Turnierstraße, Ass. 636 (1987). – H des Fragments 37,0 cm; ⌀ Lippe 4,8 cm, Wandung maximal 5,9 cm, minimal 2,1 cm; Wandungsstärke Lippenrand 2,0–3,0 mm. – Hellgrünes Glas. Geklebt, Ausbrüche an den Fadenauflagen. Kaum verwittert.

Braunschweigisches Landesmuseum, Inv. Nr. 85:1/13 760

483

Fuß fehlt. Wandung mit schwach ausgeprägten senkrechten Riefeln. Im oberen Teil 8 Windungen eines glatten Spiralfadens, weiter oben gekerbte Fadenauflagen (oben angesetzt, ringförmig umgelegt, dann schräg herabgezogen zum zweiten Fadenring).

Dieses Keulenglas fand sich in Kloake 3322, Schicht 3408, in einem Kontext, der auf einen ›Abwurf‹ um 1500 deutet[1]. Es ist in Form, Größe und Verzierung ein ausgesprochen durchschnittliches, daher sehr typisches Exemplar, das – bis auf den fehlenden Fuß – ungewöhnlich gut erhalten ist.

LIT.: –

1 Angaben zum Fundzusammenhang verdanken wir Hartmut Rötting, Braunschweig.

484 Keulenglas, Fragment

Nördliches Deutschland, 2. Hälfte 15. Jh. – Fundort: Braunschweig, Neustadt, Nickelnkulk 15 (1978). – H rekonstruiert 39,3 cm; ⌀ Lippe 3,0 mm, Schaft minimal 1,4 cm; Wandungsstärke Lippenrand 2,5 mm. – Hellgrünes Glas. Geklebt und ergänzt. Stellenweise gelbliche Korrosionsflecken.

Braunschweigisches Landesmuseum. Inv. Nr. 78:2/48 b

Fuß durch Hochstechen der Glasblase gebildet (nur im Ansatz erhalten). Am Schaft schwach ausgeprägte, leicht tordierte Vertikalriefeln. Im oberen Teil horizontal umgelegte Fäden (mindestens 2, wahrscheinlich weiteren darunter).

Die Fragmente dieses Keulenglases fanden sich unter den Bruchstücken von ca. 20 Gläsern (darunter allein noch 7 weitere Keulengläser und u. a. die rote Flasche Kat. Nr. 528) in einer Bohlenkasten-Kloake. Aus dem Fundzusammenhang ist anzunehmen, daß sie spätestens um 1500 dort hineingelangten.

484

Unter den vielen Varianten in Größe und Form der norddeutschen Keulengläser repräsentiert dieses Stück mit seinem absurd schmalen Unterteil einen Extremfall (der aber keineswegs vereinzelt ist)[1].

LIT.: Rötting (1985), S. 92-98, bes. S. 96, Abb. 54,1 auf S. 97. – Kat. Braunschweig (1985), S. 233, Nr. 170a. Farbabb. S. 234.

1 Anmerkung einer Hausfrau: Wie wurden solche Gläser wohl gereinigt?

485   Keulenglas, Fragment

Nördliches Deutschland, letztes Viertel 15. Jh. – Fundort: Göttingen, Johannisstraße 27 (1983). – H 49,0 cm; ⌀ Lippe 11,0 cm, Fuß 15,6 cm (Wandung maximal 13,5 cm, minimal 3,1 cm); Wandungsstärke Lippenrand 2,5 mm, Wandung minimal 0,9 mm. – Hellgrünes Glas. Geklebt. Verwittert, bräunliche Korrosionsflecken.

Städtisches Museum Göttingen, Stadtarchäologie, Inv. Nr. 2422

485

Fuß mit hohlem Rand durch Hochstechen der Glasblase gebildet. Wandung mit nur noch im unteren Teil schwach sichtbaren senkrechten Riefeln. Im oberen Teil Fadenauflage aus einem einzigen Faden: oben breit angesetzt, horizontal umgelegt, dann zickzackförmig zu einem weiteren Fadenring herabgezogen, dann diagonal nach unten geführt und in 8 engen Spiralwindungen umgewickelt. Die oberen beiden Fadenringe gekerbt.

Die Scherben dieses besonders großen Keulenglases[1] stammen aus einer Faßkloake in der Göttinger Altstadt, die im wesentlichen Material der Zeit ca. 1480/90 enthielt[2]. An der Bruchkante des Fußes kann man hier gut sehen, daß das Riesenglas aus einer einzigen Glasblase entstanden ist: diese wurde im unteren Teil so hochgestochen, daß der Fuß, bis auf den Hohlrand, doppelte Wandungsstärke hat.

LIT.: –

1 Die Scherben kamen in einer kleinen Schachtel nach Bonn und ›entfalteten‹ sich dort beim Kleben zu diesem monumentalen Stück.
2 Angaben zum Fundzusammenhang verdanken wir Sven Schütte, Göttingen.

486   Keulenglas

Deutschland (Oberrheingebiet?), Anfang 16. Jh. – Fundort: Straßburg, 15 rue des Juifs (1987). – H 23,0 cm; ⌀ Lippe 6,4 cm, Fuß 9,8 cm; Wandungsstärke Lippenrand 2,4 mm. – Helles gelblich-grünes Glas. Geklebt, Sprung im Fuß, Fadenauflage bestoßen. Wenige kleine Korrosionsflecken.

Direction des Antiquités historiques, Straßburg

Fuß mit hohlem Rand durch Hochstechen der Glasblase gebildet. Auf der Wandung ein Fadenring aus zweifach umgelegtem Faden.

Dieses nahezu komplette Keulenglas wurde zusammen mit den beiden folgenden Fragmenten und den Stücken Kat. Nrn. 374, 525 f., 529, 544 in einer Grube mit reichem Material in der Straßburger Altstadt gefunden. Die drei Gläser unterscheiden sich von den norddeutschen Keulengläsern vor allem durch ihre viel bescheideneren Ausmaße, daneben auch im Dekor. Man darf vielleicht vermuten, daß das geringere Fassungsvermögen dieser ›oberrheinischen‹ Keulengläser mit einem anderen Verwendungszweck zusammenhängt, d. h. daß man am Oberrhein Wein daraus trank, aus den großen Keulengläsern weiter nördlich dagegen Bier.

LIT.: –

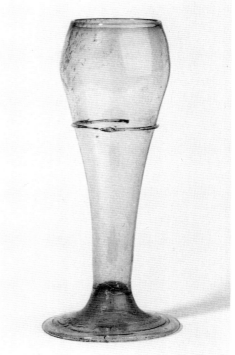

486

487 Keulengläser, Fragmente

Deutschland (Oberrheingebiet ?), Anfang 16. Jh. – Fundort: Straßburg, 15 rue des Juifs (1987). – Helles gelblich- bzw. bläulich-grünes Glas. Je 1 Fragment. Leicht verwittert.

487 a

a) H 19,8 cm; ⌀ Lippe 6,7 cm, Fuß rekonstruiert ca. 9,5 cm; Wandungsstärke Lippenrand 2,4 mm.
Fuß mit hohlem Rand durch Hochstechen der Glasblase gebildet. Auf der Wandung oben 5 Windungen eines sehr dünnen opakweißen Spiralfadens eingeschmolzen.

487 b

b) H 8,8 cm; ⌀ Lippe 5,5 cm; Wandungsstärke Lippenrand 2,0 mm, Bruchkante unten 1,2 mm.
Fragment vom oberen Teil eines Keulenglases mit optisch geblasenem ›Wechselmuster‹: abwechselnd senkrechte Riefeln und schwach ausgeprägtes Rautennetz, je 2mal erhalten.

Direction des Antiquités historiques, Straßburg

Zum Fundzusammenhang siehe bei Kat. Nr. 486. Diese beiden Fragmente gehörten offenbar zu ähnlichen, relativ kleinen Keulengläsern wie das vorige Stück, sie haben aber andere Dekor-Varianten. Optisch geblasene ›Wechselmuster‹ wie beim zweiten Fragment finden sich auch an Bechern, vgl. Kat. Nrn. 422 und 473.

LIT.: –

488 Keulengläser, Fragmente

Deutschland (Erzgebirge), 1. Hälfte 16. Jh. – Fundort: Freiberg (Sachsen), Peters Gasse (jetzt August-Bebel-Straße) 19, Grube 2 (1985). – Schwach grünliches Glas. Geklebt, unterschiedlich verwittert.

488 a

a) H 16,5 cm; ⌀ Holzfuß maximal 12,2 cm, Schaft unten 4,5 cm; Wandungsstärke Bruchkante oben 1,5 mm.
Unterteil wohl von einem Keulenglas. Fuß abgebrochen, durch gedrechselten Holzfuß ersetzt. Boden spitz hochgestochen (Spitze abgebrochen). Konische Wandung im unteren Teil glatt.

b) H 21,0 cm; ⌀ oben 10,6 cm, Fuß 13,1 cm; Wandungsstärke Bruchkante oben 1,2 mm.
Fuß aus einem Faden gewickelt und nachträglich geglättet. Boden spitz hochgestochen. Auf der Wandung in ca. 18 cm Höhe blauer gekerbter Faden ringförmig umgelegt, etwas höher weiterer gekerbter Horizontalfaden aus dem grünlichen Grundglas.

c) H 16,0 cm; ⌀ Lippe 6,8 cm; Wandungsstärke Lippenrand 3,0 mm, Bruchkante unten 1,0 mm.
Wandung mit schwach ausgeprägten, zunächst senkrechten, an der Wölbung leicht tordierten Riefeln. Knapp unter der größten Ausbuchtung blauer und blaßgrüner gekerbter Faden jeweils ringförmig umgelegt. Weiter oben und knapp unter dem Lippenrand glatte blaue Fäden.

Stadt- und Bergbaumuseum Freiberg, Stadtkernforschung Freiberg, Inv. Nr. 1/85; 2/85; 3/85.

In der Innenstadt von Freiberg, der einstigen reichen Berghauptstadt Sachsens, wurden in den letzten Jahren aus Kloaken und Brunnen große Mengen von Funden des Mittelalters und der frühen Neuzeit geborgen[1], darunter auch sehr

488 b

viel Glas. Bei erster flüchtiger Durchsicht des größtenteils noch unbearbeiteten Materials[2] ergibt sich der Eindruck, daß ein kleiner Teil der Glasfunde ins 13. Jahrhundert zurückgeht, das Gros aber aus dem 14. bis 16. Jahrhundert und noch jüngerer Zeit stammt. Es sind offenbar größere Mengen an ›böhmischen‹ Gläsern darunter (vergleichbar etwa mit den Stücken Kat. Nrn. 367 f. und 390), aber auch deutlich eigenständige Typen. Zu solchen Typen aus wahrscheinlich regionaler Produktion ist diese besondere Variante der Keulengläser mit blauen Fadenverzierungen zu rechnen. In Freiberg gibt es Fragmente von zahlreichen Exemplaren dieser Art, entsprechende Bruchstücke sollen auch im Fundmaterial von der Glashütte Heidelbach bei Seiffen (Erzgebirge) vorkommen[3]. Es ist daher zu vermuten, daß solche Keulengläser (u. a.) dort hergestellt wurden.
Ein Unikum ist das Fragment a) mit dem Holzfuß[4]. Eine solche alte ›Restaurierung‹ läßt darauf schließen, daß das ursprüngliche Glas nicht so einfach war, wie es nach dem erhaltenen Unterteil scheint. Wahrscheinlich war es einst ein recht großes Exemplar dieses Keulenglastyps. – Das Fragment b) läßt erkennen, daß der Fuß dieser Keulenglas-Variante (im Gegensatz zu den hochgestochenen Füßen der weiter westlich verbreiteten Keulengläser) aus einem Faden gewickelt und dann geglättet war, wie bei den böhmischen Stangengläsern (vgl. Kat. Nrn. 367-371). – Fragment c) gibt eine Vorstellung vom stark gebauchten Oberteil dieser Gläser mit z. T. blauer Verzierung.

LIT.: –

488 c

1 Andreas Becke, Archäologische Untersuchungen im historischen Stadtkern von Freiberg, in: Sächsische Heimatblätter, 32/3, 1986, S. 127-134.
2 Für die Möglichkeit, das Freiberger Glasmaterial zu sichten, und allerlei Auskünfte dazu danke ich ganz besonders Andreas Becke, Freiberg.
3 Freundliche Auskunft von Andreas Becke, Freiberg. – Zur Hütte Heidelbach siehe: Albrecht Kirsche/Dietmar Geyer, Zur Bedeutung der Glashütte Heidelbach bei Seiffen, in: Dresdener Kunstblätter 4, 1985, S. 107-111; 5, 1985, S. 145-151.
4 Einen zeitgenössischen ›Ersatzfuß‹ (aus Metall) gibt es auch bei einem böhmischen Stangenglas in der Slg. Amendt (Baumgartner (1987), S. 91 f., Nr. 107).

489 Blaues Stangen- oder Keulenglas, Fragment

Deutschland, späteres 15. Jh./frühes 16. Jh. – Fundort: Lüneburg, Große Bäckerstraße 6-7, Kloake VIII (1966). – H 14,7 cm; Ø Fuß 12,2 cm, Schaft ca. 4,5 cm; Wandungsstärke Bruchkante oben 0,8 mm. – Hell kobaltblaues Glas. Geklebt. Oberfläche z. T. irisiert oder wegkorrodiert.

Museum für das Fürstentum Lüneburg

Fuß mit hohlem Rand durch Hochstechen der Glasblase gebildet. Boden leicht hochgestochen. Wandung, soweit erhalten, durchgehend rund, zylindrisch und nahezu glatt, nur eine Andeutung von Schrägriefeln erkennbar.

Dieses Unterteil läßt sich nicht mit Sicherheit einer bestimmten Form zuordnen, es könnte sowohl zu einem zylindrischen Stangenglas als auch zu einem Keulenglas gehört haben. Beide Formen kommen mit Schrägriefeln vor, wie sie hier kaum noch erkennbar sind¹. Ein weiteres Exemplar in blauem Glas ist aber m. W. bisher nicht bekannt; die relativ einfache Form wird hier durch die schöne und kostbare Farbe kompensiert.

LIT.: – (Die Lüneburger Glasfunde sind vorgesehen zur Publikation durch Friedrich Laux, Hamburg).

1 Beispiele für zylindrische Stangengläser mit Schrägriefeln z. B. bei Lappe (1983), S. 201, Abb. 9,4. – Lappe/Möbes (1984), S. 226, Abb. 11,4. Keulengläser mit schrägen Riefeln siehe z. B. Baumgartner (1987), S. 92 f., Nr. 108, und dort angegebene Vergleichsbeispiele.

489

490 Stangengläser (?), Fragmente

Deutschland, spätes 15. Jh./frühes 16. Jh. – Fundort: a) Sicher, b) wahrscheinlich Speyer. – Blaues bzw. opak siegellackrotes Glas. Z. T. geklebt. Leicht verwittert und irisiert.

a) H 3,6 cm; ⌀ Fuß 10,0 cm, Schaft 4,6 cm; Wandungsstärke Bruchkante oben 1,8 mm.

Durchbrochener Fuß: gekniffener Faden, Girlandenfaden, zweifach umgelegter Randfaden. Hochgestochener Boden. Kleiner Ansatz zu glatter zylindrischer Wandung.

b) H 4,9 cm; ⌀ Fuß 9,0 cm, Schaft 3,8 cm; Wandungsstärke Bruchkante oben 1,0 mm.
Fuß aus einem Faden gewickelt und nachträglich geglättet. Um den Schaft unten dicker Faden 3mal umgelegt (Faden für den Fuß darauf ansetzend). Boden wenig hochgestochen, Ansatz zu glatter zylindrischer Wandung. (Eventuell zugehörig, ohne Anschluß: 2 Scherben von konisch erweiterter Randpartie, H 6,8 cm, ⌀ Lippenrand 9,2 cm.)

Historisches Museum der Pfalz, Speyer

Diese Fragmente gehören zum Altbestand des Museums in Speyer. In beiden Fällen ist die Gesamtform nicht mit Sicherheit zu erschließen, wahrscheinlich handelte es sich um Stangengläser. (Falls die losen Randscherben zu der roten Fußpartie gehörten, so ergäbe sich eine sonst nicht nachweisbare Form eines hohen Bechers auf Fuß. Es ist daher wohl wahrscheinlicher, daß sie von einem anderen Becher stammen.) Die beiden Unterteile aus Speyer sind interessant als weiterer Beleg dafür, daß sich die Farbpalette der spätmittelalterlichen Gläser keineswegs auf Grüntöne beschränkte, sondern daß man daneben – für gleiche Gefäßformen – auch farbiges Glas verwendete, sowohl für Verzierungen als auch für ganze Gläser.

LIT.: –

490

Stangengläser mit Nuppen

Stangengläser mit Nuppen kamen zuerst in Böhmen im 14. Jahrhundert auf (vgl. Kat. Nrn. 367 ff.). Im späten 15. und frühen 16. Jahrhundert sind sie dann in völlig anderer Ausführung vor allem aus weiter westlich gelegenen Gebieten bekannt, während sie gegen Osten deutlich abnehmen.

Die folgende Gruppe zeigt eine recht bunte Palette der verschiedensten Formen und Detailausführungen solcher Stangengläser. Es sind dies aber bei weitem nicht alle Möglichkeiten, und aus dem gesamten heute bekannten Material ergibt sich, daß Rademachers Vorstellung einer geradlinigen typologischen Entwicklung allzu stark vereinfacht war.

Bei der Form nimmt er eine Entwicklung von sehr hohen und schmalen Stücken mit mehr oder weniger deutlich ausbiegender Lippe zu breiteren und gedrungeneren, schließlich rein zylindrischen Exemplaren an, während er beim Dekor für die früheren Stücke sehr plastische, stark ausgezogene und für die späteren flachere Nuppen als typisch ansieht[1]. Wenn auch dieses Schema wohl nicht grundsätzlich falsch ist, so sind doch folgende Bedenken anzumelden: Erstens gibt es offenbar wieder einmal eine Fülle von Sonderformen, und zweitens kaum genau datierbare Stücke (Ausnahme: Kat. Nr. 492), an denen man die hypothetische Typologie kontrollieren könnte. Speziell für diese Gruppe entfallen die Datierungshinweise, die sich vielfach bei Reliquiengefäßen ergaben, da sie zu groß für diese Verwendung sind. Auch die nicht sehr zahlreichen Funde dieser Art aus Grabungskomplexen sind bisher nie mit Fixdaten verbunden. So bleiben nur die Abbildungen in Gemälden, die aber leider nicht zahlreich genug sind und bei weitem nicht alle Varianten zeigen.

Wann der Typ der nuppenbesetzten Stangengläser aufkam und wie die frühesten Stücke aussahen, wissen wir wieder einmal nicht[2]. Sicherlich kann man die sehr viel früheren böhmischen Stangengläser mit kleinen Nuppen nicht als direkte Vorläufer ansehen. Für die spätere Entwicklung kann man Rademachers Vorstellung von der typologischen Abfolge zum Teil übernehmen, muß aber deutlich betonen, daß es eine Fülle von Ausnahmen gibt, sowohl in der Form als auch bei den Nuppen. Spätere Entwicklungsstufen des nuppenbesetzten Stangenglases aus der Zeit nach der Mitte des 16. Jahrhunderts – z. B. Stücke, bei denen die Nuppen nur noch den unteren Teil der Wandung bedecken[3] – gehören nicht mehr in den Rahmen dieser Ausstellung.

1 Rademacher (1933), S. 121.
2 Die für die Zeit um 1450 von Rademacher als Beispiel angegebene Darstellung eines Glases auf dem Schrein des Hl. Emmeram in Regensburg (Tf. 54 c) zeigt leider nicht die ganze Form.
3 Greiner (1971), Tf. 9, Nrn. 20-22.

393

491   Stangenglas mit Nuppen

Deutschland, Ende 15. Jh./Anfang 16. Jh. – Provenienz: Kunsthandel (1919). – H 19,5 cm; ⌀ Lippe 7,7 cm, Fuß ca. 8,0 cm; Wandungsstärke Lippenrand 2,0 mm. – Dunkelgrünes Glas. Geklebt, kleine Ausbrüche.

Museum für Kunst und Gewerbe, Hamburg, Inv. Nr. 1919.216

491

Durchbrochener Fuß: gekniffener Faden, 4fach gesponnener Rand. Hochgestochener Boden. Auf der Wandung 6 Vertikalreihen mit je 7 oder 8 Nuppen mit gerichteter Spitze. Faden etwas unterhalb des Ansatzes zur Lippe.

Dieses Stangenglas dürfte in Rademachers typologischer Reihe (vgl. S. 392) nicht mehr an den Anfang gestellt werden, es ist schon etwas zu breit in der Proportion. Die spitz ausgezogenen Nuppen hingegen wären in seinem Schema ein Indiz für recht frühe Entstehung. Wie komplex die ganze Frage der Typologie in Wirklichkeit ist, mögen zwei Vergleiche zeigen. Ein Stangenglas in Mainz[1] und ein anderes in der Slg. Amendt[2] haben nahezu gleiche Proportionen und eine sehr ähnliche Fuß- und Lippenform wie das Stück aus Hamburg. Das Mainzer Glas verbindet damit aber auffällig kleine, stark plastische und sehr unregelmäßige, das zweite etwas größere und weitgehend verrundete Nuppen. Eine klare typologische Abfolge der nuppenbesetzten Stangengläser bleibt also wohl Wunschdenken.

LIT.: Rademacher (1930), S. 307, Abb. 270. – Rademacher (1933), Tf. 51a.

1   Rademacher (1933), Tf. 55a.
2   Baumgartner (1987), S. 89, Nr. 101.

492   Stangenglas mit Nuppen

Deutschland oder Schweiz, Anfang 16. Jh. – Provenienz: Familie Peyer, Schaffhausen (bis 19. Jh.); Hans Burckhardt-Burckhardt, Basel. – H 29,2 cm; ⌀ Lippe 11,6 cm, Fuß 12,6 cm; Wandungsstärke Lippenrand 2,9-3,5 mm. – Bläulich-grünes Glas. Je ein kleiner Sprung in Wandung und Boden, Fuß bestoßen.

Historisches Museum Basel, Inv. Nr. 1922.194

Durchbrochener Fuß: gekniffener Faden, 2fach gewickelter Rand. Hochgestochener Boden. Auf der Wandung 12 in der Höhe versetzte Vertikalreihen mit je 13 Nuppen, die von oben nach unten aufgebracht wurden (Überlappungen). Faden am Ansatz zur Lippe. Ritzung in der Lippenzone: einmal Initialen »HS«, dazwischen das Jerusalemkreuz, auf der Gegenseite »Hans Stockar«, wiederum mit dem Jerusalemkreuz.

Hans Stockar-Peyer (1490-1556), Ratsherr von Schaffhausen, pilgerte 1519 nach Palästina und wurde in Jerusalem zum Ritter des Heiligen Grabes geschlagen. Auf dem Stangenglas des Historischen Museums Basel, das bis ins 19. Jahrhundert im Besitz der Nachfahren Hans Stockars in Schaffhausen verblieb, finden sich in der Lippenzone zwei eingeritzte Jerusalemkreuze, einmal von den Initialen HS und einmal vom voll ausgeschriebenen Namen flankiert[1]. Damit steht der ehemalige Besitzer dieses Glases fest, ein für ein Stück des späten Mittelalters fast einmaliger Umstand. Durch das Jerusalemkreuz läßt sich zudem eine ungefähre Datierung angeben; die Ritzzeichen dürften kaum wesentlich nach Stockars Pilgerfahrt angebracht worden sein, wie lange das Glas allerdings schon vorher in seinem – oder seiner Familie – Besitz war, bleibt offen.

Das Stangenglas zeigt Proportionen und eine Ausführung der Nuppen, die nach Rademachers Schema eher der späten Phase der Entwicklung zuzuschreiben wären. Die durch das Jerusalemkreuz angedeutete Datierung scheint dies zu bestätigen. Der nächste Schritt im groben Schema der Typenabfolge ist der, daß die Wandung oberhalb der Nuppen nicht mehr ausschwingt, sondern zylindrisch weitergeführt wird (vgl. Kat. Nr. 498). Eine Zwischenstufe auf diesem Weg ist eventuell noch in einem weiteren ehemals im Besitz der Familie Peyer befindlichen Glas zu sehen, das heute im Schweizerischen Landesmuseum in Zürich aufbewahrt wird[2]. Die Lippe dieses Stückes biegt kaum mehr aus.

LIT.: Rudolf F. Burckhardt, Das Vermächtnis des Herrn Hans Burckhardt-Burckhardt an das Historische Museum in Basel 1923, in: Jahresberichte und Rechnungen des Historischen Museums Basel 1923, S. 38, Abb. 11. – Rademacher (1933), Tf. 52b. – Peter (1982), S. 8f., Abb. 6f.

1   Zeichnung bei Rademacher (1933), S. 121, Abb. 17. – Abbildung bei Peter (1982), S. 9, Abb. 7.
2   Das Stück wird bereits von Rademacher (1933), S. 123, Anm. 1, erwähnt. Siehe Dexel (1977), S. 81, Abb. 41.

493 Stangenglas mit Nuppen

Schweiz/Südwestdeutschland, 1. Drittel 16. Jh. – Provenienz: Schweizer Privatbesitz. – H 23,5 cm; ⌀ Lippe 7,7 cm, Fuß 9,0 cm; Wandungsstärke Lippenrand 3,5 mm. – Grünes Glas. Ergänzt. Z. T. leicht verwittert.

Historisches Museum Basel, Inv. Nr. 1895.55

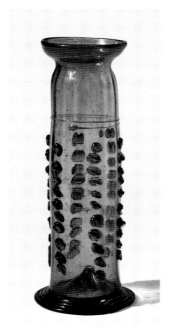

493

Vierfach gesponnener Fuß. Hochgestochener Boden. Die 17fach gerippte Wandung (Musterung nur im Oberteil klar erkennbar bis auf die Höhe der Einschnürung am Lippenansatz) mit 6 Vertikalreihen von kleinen, unregelmäßig geformten Nuppen (5mal 10, 1mal 11). 2mal umgelegter Glasfaden oberhalb der Nuppen.

Daß sich die Entwicklung bei den Stangengläsern nicht eingleisig abgespielt hat, soll mit den nächsten fünf Beispielen belegt werden. Jedes zeigt eine andere Variante zum Thema. Das Glas des Historischen Museums Basel wurde schon 1895 erworben; es stammte von einem Besitzer im schweizerischen Mittelland. Parallelen dazu existieren mehrfach, wenn auch immer mit gewissen Unterschieden. Die gleiche Form und optisch geblasene Vertikalrippen zeigt ein Stück im Historischen Museum Bern (Inv. Nr. 1323); auch der Faden ist dort auf der gleichen Höhe umgelegt, während der restliche Dekor aus nur zwei Vertikalreihen mit je vier Nuppen und zwei vertikal aufgelegten gekerbten Fäden besteht. Das Stück stammt aus Ligerz, Kanton Bern. Gewisse Übereinstimmungen sind auch zu einem Stangenglas in Worms vorhanden[1].

Das letztgenannte Beispiel datiert Rademacher wohl zu Recht ins erste Drittel des 16. Jahrhunderts, womit er selbst seinem Entwicklungsschema widerspricht, denn das Glas ist – im Vergleich zu dem vorigen Glas aus Basel – wiederum ziemlich schlank proportioniert, und die Lippe biegt deutlich aus. Die beiden genannten Parallelen verweisen auf eine relativ späte Datierung, diejenige aus Bern wegen der gekerbten Fäden[2], die aus Worms, weil die Nuppen kaum noch mehr als die halbe Höhe der Wandung bedecken[3].

Es besteht durchaus die Möglichkeit, daß das Stück des Historischen Museums Basel im schweizerischen oder südwestdeutschen Raum entstanden ist. Ähnlich kleine Nuppen, die wohl von Stangengläsern stammen, sind unter entsprechendem Glashüttenmaterial vorhanden (vgl. S. 37, Abb. 38).

LIT.: Rademacher (1933), Tf. 54a.

1 Rademacher (1933), Tf. 55b.
2 Vgl. dazu ein Stück in der Sammlung Amendt, Baumgartner (1987), S. 88, Nr. 100.
3 Diese Tendenz ist im weiteren Verlauf des 16. Jahrhunderts mehrfach zu beobachten, vgl. etwa Greiner (1971), Tf. 9, Nrn. 20-22.

494 Stangenglas mit Nuppen

Deutschland oder Schweiz, spätes 15. Jh./Anfang 16. Jh. – Fundort: Basel, Aeschenvorstadt 10 (1958). – H 19,5 cm; ⌀ Lippe 6,7 cm; Fuß 8,0 cm; Wandungsstärke Lippenrand 2,5 mm, Lippe 1,8 mm. – Grünes Glas. Geklebt, Fehlstelle. Oberflächlich korrodiert.

Historisches Museum Basel, Inv. Nr. 1958.177

494

Durchbrochener Fuß: gekniffener Faden, 3fach gewickelter Randfaden. Hochgestochener Boden. Auf der Wandung 6 Vertikalreihen mit je 7 Nuppen. Faden am Ansatz zur Lippe.

Dieses Stangenglas wurde vor 30 Jahren zusammen mit zwei weiteren gleichen Fragmenten (Inv. Nrn. 1958.179 und 1958.179.A) gefunden. Parallelen dazu sind bisher unbekannt.

Da aus den Fundumständen keine Datierung abzuleiten ist, können zur Entstehungszeit nur Vermutungen geäußert werden. Vor allem die konische, gerade ausladende Lippe irritiert dabei, ist sie doch eigentlich nur im 13. und 14. Jahrhundert geläufig (vgl. Kat. Nrn. 150, 170, 192 ff.), nicht aber in der Zeit des späten 15. oder frühen 16. Jahrhunderts, der das Glas aber wahrscheinlich angehört.

LIT.: Meyer (1977), S. 177, Abb. 2.

495

495 Stangenglas, Fragment

Deutschland, Anfang 16. Jh. – Fundort: Unbekannt. – H 16,7 cm; ⌀ Lippe 5,1 cm; Wandungsstärke Lippenrand 2,8 mm, Lippe 2,1 mm. – Grünes Glas. Fuß fehlt. Z. T. verwittert.

Historisches Museum der Pfalz, Speyer, Inv. Nr. HM 0/745

Rest des Fußes: gekerbter Faden (ursprünglich folgte wohl ein mehrfach gewickelter Randfaden). Hochgestochener Boden. Auf der Wandung 3 horizontale Reihen mit je 6 unterschiedlich ausgeformten Nuppen. Dazwischen je 1 horizontaler gekerbter Faden. Etwas unterhalb des Ansatzes zur Lippe ein glatter Faden.

Das Stück aus Speyer wurde von Rademacher 1933 in seinem fragmentarischen Zustand abgebildet. In der Ausstellung in Darmstadt (1935) ist es mit einem nicht zugehörigen Fuß gezeigt worden[1], der für unsere Ausstellung wieder entfernt wurde.

Rademacher hat bereits auf die Möglichkeit hingewiesen, das Glas anhand der Darstellung eines vergleichbaren Stückes auf dem 1519 entstandenen Herrenberger Altar von Jörg Ratgeb zu datieren[2]. Das Anbringen von horizontalen Fäden in regelmäßigen Abständen ist eine Neuerung dieser Zeit. Hier ist wohl der Ursprung des Paßglases zu suchen, das im weiteren Verlauf des 16. und 17. Jahrhunderts ein beliebter Typus werden sollte[3].

LIT.: Rademacher (1933), S. 123, 150, Tf. 55 c. – Kat. Darmstadt (1935), S. 65, Nr. 380, Abb. auf Tf. 45.

1 Kat. Darmstadt (1935), Tf. 45, Nr. 380.
2 Rademacher (1933), S. 123.
3 Einige Beispiele dafür bei Dexel (1977), S. 82, Abb. 43, S. 83, Abb. 44.

496 Stangenglas auf durchbrochenem Fuß, Fragment

Deutschland, Anfang 16. Jh. – Fundort: Unbekannt. – H 8,6 cm; ⌀ Fuß 11,1 cm; Wandungsstärke obere Bruchkante 1,2 mm. – Grünes Glas. Verwittert, leicht irisiert.

Kölnisches Stadtmuseum, Inv. Nr. KSM/RM 1930/135

Durchbrochener Fuß: kreisförmig gekniffener Faden, Girlandenfaden, 2-3fach gewickelter Randfaden, die äußerste Windung gekniffen. Hochgestochener Boden. Auf der schwach vertikal geriefelten Wandung 2 gekerbte Fäden, dazwischen eine Reihe mit 6 Nuppen.

Die Fundumstände des Fragmentes sind unbekannt; es gelangte vor längerer Zeit aus den Beständen des Schnütgen-Museums an das Stadtmuseum.

Daß auch Stangengläser auf durchbrochene Füße mit Girlandenfaden gestellt werden, überrascht nicht[1], sind doch solche Füße an verschiedenen Glastypen des frühen 16. Jahrhunderts vielfach nachzuweisen (vgl. z. B. Kat. Nrn. 430 ff., 490 a). Ein

496

ähnliches Schema des Dekors mit abwechselnd horizontalen gekerbten Fäden und Nuppenreihen zeigte auch das vorige Stück aus Speyer. Die für jenes Glas vorgeschlagene Datierung erhält durch den für den Anfang des 16. Jahrhunderts so charakteristischen Fuß bei diesem Vergleichsstück eine Bestätigung.

LIT.: —

1 Ein intaktes, seit längerer Zeit publiziertes Stück des Museums Boymans-van Beuningen (siehe Isings [1966], Abb. 34) ist eindeutig eine Arbeit, die nicht vor dem 19. Jahrhundert entstanden sein kann.

glases, ist aber mit Nuppen verziert, wie sie fast ausschließlich von einer besonderen Variante des Krautstrunks (vgl. Kat. Nrn. 425-427)[1] bekannt sind. Ein Vergleich mit solchen Krautstrünken weist für dieses Stangenglas auf eine Entstehung etwa in den beiden ersten Jahrzehnten des 16. Jahrhunderts.

LIT.: —

1 Das einzige weitere bisher bekanntgewordene Glas in Stangenform mit hochovalen Nuppen siehe Jantzen (1960), S. 18, Nr. 23, Abb. auf Tf. 9.

497

497 Stangenglas mit Nuppen

Deutschland, 1. Viertel 16. Jh. – Fundort: Mainz. – H 18,4 cm; ⌀ Lippe 8,6 cm, Fußring 8,5 cm; Wandungsstärke Lippenrand 2,7 mm, Wandung minimal 0,9 mm. – Grünes Glas. 1 Fehlstelle. Stark verwittert.

Hans-Bernhard Fischer, Mainz

Durchbrochener Fuß: gekniffener Faden, glatter Fußring. Hochgestochener Boden. Auf der Wandung 2 horizontale Reihen mit je 4 hochovalen Nuppen mit gerichteter Spitze; die beiden Reihen sind in der Anordnung um 45° versetzt. Zwischen den Nuppenreihen ein gekerbter Faden. Faden am Ansatz zur ausbiegenden Lippe.

Eine ausgefallene Variante der nuppenbesetzten Stangengläser, die aber in der innovationsfreudigen Zeit um und kurz nach 1500 nicht überraschen kann, repräsentiert dieser Bodenfund aus Mainz. Er hat die Form eines üblichen Stangen-

498

498 Stangenglas mit Nuppen

Deutschland, um 1520-30. – Provenienz: Amsterdamer Kunsthandel, 1925. – H 25,3 cm; ⌀ Lippe 11,0 cm, Fuß 12,0-12,3 cm; Wandungsstärke Lippenrand 2,0 mm. – Grünes Glas.

Landesmuseum Oldenburg, Inv. Nr. LMO 4079

Glatter Fuß (aus Faden gewickelt und dann geglättet), um den Ansatz gekerbter Faden. Boden leicht hochgestochen. Auf der Wandung 7 Horizontalreihen mit je 8 flachen, leicht querovalen Nuppen. Darüber glatter Faden. Lippenrand kaum verdickt.

Das Stangenglas aus dem Oldenburger Landesmuseum repräsentiert nach dem Stück Kat. Nr. 492 den nächsten Schritt in der von Rademacher beschriebenen ›Normalentwicklung‹ der Stangengläser mit Nuppen. Nach dem Verschwinden der ausbiegenden Lippe bleibt die rein zylindrische Form zurück, die für mehrere Glastypen der kommenden Zeit bestimmend sein sollte. Einen Anhaltspunkt, wann sich dieser Übergang zur zylindrischen Form vollzog, gibt die Darstellung eines walzenförmigen Stangenglases mit Nuppen in der Predella des 1521 datierten Sippenaltars von Martin Schaffner im Ulmer Münster[1]. Wie verschieden auch noch die Stangengläser dieser zylindrischen Form aussehen können, mag der Vergleich des Oldenburger Stücks mit dem von Martin Schaffner gemalten und einem weiteren Exemplar im Toledo Museum of Art[2] zeigen.

LIT.: Rademacher (1930), S. 310, Abb. 276. – W. Müller-Wulckow, Oldenburgisches Landesmuseum, 1. Kunsthandwerk und heimatliche Altertümer, Oldenburg 1938, S. 63 f., Abb. 39. – Elfriede Heinemeyer, Zu fünf Gläsern aus den Sammlungen des Landesmuseums, in: Berichte der Oldenburgischen Museumsgesellschaft IX, 1969/72, Oldenburg 1973, S. 15-17, Abb. 7.

1   Detailabbildung bei Rademacher (1933), Tf. 44c.
2   Toledo Museum of Art, Art in Glass, a guide to the glass collections, Toledo 1969, S. 49, Abb. unten rechts.

499   Stangenglas mit Deckel

Deutschland, 2. Viertel 16. Jh. – Fundort: Ehemaliges Kartäuserkloster Prüll bei Regensburg. – H 22,3 cm (ohne Deckel 17,0 cm); ⌀ Lippe 8,4 cm, Fuß 10,3 cm; Wandungsstärke Lippenrand 2,5 mm, Lippe 1,5 mm. H Deckel separat 6,1 cm; ⌀ Deckel 9,5 cm; Wandungsstärke Rand 2,7 mm. – Grünes Glas. Stange geklebt, Fehlstellen. Verwittert und irisiert. Deckel intakt, verwittert und irisiert.

Museen der Stadt Regensburg, Inv. Nr. HV 1299

9fach gesponnener Fuß. Hochgestochener Boden. Auf der Wandung ca. 8 horizontale Reihen mit 11-14 Nuppen. Darüber stark verschmolzener Faden. Deckel mit Hefteisenabriß auf der Unterseite. Massiver Knauf.

Das Regensburger Beispiel hat sich durch Rademachers Publikation als eines der wenigen spätmittelalterlichen Gläser mit Deckel eingeprägt; ob er wirklich zugehörig ist, kann natürlich nicht (mehr) entschieden werden. Wichtig ist, daß ursprünglich sicher relativ viele Gläser mit Deckeln versehen wurden, die später naturgemäß nicht mehr eindeutig zugeordnet werden können (einige Beispiele unter den Kat. Nrn. 555-562).

499

Das Stangenglas selbst zeigt als eines von wenigen innerhalb dieser Gruppe einen gesponnenen Fuß, der ohne gekniffenen Faden angesetzt wurde. Das könnte ein Hinweis auf eine relativ späte Entstehung wahrscheinlich im zweiten Viertel des 16. Jahrhunderts sein.

LIT.: Rademacher (1933), S. 114f., 149, Tf. 47c. – Baumgärtner (1977), S. 23, Nr. 25.

Stangengläser
mit hohlen Tierkopfnuppen oder Rüsseln

Eine reichere Variante zu den Stangengläsern mit einfachen Nuppen sind solche mit hohlen Tierkopfnuppen (tierkopfähnlich durch herausgekniffene ›Öhrchen‹ und ›Schnauze‹) und zum Teil auch Rüsseln. Solche Gläser sind noch relativ wenig bekannt, obgleich schon vor mehr als 50 Jahren über einzelne Fragmente berichtet wurde[1] und in der Zwischenzeit weitere Stücke veröffentlicht worden sind[2].

Zur Herkunft und Datierung dieser Gruppe weiß man noch nicht viel Konkretes, es fehlen bei den meisten Stücken nähere Anhaltspunkte dazu. Allgemein scheint sich aber die Laufzeit im wesentlichen auf die erste Hälfte des 16. Jahrhunderts beschränkt zu haben. Die so skurrilen Gläser passen wiederum sehr gut in diese Zeit der übersprudelnden Phantasie.

Das Verbreitungsgebiet der bisherigen Funde ist noch etwas diffus, sie sind relativ häufig im Rheinland, kommen aber auch zum Beispiel in Marburg, Göttingen, Höxter, Lüneburg, Lübeck und Erfurt vor. An bisher zwei Stellen sind Tierkopfnuppen in Hüttenzusammenhang gefunden worden, einmal bei der Hütte Großalmerode im Kaufunger Wald[3], einmal bei der Hütte Volsbach in Thüringen[4]. Die Produktionszeit der Volsbacher Hütte lag in der ersten Hälfte des 16. Jahrhunderts, die der Hütte Großalmerode begann in jener Zeit und dauerte noch durch das 17. Jahrhundert an. Es ist aber damit zu rechnen, daß Stangengläser mit Tierkopfnuppen auch noch in anderen Regionen hergestellt wurden. Dafür sprechen zum einen die Fundhäufigkeit auch im Kölner Raum, zum anderen auch die recht großen Unterschiede in Form und Ausführung dieser Gläser.

1 Fremersdorf (1933/34), S. 24, Abb. 27 rechts, S. 28, Abb. 29, S. 30, Abb. 31.
2 Bremen (1964), S. 282, Nr. 106, S. 284, Nr. 106a. – Meurer (1985), S. 207 f. – Baumgartner (1987), S. 94 f., Nr. 111, S. 95 f., Nr. 112.
3 König/Stephan (1987), o. Seitenzahl.
4 Lappe/Möbes (1984), S. 227, Abb. 12, 1 und 3.

15./16. JAHRHUNDERT

500 Stangenglas mit Tierkopfnuppen

Deutschland, Ende 15. Jh./Anfang 16. Jh. – Fundort: Köln, Eigelstein (1972). – H 22,8 cm; ⌀ Lippe 4,9 cm, Fuß 9,5 cm; Wandungsstärke Lippenrand 2,1 mm, unterhalb Halsfaden 1,5 mm. – Hell gelbgrünes Glas, blaue Auflagen. Geklebt und ergänzt. Z. T. verwittert und korrodiert.

Württembergisches Landesmuseum Stuttgart,
Inv. Nr. 1984-27

Durch Hochstechen der Glasblase hergestellter Fuß mit hohlem Rand. Die Wandung im Unterteil mit dunkelblauem Dekor: spiralig umlaufender Faden (z. T. glatt, z. T. gekerbt), 3 hohlgeblasene Tierkopfnuppen (nach dem Faden angebracht, zum Gefäßkörper hin offen). Blauer Faden am Ansatz zur Lippe. Wandung 24fach gerippt.

Das Stangenglas des Württembergischen Landesmuseums wurde 1972 aus einem Brunnenschacht in Köln-Eigelstein zusammen mit einem zweiten Stück (vgl. die nachfolgende Kat. Nr.) geborgen. Die einzige – nicht nachprüfbare – Angabe zur Datierung ist die, daß sich unter den Beifunden desselben Niveaus ein Siegburger Steinzeugbecher mit Disteldekor der Zeit um 1500 befunden habe.

Die beiden Gläser stimmen zum Teil bis in die kleinsten Details überein; sie müssen zur selben Zeit und wohl auch in derselben Glashütte entstanden sein. Weitere im Profil komplett erhaltene Parallelen existieren nicht, nur einige wenige, auch aus dem Kölner Raum stammende kleine Fragmente von wohl vergleichbaren Stücken sind in Privatsammlungen vorhanden.

Für die Datierung konnten bisher keine guten Anhaltspunkte gefunden werden. Für die Gesamtform des Glases fehlen Vergleichsmöglichkeiten; dasselbe gilt für die spezifische Art der Dekoration mit den blauen Tierkopfnuppen und dem spiralförmig aufgelegten, gekerbten Faden.

LIT.: Journal of Glass Studies 28, 1986, S. 100, Nr. 8. – Meurer (1985), S. 207f.

501 Stangenglas mit Tierkopfnuppen

Deutschland, Ende 15. Jh./Anfang 16. Jh. – Fundort: Köln, Eigelstein (1972). – H 22,5 cm; ⌀ Fuß 9,6 cm. – Hell gelbgrünes Glas, blaue Auflagen. Geklebt und ergänzt (u. a. obere Hälfte der Lippe). Z. T. verwittert und korrodiert.

Karl Amendt, Krefeld

Durch Hochstechen der Glasblase hergestellter Fuß mit hohlem Rand. Die Wandung im Unterteil mit dunkelblauem Dekor: spiralig umlaufender Faden (z. T. glatt, z. T. gekerbt), drei hohlgeblasene Tierkopfnuppen (nach dem Faden aufgebracht, zum Gefäßkörper hin offen). Blauer Faden am Ansatz zur Lippe. Wandung 24fach gerippt.

Zum Kommentar vgl. die vorangehende Katalognummer.

LIT.: Baumgartner (1987), S. 94, Nr. 111.

501

502 Stangenglas mit Tierkopfnuppen, Fragment

Deutschland, 1. Hälfte 16. Jh. – Fundort: Unbekannt. – H 11,7 cm; ⌀ Fuß 9,0 cm; Wandungsstärke obere Bruchkante 0,7 mm, Wandung Fuß (wo verdoppelt) 1,6 mm. – Gelbgrünes Glas, blaue Auflagen, z. T. kleine braune Korrosionsflecken.

Museum Boymans-van Beuningen, Rotterdam,
Inv. Nr. 1097

Teil eines durch Hochstechen der Glasblase hergestellten Fußes mit hohlem Rand. Die Wandung mit blauem Dekor: 2 gekerbte Fäden, je 4 hohlgeblasene Tierkopfnuppen (nach dem Faden aufgebracht, zum Gefäßkörper hin offen). Wandung und Fuß mit optisch geblasenen Diagonalrippen (die weißen Linien entstanden durch eine Korrosion, die den Rippen folgt).

Das Fragment zeigt Elemente, die von den vorausgehenden Katalognummern bekannt sind: der Fuß, die gerippte Wandung, die Tierkopfnuppen und der gekerbte Faden sind gleich hergestellt, und die Glasfarbe stimmt weitgehend überein. Anders hingegen sind – außer der Anordnung der

STANGENGLÄSER MIT HOHLEN TIERKOPFNUPPEN ODER RÜSSELN

401

Nuppen und der gekerbten Fäden – die Proportionen des Gefäßes und die achtkantige Wandung.
Die Übereinstimmungen gehen so weit, daß eine ähnliche Entstehungszeit und vielleicht die gleiche Entstehungsregion wie bei den beiden letzten Stücken angenommen werden kann. Die mehrkantige Wandung, die durch das Einstoßen eines Innenkerns erzielt wurde, ist bei Stangengläsern der ersten Hälfte des 16. Jahrhunderts mehrfach belegt[1], wenn auch nicht durch genau vergleichbare Stücke.

LIT.: Erwähnt bei Baumgartner (1987), S. 94.

1 Stephan (1972), S. 164, Abb. 129/1. – Lappe/Möbes (1984), S. 226, Abb. 11/3.

503 Stangenglas mit Tierkopfnuppen, Fragment

Deutschland, 1. Hälfte 16. Jh. – Fundort: Unbekannt. – H 10,1 cm; ⌀ Fuß 9,6 cm; Wandungsstärke obere Bruchkante ca. 0,8 mm. – Gelbgrünes Glas, blaue Auflagen. Z. T. kleine braune Korrosionsflecken.

Museum Boymans-van Beuningen, Rotterdam,
Inv. Nr. 1096

Durch Hochstechen der Glasblase hergestellter Fuß mit hohlem Rand. Die Wandung mit blauem Dekor: 2 gekerbte Fäden, 4 Rüssel mit aufgesetzten Tierkopfnuppen. Tierkopfnuppen und Rüssel hohl; die Tierkopfnuppen zum Rüssel und die Rüssel zum Gefäßkörper hin offen. Wandung und Fuß mit optisch geblasenen Diagonalrippen.

Auch dieses Fragment hat mit den beiden Stangengläsern aus Köln sehr viel Gemeinsames. Der wichtigste Unterschied besteht in den zusätzlichen Rüsseln, auf die die Tierkopfnuppen aufgesetzt sind.
Zur Herstellung der Rüssel wurde auf den gelbgrünen Gefäßkörper, der immer noch an der Glasmacherpfeife hing, ein Posten blaues Glas aufgetragen und danach gleich mit der Zange ausgezogen, nach unten gerichtet und auf die Wandung aufgesetzt. Während dieses Vorganges wurde wahrscheinlich von der Pfeife her etwas geblasen, was die zum Teil vorhandene Schwellung der Rüssel erklärt, die durch das bloße Ausziehen nicht zu erreichen wäre. Für die Tierkopfnuppen wurde später ein Posten Glas auf den Rüssel gesetzt und wieder aufgeblasen; anschließend wurden Ohren und Schnauze mit der Zange gekniffen. Die Möglichkeit, die Tierkopfnuppen aufzublasen, ohne daß sich dabei das ganze Gefäß wieder verformt, war durch den Temperaturunterschied der Glasmasse gegeben; der direkt aus dem Ofen aufgetragene Posten für Rüssel oder Nuppe war heißer als der bereits etwas erkaltete Rest des Gefäßes.

LIT.: Erwähnt bei Baumgartner (1987), S. 95.

502 503

504 Stangenglas mit Rüsseln und Tierkopfnuppen, Fragment

Deutschland, 1. Hälfte 16. Jh. – Provenienz: Slg. Lückger. – H 12,5 cm; ⌀ oben 3,1 cm; Wandungsstärke obere Bruchkante 1,0 mm. – Gelbgrünes Glas, blaue Auflagen. Verwittert, z. T. irisiert.

Kunstmuseum Düsseldorf, Inv. Nr. P 1964-22 A

504

Ansatz zu einem durch Hochstechen der Glasblase hergestellten Fuß. Wandung mit optisch geblasenen Diagonalrippen und blauem Dekor: gekerbte Fäden, 4 Rüssel mit aufgesetzten Tierkopfnuppen. Tierkopfnuppen und Rüssel hohl; die Tierkopfnuppen zum Rüssel und die Rüssel zum Gefäßkörper hin offen.

Während die vorigen Stücke mit blauen Tierkopfnuppen alle eine sehr ähnliche Nuance der blauen Glasmasse hatten, ist der Farbton bei den blauen Auflagen des Düsseldorfer Fragments blasser und etwas graustichig. Auch die Details sind leicht verschieden, die Tierkopfnuppen flacher, dafür etwas länger gezogen, und die Fadenauflagen feiner gekerbt. Ob diese Unterschiede auf eine andere Entstehungszeit oder -region hindeuten, muß offenbleiben.

LIT.: –

505 Stangenglas mit Tierkopfnuppen, Fragment

Deutschland, 1. Hälfte 16. Jh. – Fundort: Lübeck, Schrangen. – H 12,6 cm; ⌀ Fuß 11,5 cm; Wandungsstärke obere Bruchkante 0,8 mm. – Hell olivgrünes Glas, rubinrote Bänder. Geklebt (zusätzlich lose, wohl zugehörige Fragmente).

Amt für Vor- und Frühgeschichte (Bodendenkmalpflege) Lübeck, Inv. Nr. HL 2/170 u. 151, E 368-370

Durch Hochstechen der Glasblase hergestellter Fuß mit hohlem Rand. Wandung unten rund, oben achtkantig. Dekor: auf die noch relativ kleine Blase aufgeschmolzener roter Faden, beim weiteren Aufblasen fast ganz in die Wandung eingeschmolzen (nur bei einigen – hier nicht abgebildeten – Fragmenten vom oberen Teil des Gefäßes plastisch aufliegend); gekerbte Fäden, je 4 Tierkopfnuppen in mindestens 2 Zonen übereinander (nach dem gekerbten Faden hergestellt, zum Gefäßkörper hin offen).

Das Fragment aus Lübeck zeigt mit seinem roten, spiralförmig eingeschmolzenen Band in Kombination mit Tierkopfnuppen eine bisher unbekannte Variante (vgl. auch das folgende Stück). Unter dem Glasmaterial von derselben Fundstelle in der Lübecker Innenstadt finden sich auch Fragmente von Stangengläsern mit blauen Rüsseln und Tierkopfnuppen[1].
Daß auch hier eine im Detail gegenüber den bisher gezeigten Beispielen unterschiedliche Ausführung vorliegt, zeigen u. a. die Tierkopfnuppen, die relativ flach und groß ausgeführt sind. Eine Präzisierung der Datierung ist von einer geplanten Bearbeitung des Fundes zu erhoffen[2].

LIT.: –

1 Die blaue Dekoration dieser Fragmente ist von der Ausführung her am ehesten mit dem Beispiel aus Düsseldorf, Kat. Nr. 504, zu vergleichen.
2 Publikation vorgesehen in der Dissertation von Margret Kirst, Universität Kiel.

506   505

506 Stangenglas mit eingeschmolzenen roten Bändern, Fragment

Deutschland, 1. Hälfte 16. Jh. – Fundort: Lüneburg, Glockenhof, Schwindgrube VI (1973). – H 9,1 cm; ⌀ Fuß 10,1 cm; Wandungsstärke Bruchkante oben 1,2 mm. – Hellgrünes Glas, rubinrote Bänder. Oberfläche z. T. irisiert, großenteils (bes. in den grünen Partien) angefressen.

Museum für das Fürstentum Lüneburg

Fuß aus der Blase hochgestochen, mit hohlem Rand. Wandung unten rund, weiter oben achtkantig (Ansatz zu Knick erhalten). Dekor: zunächst (noch auf die Blase) rote Fäden unregelmäßig, z. T. wellenförmig, aufgelegt und beim Weiterblasen eingeschmolzen; später grüner Faden zweimal ringförmig umgelegt (mit schräger Verbindung untereinander) und gekerbt.

Das Fragment wurde geborgen aus einer der 7 Abfallgruben im Hinterhof des ehemaligen Zeughauses (Glockenhaus), die bei Umbauarbeiten aufgedeckt wurden. Es läßt sich besonders gut vergleichen mit dem Stangenglas-Unterteil aus Lübeck, das ähnliche eingeschmolzene rote Bänder aufweist.

LIT.: – (Die Lüneburger Glasfunde sind vorgesehen zur Publikation durch Friedrich Laux, Hamburg.)

507 Stangenglas mit Tierkopfnuppen

Deutschland, 1. Hälfte 16. Jh. – Fundort: Angeblich Aachen. – H 26,3 cm; ⌀ Fuß 10,9 cm; Wandungsstärke Lippenrand ca. 2,5 mm. – Hell gelbgrünes Glas. Geklebt und ergänzt. (Das Profil weist unterhalb der unteren Tierkopfnuppen eine Fehlstelle von ca. 0,5 cm auf.) Z. T. hellbraune kleine Korrosionsflecken.

Karl Amendt, Krefeld

Durch Hochstechen der Glasblase hergestellter Fuß mit hohlem Rand. Wandung über dem Fuß rund, weiter oben achtkantig. Dekor von unten nach oben: 2 horizontale Fäden, je neunmal nach oben ausgezogen und an den Enden halbkreisförmig gekniffen, 4 hohle Tierkopfnuppen, 2 gekerbte horizontale Fäden, 4 langgezogene hohle Rüssel mit aufgesetzten hohlen Tierkopfnuppen, 2 gekerbte Fäden und glatter Spiralfaden.

Anhand der Überlappungen lassen sich die einzelnen Arbeitsschritte bei der Herstellung des Glases nachvollziehen: 1. Herstellung Gefäßkörper; 2. Fadenauflagen; 3. untere Tierkopfnuppen; 4. Rüssel; 5. Tierkopfnuppen auf Rüsseln; 6. Aufnahme des Glases ans Hefteisen, Absprengen von der Glasmacherpfeife und Verformen der Wandung mit einem achtkantigen Innenkern.
Das Glas der Sammlung Amendt ist mit seiner reich-skurrilen Dekoration bisher ohne Parallele. Es ist wohl als Steigerung der bereits beschriebenen Stücke und Fragmente zu verstehen, was nicht unbedingt ein zeitliches Nacheinander bedeuten muß.
Mehrere Elemente dieses Glases sind aus Funden von Glashüttengrabungen her bekannt; in der thüringischen Hütte Volsbach kommen z. B. hohlgeblasene Rüssel und Tierkopfnuppen sowie mehrkantige Stangen mit gekerbten Fadenauflagen vor[1]. Erst eine Gegenüberstellung würde allerdings zeigen, wie weit die Übereinstimmung im Detail geht, etwa in bezug auf die Glasmasse.

LIT.: Baumgartner (1987), S. 95 f., Nr. 112.

1 Lappe/Möbes (1984), S. 226, Abb. 11/3, S. 227, Abb. 12/1 und 3.

508 Stangenglas mit Fadenauflagen

Deutschland, 1. Hälfte 16. Jh. – Provenienz: Kunsthandel. – H 23,1 cm; ⌀ Fuß 8,0 cm; Wandungsstärke Lippenrand 2,0 mm. – Gelbgrünes Glas, blaue Fadenauflagen.

Kunstmuseum Düsseldorf, Inv. Nr. LP 1978-44

Durch Hochstechen der Glasblase hergestellter Fuß mit hohlem Rand. Wandung mit optisch geblasenen Schrägriefeln

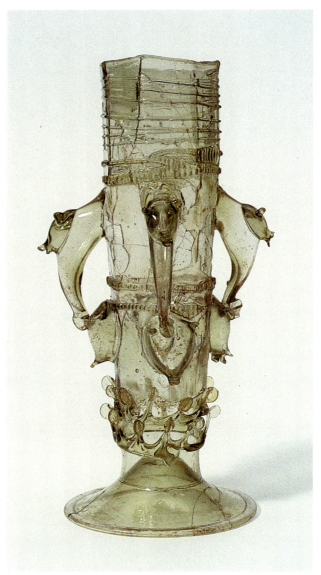

507

405

unten rund, weiter oben achtkantig. Reicher blauer Fadendekor: zwischen bogenförmig ausgezogenen Fäden unten und oben mehrere gekerbte Fäden und als Hauptmotiv in der Mitte 2 freistehende gewellte Fäden, die auf den gekniffenen Partien zweier Fadenringe aufgesetzt sind.

Obgleich dieses Stangenglas keine Tierkopfnuppen oder Rüssel hat, ist es doch dieser Gruppe angereiht, weil es den vorigen Stücken im Reichtum des plastischen Dekors verwandt ist und weil es andererseits wieder völlig neue Verzierungsmöglichkeiten im Repertoire dieser üppig dekorierten Stangengläser aufzeigt. Es sind noch eine Reihe von Fragmenten mit ähnlichem reichen Fadendekor bekannt[1], aber keines davon ist auch nur annähernd so vollständig wie dieses Exemplar. Anhaltspunkte zu einer Lokalisierung oder näheren Datierung fehlen bisher, die erste Hälfte des 16. Jahrhunderts ist aber als Entstehungszeit am wahrscheinlichsten. In dieser Zeit wiederholt sich auch an anderen Glastypen der freistehende Fadendekor (vgl. z. B. Kat. Nrn. 514, 533, 560 ff.).

LIT.: Journal of Glass Studies 21, 1979, S. 120, Nr. 8 (Neuerwerbung).

1 Mit gleichfarbigem Fadendekor z. B.: Fuchs (1933/34), S. 57, Abb. unten. – Kunstgewerbemuseum Köln, Inv. Nrn. F 1163 a und b. – Museum der Stadt Worms im Andreasstift, Fragment vom Domplatz, Abfallgrube 1. – Mit blauem Fadendekor: Unterteil aus Göttingen, Grotmanstraße (1986). – Daneben gibt es weitere Stücke mit anderem, freistehenden Fadendekor, z. B. sich überkreuzenden Zickzackfäden.

509 ›Stangenglas‹ mit Rüsseln und anderer Verzierung

Deutschland, spätes 15. Jh. (?)/1. Hälfte 16. Jh. – Fundort: Göttingen, Weender Straße 13/15. – H des Fragments 19,3 cm; ⌀ Schaft unten 4,1 cm, Ausbuchtung maximal 7,5 cm; Wandungsstärke Bruchkante Fuß 1,5 mm, oben ca. 1,0 mm. – Blaß gelblich-grünes Glas. Fragment, geklebt, sehr stark bräunlich korrodiert, in Schichten zersetzt, Oberfläche angefressen.

Städtisches Museum Göttingen, Stadtarchäologie

Ansatz vom Fuß (der gewickelt und glattgestrichen war), Körper unten zylindrisch, darüber zweimal kugelig ausgebuchtet, mit reicher Verzierung: unten dicker Faden umgelegt, sechsmal nach oben ausgezogen und an den Enden halbkreisförmig gekniffen. An der unteren Ausbuchtung zwischen 2 horizontalen gekerbten Fäden 2 Reihen von je 9 Nuppen, seitlich versetzt. An der oberen, wieder zwischen 2 gekerbten Fadenringen, 6 hohle Rüssel, die an den Enden halbkreisförmig gekniffen sind und auf dem gekerbten Faden aufliegen. Lippe fehlt.

Die Fragmente dieses bizarren Glases wurden in einer Kloake der Göttinger Innenstadt gefunden, die Keramik und Glas im wesentlichen aus der 2. Hälfte des 15. Jahrhunderts enthielt[1]. Darunter waren wahrscheinlich auch Bruchstücke von mindestens 2 ähnlichen Gläsern: ein Fragment vom Unterteil mit gewickeltem und geglättetem Fuß, ein anderes vom oberen Bereich, mit ausbiegender Lippe. Eventuell ist auch ein Deckelfragment diesen Gläsern zuzuordnen. Von anderen Fundorten sind genaue Parallelen nicht bekannt[2].

509

Eine Entstehung dieses Glases schon im 15. Jahrhundert, wie es die Beifunde anzudeuten scheinen, paßt nicht recht in das allgemeine Bild, wonach solche besonders reich und phantastisch verzierten Gläser erst um die Wende zum 16. Jahrhundert in Mode kamen. Eine nähere Bearbeitung des Fundkomplexes wird hoffentlich zeigen, ob eine etwas spätere Datierung in die erste Hälfte des 16. Jahrhunderts auszuschließen ist und ob man demnach (eventuell in anderen Hüttenregionen) schon im späteren 15. Jahrhundert solche überreich verzierten skurrilen Gläser herstellte.

Die Glasfarbe, die Art der Korrosion wie auch die Art der Fußbildung erinnern an böhmische Gläser[3], was allgemein für ein Großteil der Göttinger Glasfunde gilt. Beim heutigen Kenntnisstand ist noch nicht zu entscheiden, welche Schlußfolgerungen daraus zu ziehen sind: Importe? Beeinflussungen? Nachahmungen? Wanderungen von Glasarbeitern?

LIT.: –

1 Angaben zum Fundzusammenhang verdanken wir Sven Schütte, Göttingen.
2 Im Fundmaterial vom Braunschweiger Eiermarkt sind einige rätselhafte Fragmente, die vom ›Taillenbereich‹ solcher Gläser mit Ausbuchtungen stammen könnten.
3 Fragmente mit langgezogenen hohlen Rüsseln sind auch im Material aus einem Brunnen in Most (ČSSR) erhalten.

510 Scherzgefäß, Fragment

Deutschland, 1. Hälfte 16. Jh. (?) – Fundort: Lüneburg, Obere Schrangenstr. 13, Kloake im Hof (1963). – H des Fragments 17,3 cm; ⌀ Lippe ca. 5,0 cm, Schaft unten ca. 3,8 cm, ›Brust‹ maximal 7,4 cm; Wandungsstärke Lippenrand 2,5 mm. – Hell türkisgrünes Glas. Geklebt. Verwittert.

Museum für das Fürstentum Lüneburg, Inv. Nr. 18: 1963

Unterteil/Fuß verloren. Auf schmalen zylindrischen Schaft mit vierfach umgewickeltem, z. T. gekerbtem Faden kugeliges Oberteil mit ganz schwachen optisch geblasenen Rippen gesetzt. Daran 2 hohle Rüssel als Arme, herabgezogen bis auf die gekerbten Fäden, an den ›Ellbogen‹ und ›Händen‹ gekniffen. Etwas höher horizontaler, schräg gekniffener Faden. Auf der Lippe (= Kopf) 2 flache Scheiben als Augen aufgesetzt sowie eine senkrechte bandartige Auflage, die als Nase gekniffen und als Mund eingekerbt ist. Über den Augen doppelt, z. T. wellenförmig umgelegter Faden.

Genaue Parallelen zu diesem Scherzgefäß sind nicht bekannt, daher ist auch keine sichere Rekonstruktion des fehlenden Unterteils möglich. Die ›ungegenständliche‹ Variante zu diesem Glas, das Fragment aus Göttingen (Kat. Nr. 509), läßt den Ansatz zu einem Fuß in der Art der böhmischen Stangengläser erkennen. Gläser in Form von Lebewesen scheinen (nach einer längeren Unterbrechung) erst im Laufe des 16. Jahrhunderts wieder hergestellt worden zu sein. Ob dabei zuerst nur einzelne Körperteile mit geläufigen Gefäßen kombiniert wurden (wie es bei dem Fragment aus Lüneburg der Fall zu sein scheint) und ob ganz figürliche Gefäße erst später hergestellt wurden, ist noch offen[1].

LIT.: –

1 Vgl. etwa Heinemeyer (1966), S. 56, Nr. 142. – Baumgartner (1987), S. 107 f., Nr. 131.

510

Gläser mit Stiel

In der folgenden Gruppe sind recht unterschiedliche Gläser zusammengefaßt, die als gemeinsamen Nenner einen kurzen oder längeren massiven Stiel haben.

Hochstielige Gläser waren schon als ein besonders wichtiger und variantenreicher Typ des 13./14. Jahrhunderts vorgestellt worden. Das bisherige Material erweckt aber den Eindruck, als ob Gläser auf Stiel im 15. Jahrhundert dann keine Rolle mehr gespielt haben – zwar kommen sie vereinzelt in Darstellungen vom Anfang dieses Jahrhunderts noch vor, aber wir kennen bisher keine Stücke, die mit einiger Sicherheit ins 15. Jahrhundert zu datieren wären. Zwischen den frühen Stengelgläsern und diesen späten Stücken klaffen auch ganz erhebliche Unterschiede in der Ausführung. Ganz generell sind diese Gläser der ersten Hälfte des 16. Jahrhunderts bei weitem weniger zart und dünnwandig, hohle Stiele fehlen ganz, optisch geblasene Muster kommen allenfalls in sehr viel gröberen Varianten vor (z. B. bei Kat. Nr. 517). In einigen Fällen scheint das Motiv der gekniffenen Stege verwandt, aber auch bei diesem Detail gibt es große Unterschiede zwischen den Gläsern des 13./14. Jahrhunderts und denen des frühen 16. Jahrhunderts. Man kann also wohl diese Gläser nicht in direkter Nachfolge der frühen Stücke sehen, sondern muß sie als selbständige Neuerfindung auffassen. Bei einigen der Exemplare ist ja auch ganz offensichtlich, daß geläufige Bechertypen der ersten Hälfte des 16. Jahrhunderts (Krautstrünke, Berkemeyer, Rippenbecher, vgl. Kat. Nrn. 515, 520, 521) durch einen Stiel und Fuß erhöht wurden, wie es in dieser kombinierfreudigen Zeit auch bei anderen Glasformen geschah, z. B. bei Scheuern.

Zum Entstehungsgebiet der Gläser dieser Gruppe ist noch nichts Näheres bekannt. Da die meisten Stücke bisher im rheinischen Raum gefunden wurden, ist wahrscheinlich damit zu rechnen, daß sie in Hüttengebieten dieser Region hergestellt wurden. Die Datierung in die erste Hälfte oder noch an den Anfang des 16. Jahrhunderts läßt sich durch einige relativ kurzlebige Verzierungsmotive begründen, wie die durchbrochenen Füße, den ›Girlandenfaden‹ (Kat. Nr. 514), das ›Wechselmuster‹ (Kat. Nr. 517). Nach der Jahrhundertmitte gibt es nur noch vereinzelte Nachfolger von ähnlichen Gläsern auf Stiel[1].

Abschließend sei noch angemerkt, daß bei aller Unterschiedlichkeit mit den hier zusammengefaßten Gläsern die bekannten Variationsmöglichkeiten noch keineswegs erschöpft sind. Zwei besonders phantastisch verzierte Stücke (mit anderem Fuß) sind z. B. aus dem Museum in Leiden und neuerdings aus dem Kunsthandel bekannt[2].

1 Siehe z. B. Tochtermann (1979), S. 53, Abb. 115. – Baumgartner (1987), S. 81, Nr. 87.
2 Stedelijk Museum ›De Lakenhal‹, Beschrijvende catalogus van beeldhouwwerken en boetseersels, wandtapijten en kussens, glasramen en drinkglazet, goud en zilver, Leiden 1951, S. 39, Nr. 87, Abb. Tf. 16. – Kunsthandel: siehe Weltkunst 15. 2. 1986, S. 529.

511 Becher auf kurzem Stiel

Deutschland, 1. Hälfte 16. Jh. – Fundort: Heidelberg, Kornmarkt (1986). – H 12,6 cm; ⌀ Lippe 6,8 cm, Fuß 7,8 cm; Wandungsstärke Lippenrand 2,5–3,0 mm, Lippe 2,0 mm. – Grünes Glas. Geklebt. Minimale Fehlstellen.

Landesdenkmalamt Baden-Württemberg, Außenstelle Karlsruhe, Inv. Nr. 10-86-076 u. 078

Durchbrochener Fuß: 7mal ausgezogener Faden, Girlandenfaden, glatter Fußring. Massiver Stiel. Boden des Bechers nach unten gewölbt. Gekniffener ›Fußring‹. Auf der Wandung unten ansetzender Spiralfaden mit 2 Windungen, dazwischen 18 Nuppen. Faden am Ansatz zur Lippe.

Dieses bisher singuläre Glas wurde auf dem Kornmarkt in Heidelberg zusammen mit weiterem Material der ersten Hälfte des 16. Jahrhunderts geborgen[1]. Es erinnert in der Form der ›Kuppa‹ an den Krautstrunk, zeigt aber mit dem spiralförmig aufgelegten Faden und den zwischen den Windungen aufgetragenen Nuppen eine bisher unbekannte Dekorvariante. Die Kombination eines Krautstrunks mit einem durchbrochenen Fuß zeigte schon der Becher Kat. Nr. 430; hier wird zusätzlich noch ein kurzes massives Stielstück eingefügt. Es zeigt sich hier ein weiteres Mal die Tendenz der Zeit um oder kurz nach 1500, hergebrachte Typen durch neue Variationen und Kombinationen einem sich wandelnden Geschmack anzupassen. Entsprechend wird für dieses Heidelberger Glas vorerst eine Datierung ins erste Drittel des 16. Jahrhunderts vorgeschlagen, was bei näherer Bearbeitung des Fundkomplexes zu überprüfen bleibt.

LIT.: Ausst. Kat. Gartenbau und Ernährung im alten Hall, Hällisch-Fränkisches Museum Schwäbisch Hall 1987, S. 120, Nr. 110 (o. Abb.). – Prohaska (1987), S. 286, Abb. 216.1.

1 Die Angabe zu den Fundumständen und der Datierung verdanken wir Christine Prohaska, Heidelberg, die auch die endgültige Publikation bearbeiten wird.

512 Becher auf Stiel

Deutschland, 2. Viertel 16. Jh. – Fundort: Regensburg, Vor der Grieb (1983). – H 20,7 cm; ⌀ Lippe 12,6 cm, Fuß 11,1 cm; Wandungsstärke Lippenrand 2,0 mm. – Dunkelgrünes Glas. Geklebt und ergänzt.

Museen der Stadt Regensburg, Inv. Nr. G 13

Durchbrochener Fuß: gekniffener Faden, Girlandenfaden, achtfach gesponnener Rand. Massiver Stiel mit gekniffenem Faden als Schaftring. An der unteren Kuppahälfte 4 horizontale gekerbte Fäden, darüber eine Reihe querovaler Nuppen, dann wieder ein gekerbter Faden, weiter oben 3 ½ Windungen eines glatten Fadens.

Dieses Glas wurde aus derselben Grube mit reichem Fundmaterial wie u.a. auch die Kat. Nrn. 157, 183 und 311 geborgen[1]. Es soll aus einer Verfüllschicht mit Material aus dem 2. Drittel des 16. Jahrhunderts stammen[2], wobei natürlich damit zu rechnen ist, daß manche Stücke darin bereits ein gewisses Alter hatten.

Der vielfach gesponnene Rand des durchbrochenen Fußes scheint eine relativ späte Variante dieser besonderen Fußbildung zu sein, so daß sich für dieses Glas eine Datierung etwa ins 2. Viertel des 16. Jahrhunderts andeutet.

LIT.: Loers (1984), S. 171, Abb. 122.

1 Die Grabungspublikation wird vorbereitet durch Veit Loers, Kassel.
2 Briefliche Mitteilung vom 18.11.1987.

512

513 Hochstieliges Glas, Fragment

Deutschland, 1. Hälfte 16. Jh. – Fundort: Kloster Mariental in Steinheim a.d. Murr (Kr. Ludwigsburg/Baden-Württemberg), (1982). – H 10,0 cm; ⌀ Fuß ca. 10,2 cm; Wandungsstärke Fuß 2,0 mm, Kuppaboden 2,5–4,0 mm. – Grünes, leicht blaustichiges Glas. Geklebt, stellenweise versintert und bräunlich korrodiert.

Landesdenkmalamt Baden-Württemberg, Dienststelle Stuttgart, Inv. Nr. ST.K. 375

Glatter Fuß mit leicht verdicktem Rand. Massiver, unten kugelig gestauchter Stiel. In der Stielmitte 4 Stege angesetzt und im Bogen zu dem unteren Knauf geführt, 4 weitere gebogene Stege am Kuppaboden angesetzt und zwischen den Ansätzen der unteren Stege endend. Kuppaboden mit 15 radialen Fadenauflagen, zur Mitte hin dünner werdend und mit dem Stielende verschmolzen.

Dieses bizarre Fragment wurde, zusammen mit zahlreichen anderen Glasbruchstücken (vgl. auch Kat.Nrn. 557 f.), in einer Grube im Kreuzgang des ehemaligen Dominikanerinnenklosters Mariental gefunden, das im 13. Jahrhundert gegründet und 1553 aufgehoben wurde[1].

513

Die gebogenen Stege bei diesem Stengelglas sind als seltenere Variante der meist zickzackförmig gekniffenen Stege aufzufassen. Das Detail solcher Stege findet sich ähnlich an einem Fragment im Trierer Landesmuseum (Altbestand o. Nr., Fundstelle und -umstände leider nicht bekannt), das aber an der Kuppa nicht die radialen Fadenauflagen, sondern formgeblasene Rippen hatte. Unklar bleibt hier mangels Parallelen die Form der Kuppa und vor allem der weitere Verlauf der Rippen, die nach oben hin deutlich dicker werden.

LIT.: – Fundkomplex erwähnt in: Baumgärtner (1984), S. 73.

1 Kurzer Bericht zu den Grabungen: Matthias Untermann, Kloster Mariental in Steinheim/Murr, Kreis Ludwigsburg, in: Archäologische Ausgrabungen in Baden-Württemberg 1986, Stuttgart 1987, S. 217-220.

514   Becher auf ›Stiel‹, Fragment

Deutschland, 1. Drittel 16. Jh. – Fundort: Angeblich Köln. – H 8,8 cm; ⌀ Fuß 9,3 cm; Wandungsstärke obere Bruchkante 1,3 mm. – Grünes Glas. Oberfläche z. T. korrodiert.

Karl Amendt, Krefeld

Durchbrochener Fuß: mehrfach weit nach unten ausgezogener Faden, Girlandenfaden, dreifach gesponnener Rand. Hohles, beim Ansatz zum Fuß erweitertes ›Stiel‹-Ende, nach oben zur Kuppa ausschwingend. Am Kuppaansatz kreisförmig flach gekniffener Faden und Girlandenfaden, darüber bogenförmig ausgezogener Faden.

Dieser Fund müßte streng genommen mit den Bechern auf durchbrochenem Fuß gezeigt werden, da ein separater Stiel nicht vorhanden ist. Was hier als solcher wirkt, ist in Wirklichkeit das spitze, bis in die untere leichte Verdickung hohle Unterteil der Kuppa. Parallelen zu diesem Stück sind bisher nicht bekannt geworden[1]. Zu erwähnen ist, daß sehr ähnliche Stücke um 180° gedreht als Deckel öfter nachzuweisen sind; an Stelle des durchbrochenen Fußes folgt dann als oberer Abschluß ein aufgesetzter Vogel (Kat.Nr. 560) oder ein freiplastischer Girlandenfaden (Kat.Nr. 562).

Die Datierung des Fragmentes kann nur anhand der Einzelelemente wie durchbrochener Fuß, freiplastischer Girlandenfaden (vgl. z. B. Kat.Nrn. 508, 533) oder bogenförmig ausgezogener Faden (vgl. z. B. Kat.Nrn. 507 ff.) erfolgen.

LIT.: –

1 Ein Fragment im Bayerischen Nationalmuseum in München zeigt über einem durchbrochenen Fuß einen kleinen Ansatz zu einem hohlen Schaft; siehe Rückert (1982), Taf. 7, Nr. 29.

514

515   Krautstrunk auf kurzem Stiel

Deutschland, um 1500. – Fundort: Wohl Köln. – H 9,5 cm; ⌀ Lippe 10,0 cm, Fuß 8,1 cm; Wandungsstärke Lippenrand ca. 2,8 mm. – Grünes Glas. Geklebt und ergänzt. Verwittert.

Karl Amendt, Krefeld

Durchbrochener Fuß: kreisförmig gekniffener Faden, Girlandenfaden, 2fach umgelegter Faden. Kurzer massiver Stiel. Darüber Krautstrunk mit gekniffenem ›Fußring‹ und flachem Boden. Wandung mit 6 großen Nuppen mit gerichteter Spitze und Faden am Ansatz zur Lippe.

Das Stück der Sammlung Amendt zeigt die Kombination eines nahezu unveränderten Krautstrunks (vgl. Kat.Nrn. 420 f.) mit einem durchbrochenen Fuß und einem kurzen, massiven Stiel. Es ist der erste, im Profil komplett erhaltene Beleg[1] für diesen Typus, der seit der Publikation von Rademacher durch die Darstellung auf einem Gemälde bekannt

411

ist². Robert Schmidt fragte sich seinerzeit noch, ob ein solches Glas nicht bloßes Phantasiegebilde des Malers sei³.
Die Variante des Krautstrunks mit Stiel wurde sicherlich annähernd parallel (zeitlich und räumlich) zu den normalen niedrigen Krautstrünken (vgl. Kat. Nrn. 420ff.) hergestellt.

LIT.: Baumgartner (1987), S. 57, Nr. 36.

1 Weitere kleinere Fragmente gehörten möglicherweise demselben Typ an, z.B. eines, bei dem über Fuß und Stiel nur noch der Kuppaboden und ein Teil des Fußrings erhalten ist (angeblich ebenfalls ein Fund aus Köln, bis vor kurzem in einer deutschen Privatsammlung).
2 Rademacher (1933), Tf. 57a.
3 Schmidt (1922), S. 147.

Direkte Parallelen zu diesem hochstieligen Glas sind bisher nicht nachzuweisen. Das Motiv der gekniffenen Stege fand sich schon in der Gruppe der frühen Stengelgläser (siehe bei Kat. Nr. 251), allerdings in stark abweichenden Ausführungen. Dieses bizarre Motiv kam offenbar in der ersten Hälfte des 16. Jahrhunderts erneut in Mode (vgl. auch Kat. Nrn. 517, 519, 523), eine Kontinuität vom 14. bis ins 16. Jahrhundert ist bisher nicht nachzuweisen, da die Zwischenglieder des 15. Jahrhunderts zu fehlen scheinen.

515

516

516 Hochstieliges Glas mit gekniffenen Stegen

Deutschland, 1. Hälfte 16. Jh. – Fundort: Wiesbaden, Kirchgasse 38. – H 11,6 cm; ⌀ Lippe ca. 7,7 cm, Fuß 7,5 cm; Wandungsstärke Lippenrand 1,5 mm. – Dunkel grau-grünes Glas. Teile der Kuppa ergänzt. Stellenweise leicht getrübt.

Sammlung Nassauischer Altertümer, Wiesbaden,
Inv. Nr. 15 470

Fuß gewickelt (Fadenansatz sichtbar), dann geglättet und verschmolzen. Massiver Stiel, unten gestaucht und von Wulst umgeben. Neben dem Stiel, am Kuppaunterteil ansetzend und auf diesem Wulst endend, 4 Stege, die in der Mitte nach außen zusammengekniffen sind (mit kleinen flachen Scheiben auf den Gelenkstellen) und unten halbkreisförmig gezwickt. An der Kuppa 8 Vertikalreihen von je 3 querovalen Nuppen, in der Höhe leicht versetzt. Darüber horizontaler Faden. Auf der Lippe Rest einer geritzten Inschrift, nur teilweise zu entziffern: »Alle zeydt zu (?) ... J V ...«

Die näheren Fundumstände zu diesem Glas sind nicht bekannt. Sehr schade ist auch, daß die nur teilweise leserliche Inschrift keinen Hinweis zur Datierung oder auf den früheren Besitzer gibt.

Zum Herstellungsgebiet des Wiesbadener Glases kann wiederum nur eine Vermutung geäußert werden. Eine ähnlich dunkel graugrüne Glasmasse fällt an vielen Funden aus dem Raum Mainz und weiter südlich, etwa an Fragmenten aus Worms¹, auf. Viele dieser dunkel graugrünen Gläser gehören der ersten Hälfte des 16. Jahrhunderts an. Eine Entstehung etwa im Spessart oder in einem der Waldgebiete im nördlichen Baden-Württemberg wäre denkbar.

LIT.: –

1 Funde im Museum der Stadt Worms im Andreasstift.

517 Hochstieliges Glas mit gekniffenen Stegen, Fragment

Deutschland, 1. Viertel 16. Jh. – Fundort: Unbekannt. – H 11,0 cm; ⌀ Fuß 10,2 cm; Wandungsstärke Kuppaboden ca. 4,0 mm. – Hell gelbgrünes Glas. Kaum verwittert.

Rheinisches Landesmuseum Bonn, Inv. Nr. AV 583

Durchbrochener Fuß: ausgezogener Fußring, Girlandenfaden, zweifach gewickelter Randfaden, die äußere Windung

GLÄSER MIT STIEL

517

518 Glas auf kurzem Stiel

Deutschland, 1. Viertel 16. Jh. – Fundort: Unbekannt. – H 9,0 cm; ⌀ Fuß ca. 9,0 cm; Wandungsstärke obere Bruchkante 2,3 mm. – Grünes Glas. Verwittert.

Rheinisches Landesmuseum Bonn, Inv. Nr. AV 582

Durchbrochener Fuß: kreisförmig gekniffener Faden, Girlandenfaden, 2fach umgelegter Fußring. Kurzer massiver Stiel. Am Kuppaunterteil 6 Nuppen.

Dieses Fragment repräsentiert wieder eine neue Variante der Gläser auf kurzem Stiel und durchbrochenem Fuß. Es sind bisher keine vergleichbaren Gläser mit derartiger, unten kugelig ausgebuchteter Kuppa bekannt, so daß eine Vorstellung von der Gesamtform der Kuppa nicht möglich ist.

LIT.: –

gekniffen. Massiver Stiel, unten und in der Mitte knaufartig verdickt. Gekniffene Stege: ursprünglich je 4, einmal von Kuppaboden zur Stielmitte, einmal (um 45° versetzt) von der Stielmitte zur Verdickung über dem Fuß. Kuppaboden mit optisch geblasenem Wechselmuster.

Mehrere Details an diesem hochstieligen Glas erlauben eine relativ sichere Datierung in die Zeit um oder kurz nach 1500: zum einen der durchbrochene Fuß, zum anderen das Wechselmuster aus Rauten und Parallelriefeln. Dieses findet sich an mehreren verschiedenen Glastypen dieser Zeit (vgl. z. B. Kat. Nrn. 422, 473, 487 b). Parallelen zu diesem Fragment sind nicht bekannt, so daß die Form der Kuppa völlig ungewiß ist.

LIT.: –

519

519 Becher auf kurzem Stiel

Deutschland, 1. Hälfte 16. Jh. – Fundort: Unbekannt. – H 13,9 cm; ⌀ Fuß 9,3 cm, in Höhe des obersten Fadens 6,0 cm; Wandungsstärke Bruchkante oben 1,2 mm. – Grünes Glas. Sprung. Z. T. verwittert.

Historisches Museum der Pfalz, Speyer, Inv. Nr. 15.9.11

Durchbrochener Fuß: kreisförmig gekniffener Faden, Girlandenfaden, sechsfach gesponner Rand. Kurzer massiver Stiel. Nach unten gewölbter Boden; dreifach aufeinandergelegter Faden unten an der Wandung, daran angesetzt 4 nach unten ausgezogene, je einmal gekniffene Stege. Auf der Wandung 6 Tierkopfnuppen zwischen je einem gekerbten Faden, darüber glatter Faden.

518

413

Flache (nicht hohle) Tierkopfnuppen zwischen gekerbten Fäden kamen ähnlich schon an einigen Bechern auf durchbrochenem Fuß vor (vgl. Kat. Nrn. 436–438). Dieses Glas aus Speyer ist gewissermaßen eine zylindrische Variante zu solchen Bechern, die noch um den kurzen Stiel und die gekniffenen Stege bereichert sind. Eine ähnlich ›stangenförmige‹ Kuppa mit Tierkopfnuppen zwischen gekerbten Bändern (und zusätzlich noch weiteren phantastischen Dekormotiven) findet sich an einigen wohl etwas jüngeren Gläsern[1].

Bei dem Fragment aus Speyer ist ein Detail als bisher singulär hervorzuheben: die gekniffenen Stege sind oben nicht am Kuppaboden angesetzt, sondern auf einem Ring aus dreifach aufeinandergesetzten (nach außen abstehenden) Fäden.

Innerhalb dieser Gruppe ist das Glas vermutlich relativ spät, da es die ›fortgeschrittene‹ Version des durchbrochenen Fußes, mit mehrfach gesponnenem Rand, zeigt (vgl. Kat. Nrn. 512, 520).

LIT.: Erwähnt bei Baumgartner (1987), S. 87, Nr. 98.

1 Stedelijk Museum »De Lakenhal«, Beschrijvende catalogus van beeldhouwwerken en boetseersels, wandtapijten en kussens, glasramen en drinkglazen, goud en zilver, Leiden 1951, S. 39, Nr. 87, Abb. auf Taf. 16. – Weltkunst 56/4, 1986, S. 529.

520

520 Berkemeyer auf Stiel

Deutschland, 2. Viertel 16. Jh. – Fundort: Angeblich Köln. – H 11,1 cm; ⌀ Lippe 6,9 cm, Fuß 6,3 cm. – Grünes Glas. Geklebt und ergänzt. (Das in der weitgehend aus Kunststoff ergänzten Lippe eingesetzte Glasfragment paßt von Glasfarbe und Durchmesser her, hat aber keinen Anschluß.)

Karl Amendt, Krefeld

Durchbrochener Fuß: kreisförmig gekniffener Faden, Girlandenfaden, 5fach gesponnener Fußring. Kurzer massiver Stiel. Darauf Becher mit gekniffenem ›Fußring‹, leicht nach unten gewölbtem Boden, Wandung mit 2 horizontalen Reihen zu je 6 Nuppen mit gerichteter Spitze. Faden oberhalb der Nuppen.

Parallelen zu diesem Stück (meist noch fragmentarischer) sind in größerer Zahl bekannt[1]. Meist sind es Altfunde, die mit keinen präzisen Datierungen verbunden werden können. Die Fundplätze liegen vorwiegend entlang des Mittel- und Oberrheins.

Für die Datierung kann man einerseits auf den Typus des Berkemeyers verweisen, der hier fast unverändert übernommen wurde (vgl. Kat. Nr. 450), andererseits auf die Veränderungen am durchbrochenen Fuß. Bisher wurde als Rand des Fußes normalerweise ein Faden ein- oder zweimal umgelegt, und die Durchbrüche beim Girlandenfaden waren relativ groß (vgl. z. B. Kat. Nrn. 432 f., 511, 515). Hier nun ist der Faden fünfmal umgeführt und bildet eine Auflagefläche, während die Durchbrüche entsprechend kleiner geworden sind. Diese Tendenz scheint weiterzugehen bis zu dem Punkte, wo der ganze Fuß nur noch gesponnen ist, d. h. aus einem einzigen gewickelten Faden besteht[2]. Eine Datierung dieses Glases ins zweite Viertel des 16. Jahrhunderts wird also sowohl von der Fuß- als auch von der Becherform her nahegelegt.

LIT.: Baumgartner (1985), S. 79 f., Nr. 83.

1 Siehe etwa Rademacher (1933), Tf. 57 b. – Illert (1953), S. 145, Nr. 2 (unten links). – Bremen (1964), S. 325, Nr. 141. – Isings (1966), Abb. 36. Daneben gibt es eine recht große Anzahl von unpublizierten Stücken.
2 Ein Beispiel bei Baumgartner (1987), S. 81, Nr. 87.

521 Rippenbecher auf Stiel

Deutschland, Anfang 16. Jh. – Provenienz: Slg. Strauss. – H 14,0 cm; ⌀ Lippe 8,2 cm, Fuß 9,0 cm; Wandungsstärke Lippenrand 2,0 mm. – Grünes Glas.

The Corning Museum of Glass, Corning N. Y., Inv. Nr. 79.3.199

Durchbrochener Fuß: zu Spitzen ausgezogener Faden, Girlandenfaden, glatter Fußring. Massiver Stiel. Darüber Becher mit gekniffenem ›Fußring‹, leicht nach unten gewölbtem Boden und 14 Rippen an der Wandung.

Daß neben Bechern mit Fadenauflagen oder Nuppen auch solche mit Rippen auf Fuß und Stiel gestellt wurden, scheint folgerichtig. Dieser Typus muß aber relativ selten vorgekommen sein, sind doch bisher keine weiteren Parallelen bekannt.

Becher mit Rippen sind in verschiedener Ausführung überliefert, wobei vor allem die Rippen stark differieren (vgl. Kat. Nrn. 343 ff., 455 ff.). Am ähnlichsten ist in dieser Hinsicht ein Exemplar aus dem Maximilians-Museum in Augsburg, das aus den Beständen des dortigen Diözesanmuseums

GLÄSER MIT STIEL

521

stammt, folglich wohl als Reliquienglas überlebt hat[1]. Leider sind aber keine Informationen mit dem Stück verbunden, die eine genauere Datierung erlauben würden. So bleiben auch für das Glas aus Corning wiederum nur Fuß und Stiel, um es zeitlich (ins erste Viertel des 16. Jahrhunderts) einzuordnen.

LIT.: Abgebildet in Journal of Glass Studies 22, 1980, S. 105, Nr. 13.

1 Rademacher (1933), Tf. 30c.

522

522 Rippenbecher auf Stiel

Deutschland, 1. Hälfte 16. Jh. – Fundort: Angeblich Köln. – H 11,8 cm; ⌀ Lippe 8,9 cm, Fuß 6,8 cm; Wandungsstärke Lippenrand 2,0–2,4 mm. – Blaugrünes Glas, blaue Fadenauflagen. Geklebt und ergänzt. Z.T. verwittert.

Karl Amendt, Krefeld

Durchbrochener Fuß: gekniffener Faden, 4fach gesponnener Faden. Massiver Stiel mit blauem, gekniffenem Faden. Kuppa mit 12 Rippen und blauem Randfaden.

Das Glas der Sammlung Amendt blieb bisher ohne genaue Parallele. Formverwandte Stücke[1] weisen nicht die blaugrüne, sondern eine ›normal‹ grüne Glasmasse auf, und die blauen Verzierungen fehlen dort ganz.

Zu den Vergleichsstücken mit Fuß und Stiel fehlen jeweils Hinweise zu einer genaueren Datierung. Anders ist das bei einem Becher, der in Frankfurt gefunden wurde[2], und der bis auf den blauen Faden genau mit der Kuppa des Stengelglases übereinstimmt; zudem existiert zu diesem Becher eine enge Parallele mit blauem Faden am Lippenrand[3]. Aus den Fundzusammenhängen in Frankfurt läßt sich eine Datierung in die erste Hälfte des 16. Jahrhunderts annehmen.

LIT.: Baumgartner (1987), S. 84, Nr. 93.

1 Gieles (1980), S. 68, Fig. 1. – Baumgartner (1987), S. 86, Nr. 96.
2 Unpubliziert; Museum für Vor- und Frühgeschichte Frankfurt, Inv. Nr. α 23 846, Grabung Rapunzelgasse, Schacht 676 (1971).
3 Baumgartner (1987), S. 85, Nr. 94.

523 Schale auf durchbrochenem Fuß

Deutschland (?), 15. Jh./frühes 16. Jh. – Fundort: Wohl Aachen. – H 5,5 cm; ⌀ Schale 7,8 cm; Wandungsstärke Lippenrand ca. 2,0 mm. – Opak siegellackrotes Glas. Ergänzt.

Karl Amendt, Krefeld

Durchbrochener Fuß: gekniffener Faden, Zickzackfaden; mehrfach gekniffene Stege, die auf dem gekerbten Faden, dann dem gekniffenen Faden und schließlich auf dem Zickzackfaden aufliegen und auf deren Enden das Gefäß steht. Schalenboden leicht hochgestochen.

Diese kleine rote Schale wurde der Gruppe der Gläser auf Stiel nachgestellt, weil sie sich als bisher singuläres Stück nirgends einreihen läßt, weil sie andererseits durch die gekniffenen Stege mit Stücken dieser Gruppe vage verwandt erscheint.
Dieses Motiv – das im übrigen eine lange Vorgeschichte hat, vgl. Kat. Nrn. 251 f., 291 f. – ist aber auf eine ganz eigene Art angewendet, quasi als Sonderform von Füßchen, nicht als Stielverzierung. Letztlich bleibt also dieses Schälchen weiterhin ein Rätselstück.
Auch als Gefäßtyp hat es so gut wie keine Parallelen, mit Ausnahme eines grünen Schälchens aus Braunschweig[1], das aber wesentlich einfacher und mit ganz anderen Füßchen versehen ist. Diese kleine Braunschweiger Schale wird nach dem Kontext um 1500 datiert. Sie ist aber als Vergleichsstück nicht nahe genug verwandt, um eine Datierungshilfe zu bieten.

LIT.: Baumgartner (1987), S. 44f., Nr. 15.

1 Rötting (1985), S. 94, Nr. 1, Abb. 52,1 auf S. 93. – Kat. Braunschweig (1985), Bd. 1, S. 233, Nr. 170b, Abb. auf S. 234.

523

Flaschen

Wie in früheren und späteren Zeiten, so gibt es auch bei den Flaschen des späten 15. bis frühen 16. Jahrhunderts eine deutliche Trennung zwischen den einfachen glatten Gebrauchsformen und reicheren Stücken, die zusätzlich dekorative Zwecke zu erfüllen hatten. Und ebenfalls wie üblich lassen sich die schlichten unverzierten Flaschen kaum je nach ihrer Form näher zeitlich festlegen, sondern meist nur dank äußerer Anhaltspunkte, wie bei den Rottenburger Reliquienfläschchen (Kat. Nr. 524) durch das Siegel, bei den Straßburger Flaschen in etwa durch den Fundzusammenhang. Die ebenfalls zu den Gebrauchsflaschen gehörige doppelkonische Flasche ist innerhalb einer einigermaßen überschaubaren typologischen Entwicklung aufgrund ihrer verhältnismäßig hohen und schlanken Form als Vertreterin einer relativ späten Entwicklungsstufe zu erkennen.

Bessere Möglichkeiten einer zeitlichen Einordnung bieten die Form- oder Verzierungsdetails der komplizierteren Flaschen, z. B. der Kuttrolfe. So bizarre Versionen wie die mit dem geradezu verknoteten Hals Kat. Nr. 530 lassen sich in zeitgenössischen Darstellungen wiederfinden, bei den Stücken mit mehrröhrigtordiertem Hals sind Motive wie die Nuppen zwischen gekerbten Fadenauflagen oder der hochstehende Girlandenfaden vertraut von anderen Gläsern dieser Zeitstufe. Auch die ausgefallenen Pilgerflaschen Kat. Nr. 535 f. verbinden sich durch den durchbrochenen Fuß und kurzen Stiel (und weitere Dekormotive) mit Gläsern anderer Form aus dem späten 15. bis frühen 16. Jahrhundert (vgl. z. B. Kat. Nrn. 511 ff.). – Eine völlig neue Erfindung dieser Zeit sind die ›Corpus-Christi-Flaschen‹ (Kat. Nrn. 537 f.), deren nähere Funktion (falls es eine solche gab) noch rätselhaft ist. Da der Körper der vorgesetzten Christusfigur im Grunde als lang herabgezogener hohler Rüssel gebildet ist, läßt sich aber auch bei diesen so besonderen Flaschen eine Verwandtschaft zu anderen Gläsern dieser Zeit feststellen, nämlich zu den Stangengläsern mit hohlen Rüsseln und Tierkopfnuppen (Kat. Nrn. 503 f., 507). Der Bezug liegt dabei sowohl in der Technik der hohlen Nuppen als auch in der neuartigen gegenständlichen Verzierung. Bei allen früheren Gläsern des Mittelalters war plastisch aufgesetzter Dekor stets rein ornamental, erst in dieser spätesten Stufe der mittelalterlichen Gläser kommen figürliche Motive hinzu, wie die Tierkopfnuppen, die Vögel der Vogelnestdeckel (vgl. Kat. Nr. 560 f.) oder eben diese Corpus-Christi-Figuren.

524 Zwei Flaschen mit Wachsverschlüssen

Deutschland, 1498 oder früher. – Fundort: Oberstadion bei Ehingen (Baden-Württemberg). – H 8,0 cm bzw. 9,0 cm; ⌀ maximal je 4,9 cm; Wandungsstärke obere Bruchkante (r. Flasche) 1,4 mm. – Blaßgrünes Glas. Wachspfropfen mit Siegel (links fest sitzend, rechts lose). Hals beim rechten Exemplar oben abgebrochen.

Diözesanmuseum Rottenburg, Inv. Nrn. 43 b und 43 c

524

Boden hochgestochen. Kugeliger Körper und Röhrenhals glatt.

Die beiden Flaschen wurden zusammen mit noch 2 weiteren als Reliquienbehälter in einem Altarsepulcrum aufgefunden. Bei dem einen Exemplar ist sicher, daß der Hals oben abgebrochen ist, bei dem anderen ist es analog zu vermuten, so daß die ursprüngliche Höhe ungewiß ist. Da so einfache unverzierte Fläschchen so gut wie keine Datierungsmerkmale bieten, ist es als Glücksfall zu bezeichnen, daß hier durch das Siegel des Konstanzer Weihbischofs Daniel Zehenter (1473-1498, vgl. auch Kat. Nrn. 405 f.) ein terminus ante quem 1498 gegeben ist.
In Rottenburg gibt es noch eine weitere Flasche mit demselben Siegel und der Inschrift »Daniel eps. bellinensis 1498«[1]. Weitere Hinweise auf die Verwendung von enghalsigen Flaschen als Reliquiengefäße sind sehr spärlich[2].

LIT.: Bremen (1967), S. 58 f., Nr. 43 b-e.

1 Bremen (1967), S. 57 f., Nr. 43.
2 Ein Unterteil eines Kuttrolfs (in der Art wie das Stück bei Rademacher (1933), Tf. 12 d) wurde im Bistum Chur als Reliquiar verwendet; diesen Hinweis verdanken wir Hansjörg Frommelt, Vaduz.

525 Flasche

Deutschland oder Ostfrankreich, 16. Jh. – Fundort: Straßburg, 15 rue des Juifs (1987). – H 14,5 cm; ⌀ Lippe 4,1 cm, Wandung maximal 10,6 cm; Wandungsstärke Lippenrand 3,0 mm. – Grünes Glas. Verwittert, irisiert.

Direction des Antiquités historiques, Straßburg

Boden hochgestochen. Über kugeligem Körper enger, leicht konischer Hals mit stark ausbiegender Lippe. Lippenrand kaum verdickt. Erhalten mit flüssigem Inhalt.

Diese Flasche (wie die folgenden) stammt aus der Grube in der Straßburger Altstadt, die neben Glasfragmenten auch eine ganze Reihe intakter Gebrauchsgläser, vor allem Flaschen, enthielt (vgl. Kat. Nrn. 374, 486 f., 529, 544). Sie läßt sich durch den Fundkomplex[1] ins 16. Jahrhundert datieren, aus der sehr einfachen Form allein wäre dagegen nicht einmal diese vage zeitliche Einordnung möglich.

LIT.: –

1 Angaben zum Fundzusammenhang verdanken wir der Leiterin der Grabung, Anne-Marie Waton, Straßburg.

525

526 Flaschen

Deutschland oder Ostfrankreich, 1. Hälfte 16. Jh. – Fundort: Straßburg, 15 rue des Juifs (1987). – H (von links nach rechts) 10,4 cm, 13,7 cm, 16,4 cm; ⌀ Fuß 4,9 cm, 5,6 cm, 6,2 cm. Wandungsstärke Lippenrand 2,0-3,0 mm. – Linke Flasche leicht rauchfarbenes Glas, die anderen grünes Glas. Unterschiedlich verwittert, z. T. irisiert.

Direction des Antiquités historiques, Straßburg

Fuß mit hohlem Rand durch Hochstechen der Glasblase gebildet. Boden wenig hochgestochen. Körper jeweils birnförmig, Lippe bei der kleinen Flasche stark ausbiegend, bei den anderen nur leicht ausgeweitet und verdickt. – Die größte der Flaschen mit Stopfen und flüssigem Inhalt erhalten.

15./16. JAHRHUNDERT

Die relativ hohe und schlanke Form dieses Exemplars repräsentiert eine fortgeschrittene Entwicklungsstufe in der Typologie der doppelkonischen Flaschen. Es steht an dieser Stelle, um noch einmal daran zu erinnern, daß dieser Flaschentyp mit geringen Formvarianten noch bis in die 1. Hälfte des 17. Jahrhunderts weiter produziert wurde[1].

LIT.: Bremen (1964), S. 346f., Nr. 158.

1 Vgl. einige Fundstücke von der Ziroff-Hütte im Spessart, die 1627-1631 arbeitete (Tochtermann (1979), Abb. auf S. 26 oben rechts).

526

Zum Fundzusammenhang siehe bei der vorigen Kat. Nr. Auch diese 3 Flaschen sind also durch den Kontext in die 1. Hälfte des 16. Jahrhunderts zu datieren, der Form nach wären sie auch schon früher, mindestens im 15. Jahrhundert möglich[1] oder auch noch erheblich später.
Der Inhalt der größten der 3 Flaschen ist (wie auch bei der doppelkonischen Flasche Kat. Nr. 374) noch nicht untersucht worden. Unklar ist auch, ob die verschiedenen Größen der Flaschen Rücksicht auf ein regionales Hohlmaß nehmen oder eher zufällig entstanden sind.

LIT.: –

1 Rademacher (1933), S. 70f., Tf. 14b und c.

527

527 Doppelkonische Flasche

Deutschland, spätes 15./16. Jh. – Fundort: Angeblich Würzburg (1962). – Provenienz: Slg. Bremen. – H 19,4 cm; Ø Fuß 5,4 cm, Wandung maximal 9,8 cm; Wandungsstärke Lippenrand 5,5 mm. – Grünes Glas. Geklebt. Starke gelbbräunliche Korrosionsflecken.

Rheinisches Landesmuseum Bonn, Inv. Nr. 68.0539

Fuß mit hohlem Rand durch Hochstechen der Glasblase gebildet. Boden leicht hochgestochen. Hohler Stauchungsring nach innen, Oberteil relativ wenig überkragend. Lippenrand wulstartig verdickt.

Bremen gibt an, diese Flasche sei zusammen mit 22 weiteren in der Ruine eines mittelalterlichen Klosters in Würzburg in einer Nische eingemauert gewesen, und vermutet, das Flaschenensemble habe einst zur Apotheke des Klosters gehört. Das ist möglich, aber leider nicht nachprüfbar.

528 Rote Flasche

Deutschland, spätes 15. Jh./um 1500. – Fundort: Braunschweig, Neustadt, Nickelnkulk 15 (1978). – H 13,2 cm; Ø Lippe 5,7 cm, Wandung maximal 10,6 cm; Wandungsstärke Lippenrand 3,0 mm. – Opak siegellackrotes, marmoriertes Glas. Geklebt und ergänzt.

Braunschweigisches Landesmuseum, Inv. Nr. 78:2/42

Boden leicht hochgestochen. Glatte Wandung unten bauchig, weiter oben leicht konkav geschwungen. Lippenrand kaum verdickt.

Die Bruchstücke dieser Flasche wurden in derselben Kloake gefunden wie u.a. auch das Keulenglas Kat. Nr. 484. Für das Material in dieser Kloake wird eine Verfüllzeit um 1500 angenommen.
Die bisherige Interpretation dieser Flasche (wie auch einer formal vergleichbaren dunkelgrünen aus Magdeburg[1]) als

528

Urinal ist aus verschiedenen Gründen auszuschließen: Die Form ist dafür völlig untypisch (vgl. Kat. Nrn. 542 f.) und vor allem fehlt bei der opakroten Glasmasse die Grundvoraussetzung für eine Harnbeschau, die Durchsichtigkeit. Die besondere Glasfarbe läßt vielmehr darauf schließen, daß ein solches Gefäß eher als ›Tafelzier‹ diente, etwa in Funktion einer Karaffe.

Wie schon in anderem Zusammenhang erwähnt (vgl. Kat. Nr. 468), ist die opakrot-marmorierte Glasmasse über einen sehr langen Zeitraum und in ganz verschiedenen Regionen verwendet worden. Da auch die Form dieser Flasche wenig spezifisch ist, beruht die vorgeschlagene Datierung allein auf dem Fundzusammenhang.

LIT.: Rötting (1985), S. 94 f., Abb. 53,2 auf S. 95. – Kat. Braunschweig (1985), Bd. I, S. 233, Nr. 170 c.

1 Nickel (1980), S. 18 f., Abb. 10 e.

529 Kleiner Kuttrolf

Deutschland, 1. Hälfte 16. Jh. – Fundort: Straßburg, 15 rue des Juifs (1987). – H 8,0 cm; ⌀ Wandung maximal 4,3 cm; Wandungsstärke Lippenrand 3,0 mm. – Dunkel graugrünes Glas. Geklebt, Ausbruch im Hals. Leicht verwittert.

Direction des Antiquités historiques, Straßburg

Hochgestochener Boden. An Körper und Hals 16 schwach ausgeprägte, leicht tordierte Rippen. Hals leicht geneigt. Stark ausgeweitete Lippe glatt.

Zum Fundkomplex vgl. Kat. Nr. 526. Während in dieser Grube verschiedene einfache Flaschentypen in mehreren oder gar vielen Exemplaren vertreten waren, hatte dieser kleine Kuttrolf nur noch ein (fragmentarisches) Parallelstück. Er fällt vor allem durch seine geringe Größe auf, quasi als Miniaturausführung der normalerweise etwa doppelt so großen Kuttrolfe.

Die Datierung in die 1. Hälfte des 16. Jahrhunderts ergibt sich wieder aus dem Fundzusammenhang. Der leicht gebogene Hals paßt dazu, er gehört in eine relativ späte Entwicklungsstufe innerhalb der Typologie der Kuttrolfe.

LIT.: –

529

530 Phallusglas, Fragment

Deutschland, 1. Hälfte 16. Jh. (?). – Fundort: Unbekannt. – H 7,2 cm; Länge 18,0 cm. – Bläulich-grünes Glas, z. T. blaue Fadenauflagen. Bräunliche Korrosionsflecken.

Rheinisches Landesmuseum Trier, Inv. Nr. GG 735

Glas in Form eines männlichen Gliedes mit Hoden. Die Hoden sind zum Glied hin offen. Blauer gekerbter Faden auf der Unterseite des Gliedes und am Ansatz der Eichel. Auf der Oberseite des Gliedes ein grüner, mehrfach mit der Zange ausgezogener Faden. Der Hals mit der wahrscheinlich erweiterten Lippe abgebrochen.

Mittelalterliche Phallusgläser sind uns kaum bekannt, was eigentlich erstaunt, kommen doch schon römische Belege dafür vor und ist doch der Nachweis für andere phallische Gegenstände im Mittelalter sehr wohl zu erbringen. Im ganzen Material, das für die Vorbereitung der Ausstellung durchgesehen wurde, waren keine Beispiele aus Glas dabei, die vor das späte 15. Jahrhundert hätten datiert werden können.

Als Beispiele für spätmittelalterliche Phallusgläser sind durch die Publikation von Rademacher 2 Exemplare bekannt gemacht worden[1]. Das eine in Wien wird heute im Österreichischen Museum für angewandte Kunst aufbewahrt (Inv. Nr. GL 1137); es soll angeblich in Böhmen gefunden worden sein[2]. Das andere stammte aus der Sammlung Ernst Reimbold (Köln) und war zur Zeit der Publikation im Besitze des Glasforschers Fritz Fremersdorf. Im 2. Weltkrieg schrumpfte das Glas während eines Brandes in sich zusammen. Die traurigen Überreste gelangten dann über die Sammlung Bremen ins Rheinische Landesmuseum in Bonn.

530

Weitere, wahrscheinlich noch spätmittelalterliche Phallusgläser sind kaum bekanntgeworden. Von einem Stück im Bayerischen Nationalmuseum in München wird die Entstehung noch in der 1. Hälfte des 16. Jahrhunderts vermutet[3]. Für das Trierer Exemplar nimmt Rademacher an, daß es »noch dem Ende des Mittelalters«[4] angehöre. Die Fundumstände sind leider nicht näher bekannt.

Das Glas zeigt als Besonderheit aufgelegte blaue, gekerbte Fäden. Sonst gehört es zum ›Normtypus‹ des Phallusglases, das auf den Hoden und der Eichel aufliegt (es fehlt ihm der Hals und die Mündung). Ein anderer Typus ist mit einer Öffnung an der Spitze des Gliedes versehen[5]; Gläser dieser Variante stehen auf den Hoden und der Wurzel des Gliedes. Gute Anhaltspunkte für die Datierung sind bei den Phallusgläsern noch nicht vorhanden. Rademacher nennt neben der Glasmasse als einzigen Anhaltspunkt die gebogenen Hälse und die ausgeweitete Lippe, die er mit entsprechenden Elementen bei Kuttrolfen um 1500 vergleicht[6]. Auch zu den Entstehungsgebieten, deren es sicher mehrere gibt, lassen sich noch keine verläßlichen Angaben machen.

LIT.: Erwähnt bei Rademacher (1933), S. 57, Anm. 3.

1 Rademacher (1933), Tf. 9a und b.
2 Die Angabe stammt von B. Bucher, der das Glas veröffentlicht hat in: Die Glassammlung des Österreichischen Museums, Wien 1888.
3 Rückert (1982), Bd. 1, S. 120f., Nr. 246, Abb. auf Tf. 72.
4 Rademacher (1933), S. 57, Anm. 3.
5 Siehe etwa Baumgartner (1987), S. 104, Nr. 126.
6 Rademacher (1933), Tf. 12b und 13b.

531 Kuttrolfhals

Deutschland, 1. Viertel 16. Jh. – Fundort: Wohl Worms. – H 12,8 cm; Wandungsstärke Bruchkante unten 1,4 mm. – Dunkel graugrünes Glas. Verwittert, bräunliche Korrosionsflecken.

Museum der Stadt Worms im Andreasstift, Inv. Nr. M 2020

Teil der schwach gerippten Schulter und glatter gewundener Hals eines Kuttrolfs.

Dieser verdrehte, geradezu verknotete Hals gehört zum Altbestand im Wormser Museum, ist also wahrscheinlich ein Bodenfund aus Worms. Eine komplette Flasche mit einem solchen Hals ist bisher nicht bekannt, jedoch kann man sich die Gesamtform nach einer Darstellung in einem 1521 datierten Holzschnitt von Hans Weiditz[1] vorstellen: Der gewundene Hals saß auf einem normalen, gedrückt kugeligen Kuttrolfkörper und hatte eine schalenförmige, an einer Stelle zusammengedrückte Lippe. Der Holzschnitt bietet zugleich einen guten Datierungshinweis für diese besonders bizarre Form des Flaschenhalses. Wahrscheinlich würde man sie für eine satirische Übertreibung des Künstlers halten, wenn nicht Fragmente wie dieses Wormser Stück und einige Parallelen[2] als Beweis für ihre Existenz vorlägen.

LIT.: Grünewald (1984), S. 54, Abb. 7,3.

1 Max Geisberg, The German Single-Leaf Woodcut, 1500-1550, Bd. 4, New York 1974, S. 1477.
2 Weitere gewundene Kuttrolfhälse z. B. bei Lappe (1983), S. 250, Abb. 2,15 sowie unter den Glasfunden aus Freiberg in Sachsen (Pfarrgasse 34).

531

532 Kuttrolf, Fragment

Deutschland, 1. Drittel 16. Jh. – Fundort: Basel, Aeschenvorstadt (1958). – H 13,5 cm; ⌀ Fußring 6,4 cm. – Grünes Glas. Geklebt. Verwittert, z. T. irisiert.

Historisches Museum Basel, Inv. Nr. 1958.174

532

Zweifach gewickelter Fußring. Boden kaum hochgestochen. Auf der vierzehnfach gerippten Wandung eine Reihe mit 10 Nuppen zwischen je einem gekerbten Faden. Auf der Schulter ein aufgesetzter Bandhenkel. Der Hals mit 4 tordierten Röhren und einer kleinen Mittelröhre. An der oberen Bruchkante ist zu erkennen, daß dort eine (eventuell kleeblattförmige) Mündung folgte.

Für dieses Kuttrolffragment aus Basel gibt es keine Datierungshinweise aus dem Fundzusammenhang, ähnliches gilt auch für einige Parallelstücke mit zum Teil etwas abweichenden Verzierungsdetails[1]. Gewisse Elemente lassen aber für diese Gruppe der Kuttrolfe auf eine Entstehung in der 1. Hälfte des 16. Jahrhunderts schließen: zum Beispiel das Motiv der Nuppen zwischen gekerbten Fäden bei diesem Basler Stück (vgl. z. B. Kat. Nrn. 402, 495 f.) oder der auf einen gekniffenen Faden gesetzte hochstehende Girlandenfaden am Halsansatz des folgenden Stücks (vgl. Kat. Nrn. 560-562).

Die bisher bekannten Kuttrolffragmente dieser Art stammen (mit einer weit versprengten Ausnahme[2]) alle aus dem Gebiet zwischen Frankfurt und Basel; eine Entstehung in diesen Regionen ist daher wahrscheinlich.

LIT.: Journal of Glass Studies 1, 1959, S. 108, Nr. 17.

1 Tochtermann (1979), S. 56, Abb. 17 (oben Mitte). – Museum Wiesbaden, Inv. Nr. 15 470 (Unterteil bis Halsansatz). – Wertheim (1982), S. 33, Abb. 14. – Rieb (1987), S. 7588, Tf. II/8 (Oberteil wohl nicht zugehörig).
2 Kuttrolfunterteil aus dem Dom zu Ribe, jetzt in Kopenhagen.

533 Kuttrolf, Fragment

Deutschland, Anfang 16. Jh. – Fundort: Esslingen (Baden-Württemberg), Hafenmarkt (1983). – H 19,5 cm; ⌀ maximal 12,0 cm; Wandungsstärke Lippenrand 2,0 mm, Wandung minimal 0,5 mm. – Grünes Glas. Geklebt und ergänzt. Verwittert und irisiert.

Württembergisches Landesmuseum Stuttgart, Inv. Nr. 1987-548

Boden nicht erhalten. Auf der Wandung unten gekerbter Faden und 10 Vertikalreihen mit je 2 schneckenhausförmig abgedrehten Nuppen. Am Ansatz des Halses ein gekniffener Faden mit aufgesetztem Girlandenfaden. Hals mit Mittelröhre und 4 tordierten Röhren.

Das Kuttrolffragment aus Esslingen wurde aus einem gewölbten Keller in der Altstadt geborgen. Die Beifunde verweisen auf die Zeit des späten 15. oder frühen 16. Jahrhunderts[1].

533

Wie die komplette Flasche ausgesehen hat, läßt sich nicht entscheiden, weil die Wandung unterhalb des gekerbten Fadens noch weiter zu gehen scheint. Eine wesentlich andere Form als die des Basler Stückes wäre allerdings eine Überraschung.

Mehrröhrige Kuttrolfe kommen vielfach bis ins 17. Jahrhundert vor. Die hochstehenden Girlandenfäden und die Nuppen verlieren sich, meist ist der Gefäßkörper noch optisch geblasen, und die Glasmasse ist in vielen Fällen mehr oder weniger farblos[2].

LIT.: Gross (1984), S. 237, Abb. 218,6.

1 Zu Fundumständen und Datierung siehe Gross (1984), S. 236 und 238.
2 Einige Beispiele bei Klesse (1973 a), S. 111 f., Nrn. 183-185.

534 Rippenflasche

Deutschland, Ende 15. Jh./Anfang 16. Jh. – Fundort: Speyer, Augustinerkloster (1982-1984). – H 22,2 cm; ⌀ ›Kropf‹ 3,9 cm, Fuß 7,0 cm; Wandungsstärke Mündungsrand 4,0-5,5 mm, auf Höhe des größten ⌀ 1,2-1,5 mm. – Grünes Glas. Geklebt, Fehlstellen. Leicht verwittert, z. T. korrodiert.

Archäologische Denkmalpflege Speyer,
Fund Nr. 84/49 Fu 37

Durch Hochstechen der Glasblase hergestellter Fuß mit hohlem Rand. Wandung mit 20 Vertikalrippen, die ca. 3 cm oberhalb des Bodens ansetzen und sich bis auf die Unterseite des ›Kropfes‹ fortsetzen.

534

Die Flasche wurde in einer Grube auf dem Areal des ehemaligen Augustinerklosters in Speyer gefunden. Sie hat unter dem bisher publizierten Material keine Parallelen. Entfernt ähnlich ist allenfalls ein noch unpublizierter Fund, der aus der reichhaltigen, schon öfter zitierten Grube in Straßburg stammt[1]. Es handelt sich um das Oberteil einer Flasche, die ebenfalls vertikal gerippt ist und einen (etwas anders ausgeformten) Kropf aufweist.
Die Beifunde aus Speyer[2] dürften ins Ende des 15. oder 1. Viertel des 16. Jahrhunderts weisen.

LIT.: Engels (1985), S. 49, Abb. 56.

1   Den Hinweis verdanken wir Anne-Marie Waton, Straßburg.
2   3 mitgefundene Gläser abgebildet bei Engels (1985), S. 49, Abb. 56.

535 Pilgerflasche auf Fuß

Deutschland, ca. 1520-1540. – Provenienz: Unbekannt[1]. – H 22,5 cm; ⌀ Lippe 3,8 cm, Fuß 8,2 cm; Wandungsstärke direkt unterhalb des Lippenrandes 1,8 mm, am Hals 2,5 mm. – Dunkelgrünes Glas. Lippe geklebt und kleine Ergänzung, Zickzackfaden auf Wandung mit 2 Ausbrüchen.

Hessisches Landesmuseum Darmstadt, Inv. Nr. Kg 55:33

Durchbrochener Fuß: kreisförmig gekniffener Faden, Girlandenfaden, sechsfach gesponnener Rand. Kurzer, massiver, unregelmäßig geformter Stiel. Flaschenkörper diagonal gerippt, durch Mittelwand, die knapp bis unter den Halsansatz reicht, in 2 Kammern getrennt. Verschiedene Auflagen: auf der einen Hälfte des Gefäßes gekerbter Faden und 2 Zickzackfäden, auf der anderen 2 Vertikalreihen mit je 3 und 1 Vertikalreihe mit 4 Nuppen, die ähnlich wie Tierkopfnuppen dreimal mit der Zange ausgezogen sind. Auf der Schulter 2 aufgelegte Ösen. Lippenrand nach innen umgeschlagen.

Die Flasche aus Darmstadt ist ein schönes Beispiel dafür, daß auch Flaschen ausnahmsweise nicht nur zweckmäßig einfach ausgeführt wurden, sondern daß auch sie nach der Tendenz der Zeit eine überreiche Dekoration erhalten konnten.
Zum Darmstädter Stück, über dessen Herkunft nichts bekannt ist, wurde bisher nur eine Parallele publiziert, die den gleichen Aufbau zeigt, im Detail aber durchaus verschieden ist (vgl. die nächste Kat. Nr.). Verzierungsmotive beider Flaschen sind an vielen anderen Gefäßtypen zu finden, was eine ungefähre Datierung erlaubt. Der durchbrochene Fuß mit mehrfach gesponnenem Rand ist an verschiedenen Gläsern zu beobachten, die wohl alle ins späte 1. Drittel oder ins 2. Viertel des 16. Jahrhunderts gehören (vgl. etwa Kat. Nrn. 430 ff.). Der Zickzackfaden, ein relativ seltenes Element, kommt auf einem in Worms gefundenen Becherfragment vor, das sich in die 1. Hälfte des 16. Jahrhunderts datieren läßt[1].
Weiter ist auch darauf hinzuweisen, daß die Darmstädter Flasche in signifikanten Details mit der Gruppe der Pilgerflaschen ohne Fuß übereinstimmt. So ist etwa der Lippenrand nach innen umgeschlagen (vgl. Kat. Nr. 537)[2], und die Ösen sind in vielen Fällen gleich hergestellt. Daß neuere Befunde diese Parallelstücke etwa in die Zeit zwischen 1520 und 1540 datieren, ergänzt das Bild, das durch die übrigen Vergleiche gewonnen wurde.
Die Fundkonzentration der Pilgerflaschen im Raume südlich von Frankfurt läßt an eine Entstehung in diesem Gebiet denken.

LIT.: Kat. Darmstadt (1935), S. 70, Nr. 413, Abb. auf Tf. 46.

1   Die Inventar-Karten sind im 2. Weltkrieg verbrannt.
2   Keßler (1936), S. 69, Abb. 1/32.
3   Gut sichtbar auch an einem Fragment der Sammlung Amendt, siehe Baumgartner (1987), S. 69, Nr. 57.

535

536 Pilgerflasche auf Fuß

Deutschland, 1. Drittel 16. Jh. – Fundort: Angeblich Rhein-Main-Gebiet. – H 21,5 cm; ⌀ Fuß 7,7 cm; Wandungsstärke Lippenrand 3,0–4,0 mm. – Grünschwarzes Glas. Geklebt und ergänzt.

Karl Amendt, Krefeld

536

Durchbrochener Fuß: gekniffener Faden, glatter Faden, breiter glatter Rand (wohl gesponnen und nachträglich geglättet). Kurzer massiver, unregelmäßig geformter Stiel. Flaschenkörper aus zwei tropfenförmigen, durch eine Mittelwand (mit einem kleinen Loch) weitgehend getrennte Kammern. Wandung vertikal 14fach gerippt, mit je 1 U-förmig aufgelegten gekerbten Band und darin 5 übereinandergesetzten, unregelmäßigen Nuppen. ›Glastupfer‹ auf einer Seite der Flasche (auf Höhe der Öffnung zwischen den beiden Kammern). Auf der Schulter 2 aufgelegte Ösen. Lippenrand nach innen umgeschlagen.

Die Flasche der Sammlung Amendt ist gegenüber dem Beispiel aus Darmstadt anders gerippt, zeigt eine unterschiedliche Dekoration und einen etwas anders gearbeiteten Fuß. Trotz dieser Varianten sind aber die beiden Stücke offensichtlich eng verwandt. Auf eine Beobachtung sei hier speziell verwiesen. Am Fuß ist deutlich eine Herstellungstechnik abzulesen, die schon von älteren böhmischen Stangengläsern (vgl. Kat. Nrn. 367 ff.), aber auch bei zeitlich näher liegenden Stücken (vgl. Kat. Nr. 490 b) bekannt ist. Die glatte Randpartie sieht am inneren Ansatz und außen gesponnen aus;

dazwischen liegt ein glatter Streifen, der sich nur dadurch erklären läßt, daß gesponnene Fäden in diesem Bereich geglättet wurden.

Es liegt hier also eine grundsätzlich andere Herstellungsart als etwa bei zeitgleichen venezianischen Gläsern mit glattem Fuß vor; dort wurde eine separate Glasblase an ein beliebiges Oberteil angesetzt und nach dem Abtrennen von der Pfeife in die richtige Form gebracht[1]. Gesponnene Füße sollten in Deutschland in Zukunft vor allem noch für Berkemeyer und Römer Verwendung finden, während normalerweise nun ebenfalls Füße aus einer Blase angesetzt wurden.

LIT.: Baumgartner (1987), S. 68, Nr. 56.

1 Siehe etwa Tait (1979), Tf. 2, Nr. 23; Tf. 7, Nr. 11; S. 30, Nr. 8; S. 32, Nr. 12; S. 43, Nr. 39 usw.

537

537 Corpus-Christi-Flasche

Deutschland (Rheinland), 2. Viertel 16. Jh. – Fundort: Mainz, Mauritzenplatz (1958). – H 20,7 cm; ⌀ Lippe 3,5 cm, ovaler Körper maximal 12,0 × 7,0 cm; Wandungsstärke Lippenrand 3,0 mm. – Graugrünes Glas. Geklebt, kleine Ergänzungen, Beine Christi z. T. verloren. Oberfläche leicht durch Verwitterung getrübt, beim Corpus bräunlich korrodiert.

Landesmuseum Mainz, Inv. Nr. 58,11

Fußring aus zweifach umgewickeltem Faden. Boden wenig hochgestochen. Ovaler Körper mit 16 optisch geblasenen, nach rechts geneigten Schrägrippen. Wandung im oberen Bereich zusammengedrückt, vor die vordere ›Nische‹ stark

538

vereinfachter Corpus Christi gesetzt: Körper als Art hohler Rüssel vorgezogen, in Hüftgegend gekniffen, Beine (massiv wie alle folgenden Teile) daran angesetzt, Lendentuch daraufgesetzt und an den Enden zu Zipfeln gekniffen. Horizontale Arme ebenfalls extra aufgelegt. Hände gekniffen. Hals und knopfartig vereinfachter Kopf auf die Schulterpartie aufgesetzt (keine Andeutung von Dornenkrone). Röhrenhals leicht nach vorn abgeknickt, Lippenrand ausgeweitet und nach innen umgeschlagen.

Die Mainzer Flasche ist bisher das einzige annähernd komplette Exemplar dieser Gruppe, die in den letzten Jahren durch Neufunde bzw. neuentdeckte Altfunde erheblich angewachsen ist. Weitere Fragmente dieses Typs gibt es in der Slg. Amendt[1] (wohl ebenfalls aus Mainz), in Worms (Wormser Bodenfund), in Karlsruhe (Bodenfund aus Heidelberg) und in Trier, siehe Kat. Nr. 538. Die Verbreitung scheint sich also bisher auf das Rheinland zu beschränken.
Für die Datierung gibt es noch wenig Anhaltspunkte, vor allem, da von den Flaschen selbst meist kaum etwas erhalten ist. Aus einem relativ gut datierbaren Kontext der Zeit ca. 1520–40 stammt allein das Fragment aus Heidelberg. Insgesamt muß man wahrscheinlich wieder mit einer längeren ›Laufzeit‹ des Typs rechnen.
Offenbleiben muß auch die Frage, ob Flaschen mit dieser ganz besonderen Verzierung auch eine ganz bestimmte Funktion hatten oder ob sie einfach in den Alltag eines christlichen Hausstands gehörten.

LIT.: Führer durch das Mittelrheinische Landesmuseum Mainz, 1980, S. 86. – Tochtermann (1984), S. 88 f.

1 Baumgartner (1987), S. 69, Nr. 57.

538 Corpus-Christi-Fragment (von einer Flasche)

Deutschland (Rheinland), 1. Hälfte 16. Jh. – Fundort: Wahrscheinlich Trier. – H 7,2 cm; B 7,9 cm. – Bläulich-grünes Glas. Hände und Teil der Beine abgebrochen, stark bräunlich korrodiert, Oberfläche angefressen.

Rheinisches Landesmuseum Trier

Körper als Art hohler Rüssel gebildet; Kopf, Gliedmaßen und Lendentuch massiv aufgesetzt. Beim Kopf extra aufgelegt ein Streifen, aus dem die Nase gekniffen und der Mund gekerbt ist, dazu dicker gekniffener Fadenring als Dornenkrone. Faltenwurf beim Lendentuch gekerbt.

Dieses Fragment aus altem Trierer Depotbestand wurde erst nach der Entdeckung der Mainzer Flasche und einiger anderer, etwas vollständigerer Bruchstücke als Teil einer Corpus-Christi-Flasche verständlich.

LIT.: –

Schalen

Glasschalen sind zwar wesentlich seltener als Becherformen, aber sie sind doch durchgängig im ganzen Mittelalter nachzuweisen (bei Rademacher fehlt dagegen dieser Gefäßtyp ganz!). In der Regel sind sie als breite, offene Variante zu Bechern derselben Zeit zu verstehen, d. h. dieselben Verzierungsmotive finden sich bei beiden Formen wieder – an den folgenden Beispielen sind es die altvertrauten Nuppen samt ›Halsfäden‹, Rippen sowie zackenförmig ausgezogene Fußränder (als weitere Möglichkeit siehe die optisch gemusterte Maigelschale auf Fuß, Kat. Nr. 470).

Bei den Schalen dieser späten Zeit fällt auf, daß sie (wie übrigens auch die Kannen bzw. Krüge) offenbar besonders gern aus farbigem Glas gebildet wurden, seltener aus dem grünen Waldglas der meisten Becher. Vermutlich hatten sie eher den Status von Ziergefäßen (Schau- oder Präsentierstücken) als von alltäglichen Gebrauchsgegenständen.

Fragmente von blauen Schalen dieser Zeit wurden außer in Lübeck auch in Lüneburg gefunden, von entfernteren Fundorten in England einmal abgesehen. Daneben kamen auch opakrote Stücke vor, wie Fragmente aus Straßburg und eine kürzlich geborgene rote Rippenschale aus Groningen[1] beweisen. Schließlich ist auch das dunkle Grün der Lübecker Schale Kat. Nr. 540 sicher als bewußt ›bunte‹ Farbe anzusehen.

---

1 Straßburg: Komplex 15 rue des Juifs (wie u. a. Kat. Nrn. 82, 105, 158, 164, 209, 234, 312-314, 321, 322). – Groningen: aus einem Kontext um 1500, jetzt im Museum Groningen (den Hinweis auf diese Schale verdanken wir Clasina Isings, Utrecht).

SCHALEN

539 Schale mit Nuppen, Fragment

Deutschland, spätes 15. Jh./frühes 16. Jh. – Fundort: Château Rathsamhausen bei Ottrott, Elsaß (1975). – H 5,0–5,7 cm; ⌀ Lippe 13,5–14,0 cm, Fußring ca. 6,8 cm; Wandungsstärke Lippenrand 1,7–3,7 mm, Wandung minimal 0,9 mm. – Hellgrünes Glas. Geklebt, Ausbrüche in der Wandung. Scherben unterschiedlich stark bräunlich korrodiert, z. T. irisiert.

Joëlle Burnouf, Straßburg, Inv. Nr. 9 VA 1

Gekerbter Fußring. Boden hochgestochen. Auf der Wandung 7 (6 erhalten) sehr flache Nuppen, darüber Faden, z. T. weit eingeschmolzen. Lippenrand unregelmäßig verdickt.

Die Bruchstücke dieser Schale wurden bei den Ausgrabungen im Schloßbereich in einer Abfallgrube mit Material aus der Zeit von ca. 1470–1520 gefunden, u. a. mit dem smaragdgrünen Becher Kat. Nr. 454 und Fragmenten von Krautstrünken, Maigelein und doppelkonischen Flaschen.

LIT.: Burnouf u. a. (1978), S. 13, Nr. 102, Abb. S. 14, fig. II u. Foto. – Rieb (1987), S. 7590 f., Pl. IV,7.

539

540

540 Fußschale mit Nuppen, Fragment

Deutschland, frühes 16. Jh. – Fundort: Lübeck, Gerade Querstraße 1, Kloake (1978). – H 4,9 cm; ⌀ Lippe 14,5 cm; Wandungsstärke Lippenrand 2,5 mm, Wandung minimal 1,5 mm. – Dunkel graugrünes Glas. Geklebt. Ausbruch in Rand und Wandung, eine der Scherben leicht irisiert.

Amt für Vor- und Frühgeschichte (Bodendenkmalpflege) Lübeck, Inv. Nr. HL 26/E 1

Fuß aus einem Faden gewickelt und geglättet, am Rand tropfenförmig ausgezogen. Boden leicht hochgestochen. Auf der Wandung unten 6 (5 erhalten) flache querovale Nuppen und ringförmige Fadenauflage, weit eingeschmolzen. Senkrechte Lippe glatt, mit kaum verdicktem Rand.

Obgleich mit denselben traditionellen Nuppen und einer Fadenauflage verziert wie die hellgrüne Schale aus dem Elsaß, hebt sich dieses Lübecker Stück durch den höheren Fuß und die kräftig dunkelgrüne Farbe von normalen grünen Gebrauchsgläsern ab.

LIT.: (Die Glasfunde aus dieser Kloake, wie ein großer Teil der Lübecker Glasfunde der Zeit nach 1973, sollen in der Dissertation von Margret Kirst publiziert werden.)

541 Fußschale mit Rippen, Fragment

Deutschland, frühes 16. Jh. – Fundort: Lübeck, Breite Straße 95, Brunnen III. – H 8,8 cm; ⌀ Lippe 14,2 cm; Wandungsstärke Lippenrand 2,5 mm, Wandung minimal 1,0 mm. – Blaues, leicht graustichiges Glas. Geklebt, große Fehlstellen in Rand und Wandung, stellenweise gelblich korrodiert.

Amt für Vor- und Frühgeschichte (Bodendenkmalpflege) Lübeck, Inv. Nr. 0210 / E 521

Fuß aus dickem Faden gewickelt, am Rand zackenförmig ausgezogen. Boden in kleiner Spitze hochgestochen. Auf der Wandung 24 annähernd radiale Rippen, die etwas oberhalb des Knicks zur glatten Lippe auslaufen. Lippenrand leicht verdickt.

In der Fußbildung wie auch dem leicht rauchigen Farbton des Glases ist diese Schale verwandt mit der grünen (Kat. Nr. 540). Rippenschalen unterschiedlicher Form aus blauem Glas wurden auch noch an anderen Fundstellen in Lübeck gefunden[1], ebenso in Lüneburg[2].

LIT.: – (Dumitrache, G 518, Abb. 461, Nr. 6 in Vorbereitung.)

1 Inv. Nr. 034 / E 60; 0211 / E 951 (= Dumitrache, Abb. 461,5).
2 Museum für das Fürstentum Lüneburg.

541

Sonderformen, außerhalb der Chronologie

Zum Schluß wird hier noch eine Gruppe von Glasgefäßen zusammengestellt, die wegen ihrer weitgehend funktionsgebundenen Form dem normalen Stilwandel nur wenig oder gar nicht unterworfen waren. Solche Gebrauchsware beziehungsweise technisches Gerät aus Glas läßt sich daher kaum nach Form oder Verzierung, allenfalls aus einem archäologischen Zusammenhang datieren, und es schien daher nicht sinnvoll, diese Sonderformen mit in die chronologische Abfolge zu zwängen.

Glasgefäße aus medizinischem oder alchemistischem Zusammenhang

Es ist eine ganze Reihe von speziellen Glasgefäßen bekannt, die vorwiegend im Zusammenhang mit der Heilkunst oder mit der im Mittelalter so hochgeschätzten Alchemie benutzt wurden. Obgleich die ganz oder fragmentarisch erhaltenen Gläser dieser Art aus dem Mittelalter nicht allzu häufig sind, wissen wir doch aus sehr zahlreichen Schriftquellen wie auch aus Abbildungen, wie geläufig Glasgefäße in diesem Kontext waren und wie viele sehr spezielle Formen es gab, die wir nur noch zum kleinen Teil nachweisen können.

Mengenmäßig an erster Stelle stehen dabei die Urinale, d. h. Glasgefäße hauptsächlich zur Harnbeschau. Sie spielten in der Medizin des Mittelalters (und später) eine besonders wichtige Rolle, so daß sie geradezu zum Attribut des Arztes wurden und in diesem Zusammenhang in sehr zahlreichen bildlichen Darstellungen vorkommen[1]. Ihre Form war funktionsgebunden und veränderte sich daher über sehr lange Zeit relativ wenig: Sie hatten in der Regel einen kugeligen oder birnförmigen Körper mit sehr dünn ausgeblasener Wandung, einen schlanken, gut zu umfassenden Hals und eine stark ausbiegende Lippe. Eine Standfläche fehlte meist, sie konnten in zylindrischen Behältern aus Korbgeflecht, Leder u. ä. aufbewahrt und transportiert werden[2]. Die meisten Urinale waren aus normalem grünen Glas, das nur in der hauchdünnen Wandung des Körpers die für die Uroskopie erforderliche Durchsichtigkeit hatte. Diese Dünnwandigkeit der Urinalkörper ist der Hauptgrund dafür, daß es nur relativ wenige, im Profil vollständige mittelalterliche Urinale gibt, obgleich dieser Gefäßtyp im medizinischen Zusammenhang wie auch im normalen Haushalt außerordentlich häufig gewesen sein muß. In Fundkomplexen sind aber meist nur die verdickten Böden mit der charakteristischen Heftnarbe darunter nachzuweisen, vgl. S. 51, Abb. 49. (Solche Böden können aber auch noch zu anderen rundbodigen Gefäßen gehört haben, z. B. Destillierkolben u. a.) – Ebenfalls als Urinale angesprochen werden beutelförmige Gläser mit leicht hochgestochenem Boden und ausbiegender Lippe in der Art von Kat. Nr. 544. Es sind relativ späte Versionen, die allenfalls noch die Funktion als Nachtgeschirr gehabt haben können oder beim Destilliervorgang zu gebrauchen waren, zur Harnbeschau sind sie wegen ihrer dickeren Wandung ungeeignet.

Zu den weiteren Glasobjekten aus (im weiteren Sinn) medizinischem Zusammenhang sind dann auch die gläsernen Schröpfköpfe und die Brustgläser (Milchpumpen) zu rechnen, die hier wenigstens mit je einem Exemplar vertreten sind.

Von den mancherlei Gerätschaften, die beim Vorgang des Destillierens verwendet wurden, waren vor allem die Destillierhelme (Alembiks) meistens aus Glas, während die Destillierkolben (in denen die Flüssigkeit erhitzt und zum Verdampfen gebracht wurde, um sich dann im Alembik darüber niederzuschlagen und durch die lange Tülle in ein Sammelgefäß abzufließen) viel häufiger aus Keramik bestanden[3]. Geräte zum Destillieren wurden im Mittelalter keineswegs nur in der Alchemie gebraucht und von Ärzten und Apothekern, sondern auch von allerlei Händlern und Handwerkern sowie im Haushalt (nicht nur gehobener sozialer Schichten[4]).

LIT. allgemein: Rademacher (1933) S. 45-47. – Moorhouse (1972), S. 79-121. – Imre Holl, Mittelalterliche Destilliergeräte aus Keramik in der Burg von Köszeg, in: Archeologiai Értesitö 109, 1982(1), S. 108-121, Resumée S. 122 f. – Moorhouse (1987), S. 361-372.

1 Hinweise auf einige dieser Darstellungen bei Rademacher (1933), S. 37 f.
2 Charleston (1980), S. 71.
3 Moorhouse (1987), S. 366.
4 Moorhouse (1987), S. 365 f.

542 Urinal, Fragment

England, spätes 15.Jh./Anfang 16.Jh. – Fundort: London, Walbrook. – H 22,5 cm; ⌀ Lippe 10,6 cm, Wandung maximal 13,1 cm; Wandungsstärke Lippenrand 3,0 mm, Wandung minimal 1,0 mm. – Hellgrünes Glas. Geklebt. Verwittert, braune Korrosionsflecken.

The Museum of London, Inv. Nr. 18 399

543 Urinal, Fragment

Deutschland oder Ostfrankreich, spätes 15./frühes 16.Jh. – Fundort: Straßburg, 9-15 rue des Francs-Bourgeois (1969). – H 16,6 cm; ⌀ Lippe 8,0 cm, Wandung maximal 9,5 cm; Wandungsstärke Lippenrand 1,2 mm, Wandung minimal 0,6 mm. – Annähernd farbloses Glas mit schwach gelb-grünlichem Stich. Geklebt. Verwittert, stark gelblich korrodiert.

Jean-Pierre Rieb, Straßburg

542

543

Boden leicht verdickt, mit Heftnarbe unten. Über dem birnförmigen Körper waagerecht ausbiegende Lippe.

Die Bruchstücke dieses Urinals wurden zusammen mit denen von 5 weiteren (in unterschiedlicher Größe) in einer Abfallgrube auf dem Grundstück von St. Swithin's House, Walbrook, gefunden. Die keramischen Beifunde deuten darauf hin, daß es um die Wende zum 16. Jahrhundert dorthin gelangte.
Da Urinale zur einfachsten Gebrauchsware gehörten, wurden sie mit Sicherheit nicht von weither importiert, sondern aus den jeweils nächstliegenden Hütten bezogen. Für London waren dies wohl Hüttenplätze im Weald (in Surrey und Sussex), wo seit dem Mittelalter eines der wichtigsten Zentren englischer Glasproduktion lag[1].

LIT.: Hume (1957), S. 106, Fig. 2 auf S. 105. – Harden (1972), S. 105, 116, Pl. XIII E. – Charleston (1980), S. 71, Fig. 26.

1 G. H. Kenyon, The Glass Industry of the Weald, Leicester 1967.

Rund gewölbter Boden ohne Hefteisenabriß. Über fast zylindrischem Hals kurze Lippe waagerecht ausbiegend.

Die Fragmente dieses Urinals wurden in einer Abfallgrube in der Straßburger Altstadt gefunden, der Kontext legt eine Datierung ins späte 15. Jahrhundert oder frühe 16. Jahrhundert nahe.
Auffällig ist an diesem Exemplar einmal das Fehlen der Heftnarbe unter dem Boden. Das Glas wurde also offenbar nicht wie üblich am Hefteisen befestigt, um es von der Pfeife zu trennen und die Lippe auszuweiten und umzubiegen. Ungewöhnlich ist auch die fast farblose Glasmasse. Obgleich diese natürlich für den Zweck der Harnbeschau besonders geeignet war, sind doch m. W. alle anderen mittelalterlichen Urinale bzw. Urinalfragmente aus gewöhnlichem grünen Glas.

LIT.: Rieb (1972), S. 129, Nr. 23, Abb. 23 auf S. 130. – Rieb (1987), S. 7591, Pl. V, 6.

544 Urinale (?) oder Vorratsgefäße

Deutschland oder Ostfrankreich, 1. Hälfte 16.Jh. – Fundort: Straßburg, 15 rue des Juifs (1987). – H (von links nach rechts) 10,0 cm, 6,3 cm, 7,6 cm, 12,4 cm; ⌀ Lippe 7,8 cm, 6,9 cm,

GLASGEFÄSSE AUS MEDIZINISCHEM ODER ALCHEMISTISCHEM ZUSAMMENHANG

544

6,5 cm, 8,3 cm; Wandungsstärke Lippenrand ca. 2,5 mm. – Grünes Glas. Ausbrüche an der Lippe bei 2 Stücken. Verwittert, z. T. irisiert oder versintert.

Direction des Antiquités historiques, Straßburg

Hochgestochener Boden. Über beutelförmigem Körper Lippe waagerecht ausbiegend.

Diese vier Gläser stammen aus derselben Grube in Straßburg, die neben zahlreichen Bruchstücken von Trinkgläsern erstaunlicherweise auch eine ganze Reihe von intakten Flaschen und anderen einfachen Gebrauchsgläsern enthielt (vgl. Kat. Nrn. 374, 486 f., 526 f., 529).
Gläser dieser Form werden seit Rademacher[1] als späte Form des Urinals angesehen. Als Gefäße zur Harnbeschau sind sie aber offensichtlich ungeeignet – sie sind dickwandiger und dadurch nicht durchsichtig genug (auch verunklärt der hochgestochene Boden zusätzlich das Bild), und es fehlt der abgesetzte Hals, an dem man sie halten könnte. Auch für die Funktion als Nachtgeschirr sind die meisten dieser Gläser deutlich zu klein. Man sollte sie daher lieber neutraler als Vorratsgefäße bezeichnen.

LIT.: –

1 Rademacher (1933), S. 39, Tf. 3 b (Vergleichsstück im Kölnischen Stadtmuseum).

545

545   Schröpfglas, Fragment

Oberrheingebiet, 16. Jh. – Fundort: Straßburg, 9-15 rue des Francs-Bourgeois (1969). – H 4,3 cm; ⌀ Lippe 4,0 cm; Wandungsstärke Lippenrand 2,4 mm, Wandung minimal 1,6 mm. – Bläulich-grünes Glas. Ausbruch in der Wandung, Sprung.

Jean-Pierre Rieb, Straßburg

Boden kaum hochgewölbt. Glatte Wandung nach oben verjüngt. Lippenrand leicht verdickt.

Dieses Schröpfglas wurde in der Straßburger Altstadt in einer Schicht des 16. Jahrhunderts gefunden.
Das Schröpfen (zur Ader lassen) war seit der Antike bis weit in die Neuzeit eine der gebräuchlichsten Heilpraktiken. Zur Blutentnahme wurden nachweislich schon seit der Spätantike auch gläserne Schröpfköpfe verwendet, neben solchen aus anderem Material[1]. Aus dem frühen und hohen Mittelalter sind bisher keine Gläser bekannt, denen man diese Funktion zuschreiben könnte, obgleich es sie höchstwahrscheinlich gegeben hat. Dieser Straßburger Fund dürfte einer der frühesten Belege für einen gläsernen Schröpfkopf sein. Aus späterer Zeit, ganz besonders aus dem 18. und 19. Jahrhundert, sind Schröpfgläser in großen Mengen erhalten. Die Form bleibt dabei – wiederum funktionsbedingt – weitgehend ähnlich. Es sind kleine Gefäße mit meist kugeligem Körper und leicht verengtem und verdicktem Rand.

LIT.: Rieb (1972), S. 131, Nr. 25, Abb. 25 auf S. 132. – Rieb (1987), S. 7591, Tf. v/5.

1 Rademacher (1933), S. 40 f., Tf. 4 a-c.

546

546   Milchpumpe, Fragment

Deutschland, 15./16. Jh. (?) – Provenienz: Slg. Lückger. – H 7,9 cm; ⌀ Lippe 4,3 cm, Körper maximal 6,6 cm; Wandungsstärke Lippenrand 3,0-3,5 mm. – Bläulich-grünes Glas. Geklebt, kleine Ergänzung, Teil des Saugrohrs abgebrochen. Stellenweise braune Korrosionsflecken.

Kunstmuseum Düsseldorf, Inv. Nr. P 1936-131

Hochgestochener Boden mit knopfförmiger Heftnarbe. Saugrohr seitlich an die Wandung angesetzt. Ausbiegende Lippe verdickt.

Milchpumpen oder Brustgläser gehören zu den Gefäßen mit funktionsbedingter, über lange Zeit kaum veränderter Form, deren Datierung daher besonders unsicher ist. Als Bodenfund mit einem terminus ante quem ist bisher nur ein fragmentarisches Glas dieser Art von Schloß Egmond in Holland bekannt[1], das 1572 verwüstet wurde. Es ist dem Düsseldorfer Stück sehr ähnlich, allenfalls etwas weniger gebaucht.

In der älteren Literatur wurden Fragmente dieser Art meist als Destillier- oder Apothekergefäße beschrieben[2], ihre Funktion wie auch die vollständige Form läßt sich aber aus Warenkatalogen des 18. und 19. Jahrhunderts[3] wie auch aus gelegentlich komplett erhaltenen Stücken[4] eindeutig erschließen. Das Saugrohr war demnach ursprünglich erheblich länger als bei diesem Fragment und am Ende leicht nach oben gebogen. Während die Öffnung des Glases auf der Brustwarze auflag, konnte die Benutzerin am Tüllenende saugen.

LIT.: – (Zum Typ siehe Baumgartner (1987), S. 105, bei Nr. 127).

1 Renaud (1943), S. 106, Tf. 28, Abb. 17.
2 Z. B. bei Rademacher (1933), S. 142, Text zu Tf. 5 d.
3 Z. B. in einem illustrierten Katalog norwegischer Glashütten von 1763 (Polak (1969), S. 97, Fig. 28) und im Katalog der Glashütte Hergiswil (Kanton Luzern) von 1872 (Horat (1986), S. 217).
4 Z. B. Rückert (1982), S. 145, Nr. 359, Tf. 101.

gibt es daraus zahlreiche Glasgefäße, die als Arzt- oder Apothekeninventar zu verstehen wären (über die Anwohner dieses Grundstücks und ihren Status ist noch nichts bekannt): mehrere weitere fragmentarische Destillierhelme, etliche Urinale und eine ganze Reihe verschiedener Flaschenformen (vgl. Kat. Nrn. 374, 526f., 544). Das Gros des Materials gehört ins 16. Jahrhundert.

Ähnlich wie bei den Destillierkolben sind auch bei den Destillierhelmen mittelalterliche, einigermaßen komplett erhaltene Exemplare kaum vorhanden. Sie dürften sich aber von diesem und dem folgenden Stück wenig unterschieden haben.

Destillierhelme werden über den Kolben gesteckt und dicht mit ihm verbunden. Anschließend wird die Substanz, die destilliert werden soll, erhitzt. Die dabei entstehenden Dämpfe steigen auf, schlagen sich am Helm nieder und laufen dann in die Rinne herunter, auf deren Höhe eine Tülle sitzt, durch die das Destillat in einen Behälter abfließen kann.

LIT.: –

547

548

547 Alembik (Destillierhelm)

Deutschland/Ostfrankreich, 16. Jh. – Fundort: Straßburg, 15 rue des Juifs (1987). – H (Gefäß ohne die Röhre) 13,5 cm; ⌀ Lippe 7,1 cm; L des Röhrenfragments 22,8 cm; Wandungsstärke Lippenrand 2,2 mm. – Dunkel graugrünes Glas. An der Lippe geklebt, Röhrenende abgebrochen. Durch Verwitterung getrübt, stellenweise irisiert oder versintert.

Direction des Antiquités historiques, Straßburg

Wandung über den annähernd konisch verjüngten unteren Teil gestaucht. Abflußröhre seitlich angesetzt. Scheibenförmiger Knauf mit dicker ringförmiger Heftnarbe oben aufgesetzt.

Dieser Alembik gehört zu den reichen und insgesamt erstaunlich wenig zerbrochenen Glasfunden aus einer Grube an der Straßburger Judengasse. Neben reichen Trinkgläsern

548 Alembik (Destillierhelm), Fragment

Deutschland, 16. Jh. – Fundort: Lübeck, Johannisstraße (heute Dr. Julius-Leber-Str.) 3–5, Abfallschacht der Ratsapotheke. – H (Gefäß ohne die Röhre) 13,5 cm; ⌀ Lippe 7,2 cm; L des Röhrenfragments 15,5 cm; Wandungsstärke Lippenrand 3,0 mm. – Bläulich-grünes Glas. Geklebt, großer Ausbruch in der Wandung, Röhrenende abgebrochen. Bräunliche Korrosionsflecken, stellenweise versintert.

Amt für Vor- und Frühgeschichte (Bodendenkmalpflege) Lübeck, Inv. Nr. 060/E 69

Wandung über den konisch verjüngten unteren Teil gestaucht, oben zu einem dicken Knauf abgeschnürt. Abflußröhre seitlich angesetzt.

Die Bruchstücke dieses Alembiks wurden, zusammen mit weiteren Fragmenten gläserner Destillierhelme und vielfältigen anderen Überresten des Apothekeninventars, in einer Abfallgrube auf einem zur Ratsapotheke gehörigen Grundstück gefunden.

Die beiden Destillierhelme aus Straßburg und Lübeck belegen, daß solche ›technischen Gerätschaften‹ an weit auseinanderliegenden Orten nahezu gleich aussahen, während es im Gegensatz dazu etwa für Trinkgläser vielfach regional recht unterschiedliche Formen gab.

LIT.: Neugebauer (1965), S. 235.7. – Neugebauer (1968), S. 109f. – Kat. Braunschweig (1985), Bd. 1, S. 658, Nr. 570f. (weitere Lit. zu Funden aus der Lübecker Ratsapotheke dort und im selben Katalog S. 657).

549

549 Destillierkolben (?)

Deutschland, 15./16. Jh. – Fundort: Darmstadt, Grundstück des Hessischen Landesmuseums. – H 16,8 cm; ⌀ Lippe 2,6 cm, Wandung maximal 6,7 cm; Wandungsstärke Lippenrand 3,3-4,0 mm, Wandung oberhalb des Rings 2,7-3,5 mm. – Gelbgrünes Glas. Sprung in der Wandung, Ausbruch am Fadenring. Verwittert, kleine braune Korrosionsflecken.

Hessisches Landesmuseum Darmstadt, Inv. Nr. AP 63:3

Nach unten gerundeter Boden mit Hefteisenabriß. Auf der Wandung oben dicker Fadenring umgelegt.

Dieses Glas des Hessischen Landesmuseums wurde vor mehr als 50 Jahren als »Flasche aus gelblichgrünem Waldglas, birnförmig mit Halsring« publiziert[1]. Gegen eine Interpretation als Flasche sprechen aber vor allem die fehlende Standfläche, daneben auch der ungewöhnliche Fadenring oben. Diese besondere Form, der Halsring und auch die sehr dicke Wandung legen vielmehr eine Deutung als Destillierkolben nahe. Der Ring könnte dann als Widerlage für eine Halterung oder als Auflage für einen aufgesetzten Destillierhelm gedient haben. Destillierkolben scheinen aber viel seltener als die Alembiks aus Glas hergestellt worden zu sein, sie waren wohl häufiger aus Keramik[2].

Als ein weiterer gläserner Destillierkolben ist wahrscheinlich ein Glas in der Slg. Amendt anzusehen[3], einen Bodenfund des 17. Jahrhunderts aus England hat Charleston abgebildet[4]. Eine Datierung des Darmstädter Stücks in spätmittelalterliche Zeit ist nur sehr vage aufgrund der Glasmasse und der Verwitterung möglich.

LIT.: Kat. Darmstadt (1935), S. 62, Nr. 354, Tf. 41.

1 Kat. Darmstadt (1935), S. 62.
2 Moorhouse (1987), S. 366, führt an, daß alchemistische Traktate aus dem Mittelalter oft gläserne Destillierhelme erwähnen, die auf irdene Kolben gesetzt werden.
3 Baumgartner (1987), S. 105, Nr. 128. Im Text dort irrtümlich angegeben, das Darmstädter Stück habe keine Heftnarbe.
4 Charleston (1980), S. 86, Fig. 29 auf S. 85.

Lampen

Gläserne Öllampen (Hängelampen) sind ein besonders ›weites Feld‹, weil sie zumindest seit der Spätantike gebräuchlich waren (und es zum Teil noch heute sind), sowohl im Mittelmeerraum als auch nördlich der Alpen. Während der Jahrhunderte, um die es in dieser Ausstellung geht, gehörten sie zu den häufigsten Gebrauchsglastypen in kirchlichem Zusammenhang wie auch im privaten Haushalt, wie aus sehr zahlreichen Bild- und auch Schriftquellen zu belegen ist. Während in karolingischer Zeit in unseren Regionen wohl meist die vor allem als Trinkgefäße gebräuchlichen Trichterbecher auch als Lampen verwendet wurden, sind Lampen spätestens seit dem 12. Jahrhundert in der Form nachzuweisen, die nur wenig abgewandelt die typische Lampenform über viele Jahrhunderte sein sollte: mit schmalem, zapfenförmigem Unterteil und schalenförmig weitem Oberteil[1]. Obgleich solche Lampen in enormen Mengen hergestellt und verbraucht wurden, sind annähernd komplette, rekonstruierbare Stücke im archäologischen Fundmaterial nicht häufig, meist werden nur Bruchstücke der dickwandigen Unterteile gefunden. Scherben vom Oberteil sind in der Regel nicht mit Sicherheit zuzuordnen. (Lampenunterteile siehe z. B. auch unter den Funden aus Murano, S. 42, Abb. 42 und von der Hütte Nassachtal, S. 36, Abb. 36.) Die Form dieser Hängelampen änderte sich durch das ganze Mittelalter recht wenig. Darstellungen solcher Lampen in Miniaturen und Gemälden lassen allenfalls darauf schließen, daß seit dem späten 15. Jahrhundert das Oberteil oft durch einen deutlichen Knick vom Unterteil abgesetzt war und dann geradwandig-konisch auslud, im Gegensatz zu dem früheren konkav-konvex geschwungenen Kontur.

Die gläsernen Lampen wurden in Metallhalterungen eingehängt, einzeln oder auch zu mehreren gruppiert. (Sie konnten aber auch in der Hand gehalten werden, wie es z. B. zahllose Darstellungen der klugen und törichten Jungfrauen zeigen.) Ins enge Unterteil wurde zunächst Wasser gefüllt, darauf das Öl. Um den Docht in der Mitte der Schale zu halten, gab es wohl meist einen besonderen Halter aus Draht oder Metallstreifen, die über den Rand gehängt wurden[2].

LIT. zu Glaslampen: Rademacher (1933), S. 75-90, Tf. 18-20. – Foy (1977). – Charleston (1980), S. 70f., Abb. 25. – Gyürky (1982), S. 158-166.

1 Abbildungen in Miniaturen zeigen, daß daneben noch weitere Lampenformen in Gebrauch waren, z. B. beutelförmige.
2 Funde zu Dochthaltern siehe z. B.: Eva Marianne Stern, Antikes Glas in der Südtürkei, in: Glastechnische Berichte 57/5, 1984, S. 132-139, Abb. 11 auf S. 138. – Dominique Halbout-Bertin, Le monument juif d'époque romane du Palais de Justice de Rouen, in: Archéologie Médiévale 14, 1984, S. 77-125, bes. S. 86, Abb. 13 auf S. 114.

550 Lampe

Böhmen, 14. Jh. – Fundort: Prag, St. Petersviertel. Aus einer Abfallgrube des ehemaligen Pfarrhauses. – H 17,0 cm; ⌀ Lippe 12,6 cm; Wandungsstärke Lippenrand 2,3 mm, Wandung minimal 1,2 mm. – Farbloses Glas mit schwach gelblichem Stich. Geklebt, kleine Ausbrüche in Wandung und Rand, weißliche Korrosionsschicht.

Zentrum der Denkmalpflege der Stadt Prag, Inv. Nr. XVIII-sine

550

Nicht sehr dickwandiger Boden, leicht rund hochgestochen. Einschnürung unterhalb der Lippe, Lippenrand kaum verdickt.

Zur Fundstelle und zu den Fundumständen siehe bei Kat. Nr. 83. – Die Abfallgrube, aus der u. a. die Scherben dieser Lampe stammen, wurde offenbar in der 2. Hälfte des 14. Jahrhunderts verfüllt. Eine Datierung der Lampe in die 1. Hälfte oder um die Mitte des 14. Jahrhunderts läßt sich auch durch bildliche Darstellungen stützen. Lampen ähnlicher Form sind z. B. in einer Miniatur der Welislaus-Bibel (um 1340) zu erkennen[1].

LIT.: Hejdová (1975), S. 146.

1 Prag, UB XXIII C 142, fol. 123'a. – Vgl. Hejdová (1975), S. 144, Fig. 9.

551 Lampe, Fragmente

Deutschland, 14. Jh./frühes 15. Jh. – Fundort: Lübeck, Alfstraße 31, Brunnen. – H rekonstruiert ca. 16,8 cm; ⌀ Lippe rekonstruiert ca. 14,0 cm; Wandungsstärke Lippenrand 2,3 mm, Wandung minimal 1,0 mm. – Helles bläulich-grünes Glas. Geklebt, lose Einzelscherben. Stellenweise leicht getrübt oder versintert.

Amt für Vor- und Frühgeschichte (Bodendenkmalpflege) Lübeck, Inv. Nr. 023/E 17, E 27

Dickwandiger Boden, wenig hochgestochen. Einschnürung unterhalb der Lippe, Lippenrand leicht verdickt.

In bildlichen Darstellungen ist die Lampenform mit einer Einschnürung unterhalb der Lippe in Norddeutschland vom Anfang des 14. bis ins 15. Jahrhundert nachzuweisen, z. B. auf der Altarstaffel mit Christus zwischen Klugen und Törichten Jungfrauen aus Kloster Isenhagen (Anfang 14. Jahrhundert)[1], oder in der Hand der hl. Walpurgis bei dem Triptychon mit der Fürbitte Mariens bei Christus, vom Meister des Fröndenberger Altares (um 1420)[2]. Eine ähnliche Form, aber andere Glasmasse, hat auch die Lampe aus Prag (Kat. Nr. 550).

LIT.: – (Dumitrache, G 503, Abb. 460 ob. links, in Vorbereitung.)

1 Niedersächsische Landesgalerie Hannover, Inv. Nr. WM XXVII, 1. Abb.: Ferdinand Stuttmann, Meisterwerke der Niedersächsischen Landesgalerie Hannover, Honnef o. J., Abb. 3.
2 Westfälisches Landesmuseum für Kunst und Kulturgeschichte Münster, Inv. Nr. 4 WKV, Abb.: Westfälisches Landesmuseum für Kunst und Kulturgeschichte, Auswahlkat., Münster 1986, S. 48.

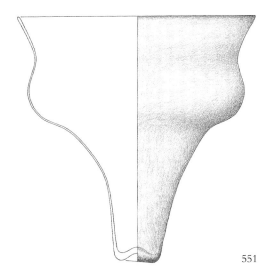

551

552 Lampe

Deutschland, 14./15. Jh. – Fundort: Wohl Mainz. – H 13,1 cm; ⌀ Lippe 10,7–11,0 cm; Wandungsstärke Lippenrand 2,6 mm. – Grünes blasiges Glas. Geklebt und ergänzt. Verwittert.

Rheinisches Landesmuseum Bonn, Inv. Nr. 86.0055

Ziemlich dicker, nur leicht eingedellter Boden. Schalenförmiges Oberteil schief verzogen, Lippenrand leicht verdickt.

Die Bruchstücke dieser Lampe sollen aus demselben Komplex stammen wie die eines Gegenstücks in der Slg. Amendt[1]

SONDERFORMEN, AUSSERHALB DER CHRONOLOGIE

sowie noch zahlreicher weiterer Glaslampen und anderer Gläser des 14.-16. Jahrhunderts. Eine genaue zeitliche Einordnung dieses Exemplars ist nicht möglich, jedoch ist es offenbar älter als die seit dem späteren 15. Jahrhundert häufig dargestellten Lampen, deren Lippe nach einem deutlichen Knick in der Wandung geradwandig-konisch auslädt.

LIT.: –

1   Baumgartner (1987), S. 103, Nr. 125.

Für die Datierung dieses Glashörnchens gibt es leider keinen Anhaltspunkt aus einem Fundzusammenhang, und auch Vergleichsbeispiele dieser Form fehlen so gut wie ganz[1]. Die seit Rademacher traditionelle Datierung ins 15. Jahrhundert beruht im Grunde nur darauf, daß in zwei Inventaren des 15. Jahrhunderts »glesrein horen« bzw. »ain glesin horn« aufgeführt werden[2].

Unklar ist auch der Verwendungszweck. Rademacher erwägt, ob es eine Sonderform der Schröpfgläser war oder aber ein Tintenhörnchen[3]. Darstellungen von Tintenhörnchen ähnlicher Form (deren Material aber selten zu erkennen ist) sind vor allem aus Miniaturen sehr viel früherer Zeit, besonders bei schreibenden Evangelisten nachzuweisen[4]. Es ist möglich, daß solche Tintenhörnchen auch im späten Mittelalter noch benutzt wurden, eine Bildquelle dazu ist bisher nicht anzuführen.

LIT.: Rademacher (1933), S. 41, 142, Tf. 4f. – Heinemeyer (1966), S. 40, Nr. 82.

1   Rademacher (1933), Tf. 4 d, führt noch ein etwas größeres Hörnchen mit bauchig ausgeweiteter Lippe in Speyer an. – In den uns bekannten Fundkomplexen des Mittelalters kommt diese Form nicht vor.
2   Rademacher (1933), S. 140: Inventar des Schlosses Sigmundsburg in Tirol von 1462 bzw. 1478.
3   Rademacher (1933), S. 41.
4   Als beliebiges Beispiel siehe z. B. die Tintenhörnchen in einem Evangeliar des 12. Jahrhunderts (William M. Hinkle, A mounted evangelist in a twelfth century Gospel Book at Sées, in: Aachener Kunstblätter 44, 1973, S. 194 f., Fig. 2-4).

552

553   Glashörnchen

Deutschland, 15. Jh. (?) – Provenienz: Slg. Lückger. – H 9,8 cm; ⌀ Lippe 4,2 cm; Wandungsstärke Lippenrand 3,5 mm. – Bläulich-grünes Glas mit Bläschen. Leicht verwittert.

Kunstmuseum Düsseldorf, Inv. Nr. P 1936-33

Schmal trichterförmiges, im unteren Teil leicht gebogenes Glas mit optisch geblasenen tordierten Riefeln, die im erweiterten oberen Teil verschwinden. Lippenrand nach innen umgeschlagen.

554

554   Kleiner abgeflachter Becher

Deutschland, 16. Jh. (?) – Fundort: Wohl Mainz. – H 7,5 cm; ⌀ Lippe maximal 6,3 cm; Wandungsstärke Lippenrand ca. 2,0 mm. – Grünes Glas. Geklebt und ergänzt. Verwittert und irisiert.

Karl Amendt, Krefeld

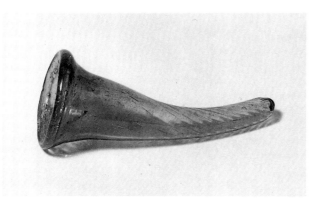

553

Dicker Boden mit kleinem Ausbruch vom Hefteisen. Oberer Teil der Wandung unregelmäßig ausgeweitet und an einer Seite abgeflacht.

Leider ist zum Fundzusammenhang und zu eventuellen Beifunden dieses kleinen Bechers nichts bekannt, so daß seine Datierung ebenso ungewiß ist wie seine ursprüngliche Funktion: kleine Lampe? Tintenglas? Vogeltränke?
Kleine Becher mit schmal zulaufendem unteren Ende und einer abgeflachten Seite wurden sowohl im Hils[1] als auch im Spessart[2] gefunden, jeweils an Hüttenplätzen vom 1. Drittel des 17. Jahrhunderts. Diese nach ihrer besonderen Form als ›Büttenbecher‹ bezeichneten Vergleichsstücke gelten als Trinkgläser oder Lampeneinsätze[3]. Das Glas der Slg. Amendt hat aber durch die konkav einschwingende Wandung ein so geringes Fassungsvermögen, daß die Verwendung als Trinkgefäß (für Menschen) höchst unwahrscheinlich ist. In Holland sind ähnliche abgeflachte kleine Gläser als Vogeltränken geläufig, die in Vogelkäfigen eingehängt wurden[4].

LIT.: –

1 Six (1963), S. 19f., Abb. S. 22.
2 Tochtermann (1979), S. 63, Abb. S. 66.
3 Kat. Braunschweig (1985), S. 710, Nr. 615c.
4 Der Amsterdamer Großhändler Tönies Jacobs bestellte 1685 von einer Hütte im Vogelsberg u. a. je 2000 blaue, rote und grüne »finckengläser« (Krimm (1982), S. 164).

Deckel

Deckel zu Glasgefäßen hat es wahrscheinlich viel häufiger und auch schon viel früher gegeben, als allgemein bewußt ist, in der römischen Glasproduktion sind sie zum Beispiel bei gläsernen Urnen völlig geläufig. Im archäologischen Fundmaterial sind gläserne Deckelfragmente bisher relativ wenig beachtet oder nicht erkannt worden; sofern sie ohne festen Fundzusammenhang überkommen sind, macht es besondere Schwierigkeiten, sie zu datieren und einem bestimmten Gefäßtyp zuzuordnen. Soweit bisher bekannt, kommen sie in unseren Regionen auf Bechern und Stangengläsern vor (vgl. Kat. Nr. 499), in Italien auch auf Pokalen.

In der folgenden kleinen Zusammenstellung sind die beiden ersten Deckelfragmente nur vage und versuchsweise aufgrund ihrer farblosen Glasmasse und blauen Verzierung ins 13./14. Jahrhundert datiert worden. Dagegen weisen die späteren Stücke alle Dekorelemente auf, die sie deutlich mit Gläsern der ersten Hälfte des 16. Jahrhunderts verbinden.

555 Deckel, Fragment

Entstehungsgebiet noch unbestimmt, 13./14. Jh. – Fundort: London, Saint Swithin's Lane, 1919 oder früher. – H 4,2 cm; ⌀ maximal (rekonstruiert) 9,2 cm; Wandungsstärke Bruchkante unten 1,2 mm, unterhalb des Knaufs mehr als 3,0 mm. – Farbloses Glas, blaue Fadenauflagen. Leicht verwittert.

The Museum of London, Inv. Nr. A 21055

555

Profil bis zum Umknicken auf der Höhe des (wohl) größten Durchmessers erhalten. Ringförmiger blauer Faden auf der Schulter, die bis zum hohlen Knauf hochgezogen ist. Knauf mit umgelegtem blauen Faden und Heftnarbe oben.

Das Fragment wurde schon zu Anfang dieses Jahrhunderts gefunden, so daß Hinweise auf eine Datierung aus dem Fundzusammenhang schon aus diesem Grund kaum zu erwarten waren.
Deckel aus farblosem Glas mit blauer Verzierung sind m. W. bisher nicht publiziert worden. Das Profil dieses Fragments läßt aber kaum eine andere Deutung zu.
Die Kombination von farblosem und blauem Glas war vor allem in der Zeit des 13. und frühen 14. Jahrhunderts sehr beliebt (vgl. etwa Kat. Nrn. 149-165, 318-323). Natürlich kam sie auch noch später vor, vor allem bei venezianischen Gläsern der Zeit um 1500. Diese Stücke zeigen aber eine andere Glasmasse, und erhaltene Deckel zeugen von einem ganz anderen Formgefühl[1].
Zur Frage des Entstehungsgebiets vgl. S. 19 f.

LIT.: –

1 Siehe etwa Tait (1979), Tf. 3, Nr. 3. – Hettes (1960), Abb. 2 und 3.

556 Deckel, Fragment

Entstehungsgebiet noch unbestimmt, 13./14. Jh. – Fundort: London, 63 Threadneedle Street, ca. 1840. – H 5,1 cm; ⌀ maximal (rekonstruiert) 8,8 cm; Wandungsstärke Bruchkante unten 0,8 mm, unterhalb des Knaufs mehr als 2,0 mm. – Farbloses Glas, blaue Fadenauflage. Verwittert und irisiert.

The Museum of London, Inv. Nr. 22 534

Profil bis zum Umknicken knapp auf der Höhe des (wohl) größten Durchmessers erhalten. Ringförmiger blauer Faden auf der Schulter, die bis zum Knauf hochgezogen ist. Heftnarbe oben auf dem Knauf.

Es ist erstaunlich, daß dieser Fund aus der Zeit um 1840 schon damals ins Museum gelangte und dort bis heute überlebt hat.

556

Das Fragment ist ganz offensichtlich eng mit dem vorigen verwandt.

LIT.: –

557 Deckel, Fragment

Deutschland, 1. Hälfte 16. Jh. (vor 1553). – Fundort: Steinheim a. d. Murr (Baden-Württemberg), Kloster Mariental. – H 5,7 cm; ⌀ 7,3 cm; Wandungsstärke Rand 1,8 mm, in der Nähe des Knaufs 4,5 mm. – Grünes Glas. Verwittert, leicht korrodiert.

Landesdenkmalamt Baden-Württemberg, Archäologie des Mittelalters, Dienststelle Stuttgart, Inv. Nr. st. K. 375

557

SONDERFORMEN, AUSSERHALB DER CHRONOLOGIE

Im Profil vollständig erhaltener Deckel. Wandung vom Rand zum Knauf kontinuierlich dicker werdend. Massiver Knauf. Hefteisenabriß im Zentrum auf der Unterseite des Deckels.

Das Material aus Steinheim kann vor 1553 datiert werden, weil das Kloster Mariental damals aufgehoben wurde[1].
Der glatte Deckel stimmt mit demjenigen auf dem Stangenglas aus Regensburg überein (Kat.Nr. 499). Es gibt weitere Parallelen[2], die auch in die 1.Hälfte des 16.Jahrhunderts weisen.
Alle diese Deckel haben einen massiven Knauf, und der Hefteisenabriß sitzt jeweils auf der Unterseite. Auch die bisher bekannten Formvarianten halten sich in engen Grenzen. Bei genügender Beobachtung derartiger Funde wird sich in Zukunft möglicherweise das Herstellungsgebiet näher eingrenzen lassen, zur Zeit ist das noch nicht möglich.

LIT.: –

1 Kurzer Bericht zu den Grabungen: Matthias Untermann, Kloster Mariental in Steinheim/Murr, Kreis Ludwigsburg, in: Archäologische Ausgrabungen in Baden-Württemberg 1986, Stuttgart 1987; S. 217-220. – Von derselben Fundstelle stammt u.a. auch Kat.Nr. 513.
2 Etwa neuere Funde aus Heidelberg, Collegium Academicum, die von Christine Prohaska, Heidelberg, bearbeitet werden.

558

558 Deckel, Fragment

Deutschland, 1.Hälfte 16.Jh. (vor 1553). – Fundort: Steinheim a. d. Murr (Baden-Württemberg), Kloster Mariental. – H 3,3 cm; Länge Fragment 6,7 cm; Wandungsstärke äußere Bruchkante 1,8 mm, in der Nähe des Knaufs 3,5 mm. – Grünes Glas. Geklebt. Verwittert, z. T. korrodiert.

Landesdenkmalamt Baden-Württemberg, Archäologie des Mittelalters, Dienststelle Stuttgart, Inv.Nr. ST. K. 375

Schulter des Deckels mit aufgelegtem Spiralfaden. Massiver Knauf. Hefteisenabriß im Zentrum auf der Unterseite des Deckels.

Das Deckelfragment zeigt leider nicht mehr das ganze ursprüngliche Profil. Es weist aber sicher nicht die übliche, oben etwas gerundete Form auf, sondern ist in der erhaltenen Partie flach. Auch der spiralförmig aufgelegte Faden kann hier erstmals beobachtet werden, hingegen stimmen der massive Knauf und der Hefteisenabriß mit den Katalognummern 557 und 559 überein.
Die Datierung kann wohl parallel zum andern Deckelfund aus Steinheim vorgenommen werden.

LIT.: –

559

559 Deckel

Deutschland, 1.Hälfte 16.Jh. – Fundort: Wohl Mainz. – H 6,0 cm; ⌀ 8,5 cm; Wandungsstärke Rand ca. 2,2 mm. – Grünes Glas. Geklebt und ergänzt.

Karl Amendt, Krefeld

Wandung des Deckels mit einem Wechselmuster: viermal Rautenmuster, dazwischen radiale Rippen. Die Musterung ist auf der Schulter des Deckels bereits ziemlich verschwommen und auf dem abgebogenen Rand nicht mehr feststellbar. Hefteisenabriß im Zentrum auf der Unterseite des Deckels. Massiver Knauf.

Dieses Stück der Slg. Amendt entspricht in der Form den normalen Deckeln mit Knauf, neu ist hier das Wechselmuster, das bisher nur an einigen Trinkgläsern nachzuweisen war, vgl. Kat.Nrn. 422, 473, 487, 517. Dieses spezielle Muster kommt erstmals wohl kurz nach 1500 auf und scheint sich in der ganzen 1.Hälfte des 16.Jahrhunderts zu halten[1]. Dadurch läßt sich die Entstehungszeit dieses Deckels in etwa eingrenzen.

LIT.: Baumgartner (1987), S. 107, Nr. 130.

1 Prohaska (1987), S. 286, Abb. 216/5.

560 Deckel mit Vogelnest

Rheinland (?), 1.Hälfte 16.Jh. – Fundort: Angeblich Köln. – H 7,3 cm; ⌀ 7,5 cm; Wandungsstärke unterer Rand 1,5 mm. – Grünes Glas. Geklebt.

Kölnisches Stadtmuseum, Inv. Nr. KSM 1983/799

Deckel mit gestauchtem, hohlem Ring. Auf der Schulter aufgelegter gekniffener Faden mit hochstehendem Girlandenfaden. Massiver Knauf als Körper des Vogels mit massiv angesetztem Hals, Kopf und Schwanz. Heftnarben innen im Deckel und auf dem Rücken des Vogels.

In der Glasliteratur werden wiederholt ›Vogelnestpokale‹ erwähnt, ohne daß man bisher deren Existenz nachweisen könnte. Als Teile eventuell solcher Pokale sind allein einige Deckel erhalten, deren Knauf als Vogel ausgebildet ist und bei denen ein Girlandenfaden auf der Schulter ein Nest andeutet. Der einzige Deckel dieser Art, der einem Pokal zugeordnet war, gehört eindeutig nicht ursprünglich mit diesem zusammen (vgl. Kat. Nr. 561).
Alle Vogelnestdeckel haben einen nach außen gestauchten hohlen Ring, der auf die Lippe des Glases aufzuliegen kommt, während der untere Rand innen ins Glas hineingreift[1] (im Gegensatz zu den vorigen Deckeln, die außen übergreifen). Der Vogelkörper kann entweder eine kugelige

561 Deckel mit Vogelnest

Rheinland (?), 1. Hälfte 16. Jh. – Provenienz: Slg. Bremen. – H 11,2 cm; ⌀ unterer Rand 7,2 cm; Wandungsstärke unterer Rand 3,0 mm. – Graugrünes Glas. Bestoßungen am Schnabel des Vogels und am ausgezogenen Faden.

Rheinisches Landesmuseum Bonn, Inv. Nr. 68.0462 a

561

560

Deckel mit nach außen gestauchtem Hohlring, die Schulter bis zum hohlen Knauf hochgezogen. Auf der Schulter breites Band, nach unten ausgezogen und an den Enden gekniffen, weiter oben sechsfach gekniffener Faden mit aufgesetztem hochstehenden Girlandenfaden. An den Knauf als Vogelkörper Hals und Kopf sowie ein flachgekniffener Schwanz massiv angesetzt. Heftnarbe auf dem Rücken des Vogels.

Dieser Deckel war im Katalog der Slg. Bremen auf einen Becher mit Fuß gesetzt, zu dem er aber wegen seiner abweichenden Glasfarbe und des zu geringen Durchmessers ganz sicher nicht ursprünglich gehörte. Ein kugeliger Aufsatz in Kunststoff über der Heftnarbe wurde entfernt. Der Deckel ist eine Variante zu dem vorigen Stück mit annähernd denselben Dekormotiven; er ist wahrscheinlich in derselben Region und etwa zur selben Zeit entstanden.

LIT.: Bremen (1964), S. 268 f., Nr. 96.

562 Deckel mit ›Vogelnestern‹, Fragment

Rheinland (?), 1. Hälfte 16. Jh. – Fundort: Trier, Pferdemarkt (1983). – H 8,5 cm; Wandungsstärke Bruchkante unten 1,2 mm. – Blaßgrünes Glas. Ausbrüche an einem Girlandenfaden. Weißliche Korrosionsschicht und z. T. irisiert.

Rheinisches Landesmuseum Trier

Verdickung des massiv aufgesetzten Knaufs sein (wie bisher) oder das hohle kugelige Ende des hochgezogenen Deckels (wie beim folgenden Stück).
Zum Deckel aus dem Kölner Stadtmuseum gibt es ein (im Profil nicht komplettes) Parallelstück im Kölner Kunstgewerbemuseum[2], zu dem aber ebenfalls keine näheren Fundzusammenhänge bekannt sind. Als Anhaltspunkt für eine Datierung bleibt somit hauptsächlich das Motiv des Girlandenfadens, das in der 1. Hälfte des 16. Jahrhunderts häufig nachzuweisen ist (vgl. Kat. Nr. 533). Einen Hinweis auf das Entstehungsgebiet könnte vielleicht die Fundkonzentration ausschließlich im Rheinland geben.

LIT.: –

1 Der nach außen gestauchte Auflagering ist bereits bei venezianischen Deckelpokalen die Norm, vgl. Anm. 1 bei Kat. Nr. 555.
2 Museum für Angewandte Kunst, Köln, Inv. Nr. F 1165.

Fragment eines Deckels mit zum Knauf hochgezogener Schulter. Auf der Schulter breites Band, nach unten ausgezogen und an den Enden gekniffen. Darüber und ein zweites Mal am Knauf gekniffener Faden mit aufgesetztem hochstehenden Girlandenfaden. Heftnarbe oben auf dem Knauf.

Das Fragment aus Trier entspricht im Aufbau weitgehend dem Vogelnestdeckel in Bonn, nur ist hier der Knauf nicht zum Vogel ergänzt, sondern mit einem zweiten nestartigen Girlandenfaden versehen. Der Deckel ähnelt damit sehr dem Fragment eines Bechers auf Fuß Kat. Nr. 514.
Deckelfragmente dieser Art sind mehrfach nachgewiesen[1]. Soweit ein Fundzusammenhang bekannt ist, macht er auch für diese Parallelstücke eine Datierung in die 1. Hälfte des 16. Jahrhunderts wahrscheinlich.

LIT.: –

1 Kat. Wertheim (1982), S. 32, Abb. 7. – Baumgärtner (1984), S. 74, Abb. 3 (auf dem Kopf stehend abgebildet). – Grünewald (1984), S. 50, Abb. 4/6. – Oexle (1986), S. 261, Abb. 194 (oben Mitte. Auf dem Kopf stehend abgebildet). – Kunstgewerbemuseum Köln, Inv. Nr. F 1161. – Keßler (1936), S. 75, Abb. 3/81.

562

Stundengläser

Stundengläser bestehen im Grunde aus zwei kleinen aufeinandergesetzten Flaschen (die einzeln auch anderweitig verwendet werden konnten). Sie sind hier gesondert ans Ende des Katalogs gestellt, weil sie sich durch ihren memento-mori-Charakter so deutlich als Schlußpunkt anbieten.

Neben und wahrscheinlich sogar vorrangig zu ihrer Funktion als Zeitmesser waren Sanduhren mit ihrem gleichmäßig und unablässig rieselnden Sand Sinnbild der verrinnenden Zeit, insbesondere der Lebenszeit. In zahllosen bildlichen Darstellungen kommen sie mit leichten Bedeutungsnuancen in dieser Funktion vor: Sie finden sich in der Hand des Todes, zum Zeichen, daß die Lebensuhr abgelaufen ist, in Studierstuben, bei Porträts und schließlich in Vanitas-Stilleben als Mahnung, der Vergänglichkeit und Eitelkeit alles irdischen Strebens zu gedenken. (Wobei wir durchaus auch diesen Katalog im Sinne haben.)

563 Flasche/Stundenglashälfte

Deutschland, 15. Jh. (?) – Fundort: Köln, Hämmergasse (1928). – H 7,1 cm; ⌀ Lippe 2,6 cm, Wandung maximal 5,6 cm; Wandungsstärke Lippenrand ca. 2,5 mm. – Grünes Glas. Verwittert, z. T. bräunliche Korrosionsflecken.

Kölnisches Stadtmuseum, Inv. Nr. KSM 1931/270

Boden kaum hochgedrückt. Lippe waagerecht ausbiegend, nur wenig verdickt.

563

Kleine Flaschen wie diese des Kölnischen Stadtmuseums konnten für verschiedene Zwecke dienen. In Apotheken und im Haushalt dürften sie zur Aufbewahrung von Flüssigkeiten verwendet worden sein, wobei sich die ausgebogene Lippe besonders dazu eignet, eine Abdeckung zu verschnüren. Sie konnten aber auch Bestandteil von Sanduhren sein; zwei solcher Fläschchen wurden dann Lippe auf Lippe aufeinandergesetzt, verkittet und verschnürt. Die Menge des herabrieselnden Sandes konnte dabei durch eine gelochte Zwischenscheibe reguliert werden.

Die zeitliche Einordnung von Flaschen, die reine Gebrauchsware sind, ist nach formalen Anhaltspunkten kaum möglich. Rademacher datierte die kleine Flasche aus Köln ins 15. Jahrhundert, und Darstellungen von Sanduhren mit entsprechenden Hälften lassen einen solchen Zeitansatz durchaus zu. Daß die Form jedoch noch sehr lange so gut wie unverändert fortlebte, belegen z. B. Abbildungen derartiger Flaschen in einem 1763 erschienenen norwegischen Glaskatalog[1] oder Funde vom Wrack der ›Invincible‹, die 1758 sank[2].

LIT.: Rademacher (1933), S. 56, 142, Tf. 7c.

1 Polak (1969), S. 96f., Nrn. 891, 892, 895, Fig. 26.
2 John M. Bingeman, Artefacts from the ›Invincible‹ (1758), in: The International Journal of Nautical Archaeology 14/3, 1985, S. 194, Fig. 4.

564 Stundenglas des Erasmus von Rotterdam (?)

Deutschland (?), vor 1536 (?). – Provenienz: Amerbach-Kabinett. – H Sanduhr 9,2 cm, Metallgehäuse 9,5 cm; größter ⌀ Holzfassung 4,0 cm, größter ⌀ Glasflaschen 2,9 cm. – Hellgrünes Glas. Füllung: Bleischrot (?). Gedrechselte Holzfassung. Blechbüchse außen rot, innen grün.

Historisches Museum Basel, Inv. Nr. 1877.35

Stundenglas in hölzerner gedrechselter Fassung. 2 Flaschen mit der Lippe auf ein gebohrtes Metallplättchen (?) gesetzt und verschnürt. Blechbüchse mit abnehmbarem Deckel; Türchen mit Inschrift »Clepsamidium Des. Erasmi Roterodami«.

Der Tradition nach war diese Sanduhr ursprünglich im Besitz von Erasmus von Rotterdam. Höchstwahrscheinlich gehören Büchse und Sanduhr auch ursprünglich zusammen; die Maße sind genau aufeinander abgestimmt. Der Text auf der Blechbüchse ist nach der Schrift noch ins 16. Jahrhundert zu datieren, in eine Zeit also, in der die Erinnerung an die Vorgänge nach Erasmus' Tod (1536) noch relativ frisch war. Ein Inventar von 1662 gibt einen weiteren Hinweis (»In der anderen Schubladen des Tisches ... Item Erasmi Bleien SandVhrlin von Ebenholze in einem futter«)[1], ebenso ein Bericht von 1664 über die Prüfung des Inventars von 1662 (»in der anderen Schubladen deß Tisches Erasmi Bleyen Sand Uhrlin von eben Holtz à Coelio Secundo Curione donatum uti docet Carmen à C.S.C. ad Erasmi in theca complicatum«)[2]. Gewisse Zweifel an der Herkunft der Sanduhr sind aufgetaucht, weil das von Basilius Amerbach (1533–91)[3] angelegte Sammlungsinventar von 1586 das Stundenglas nicht ausdrücklich erwähnt.

Für die Herstellung der Sanduhr wurden 2 Gläser mit abgeflachter Lippe verwendet, die in der Form etwa der vorigen Flasche entsprechen. Vor dem Aufeinandersetzen wurde zwischen die beiden Öffnungen ein gelochtes Metallplättchen eingesetzt. Die Bohrung wurde im Durchmesser so gewählt, daß die gewünschte Durchlaufzeit entstand[4]. Normalerweise wurde eine der beiden Flaschen vor dem Zusammenfügen mit Sand gefüllt; die Sanduhr des Erasmus fällt aber durch ihr unerwartet großes Gewicht auf. In den genannten Textstellen von 1662 und 1664 wird vom »Bleien SandVhrlin« bzw. vom »Bleyen Sand Uhrlin« gesprochen; die Füllung dürfte demnach aus feinem Bleischrot bestehen.

LIT.: Kat. Erasmus von Rotterdam, Basel 1986, S. 266f., Nr. H 69 (mit weiterer Literatur).

1 Amerbach-Inventar G von 1662; Basel, Staatsarchiv, Erziehungsakten DD 2 (zitiert nach Kat. Erasmus von Rotterdam, S. 266).
2 Zitiert nach Kat. Erasmus von Rotterdam, S. 266 (... ein Geschenk von Coelius Secundus Curio für Erasmus, wie ein zusammengefaltetes Gedicht desselben in der Büchse bezeugt).
3 Sohn des Bonifacius Amerbach (1495–1562), der nach dem Tode von Erasmus dessen persönliche Habe übernahm.
4 In diesem Fall war die Eichung offenbar nicht sehr genau: Der ›Sand‹ im Stundenglas des Erasmus braucht 50 Minuten um durchzulaufen.

Anhang

Literaturverzeichnis

Allen, in Vorbereitung
Francis N. Allen, The Hedwig Glasses, A Survey (Manuskript 1987)

Almgren (1908)
Oscar Almgren, Die Funde antiker Gläser in Skandinavien, in: Anton Kisa, Das Glas im Alterthume, Leipzig 1908, S. 901-920

Amira (1925)
Karl von Amira, Die Dresdener Bilderhandschrift des Sachsenspiegels, 2. Bd.: Erläuterungen, Leipzig 1925

Andrews (1977)
David Andrews, Vetri, metalli e reperti minori dell'area sud del convento di S. Silvestro a Genua, in: Archeologia Medievale 4, 1977, S. 162-189

Arbman (1937)
Holger Arbman, Schweden und das karolingische Reich, Stockholm 1937

Arbman (1940/43)
Holger Arbman, Birka, I: Die Gräber, Uppsala 1940 (Tafeln), 1943 (Text)

Arbman (1960)
Holger Arbman, Glas, in: Kulturhistorisk Leksikon for nordisk middelalder, Bd. V, Kopenhagen 1960, Sp. 342-349 (schwedische Ausgabe Malmö 1960)

Arwidsson (1932)
Greta Arwidsson, Some glass vessels from the boat-grave cemetery at Valsgärde, in: Acta Archaeologica 3, 1932, S. 251-266

Arwidsson (1942 a)
Greta Arwidsson, Vendelstile. Email und Glas im 7.-8. Jahrhundert, Uppsala/Stockholm 1942 (= Valsgärdestudien I)

Arwidsson (1942 b)
Greta Arwidsson, Die Gräberfunde von Valsgärde I: Valsgärde 6, Stockholm/Uppsala 1942

Arwidsson (1984)
Greta Arwidsson, Glas, in: Birka II:1, Systematische Analysen der Gräberfunde (hrsg. von Greta Arwidsson), Stockholm 1984, S. 203-212

Barovier-Mentasti (1982)
Rosa Barovier-Mentasti, Il vetro veneziano, Mailand 1982

Barrelet (1953)
James Barrelet, La verrerie en France de l'époque gallo-romaine à nos jours, Paris 1953

Barrelet (1959)
James Barrelet, Le verre de table au moyen-âge d'après les manuscripts à peinture, in: Cahiers de la céramique, du verre et des arts du feu 4/16, 1959, S. 194-221

Barrera (1984)
Jorge Barrera, Ensemble de verres creux (XIVe-XVIe s.) provenant de fouilles d'Orléans. Mémoires de l'École des Hautes Études en Sciences Sociales, Paris 1984 (maschinengeschrieben)

Bauer (1961)
Karl Maurer, Walter Bauer, Burg Wartenberg bei Angersbach/Oberhessen, in: Prähistorische Zeitschrift 39, 1961, S. 217-265 (W. Bauer, Gläser, S. 261-263)

Bauer (1975)
Margrit Bauer, Europäisches und außereuropäisches Glas, C. und M. Pfoh-Stiftung, Frankfurt 1975

Bauer (1980^2)
Margrit Bauer, Gunhild Gabbert, Europäisches und außereuropäisches Glas, Museum für Kunsthandwerk Frankfurt am Main, 2. erweiterte Auflage 1980

Baumgärtner (1977)
Sabine Baumgärtner, Gläser. Antike, Mittelalter, Neuere Zeit. Museum der Stadt Regensburg, Katalog der Glassammlung, Sammlung Brauser, Karlsruhe 1977

Baumgärtner (1984)
Sabine Baumgärtner, Württemberger Glasfunde, in: Kat. Glück und Glas, München 1984, S. 68-76

Baumgartner (1980)
Erwin Baumgartner, Emailbemalte Gläser des Mittelalters in schweizerischen Sammlungen, in: Zeitschrift für Schweizerische Archäologie und Kunstgeschichte 37/3, 1980, S. 207-216

Baumgartner (1985)
Erwin Baumgartner, Glasfunde des 13. und 14. Jahrhunderts von der Frohburg (Kanton Solothurn), in: Zeitschrift für Schweizerische Archäologie und Kunstgeschichte 42/3, 1985, S. 157-172

Baumgartner (1987)
Erwin Baumgartner, Glas des späten Mittelalters, Die Sammlung Karl Amendt, Düsseldorf 1987

Baumgartner/Krueger (1985)
Erwin Baumgartner, Ingeborg Krueger, Zu Gläsern mit hohem Stiel oder Fuß des 13. und 14. Jahrhunderts, in: Bonner Jahrbücher 185, 1985, S. 363-413

Bayley (1987)
Justine Bayley, Viking glassworking: the evidence from York, in: Annales du 10e congrès de l'Association Internationale pour l'Histoire du Verre (Madrid–Segovie 1985), Amsterdam 1987, S. 245-254

Berndt (o. J.)
Walther Berndt, Altes Glas, München o. J. (1950)

Bezborodov (1975)
M. A. Bezborodov, Chemie und Technologie der antiken und mittelalterlichen Gläser, Mainz 1975

Birchler (1935)
Linus Birchler, Zur Baugeschichte der St. Justuskirche in Flums, B. Die gotische Kirche und deren Ausstattung, in: Anzeiger für Schweizerische Altertumskunde 37/3, 1935, S. 225-232

Bornfleth (1985)
Elisabeth Bornfleth, Glas, Kat. Gewerbemuseum Nürnberg, Nürnberg 1985

Boss/Wamser (1984)
M. Boss, Ludwig Wamser, Eine Waldglashütte des frühen Spätmittelalters bei Schöllkrippen, in: Das archäologische Jahr in Bayern 1983, Stuttgart 1984, S. 157-159

Bremen (1964)
Walther Bremen, Die alten Glasgemälde und Hohlgläser der Sammlung Bremen in Krefeld, Köln/Graz 1964

Bremen (1967)
Walther Bremen, Die Reliquiengläser des Diözesanmuseums in Rottenburg am Neckar, Rottenburg 1967

Burnouf u. a. (1978)
Joëlle Burnouf, Jean Maire, Jean-Pierre Rieb, La verrerie de la fin du Moyen-Âge au château de Rathsamhausen-Ottrott, in: Annuaire de la Société d'Histoire et d'Archéologie de Dambach-la-ville, Barr, Obernai 12, 1978, S. 9-27

Cabart (1985)
Hubert Cabart, Fouille de quatre fosses (XVe-XVIIe siècle) situées dans le quartier Saint-Dominique à Châlons-sur-Marne (Marne), in: Bulletin de la Société Archéologique Champenoise 100/4, 1985, S. 31-66

Cech (1984)
Brigitte Cech, Die Funde aus der spätmittelalterlichen Abfallgrube in Krems, Wegscheid 5, in: Archaeologia Austriaca 68, 1984, S. 279-311

Chambon (1955)
Raymond Chambon, L'histoire de la verrerie en Belgique du IIe siècle à nos jours, Brüssel 1955

Chambon (1975)
Raymond Chambon, La verrerie entre Rhin et Loire au quatorzième siècle, in: Journal of Glass Studies 17, 1975, S. 151-157

Chambon/Courtoy (1951/52)
Raymond Chambon, Ferdinand Courtoy, Les verres de la fin du moyen-âge et de la renaissance aux musées de Namur, in: Annales de la Société Archéologique de Namur 46, 1951-52, S. 100-120

Charleston (1975)
Robert J. Charleston, The Glass, in: Colin Platt, Richard Coleman-Smith (Hrsg.), Excavations in Medieval Southampton 1953-1969, Vol. 2: The Finds, Leicester 1975, S. 204-226

Charleston (1976)
Robert J. Charleston, A 13th Century Syrian Glass Beaker Excavated in Lübeck, in: Lübeck 1226, Reichsfreiheit und frühe Stadt, Lübeck 1976, S. 321-337

Charleston (1980)
Robert J. Charleston, Glass of the High Medieval Period (12th to 15th century), in: Bulletin de l'Association Internationale pour l'Histoire du Verre 8, 1977-1980 (Lüttich 1980), S. 65-76

Charleston (1980a)
Robert J. Charleston, Masterpieces of Glass. A world history from the Corning Museum of Glass, New York 1980

Charleston (1984)
Robert J. Charleston, English Glass and the glass used in England, c. 400-1940, London 1984

Charleston, in Vorbereitung
Robert J. Charleston, Vessel glass of the late medieval to modern periods, in: The Crafts, Industries and Daily Life of Medieval Winchester, Winchester Studies Vol. 7ii, Oxford, S. 1 ff.

J. Charleston (1968)
Jenny Charleston, Glass from the City of London, London, Guildhall Museum, 1968 (hektographierter Ausstellungskatalog)

Chenet (1920)
Georges Chenet, Anciennes verreries d'Argonne, in: Bulletin archéologique du Comité des Travaux Historiques et Scientifiques 1920, S. 253-286

Clark (1983)
John Clark, Medieval enamelled glasses from London, in: Medieval Archaeology 27, 1983, S. 152-156

Cognioul-Thiry (1978)
Michèle Cognioul-Thiry, Verres du XIVe siècle récemment découverts en Belgique, in: Annales du 7e congrès de l'Association Internationale pour l'Histoire du Verre (Berlin–Leipzig 1977), Lüttich 1978, S. 159-166

Cook (1958)
Jean M. Cook, A Fragment of Early Medieval Glass from London, in: Medieval Archaeology 2, 1958, S. 173-177

Corovic (1965)
M. Corovic Ljubinkovic, Fragments de verres médiévaux trouvés à Novo Brdo, in: VIIe Congrès International du Verre (Bruxelles 1965), Comptes Rendus II, Brüssel 1965, S. 244.1-244.6

Courtoy (1923)
Ferdinand Courtoy, Deux verres arabes du Trésor d'Oigies à Namur, in: Annales de la Société Archéologique de Namur 36, 1923, S. 145-157

Courtoy (1953)
Ferdinand Courtoy, Le Trésor du Prieurté d'Oignies aux Sœurs de Notre Dame à Namur et l'Œuvre du Frère Hugo, Brüssel 1953

Czihak (1890)
Eugen von Czihak, Die Hedwigsgläser, in: Zeitschrift für christliche Kunst 3, 1890, Sp. 329-354

Czihak (1891)
Eugen von Czihak, Schlesische Gläser, Breslau 1891

Davidson (1940)
Gladys R. Davidson, A Medieval Glass-factory at Corinth, in: American Journal of Archaeology 44, 1940, S. 297-324

Davidson (1952)
Gladys R. Davidson, Corinth, Vol. XII: The Minor Objects, Princeton 1952

Dekówna (1976)
Maria Dekówna, Glasbecher, in: Michael Müller-Wille, Das Bootkammergrab von Haithabu. Berichte über die Ausgrabungen in Haithabu 8, Neumünster 1976, S. 63-66

Dexel (1977)
Thomas Dexel, Gebrauchsglas: Gläser des Alltags vom Spätmittelalter bis zum beginnenden 20. Jahrhundert, Braunschweig 1977

Dexel (1950)
Walter Dexel, Glas, Ravensburg 1950 (= Werkstoff und Form 1)

Dexel (1973)
Walter Dexel, Das Hausgerät Mitteleuropas, Braunschweig/Berlin 1973²

Dillon (1907)
Edward Dillon, Glass, London 1907

Doppelfeld (1965)
Otto Doppelfeld, Ein merowingisches Glas-Sepulcrum von der Kölner Ursulakirche, in: Miscellanea pro arte. Hermann Schnitzler zur Vollendung des 60. Lebensjahres, Düsseldorf 1965, S. 44-47

Dumitrache, in Vorbereitung
Marianne Dumitrache, Glasfunde des 13.-18. Jahrhunderts aus der Lübecker Innenstadt. Grabungen 1948-1973. Wird erscheinen in: Lübecker Schriften zur Archäologie und Kulturgeschichte

Engels (1985)
R. Engels, Das Augustinerkloster, in: H.J. Engels, R. Engels, K. Hopstock, Augustinerkloster, Schule, Sparkasse, Speyer 1985, S. 25-87

Erdmann (1949)
Kurt Erdmann, An Unknown Hedwig Glass, in: The Burlington Magazine 91, 1949, S. 244-248

Erdmann (1971)
Kurt Erdmann, Vetri e cristalli, in: Hans R. Hahnloser (Hrsg.), Il Tesoro di San Marco, 2: Il Tesoro e il Museo, Florenz 1971, S. 107f., cat. n. 120

Essenwein (1877)
A. O. von Essenwein, Ein ›Hedwigsbecher‹ im germanischen Museum, in: Anzeiger für Kunde der deutschen Vorzeit, Organ des Germanischen Museums, NF, 24. Bd., 1877, Sp. 228-233

Evison (1982)
Vera I. Evison, Bichrome glass vessels of the seventh and eighth centuries, in: Studien zur Sachsenforschung 3, Hildesheim 1982, S. 7-21

Evison (1988)
Vera I. Evison, Vieux Marché, Place Saint-Lambert à Liège, The Glass, in: M. Otte (Hrsg.), Les fouilles de la Place Saint-Lambert à Liège, 2. Le Vieux Marché. Études et recherches archéologiques de l'Université de Liège 23, Lüttich 1988, S. 215-219

Falk (1987)
Alfred Falk, Archäologische Funde und Befunde des späten Mittelalters und der frühen Neuzeit aus Lübeck, Materialvorlage und erste Auswertungsergebnisse der Fundstellen Schüsselbuden 16/Fischstraße 1-3 und Holstenstraße 6, in: Lübecker Schriften zur Archäologie und Kulturgeschichte 10, 1987, S. 9-84

Felgenhauer-Schmiedt (1973)
Sabine Felgenhauer-Schmiedt, Ein syrischer Becher aus Niederösterreich, in: Zeitschrift für Archäologie des Mittelalters 1, 1973, S. 99-103

Flemming (1979)
Johanna Flemming, Byzantinische Schatzkunst, Berlin 1979

Fossati/Mannoni (1975)
Severino Fossati, Tiziano Mannoni, Lo scavo della vetreria di Monte Lecco, in: Archeologia Medievale 2, 1975, S. 31-97

Foy (1975)
Danièle Foy, L'artisanat du verre creux en Provence médiévale, in: Archéologie Médiévale 5, 1975, S. 103-138

Foy (1977)
Danièle Foy, Lampes de verre et vitraux découverts à Ganagobie, in: Archéologie Médiévale 7, 1977, S. 229-247

Foy (1981)
Danièle Foy, Fouilles de la verrerie médiévale de Cadrix (Var), in: Annales du 8e congrès de l'Association Internationale pour l'Histoire du Verre (London–Liverpool 1979), Lüttich 1981, S. 178-194

Foy (1985)
Danièle Foy, Essai de typologie des verres médiévaux d'après les fouilles provençales et languedociennes, in: Journal of Glass Studies 27, 1985, S. 18-71

Foy (1986)
Danièle Foy, Verres du XIVe au XVIe siècle provenant de la Place de la Cathedrale à Montauban (Tarn-et-Garonne), in: Archéologie du Midi Médiéval 4, 1986, S. 83-91

Fremersdorf (1933/34)
Fritz Fremersdorf, Zur Geschichte des fränkischen Rüsselbechers, in: Wallraf-Richartz-Jahrbuch, NF 2/3, 1933/34, S. 7-30

Fremersdorf (1961)
Fritz Fremersdorf, Römisches geformtes Glas in Köln, Köln 1961

Friedrich (1884)
Carl Friedrich, Die altdeutschen Gläser. Beitrag zur Terminologie und Geschichte des Glases, Nürnberg 1884

Fritz (1982)
Johann Michael Fritz, Goldschmiedekunst der Gotik in Mitteleuropa, München 1982

Frýda (1979)
František Frýda, Mittelalterliches Glas aus Plzeň, in: Glasrevue 34/8, 1979, S. 24-27

Fuchs (1931)
Ludwig F. Fuchs, Spätgotische Gläser im Maximiliansmuseum in Augsburg, in: Das Schwäbische Museum 1931, S. 65-70

Fuchs (1933/34)
Ludwig F. Fuchs, Reliquiengräber und Reliquiengläser, in: Die christliche Kunst 30, 1933/34, S. 54-59

Fuchs (1935/36)
Ludwig F. Fuchs, Das Glas des Abtes Waltho von Wessobrunn, in: Die christliche Kunst 32, 1935/36, S. 122-124

Fuchs (1936/37)
Ludwig F. Fuchs, Die Reliquiengläser im Klerikalseminar zu Freising, in: Die christliche Kunst 33, 1936/37, S. 92-96

Fuchs (1940)
Ludwig F. Fuchs, Die Ahnen unserer deutschen Gläser des 13.-16. Jahrhunderts, in: Germanenerbe 5, Heft 7/8, 1940, S. 98-105

Fuchs (1960)
Ludwig F. Fuchs, Eduard Grützner als Glassammler, in: Weltkunst 30/24, 1960, S. 13 f.

Gasparetto (1978)
Astone Gasparetto, Les verres médiévaux récemment découverts à Murano (Rapport préliminaire), in: Annales du 7e congrès de l'Association Internationale pour l'Histoire du Verre (Berlin–Leipzig 1977), Lüttich 1978, S. 231-253

Gasparetto (1979)
Astone Gasparetto, Matrici e aspetti della vetraria veneziana e veneta medievale, in: Journal of Glass Studies 21, 1979, S. 76-97

Gasparetto (1986)
Astone Gasparetto, Il ritrovamento di Torretta, i vetri, in: Il Ritrovamento di Torretta. Per una studio della ceramica Padona, Cataloghi Marsilio 1986, S. 103-107, 127, 205-210

Gieles (1980)
Fons Gieles, Glasvondst te Bergen op Zoom, in: Brabants Heem 32/2, 1980, S. 65-72

Goethert-Polaschek (1977)
Karin Goethert-Polaschek, Katalog der römischen Gläser des Rheinischen Landesmuseums Trier, Mainz 1977 (= Trierer Grabungen und Forschungen 9)

Gray (1969)
Basil Gray, Thoughts on the Origin of ›Hedwig‹ Glasses, in: Colloque International sur l'Histoire du Caire, Cairo 1969, S. 191-194

Greiner (1971)
Karl Greiner, Die Glashütten in Württemberg, Wiesbaden 1971

Gross (1984)
Uwe Gross, Spätmittelalterlich-frühneuzeitliche Glas- und Keramikfunde vom Hafenmarkt in Esslingen a. N., in: Archäologische Ausgrabungen in Baden-Württemberg 1983, Stuttgart 1984, S. 236-239

Grünewald (1984)
Mathilde Grünewald, Worms im Mittelalter, in: Kat. Glück und Glas, München 1984, S. 48-56

Gutscher (1984)
Daniel Gutscher, Schaffhauser Feingerberei im 13. Jahrhundert, in: Schaffhauser Beiträge zur Geschichte 61, 1984, S. 149-227

Gyürky (1971)
Katalin H. Gyürky, Glasfunde aus dem 13.-14. Jahrhundert im mittelalterlichen Dominikanerkloster von Buda, in: Acta Archeologica Academiae Scientiarum Hungaricae 23, 1971, S. 199-220

Gyürky (1982)
Katalin H. Gyürky, Mittelalterliche Glasfunde aus Buda, in: Communicationes Archaeologicae Hungariae 1982, S. 153-166 (Resumée S. 166)

Gyürky (1986)
Katalin H. Gyürky, The use of glass in medieval Hungary, in: Journal of Glass Studies 28, 1986, S. 70-81

Gyürky (o.J.)
Katalin H. Gyürky, Az üveg katalógus, Historisches Museum Budapest o.J. (1981) (= Monumenta Historica Budapestiensia V)

Haevernick (1979)
Thea Elisabeth Haevernick, Karolingisches Glas aus St. Dionysios in Esslingen, in: Forschungen und Berichte der Archäologie des Mittelalters in Baden-Württemberg 6, Stuttgart 1979, S. 157-171

Han (1975)
Verena Han, The origin and style of medieval glass found in the central Balkans, in: Journal of Glass Studies 17, 1975, S. 114-126

Harden (1966)
Donald B. Harden, Some glass fragments mainly of the 12th-13th century A.D. from Northern Apulia, in: Journal of Glass Studies 8, 1966, S. 70-79

Harden (1968)
Donald B. Harden, Beiträge, in: Ausst. Kat. Masterpieces of Glass, London 1968

Harden (1969)
Donald B. Harden, Medieval glass in the west, in: Proceedings of the VIIIth International Congress on Glass (1968), Sheffield 1969, S. 97-111

Harden (1972)
Donald B. Harden, Ancient Glass III, in: Archaeological Journal 128 (for 1971), 1972, S. 78-117

Harden (1975)
Donald B. Harden, Table-glass in the Middle Ages, in: Rotterdam Papers II, Rotterdam 1975, S. 35-45

Harden (1978)
Anglo-Saxon and Later Medieval Glass in Britain: Some recent developments, in: Medieval Archaeology 22, 1978, S. 1-24

Hegner (1983)
Kristina Hegner, Kat. Mittelalterliche Kunst II, Kleinkunst, Kunsthandwerk, Staatliches Museum Schwerin 1983

Heinemeyer (1966)
Elfriede Heinemeyer, Glas, Bd. 1, Düsseldorf 1966 (= Kataloge des Kunstmuseums Düsseldorf 1)

Hejdová (1975)
Dagmar Hejdová, Types of medieval glass vessels in Bohemia, in: Journal of Glass Studies 17, 1975, S. 142-150

Hejdová u. a. (1975)
Dagmar Hejdová, Bořivoj Nechvátal, Čestmír Šedivý, Použití kobaltu ve středověkém sklářství v Čechách (deutsches Resumée: Die Verwendung von Kobalt in der mittelalterlichen Glaserzeugung Böhmens), in: Archeologické rozhledy 27, 1975, S. 530-554

Hejdová u. a. (1983)
Dagmar Hejdová, František Frýda, Pavel Šebesta, Eva Černa, Středověke sklo v Čechach (Mittelalterliches Glas in Böhmen), in: Archaeologia historica 8, 1983, S. 243-266 (Resumée S. 265 f.)

Henkes (1986)
Harold E. Henkes, Een glasvondst uit de Late Middeleeuwen, in: Westerheem 35/2, 1986, S. 91-99

Hetteš (1960)
Karel Hetteš, Venezianisches Glas, Prag 1960

Hoekstra (1986)
Tarquinius J. Hoekstra, An enamelled goblet from Utrecht, in: Journal of Glass Studies 28, 1986, S. 66-69

Hofrén (1961)
Erik Hofrén, Drei mittelalterliche Glasbecher von Kalmar und Skanör, in: Meddelanden från Lunds Universitets Historiska Museum 1961, S. 180-188

Holmquist (1964)
Wilhelm Holmquist, Glass, in: Wilhelm Holmquist, Birgit Arrhenius (Hrsg.), Excavations at Helgö II, Stockholm 1964, S. 242-260

Horat (1986)
Heinz Horat, Flühli-Glas, Bern/Stuttgart 1986

Hucke (1981)
Karl Hucke, Zwei Keulengläser des 16. Jahrhunderts aus der Kieler Altstadt, in: Offa 38, 1981, S. 387-390

Hudson (1983)
Peter Hudson, Maria Cristina La Rocca Hudson, Verona – Cortile del Tribunale: bicchiere decorato a smalto (gruppo Siro-Franco), in: L. Magagnato (Hrsg.), Le Stoffe di Cangrande. Ritrovamenti e richerche sul 300 veronese, Verona 1983, S. 285 f.

Hume (1957)
J. Noël Hume, Medieval bottles from London, in: The Connoisseur 150, März 1957, S. 104-108

Hunter (1980)
John R. Hunter, The glass, in: Philipp Holdsworth, Excavations at Melbourne Street, Southampton 1971-76 (Southampton Archaeological Research Committee: Report, 1), Council for British Archaeology: Research Report 33, London 1980, S. 59-72

Hunter/Heyworth, im Druck
John R. Hunter, M. Heyworth, The glass, in: A. D. Morton (Hrsg.), Southampton Finds, Vol. 2: The glass and copper alloy, objects from Hamwic

Iker (1980)
R. Iker, Les fouilles de la tour de la basilique Saint-Martin à Liège, in: Activités 79 du S.O.S. fouilles, no. 1, 1980, S. 110 f.

Illert (1953)
Friedrich M. Illert, Kaiserpfalz und Bischofshof in Worms, in: Der Wormsgau 3/3, 1953, S. 136-148

Isings (1966)
Clasina Isings, Schönes altes Glas, Hannover 1966

Isings (1978)
Clasina Isings, Glas, in: Westerheem 27, 1978 (Dorestad Supplement), (= Spiegel Historiael 13/4, 1978), S. 260-262

Isings (1980)
Clasina Isings, Glass Finds from Dorestad, Hoogstraat I., in: W. A. van Es, W. J. H. Verwers, Excavations at Dorestad I, The Harbour: Hoogstraat I (Nederlandse Oudheden, 9); Kromme Rijn Projekt I), s'-Gravenhage 1980, S. 225-237

Isings, in Vorbereitung
Clasina Isings, Glass Finds from Dorestad, Hoogstraat 0, 2, 3, 4 (Ort und Zeit des Erscheinens noch ungewiß, voraussichtlich 1988/89)

Isings/Wijnman (1977)
Clasina Isings, H. F. Wijnman, Medieval glass from Utrecht, in: Journal of Glass Studies 19, 1977, S. 77-83

Jannin (1980a)
François Jannin, Fouilles de l'atelier de verrerie de Pérupt (Forêt domaniale de La Chalade, Meuse), in: Découverte de l'Argonne II, Sainte-Menehould 1980, S. 6-25

Jannin (1980b)
François Jannin, L'industrie du verre en Argonne, in: Patrimoine et culture en Lorraine, Metz 1980, S. 83-103

Jantzen (1960)
Johannes Jantzen, Deutsches Glas aus fünf Jahrhunderten, Düsseldorf 1960

Kämpfer (1966)
Fritz Kämpfer, Viertausend Jahre Glas, Dresden 1966

Kahsnitz (1984)
Rainer Kahsnitz, Glas, in: Ausst. Kat. Aus dem Wirtshaus zum Wilden Mann. Funde aus dem mittelalterlichen Nürnberg, Nürnberg 1984

Kat. Braunschweig (1985)
Ausst. Kat. Stadt im Wandel. Kunst und Kultur des Bürgertums in Norddeutschland 1150-1650, Braunschweig 1985

Kat. Darmstadt (1935)
Ausst. Kat. Deutsches Glas. Zweitausend Jahre Glasveredelung, Darmstadt 1935

Kat. Delft (1986)
Ausst. Kat. Expositie 120 bodemvonsten uit het privé-bezit van de Heer H. J. E. van Beuningen, Delft 1986

Kat. Freiburg (1985)
Michael Schmaedecke, Peter Schmidt-Thomé, Joachim Leiber, Hansjosef Maus, Mittelalterliche und frühneuzeitliche Glasfunde aus Breisach am Rhein, Freiburg (Museum für Ur- und Frühgeschichte, 3. Studioausstellung) 1985

Kat. Köln (1972)
Ausst. Kat. Rhein und Maas. Kunst und Kultur 800-1400, Köln 1972

Kat. Köln (1988)
Ausst. Kat. Glas der Cäsaren, Köln (Römisch-Germanisches Museum) 1988

Kat. Lanna (1911)
Auktionskat. Sammlung Lanna, Prag, Zweiter Theil, Berlin, Rudolf Lepke, 1911

Kat. Lüttich (1958)
Ausst. Kat. Trois-millénaires d'art verrier à travers les collections publiques et privées de Belgique, Lüttich (Musée Curtius 1958)

Kat. Luzern (1981)
Ausst. Kat. 3000 Jahre Glaskunst, Luzern 1981

Kat. Nürnberg (1984)
Ausst. Kat. Aus dem Wirtshaus zum Wilden Mann. Funde aus dem mittelalterlichen Nürnberg, Nürnberg 1984

Kat. Prag (1986)
Ausst. Kat. Středověké umělecké řemeslo, Prag (Kunstgewerbemuseum) 1986

Kat. Venedig (1982)
Ausst. Kat. Mille anni di art del vetro a Venezia, Venedig 1982

Kat. Wertheim (1982)
Ausst. Kat. Mainfränkische Weingläser, Wertheim (Glasmuseum) 1982

Kat. Zwolle (1980)
Ausst. Kat. Thuis in de late middeleeuwen. Het Nederlands burgerinterieur 1400-1535, Zwolle (Provincial Overijssels Museum) 1980

Kisa (1908)
Anton Kisa, Das Glas im Alterthume, Leipzig 1908

Klesse (1973 a)
Brigitte Klesse, Gisela Reineking-von Bock, Glas, Katalog des Kunstgewerbemuseums Köln, Köln 1973²

Klesse (1973 b)
Brigitte Klesse, Glassammlung Helfried Krug II, Bonn 1973

Klesse (1978)
Brigitte Klesse, Axel von Saldern, 500 Jahre Glaskunst, Sammlung Biemann, Rastatt 1978

Koch (1977 a)
Robert Koch, Schliffgläser des Hohen Mittelalters. Vorbericht über zwei Fragmente eines neuen Hedwigsglases von der Burg Weibertreu bei Weinsberg, in: Archäologisches Korrespondenzblatt 7, 1977, S. 229-234

Koch (1977 b)
Robert Koch, Zwei Fragmente eines Hedwigsbechers von der Burg Weibertreu bei Weinsberg, in: Denkmalpflege in Baden-Württemberg 6, 1977, S. 111-116

Koch (1979)
Robert Koch, Mittelalterliche Trinkbecher aus Keramik von der Burg Weibertreu bei Weinsberg, Kr. Heilbronn, in: Forschungen und Berichte der Archäologie des Mittelalters in Baden-Württemberg 6, Stuttgart 1979, S. 47-75

Koch (1981/82)
Robert Koch, Der Glasbecher der heiligen Elisabeth in Coburg, in: Ausst. Kat. Sankt Elisabeth, Fürstin, Dienerin, Heilige, Marburg 1981/82, S. 272-284

Koch (1986)
Robert Koch, Tischgeschirr aus Glas in Süd- und Norddeutschland (1150-1250), in: Zeitschrift für Archäologie des Mittelalters, Beiheft 4, 1986, S. 191-206

König/Stephan (1987)
Andreas König, Hans-Georg Stephan, Eine frühneuzeitliche Glashütte im Tal der Nieste bei Großalmerode, Archäologische Denkmäler in Hessen 64, Wiesbaden 1987

Kohlhaussen (1970)
Heinrich Kohlhaussen, Europäisches Kunsthandwerk, Gotik und Spätgotik, hrsg. von Harald Busch, Frankfurt 1970

Kojić/Wenzel (1967)
Ljubinka Kojić, Marian Wenzel, Medieval glass found in Yugoslavia, in: Journal of Glass Studies 9, 1967, S. 76-93

Krimm (1982)
Stefan Krimm, Die mittelalterlichen und frühneuzeitlichen Glashütten im Spessart, Aschaffenburg 1982 (= Studien zur Geschichte des Spessartglases Bd. 1)

Krimm (1986)
Stefan Krimm, Beobachtungen zur Standorttypologie vorindustrieller Glashütten im Spessart, in: Journal of Glass Studies 28, 1986, S. 82-97

Kröger (1984)
Jens Kröger, Glas, Berlin, Staatliche Museen Preußischer Kulturbesitz, Museum für Islamische Kunst, Bd. 1 (Islamische Kunst, Loseblattkatalog unpublizierter Werke aus deutschen Museen, hrsg. von Klaus Brisch), Mainz 1984

Krueger (1984)
Ingeborg Krueger, Mittelalterliches Glas aus dem Rheinland. Ein Glasfundkomplex mit emailbemaltem Becher der sogenannten syro-fränkischen Gruppe, in: Bonner Jahrbücher 184, 1984, S. 505-560

Krueger (1987)
Ingeborg Krueger, Die Glasfragmente aus einer Grube bei St. Quirin in Neuss, in: Rheinische Ausgrabungen 27, Köln 1987, S. 273-291

Lambert (1972)
Nicole Lambert, La Seube: Témoin de l'art du verre en France méridionale du Bas-Empire à la fin du Moyen-Âge, in: Journal of Glass Studies 14, 1972, S. 77-116

Lambert (1982/83)
Nicole Lambert, La verrerie médiévale forestière de la Seube Claret (Hérault), in: Archéologie en Languedoc 5, 1982/83, S. 177-244

Lamm (1929/30)
Carl Johan Lamm, Mittelalterliche Gläser und Steinschnittarbeiten aus dem Nahen Osten, Berlin 1929 (Bd. II, Abbildungen), 1930 (Bd. I, Text)

Lamm (1941)
Carl Johan Lamm, Oriental Glass of Medieval Date Found in Sweden and the Early History of Lustre-Painting, Stockholm 1941

Lang (1985)
Walter Lang, Spätmittelalterliche Glasproduktion im Nassachtal, Gemeinde Uhingen, Kreis Göppingen, in: Archäologische Ausgrabungen in Baden-Württemberg 1984, Stuttgart 1985, S. 259-262

Lang (1986)
Walter Lang, Spätmittelalterliche Glashütten im Nassachtal, Gemeinde Uhingen, Kreis Göppingen, in: Archäologische Ausgrabungen in Baden-Württemberg 1985, Stuttgart 1986, S. 264-267

Lappe (1983)
Ulrich Lappe, Mittelalterliche Gläser und Keramikfunde aus Erfurt, in: Alt-Thüringen 18, 1983, S. 182-212

Lappe/Möbes (1984)
Ulrich Lappe, Günter Möbes, Glashütten im Eichsfeld, in: Alt-Thüringen 20, 1984, S. 207-232

Ljubinkovic (1985)
Mirjana Ljubinkovic, Aspects de la verrerie médiévale d'influence byzantine en Serbie, in: Annales du 9e congrès de l'Association Internationale pour l'Histoire du Verre (Nancy 1983), Lüttich 1985, S. 181-193

Loers (1982)
Veit Loers, Zeugnisse spätmittelalterlichen Kunsthandwerks und sakraler Bauplastik, in: H. Thomas Fischer, Sabine Rieckhoff-Pauli, Bavaria Antiqua, Von den Römern zu den Bajuwaren, München 1982, S. 84-91

Loers (1985)
Veit Loers, Mittelalterliche Funde aus der Latrine eines Regens-

burger Patrizierhauses, in: Das archäologische Jahr in Bayern 1984, Stuttgart 1985, S. 169-171

Loeschcke (1921)
Siegfried Loeschcke, Zur angeblich römischen Glashütte von St. Menehould in den Argonnen, in: Germania 5, 1921, S. 35-43

Lundström (1971)
Agneta Lundström, Cuppa vitrea auro ornata, in: Early Medieval Studies 3 (Antikvariskt Arkiv 40), Stockholm 1971, S. 52-68

Lutz (1983)
Dietrich Lutz, Die Funde aus zwei Fäkaliengruben beim Marktplatz in Pforzheim, in: Forschungen und Berichte der Archäologie des Mittelalters in Baden-Württemberg 8, Stuttgart 1983, S. 215-247

Mäesalu (1986)
Ain Mäesalu, Unikale Glasfunde aus Tartu, in: Proceedings of the Academy of Sciences of the Estonian SSR 35, 1986, S. 400-402

Maurer (1940/41)
Karl Maurer, Die Ausgrabung der Burgruine Wartenbach, in: Hessenland, Zeitschrift für Kulturpflege des Bezirksverbandes Hessen 1940/41, Heft 3, S. 191-207

Mechelk (1970)
Harald W. Mechelk, Stadtkernforschung in Dresden, Berlin 1970 (= Forschungen zur ältesten Entwicklung Dresdens, Heft 4)

Mély (1905)
F. de Mély, La Dorure sur Céramique, in: Gazette des Beaux-Arts 2, 1905, S. 284 f.

Meurer (1985)
Heribert Meurer, Stangenglas, in: Jahrbuch der Staatlichen Kunstsammlungen in Baden-Württemberg 22, 1985, S. 207 f.

Meyer (1974)
Werner Meyer, Die Burgruine Alt-Wartburg im Kanton Aargau, Olten/Freiburg i. Br. 1974 (= Schweizer Beiträge zur Kulturgeschichte und Archäologie des Mittelalters, Bd. 1)

Meyer (1977)
Werner Meyer, Glas, Gläser und Glasbläser in der mittelalterlichen Regio Basiliensis, in: Regio Basiliensis, Festschrift Elisabeth Schmid, Basel 1977, S. 172-182

Meyer u. a. (1980)
O. und N. Meyer, L. Bourgeau, D. J. Coxall, Archéologie urbaine à Saint-Denis (Seine-Saint-Denis), in: Archéologie Médiévale 10, 1980, S. 271-308

Moorhouse (1972)
Stephen Moorhouse, Medieval distilling apparatus of glass and pottery, in: Medieval Archaeology 16, 1972, S. 79-121

Moorhouse (1987)
Stephen Moorhouse, Medieval industrial glassware in the Britain Islands, in: Annales du 10e congrès de L'Association Internationale pour l'Histoire du Verre (Madrid–Segovie 1985), Amsterdam 1987, S. 361-372

Moreland (1985)
John Moreland, A monastic workshop and glass production at San Vincenzo al Volturno, Molise, Italy, in: Richard Hodges, John Mitchell (Hrsg.), San Vincenzo al Volturno, The Archaeology, Art and Territory of an Early Medieval Monastery, BAR International Series 252, 1985, S. 37-60

Mosel (1979²)
Christel Mosel, Glas. Mittelalter – Biedermeier. Sammlungskataloge des Kestner-Museums Hannover 1, Hannover 1979²

Moser (1969)
Ludwig Moser, Badisches Glas, Wiesbaden 1969

Motteau (1985)
James Motteau, Aspects de la vaisselle de verre médiévale. Recherches sur Tours, Vol. 4, 1985

Müller (1980)
Felix Müller, Der Bischofsstein bei Sissach, Kanton Baselland, Derendingen-Solothurn 1980 (= Basler Beiträge zur Ur- und Frühgeschichte Bd. 4)

Näsman (1984)
Ulf Näsman, Vendel period glass from Eketorp-II, Öland, Sweden, in: Acta Archaeologica 55, 1984 (Kopenhagen 1986), S. 55-116

Nepoti (1978)
Sergio Nepoti, I vetri dagli scavi nella Torre Civica di Pavia, in: Archeologia Medievale 5, 1978, S. 219-238

Neugebauer (1965)
Werner Neugebauer, Mittelalterliche und jüngere Glasfunde bei den Ausgrabungen in der Hansestadt Lübeck, in: VIIe Congrès International du Verre (Bruxelles 1965), Comptes Rendues II, Brüssel 1965, S. 235.1-235.12

Neugebauer (1967)
Werner Neugebauer, Altes Glas im Herzogtum Lauenburg, in: Lauenburgische Heimat 66, 1967, S. 22-47

Neugebauer (1968)
Werner Neugebauer, Die Ausgrabungen in der Altstadt Lübecks, in: Rotterdam Papers I, Rotterdam 1968, S. 93-113

Newby (1987)
Martine Newby, Medieval glass from Farfa, in: Annales du 10e congrès de l'Association Internationale pour l'Histoire du Verre (Madrid–Segovie 1985), Amsterdam 1987, S. 255-270

Nickel (1959)
Ernst Nickel, Eine mittelalterliche Fäkaliengrube in Magdeburg, in: Prähistorische Zeitschrift 37, 1959, S. 125-156

Nickel (1980)
Ernst Nickel, Zur materiellen Kultur des späten Mittelalters der Stadt Magdeburg, in: Zeitschrift für Archäologie 14, 1980, S. 1-60

Oexle (1986)
Judith Oexle, Die Grabungen im Salmansweilerhof zu Konstanz, in: Archäologische Ausgrabungen in Baden-Württemberg 1985, Stuttgart 1986, S. 228-235

Paulsen (1964)
Peter Paulsen, Sakralgefäße in Ellwangen, in: Ellwangen 764-1964, Festschrift zur 1200-Jahrfeier, Ellwangen 1964, S. 775-804

Peter (1982)
Irmgard Peter, 10 Gläser – 10 Techniken, Basel (Historisches Museum) 1982

Pfeiffer (1966)
Wolfgang Pfeiffer, Magister Aldrevandin me fecit, in: Verhandlungen des Historischen Vereins für Oberpfalz und Regensburg 106, 1966, S. 205-209

Pfeiffer (1970)
Wolfgang Pfeiffer, »Acrische« Gläser, in: Journal of Glass Studies 12, 1970, S. 67-69

Philippe (1973)
Josephe Philippe, Les arts du feu en pays mosan, in: Annales de la Société royale d'Archéologie de Bruxelles 52, 1973, S. 27-48

Philippe (1974)
Josephe Philippe, Reliquiaires médiévaux de l'Orient chrétien en verre et en cristal de roche conservés en Belgique, in: Bulletin de l'Institut Archéologique Liégois 86, 1974, S. 245-289

Pinder-Wilson (1960)
R. H. Pinder-Wilson, A Hedwig Glass for the Museum, in: British Museum Quarterly 22, 1960, S. 43-45

Pohl (1972)
Gerhard Pohl, Frühmittelalterliche Glaswerkstatt bei St. Ulrich und Afra in Augsburg, in: Bayerische Vorgeschichtsblätter 37, 1972, S. 60-68

Pohl (1977)
Gerhard Pohl, Frühmittelalterliche Grubenhütte mit Resten frühmittelalterlicher Glasherstellung, in: Werner Joachim (Hrsg.), Die Ausgrabungen in St. Ulrich und Afra in Augsburg 1961-1968. Münchener Beiträge zur Vor- und Frühgeschichte 23, München 1977, S. 465-470

Polak (1969)
Ada Polak, The »Ip Olufsen Weyse« illustrated price-list of 18th-century Norwegian glass, in: Journal of Glass Studies 11, 1969, S. 86-104

Prohaska (1986)
Christine Prohaska, Farblose Rippenbecher: Ein Trinkglastyp des 13. und 14. Jahrhunderts, in: Archäologisches Korrespondenzblatt 16/4, 1986, S. 467-471

Prohaska (1987)
Christine Prohaska, Archäologische Stadtkernforschung in Heidelberg, in: Archäologische Ausgrabungen in Baden-Württemberg 1986, Stuttgart 1987, S. 280-287

Rademacher (1926/27)
Franz Rademacher, Gotische Gläser in den Rheinlanden, in: Wallraf-Richartz-Jahrbuch 3/4, 1926/27, S. 90-112

Rademacher (1928/29)
Franz Rademacher, Der Kuttrolf. Eine antike Glasform und ihre Fortbildung im Mittelalter und in der Renaissance, in: Zeitschrift für bildende Kunst 62, 1928/29, S. 37-43

Rademacher (1930)
Franz Rademacher, Die deutschen Stangengläser des ausgehenden Mittelalters, in: Wallraf-Richartz-Jahrbuch, N.F. Bd. 1, 1930, S. 305-312

Rademacher (1931)
Franz Rademacher, Die gotischen Gläser der Slg. Seligmann, Köln, in: Pantheon 8, 1931, S. 290-294

Rademacher (1933)
Franz Rademacher, Die deutschen Gläser des Mittelalters, Berlin 1933

Rademacher (1937)
Franz Rademacher, Reliquiengläser im Halleschen Heiltum, in: Zeitschrift des Deutschen Vereins für Kunstwissenschaft 4, 1937, S. 25-38

Read (1902)
Charles Hercules Read, On a Saracenic Goblet of Enamelled Glass of Medieval Date, in: Archaeologia 58, 1902, S. 216-226

Renaud (1943)
J. G. N. Renaud, Middeleeuwsch in Nederland, in: Oudheidkunig Jaarboek 12, 1943, S. 102-110

Renaud (1958)
J. G. N. Renaud, Middeleeuwse glasfragmenten uit Maastricht, in: Bulletin Koninklijke Nederlandse Oudheidkundige Bond 11, 1958, Sp. 1-8

Renaud (1959)
J. G. N. Renaud, Das Hohlglas des Mittelalters unter besonderer Berücksichtigung der neuesten in Holland und anderswo gemachten Funde, in: Glastechnische Berichte 32 K, VIII, 1959, S. 29-33

Renaud (1962)
J. G. N. Renaud, Glas uit het einde der middeleeuwen, in: Bulletin Koninklijke Nederlandse Oudheidkundige Bond 15, 1962, S. 102-114

Renaud (1982)
J. G. N. Renaud, Contribution à l'histoire de la verrerie médiévale aux Pays-Bas, in: Mélanges d'archéologie et d'histoire médiévales 27, 1982, S. 319-325

Renaud (1983)
J. G. N. Renaud, Middeleeuwse glas, en geschiedenis in afleveringen, in: Bulletin Koninklijke Nederlandse Oudheidkundige Bond 82/1, 1983, S. 22-30

Renaud (1985)
J. G. N. Renaud, En de boer, hij ploegde voort ..., in: Bulletin Koninklijke Nederlandse Oudheidkundige Bond 84/1, 1985, S. 16-18

Ress (1965)
Anton Ress, Mittelalterliche Glasfunde I, in: 23. Bericht des Bayerischen Landesamtes für Denkmalpflege 1964, München 1965, S. 50-60

Ress (1968/69)
Anton Ress, Zu den »Schaffhauser Gläsern« aus dem Kloster Allerheiligen, in: Jahrbuch der Bayerischen Denkmalpflege 27, 1968/69 (München 1971), S. 74-95

Ricke (1985)
Helmut Ricke, Neue Räume – neue Gläser, Die Sammlung des Kunstmuseums Düsseldorf nach der Wiedereröffnung, in: Kunst & Antiquitäten, Heft 4, 1985, S. 44-53

Ricke (1987)
Helmut Ricke, 2500 Jahre Glaskunst in Europa, aus dem Besitz des Kunstmuseums Düsseldorf (Ausst. Kat. Japan), Sapporo 1987

Ricke (1987a)
Helmut Ricke, Glas des Mittelalters und der frühen Neuzeit, in: Erwin Baumgartner, Glas des späten Mittelalters, Die Sammlung Karl Amendt, Düsseldorf 1987, S. 11-22

Rieb (1971)
Jean-Pierre Rieb, Les verres du XVe au début du XVIIe siècle à Strasbourg, in: IX. Congrès International du Verre (Versailles 1971), Paris 1972, S. 115-144

Rieb (1987)
Jean-Pierre Rieb, La vie matérielle II E: Mobilier archéologique – verrerie, in: Objects de la vie quotidienne au Moyen Age et à la Renaissance en Alsace, Encyclopédie de l'Alsace, Vol. 12, 1986, S. 7586-7598 (= Cahier du Groupe d'Archéologie Médiévale d'Alsace No. 7, 1987)

Rieder (1984)
Karl Heinz Rieder, Die archäologischen Untersuchungen, in: Volksbank Eichstätt (Hrsg.), Festschrift zur Einweihung des neuen Bankgebäudes, Eichstätt 1984, S. 45-61

Rötting (1985)
Hartmut Rötting, Stadtarchäologie in Braunschweig. Ein fachübergreifender Arbeitsbericht zu den Grabungen 1976-1984, Hameln 1985

Rötting (1987)
Hartmut Rötting, Die Grabungen an der Turnierstraße in Braunschweig-Altstadt, 1. Vorbericht, in: Nachrichten aus Niedersachsens Urgeschichte 56, Hildesheim 1987, S. 195-212

Rötting (1988)
Hartmut Rötting, Die Grabungen an der Turnierstraße in Braunschweig-Altstadt, 2. Vorbericht, in: Nachrichten aus Niedersachsens Urgeschichte 57 (im Druck)

Rothkirch (1972)
Karl-Christoph und Malve Graf und Gräfin Rothkirch, Die Asseburger Becher und ihre Herkunft, Hinneburg 1972 (Privatdruck)

Rückert (1982)
Rainer Rückert, Die Glassammlung des Bayerischen Nationalmuseums München, Bd. 1, München 1982

Salch (1971)
Charles-Laurent Salch, Verres des VIIIe au XIIIe siècles, in: IXe Congrès International du Verre (Versailles 1971), Paris 1972, S. 147-153

Saldern (1974)
Axel von Saldern, Glassammlung Hentrich, Antike und Islam, Düsseldorf 1974 (= Kataloge des Kunstmuseums Düsseldorf Bd. 3)

Ščapova (1978)
Julia Ščapova, À propos des coupes dites de Sainte Hedwige,

in: Annales du 7e congrès de l'Association Internationale pour l'Histoire du Verre (Berlin–Leipzig 1977), Lüttich 1978, S. 255-269

Schietzel (1982)
Kurt Schietzel, Burg Uda in Oedt, Köln 1982

Schlosser (1965)
Ignaz Schlosser, Das alte Glas, Braunschweig 1965

Schlüter (1981)
Mogens Schlüter, The reproduction of the octogonal Passglas found at Danish glasshouses from about 1600, in: Annales du 8e congrès de l'Association Internationale pour l'Histoire du Verre (London–Liverpool 1979), Lüttich 1981, S. 235-241

Schmaedecke (1985)
Michael Schmaedecke, Mittelalterliche und frühneuzeitliche Glasfunde aus Breisach am Rhein, Freiburg 1985 (= Kat. Freiburg 1985)

Schmaedecke (1987)
Michael Schmaedecke, Nuppenbecher aus Breisach und Freiburg im Breisgau und weitere ausgewählte Glasfunde, Teil I – Archäologischer Befund und Interpretation, in: Zeitschrift für Archäologie des Mittelalters 13, 1985 (1987), S. 77-93

Schmidt (1912)
Robert Schmidt, Die Hedwigsgläser und die verwandten fatimidischen Glas- und Kristallschnittarbeiten, in: Schlesiens Vorzeit in Bild und Schrift, Jahrbuch des Schlesischen Museums für Kunstgewerbe und Altertümer, NF 6, 1912, S. 53-78

Schmidt (1912a)
Robert Schmidt, Das Glas, Berlin 1912

Schmidt (1922)
Robert Schmidt, Das Glas, Zweite, vermehrte und verbesserte Auflage, Berlin/Leipzig 1922

Schmidt-Thomé (1985)
Peter Schmidt-Thomé, Neue Funde emailbemalter Glasbecher aus Breisach und Freiburg, in: Archäologische Nachrichten aus Baden 35, 1985, S. 36-39

Schmidt-Thomé (1986)
Peter Schmidt-Thomé, Neue Funde von emailbemalten Glasbechern (»syro-fränkische Becher«) aus dem Oberrheingebiet, in: Archäologisches Korrespondenzblatt 16, 1986, S. 107-110

Schneider (1956)
Ernst Schneider, Zur Frage der frühen Spessartgläser, in: Aschaffenburger Jahrbuch 3, 1956, S. 207-216

Schneider (1980)
Jürg Schneider, Noppenbecher des 13. Jahrhunderts, in: Zeitschrift für Schweizerische Archäologie und Kunstgeschichte 37, 1980, S. 217-229

Schneider (1982)
Jürg Schneider u.a., Der Münsterhof in Zürich, I und II, Olten 1982 (= Schweizer Beiträge zur Kulturgeschichte und Archäologie des Mittelalters 9 und 10)

Scholkmann (1982)
Barbara Scholkmann, Burg Baldenstein, Das »Alte Schloß« bei Gammertingen, Sigmaringen 1982

Schütte (1976)
Sven Schütte, Mittelalterliches Glas aus Göttingen, in: Zeitschrift für Archäologie des Mittelalters 4, 1976, S. 101-117

Schütte (1982/83)
Sven Schütte, Glas in der mittelalterlichen Stadt, in: Ausst. Kat. Aus dem Alltag der mittelalterlichen Stadt, Bremen (Focke-Museum) 1982/83, S. 133-144

Shelkolnikov (1966)
B. A. Shelkolnikov, Russian glass from the 11th to the 17th century, in: Journal of Glass Studies 8, 1966, S. 95-115

Six (1963)
Herbert Six, Gläserfunde an den Stätten alter Wanderglashütten bei Grünenplan, in: Schott, Zeitschrift Jenaer Glaswerke, Heft 2, Mainz 1963, S. 18-22

Six (1976)
Herbert Six, Spätmittelalterliche Glashütten im Hils bei Grünenplan mit Farbglasproduktion, in: Festschrift für Waldemar Haberey, hrsg. von T. E. Haevernick und A. v. Saldern, Mainz 1976, S. 129-139

Stein (1981)
Günter Stein, Der Schatzfund von Lingenfeld, in: Beiträge zur Speyerer Stadtgeschichte 6, 1981, S. 65-72

Steinhausen (1939)
Josef Steinhausen, Frühmittelalterliche Glashütten im Trierer Land, in: Trierer Zeitschrift 14, 1939, S. 29-57

Stephan (1972)
Hans-Georg Stephan, Hausrat aus einem Abfallschacht der Frührenaissance in Höxter, in: Westfalen 50, 1972, S. 149-178

Stephan (1986)
Hans-Georg Stephan, Beiträge zur Erforschung der materiellen Kultur des hohen und späten Mittelalters im Weserbergland – Funde aus zwei Kloaken in der Altstadt von Höxter, in: Neue Ausgrabungen und Forschungen in Niedersachsen 17, 1986, S. 219-308

Steppuhn, in Vorbereitung
Peter Steppuhn, Die Glasfunde von Haithabu, Diss. Kiel, wird publiziert in: Berichte über die Ausgrabungen in Haithabu, voraussichtlich 1988

Stoehr (1917)
August Stoehr, Neuerwerbungen des Fränkischen Luitpold-Museums in Würzburg in den Jahren 1914 und 1915, in: Der Cicerone 9, 1917, S. 81-100

Strauss (1955)
Jerome Strauss, Glass Drinking Vessels from the collection of Jerome Strauss and the Ruth Bryan Strauss Memorial Foundation, The Corning Museum of Glass 1955

Tait (1968)
Hugh Tait, Glass in Europe from the Middle Ages to 1862, in: Ausst. Kat. Masterpieces of Glass, London 1968, S. 127-192

Tait (1979)
Hugh Tait, Ausst. Kat. The Golden Age of Venetian Glas, London 1979

Theobald (1933)
Wilhelm Theobald, Technik des Kunsthandwerks im 10. Jahrhundert, Des Theophilus Presbyter Diversarum Artium Schedula, Berlin 1933

Theuerkauff (1968)
Anna-Elisabeth Theuerkauff-Liederwald, Der Römer, Studien zu einer Glasform, in: Journal of Glass Studies 10, 1968, S. 114-155; 11, 1969, S. 43-69

Tochtermann (1979)
Ernst Tochtermann, Spessart-Glashütte des Hans Ziroff 1627-1631, Bischbrunn 1979

Tochtermann (1984)
Ernst Tochtermann, Von der Pilgerflasche zum Bocksbeutel, in: Kat. Glück und Glas, München 1984, S. 77-92

Trombetta (1982)
P. J. Trombetta, Les fouilles du château de la Madeleine à Chevreuse, in: Société historique et archéologique de Rambouillet et de l'Yveline, Mémoires et Documents, Bd. 35, 1977-1981 (1982), S. 25-59

Vandenberghe (1975)
Stephan Vandenberghe, Middeleeuwse en post-middeleeuwse waterputten te Mechelen, in: Handelingen van de Koninklijke Kring voor Oudheidkunde, Letteren en Kunst van Mechelen 79, 1975, S. L-LIX

Vandenberghe (1984)
Stephan Vandenberghe, Les verres de l'époque médiévale et post-

médiévale découverts au cours de fouilles récentes à Malines (Prov. d'Anvers, Belgique), in: Zeitschrift für Archäologie des Mittelalters 10, 1982 (1984), S. 133-145

Vannini (1985)
Guido Vannini u. a., L'Antico Palazzo dei Vescovi a Pistoia, Bd. II: Indagini archeologiche, Florenz 1985 (Vetri: S. 453 ff.)

Wamser (1984)
Ludwig Wamser, Glashütten im Spessart – Denkmäler früher Industriegeschichte, in: Kat. Glück und Glas, München 1984, S. 25-33

Weinberg (1975)
Gladys Davidson Weinberg, A medieval mystery: Byzantine glass production, in: Journal of Glass Studies 17, 1975, S. 127-141

Weiß (1966)
Gustav Weiß, Ullstein Gläserbuch, Berlin/Frankfurt/Wien 1966

Wentzel (1971, 1972, 1973)
Hans Wentzel, Das byzantinische Erbe der ottonischen Kaiser. Hypothesen über den Brautschatz der Theophano, in: Aachener Kunstblätter 40, 1971, S. 15-39; 43, 1972, S. 11-96; 44, 1973, S. 43-100

Wenzel (1984)
Marian Wenzel, Thirteenth-century Islamic enamelled glass found in medieval Abingdon, in: Oxford Journal of Archaeology 3/3, 1984, S. 1-21

Whitehouse (1981)
David Whitehouse, Notes on late medieval glass in Italy, in: Annales du 8e congrès de l'Association Internationale pour l'Histoire du Verre (London–Liverpool 1979), Lüttich 1981, S. 165-177

Whitehouse (1982)
David Whitehouse, Un vetro bizantino di Tarquinia, in: Archeologia Medievale 9, 1982, S. 471-475

Whitehouse (1983)
David Whitehouse, Medieval glass in Italy: some recent developments, in: Journal of Glass Studies 25, 1983, S. 115-120

Whitehouse (1987)
David Whitehouse, Medieval glass from Tarquinia, in: Annales du 10e congrès de l'Association Internationale pour l'Histoire du Verre (Madrid–Segovie 1985), Amsterdam 1987, S. 317-330

Winkelmann (1967)
Wilhelm Winkelmann, Mitteilungen über Ausgrabungen und Funde, in: Westfälische Forschungen 20, 1967, S. 122 f.

Winkelmann (1977)
Wilhelm Winkelmann, Archäologische Zeugnisse zum frühmittelalterlichen Handwerk in Westfalen, 3. Die Glaswerkstatt in der karolingischen Pfalz Paderborn, in: Frühmittelalterliche Studien 11, 1977, S. 92-126

Winkelmann (1985)
Wilhelm Winkelmann, Am Tische Karls des Großen. Das »Capitulare de Villis« und Ausgrabungen der Pfalz in Paderborn, in: Archäologie in Deutschland, Heft 3, 1985, S. 26-31

Ypey (1964)
J. Ypey, Die Funde aus dem frühmittelalterlichen Gräberfeld Huinerveld bei Putten im Museum Nairac in Barneveld, in: Berichten van de rijksdienst voor het oudheidkundig bodemonderzoek 12-13, 1962/63 (1964), S. 99-152

Zecchin (1969)
Luigi Zecchin, Un decoratore di vetri a Murano alla fine del duecento, in: Journal of Glass Studies 11, 1969, S. 39-42

Zecchin (1970)
Luigi Zecchin, Fornaci muranesi fra il 1279 ed il 1290, in: Journal of Glass Studies 12, 1970, S. 79-83

Zecchin (1977)
Luigi Zecchin, Decorazione di vetro a Murano dal 1280 al 1480, in: Rivista della Stazione Sperimentale del Vetro 7/1, 1977, S. 31-34

Zick-Nissen (1979)
Johanna Zick-Nissen, Museum für Islamische Kunst, Staatliche Museen Preußischer Kulturbesitz, Berlin, Katalog, Berlin 1971 (1979^2)

Bildnachweis

Aschaffenburg, Museum der Stadt Aschaffenburg (Foto Edes): Kat. Nr. 341
Athen, American School of Classical Studies: Abb. 2-20
Bamberg (Ingeborg Limmer): Kat. Nr. 47
Basel, Erwin Baumgartner: Kat. Nrn. 90, 92, 93, 96, 145, 146, 160, 173, 180, 196, 198, 214, 318, 365, 373, 385, 411, 421, 436, 453, 477, 479, 501, 507, 515, 520, 522, 523, 559
Basel, Historisches Museum (Foto Maurice Babey): Abb. 27-30, 37, 38, 41-46, 49-51, Kat. Nrn. 72, 74, 118, 156, 169, 170, 172, 174, 175, 177, 185, 187, 192/193, 194, 195, 206, 212, 218, 225, 228, 235, 238, 252, 295, 296, 340, 347, 351, 352, 356, 384, 397, 400, 403, 407, 409, 415, 419, 426, 439, 458, 461, 473, 478, 492-494, 532, 534, 564
Berlin, Staatliche Museen Preußischer Kulturbesitz, Museum für Islamische Kunst: Kat. Nrn. 102, 167
Corning, N.Y. (USA), The Corning Museum of Glass: Kat. Nrn. 40, 178, 382, 431, 521
Darmstadt, Hessisches Landesmuseum: Kat. Nrn. 379, 535, 549
Düsseldorf (Walter Klein): Kat. Nrn. 150, 166, 306, 362, 363, 428
Düsseldorf, Landesbildstelle Rheinland: Kat. Nrn. 155, 319, 381, 416, 504, 508
Florenz, Soprintendenza Archeologica della Toscana: Kat. Nr. 43
Frankfurt, Museum für Kunsthandwerk (Ursula Edelmann): Kat. Nrn. 91, 149, 152, 357, 360/361, 429, 471
Freiburg, Landesdenkmalamt Baden-Württemberg, Archäologische Denkmalpflege: Abb. 47
Freising, Diözesanmuseum: Kat. Nrn. 181, 223, 325, 378, 413, 427, 442, 480
Fritzlar, Museum Fritzlar, Hochzeitshaus: Kat. Nr. 81
Hamburg, Museum für Kunst und Gewerbe: Kat. Nrn. 395, 396 (Foto Kiemer), 491
Kassel, Staatliche Kunstsammlungen Schloß Wilhelmshöhe (Arno Hensmanns): Kat. Nr. 65
Köln, Rheinisches Bildarchiv: Kat. Nr. 55
Krakau (Stanislaw Michta): Kat. Nr. 37
London, The British Museum: Abb. 1, Kat. Nrn. 36, 103, 113
London, The Museum of London: Kat. Nrn. 75, 76, 86, 101, 109, 117, 135, 140, 153, 154, 257, 291-294, 324, 542, 555, 556
Lübeck (Badendorf bei Lübeck, Herbert Jäger): Kat. Nr. 66
Lüneburg (Wilhelm Krenzien): Kat. Nr. 328
Lüttich, Musée d'Art Religieux et d'Art Mosan: Kat. Nrn. 230, 305
Mailand, Museum Poldi Pezzoli: Kat. Nr. 303
Mainz, Landesmuseum: Kat. Nr. 537
München, Bayerisches Nationalmuseum: Kat. Nr. 80
Münster (Hermann Deuker): Kat. Nr. 39
Namur (Pierre Piron): Kat. Nrn. 41, 42, 354
Nürnberg, Germanisches Nationalmuseum: Kat. Nr. 38
Nürnberg, Gewerbemuseum der Landesgewerbeanstalt Bayern: Kat. Nr. 383
Oldenburg, Landesmuseum (H.R. Wacker): Kat. Nr. 498
Paderborn, Diözesanmuseum (Wolfgang Noltenhans): Kat. Nrn. 52, 200
Regensburg, Museen der Stadt: Kat. Nrn. 67, 104, 110, 512
Rotterdam, Museum Boymans-van Beuningen (Tom Haartsen): Kat. Nrn. 430, 434, 502/503
Schwäbisch Hall (Atelier Kern): Kat. Nr. 53
Schwerin, Staatliches Museum (Thomas Helms): Kat. Nrn. 54, 327, 329
Stockholm, Statens Historiska Museum (Gunnel Jansson): Kat. Nrn. 2, 11, 15, 31
Stuttgart, Württembergisches Landesmuseum: Kat. Nrn. 48, 56, 57, 108, 229, 500, 533
Tübingen, Landesdenkmalamt Baden-Württemberg, Archäologische Denkmalpflege (Repro nach Zeichnung von Th. Schwarz): Kat. Nr. 26
Uppsala, Uppsala Universitets Museum for Nordiska Fornsaker: Kat. Nr. 12
Utrecht, Archeologisch Depot Gemeente Utrecht (Repro nach Zeichnung): Kat. Nr. 100
Worms, Stadtarchiv: Kat. Nrn. 159, 350, 387, 398, 424, 455, 468, 531
Würzburg, Bayerisches Landesamt für Denkmalpflege (Repro nach Zeichnung): Abb. 25, Kat. Nr. 216

Alle übrigen Vorlagen: Bonn, Rheinisches Landesmuseum (Zeichnungen Sigrun Wischhusen, Fotos Hermann Lilienthal)